行政判例研究　XXV-1

然寓　崔光律　名譽會長　獻呈　論文集

社團
法人 韓國行政判例研究會　編

2020

博英社

Studies on Public Administration Cases

Korea Public Administration Case Study Association

Vol. XXV-1

2020

Parkyoung Publishing & Company

刊 行 辭

　　올해 행정판례연구회는 코로나19의 확산으로 3월과 4월 연구회 모임을 하지 못하였고 5월부터 Zoom 프로그램을 통하여 온라인 화상세미나를 해 오고 있습니다. 1984년부터의 행정판례연구회 역사에 처음 있는 일이라고 생각됩니다. 교수님들은 온라인강의로 새로운 준비가 많아지셨고 법원도 재판 진행에 많은 어려움을 겪고 있습니다. 이러한 환경에서도 "행정판례연구" 제25집 제1호를 예정대로 출판하게 되어 기쁩니다.

　　제25집이라는 의미를 생각하며 "행정판례연구"의 약사를 정리해봅니다: 1991년에 "행정판례연구" 창간호가 발간되었고, 1996년에 2집과 3집을 발간하였습니다. 그리고 1999년부터 매년 정기적으로 간행하기 시작하여 2009년부터는 매년 2호를 발간해오고 있습니다. 2004년 학술진흥재단의 등재후보지에 선정된 것에 이어 2009년에는 등재학술지로 선정되었으며, 2019년에는 등재학술지 유지결정을 받은 바 있습니다. 그동안 " 행정판례연구"는 월례발표회의 발표와 토론을 중심으로 행정판례의 이론적 기초와 실천적 과제를 제시해오면서 학계와 법조의 발전에 기여해왔습니다.

　　이번 호에는 11편의 심도 있는 논문이 실렸습니다. 행정법의 기본원리 등 행정법의 핵심분야에 관한 행정판례 논문이 6편, 국가공무원법 등에 관한 헌법재판소 판례 논문이 3편 그리고 외국판례에 관한 논문이 2편으로, 최근 월례발표회에서 발표된 논문과 작년 12월 학회에서 발표된 논문이 포함되어 있습니다. 옥고를 보내주신 학계와 실무계의 회원님들께 감사드립니다.

특히 만남이 어려운 시기에 "행정판례연구" 출판을 위해 헌신적으로 수고해주신 김중권 간행편집위원회 위원장님과 여러 위원님, 이진수·계인국 출판이사님, 이재훈·이채영·강상우 출판간사님께 감사의 마음을 전합니다. 또한, 출판계의 어려움 속에서도 "행정판례연구"의 출판을 기꺼이 맡아주고 계신 박영사의 안종만 회장님과 조성호 이사님 그리고 전채린 과장님께 특별한 감사를 드립니다.

코로나19 상황이 빨리 진정되어 우리 모두의 일상이 다시 회복되기를 바라면서, 회원님들의 건강과 평안을 기원합니다.

2020.6.30.
사단법인 한국행정판례연구회
회장 김선욱

차 례

行政法의 基本原理 —————————— 1

사회적 공공성 개념과 쟁송취소에서의 신뢰보호(김유환) ················· 3

行政行爲의 槪念과 種類 —————————— 39

국토계획법상 실시계획인가의 법적 성질 및 사법통제의 방법과 한계
  (김용섭) ··· 41

行政行爲의 瑕疵 —————————————— 107

無形文化財(人間文化財) 保有者의 認定 解除處分의 法理에 關한 硏究
  (한견우) ··· 109

行政節次 및 情報公開 ——————————— 165

행정절차법상 처분기준과 이유제시(유진식) ····························· 167

行政爭訟一般 ——————————————— 207

병역의무기피자인적사항의 공개의 법적 성질의 문제점(金重權) ····· 209

取消訴訟의 對象 —————————————————— 239

근로복지공단에 의한 사업종류 변경결정의 처분성(장윤영) ············ 241

憲法裁判 —————————————————————— 269

國家公務員의 政治團體 參加禁止條項에 대한 違憲決定과 그 羈束力의
　範圍(鄭南哲) ··· 271

국제회의로 인한 일시적 집회제한조항의 위헌성 판단기준에 대한 비
　교법적 연구(徐輔國) ·· 299

출입국 외국인(난민)의 기본권 보장범위에 관한 헌재 결정 및 관련 법
　제에 대한 검토와 그 개선방안(성중탁) ···································· 337

外國判例 및 外國法制 硏究 ———————————————— 383

最近(2019) 미국 行政判例의 動向과 分析(김재선) ······················ 385

最近(2019) 프랑스 行政判例의 動向과 檢討(朴祐慶) ···················· 425

附　　錄 ————————————————————————— 469

研究倫理委員會 規程 ··· 471

研究論集 刊行 및 編輯規則 ·· 477

「行政判例研究」 原稿作成要領 ··· 488

歷代 任員 名單 ·· 491

月例 集會 記錄 ·· 500

行政判例研究 Ⅰ~ⅩⅩⅤ-1 總目次 ——————————— 531

行政判例研究Ⅰ~ⅩⅩⅤ-1 總目次 ··· 533

主題別 總目次 ·· 579
研究判例 總目次 ·· 609

Table of Contents

Recognizing Religious Organizations as Public Interest Entities and Protecting Reliance in Revoking a lease of a Public Space (Yoo Hwan Kim) ·· 37

Legal Nature of Implementation Plan Authorized under the National Land Planning & Utilization Act and its Judicial Control Methods and Limitations(Prof. Dr. Kim Yong Sup) 104

A Study on the Legal Theory of the Derecognition of Intangible Cultural Property Holders(Dr.jur. HAN, Kyun Woo) ············ 161

Disposition Standards in Administrative Procedures Act and Declaration of Reasons for Dispositions(Yoo, Jin Sik) ········ 204

Probleme der Rechtsnatur der Offenlegung persönlicher Informationen von Kriegsdienstverweigerern (Kim, Jung−Kwon) ································· 236

The subject of appeal litigation(Yoonyoung Chang) ·············· 266

The scope of binding force of unconstitutional decision over the prohibition clause on state officials' participation in political organizations(Prof. Dr. Nam−Chul Chung) ···················· 297

Comparative law study on the criteria for judging the constitutionality of temporary assembly restrictions due to international conferences(Bo Cook Seo) ······························· 335

Review and Improvement Measures on the Constitutional Decision
and Related Legislation on the Coverage of Basic Rights of
Foreign Immigrants(Joong—Tak Sung) ·································· 380
Analysis of the Significant Administrative Law Cases in 2019 of the
United States Supreme Court(Kim, Jae Sun) ························· 423
Analyse des décisions importantes du Conseil d'État français en
2019(PARK, Woo Kyung) ·· 466

行政法의 基本原理

사회적 공공성 개념과 쟁송취소에서의 신뢰보호 (김유환)

사회적 공공성 개념과 쟁송취소에서의 신뢰보호

김유환*

대법원 2019.10.17. 선고 2018두104 판결의 법이론적 함의와 논평

Ⅰ.문제의 제기
Ⅱ. 사안의 개요
  1. 처분의 경위
  2. 소송의 경과
Ⅲ. 대상판결의 중요 쟁점과 판단
  1. 대상판결의 개요
  2. 주요 쟁점과 판단의 내용
  3. 대상판결의 다른 쟁점
Ⅳ. 평석
  1. 서설
  2. 사회적 공공성의 개념과 공익판단
  3. 쟁송취소에서의 이익형량과 신뢰보호원칙
4. 행정계획의 일환으로 이루어진 개별 처분에 대한 이익형량
5. 판결의 기속력과 재처분의무 및 원상회복의무
6. 행정행위의 확정력과 학문상의 존속력, 불가쟁력 개념
Ⅴ. 결론
  1. 대상판결의 재량행사와 이익형량의 하자에 대한 판단의 구조적 문제점
  2. 판결의 기속력에 대한 대상판결의 판시의 이해
  3. 결어

Ⅰ. 문제의 제기

1. 대상판결인 대법원 2019.10.17. 선고 2018두104 판결은 사안이 복잡하고 쟁점이 다양한 만큼 행정법이론과 가치체계의 측면에서도 중요한 의미를 가지는 판시를 하고 있다. 그중에는 행정법학이 그동안 구

---

* 이화여자대학교 법학전문대학원 교수

축해 온 이론체계에 큰 의미가 있거나 또는 그에 도전이 될 만한 내용
이 포함되어 있다. 구체적으로 보면 ① 사회적 공공성의 실체에 대한
논의 없이 공익판단에 이르고 있는 점, ② 행정계획의 일환으로 이루어
진 개별행위에 대해 계획과 연계된 이익형량을 하지 않고 있는 점. ③
일반적인 재처분의무와 원상회복의무를 취소판결의 기속력의 일환으로
선언하고 있는 점, ④ 그동안 학설의 소수설이 주장하여 왔고 2019년 1
월 대법원 판결[1]이 다시 거론한 행정행위의 기결력, 구속력 개념을 부
인하고 있는 점, ⑤ 쟁송취소에서 취소권 제한과 신뢰보호를 인정하지
않고 있는 점 등은 향후의 우리 사회의 가치관과 행정법질서를 크게 바
꿀 수 있는 이론적, 실제적 영향력을 가지는 것이라 할 만하다.

　　물론 대상판결이 시사하는 바는 여기에 그치지 않는다. 그러나 이
판례평석에서는 개별적인 모든 쟁점을 다 분석하기보다는 위에서 제시
한 바와 같은 행정법학의 학문적 논의에 중요한 의미를 가지는 쟁점만
을 추출하여 검토하고자 한다.

　　2. 판결은 구체적 타당성을 추구하는 것을 본질로 한다. 그러나 대
법원 판결은 행정법의 법원의 일종으로 받아들여지는 경우가 보통이고
모든 법률가들이 법적 판단의 기준으로 존중할 뿐 아니라 예비법률가들
에게 가르쳐지는 것으로서 그것이 사회에 미치는 영향이 매우 크다. 따
라서 구체적 타당성의 추구 못지않게 판결을 통하여 선포되는 법리의
제시에 신중하여야 한다. 또한 판결의 배경을 이루는 가치판단에 있어
서도 법관 개인의 판단이 아니라 동시대의 법적 Ethos를 반영하는 것일
것이 요구된다. 이러한 관점에서 대상판결이 제시하고 있는 국가적 가
치체계와 행정법학의 방향성에 대하여 진지한 학문적 검토가 이루어져
야 한다고 본다. 대상판결이 제시하고 있는 방향을 앞으로도 우리가 채

---

1) 대법원 2019.1.31. 선고 2017두40372 판결

택하여야 할 가치체계로 그리고 행정법질서로 인정할 것인지 아니면 이를 비판하고 대상판결이 제시하는 새로운 방향의 적용을 제한하여야 할 것인지 이하에서 대상판결의 문제되는 판결이유에 대해 검토해 보기로 한다.

Ⅱ. 사안의 개요

1. 처분의 경위

이 사건 피고보조참가인 대한예수교장로회 사랑의 교회는 교회 건물 신축을 위해 2009년 6월 1일 당시 지구단위계획으로 지정되어 있던 서울 서초구 일대의 특별계획구역 Ⅱ 토지 6,861.2 ㎡를 매수하고 교회 건물의 신축을 위해 지구단위계획변경을 제안하였다. 이에 서울특별시장은 그 제안에 따라 특별계획구역 Ⅱ 지구단위 변경계획을 결정·고시하였다.

또한 이 사건 피고보조참가인은 지구단위변경계획에 따라 이 사건 도로 지하부분의 점용허가를 전제로 예배당 건축을 계획하고 피고 서초구청장에게 건축허가와 도로점용허가를 신청하였다. 이에 피고는 행정재산(도로)인 이 사건 서울 서초구 1541-1 지역 참나리길의 지하 부분에 시설물 설치를 위한 도로점용허가가 가능한지 유관부서에 여러 차례 질의 한 끝에 국토해양부로부터 도로점용허가가 재량행위라는 등의 회신을 받고 '사유지 폭 4m 도로에 대하여 기부채납할 것' 그리고 '건축하는 건물 안에(구립) 어린이집을 설치하고 기부채납할 것' 등을 전제로 주식회사 케이티, 서울도시가스 등 유관부서와 협의 하에 이 사건 도로점용허가처분과 건축허가처분을 하였다.

2. 소송의 경과

(1) 주민감사 청구의 경과와 주민소송의 제기

이 사건 도로점용허가처분과 건축허가 처분에 대하여 피고보조참가인에 대한 특혜 의혹이 제기되어 원고를 포함한 서초구 주민 293명은 서울시장에게 지방자치법 제16조 제1항에 따라 감사청구를 하면서 이 사건 도로점용허가처분에 대한 시정조치를 요구하였다. 또한 도로점용허가처분과 건축허가처분의 위법성을 언급하면서 감사결과 위법한 처분이 있었다면 이에 대한 시정조치가 필요함을 언급하였다.

감사결과 서울시장은 이 사건 도로점용허가처분이 위법·부당하다고 판단하고 2개월 이내에 도로점용허가처분을 시정하고 관계공무원에게 훈계 조치를 할 것을 요구하였다. 그러나 피고 서초구청장은 서울시장의 이러한 조치요구에 불복하며 주민소송의 결과를 기다려보겠다는 의사를 표시하였고 이에 원고들은 2012.8.29. 지방자치법 제17조 제1항에 따라 이 사건 주민소송을 제기하면서 도로점용허가처분의 무효확인 또는 취소를 구하고 동시에 건축허가처분의 취소 및 손해배상청구의 소 제기의 이행을 청구하였다.

(2) 대법원 환송판결까지의 소송의 경과

이 소송사건의 제1심 법원인 서울행정법원은 이 사건 건축허가처분과 도로점용허가처분은 주민소송의 대상인 '재산의 관리·처분에 관한 사항'에 해당하지 않는다고 하면서 원고들의 청구를 모두 각하하였다.[2] 또한, 이 소송사건의 항소심 법원인 서울고등법원도 제1심 판결을 인용하면서 원고들의 항소를 모두 기각하였다.[3]

그러나 이 소송사건의 상고심에서 대법원은 이 사건 처분이 지방

---

[2] 서울행정법원 2013.7.9. 선고 2012구합28797 판결
[3] 서울고등법원 2014.5.15. 선고 2013누21030 판결

자치법 제17조 제1항에서 주민소송으로 규정한 '재산의 취득·관리·처분에 관한 사항'에 해당하는지에 대하여 판단하면서 '도로 등 공물이나 공공용물을 특정 사인이 배타적으로 사용하도록 하는 점용허가가 도로 등의 본래 기능 및 목적과 무관하게 그 사용가치를 실현·활용하기 위한 것으로 평가되는 경우에는 주민소송의 대상이 되는 재산의 관리·처분에 해당한다'고 하면서 원심판결 중 피고 보조참가인에 대한 도로점용허가에 관한 주위적, 예비적 청구 및 도로점용허가와 관련된 손해배상 요구에 관한 청구 부분을 파기하고, 제1심 판결 중 이 부분을 취소하여 이 부분 사건을 서울행정법원에 환송하였다[4].

(3) 환송판결 이후의 소송의 경과

① 환송 후 제1심 판결[5]

환송 후의 제1심에서는 이 사건 주위적 청구인 무효확인청구에 대해서는 처분의 하자가 중대·명백하다고 할 수 없다고 판단하여 이를 기각하였다. 그리고 손해배상청구의 소 제기의 이행 부분에 대해서도 서초구청 공무원에게 고의·중과실이 있었다고 인정할 증거가 없고 피고보조참가인에게도 고의·과실이 있었음을 인정할 만한 증거가 없다고 하면서 이를 기각하였다.

그러나 이 사건의 예비적 청구인 도로점용허가처분 취소 청구와 관련하여서는, 공유재산에 영구시설물을 설치하지 못한다는 공유재산 및 물품관리법의 규정을 감안한 이익형량 과정에서 이 사건 처분이 비례·형평의 원칙을 위반한 위법이 있다고 판시하여 그를 취소하는 판결을 하였다.

---

4) 대법원 2016.5.27. 선고 2014두8490 판결
5) 서울행정법원 2017.1.13. 선고 2016구합4645 판결

② 환송 후 항소심 판결6)

환송 후 제1심 판결에 대해서는 피고와 피고보조참가인이 이에 불복하여 항소를 제기하였고 항소심 법원인 서울고등법원은 항소를 모두 기각하면서 판결이유에서 이 사건과 관련된 의미있는 법적 판단을 추가하였다. 특히 항소심 판결은 제1심 판결과 달리 이 사건 처분의 위법이유를 단순히 이익형량이 잘못되어 재량하자가 있는 것만으로 보지 않고 공유재산법 제13조의 영구시설물 축조금지에 관한 규정을 위반한 것으로 보았다. 즉 도로에 대하여도 공유재산법의 적용이 있는 것으로 보아 도로법이 공유재산법의 특별법으로서 도로에 관하여 공유재산법의 적용이 배제된다는 주장을 배척한 것이다.

항소심 판결에서 또한 특이한 점은 이익형량이나 사정판결 주장에 대한 판단에서 종교단체의 공익성을 분명한 어조로 부인하고 있다는 점이다. 종교단체를 사적 단체로 지칭하거나 종교인들의 활동에 공익성을 인정하지 못한다는 견해를 분명히 밝히고 있다.

또한 항소심 판결은 이 사건 도로점용허가처분이 이 사건 건축허가 처분과 반드시 단계적 관계에 있지 않다고 하고, 이 사건 도로점용허가처분이 별도의 주된 행위에 속하여 인·허가가 의제되지 아니하고 별개의 행위로서 별도의 인·허가 대상이 되는 한, 일련의 처분이 행정계획의 일환으로 이루어졌다고 하더라도 그에 대하여 계획재량을 인정하기 어렵고 개별행위로만 취급되어야 한다는 점을 밝히고 있다.

---

6) 서울고등법원 2018.1.11. 선고 2017누31 판결

Ⅲ. 대상판결의 중요 쟁점과 판단

1. 대상판결의 개요

이 사건의 최종심으로서 대법원은 피고와 피고보조참가인의 상고를 모두 기각하였다. 그러나 판결이유에서 대법원은 도로점용에 적용되는 법률에 관한 한 원심판결과는 달리 판단하였다.

대상판결에서 대법원은 항소심 판결과 달리 도로점용에 관한 한 도로법이 '공유재산 및 물품관리법'의 특별법으로서 '공유재산 및 물품관리법'의 규정 등에 대하여 우선적으로 적용되고 '공유재산 및 물품관리법'은 이에 적용되지 않는다고 판시하였다.

이에 따라 이 사건 처분이 취소되어야 한다는 원심판결은 유지되었으나 그 위법사유는 법령위반이 아니라 재량권의 일탈·남용만으로 확정되었다.

2. 주요 쟁점과 판단의 내용

대상판결 스스로가 제시하고 있는 이 판결의 중요 판시사항은 다음과 같다. 이하의 판시사항 중 중요부분은 뒤에서 자세한 평석의 대상으로 삼고 구체적인 평석의 대상으로 삼을 필요가 없는 부분에 대해서는 간단히 그에 대하여 논평함에 그치고자 한다.

여기에서는 대상판결이 제시한 쟁점의 순서에 따라 쟁점을 제시하고 간단히 논평하고자 한다.

(1) 취소판결의 기속력 및 행정행위의 확정력

대상판결은 취소판결의 기속력에 대하여 언급하면서 "어떤 행정처분을 위법하다고 판단하여 취소하는 판결이 확정되면 행정청은 취소판결의 기속력에 따라 그 판결에서 확인된 위법사유를 배제한 상태에서 다시 처분을 하거나 그 밖에 위법한 결과를 제거하는 조치를 할 의무가 있다(행정소송법 제30조)."라고 판시하였다. 이 판시에서 주목할 점은 판결의 기속력의 내용으로서 거부처분이나 절차적 위법으로 취소되지 아니한 이 사건의 경우에도 재처분의무를 언급하고 또한 결과제거의무 또는 원상회복의무를 기속력의 내용의 하나로 보았다고 이해될 수 있는 판시를 한 점이다. 대법원이 이 판시를 하면서 인용한 다른 대법원 판결[7]의 내용을 검토해 볼 때 대법원의 뜻은 아마도 원상회복의무를 기속력의 한 내용으로 제시하고 싶었던 것 같다. 그런데 이러한 판시는 현재의 이론체계에서는 획기적인 의미가 있다. 그러나 이것은 후술하는 바처럼 취소소송의 본질에 비추어 본질적인 문제를 유발한다.

한편, 대법원은 행정행위의 확정력의 의미를 설시하면서 그것은 불가쟁력을 의미할 뿐, 학설의 일부가 주장하는 기결력이나 규준력 또는 그를 의미하는 구속력의 실질을 가지지는 않는다는 점을 분명히 하였다. 즉 대법원은 "행정처분이 불복기간의 경과로 인하여 확정될 경우 그 확정력은, 처분으로 인하여 법률상 이익을 침해받은 자가 해당 처분이나 재결의 효력을 더 이상 다툴 수 없다는 의미일 뿐, 더 나아가 판결에 있어서와 같은 기판력이 인정되는 것은 아니어서 처분의 기초가 된 사실관계나 법률적 판단이 확정되고 당사자들이나 법원이 이에 기속되어 모순되는 주장이나 판단을 할 수 없게 되는 것은 아니다." 라고 하였다.

(2) 주민소송의 소송물

대상판결은 지방자치법상의 주민소송에서 다툼의 대상 곧 소송물이 되는 처분의 위법성은

"행정소송법상 항고소송에서와 마찬가지로 헌법, 법률, 그 하위의

---

7) 대법원 2015.10.29. 선고 2013두27517 판결

법규명령, 법의 일반원칙 등 객관적 법질서를 구성하는 모든 법규범에 위반되는지 여부를 기준으로 판단하여야 하는 것이지, 해당 처분으로 지방자치단체의 재정에 손실이 발생하였는지 만을 기준으로 판단할 것은 아니다."라고 판시하였다. 이 쟁점은 사실 '주민소송의 대상'이라는 쟁점과 혼동되기 쉬우나 주민소송의 대상의 문제는 본안 전의 문제이고 이 문제는 본안 후의 문제라는 점에서 엄밀히는 구별된다고 할 것이다. 어쨌든 주민소송의 소송물에 대한 이와 같은 판시는 주민소송이 항고소송의 형태로 제기된 이상 정당한 것으로 생각되어 판례평석의 대상으로 삼지는 않기로 한다.

(3) 도로법과 공유재산 및 물품관리법의 경합과 법해석

대상판결은 항소심 판결과 달리 도로법과 '공유재산 및 물품관리법'의 관계가 특별법, 일반법의 관계가 있음을 들어 도로점용에 있어서는 '공유재산 및 물품관리법'이 적용되지 않음을 분명히 하였다. 환송 전 제1심은 '공유재산 및 물품관리법'을 고려하여 이익형량을 하여야 한다는 취지로 판시한데 비하여 환송 후 항소심은 '공유재산 및 물품관리법'의 적용이 있다고 하는 등 혼선이 있었는데 대상판결이 분명하게 도로점용에 적용될 법령을 분명히 한 것이다. 대상판결은 '공유재산 및 물품관리법' 규정 위반 여부를 이익형량 과정에서 고려하여야 한다는 언급도 하지 않았으므로 환송 전 제1심 판결과도 입장이 다소 다르다고 할 수 있다.

도로법과 '공유재산 및 물품관리법'에 대한 대법원의 논거가 분명하고 이론의 여지가 많지 않으므로 이 쟁점은 구체적인 판례평석의 대상으로는 삼지 않기로 한다.

(4) 재량권 행사의 하자

대상 판결이 이 사건 처분을 위법하다고 판단한 논거는 결국 재량권 행사에 하자가 있다는 점에 근거한 것이다.

대상판결은 피고 보조참가인이 지구단위계획구역으로 지정되어 있던 토지에서 예배당, 성가대실, 방송실과 같은 지하구조물 설치를 통한 지하의 점유를 하게 되면 "원상회복이 쉽지 않을 뿐 아니라 유지·관리·안전에 상당한 위험과 책임이 수반되고, 이러한 형태의 점용을 허가하여 줄 경우 향후 유사한 내용의 도로점용허가신청을 거부하기 어려워져 도로의 지하 부분이 무분별하게 사용되어 공중안전에 대한 위해가 발생할 우려가 있으며, 위 도로 지하 부분이 교회 건물의 일부로 사실상 영구적·전속적으로 사용되게 됨으로써 도로 주변의 상황 변화에 탄력적·능동적으로 대처할 수 없게 된다"는 등의 사정을 들어, 위 도로점용허가가 비례·형평의 원칙을 위반하였다고 본 원심판단을 지지하였다. 그리고 이러한 대상판결의 이익형량에 대한 기본적인 입장은 이 사건 상고이유 중 사정판결에 대한 주장에 대한 판단에서의 이익형량의 기반이 되고 있다.

이러한 대상판결의 취지 자체의 정당성은 별론으로 하더라도 대상판결이 지지한 원심법원의 이익형량이 종교단체의 공익성을 부인하고 도로점용허가를 지구단위계획과 분리시켜 별도로 취급하여 이익형량을 한 점 등의 면에서 그 이익형량이 정당하였는지에 대한 검토가 필요하다고 본다.

(5) 쟁송취소에서의 취소권의 제한과 신뢰보호

대상판결은 "수익적 행정처분에 대한 취소권 등의 행사는 기득권의 침해를 정당화할 만한 중대한 공익상의 필요 또는 제3자의 이익보호의 필요가 있는 때에 한하여 허용될 수 있다는 법리는, 처분청이 수익적 행정처분을 직권으로 취소·철회하는 경우에 적용되는 법리일 뿐 쟁송취소의 경우에는 적용되지 않는다."라고 판시하였다. 이것은 취소권의 제한의 법리 및 신뢰보호의 원칙의 적용영역을 제한하는 중대한 선

언이다. 그러나 이러한 중대한 선언을 하면서 대법원은 그 논리적 근거
에 대해서는 전혀 밝히지 않고 있다. 대법원의 이러한 판단을 법치주의
와 신뢰보호의 원칙 등 헌법원리와 행정법의 기본원리의 관점에서 수용
할 수 있는지 검토해 보아야 할 것이다.

(6) 명확성원칙과 보충적 법해석

대상판결은 명확성원칙의 적용과 보충적 해석과 관련하여 의미있
는 판시를 하였다. 대상 판결은 "법문언에 어느 정도의 모호함이 내포
되어 있다고 하더라도 법관의 보충적인 가치판단을 통해서 법문언의 의
미 내용을 확인할 수 있고 그러한 보충적 해석이 해석자의 개인적인 취
향에 따라 좌우될 가능성이 없다면 명확성원칙에 반한다고 할 수 없
다."고 하였다. 이러한 관점에서 대상판결은 주민소송의 대상에 대한
"지방자치법 제17조 제1항 중 '재산의 취득·관리·처분에 관한 사항'
부분은 명확성원칙에 반하지 아니한다."고 판시하였다.

이 판시는 법해석이 해석자의 개인적 취향에 좌우될 가능성이 있
어서는 안된다는 점을 선언하였다는 점에서 고무적이다. 다만 학문적으
로는 그러한 가능성을 차단하기 위한 법해석방법론이 구체적으로 제시
되고 있다는 점8)에서 향후 이에 대한 대법원의 입장이 더 구체화되기
를 희망하는 마음이다.

3. 대상판결의 다른 쟁점

이상과 같은 대상판결이 스스로 제시한 대상판결의 중요쟁점 이외
에도 이 사건 전반을 관통하는 다른 쟁점들이 있다.

---

8) Cass R. Sunstein, Interpreting Statute in the Regulatory State, 103 *Harvard Law
Review*, 4, 1989. 4ff. 참조 또한, 졸저,『행정법과 규제정책』, 개정증보판, 삼원사,
2017, 53면 이하, 66-67면 및 68면 이하 참조.

대상판결이 있기까지 이 사건을 대상으로 모두 5개의 판결이 있었으므로 이 사건에는 대상판결이 중요쟁점으로 삼지 않은 다른 쟁점들도 존재한다. 그러나 이 판례평석에서는 원칙적으로 대상판결의 쟁점만을 다루고자 한다. 즉, 이미 앞선 관련 판결에서 검토되고 해결된 쟁점이 아니라 대상판결에서 부각되지는 않았으나 이 사건 전반을 관통하는 핵심적 쟁점을 추가적으로 다루고자 한다.

이하에서 서술하는 사항들이 대상판결이 암묵적으로 판단하고 있거나 또는 미처 부각시키지 못한 대상판결의 주요 쟁점이 될 수 있다고 생각한다.

(1) 사회적 공공성과 공익

이 사건 판결에서 대법원은 분명한 의견을 제시하지는 않았으나 원심법원이 전제하고 있는 종교단체와 그 활동의 공공성과 공익성에 대한 판단을 그대로 유지하고 있다. 대상판결의 이익형량에 대한 판단은 이러한 공공성과 공익성에 대한 판단에 근거하고 있고 그 판단은 이 사건 처분의 위법성의 근거가 된 재량의 일탈·남용에 대한 판단, 나아가 사정판결에서의 이익형량에까지 영향을 미쳤다고 생각된다.

원심법원 판결은 문제되는 종교단체와 그 활동의 공익성에 대해 보다 분명한 어조로 판단하고 있는데 원심법원은 종교단체인 피고보조참가인의 공공성을 거의 인정하지 않았다. 원심법원은 피고보조참가인의 도로점용이 '사적 이용'이라는 점을 분명히 하고 있으며 피고보조참가인을 '사인' 또는 '사적 종교단체'라고 지칭하고 있다.

그러나 종교단체가 단순한 사인인지 그리고 그 활동을 공공성이 없는 단순한 사적 활동이라고 할 수 있는지에 대해서는 전반적인 국가법체계 등과 관련하여 신중한 검토가 필요하다고 본다. 특히 종교단체와 그 활동의 공공성과 공익성을 부정하는 것은 공공성과 공익성의 원천을 국가에 국한한다는 의미가 될 수도 있어서 과연 그러한 판시를 어떻게 이해하여야 할 것인가 하는 것이 국가 가치체계 전반에 큰 의미를 가진다고 본다.

(2) 행정계획의 일환으로 행해진 개별처분에서의
재량의 법적 성격

대상판결에서 문제된 도로점용허가처분은 지구단위계획이라는 도시계획의 일환으로 이루어진 것이다. 그런데 대상판결은 도로점용허가처분을 그와 밀접한 관련이 있는 건축허가처분과도 절연시켜, 그 재량행사에 대한 판단에 있어 행정계획에서의 재량이라는 관점에서의 고려를 하지 않았다. 행정계획으로 인하여 이루어진 개별처분에 대한 재량하자의 판단에서 행정계획과의 관계를 절연하고 판단하는 대상판결의 이러한 입장이 과연 행정계획이라는 행위형식에 대하여 별도의 법리를 전개하고 있는 오늘날의 일반적인 행정법학에 비추어 정당화될 수 있을 것인지가 문제이다. 만약 대상판결과 같은 결론을 일반화한다면 과연 행정계획에 광범위한 형성의 자유를 인정하고자 하는 현대 행정법학의 취지는 유지될 수 있을 것인지 진지한 검토가 필요하다.

Ⅳ. 평석

1. 서설

앞에서 대상판결의 드러난 쟁점과 숨은 쟁점을 살펴보면서 각 쟁점이 가지는 의미에 대해 간략히 살펴보았다. 이하에서는 이러한 쟁점 가운데에서 특별히 행정법학의 관점에서 큰 의미를 가지는 것을 중심 대상으로 하여 논평에 임하고자 한다.

대상 판결의 평석에서 평석자가 고심한 것은 대상판결과 관련되는 법적 분쟁이 아직도 다른 형태로 진행되고 있다는 점이다. 이 평석은 진행되고 있는 법적 분쟁에 미치는 영향을 최소화하는 것이 마땅하다고 생각하면서 어디까지나 학문상 그리고 강학상 중요한 의미를 가지는 쟁점만을 검토하는 것을 목표로 삼았다.

이러한 관점에서 여기에서는 대상판결이 제시한 쟁점의 순서가 아니라 평석자가 보기에 학문적 의미에서 국가의 가치체계와 행정법질서에 중요한 의미를 가지는 순서대로 중요 쟁점들을 검토해 보기로 한다.

2. 사회적 공공성의 개념과 공익판단

앞에서 살펴본 바와 같이 대상판결은 종교단체를 사인 또는 사적 단체라고 하고, 종교단체의 활동의 공공성 또는 공익성을 인정하지 않는 전제에 서있다. 이것은 오늘날의 우리 종교단체들이 세습이나 사유화 등으로 논란을 빚은 현상과 밀접한 관계가 있다고 본다. 그러나 종교단체들의 세습이나 사유화가 공론에서 비판을 받는다는 사실은 그만큼 종교단체는 공공성이 있고 그러한 공공성을 외면한 일부 종교단체의 행태는 사회적으로 공분의 대상이 되고 있다는 것을 반증하는 것이다. 역설적으로 종교단체의 문제는 오히려 공공성의 회복을 통해 해결되어야 할 것이지 공공성을 부인하여 그 활동을 사적 영역으로 내몰아서 해결할 일이 아니라고 본다.

현대 공법학에서의 공공성이나 공익개념의 논의에서도 종교단체의 공익성은 여전히 인정되어왔다. 현대 공법학에서 공익은 다양한 원천과 타당영역을 가진다.9) 공익의 전제가 되는 공공성은 국가영역에서만 발생하는 것이 아니다.10) 공공성이 국가적 영역에만 존재한다는 것은 이

---

9) 최송화, 『공익론－공법적 탐구－』, 서울대학교 출판부, 2002, 258면
10) Peter Häberle, *Öffentliches Interesse als jusirtisches Problem*, Athenäum Verlag· Bad Homburg, 1970, S.25f, S.468f.

미 지양된 낡은 이론이다. 공공성에 대한 다원적 이해는 이미 20세기에 풍미한 사상이다. 독일의 경우를 소개하면, 먼저 Smend의 통합이론은 헌법을 통합의 과정에 관한 법이라 하여 동태적이고 유연하며 스스로 보충되며 변천되는 것이라고 하면서 국가의 고정적 실체성을 부정하며 국가와 사회의 이원론적 구별을 부정하였다[11]. 또한, 독일의 유명한 철학자 Habermas는 '공공성의 구조변동'[12]이라는 유명한 저작을 통해 산업사회에서 국가와 관련된 모든 단체나 조직에까지 정치적 공공에 대한 비판적 기능을 영위하도록 하고자 하였으며 이에 이들 단체와 조직에 공공성의 핵심적 지표인 공개원칙의 적용을 확대할 것을 주장하였다. Habermas의 이러한 주장은 개념사적으로 공법이론의 공공성 개념에서 공개성이 중요요소로 평가된 것과 관련이 있다.[13] 예컨대 Wolfgang Martens는 공공성과 관련되는 öffentlich의 의미를 불특정다수인에게 접근 가능하거나 인지되어 질 수 있는 것으로 다루고 있다.[14]

그리고 Häberle의 '법적 문제로서의 공익'등의 논의에서도 모두 국가영역이 아닌 사회영역에서의 '사회적 공공' 역시 공익의 원천이 될 수 있음을 말하고 있다.[15]

이러한 사회적 영역에서의 공공성 개념 곧 '사회적 공공성'의 개념은 법학이나 사회학, 철학이론으로만 주장되어진 것이 아니라 이미 우리 시민사회(시민단체 포함)의 작동원리가 되고 있고 법령에도 반영되어 있는 것이 현실이다. 그래서 현행 비영리민간단체지원법은 비영리민간

---

11) 이러한 논의와 Smend의 통합이론에 대하여 허영, 『헌법이론과 헌법(상)』, 박영사,1989,14면이하; 허영, 『헌법이론과 헌법(중)』, 박영사, 1988 32면 이하; 허영, 『헌법이론과 헌법(하)』, 박영사, 1988, 29면 이하 참조.

12) Jürgen Habermas, *Strukturwandel der Öffentlichkeit: Untersuchungen zu einer Kategorie der bürgerlichen Gesellschft*, 5 Aufl., Hermann Luchterland Verlag, 1971.

13) 최송화, 앞의 책, 107면 이하.

14) 최송화 앞의 책, 108면 및 그에 인용된 Wolfgang Martens, *Öffentlich als Rechtsbegriff*, Gehlen, 1969, SS. 42−80.

15) 서원우, "사회국가원리와 공법이론의 새로운 경향", 『행정법연구 Ⅰ』, 1986. 8면 이하

단체가 공익을 추구하는 단체임을 명시하고 있다16)

　교회와 같은 종교단체는 비국가적 공공성의 영역에서 대표적인 공익활동의 주체라고 할 수 있다. 종교단체 역시 자발적 토대 위에서 이루어진 비국가적이고 비경제적인 결사로서 시민사회의 제도적 핵심을 이루는 것 중의 하나인 것이다.17) 이런 까닭에 우리 법은 종교단체에 대해서도 '전통사찰보존 및 지원에 관한 법률'18)이나 법인세법 등을 통해 공익의 주체임을 전제로 보호하고 있는 것이다. 특히 법인세법 제24조 제4항은 '종교(등)의 공익성을 고려하여 대통령령으로 정하는 기부금'이라는 표현을 사용함으로써 종교단체가 공익성을 가진다는 것을 명문으로 밝히고 있다. 종교단체의 공공성과 공익성을 부정한다면 '부처님 오신 날'과 크리스마스를 공휴일로 지정하는 것도 근거가 박약한 일이 될 것이며 오늘날 수많은 사회복지 프로그램이 종교단체의 참여 하에 이루어지고 있는 것을 외면하는 일이 될 것이다.

　이상에서 살펴본 바와 같이 현대국가에서의 공공성 개념과 공익개념이 종교단체의 공공성과 공익성에 주목하고 있음에도 불구하고 대상판결이 이 사건 피고보조참가인이 종교단체임에도 불구하고 그 공공성과 공익성을 부인한 가운데 이익형량에 임한 것은 현대 국가에서 철학적, 사회학적으로 그리고 법이론적, 실정법 체계적으로 맞지 않다.

　더구나 피고보조참가인은 이 사건 건물 안에 구립 어린이집을 기부채납하였다. 어린이집은 공공성 개념의 핵심인 공개성의 관점에서 볼 때 불특정다수의 어린이의 이용이 가능한 기관으로서 그 자체가 지방자

---

16) 제2조 이 법에 있어서 "비영리민간단체"라 함은 영리가 아닌 공익활동을 수행하는 것을 주된 목적으로 하는 민간단체로서 다음 각 호의 요건을 갖춘 단체를 말한다.
17) 교회의 공론장으로서의 기능을 거론한 것으로 Jürgen Habermas, *Faktizität und Geltung*, Suhrkamp, 1998, S.452.
18) '전통사찰보존에 관한 법률'은 불교 보호가 아니라 문화재 보호를 위한 법률이라는 인식을 가질 수 있으나 법률의 구체적 내용은 문화재만을 보호하는 것이라고 볼 수 없고 불교 보호의 취지를 동시에 가지고 있다고 생각된다.

치단체의 활동과 관련된다.

대상판결은 결국 교회라는 공론장을 공론장으로 인정하지 않고 어린이집의 공익성조차도 이익형량에서 깊이 고려하지 않은 것이 아닌가 우려된다.

대상판결의 종교단체에 대한 이러한 태도는 오늘날 우리 사회에서 보여준 종교단체의 사유화 등의 문제점을 배경으로 한 것일지도 모른다. 그렇다 하더라도 대상 판결이 제시하고 있는 문제 해결의 방향은 적절하지 않다고 본다. 종교단체의 공공성과 공익성을 부정하고 종교단체의 공론장으로서의 기능을 박탈하는 것 보다는 종교단체의 공공성을 강조하고 그에 따라 종교단체의 사유화나 부조리를 공공적 관점에서 견제하여 종교단체의 건전한 공론장으로서의 기능을 회복하도록 하는 것이 국가적 관점에서 문제 해결의 바른 방향이 아닌가 한다.

3. 쟁송취소에서의 이익형량과 신뢰보호원칙

대상판결은 "수익적 행정처분에 대한 취소권 등의 행사는 기득권의 침해를 정당화할 만한 중대한 공익상의 필요 또는 제3자의 이익보호의 필요가 있는 때에 한하여 허용될 수 있다는 법리는, 처분청이 수익적 행정처분을 직권으로 취소·철회하는 경우에 적용되는 법리일 뿐 쟁송취소의 경우에는 적용되지 않는다."고 판시하였다. 대상판결의 표현은 직접적으로 '취소권의 제한'이나 '신뢰보호의 원칙'을 언급하지 않고 동일한 사항을 에둘러 표현하고 있지만 실상 이 판시는 쟁송취소에는 신뢰보호를 하지 않으며 따라서 이익형량도 별로 중요하지 않고 '취소권의 제한' 법리가 적용되지 않는다는 말에 다름 아니다.

그러나 대상판결은 이러한 중대한 법리를 제시하면서 그 이유에 대해 아무런 논증도 제시하지 않는다. 다만 대법원 1991.5.14. 선고 90누9780 판결을 인용하고 있을 뿐이다. 그러나 이 인용된 판례에서도 쟁송취소에는 신뢰보호원칙을 적용할 수 없다거나 취소권이 제한되지 않는다는 법리는 전혀 언급되지 않고 있다. 단순히 취소권의 제한의 법리를 판시하고 있을 뿐이다. 오히려 대상판결이 인용된 판례의 적용범위를 직권취소에 국한 시키는 실질적인 판례변경을 하였다는 점이 문제이다.

　그런데 취소권 제한의 배경을 이루는 것은 헌법에서 도출되는 넓은 의미에서의 신뢰보호원칙이라고 할 수 있다. 그동안 대법원은 신뢰보호원칙에 대해 이는 "헌법의 기본원리인 법치주의 원리에서 도출되는" 것이라고 지속적으로 판시하여 왔다.[19] 즉, 대법원은 다수 학설의 견해와 같이 신뢰보호원칙을 법치주의의 요청에 따른 법적 안정성의 가치에서 비롯되는 것으로 이해하고 있는 듯하다. 이러한 대법원의 입장에 따르면 신뢰보호원칙은 헌법에서 도출되는 것이다. 따라서 이러한 신뢰보호원칙이 쟁송취소에 적용되지 않는다면 국가법체계에 심각한 혼란이 발생한다. 행정청은 신뢰보호원칙을 따라야 하지만 법원 등의 쟁송기관은 신뢰보호원칙을 따를 필요가 없다는 것은 정당화되기 어려운 주장이다. 더구나 신뢰보호원칙을 헌법에서 기인한 원칙으로 보면서도 쟁송기관에 의한 취소에는 적용하지 않는다는 것은 도저히 납득할 수 없다.

　대법원이 명시적으로 제시하지는 않았지만 이러한 판시의 논리적 근거로서 생각해 볼 수 있는 것은 쟁송취소는 보통은 행정행위의 상대방이 원하는 취소이므로 신뢰보호를 거론할 필요가 없는 경우가 대부분이라는 점이다. 그리고 아마 대법원은 제3자가 소송을 제기한 경우에 제3자의 이익도 고려하여야 한다는 점을 생각하였을지도 모른다. 그러나 쟁송취소의 경우에도 제3자가 소송을 제기한 경우 등은 여전히 신뢰보호원칙을 적용하고 취소권을 제한할 여지가 있다. 또한 제3자가 소송

---

19) 예컨대 대법원 2007.10.12. 선고 2006두14476 판결

을 제기한 경우에 제3자의 이익을 고려할 필요가 있다고 하여 취소권의 제한 법리의 적용을 배제하고 수익처분의 상대방의 이익을 전혀 고려하지 않는 것은 법리적으로 납득하기 어렵다.

제3자의 소송제기에 의한 쟁송취소의 존재를 고려하면 쟁송취소에는 취소권의 제한이나 신뢰보호에 관한 법리의 적용이 없다고 하는 주장은 '성급한 일반화'에 해당한다고 할 수 있다.

이 사건은 행정행위의 상대방이 원하는 취소가 아닌 수익적 행정처분의 취소로서 제3자에 의하여 취소가 청구된 것이다. 따라서 법적 안정성이라는 법치주의의 가치로부터 도출되는 신뢰보호의 원칙과 취소권의 제한의 법리의 적용이 배제될 아무런 이유가 없다.

4. 행정계획의 일환으로 이루어진 개별 처분에 대한 이익형량

이 사건 도로점용허가처분은 전체적으로 지구단위계획이라는 행정계획의 일환으로 이루어진 것인데 대상판결은 도로점용처분은 개별행위라는 이유로 행정청의 폭넓은 재량을 인정하는 계획재량에 해당하는 것이 아니라는 원심의 판단을 유지하였다.

이러한 대법원의 입장은 행정계획과 그에 따른 개별행위의 재량행사에 중요한 의미를 가지는 것이라고 할 수 있다. 행정계획과 개별행위는 분명히 구별될 수 있는 것임에는 틀림없다. 따라서 아무리 행정계획에서 예정된 사항이라 하더라도 개별 처분의 법적 요건을 갖추지 못하면 그러한 개별 처분은 위법한 것이다. 그러나 이러한 개별처분의 독자성은 재량행사에서도 유지되어야 하는 것일까? 개별처분이 법령위반 사항이 없고 재량적 판단의 대상이 될 때 그 재량행사에서는 행정계획과의 관련성 즉, 행정계획을 실현하는 다른 행정처분과의 관련성 하에 검토되어야 하는 것은 아닐까? 만약 그 개별처분이 행정계획을 실현하는 것이라 하더라도 다른 행정계획의 실행행위와 아무런 관계가 없다면 다른 실행처분들을 고려하지 않은 재량권 행사가 가능하다고 할 것이다. 그러나 개별처분이 행정계획에 나타난 다른 처분과 긴밀한 관련을 가지고 있는 것임에도 재량행사에서 개별처분의 독자성에 기한 판단만을 하여야 한다고 할 수는 없다고 본다.

그러므로 대상판결의 취지가 정당화되려면 도로점용허가처분이 행정계획을 이행하기 위한 다른 처분과 아무런 관계가 없는 독자적인 것일 것이 요구된다.

그러나 이 사건 도로점용허가처분이 건축허가처분과 밀접한 관련이 있다는 것은 명백하다. 한 가지 사실 만으로도 이것의 입증이 가능하다고 본다. 즉, 도로점용의 근거가 되는 도로(참나리길) 기부채납의 부관이 건축허가의 부관으로 되어 있다. 더구나 대상판결은 스스로 이 사건 도로점용허가처분이 이 사건 건축허가처분과 밀접한 관련을 가지고 있다는 점을 인정하기도 한다. 즉, 대상판결은 기속력의 효과로서 판시한 것은 아닌 것 같으나 대상 판결과 관련하여 행정청에게 이 사건 처분과 밀접한 관련이 있고 이미 제소기간이 도과하여 형식적으로 확정된 건축허가처분의 취소와 변경의 의무 까지 있다고 설시하고 있는데 이것은 대상판결의 재판부가 이 사건이 행정계획의 일환으로 이루어졌고 건축허가처분과 떼려야 뗄 수 없는 밀접한 관계가 있다는 것을 인정한 셈이 된다.

그럼에도 불구하고 대상판결이 이 사건 처분에 대한 재량 판단에 있어서 행정계획 전반에 걸치는 계획재량과 관련되는 고려를 하지 않는 것이 옳다는 입장을 취한 것은 문제라고 본다.

향후 이 쟁점에 대한 대상판결의 취지를 일반적으로 행정계획과 그 실현을 위한 처분들에 적용한다면, 행정계획과 관련된 일련의 처분 중 행정계획 전체와 관련이 있는 처분 하나에 대해서는 계획재량의 법리가 적용되지 않아 하나의 처분만을 고려한 재량하자 판단만으로 행정계획 전반을 도외시하는 법적 판단이 이루어질 수 있고 결국은 행정계획 전반을 무위로 돌릴 수 있다는 결과도 야기할 수 있을 것이다.

또한 이 분쟁사건에 국한하여도 대상판결이 요구하는 것은 결국 건축허가는 적법하지만 지하주차장은 허락할 수 없으니 건축도 변경하고 지하주차장 없이 건물을 사용하라는 취지가 된다. 이것은 지구단위계획 전반을 변경하지 않으면 안되는 사항인데도 대상판결은 그 계획의 실행행위인 도로점용허가 처분의 재량하자를 논하면서 계획과 관련되는 재량적 고려를 하지 않는 것이 정당하다는 결론을 제시한 것이다.

5. 판결의 기속력과 재처분의무 및 원상회복의무

대상판결은 "어떤 행정처분을 위법하다고 판단하여 취소하는 판결이 확정되면 행정청은 취소판결의 기속력에 따라 그 판결에서 확인된 위법사유를 배제한 상태에서 다시 처분을 하거나 그 밖에 위법한 결과를 제거하는 조치를 할 의무가 있다(행정소송법 제30조)." 라고 판시하였다. 이것은 행정소송법의 규정에 없는 일반적인 재처분의무 그리고 결과제거의무(원상회복의무)를 판결의 기속력의 내용으로 선언한 것으로 보이지만, 만약 그렇다면 이를 기존의 취소소송의 체계에 비추어 조화롭게 해석할 방법을 찾기가 어렵다.

(1) 판결의 기속력과 소송물의 관계

판결의 효력은 소송물과 떼려야 뗄 수 없는 관계에 있다. 다투어진 내용에 대해서만 판결의 효력이 미친다는 것은 소송과 판결에 있어 그다지 설명할 필요가 없는 당연한 이치이다. 우리 행정소송법에는 이를 명문의 규정으로 밝히고 있지는 않지만 독일 행정법원법 제121조는 이

점을 명문으로 분명히 하고 있다.[20] 요컨대, 다투어지지 않은 사항에 대해서는 법이 특별히 예외적으로 규정하지 않은 한 판결의 기속력을 인정할 수 없다.

우리 행정소송법 제30조 제2항과 제3항의 재처분의무에 대한 규정은 그러한 예외적인 규정에 속한다. 이 조항들은 형식상 소송물에 해당하지 않는 사항(재처분의무)에 대한 예외적인 기속력을 인정하고 있는 것이다. 그러나 이 조항에 규정된 재처분의무도 소송상 직접 거론되지 않았을 뿐 소송물에 대한 판단의 결과인 취소에 따른 당연한 논리적 귀결이므로 그 분쟁의 실체가 소송에서 다투어지지 않았다고 할 수는 없다.

그러나 대상판결은 이러한 행정소송법 제30조 제2항과 제3항에 해당하는 사항과는 확연히 다른 전혀 다투어지지 않은 재처분의무와 결과제거의무를 언급하고 있어서 문제이다.

(2) 취소소송의 판결의 기속력과 재처분의무

대상판결의 판시는 비록 행정소송법 제30조를 인용하고는 있으나 행정소송법 제30조에는 규정되고 있지 않은 내용의 기속력에 따른 재처분의무를 말하고 있다. 먼저 대상판결은 "취소판결의 기속력에 따라 그 판결에서 확인된 위법사유를 배제한 상태에서 다시 처분"을 하여야 한다고 한다. 그러나 이것은 행정소송법 제30조를 넘어서는 판결의 기속력을 인정한 것이다. 행정소송법 제30조 제2항과 제3항이 재처분의무를 규정하고 있는 것은 사실이다. 그러나 그것은 거부처분이 취소된 경우와 '절차를 위법으로' 처분이 취소된 경우에 국한된다. 그런데 대상판결이 취소하고 있는 도로점용허가처분은 거부처분도 아니고 절차를 위법

---

20) Rechtskräftige Urteile binden, soweit über den Streitgegenstand entschieden worden ist, ---(이후 생략) Kopp/Schenke, *Verwaltungsgerichtsordnung Kommentar*, 23 Aufl., 2017, S.1554f. 참조

으로 취소되는 경우도 아니다. 그럼에도 불구하고 대법원이 재처분의무를 인정한 것은 어떤 처분을 염두에 둔 것인지 가늠하기 어렵다. 만약 그것이 건축허가의 취소·변경처분 등의 다른 처분을 할 의무를 말한다고 하면 그것은 판결의 기속력에 관한 행정소송법의 규정을 넘어서는 판시를 한 것이라고 보아야 한다.

건축허가의 취소나 변경처분 등은 이 사건 소송의 소송물에 해당되지 않는다. 그런데 소송물의 범위에도 들지 않아 전혀 다투어지지도 않은 사항과 관련하여 판결의 효력으로서의 재처분의무가 있다고 하는 판시는 취소소송의 기속력의 법리를 전혀 고려하지 않은 것으로서 이해하기 어렵다.

(3) 취소소송의 판결의 기속력과 결과제거의무(원상회복의무)

대상판결은 또한 (기속력에 따라) "그 밖에 위법한 결과를 제거하는 조치를 할 의무가 있다."라는 판시를 하고 있다. 그러나 이 역시 판결의 기속력에 대한 행정소송법 제30조의 규정에는 존재하지 않는 내용이다.

여기서 결과를 제거하는 조치는 이 사건의 경우에는 직접 원상회복을 의미하는 것일 수는 없다. 원상회복의 주체가 피고보조참가인이 되기 때문이다. 그러니 이 조치의무는 피고보조참가인에게 원상회복을 명할 의무를 의미한다고 보아야 할 것이다. 어쨌든 대상판결은 판결의 기속력의 객관적 범위인 '기본적 사실관계의 동일성'의 범위를 훨씬 넘어서는 사항에 대한 판결의 기속력을 인정한 셈이다.

대상판결은 이와 관련하여 다른 대법원 판결을 인용하고 있는데 대상판결이 인용하고 있는 대법원 2015.10.29. 선고 2013두27517 판결은, 다소 오해의 여지는 있지만, 취소소송에서의 판결의 기속력의 내용에 대한 것이 아니다. 그것은 단지 소의 이익에 대한 판단에서 원상회복이 불가능한 경우에는 취소소송의 소의 이익을 부정할 수도 있음을 판시하고 있는 것에 불과하다.[21] 2013두27517 판결이 인용하고 있는 2004두13219 판결[22]도 마찬가지이다.

　　오히려 대법원 2019.6.27. 선고 대법원 2018두49130 판결이 판결의 기속력에 따른 결과제거의무를 먼저 판시한 바 있다[23]. 그러나 대법원 2018두49130 판결의 경우와 대상판결의 경우는 비교대상으로 삼기 어렵다. 대법원 2018두49130 판결의 경우 공표의 취소에 따라 그에 대한 결과제거를 말하고 있는데 대법원이 공표의 처분성을 인정하게 됨에 따라 이러한 혼란은 당연히 예상되는 것이었다. 공표의 취소는 잘못된 공표에 대한 해명광고가 수반되지 않으면 아무런 의미가 없는 것이므로 공표의 처분성을 인정하는 한 이러한 해명광고의무라는 예외적인 기속력을 인정할 수밖에 없고 그렇게 한다고 하여 그다지 큰 혼란을 가져오지는 않는다. 무엇보다도 판결의 취소에 따른 해명광고 등의 조치를 하는데 별다른 행정청의 재량의 여지가 없고 별도의 법적, 사실적 판단을 필요로 하지 않기 때문이다. 물론 바람직하기는 행정소송법 개정시에 이와 같은 예외적인 기속력 인정에 대한 법적 근거를 두도록 하여야 할 것이다.

　　그러나 대상판결의 사건의 경우에는 행정청의 처분취소에 따른

---

21) 대법원 2015.10.29. 선고 2013두27517 판결. 문제되는 내용은 다음과 같다. "위법한 행정처분의 취소를 구하는 소는 위법한 처분에 의하여 발생한 위법상태를 배제하여 원상으로 회복시키고 그 처분으로 침해되거나 방해받은 권리와 이익을 보호·구제하고자 하는 소송이므로, 비록 그 위법한 처분을 취소하더라도 원상회복이나 권리구제가 불가능한 경우에는 그 취소를 구할 이익이 없다고 할 것이지만(대법원 2006. 7. 28. 선고 2004두13219 판결 등 참조), 그 취소판결로 인한 권리구제의 가능성이 확실한 경우에만 소의 이익이 인정된다고 볼 것은 아니다."

22) 대법원 2006. 7. 28. 선고 2004두13219 판결.

23) "병무청장이 인터넷 홈페이지 등에 게시하는 사실행위를 함으로써 공개 대상자의 인적사항 등이 이미 공개되었더라도, 재판에서 병무청장의 공개결정이 위법함이 확인되어 취소판결이 선고되는 경우, 병무청장은 취소판결의 기속력에 따라 위법한 결과를 제거하는 조치를 할 의무가 있으므로"(대법원 2019. 6. 27. 선고 2018두49130 판결)

조치에 재량이나 법적용과 해석에서의 판단여지 그리고 별도의 법적, 사실적 판단을 필요로 할 수 있다. 결과제거명령을 할 것인지 다른 조치를 할 것인지 그리고 결과제거명령을 할 수 있는 법적 요건은 충족시켰는지에 대한 판단이 필요하며 그에는 재량이나 판단여지가 인정될 여지도 있다. 더구나 결과제거명령의무에 대해서는 이 사건 소송상 다투어진 바도 없고 소송물에 포함되지도 않는 것이다. 사정이 이러한데 대상판결이 결과제거에 대한 의무를 기속력의 이름으로 명한다는 것은 소송제도의 자기부인이 될 수 있고 권력분립원칙 위반에 해당할 수도 있다.

이론상 취소소송은 형성의 소이고 그 소송물은 처분의 위법성 일반으로 이해된다. 그러나 원상회복은 본질상 이행을 목적으로 하는 것이므로 취소소송의 기속력에 원상회복의 의무가 있다고 하려면 취소소송을 일종의 이행소송의 성격이 있는 것으로 이해하여야 한다. 또한 만약 판결의 효력으로서 원상회복의무가 있다고 하게 되면 법관은 원상회복의 가능성 등 원상회복청구권에 대해서도 판단하여야 할 의무를 지게 된다.

부연하면 원상회복이나 결과제거를 구하는 이행의 소와 취소소송과 같은 형성의 소는 다툼의 대상 즉 소송물이 다르다. 원상회복의 경우 원상회복청구권이 소송물(Streitgegenstand: 다툼의 대상)이다. 그러나 취소소송은 처분의 위법성이 소송물이다. 그러니 취소소송에서는 원상회복청구권에 대해 다투어지지 않았는데 대상판결은 다투어지지 않은 사항에 대하여 판결의 효력을 인정한 것이다. 분쟁의 일거해결이라는 관점에서 이를 바람직하다고 주장하는 견해도 있으나[24] 그것이 당사자의 이행청구를 전제로 하지 않은 것이라면 받아들이기 어렵다. 우리나라도 마찬가지이지만 독일이나 프랑스의 경우 취소소송이나 월권소송을 하면서 원고가 결과제거 등의 이행청구를 할 수 있고 이런 경우에는

---

24) 박정훈, 『행정소송의 구조와 기능』, 박영사, 2011, 440쪽 이하 참조.

물론 이행판결이 가능하다. 그러나 그런 경우에도 이행판결은 원고가 이행을 청구하고, 행정기관이 어떤 선택의 자유[25]를 가지지 않을 때에만 인정된다고 한다.[26]

대상판결의 위 판시사항을 기속력의 내용으로 인정해 주면 결국 소송물에 해당되어 다투어지지도 않았고 당사자가 신청하지도 않았으며 재량의 여지가 있고 별도의 법적 판단을 하여야 되는 사항에 대하여 판결의 효력으로 일정한 의무이행을 명하는 것을 허용하는 셈이 된다. 이것은 취소소송의 소송물에 관한 법리에 어긋나고 이행판결의 법리에도 어긋나며 권력분립의 원칙이나 행정재량의 법리에도 어긋난다.

6. 행정행위의 확정력과 학문상의 존속력, 불가쟁력 개념

대상판결은 행정처분이 불복기간의 경과로 인하여 확정될 경우 "그 확정력은, 처분으로 인하여 법률상 이익을 침해받은 자가 해당 처분이나 재결의 효력을 더 이상 다툴 수 없다는 의미일 뿐, 더 나아가 판결에 있어서와 같은 기판력이 인정되는 것은 아니어서 처분의 기초가 된 사실관계나 법률적 판단이 확정되고 당사자들이나 법원이 이에 기속되어 모순되는 주장이나 판단을 할 수 없게 되는 것은 아니다." 라고 판시하였다. 이 판시의 인용부분의 문구는 대법원 1994.11.8. 선고 93누 21927 판결 등과 동일한 것이다. 따라서 이 판시가 새로울 것은 없다고

---

25) 재량이나 판단여지 또는 법률로부터 자유로운 행위(평석자 주), 김유환, 『현대행정법강의』, 법문사, 2020, 9,117-119면 참조.

26) 프랑스의 경우, 박재현, "프랑스의 1995년 2월 8일 법률의 파급효과", 『성균관법학』 제18권 제1호, 성균관대학교 비교법연구소, 2006,27면 및 그에 인용된 TA Limoges 7 décembre 1995, Consorts Descat et Calary de Lamazière, RFDA, 1996, p.348 및 Fontaine (M.), "Injonction et astreinte" : Bilan et perspectives de la loi du 8 février 1995,Bordeaux IV, mémoire de DEA, 1997-1998, p.25. 참조

보여지지만 이 판시가 가지는 강학상 그리고 학문적 의미를 되새긴다는 점에서 이 기회를 빌려 촌평을 더하고자 한다.

학계에서는 그동안 독일이론의 영향으로 행정행위의 존속력, 규준력, 기결력(판례이론의 표현으로는 구속력) 등에 대한 논의가 있어왔다. 그러나 20세기의 판례에서부터 오늘에 이르기 까지 대법원은 변함없이 행정행위에서 결정한 사실관계나 법률적 판단이 설사 그 행정행위가 불가쟁력을 가진다 하더라도 당사자나 법원을 구속하는 효력이 없음을 밝히고 있는 것이다. 이것은 소위 행정행위의 규준력, 기결력, 구속력 등의 개념을 인정하지 않고 있는 것이라고 할 수 있다. 그런데 물론 독일의 행정행위의 기결력이나 규준력 개념을 그대로 받아들인 것이라고 생각되지는 않지만, 하자의 승계에 대한 대법원의 일부 판례는 최근까지도[27] 행정처분의 '구속력'이라는 표현을 사용하고 있다.

그런데 논리적으로 행정처분의 구속력이라는 개념을 사용한다는 것은 대상판결의 판시의 취지와는 배치되는 것이 아닌가 한다. 이처럼 대법원의 행정판례에서 행정행위의 효력에 대하여 모순적인 표현이나 개념이 혼용되고 있는 점에 대하여, 대법원이 앞으로 이를 정리하여 통일적인 판례이론을 제시할 것을 기대해 본다.

V. 결론

1. 대상판결의 재량행사와 이익형량의 하자에 대한 판단의 구조적 문제점

대상판결이 이 사건 처분을 위법한 것으로 보아 취소하기에 이른

---

27) 대법원 2019.1.31. 선고 2017두40372 판결

것은 이 사건 처분이 법령에 위배된 사항이 있는 것으로 본 것이 아니라 이 사건 처분에 있어서 재량권의 행사 그리고 그 재량권 행사에서의 이익형량이 비례·형평의 원칙을 위반 한 것으로 판단하였기 때문이다. 요컨대 이 사건 처분은 재량행사와 이익형량에서의 잘못이 있다고 본 것이다.

이 사건의 궁극적인 재량행사와 이익형량에 대한 판단은 평석자의 몫이 아니라고 본다. 그러나 앞에서 살펴본 바와 같이 대상판결은 재량권 행사와 이익형량의 판단에 있어서 몇 가지 문제 있는 입장을 취하였다.

첫째로, 대상판결은 종교단체의 공공성과 공익성을 전혀 인정하지 않는 전제 위에서 종교단체를 한낱 사인이나 사적 단체로 파악하고 이 사건 처분의 재량행사와 이익형량에 대하여 판단하였다. 그러나 앞에서 논증한대로 이와 같은 전제는 현행법질서에도 맞지 않고 국가의 전반적인 가치체계와도 부합하지 않는다.

둘째로, 이미 앞에서 자세히 살펴본 바와 같이 대상판결은 쟁송취소에 취소권의 제한이나 신뢰보호의 법리가 적용되지 않음을 선언하였으나 이것은 뚜렷한 근거없이 헌법에서 도출된 신뢰보호의 원칙의 적용을 제한하는 것이라서 문제이다.

셋째로, 대상판결은 스스로가 인정하듯이 밀접한 관계가 있는 건축허가처분과 도로점용허가처분 사이의 관련성을 원칙적으로 부정하고 도로점용허가 자체의 사유만으로 재량행사와 이익형량에 대한 판단에 임하였다. 그러나 도로점용허가가 이루어지지 않으면 지구단위계획 전반에 대한 재검토가 이루어져야 하며 지구단위계획 자체가 존속될 수 없을지도 모르는 사정 아래에서 도로점용허가만을 독자적인 이익형량의 대상으로 하는 것은 적절하지 않다는 점을 앞에서 검토한 바 있다. 법령위반도 아니고, 또한 건축허가 처분과의 깊은 관련성이 있다는 것을 대법원 판시 자체가 인정하면서도, 이처럼 도로점용허가에 대한 재량행사의 위법성 여부와 이익형량에 대한 판단에서 처분 사이의 관련성과 행정계획의 실행행위로서의 요소를 고려하지 않는 것은 부적절한 것으로 보인다.

이외에도 피고보조참가인의 주장하는 ① 구립어린이집의 공공성과 공익성, ② 기타 이 사건 건물을 활용한 전반적 공익적 활동, ③ 문제되는 토지의 다른 용도로의 사용가능성이 별로 없다는 점 등은 재량하자에 대한 판단과 이익형량 과정에서 좀 더 진지하게 검토되어야 할 것으로 생각된다.

2. 판결의 기속력에 대한 대상판결의 판시의 이해

대상판결의 판결의 효력에 대한 설시는 대상판결을 담당한 대법관들이 이 사건에 대해서 가지고 있는 전향적인 문제의식을 대표적으로 보여주고 있다고 생각한다. 아니 문제의식을 넘어서는 조급함이 엿보이는 것은 아닐까 라는 생각도 하게 된다. 그러나 아무리 대형교회의 사회적 문제점에 대한 문제의식이 크다 하더라도 다투어지지 않은 사항에 대하여 까지 판결의 효력이 있는 것으로 비추어질 수 있는 판시를 하는 것은 이해하기 어렵다.

행정소송법 제30조의 범위를 넘어서는 대상판결의 판결의 기속력에 대한 판시는 관여 대법관들의 이 사건에 대한 전향적인 입장을 표시하는 것으로 이해하지만 그에 대하여 특별한 법적 의미가 있는 것으로 생각하지는 않는 것이 좋지 않은가 생각한다.

3. 결어

대상판결은 대형 종교단체의 활동에 관한 것으로서 중요한 의미가 있다. 그래서 아마도 오늘의 한국 사회의 대형 종교단체의 문제점에 대한 인식이 그 배경에 있다고 생각된다.

오늘날 우리 사회에서 대형 종교단체의 모습은 심히 일그러진 것으로 비추어지고 있다. 세습과 사유화 그리고 각종 비리사건과 분쟁 등으로 얼룩진 대형 종교단체에 대한 사회적 인식은 악화될 대로 악화되어 있다. 그런데 이러한 종교단체의 문제는 종교의 공공성에 대한 인식을 새롭게 함으로써 해결되는 것이 바람직하다. 종교 역시 국가와 사회를 위한 공론장의 하나이므로 공공성에 따른 책임이 있고 그 운영이 공개적으로 투명하게 이루어져야 한다. 이런 관점에서 종교단체의 공공성을 부인하는 것은 전반적인 종교단체와 관련된 사회적 문제의 해결에 도움을 주지 못한다고 본다.

그리고 대상판결의 판시사항 하나하나는 우리 사회의 행정법질서와 가치체계에 큰 영향을 줄 요인이 다분하다. 대법원은 이 사건 해결의 구체적 타당성 확보를 위하여 고심한 흔적이 뚜렷하지만 대상 판결이 취하는 태도와 입장 하나하나가 우리 국가와 사회의 가치체계와 법질서에 심각한 영향을 미친다는 점을 간과해서는 안 된다. 이런 관점에서 대상판결은 문제의식이 앞선 나머지 논증이나 철학적 기반, 법이론적 구조에 대한 성찰이 다소 결여되지는 않았나 하는 생각을 떨칠 수 없다. 이 판례평석이 대상판결이 가지는 행정법이론과 강학체계에 대한 영향을 적절히 조절하는데 조그마한 보탬이 되기를 희망하면서 글을 맺는다.

참고문헌

허영, 『헌법이론과 헌법(상)』, 박영사,1989.
허영, 『헌법이론과 헌법(중)』, 박영사,1988.
허영, 『헌법이론과 헌법(하)』, 박영사,1988.
김동희, 『행정법 I』, 박영사, 2019.
최송화, 『공익론-공법적 탐구-』, 서울대학교 출판부, 2002.
박정훈,『행정소송의 구조와 기능』, 박영사, 2011.
김유환, 『행정법과 규제정책』, 개정증보판, 삼원사,2017,

대법원판결집, 법원행정처
하급심판결집, 법원행정처
법원공보, 법원행정처

서원우, "사회국가원리와 공법이론의 새로운 경향", 『행정법연구 I』,
    1986.
박재현, "프랑스의 1995년 2월 8일 법률의 파급효과", 『성균관법학』 제18
    권 제1호, 성균관대학교 비교법연구소, 2006,27면

Peter Häberle, *Öffentliches Interesse als jusirtisches Problem*, Athenäum
    Verlag· Bad Homburg, 1970.
Jürgen Habermas, *Strukturwandel der Öffentlichkeit: Untersuchungen
    zu einer Kategorie der bürgerlichen Gesellschft*, 5 Aufl., Hermann
    Luchterland Verlag, 1971.
Jürgen Habermas, *Faktizität und Geltung*, Suhrkamp, 1998.
Wolfgang Martens, *Öffentlich als Rechtsbegriff*, Gehlen, 1969.
Kopp/Schenke, *Verwaltungsgerichtsordnung Kommentar*, 23 Aufl.,2017.

Sunstein, Cass R., Interpreting Statute in the Regulatory State, 103
    Harvard Law Review, 4, 1989.

국문초록

　대상판결은 사안이 복잡하고 쟁점이 다양한 만큼 행정법이론과 가치체계의 측면에서 중요한 의미를 가지는 판시를 하고 있다. 그중에는 행정법학이 그동안 구축해 온 이론체계에 큰 의미가 있거나 또는 그에 도전이 될 만한 내용이 포함되어 있다.

　첫째로 이 사건 피고보조참가인 사랑의 교회를 공공성의 주체 또는 공익의 주체로 인정하지 않고 있다. 이것은 국가적 공공성만이 아니라 사회적 공공성을 인정하고 종교단체의 공익성을 인정하는 현대 공법학의 흐름과 배치되며 종교단체의 공익성을 인정하는 실정법 규정과도 맞지 않는 것이다.

　둘째로, 쟁송취소에서 취소권 제한과 신뢰보호를 인정하지 않으면서 그에 대한 아무런 논증을 제시하지 않고 있다. 그러나 대법원은 신뢰보호원칙을 헌법의 법치주의 원리에서 도출되는 원리로 보고 있는데 그렇다면 이를 행정청에는 적용하고 쟁송기관에는 적용하지 않는 근거를 발견하기 어렵다.

　셋째로, 지구단위계획이라는 행정계획의 일환으로 이루어진 개별행위인 도로점용허가처분에 대한 재량하자와 이익형량의 하자 여부에 대하여 판단하면서 행정계획과 연계된 이익형량을 하지 않고 있는데, 이 사건처럼 도로점용허가처분과 건축허가 처분이 불가분의 관계에 있는 경우에도 행정계획과의 관련성을 도외시한 것은 이해하기 어렵다.

　넷째로, 일반적인 재처분의무와 원상회복의무를 취소판결의 기속력의 일환으로 선언하고 있는데, 이것은 실정법의 규정과 행정소송법의 법리에 어긋나는 것이다. 먼저 행정소송법 제30조는 거부처분을 취소하는 경우와 절차의 하자로 취소하는 경우에만 재처분 의무를 규정하고 있을 뿐 이 사건처럼 실체적인 사유인 재량하자로 취소되는 경우의 재처분은 규정하지 않고 있다. 또한 이 사건처럼 원고로부터 결과제거 명령의 청구도 없고 다투어진 바도 없는 사항에 대하여 결과제거의 의무를 기속력의 일환으로 피고에게 부담시킨 것은 이해하기 어려운 것이다.

　　다섯째로 그동안 학설의 소수설이 주장하여 왔고 대법원 2019.1.31. 선고 2017두40372 판결이 다시 거론한 행정행위의 기결력, 구속력 개념을 부인하고 있다.

　　이상과 같은 대상판결의 이론적 문제점에 비추어 볼 때 대상판결의 재량하자와 이익형량에 대한 판단은 구조적인 문제점을 가지고 있다. 즉, 대상판결은 ① 종교단체의 공공성과 공익성을 전혀 인정하지 않는 전제 위에서 ② 이 사건 쟁송취소에는 취소권의 제한이나 신뢰보호의 법리가 적용되지 않음을 선언한 가운데 ③ 이사건 관련 처분 사이의 연관성과 행정계획의 실행행위로서의 요소를 고려하지 않은 상태에서 재량하자와 이익형량에 대하여 판단한 것이다.

　　한편 대상판결의 판결의 효력에 대한 설시는 소송물과 판결의 효력 사이의 관계를 간과한 것으로서 다투어지지 않은 사항에 대하여 까지 판결의 효력이 있는 것으로 오해될 위험성이 있다.

　　주제어: 사회적 공공성, 신뢰보호의 원칙, 취소권의 제한, 계획재량, 재량하자, 이익형량, 판결의 기속력, 재처분의무, 결과제거

Abstract

Recognizing Religious Organizations as Public Interest Entities and Protecting Reliance in Revoking a lease of a Public Space

Yoo Hwan Kim*

The court decision of this case has a broad impact on administrative law and societal value system. It is likely to challenge the established administrative law theories as I explain below.

First, the court did not recognize Sarang Community Church as a public interest entity. However, religious organizations are seen as serving the public interest in modern public law. Moreover, several statutes of this country already have acknowledged that nonprofit organizations (NPOs), which include churches and other religious organizations, serve the public interest.

Second, the court denied protection of reliance in revoking the lease. This contradicts the Supreme Court's view of 'protection of reliance' as a constitutional principle.

Third, the lease was granted at the municipal office's discretion as a part of the district—unit plan for district development. As the court based its decision on 'the error in applying discretion' (Ermessensfehler) and in balancing conflicting interests, it did not weigh the fact that the authorization of the lease was made as a part of a district development

---

* Professor of Law, Ewha Womans University

plan and that granting of the lease was closely related to the granting of the building permit.

Fourth, the court has ordered to withdraw the lease and to restore the site to its former state, but this ruling is not compatible with the Administrative Litigation Act and the general theory of administrative litigation. Article 30 of the Administrative Litigation Act imposes the obligation of re-disposition only when the court revokes a disposition of refusal or when the court revokes a disposition due to illegal procedure. and this case is neither of the two. Moreover, the re-disposition obligation and removal obligation have not been disputed in the court at all.

Fifth, the court denied the concept of binding force of 'administrative action' (Verwaltungsakt). This contradicts the Supreme Court Decision of 2019.1.31., 2017Du40372, in which the court used such concept in ruling on the issue of 'defect succession of the administrative disposition'.

In conclusion, for the reasons oultlined above, I would challenge the legal reasoning of the decision of this case.

Key Words: Religious Organizations as Public Interest Entities, Protection of Reliance, Error in Applying Discretion, Balancing Conflicting Interests, Binding Force of Court Decision, Removal of Subsequent Results

투고일 2020. 6. 24.
심사일 2020. 6. 28.
게재확정일 2020. 6. 29.

行政行爲의 槪念과 種類

국토계획법상 실시계획인가의 법적 성질 및
사법통제의 방법과 한계 (김용섭)

국토계획법상 실시계획인가의 법적 성질 및 사법통제의 방법과 한계

김용섭*

대상판결: 대법원 2018. 7. 24. 선고 2016두48416 판결
[수용재결취소등]

[사실관계 및 판결요지]
 I. 사실관계
 II. 대법원 판결의 요지
[판례연구]
 I. 문제의 제기
 II. 국토계획법 제88조의 실시계획

인가의 법적성격
III. 기속재량행위에 있어 중대한
    공익상 필요의 의미와 요소
IV. 재량권행사의 범위 및 사법통제의
    방법과 한계
V. 이 사건 판결에 대한 평석

[사실관계 및 판결요지]

I. 사실관계

1. 전라남도지사는 2002. 12. 13. 광양시 광양읍 덕례리 일원에 대하여 대학교 인근의 건전한 대학촌 조성을 위하여 기존의 자연녹지지역 644,560㎡와 생산녹지지역 26,680㎡의 용도를 2종 일반주거지역으로 변경하는 내용의 도시계획변경을 결정·고시하였고, 2005. 12. 13. 위 2종 일반주거지역 중 일부인 46,660㎡를 준주거지역으로 용도변경

하는 내용의 광양도시관리계획변경(덕례 제1종 지구단위계획)을 결정·고
시하였다.

피고 광양시장은 2006. 2. 20. 위 변경 결정 및 지형도면을 고시하
였는데, 위 계획에는 교통시설인 도로·철도·주차장, 도시공간시설인
광장·공원·녹지, 공공·문화체육시설인 학교가 상당 부분을 차지하고
있다(이하 '종전 도시관리계획결정'이라 한다).

전라남도지사는 2013. 7. 12. 주식회사 엘에프 및 피고보조참가인
(이하 '참가인'이라 한다)으로부터 광양시 인근에 약 66,000㎡ 면적의 교외
형 프리미엄 패션아울렛 타운을 조성하고자 한다는 취지의 투자제안서
를 제출받고, 피고 광양시장에게 유치의사를 통보하여 줄 것을 요청하
였다.

이에 피고 광양시장이 유치의사를 밝힘에 따라, 피고 광양시장과
참가인은 상호간에 협의를 거쳐 피고 광양시장과 참가인 사이에 토지보
상과 관련한 위·수탁계약을 체결하고 그에 따라 피고 광양시장이 이
사건 건립사업이 진행될 것으로 예상되는 토지의 소유자들로부터 동의
서를 징구한 후 위 토지의 용도지역을 제2종 일반주거지역에서 준주거
지역으로 변경하여 해당 토지에 기반시설로서 대규모점포의 설치를 위
한 도시계획시설을 배치하는 것으로 덕례지구단위계획을 변경하고, 참
가인은 위 도시계획시설의 사업시행자 지정 및 실시계획인가를 받는 방
법으로 광양 엘에프네트웍스 프리미엄 패션 아울렛 건립사업(이하 '이 사
건 건립사업'이라 하고, 그로 인해 건립되는 아울렛을 '이 사건 아울렛'이라 한다)
을 진행하기로 합의하였다.

피고 광양시장은 5차례에 걸쳐 이 사건 건립사업이 진행될 것으로
예상되는 토지의 소유자들에게 '소유자들의 토지가 소재된 덕례지구단
위계획의 일정 면적에 국내 메이저급 유통시설을 유치하여 우선 개발
하는 사업을 추진 중에 있으므로, 동의서 및 인간증명서를 제출하여 달
라'는 취지의 공문을 '대규모점포 투자유치를 위한 토지소유자 서한문

발송'이라는 제목으로 발송하였고, 2014. 5. 28., 2014. 6. 17.에는 이 사건 건립사업이 진행될 것으로 추가로 예상되는 토지의 소유자들에게 위와 같은 취지로 이 사건 서한문 및 동의서 양식이 첨부된 공문을 발송하였다.[1]

2. 피고 광양시장은 2014. 6. 3.부터 2014. 6. 17.까지 국토의 계획 및 이용에 관한 법률(이하 '국토계획법'이라 한다) 제28조, 동법 시행령(이하 '국토계획법 시행령'이라 한다) 제22조에 따라 광양 도시관리계획(덕례지구 지구단위계획) 결정(변경)안을 공람공고하였고, 2014. 6. 12. 광양읍사무소에서 주민설명회를 개최하였다.

이후 이 사건 건립사업 예정지 토지소유자의 75%로부터 동의서를 받자, 피고 광양시장은 2014. 8. 28. 광양 도시관리계획(지구단위계획)변경을 결정·고시하고, 그 지형도면을 승인·고시하였는데, 그 주요 변경 내용은 이 사건 건립사업을 위하여 덕례지구단위계획 사업구역 내 토지 중 제2종 일반주거지역 94,127㎡를 준주거지역으로 변경하고, 해당토지에 기반시설인 시장(대규모점포, 78,184㎡), 공공공지(4,303㎡), 경관녹지(3,344㎡), 도로를 설치하는 계획을 신설하는 것이다(이하 위 도시관리계획 변경 결정을 '이 사건 도시관리계획변경 결정'이라 하고, 위 시장, 공공공지, 경관녹지, 도로를 '이 사건 도시계획시설'이라 한다).

---

1) 이 사건 대법원 판결에서 원심판결 이유에 비추어 다음과 같이 추가적인 사실인정을 하였다. (가) 피고 광양시장은 이 사건 동의서를 받을 당시에 서한문 등을 발송하거나 주민설명회, 전화상담 등의 방법으로 도시계획시설의 위치(덕례지구단위계획 사업단지), 종류 및 명칭(국내 메이저급 유통시설 건립), 규모(76,538㎡) 등의 정보를 토지소유자에게 제공하였다. (나) 토지소유자에게 제공된 위 정보 중 시설의 규모(76,538㎡)에 대해서는 이후 도시계획시설결정에서 일부 변경(97,826㎡)이 있었으나, 나머지 부분은 크게 달라진 내용이 없다. (다) 이 사건 도시계획시설결정은 기존 도시관리계획인 덕례지구단위계획 중 일부를 변경하는 것으로서 토지소유자는 기존의 도시관리계획 및 지형도면 등을 통해 동의 대상 사업의 대략적인 위치와 규모 등을 알 수 있었다.

참가인이 2014. 10. 21. 피고 광양시장에게 이 사건 건립사업을 위하여 이 사건 도시계획시설사업에 대한 사업시행자 지정신청을 하자, 피고 광양시장은 2014. 10. 30. 참가인이 위 라.항 동의서 징구를 위한 서한문 발송, 위 바.항 토지매수를 위한 보상협의절차를 통하여 이 사건 도시계획시설사업 대상 토지의 2/3 이상을 소유하고, 토지소유자 총수의 1/2 이상(70.5% = 토지를 매도하지 않은 토지소유자 112명 중 동의서를 발송한 79명)의 동의를 얻어 국토계획법 제86조 제5항, 제7항, 국토계획법 시행령 제96조 제2항에 따른 사업시행자 지정 요건을 갖추었다고 판단하고, 참가인을 이 사건 도시계획시설사업의 시행자로 지정·고시(이하 '이 사건 사업시행자 지정'이라 한다)하였다.

이후 참가인이 2014. 11. 6. 피고 광양시장에게 사업시행자 지정신청변경 및 실시계획인가신청을 하자, 피고 광양시장은 2014. 11. 10. 국토계획법 제90조, 국토계획법 시행령 제99조에 따라 위 실시계획을 공람공고하고, 2014. 11. 18. 국토계획법 제92조에 따라 관계 행정기관의 장에게 협의를 요청한 후, 2014. 12. 18. 광양 도시계획시설(시장, 도로, 공공공지, 경관녹지) 사업시행자 지정 변경을 결정·고시하고, 그 실시계획을 인가·고시(이하 '이 사건 실시계획인가'라고 한다)하였다.

3. 피고 광양시장은 2014. 11. 6. 공익사업을 위한 토지 등의 취득 및 보상에 관한 법률(이하 '토지보상법'이라 한다) 제15조에 따라 이 사건 건립사업의 개요, 토지조서 및 물건조서의 내용, 보상계획열람의 장소, 보상의 시기·방법 및 절차 등이 포함된 보상계획을 통지하고, 2014. 12월부터 2015. 1월까지 3차례에 걸쳐 이 사건 도시계획시설사업 대상 토지 소유자들에게 토지보상법 제16조 및 동법 시행령 제8조에 따라 보상협의를 요청한 후 2015. 2. 6. 피고 전라남도토지수용위원회에 재결을 신청하였다.

이에 위 피고 위원회는 2015. 3. 24. 이 사건 실시계획인가에 따라

토지보상법에 따른 사업인정이 의제된다는 이유로 원고들에 대하여 부
동산을 수용재결 하였다.

Ⅱ. 대법원 판결의 요지

1. 국토의 계획 및 이용에 관한 법률이 민간사업자가 도시·군계획
시설(이하 '도시계획시설'이라고 한다)사업의 시행자로 지정받기 위한 동의
요건을 둔 취지는 민간사업자가 시행하는 도시계획시설사업의 공공성
을 보완하고 민간사업자에 의한 일방적인 수용을 제어하기 위한 것이
다. 이러한 입법 취지에 비추어 보면, 사업시행자 지정에 관한 토지소유
자의 동의가 유효하기 위해서는 동의를 받기 전에, 그 동의가 사업시행
자 지정을 위한 것이라는 동의 목적, 그 동의에 따라 지정될 사업시행
자, 그 동의에 따라 시행될 동의 대상 사업 등이 특정되고 그 정보가 토
지소유자에게 제공되어야 한다.

2. 도시·군계획시설(이하 '도시계획시설'이라 한다)사업 사업시행자
지정을 위한 동의를 받기 위하여 토지소유자에게 제공되어야 할 동의
대상 사업에 관한 정보는, 해당 도시계획시설의 종류·명칭·위치·규모
등이고, 이러한 정보는 일반적으로 도시계획시설결정 및 그 고시를 통
해 제공되므로 토지소유자의 동의는 도시계획시설결정 이후에 받는 것
이 원칙이라고 할 수 있다.

그런데 국토의 계획 및 이용에 관한 법령은 동의 요건에 관하여 동
의 비율만을 규정하고 있을 뿐, 동의 시기 등에 관하여는 명문의 규정
을 두고 있지 않다. 또한 재정상황을 고려하여 지방자치단체 등이 민간
사업자 참여에 대한 토지소유자의 동의 여부를 미리 확인한 뒤 동의 여
부에 따라 사업 진행 여부를 결정하는 것이 불합리하다고 볼 수도 없

다. 이러한 점을 고려하면, 도시계획시설결정 이전에 받은 동의라고 하더라도, 동의를 받을 당시 앞으로 설치될 도시계획시설의 종류·명칭·위치·규모 등에 관한 정보가 토지소유자에게 제공되었고, 이후의 도시계획시설결정 내용이 사전에 제공된 정보와 중요한 부분에서 동일성을 상실하였다고 볼 정도로 달라진 경우가 아닌 이상, 도시계획시설결정 이전에 받은 사업시행자 지정에 관한 동의라고 하여 무효라고 볼 수는 없다.

3. 국토의 계획 및 이용에 관한 법률(이하 '국토계획법'이라 한다)상 기반시설은 도시 공동생활을 위해 기본적으로 공급되어야 하지만 공공성이나 외부경제성이 크기 때문에 시설의 입지 결정, 설치 및 관리 등에 공공의 개입이 필요한 시설을 의미한다.

기반시설을 조성하는 행정계획 영역에서 행정주체가 가지는 광범위한 재량, 현대 도시생활의 복잡·다양성과 질적 수준 향상의 정도 등을 고려하면, 어떤 시설이 국토계획법령이 정하고 있는 기반시설에 형식적으로 해당할 뿐 아니라, 그 시설이 다수 일반 시민들이 행복한 삶을 추구하는 데 보탬이 되는 기반시설로서의 가치가 있고 그 시설에 대한 일반 시민의 자유로운 접근 및 이용이 보장되는 등 공공필요성의 요청이 충족되는 이상, 그 시설이 영리 목적으로 운영된다는 이유만으로 기반시설에 해당되지 않는다고 볼 것은 아니다.

다만 행정주체가 기반시설을 조성하기 위하여 도시·군계획시설결정을 하거나 실시계획인가처분을 할 때 행사하는 재량권에는 한계가 있음이 분명하므로, 이는 재량통제의 대상이 된다.

4. 도시·군계획시설(이하 '도시계획시설'이라 한다)사업에 관한 실시계획인가처분은 해당 사업을 구체화하여 현실적으로 실현하기 위한 형성행위로서 이에 따라 토지수용권 등이 구체적으로 발생하게 된다. 따라서 행정청이 실시계획인가처분을 하기 위해서는 그 실시계획이 법령

이 정한 도시계획시설의 결정·구조 및 설치기준에 적합하여야 함은 물론이고 사업의 내용과 방법에 대하여 인가처분에 관련된 자들의 이익을 공익과 사익 간에서는 물론, 공익 상호 간 및 사익 상호 간에도 정당하게 비교·교량하여야 하며, 그 비교·교량은 비례의 원칙에 적합하도록 하여야 한다.

[판례연구]

I. 문제의 제기

1. 국토의 계획 및 이용에 관한 법률(이하 '국토계획법" 이라 한다)상 민간사업자가 도시·군계획시설사업의 시행자로 지정받기 위한 요건으로서 토지소유자의 동의가 필요하다. 그런데, 이 사건 판결에서는 동의가 유효하기 위한 전제 조건으로 ① 동의를 받기 전에, 그 동의가 사업시행자 지정을 위한 것이라는 동의 목적, 그 동의에 따라 지정될 사업시행자, 그 동의에 따라 시행될 동의 대상 사업 등이 특정되고 ② 그 정보가 토지소유자에게 제공되어야 한다는 것을 제시하고 있다.

아울러 이 사건 판결에 따르면 도시계획시설사업의 시행자 지정을 위한 동의를 받기 위하여 토지소유자에게 제공되어야 할 동의 대상 사업에 관한 정보는, 해당 도시계획시설의 종류·명칭·위치·규모 등이고, 이러한 정보는 일반적으로 도시계획시설결정 및 그 고시를 통해 제공되므로 토지소유자의 동의는 도시계획시설결정 이후에 받는 것이 원칙이라고 할 수 있다. 그런데, 도시계획시설결정 이전에 받은 동의라고 하더라도, 동의를 받을 당시 앞으로 설치될 도시계획시설의 종류·명칭·위치·규모 등에 관한 정보가 토지소유자에게 제공되었고, 이후의 도시계획시설결정 내용이 사전에 제공된 정보와 중요한 부분에서

동일성을 상실하였다고 볼 정도로 달라진 경우가 아닌 이상, 도시계획
시설결정 이전에 받은 사업시행자 지정에 관한 동의라고 하여 무효라고
볼 수는 없다고 보았다.[2]

　　2. 이 사건 판결에서 주목을 끄는 부분은 행정주체가 기반시설을
조성하기 위하여 도시계획시설결정을 하거나 실시계획인가처분을 할
때에는 광범위한 형성의 자유가 있으나, 그 재량권에는 한계가 있으므
로 재량통제의 대상이 된다는 것이다. 아울러 도시계획시설사업에 관한
실시계획인가처분의 법적 성질은 해당 사업을 구체화하여 현실적으로
실현하기 위한 형성행위로서 이에 따라 토지수용권 등이 구체적으로 발
생하게 된다고 보았다. 같은 맥락에서 행정청이 실시계획인가처분을 하
기 위해서는 그 실시계획이 법령이 정한 도시계획시설의 결정·구조 및
설치기준에 적합하여야 함은 물론이고 사업의 내용과 방법에 대하여 인
가처분에 관련된 자들의 이익을 공익과 사익 간에서는 물론, 공익 상호
간 및 사익 상호 간에도 정당하게 비교·교량하여야 하며, 그 비교·교
량은 비례의 원칙에 적합하도록 하여야 한다고 판시하고 있다.
　　이 논문은 이 사건 판결을 소재로 하여 국토계획법상 실시계획 인
가의 법적 성질을 재량행위로 보는 입장이 타당한 것인지를 중점적으로
분석하고, 법원의 재량행위에 대한 전통적인 심사방식에 대하여도 비판
적으로 검토하는데 있다. 주지하는 바와 같이 행정청이 행정에 관한 법
적 결정이나 행위를 할 때 사전에 정하여 둔 법규범에 구속되는가 아니
면 이로부터 벗어나서 행정행위를 함에 있어 판단과 선택의 가능성이
있는가의 문제가 기속과 재량의 문제이다.[3] 행정행위는 법에 기속되는

2) 김용섭, "2018년 행정법(I) 중요판례평석", 인권과 정의 통권 제480호, 2019, 116면.
　이 사건 판결에서 동의의 의미와 관련하여 토지소유자가 동의의 의미를 명확하게
　인식할 수 있어야 하는 점은 제시된 것으로 볼 수 있으나, 토지소유자의 동의 자체
　가 회유나 강요가 아니라 자발적으로 이루어 진 것이라는 점은 제시되지 않고 있다.
3) 김용섭·신봉기·김광수·이희정, 「법학전문대학원 판례교재 행정법 제4판」, 법문

정도에 따라 기속행위와 재량행위로 구분된다. 행정권 행사의 요건과 효과가 법에 일의적으로 규정되어 있는 기속행위와는 달리, 재량행위는 법규범의 엄격한 구속이 완화되어 행위의 요건 판단이나 효과의 선택의 가능성이 인정되는 경우를 말한다.

국토계획법 제88조 제3항에서 규정하고 있는 실시계획의 인가는 사업자지정을 받은 민간 사업시행자가 실시계획을 작성하여 공익사업인 도시계획시설사업의 공사에 착수하고 토지수용권을 확보하기 위한 것으로 설계도에 따른 공사허가의 성질을 지닌다.[4] 따라서 국토계획법상의 실시계획의 인가는 도시계획시설사업을 구체화하여 현실적으로 실현하기 위한 행정처분이다. 실시계획 인가의 법적성질이 기속행위인지 재량행위인지, 아울러 재량행위라면 기속재량인지 자유재량행위인지 문제가 된다.

이 논문에서는 먼저 국토계획법 제88조 제3항에서 규정하고 있는 실시계획 인가의 법적성격(II)을 중점적으로 고찰하기로 한다. 이러한 국토계획법상 실시계획 인가의 법적 성격을 규명하기 위해서는 국토계획법의 관련 규정을 상세히 검토하고, 학설과 판례를 종합적으로 분석할 필요가 있다.

3. 이 논문에서는 국토계획법상 실시계획의 인가의 법적성질을 기본적으로 기속행위 내지 기속재량행위로 보는 전제하에, 기속재량행위에 있어서 중대한 공익상 필요의 의미와 요소(III)를 고찰하기로 한다. 여기에서는 중대한 공익상의 필요의 의미, 판례상 중대한 공익상의 필요의 요소, 공익과 사익의 적절한 조화로 구분하여 살펴보기로 한다. 나아가 재량권 행사의 범위 및 사법통제의 방법과 한계(IV)에 관하여 고찰하되, 국토계획법상의 실시계획인가가 계획재량에 속하지 않는다는

사, 2018, 201면.
4) 김종보, "도시계획시설의 공공성과 수용권", 행정법연구 제30호, 2011. 287면.

점을 먼저 밝히고, 재량행위의 스펙트럼에 따른 법원의 재량통제의 심사기준과 그 방법 및 한계에 관하여 고찰하기로 한다. 끝으로 결론에 갈음하여 비판적 관점에서 이 사건 판결에 대한 평석(V)을 하는 순서로 논의를 진행하기로 한다.

Ⅱ. 국토계획법 제88조의 실시계획 인가의 법적성격

1. 국토계획법의 실시계획인가에 관한 규정

국토계획법 제88조 제3항에서 규정하고 있는 실시계획 인가의 법적 성질을 규명하려면 국토계획법의 규정과 그 입법변천을 먼저 살펴볼 필요가 있다.

종전의 국토계획법(2002. 2. 4. 법률 제6655호) 제88조 제2항에서 "도시계획시설사업의 시행자(건설교통부장관 및 시·도지사를 제외한다)는 제1항의 규정에 의하여 실시계획을 작성한 때에는 대통령령이 정하는 바에 따라 건설교통부장관 또는 시·도지사의 인가를 받아야 한다. 이 경우 건설교통부장관 또는 시·도지사는 기반시설의 설치 또는 그에 필요한 용지의 확보·위해방지·환경오염방지·경관·조경 등의 조치를 할 것을 조건으로 실시계획을 인가할 수 있다."고 되어 있었다. 이러한 실시계획의 인가에 관한 규정이 2007. 1. 19. 법률 제8250호로 개정되어, 국토계획법 제88조 제3항에서 "국토교통부장관, 시·도지사 또는 대도시 시장은 도시·군계획시설사업의 시행자가 작성한 실시계획이 제43조제2항에 따른 도시·군계획시설의 결정·구조 및 설치의 기준 등에 맞다고 인정하는 경우에는 실시계획을 인가하여야 한다. 이 경우 국토교통부장관, 시·도지사 또는 대도시 시장은 기반시설의 설치나 그에 필요한 용지의 확보, 위해 방지, 환경오염 방지, 경관 조성, 조경 등의 조치를 할 것을 조건으로 실시계획을 인가할 수 있다."로 변경하였다.

2. 기속행위인지 재량행위인지

가. 기속행위와 재량행위의 개념

기속행위란 법령에 일의적으로 명확히 규정하고 있어 법률요건이 충족되면 법이 정한 일정한 행위를 반드시 하거나 해서는 안 되는 행정행위를 말한다. 재량행위란 입법자가 행정청에게 행정목적에 적합한 행위를 스스로 결정·선택할 수 있는 권한을 부여함으로써, 행정청이 복수의 행위 중에서 어느 것을 선택할 수 있는 여지를 말한다. 기속행위와 재량행위의 구별은 한편으로 재량영역이 어디에 존재하는가를 둘러싸고 요건인가 아니면 효과인가를 중심으로 요건재량설과 효과재량설로 구별되어 논의되어 왔다. 그러나, 오늘날 독일의 이론의 영향을 받아 요건에서의 불확정개념은 재량개념이 아닌 법개념으로 파악하여 전면적인 사법심사의 통제하에 두되, 비대체적 결정, 구속적 가치평가, 미래예측결정, 전문가회의의 결정 등 예외적인 경우에는 판단여지의 문제로 파악하고, 효과에서 비로소 재량의 문제로 보아 결정재량(ob)과 선택재량(wie)으로 구분하여 파악하고 있다.

판례 중에는 기속행위와 재량행위의 구별과 관련하여 법령의 규정을 고려하지 않고, "공유수면 관리 및 매립에 관한 법률에 따른 공유수면의 점용·사용허가는 특정인에게 공유수면 이용권이라는 독점적 권리를 설정하여 주는 처분으로서 처분여부 및 내용의 결정은 원칙적으로 행정청의 재량에 속한다(대법원 2017. 4. 28. 선고 2017두30139판결5))"고

---

5) 이 판결에서는 법령을 일부 참고하여 "공유수면법 제8조 제1항 본문, 공유수면법 시행령 제4조, 공유수면법 시행규칙 제4조 제2항 제2호의 각 규정에 의하면, 일정한 용도로 공유수면을 점용 또는 사용(이하 '점용·사용'이라 한다)하려는 자는 공유수면관리청으로부터 점용·사용허가를 받아야 하고, 그 허가를 받으려면 사업계획서, 구적도 및 설계도서 등을 첨부한 허가신청서를 제출하도록 되어 있다."고 판시

판시하거나, "본래 자동차운수사업법에 의한 자동차운송사업의 면허는
특정인에게 권리를 설정하는 행위로서 법령에 특별히 정한 바가 없으면
행정청의 재량에 속하는 것이다(대법원 1989. 3. 28. 선고 88누12257판결)"
라고 판시하는 등 행정행위의 성질을 토대로 재량행위로 파악하였다.
기본적으로 재량권은 입법부인 국회에 의하여 행정권에 부여되는 것이
고, 재량이 부여되어 있다고 하여 자의적으로 처리하여도 무방하다는
의미가 아닌, 구체적 개별적 사정을 감안하여 정의에 입각한 올바른 결
정을 위하여 입법자에 의하여 법적 기속이 완화된 것을 말한다.[6]

　　기속행위와 재량행위의 구별기준은 1차적으로는 입법자의 의사인
법문의 형식이나 체제 또는 문언에 기초하여 판별하는 것이 타당하다.
다만, 법령의 규정이 명확하지 않은 경우에는 개별 행위의 성질 등이
참고가 될 수는 있다.[7]

하면서, "공유수면에 대한 점용·사용허가를 신청할 때에 설계도서 등을 제출하도록
한 취지는 공유수면관리청으로 하여금 해당 공유수면에 설치할 인공구조물 등의 정
확한 구조와 크기, 위치, 형상 등을 정확하게 파악함으로써 (1) 그 허가 등으로 인하
여 피해가 예상되는 일정한 권리를 가진 자가 있는지 여부, (2) 해양환경·생태계·
수산자원 및 자연경관의 보호 등을 위해 점용·사용의 방법이나 관리 등에 관하여
부관을 붙일 필요가 있는지 여부 및 (3) 점용·사용허가 기간을 얼마로 정할 것인지
등을 심사할 수 있도록 하고, 나아가 (4) 점용·사용허가를 받은 자가 위 부관을 제
대로 이행하였는지 또는 (5) 점용·사용 기간이 끝난 후 해당 공유수면을 원상으로
회복시켰는지 여부를 판단할 수 있도록 하기 위한 것이라고 해석된다. 따라서 공유
수면에 대한 점용·사용허가를 신청하는 자가 위 설계도서 등을 첨부하지 아니한
채 허가신청서를 제출하였다면 공유수면관리청으로서는 특별한 사정이 없는 한 허
가요건을 충족하지 못한 것으로 보아 거부처분을 할 수 있다고 봄이 타당하다."고
판시하고 있어 설계도서를 제출하기만 하면 허가가 거부되지 않을 가능성이 있으
나, 요건을 충족하지 못하여 허가가 거부된 것이므로, 기본적으로 법령의 체제나 문
구 보다는 행위의 성질을 고려하여 내리고 있는 판결로 보여 진다.
6) 입법자는 규율대상의 다양성에도 불구하고 처분요건을 유형화하여 일의적으로 규
정하지 못한 현실 하에서 처분요건이 충족된 경우에도 중대한 공익상 필요가 있는
경우에는 법적 효과가 미치지 않는다는 기속재량론이 대두되었다.
7) 수익적 결정이면 재량행위로 보는 견해, 예외적 허가의 경우에 재량행위로 보는 입
장 등은 법문을 종합적으로 고려한 후 결정한 것이라기보다 행위의 성질을 주요기

나. 기속행위와 재량행위의 구별기준

(1) 법문의 형식이나 체제 또는 문언

기속행위와 재량행위의 구별기준은 법률의 규정의 형식이나 체제 또는 문언이 일차적 기준이 된다.[8] 어떤 행정행위가 기속행위에 해당하는지 재량행위에 해당하는지의 1차적 판단은 그 근거규정의 분석을 기준으로 하되, 법문의 규징이 명확하지 않은 경우에는 행정행위의 유형과 개별적 성질 등도 보충적 기준으로 고려된다.[9]

재량권은 입법부인 국회에 의하여 행정권에 부여되는 것이고, 재량이 부여되어 있다고 하여 자의적으로 처리하여도 무방하다는 의미가 아니라 의무에 적합한 재량으로 처리하여야 하며 구체적 개별적 사정을 고려하여 정의에 따른 올바른 결정이 내려질 것을 기대한다.

법률의 규정과 입법취지 등을 고려하여 "행정청은 －－－ 하여야 한다(Muß–Vorschrift)"고 되어 있는 경우에는 기속행위로, "행정청은 －－－－ 할 수 있다(Kann– Vorschrift)"로 규정되어 있는 경우에는 재량행위로 보는 것이 일반적이다.[10]

어느 행정처분이 기속행위에 해당하는지 아니면 재량행위에 해당하는지 여부는 당해 처분의 근거가 된 법규의 형식이나 체제 또는 그 문언에 따라 판정한다는 대법원 판결의 예는 다음과 같다.[11]

준으로 제시한 경우라고 할 것이다.

8) 홍강훈, "기속행위와 재량행위 구별의 새로운 기준", 공법연구 제40집, 2012, 294면 이하.

9) 김용섭·신봉기·김광수·이희정, 앞의 책, 201면.

10) 그런데, '행정청은 －－－－ 할 수 있다(Kann–Vorschrift)'로 되어 있더라도 기속행위로 해석되는 경우가 있다. 한편, 독일의 경우 '행정청은－－－－한다(Soll–Vorschrift)'의 경우에는 입법취지를 감안하여 양자의 어디에 해당하는지를 판별하되, 기속재량에 해당하는 사안으로 파악한다. 이에 관하여는 김용섭, 기속행위, 재량행위, 기속재량, 서울지방변호사회, 2001.

11) 하급심 판결례: 창원지방법원 2001. 10. 8. 선고 2001구1618 판결 : 항소기각 [자동차운전면허취소처분취소] "어느 행정처분이 기속행위에 해당하는지 아니면 재량행

- 대법원 2008. 5. 29. 2007두18329

어느 행정행위가 기속행위인지 재량행위인지 나아가 재량행위라고 할지라도 기속재량행위인지 또는 자유재량에 속하는 것인지의 여부는 이를 일률적으로 규정지을 수는 없는 것이고, 당해 처분의 근거가 된 규정의 형식이나 체제 또는 문언에 따라 개별적으로 판단하여야 한다 (대법원 1997. 12. 26. 선고 97누15418 판결 참조).

- 대법원 2013. 12. 12. 선고 2011두3388 판결

[유가보조금전액환수및지급정지처분취소]

"어느 행정행위가 기속행위인지 재량행위인지는 이를 일률적으로 규정지을 수는 없는 것이고, 당해 처분의 근거가 된 규정의 형식이나 체재 또는 문언에 따라 개별적으로 판단해야 한다. 또한 침익적 행정행위의 근거가 되는 행정법규는 엄격하게 해석·적용하여야 하고 그 행정행위의 상대방에게 불리한 방향으로 지나치게 확장해석하거나 유추해석해서는 안 되며, 그 입법 취지와 목적 등을 고려한 목적론적 해석이 전적으로 배제되는 것은 아니라고 하더라도 그 해석이 문언의 통상적인 의미를 벗어나서는 안 된다."

(2) 종합기준설

구별기준 제2척도는 법규의 체제·형식과 그 문언, 당해 행위가 속하는 행정 분야의 주된 목적과 특성, 당해 행위 자체의 개별적 성질과 유형 등을 종합하여 판단하는 입장이다. 가령 일반적 건축허가나 행정행위의 성질상 확인적 판단작용의 성질을 가진 경우에는 기속행위의 가능성이 높고, 개인에게 새로운 권리를 부여하거나 이익을 부여하는 행정행위의 경우에는 재량행위의 가능성이 높다고 볼 것이다. 이러한 입장은 법문에만 국한하지 않고, 구체적인 사안에 따라 법률규정 및 행정

위에 해당하는지 여부는 당해 처분의 근거가 된 법규의 형식이나 체제 또는 그 문언에 따라 결정되어야 한다."

행위의 성질을 고려하여 행정청에게 재량이 부여되어 있는지 여부를 종합적으로 판단하는 입장이다.[12]

- 대법원 2001. 2. 9. 선고 98두17593 판결
  [건축물용도변경신청거부처분취소]

  행정행위가 그 재량성의 유무 및 범위와 관련하여 이른바 기속행위 내지 기속재량행위와 재량행위 내지 자유재량행위로 구분된다고 할 때, 그 구분은 당해 행위의 근거가 된 법규의 체재·형식과 그 문언, 당해 행위가 속하는 행정 분야의 주된 목적과 특성, 당해 행위 자체의 개별적 성질과 유형 등을 모두 고려하여 판단하여야 하고, 이렇게 구분되는 양자에 대한 사법심사는, 전자의 경우 그 법규에 대한 원칙적인 기속성으로 인하여 법원이 사실인정과 관련 법규의 해석·적용을 통하여 일정한 결론을 도출한 후 그 결론에 비추어 행정청이 한 판단의 적법 여부를 독자의 입장에서 판정하는 방식에 의하게 되나, 후자의 경우 행정청의 재량에 기한 공익판단의 여지를 감안하여 법원은 독자의 결론을 도출함이 없이 당해 행위에 재량권의 일탈·남용이 있는지 여부만을 심사하게 되고, 이러한 재량권의 일탈·남용 여부에 대한 심사는 사실오인, 비례·평등의 원칙 위배, 당해 행위의 목적 위반이나 동기의 부정 유무 등을 그 판단 대상으로 한다.

  구 도시계획법(2000. 1. 18. 법률 제6243호로 전문 개정되기 전의 것) 제21조와 같은법시행령(1998. 5. 19. 대통령령 제15799호로 개정되기 전의 것) 제20조 제1, 2항 및 같은법시행규칙(1998. 5. 19. 건설교통부령 제133호로 개정되기 전의 것) 제7조 제1항 제6호 (다)목 등의 규정을 살펴보면, 도시의 무질서한 확산을 방지하고 도시주변의 자연환경을 보전하여 도시민

---

12) 이영창, "환경행정소송에서 행정청의 재량에 대한 사법심사의 방법과 한계", 사법논집 제49집, 법원도서관, 2009. 249면.

의 건전한 생활환경을 확보하기 위하여 지정되는 개발제한구역 내에서
는 구역 지정의 목적상 건축물의 건축이나 그 용도변경은 원칙적으로
금지되고, 다만 구체적인 경우에 위와 같은 구역 지정의 목적에 위배되
지 아니할 경우 예외적으로 허가에 의하여 그러한 행위를 할 수 있게
되어 있음이 위와 같은 관련 규정의 체제와 문언상 분명한 한편, 이러
한 건축물의 용도변경에 대한 예외적인 허가는 그 상대방에게 수익적인
것에 틀림이 없으므로, 이는 그 법률적 성질이 재량행위 내지 자유재량
행위에 속하는 것이라고 할 것이고, 따라서 그 위법 여부에 대한 심사
는 재량권 일탈·남용의 유무를 그 대상으로 한다.

(3) 소결

　기속행위와 재량행위의 판단척도에 관한 판례의 태도를 종합하면,
법문을 중시하는 입장과 개별 행위의 성질을 중시하는 입장으로 준별된
다. 당해 행위의 근거가 된 법규의 체제·형식과 그 문언을 1차적으로
고려하고 이것으로 판별이 어려운 경우에 "당해 행위가 속하는 행정분
야의 주된 목적과 특성, 당해 행위 자체의 개별적 성질과 유형을 고려
요소로 하는 종합적 고찰방식으로 구분하는 것이 타당하다고 본다. 법
문에 "행정청은 … 할 수 있다"라고 규정되어 있으면 원칙적으로 재량행
위에 해당한다고 볼 것이고, "행정청은 … 하여야 한다"라고 규정되어
있으면 입법자의 의사를 존중하여 이를 기속행위로 보아야 한다. 따라
서, 국토계획법 제88조 제3항에서 규정하고 있는 실시계획의 인가는
"행정청은 … 하여야 한다"고 규정하고 있기 때문에 법문만을 놓고 보면
이는 기속행위에 해당한다고 볼 것이다.13) 또한 실시계획의 인가 신청

---

13) 규범을 고려하지 않고 실시계획의 인가가 토지수용권을 발생하게 하는 설권적 성
　질의 형성행위로 보게 되면 재량행위로 볼 여지도 있으나, 실시계획의 인가를 받
　더라도 공사착공의 허가의 의미만 지니고 이미 부지의 소유권을 확보하여 토지수
　용권의 발생이 의미가 없는 경우라면 재량행위로 보는 것은 한계가 있다.

의 거부의 경우에는 다음에 살펴보는 바와 같이 기속재량(거부재량)의 경우에 해당된다고 볼 것이다.

2. 기속행위와 재량행위의 중간 영역으로서의 기속재량

가. 논의의 출발

기속재량이란 종래부터 재량이론과는 별도로 우리의 행정판례에서 특유하게 인정되어 온 개념이다. 이러한 기속재량은 기속행위의 범주에서 파악하는 판례도 있고, 재량행위 중 기속재량행위와 자유재량행위로 구분하여 협소한 재량만 인정되는 범주로 파악하기도 한다.14) 여기서는 거부처분과 관련하여 중대한 공익상의 필요가 인정되는 때에 법문의 기속으로부터 벗어날 수 있는 매우 협소한 재량으로 이해한다.15) 사법심사와 관련하여 기속재량은 기속행위와 같은 맥락에서 법원이 일정한 결론을 먼저 도출한 후에 행정청의 거부처분이 적법한지 판단하는 판단대치의 방식으로 사법심사를 하게 된다.16)

기속행위일 경우 비정형적인 예외적인 상황에서 중대한 공익상의 필요를 이유로 법적 기속을 벗어날 수 있지만 중대한 공익상의 필요가 없음에도 거부처분이 내려지면 위법한 처분이 된다. 독일법상의 의도된 재량(intendierte Ermessen) 개념도 우리의 기속재량과 매우 유사하다고 보여진다. 재량행위에 있어서 재량권의 일탈·남용에 대한 입증책임은 원

---

14) 이에 관하여는 김용섭, "행정재량론의 재검토- 기속재량의 새로운 방향모색을 중심으로-", 경희법학 제36권 제1호, 2001. 53-73면.
15) 이영창, "환경행정소송에서 행정청의 재량에 대한 사법심사의 방법과 한계", 245면. 선정원, "행정재량의 법적 통제에 관한 몇 가지 쟁점의 검토", 행정소송(I), 한국사법행정학회, 2008, 562면. 기속재량행위에 대비되는 자유재량행위는 행정청에게 광범위한 결정재량과 선택재량이 부여되어 있는 것으로 이해하는 입장이다.
16) 최선웅, "행정소송에서의 기속재량", 행정법연구 제52호, 2018, 133면, 박균성, 「행정법론(상) 제16판」, 박영사, 2017, 315-317면, 박윤흔/정형근, 「최신행정법강의(상)」. 박영사, 2009, 297면.

고가 지고, 거부처분의 적법성에 대한 입증책임은 행정청이 지는 것이 판례의 입장이다. 처분의 적법성은 피고 행정청이 증명하여야 하므로 실시계획의 인가 신청 불허라는 거부처분을 할 경우 중대한 공익상 필요가 있다는 것에 대하여 행정청에게 입증책임은 있다고 볼 것이다.[17]

나. 기속재량 관련 판례

(1) 기속행위의 범주로 파악하는 기속재량행위

- 대법원 2001. 2. 9. 선고 98두17593판결
  [건축물용도변경신청거부처분취소]

행정행위가 그 재량성의 유무 및 범위와 관련하여 이른바 기속행위 내지 기속재량행위와 재량행위 내지 자유재량행위로 구분된다고 할 때, 그 구분은 당해 행위의 근거가 된 법규의 체재·형식과 그 문언, 당해 행위가 속하는 행정 분야의 주된 목적과 특성, 당해 행위 자체의 개별적 성질과 유형 등을 모두 고려하여 판단하여야 하고, 이렇게 구분되는 양자에 대한 사법심사는, 전자의 경우 그 법규에 대한 원칙적인 기속성으로 인하여 법원이 사실인정과 관련 법규의 해석·적용을 통하여 일정한 결론을 도출한 후 그 결론에 비추어 행정청이 한 판단의 적법 여부를 독자의 입장에서 판정하는 방식에 의하게 되나, 후자의 경우 행정청의 재량에 기한 공익판단의 여지를 감안하여 법원은 독자의 결론을 도출함이 없이 당해 행위에 재량권의 일탈·남용이 있는지 여부만을 심사하게 되고, 이러한 재량권의 일탈·남용 여부에 대한 심사는 사실오인, 비례·평등의 원칙 위배, 당해 행위의 목적 위반이나 동기의 부정 유무 등을 그 판단 대상으로 한다.

---

17) 박균성, 행정법강의, 박영사, 2020, 206면. 김용섭, "행정재량론의 재검토-기속재량의 새로운 방향모색을 중심으로", 경희법학 제36권 제1호, 2001, 72면

- 대법원 2018. 10. 4. 선고 2014두37702 판결
  [특허권존속기간연장신청불승인처분취소청구]

행정행위가 재량성의 유무 및 범위와 관련하여 이른바 기속행위
내지 기속재량행위와 재량행위 내지 자유재량행위로 구분된다고 할 때,
그 구분은 당해 행위의 근거가 된 법규의 체제·형식과 문언, 당해 행위
가 속하는 행정 분야의 주된 목적과 특성, 당해 행위 자체의 개별적 성
질과 유형 등을 모두 고려하여 판단하여야 한다. 이렇게 구분되는 양자
에 대한 사법심사는, 전자의 경우 그 법규에 대한 원칙적인 기속성으로
인하여 법원이 사실인정과 관련 법규의 해석·적용을 통하여 일정한 결
론을 도출한 후 그 결론에 비추어 행정청이 한 판단의 적법 여부를 독
자의 입장에서 판정하는 방식에 의하게 된다. 후자의 경우 행정청의 재
량에 기한 공익판단의 여지를 감안하여 법원은 독자의 결론을 도출함이
없이 당해 행위에 재량권의 일탈·남용이 있는지 여부만을 심사하게 되
고, 이러한 재량권의 일탈·남용 여부에 대한 심사는 사실오인, 비례·
평등의 원칙 위배, 당해 행위의 목적 위반이나 동기의 부정 유무 등을
판단 대상으로 한다.

(2) 재량행위의 범주로 파악하는 기속재량행위
- 대법원 1997. 12. 26. 선고 97누15418 판결
  [주택건설사업영업정지처분취소]

어느 행정행위가 기속행위인지 재량행위인지 나아가 재량행위라고
할지라도 기속재량행위인지 또는 자유재량에 속하는 것인지의 여부는
이를 일률적으로 규정지을 수는 없는 것이고, 당해 처분의 근거가 된
규정의 형식이나 체재 또는 문언에 따라 개별적으로 판단하여야 한다.

- 대법원 1998. 4. 28. 선고 97누21086 판결
  [폐기물처리사업부적정통보취소]

어느 행정행위가 기속행위인지 재량행위인지 나아가 재량행위라고

할지라도 기속재량행위인지 또는 자유재량에 속하는 것인지의 여부는 이를 일률적으로 규정지을 수는 없는 것이고, 당해 처분의 근거가 된 규정의 형식이나 체제 또는 문언에 따라 개별적으로 판단하여야 한다.

- 대법원 2008. 5. 29. 선고 2007두18321 판결
　　[합격결정취소및응시자격제한처분]
　　어느 행정행위가 기속행위인지 재량행위인지 나아가 재량행위라고 할지라도 기속재량행위인지 또는 자유재량에 속하는 것인지의 여부는 이를 일률적으로 규정지을 수는 없는 것이고, 당해 처분의 근거가 된 규정의 형식이나 체제 또는 문언에 따라 개별적으로 판단하여야 한다 (대법원 1997. 12. 26. 선고 97누15418 판결 참조).

　　(3) 독자적 제3의 범주인 기속재량
　　앞에서 예로 든 기속재량행위를 기속행위의 범주로 파악하는 견해는 거부처분과 관련되고, 재량행위의 범주로 파악하는 견해는 처분의 근거가 된 규정의 내용이나 체제 또는 문언에 따라 개별적으로 판단되어 진다. 따라서, 독자적인 제3범주인 기속재량은 수익적 행정행위의 신청에 대한 불허가나 거부처분에서 발전한 것으로, 거부재량의 문제로 환치할 수 있다. 기속재량이나 거부재량의 경우에는 법원은 기속행위에 준하여 사법심사를 하기 때문에 재량권의 일탈·남용의 경우보다 광범위한 사법심사를 할 수 있다. 판례에 따르면 행정청의 재량행위가 기속재량행위에 해당하는 경우 행정청은 중대한 공익상의 필요성을 이유로만 재량권을 행사할 수 있다.[18]
　　① 채광계획인가신청 불허가처분 및 채광계획불인가처분

- 대법원 1993. 5. 27. 선고 92누19477 판결
　　[채광계획인가신청불허가처분취소]
　　광업권의 행사를 보장하면서 광산개발에 따른 자연경관의 훼손, 상

---

18) 이영창, 앞의 논문, 256면.

수원의 수질오염 등 공익침해를 방지하기 위한 목적에서 광물채굴에 앞서 채광계획인가를 받도록 한 제도의 취지와 공익을 실현하여야 하는 행정의 합목적성에 비추어 볼 때, 채광계획이 중대한 공익에 배치된다고 할 때에는 인가를 거부할 수 있다고 보아야 하고, 채광계획을 불인가하는 경우에는 정당한 사유가 제시되어야 하며 자의적으로 불인가를 하여서는 아니 될 것이므로 채광계획인가는 기속재량행위에 속하는 것으로 보아야 한다.

   - 대법원 2002. 10. 11. 선고 2001두151 판결
      [채광계획불인가처분취소]

   채광계획이 중대한 공익에 배치된다고 할 때에는 인가를 거부할 수 있고, 채광계획을 불인가 하는 경우에는 정당한 사유가 제시되어야 하며 자의적으로 불인가를 하여서는 아니 될 것이므로 채광계획인가는 기속재량행위에 속하는 것으로 보아야 할 것이나, 구 광업법(1999. 2. 8. 법률 제5893호로 개정되기 전의 것) 제47조의2 제5호에 의하여 채광계획인가를 받으면 공유수면 점용허가를 받은 것으로 의제되고, 이 공유수면 점용허가는 공유수면 관리청이 공공 위해의 예방 경감과 공공 복리의 증진에 기여함에 적당하다고 인정하는 경우에 그 자유재량에 의하여 허가의 여부를 결정하여야 할 것이므로, 공유수면 점용허가를 필요로 하는 채광계획 인가신청에 대하여도, 공유수면 관리청이 재량적 판단에 의하여 공유수면 점용을 허가 여부를 결정할 수 있고, 그 결과 공유수면 점용을 허용하지 않기로 결정하였다면, 채광계획 인가관청은 이를 사유로 하여 채광계획을 인가하지 아니할 수 있는 것이다.

   ② 사설 납골당설치 불허가처분
   - 대법원 1994. 9. 13. 선고 94누3544 판결
      [사설납골당설치불허가처분취소]
   재단법인이 아닌 자연인이 불특정다수인을 상대로 사설납골당을

설치하는 것을 허용해야 할 것인가 여부는 사설납골당설치허가를 기속
재량행위에 속하는 사항이라고 보는 한 이를 금지하는 법령의 규정이
없는 이상 자연인의 사설납골당 설치를 재단법인이 아니라는 이유로 불
허할 수는 없고, 더욱이 사설납골당 설치기준을 매장및묘지등에관한법
률시행령 제5조 제2항 제3호에서 같은 영 제4조 제3호의 공설납골당 설
치기준에 따라 설치하도록 하고 있는 이상, 그 주체가 자연인이든 재단
법인이든 관계가 없이 설치기준에 맞으면 비록 자연인이라 할지라도 허
용해야 한다.

③ 산림형질변경허가신청반려처분
– 대법원 1997. 9. 12. 선고 97누1228 판결
　[산림형질변경허가신청반려처분취소]

산림훼손행위는 국토의 유지와 환경의 보전에 직접적으로 영향을
미치는 행위이므로 법령이 규정하는 산림훼손 금지 또는 제한지역에 해
당하는 경우는 물론 금지 또는 제한지역에 해당하지 않더라도 허가관청
은 산림훼손허가신청 대상토지의 현상과 위치 및 주위의 상황 등을 고
려하여 국토 및 자연의 유지와 환경의 보전 등 중대한 공익상 필요가
있다고 인정될 때에는 허가를 거부할 수 있고, 그 경우 법규에 명문의
근거가 없더라도 거부처분을 할 수 있으며, 산림훼손허가를 함에 있어
서 고려하여야 할 공익침해의 정도 예컨대 자연경관훼손정도, 소음·분
진의 정도, 수질오염의 정도 등에 관하여 반드시 수치에 근거한 일정한
기준을 정하여 놓고 허가·불허가 여부를 결정하여야 하는 것은 아니고,
산림훼손을 필요로 하는 사업계획에 나타난 사업의 내용, 규모, 방법과
그것이 환경에 미치는 영향 등 제반 사정을 종합하여 사회관념상 공익
침해의 우려가 현저하다고 인정되는 경우에 불허가할 수 있다.

④ 건축허가거부처분
- 대법원 2009. 9. 24. 선고 2009두8946 판결
  [건축허가거부처분취소]

건축허가권자는 건축허가신청이 건축법 등 관계 법규에서 정하는 어떠한 제한에 배치되지 않는 이상 당연히 같은 법조에서 정하는 건축허가를 하여야 하고, 중대한 공익상의 필요가 없는데도 관계 법령에서 정하는 제한사유 이외의 사유를 들어 요건을 갖춘 자에 대한 허가를 거부할 수는 없다.

구 국토의 계획 및 이용에 관한 법률(2009. 2. 6. 법률 제9442호로 개정되기 전의 것) 제63조가 도시기본계획 등을 수립하고 있는 지역으로 특히 필요하다고 인정되는 지역에 대하여 개발행위를 제한하고자 하는 때에는 '제한지역·제한사유·제한대상 및 제한기간을 미리 고시'하도록 규정한 취지를 고려할 때, 건축허가신청이 시장이 수립하고 있는 도시·주거환경정비 기본계획에 배치될 가능성이 높다고 하여 바로 건축허가신청을 반려할 중대한 공익상의 필요가 있다고 보기 어렵다고 한 사례.

⑤ 대기배출시설설치불허가처분
- 대법원 2013. 5. 9. 선고 2012두22799판결
  [대기배출시설설치불허가처분등취소]

구 대기환경보전법(2011. 7. 21. 법률 제10893호로 개정되기 전의 것, 이하 같다) 제2조 제9호, 제23조 제1항, 제5항, 제6항, 같은 법 시행령(2010. 12. 31. 대통령령 제22601호로 개정되기 전의 것, 이하 같다) 제11조 제1항 제1호, 제12조, 같은 법 시행규칙 제4조, [별표 2]와 같은 배출시설 설치허가와 설치제한에 관한 규정들의 문언과 그 체제·형식에 따르면 환경부장관은 배출시설 설치허가 신청이 구 대기환경보전법 제23조 제5항에서 정한 허가 기준에 부합하고 구 대기환경보전법 제23조 제6항, 같은 법 시행령 제12조에서 정한 허가제한사유에 해당하지 아니하는

한 원칙적으로 허가를 하여야 한다. 다만 배출시설의 설치는 국민건강
이나 환경의 보전에 직접적으로 영향을 미치는 행위라는 점과 대기오
염으로 인한 국민건강이나 환경에 관한 위해를 예방하고 대기환경을
적정하고 지속가능하게 관리·보전하여 모든 국민이 건강하고 쾌적한
환경에서 생활할 수 있게 하려는 구 대기환경보전법의 목적(제1조) 등
을 고려하면, 환경부장관은 같은 법 시행령 제12조 각 호에서 정한 사
유에 준하는 사유로서 환경 기준의 유지가 곤란하거나 주민의 건강·
재산, 동식물의 생육에 심각한 위해를 끼칠 우려가 있다고 인정되는 등
중대한 공익상의 필요가 있을 때에는 허가를 거부할 수 있다고 보는
것이 타당하다.

다. 소결

기속재량행위는 엄밀히 말하여 기속행위도 아니고 재량행위도 아
닌 법령상의 요건이 충족된 경우에는 원칙적으로 법적인 효과가 발생하
지만 예외적인 사례에 있어서 즉 비정형적인 상황 다시 말하여 중대한
공익상 필요가 있는 경우에는 설사 법령상의 요건을 충족하였다고 할지
라도 법적효과를 벗어날 수 있는 의미로 기속재량행위를 파악하게 된
다. 단지 막연한 환경침해가 있다는 주장에 기초하거나 예외적 상황이
아님에도 법원이 중대한 공익상 필요가 있는 때에 해당한다고 판단해서
는 곤란하다. 중대한 공익상 필요가 있는 때에 해당한다는 점에 대한
입증책임은 행정청이 부담하는 것으로 보는 것이 타당하다.

판례 중 중대한 공익상의 필요가 있어 거부할 수 있다고 본 경우로
서 객관적 기준의 제시 없이 행정청이 종합적으로 판단할 수 있다는 식
의 판결로는 대법원 1997. 9. 12. 선고 97누1228판결[19]을 들 수 있다.

---

19) 이 판결에서 산림훼손허가를 함에 있어 고려하여야 할 공익침해의 정도 예컨대 자
  연경관훼손정도, 소음·분진의 정도, 수질오염의 정도 등에 관하여 반드시 수치에
  근거한 일정한 기준을 정하여 놓고 허가·불허가 여부를 결정하여야 하는 것은 아

이 판결은 행정절차법 제20조 제1항에서 행정처분의 기준을 설정·공표하도록 한 행정절차법의 취지에 반하는 내용의 판시태도라고 할 것이다. 이와 같이 막연히 사회관념상 공익침해의 우려가 현저하다고 인정되는 경우에 거부처분 할 수 있다는 식의 종합적 사정을 고려하는 주먹구구식으로 형량적 고려를 객관화하지 않은 판시태도는 극복되어야 할 것이다. 이와 같은 중대한 공익상의 필요에 해당하는지 여부는 법원이 재량행위의 심사보다 강화된 심사로 특히 행정소송법 제26조의 직권증거조사주의를 표방하고 있는 우리 행정소송법을 감안하여 행정청이 법적 기속으로부터 벗어나는 것이 용인되는 예외적 상황인지를 행정청 스스로 적절히 형량요소를 검토하였으며, 그 조사를 토대로 공익상의 필요를 입증한 것인지를 객관적 기준을 설정하여 이를 적절히 적용하였는지 여부를 토대로 사법심사를 할 필요가 있다.

한편, 중대한 공익상의 필요가 없음에도 이를 이유로 거부하는 것이 위법하다고 법원의 사법심사를 적극적으로 인정한 판결의 예는 앞에서 살펴본 바와 같다. 다만, 중대한 공익상의 필요가 법률의 명문으로 규정된 것이 아니므로, 법치국가 원리의 차원에서 이를 제한적으로 해석할 필요가 있다. 이와 관련하여 전주지방법원 2009. 4. 21. 선고 2008구합3187 판결에서 "대형 할인점의 신축을 위한 건축허가신청에 대하여 행정청이 재래시장 및 영세상권의 보호를 이유로 불허한 사안에서, 그 불허가처분의 사유가 건축물의 안전·기능 및 미관 향상, 주거환경·교육환경 향상이라는 건축법의 입법 취지와는 거리가 멀고, 재래시장 및 영세상권의 보호라는 공익이 대형 할인점의 진입을 전면적으로 차단하는 등 경쟁을 배제하는 조치를 통하여 이루어져야 할 성질이 아닌 점 등에 비추어, 그 신청을 불허할 중대한 공익상 필요가 있다고 볼 수 없어 위법하다"고 적절히 판시한 바 있다.

니라고 판시하고 있다.

3. 국토계획법상 실시계획 인가 및
      그 신청불허의 기속재량성

가. 국토계획법상 실시계획인가의 규범구조적 특징

국토계획법 제88조 제3항에서 "국토계획부장관, 시·도지사 또는 대도시 시장은 도시·군계획시설사업의 시행자가 작성한 실시계획이 제43조 제2항에 따른 도시·군계획시설의 결정·구조 및 설치기준 등이 맞다고 인정하는 경우에는 실시계획을 인가하여야 한다."고 되어 있어 행정주체가 광범위한 형성의 자유가 인정되는 계획재량이 아니라 조건 프로그램으로 되어 있어 요건에 해당하면 반드시 실시계획을 인가해야 하는 기속행위로 되어 있다. 또한 실시계획의 인가 전에 도시계획시설 사업시행자의 지정이 있었기 때문에 그와 같은 사업시행자 지정으로 인하여 형량적 검토를 마쳤다고 볼 수 있으므로, 실시계획 인가의 단계에서는 사업시행자가 작성한 실시계획이 도시·군계획시설의 결정·구조 및 설치기준 등에 맞다고 인정하는 지 여부만 판단하는 것이므로 재량행위로 볼 하등의 이유가 없다.

이와 관련하여 개발행위허가의 경우처럼 미리 환경오염방지, 경관 등에 관한 계획서를 첨부한 신청서를 제출하도록 하고 있지 않으며, 만약에 그와 같은 우려가 있을 경우에는 불허가할 것이 아니라 국토계획법 제88조 제3항 단서[20])에서 정하는 바와 같이 부관을 붙여 해결할 수 있도록 되어 있다. 이와 같은 부관의 가능성에 관한 규정은 실시계획의 인가의 법적 성질이 재량행위라면 그와 같은 규정이 없더라도 부관을 붙이는데 아무런 제약이 없으나, 기속행위나 기속재량행위로 이해하게 될 경우에 법령에 근거가 있어야 부관을 붙이는 것이 무효가 되지 않기

---

20) 이 경우 국토계획부장관, 시·도지사 또는 대도시 시장은 기반시설의 설치나 그에 필요한 용지의 확보, 위해방지, 환경오염의 방지, 경관조성, 조경 등의 조치를 할 것을 조건으로 실시계획을 인가할 수 있다.

때문에 의미 있는 규정이라고 할 것이다.

　사업시행자가 작성하는 실시계획은 설계도에 따른 공사허가의 본질을 갖는 것으로 실시계획의 인가에 의해 사업시행자에게는 공사에 착수할 수 있는 지위가 부여된다.[21] 따라서 실시계획인가에 있어서 중요한 고려요소는 도시계획시설의 공공성의 요청인 타인의 토지에 대한 수용에 있어 공공필요의 요청이라는 관점에서 접근해야 하고 환경적 요소는 도시계획 시설결정이나 사업시행자 지정단계에서 이미 선취하여 판단하였다고 보여진다.

　이와 같이 입법자인 국회가 법률을 개정한 경우에 문구의 변화와 입법취지를 고려할 필요가 있다. 국토계획법(2002. 2. 4. 법률 제6655호) 제88조 제2항에서 "도시계획시설사업의 시행자(건설교통부장관 및 시·도지사를 제외한다)는 제1항의 규정에 의하여 실시계획을 작성한 때에는 대통령령이 정하는 바에 따라 건설교통부장관 또는 시·도지사의 인가를 받아야 한다."고 되어 있어 당시의 국토계획법상의 실시계획 인가의 법적 성질이 재량행위인지 기속행위인지 명확하지 않았다. 이와 같은 규정을 국회에서 2007. 1. 19. 법률 제8250호로 개정하여 국토계획법 제88조 제3항에서 "국토교통부장관, 시·도지사 또는 대도시 시장은 도시·군계획시설사업의 시행자가 작성한 실시계획이 제43조 제2항에 따른 도시·군계획시설의 결정·구조 및 설치의 기준 등에 맞다고 인정하는 경우에는 실시계획을 인가하여야 한다."는 내용의 기속규정을 두게 되었다. 이러한 입법 개정취지는 선취된 형량이나 결정을 무시하고 새로운 사유 가령, 막연히 환경오염의 피해가능성이라는 이유를 들어 대규모시설의 여러 단계를 거쳐 자본과 노력이 투입된 기반시설인 공익사업이 물거품이 되지 않도록 하기 위한 제도적 장치를 마련한 것으로 볼 수 있다. 그리하여 환경상의 이유를 들어 실시계획의 인가를 거부할 것

---

21) 김종보, "앞의 논문", 행정법연구 제30호, 2011, 287면.

이 아니라 조건을 붙여서라도 인가하라는 의미이고 그와 같은 조건의 이행을 제대로 하지 않을 경우에 대비하여 국토계획법 제89조에서 도시·군계획시설사업의 이행담보를 위해 이행보증금을 예치하도록 하고 있는 점도 실시계획 인가의 법적성질이 기속행위 내지 기속재량행위라고 할 것이다.

한편, 국토계획법 제88조 제7항에서 수용권이 인정된다는 전제하에 재결신청하도록 하고 있고, 일정한 기간내에 재결신청하지 않으면 인가의 효력이 상실되도록 하고 있으나, 동조 제8항에서 이미 토지 등을 이미 확보한 경우에는 효력이 그대로 유지되도록 하고 있다. 따라서 실시계획인가의 경우 토지수용권이 구체적으로 발생하는 경우에는 재량행위로 볼 여지가 있으나, 실시계획의 인가를 받더라도 토지수용권이 구체적으로 발생하는 경우가 아닌 경우에는 그 성질을 재량행위로 속단할 것은 아니다.

도시계획시설사업의 시행자가 하는 실시계획의 인가는 비록 민간사업시행자이기는 하지만 기반시설로서 공익성이 강하고, 타인의 토지에 대한 수용이 불필요하므로 공익성의 판단이 이미 마쳐진 사안으로 법령에서 요구하지 않는 환경상 이익 등의 사유를 들어 거부하는 것은 타당하지 않다고 볼 것이다. 설사 그와 같은 환경보호의 필요성이 인정된다고 할지라도 이에 관하여는 도시계획시설의 결정이나 실시계획 인가 신청전에 환경영향평가절차가 법령상 요구될 경우에 이에 따르면 될 것이다. 사업시행자가 기반시설을 설치하기 위한 실시계획인가는 공사착공의 허가에 불과하고, 도시계획결정에 이르는 입안, 기초조사, 주민과 지방의회의 의견 청취 등 계획수립과정에서의 광범위한 형성의 자유가 인정되는 경우나, 개발행위허가의 경우와는 기본적으로 규범구조가 다르고 개발행위 허가에 앞서 환경오염을 방지하기 위한 조치 등을 담도록 규정하고 있는 점도 실정법 규정상의 본질적 차이가 있다.

위와 같은 국토계획법상의 규범구조에 의하면 실시계획 인가의 법적 성질을 기속행위 내지 기속재량으로 보아야 함에도 불구하고, 이 사건 평석대상 판결에서는 "행정주체가 기반시설을 조성하기 위하여 도시·군계획시설결정을 하거나 실시계획인가처분을 할 때 행사하는 재량권에는 한계가 있음이 분명하므로, 이는 재량통제의 대상이 된다."고 보고 있다. 그러나 도시·군계획시설결정을 하는 경우에 재량행위로 보는 것은 차치하고, 토지수용권이 발생하여 제3자의 권리침해가 예상되는 실시계획인가의 경우와는 달리 이미 부지내의 소유권을 이미 확보하고 있어 토지수용권이 문제되지 않은 사안에서 국토계획법상 실시계획인가의 법적성질은 기속행위 내지 기속재량행위에 해당한다고 볼 것이다.

나. 실시계획 인가와 개발행위허가의 본질상 차이

(1) 개발행위허가에 관한 대법원 판결의 요지

대법원 2017. 3. 15. 선고 2016두55490 판결
[건축허가신청반려처분취소]
― 건축법 제11조 제1항, 제5항 제3호, 국토의 계획 및 이용에 관한 법률(이하 '국토계획법'이라 한다) 제56조 제1항 제1호, 제2호, 제58조 제1항 제4호, 제3항, 국토의 계획 및 이용에 관한 법률 시행령 제56조 제1항 [별표 1의2] '개발행위허가기준' 제1호 (라)목 (2)를 종합하면, 국토계획법이 정한 용도지역 안에서의 건축허가는 건축법 제11조 제1항에 의한 건축허가와 국토계획법 제56조 제1항의 개발행위허가의 성질을 아울러 갖는데, 개발행위허가는 허가기준 및 금지요건이 불확정개념으로 규정된 부분이 많아 그 요건에 해당하는지 여부는 행정청의 재량판단의 영역에 속한다. 그러므로 그에 대한 사법심사는 행정청의 공익판단에 관한 재량의 여지를 감안하여 원칙적으로 재량권의 일탈이나 남용이 있는지 여부만을 대상으로 하고, 사실오인과 비례·평등의 원칙

위반 여부 등이 그 판단 기준이 된다.

　- 환경의 훼손이나 오염을 발생시킬 우려가 있는 개발행위에 대한 행정청의 허가와 관련하여 재량권의 일탈·남용 여부를 심사할 때에는, 해당지역 주민들의 토지이용실태와 생활환경 등 구체적 지역 상황과 상반되는 이익을 가진 이해관계자들 사이의 권익 균형 및 환경권의 보호에 관한 각종 규정의 입법 취지 등을 종합하여 신중하게 판단하여야 한다. 그러므로 그 심사 및 판단에는, 우리 헌법이 "모든 국민은 건강하고 쾌적한 환경에서 생활할 권리를 가지며, 국가와 국민은 환경보전을 위하여 노력하여야 한다."라고 규정하여(제35조 제1항) 환경권을 헌법상 기본권으로 명시함과 동시에 국가와 국민에게 환경보전을 위하여 노력할 의무를 부과하고 있는 점, 환경정책기본법은 환경권에 관한 헌법이념에 근거하여, 환경보전을 위하여 노력하여야 할 국민의 권리·의무와 국가 및 지방자치단체, 사업자의 책무를 구체적으로 정하는 한편(제1조, 제4조, 제5조, 제6조), 국가·지방자치단체·사업자 및 국민은 환경을 이용하는 모든 행위를 할 때에는 환경보전을 우선적으로 고려하여야 한다고 규정하고 있는 점(제2조), '환경오염 발생 우려'와 같이 장래에 발생할 불확실한 상황과 파급효과에 대한 예측이 필요한 요건에 관한 행정청의 재량적 판단은 내용이 현저히 합리성을 결여하였다거나 상반되는 이익이나 가치를 대비해 볼 때 형평이나 비례의 원칙에 뚜렷하게 배치되는 등의 사정이 없는 한 폭넓게 존중될 필요가 있는 점 등을 함께 고려하여야 한다. 이 경우 행정청의 당초 예측이나 평가와 일부 다른 내용의 감정의견이 제시되었다는 등의 사정만으로 쉽게 행정청의 판단이 위법하다고 단정할 것은 아니다.

대법원 2017. 10. 12. 선고 2017두48956 판결
[건축허가신청불허가처분취소]
　국토의 계획 및 이용에 관한 법률(이하 '국토계획법'이라고 한다) 제56
조에 따른 개발행위허가와 농지법 제34조에 따른 농지전용허가·협의
는 금지요건·허가기준 등이 불확정개념으로 규정된 부분이 많아 그
요건·기준에 부합하는지의 판단에 관하여 행정청에 재량권이 부여되
어 있으므로, 그 요건에 해당하는지 여부는 행정청의 재량판단의 영역
에 속한다. 나아가 국토계획법이 정한 용도지역 안에서 토지의 형질변
경행위·농지전용행위를 수반하는 건축허가는 건축법 제11조 제1항에
의한 건축허가와 위와 같은 개발행위허가 및 농지전용허가의 성질을
아울러 갖게 되므로 이 역시 재량행위에 해당하고, 그에 대한 사법심사
는 행정청의 공익판단에 관한 재량의 여지를 감안하여 원칙적으로 재
량권의 일탈이나 남용이 있는지 여부만을 대상으로 하는데, 판단 기준
은 사실오인과 비례·평등의 원칙 위반 여부 등이 된다. 이러한 재량권
일탈·남용에 관하여는 행정행위의 효력을 다투는 사람이 주장·증명책
임을 부담한다.

　(2) 비판적 검토
　국토계획법상 개발행위허가는 금지요건·허가기준 등이 불확정개
념으로 규정된 부분이 많아 그 요건·기준에 부합하는지의 판단에 관하
여 행정청에 재량권이 부여되어 있으므로, 그 요건에 해당하는지 여부
는 행정청의 재량판단의 영역에 속한다.
　그러나, 대법원 2017. 3. 15. 선고 2016두55490판결은 '환경에 미치
는 영향'이라는 예측적 성격을 가지는 처분요건에 관하여 폭넓은 존중을
하여야 하고, 재량권의 일탈·남용 위반에 대하여는 처분상대방에게 입
증책임을 부담하면서 행정과정상의 문제점을 이유로 행정처분을 취소한
하급심의 판결을 파기하고 있다. 이와 같은 대법원의 판시태도는 독일의

판단여지이론에 비추어 보거나 사법부의 엄격심사가 필요한 대목에서
사법심사의 방기로 이어질 수 있어 심각한 문제가 아닐 수 없다.

행정부의 재량행사가 판단여지로 볼 수 있는 예외적 상황이라면
폭넓은 존중이 필요하겠지만, 사실인정과 관련하여서는 '근거가 된 증
거가 정확하고 믿을 만하고 일관성이 있는지, 위 증거가 복잡한 상황에
대한 평가를 위하여 고려하여야 하는 모든 정보를 조사를 통하여 확보
하고 있는지, 형량이 결여되거나 누락된 것은 없는지, 형량을 하였으나
정당성과 객관성이결여된 형량오평가와 형량 불비례는 없는 것인지 나
아가 형량의 이유가 구체적으로 제시되고 있는지' 등에 관하여 사법부
의 엄격한 심사가 필요하다.[22]

이와는 달리 국토계획법상의 실시계획의 인가는 사업시행자와 관
할 행정청간의 협력하에 실시계획의 작성이 적법한 기준에 맞는지를 확
인하는 과정이고, 요건에 맞으면 반드시 실시계획의 인가를 하도록 되
어 있다. 단지 예외적으로 중대한 공익상의 필요가 있는 경우에 실시계
획 인가 신청을 불허할 수 있어 그 법적 성질은 기속재량행위에 해당한
다. 즉, 도시·군계획시설은 이미 공익성이 인정되는 시설에 대한 시행
이 결정된 것이므로 이를 실행하여 구체화시키는 실시계획의 인가는 기
속행위 내지 기속재량행위로 볼 수 있다. 당해 시설의 설치로 인해 과
도한 공·사익 침해가 발생되는 중대한 공익상의 필요가 있는 경우에는
이를 시행할 수 없을 것이므로 이러한 예외적인 경우에는 기속재량행위
로 봄이 타당하다.

국토계획법 제88조 제3항의 실시계획의 인가의 경우에는 규범구조
적으로 요건과 효과가 명확히 규정되어 있으며, 효과면에서 기속행위의
형태로 규율하고 있다. 아울러 실시계획의 인가의 경우에는 공익사업이

그 대상이 되고 기반시설의 설치와 관련되는데 반해, 개발행위허가의 경우에는 국토계획법 제56조[23] 규정의 법문의 내용만 놓고 보면 요건면과 효과면이 불분명하게 되어 있어 기속행위인지 재량행위인지 명확하지 않다.

아울러 개발행위의 허가는 이를 통해 얻고자 하는 것이 공익사업이라기보다는 건축허가와 같은 개인의 재산권의 행사의 경우가 대부분이고, 환경오염방지, 경관 등에 관한 계획서를 첨부한 신청서를 제출하도록 국토계획법 제57조에 규정을 두고 있으며, 제57조 제2항에서 "특별시장·광역시장·특별자치시장·특별자치도지사·시장 또는 군수는 제1항에 따른 개발행위허가의 신청에 대하여 특별한 사유가 없으면 대통령령으로 정하는 기간 이내에 허가 또는 불허가의 처분을 하여야 한다."고 규정하고 있어 재량행위로 볼 여지가 많다.[24]

무엇보다 실시계획의 인가의 법률요건은 도시·군계획시설의 결정·구조 및 설치기준에 관한 규칙(국토교통부령)에서 규정하고 있는 바를 충족하는지 여부가 문제되는데, 동 기준에서는 전기공급설비에 관하여

---

23) 제56조(개발행위의 허가) ① 다음 각 호의 어느 하나에 해당하는 행위로서 대통령령으로 정하는 행위(이하 "개발행위"라 한다)를 하려는 자는 특별시장·광역시장·특별자치시장·특별자치도지사·시장 또는 군수의 허가(이하 "개발행위허가"라 한다)를 받아야 한다. 다만, 도시·군계획사업(다른 법률에 따라 도시·군계획사업을 의제한 사업을 포함한다)에 의한 행위는 그러하지 아니하다.
1. 건축물의 건축 또는 공작물의 설치
2.-5. <생략>
24) 개발행위허가의 법적 성질을 재량행위로 보는 입장과 다른 관점으로는 김용섭, "개발허가의 법적성질", 한국토지공법학회 제28회 학술대회 제1주제 발제논문, 토지공법연구 제13집, 2001, 123면 이하, 이 논문에서 개발행위허가의 법적성질을 기속재량행위로 보고 있다. 같은 맥락에서 개발행위허가의 법적 성질을 기속행위의 측면으로 파악하는 견해로는 김광수, "개발행위허가의 쟁점과 절차", 토지공법연구 제77집, 2017, 14면. 김광수 교수는 개발행위허가는 이미 수립되어 있는 토지이용계획 내에서 개별 개발행위가 계획법제에 합치하는 여부를 확인하고 그 개발을 승인하는 행위이므로 계획의 집행이지 계획 자체는 아니므로 행정행위이며 기속적인 성격이 강하게 나타난다고 설명하고 있다.

제66조에서 제69조까지 규정이 법문상 불확정개념을 사용하지 않고 있
으며 명확하게 규정하고 있어 그 기준의 충족여부를 판단함에 있어서
행정청의 재량이 개입될 여지가 있다고 보여지지 않는다.[25]

(3) 소결: 국토계획법상의 실시계획 인가 및 그 신청 불허의 법적 성질

국토계획법상의 실시계획의 인가는 도시계획시설사업시행자가 실
시계획을 작성하여 인가를 받는 것이므로, 보충행위로서 인가는 아니
며, 실시계획의 인가에 관한 명문의 규정이 기속규범으로 되어 있다. 한
편 도시계획시설은 기반시설로, 이는 도시 공동생활을 위해 기본적으로
공급되어야 하지만 공공성이나 외부경제성이 크기 때문에 시설의 입지

---

25) 제67조(전기공급설비) 이 절에서 "전기공급설비"란 「전기사업법」 제2조 제17호에
   따른 전기사업용 전기설비 중 다음 각 호의 시설을 말한다. <개정 2005. 7. 1.,
   2006. 11. 22., 2008. 1. 14., 2012. 6. 28., 2016. 5. 16., 2019. 8. 7.>
1. 발전시설
2.- 4. <생략>
제68조(전기공급설비의 결정기준) 전기공급설비의 결정기준은 다음 각 호와 같다. <개
   정 2006. 11. 22., 2009. 5. 15., 2012. 10. 31.>
1. 발전시설
가. 소음, 사고 등에 따른 재해를 방지할 수 있도록 인근의 토지이용계획을 고려하여 설
   치할 것
나. 전용공업지역·일반공업지역·준공업지역·자연녹지지역 및 계획관리지역에만 설치
   할 것. 다만, 「신에너지 및 재생에너지 개발·이용·보급 촉진법」 제2조 제2호에 따
   른 신·재생에너지설비에 해당하는 발전시설은 전용주거지역 및 일반주거지역 외
   의 지역에 설치할 수 있다.
다. 화력이나 원자력을 이용한 발전시설은 가목 및 나목 외에 다음의 기준을 고려하여
   설치할 것
1) 항만이나 철도수송이 편리하고 연료를 확보하기 쉬운 곳에 설치할 것
2) 임해지역 등 발전용수를 확보하기 쉬운 곳에 설치할 것
3) 조수(潮水)·파도 등에 따른 침수의 우려가 없거나 습한 저지대가 아닌 곳에 설치할
   것
2. - 4. <생략>
제69조(전기공급설비의 구조 및 설치기준) 전기공급설비의 구조 및 설치에 관하여는 「
   전기사업법」이 정하는 바에 의한다. <개정 2005. 7. 1.>

결정, 설치 및 관리 등에 공공의 개입이 필요한 시설을 의미하며, 동 규정은 물리적인 측면에서의 설치기준을 갖추기만 하면 실시계획을 인가하여 도시·군계획시설사업을 시행하여 공익실현을 도모하려는 의미라고 보여진다.

　실시계획의 인가를 하는 행정청은 만약에 도시계획시설에서 발생할지 모르는 위해 방지, 환경오염 방지 등을 위해서 제반 형량요소를 객관적이며 충실히 검토한 후에 중대한 공익상의 필요가 있을 경우에는 실시계획의 인가 신청을 불허하는 것이 정당화된다. 국토계획법 제88조 제3항 후문에서는 "국토교통부장관, 시·도지사 또는 대도시 시장은 기반시설의 설치나 그에 필요한 용지의 확보, 위해 방지, 환경오염 방지, 경관 조성, 조경 등의 조치를 할 것을 조건으로 실시계획을 인가할 수 있다"고 규정하여 공익상 필요에 따른 부관을 부가하여 공익보호를 위한 조치를 취할 수 있는 점이나, 국토계획법 제89조 제1항 내지 제3항에서는 이행보증금예치 및 원상회복의무를 규정하여 공익실현을 담보하고 있다. 한편, 국토계획법 제88조 제2항 후문에서는 "다만, 제98조에 따른 준공검사를 받은 후에 해당 도시·군계획시설사업에 대하여 국토교통부령으로 정하는 경미한 사항을 변경하기 위하여 실시계획을 작성하는 경우에는 국토교통부장관, 시·도지사 또는 대도시 시장의 인가를 받지 아니한다"고 규정하고 있어 경미한 사항은 인가를 받지 않아도 된다고 규정하고 있는데 이는 경미한 사항은 공익에 큰 영향을 주지 않는다고 판단되므로 인가를 받지 않아도 되는 것으로 판단되어 절차측면에서의 경제성 확보를 도모한 것으로 볼 수 있다.

　아울러 국토계획법 제88조 제7항에서는 실시계획 고시일로부터 5년 및 7년 이내에 재결을 신청하지 않으면 실시계획은 실효된다고 규정하고 있다. 즉, 사업을 시행할 의사가 없음에도 타인 소유의 재산권 행사에 제한을 가하는 것은 과도한 사익침해로서 이를 방지하기 위한 제도로 판단된다. 만약에 이미 토지소유권을 확보한 마당에 토지소유자 등 이해관계인이 없고, 형성적 효과가 발생할 여지가 없는 경우라면 사업인정의 효과가 당연히 발생하는 것은 아니며, 토지보상법의 규정을 준용할 여지도 없고, 아울러 재결을 신청할 이유가 없으므로 사업인정과 동일한 효과가 발생할 여지가 없는 실시계획의 인가의 경우에는 그 법적 성질은 개발행위 허가나 토지보상법이 준용되는 실시 계획 인가와는 달리 평가할 수밖에 없다.

Ⅲ. 기속재량행위에 있어 중대한 공익상 필요의 의미와 요소

1. 중대한 공익상 필요의 의미

행정법학에서는 중대한 공익상 필요가 무엇을 의미하는지에 대하여 명확하게 설명하지 못하고 있다. 이는 불확정 개념으로 이에 대하여는 법률의 해석과 적용을 통하여 구체화가 필요하다. 기속행위의 경우라 할지라도 중대한 공익상 필요가 있다면 행정청은 이를 이유로 한 거부처분이 정당화 된다. 이는 철회의 사유로 들고 있는 중대한 공익상 이유와 같은 맥락이다. 이와 관련하여 독일은 연방행정절차법 제49조 제2항 제1호 5목에서 철회의 사유로 공공복리를 위한 중대한 손해 (schwere Nachteile für das Gemeinwohl)를 들고 있다.[26] 여기서 중대한 공익상의 필요는 철회의 사유로 들고 있는 공공복리를 위해 중대한 손해를 입히는 것과 같은 의미로 보아도 무방하다고 할 것이다. 그 이유는 행정행위가 발령되어도 철회의 사유가 있다면 행정행위의 효력의 소멸사유가 되므로, 미리 이를 거부하는 것이 타당하기 때문이다. 이러한

---

26) Steffen Detterbeck, 「Allgemeines Verwaltungsrecht, mit Verwaltungsprozessrecht, 17. Auflage」, C. H. Beck, 2019. S.242.

의미에서 거부사유로서 들고 있는 중대한 공익상의 필요는 선취된 철회사유로 볼 수 있다. 아울러 공익상의 필요는 헌법상의 공공복리 또는 공공의 필요성과 같은 의미로 파악할 수 있다.

2. 판례상 중대한 공익상의 필요의 요소

판례에 나타난 중대한 공익상의 필요로서는 "법률상 기준인 환경기준의 유지가 곤란하거나 주민의 건강·재산·동식물의 생육에 심각한 위해를 끼칠 우려가 있다고 인정되는 등 환경상의 이익을 침해하는 경우"를 들 수 있고, 환경상 피해우려라는 막연한 주장만으로는 중대한 공익상의 필요가 있는 경우에 해당한다고 말하기 어려울 것이다.

국토계획법상의 실시계획인가와 관련하여 중대한 공익상의 필요가 있는 경우에 해당하는 가의 형량의 고려요소로 다음과 같은 점이 포함될 수 있다. 먼저 실시계획인가로 인해 토지수용권을 확보하여야 하는 상황이라면 공익성 내지 공공필요성이 요청된다고 할 것이다. 토지수용권의 확보의 관점에서 이미 부지의 소유권을 확보한 경우라면 토지보상법상 사업인정을 받은 경우처럼 타인의 토지를 수용함에 있어서 필요한 공공성과 필요성의 측면을 갖추었다고 보여진다. 부지의 소유권이 확보되었거나 협의매수를 한 경우라면 토지수용권의 확보를 위해 토지보상법을 준용할 필요가 없다.

3. 공익과 사익의 적절한 조화

재량권 행사의 범위가 도시·군계획시설의 결정·구조 및 설치기준에 관한 사항에 국한되는지 아니면 다른 법률에 따른 요건도 갖추어야 하는지 검토가 필요하다. 다른 법률에서 구체적으로 고려하도록 의무화된 경우에는 이를 반영하여야 한다. 다만, 거부행위를 하지 않고 실시계

획의 인가를 할 경우 위법의 결과가 초래되거나 중대한 법익침해를 방
지하기 위해서는 별도의 법률의 근거조항이 있어야 한다.

막연한 공익침해로는 곤란하고, 일정한 위험이 예상되어 중대한 공
익이 침해될 정도에 다다르는 점을 행정청이 입증하여야 한다. 종래의
공익은 사익과 엄격이 구별되고 공익은 언제나 사익보다 우선하는 것으
로 이해하였다. 그러나 오늘날 공익의 사익에 대한 절대적 우월성을 인
정하기는 어렵고 사익과 공익의 적절한 조화가 필요하다.

Ⅳ. 재량권행사의 범위 및 사법통제의 방법과 한계

1. 문제의 제기

국토계획법상 실시계획 인가의 법적 성질은 광범위한 형성의 자유
가 인정되는 계획재량의 경우에 해당한다고 보기 어렵다. 그 이유는 우
선 규범의 구조가 일반재량행위의 경우처럼 요건과 효과의 조건프로그
램으로 되어 있는데 반해, 계획재량의 경우에는 목적―수단의 규범구조
이어야 하기 때문이다. 국토계획법상 실시계획 인가의 경우는 요건을
갖춘 경우에 인가를 하여야 한다고 되어 있기 때문이다. 한편, 국토계획
법 시행령 제97조 제4항에서 "법 제86조 제5항의 규정에 의하여 도시·
군계획시설사업의 시행자로 지정을 받은 자는 실시계획을 작성하고자
하는 때에는 미리 당해 특별시장·광역시장·특별자치시장·특별자치도
지사·시장 또는 군수의 의견을 들어야 한다."고 되어 있어 사업시행자
와 관할 행정청이 협력하여 실시계획을 작성하여 확인적 의미에서 이를
인가하는 것이기 때문이다.

따라서 국토계획법상의 실시계획의 인가는 앞서 살펴 본 바와 같
이 기속행위 내지 기속재량행위임에도, 이 사건 판결의 경우처럼 그 법

적 성질이 재량행위로 볼 여지는 있어도 이를 계획재량으로 광범위한 형성의 자유가 인정되는 것으로 잘못 파악하여서는 곤란하다.[27] 국토계획법상의 실시계획 인가를 계획법제에 있는 제도로 파악하여 무리하게 계획재량으로 파악하거나 실시계획인가를 개발제한구역지정처분과 동일하게 파악하는 것은 타당하지 않다. 판례는 개발제한구역지정처분을 그 입안·결정에 관하여 광범위한 형성의 자유를 가지는 계획재량의 일종으로 보고 있다.[28] 다만, 개발제한구역 지정처분과는 달리 실시계획 인가처분은 계획주체의 입안과정의 광범위한 형성의 여지가 없다는 점에서 계획재량의 일종으로 보는 것은 옳지 않다. 계획재량과 행정재량이 구별과 관련하여 양자의 구별을 부정하는 견해에 의하면 재량의 양적 차이만 있을 뿐이고 형량명령도 비례원칙에 불과하다고 파악하고 있다.

2. 실시계획 인가는 계획재량에 해당하는지 여부

도시계획시설사업에 대한 실시계획에 대한 인가처분은 특정 도시계획시설사업을 구체화하여 현실적으로 실현하기 위한 것으로,[29] 이는 설계도에 따른 공사 허가의 본질을 갖는 것으로 실시계획인가에 의해 사업시행자에게 공사에 착수할 수 있는 지위가 부여된다. 대법원은 국토계획법상 실시계획의 인가를 재량행위로 파악하는 입장이다.[30] 실시

---

27) 계획재량으로 보는 견해로는 성봉근·손진상, "실시계획에 대한 인가절차 및 법적 쟁점" 토지공법연구 제78집, 2017, 10면. 그러나 김중권 교수는 "도시계획시설사업 실시계 인가의 무효와 관련한 문제", 법조 통권 735호, 2019, 588면에서 국토계획법상 실시계획 인가의 법적 성질을 계획재량으로 보지 아니하고 "법문은 기속행위인양 규정하고 있고, 판례는 재량적 접근을 하고 있다"고 설명하고 있다.
28) 대법원 1997. 6. 24. 선고 96누1313 [토지수용이의재결처분취소 등]
29) 대법원 2015. 3. 20. 선고 2011두3746 판결
30) 다만, 개발제한구역지정처분을 그 입안·결정에 관하여 광범위한 형성의 자유를 가지는 계획재량으로 보고 있다. (대법원 1997. 6. 24. 96누1313 판결)

계획의 인가를 국토계획법이라는 계획법제에 있는 제도라고 하여 이를 행정계획으로 이해할 것은 아니다.[31]

실시계획의 인가의 법적 성질을 토지수용권이 인정된다는 점에서 토지수용법상의 사업인정과 동일한 성질을 가지는 것으로 이해하여, 토지보상법상 사업인정과 마찬가지로 관련된 제 이익을 형량하여 수용권을 설정해주는 재량행위로 볼 여지도 있다. 이 사건 판결은 사업인정과 같은 맥락에서 실시계획의 인가를 설권적 처분으로 형성행위로 보면서 이를 재량행위로 보고 있다.[32] 그러나, 대법원 2015. 3. 20. 선고 2011두3746 판결은 국토계획법상의 실시계획의 인가를 기속행위 내지 기속재량행위로 보는 듯한 설시를 하고 있다.[33]

국토계획법 제96조 제2항에서 실시계획을 고시한 경우에는 사업인정 및 그 고시가 있는 것으로 보나, 만약 사업시행자가 협의 취득을 하였거나 토지의 소유권을 이미 확보한 경우라면 실시계획의 인가에 따른 고시가 있더라도 토지보상법을 준용하여 수용권을 확보하려고 하지 않는 한 실시계획의 인가는 사업인정과 동일한 효과가 발생하는 것은 아니므로 이와 같은 경우라면 설권적 처분으로 형성행위로 단정할 것은

---

31) 김현준, "행정계획에 대한 사법심사─도시계획소송에 대한 한·독비교 검토를 중심으로─", 특별법연구 제13권, 2016, 91면 이하.

32) 대법원 2019. 2. 28. 선고 2017두71031 판결은 사업인정을 공익사업을 위한 토지등의 취득 및 보상에 관한 법률상의 공익사업의 시행자에게 그 후 일정한 절차를 거칠 것을 조건으로 일정한 내용의 수용권을 설정하여 주는 형성행위로 보고 있다.

33) 대법원 2015. 3. 20. 선고 2011두3746 판결 [토지수용재결처분취소등]은 "(국토계획법령의) 각 규정 형식과 내용, 그리고 도시계획시설사업에 관한 실시계획의 인가처분은 특정 도시계획시설사업을 구체화하여 현실적으로 실현하기 위한 것인 점 등을 종합하여 보면, 행정청이 도시계획시설인 유원지를 설치하는 도시계획시설사업에 관한 실시계획을 인가하려면, 실시계획에서 설치하고자 하는 시설이 국토계획법령상 유원지의 개념인 '주로 주민의 복지향상에 기여하기 위하여 설치하는 오락과 휴양을 위한 시설'에 해당하고, 실시계획이 국토계획법령이 정한 도시계획시설(유원지)의 결정·구조 및 설치의 기준에 적합하여야 한다."고 판시하고 있다. 이러한 판시태도에 의하면 실사계획 인가의 법적 성질은 기속행위 내지 기속재량에 해당된다고 볼 수 있다.

아니다.34)

　도시계획결정에 있어서는 구체적인 행정계획을 입안·결정함에 있어서의 광범위한 형성의 자유를 갖게 되므로 이러한 경우에는 계획재량에 해당한다고 볼 수 있다. 그러나, 국토계획법상의 실시계획의 인가는 도시계획결정이나 도시계획시설 사업자지정과는 다른 차원이라고 할 것이다. 따라서 실시계획의 인가의 법적 성질을 도시계획시설의 사업자 지정행위와 동일하게 새량행위로 파악하거나 무리하게 도시계획결정의 경우처럼 계획재량으로 파악하는 것은 실정법령의 규정을 도외시한 결론도출이라고 보여진다.35)

　도시계획시설은 이미 도시관리계획에서 결정된 시설이므로 이에 대한 결정가부에 대한 적정성까지 판단하는 것은 아니고, 계획시설로 결정되는 시점과 이를 시행하는 시점간 시간차이가 있으므로 계획시설을 설치하는 시점에서 다시금 관련된 제 이익을 형량하여 공·사익의 조화를 도모해야 하는 취지로 해석될 수 있을 것인 바, 이러한 관점에서 국토계획법상 실시계획인가 처분은 기속재량행위로 볼 수 있을 것이다.

　실시계획의 인가를 재량행위라고 할지라도 그것은 광범위한 형성의 자유가 인정되는 재량행위라기 보다 엄격하게 재량권이 제한되는 경우에 해당된다고 볼 것이다. 이와 관련하여, 예외적 허가(승인)에 해당되는 하급심 판례로, 사립학교법 제54조의 3 제3항에서 "학교법인의 이사장과 다음 각 호의 어느 하나의 관계에 있는 자는 당해 학교법인이 설치·경영하는 학교의 장에게 임명될 수 없다. 다만, 이사정수의 3분의 2 이상의 찬성과 '관할청의 승인'을 받은 자는 그러하지 아니하다"고 규정

---

34) 기존의 판결 사안은 수용재결 까지 나아간 사안이고, 본건의 경우에는 시설부지의 소유권이 원고측에 있는 입장에서 토지수용권은 의미가 없기 때문에 설권적 처분으로 보는데 한계가 있다.
35) 김중권, "도시계획시설사업 실시계획인가의 무효와 관련한 문제점", 법조 제68권 제3호(통권 제735호), 2019, 587-588면.

하고 있다. 관할청의 승인은 일반적으로는 인가로서 성질을 지니고 있어 기속행위로 볼 여지가 있다. 다만 법령상 금지해 놓고, 예외적으로 이를 승인하는 예외적 허가(승인)의 경우에는 재량행위로 본다. 이와 관련하여 제1심인 수원지방법원36)은 광범위한 재량권이 인정되는 듯한 판시를 하였으나, 항소심인 서울고등법원37)은 제한적 재량권이 인정되는 것으로 본 바 있다. 이와 같이 이 사건 국토계획법상 실시계획의 인가의 법적 성질은 기속재량행위이며, 설사 재량행위가 된다고 할지라도 이는 계획 주체에게 광범위하게 인정되는 재량이 아니라 단지 공익판단에 있어 제한된 재량권이 인정된다고 할 것이다.

같은 맥락에서 서울행정법원 1999. 12. 14. 선고 99구4371 판결은 "어느 행정행위가 '기속행위인지 또는 재량행위'인지, 나아가 재량행위라고 할지라도 '기속재량행위인지 또는 자유재량에 속하는 것인지' 여부는 이를 일률적으로 규정지을 수는 없는 것이고, 당해 처분의 근거가 된 규정의 형식이나 체제 또는 문언에 따라 개별적으로 판단하여야 하는 것이다"라고 전제하고, "분뇨 등 관련 영업허가의 성질은 '일반적 금지의 해제'라는 허가의 기본적 성질을 전제로 하고, 분뇨 등 관련 영업허가의 근거 규정인 구 오수·분뇨및축산폐수의처리에관한법률(1999. 2. 8. 법률 제5864호로 개정 되기 전의 것) 제35조에 의하여 결정되어야 할 것인바, 시장 등이 분뇨등 관련 영업의 허가 여부를 결정함에 있어서 같은 법 제35조 제1항에 의한 허가기준을 갖추고 같은 법 제36조의 결격 사유에 해당하지 아니하는 자에 대하여 그 허가를 제한할 수 있음을 인정할 만한 근거가 없고, 더욱이 1997. 3. 7. 법률 제5301호로 개정된 같은 법에서 시장 등에게 분뇨 등 관련 영업의 허가 여부를 결정할 수 있는 자유재량권을 부여하였던 제35조 제5항을 삭제한 점에 비추어 볼 때, 같은 법 제35조 제1항에 의한 허가는 환경부령이 정하는 기준을 갖

---

36) 수원지방법원 2018. 5. 3. 선고 2017구합69374 판결
37) 서울고등법원 2019. 1. 15. 선고 2018누48450 판결

추어 신청을 하면 공익에 현저히 반한다는 등의 특별한 사정이 없는 한 이를 반드시 허가하여야 하는 기속재량 행위의 성질을 가진다."고 판시 하였다.

3. 국토계획법상 실시계획 인가의 법적 성격 및 재량권의 구체적 내용과 제한 범위

가. 재량권과 사법심사

국토계획법상 도시·군계획시설사업에 관한 실시계획인가는 일반 적으로 사업의 목적인 기반시설의 설치를 위하여 사업시행자에게 토지 수용권한 및 공사에 착수할 수 있는 지위 등을 부여하는 행정행위이 다.38) 이와 같은 실시계획인가의 법적 성질을 법규범에 충실하게 기속 행위로 보게 된다면 중대한 공익상의 필요에 의하여 거부할 수 있는 거 부재량의 문제가 대두된다. 신청에 따른 실시계획의 인가처분은 원칙상 기속행위로서 요건을 충족하면 법적 효과가 발생하나 중대한 공익상 필 요가 있으면 신청을 불허할 수 있는 재량을 말한다.

법원은 "행정청의 재량에 속하는 처분이라도 재량권의 한계를 넘 거나 그 남용이 있는 때에는 법원은 이를 취소할 수 있다"고 규정하고 있는 행정소송법 제27조 규정에 따라 사법심사를 하게 된다. 자유재량 의 경우에는 사법심사를 하는 법원은 스스로 심사 판단하기 보다는 재 량권의 일탈·남용유무에 대한 한정심사방식에 의한다. 기속재량의 경 우에는 기속행위의 경우처럼 법원이 전면적 심사를 하고 행정청이 사실 인정이나 법률해석과 적용을 잘못했는가 여부를 법률이 정하는 기준에 따라 객관적으로 판정할 수 있다. 기속재량행위의 경우 기속행위의 심 사에 준하여 법원이 스스로 사실을 인정하고 법의 해석·적용을 행정청

---

38) 광주지방법원 2014. 4. 14. 선고 2013구합3061 판결[사업시행계획인가처분무효확 인 등]

이 한 판단의 적정성 여부를 독자적 입장에서 판단하게 된다. 이처럼 기속재량행위의 경우에는 실무상 법원은 행정기관이 행한 재량판단의 내용적 당부에 대하여도 독자의 판단을 형성하여 법원의 결론이 행정기관의 판단과 다른 경우에 행정청의 판단을 위법한 것으로 하여 자기의 판단으로 대치시키는 완전심사 방식 내지 판단대치방식으로 심사하여 왔다.39)

나. 재량행위의 스펙트럼

행정에 있어서 기속과 재량의 문제와 관련하여 기속행위와 재량행위라는 대립적인 범주로 구분하는 것은 한계가 있다. 2분법적 시각을 넘어서서 다양한 법률의 기속의 정도 또는 재량의 정도를 설정할 수 있는 재량행위의 스펙트럼의 문제로 보는 것이 행정현실에 보다 적합하다고 보여진다.

국토계획법상 실시계획인가의 경우에는 중대한 공익상의 필요가 없는 한 요건을 충족한 경우에는 법적 구속의무가 발생하는 기속재량을 보아야 하고 이는 거부재량의 문제로 파악된다. 이와 같은 경우에는 재량권이 제약된 가장 약한 재량으로 법원의 심사는 엄격심사를 하게된다. 따라서 이와 같은 실시계획의 인가처분을 도시계획결정의 경우처럼 도시계획 주체인 입안권자의 광범위한 형성의 자유가 인정되는 계획재량이 인정되는 경우에 해당하지 아니한다는 것을 간과하지 말아야 한다.

입법자가 예상하지 못한 중대한 공익상의 필요가 있는 때에는 행정청에 관련 법령의 해석을 통해 거부할 수 있는 정도의 제한된 재량인 기속재량을 수권한 것으로 보는 것이 행정에 대한 예측가능성의 보장과 공익의 실현사이에 조화를 이룰 수 있는 합리적 법해석일 수 있다. 따

---

39) 김재협, "최근 행정판례의 흐름과 극복하여야 할 과제", 법조 2001. 6. 18면.

라서 기속재량행위의 경우는 법률유보의 원칙이나 국민의 행정에 대한 예측가능성의 측면에서 매우 이례적이므로 극히 제한적으로 인정하여야 하며, 행정청에서 중대한 공익상의 필요가 있다는 점에 대한 입증책임을 지게 된다.

행정권 행사로 달성되는 공익은 그로 인하여 침해되는 공익, 사익 등 불이익과 비례관계를 유지하여야 한다. 이는 비례원칙의 하나인 상당성의 원칙에 해당한다. 만약 국토계획법상의 실시계획인가의 법적 성질을 재량행위로 본다면 법원은 공익실현을 위한 행정권 행사의 적법성과 관련하여 행정청이 이익형량의 원칙을 준수하였는지를 검토하여야 한다.

근본적으로 개발이익과 환경이익의 우열관계는 가치관에 따라 달라지지만 지속가능성이 있는 친환경적 개발의 방식으로 추진할 필요가 있다.[40] 따라서 환경피해가 우려된다면 국토계획법 제88조 제3항 후단의 규정에 따른 조건을 붙여 실시계획의 인가를 하는 것이 합리적이라고 사료된다.

다. 법원의 재량통제의 심사기준과 그 방법 및 한계

(1) 개관

행정재량이 확대되어 행정청의 자의적인 재량권의 행사와 관련하여 법원에 의한 사법심사의 범위와 한계가 논의된다. 행정소송법 제27조에서 "행정청의 재량에 속하는 처분이라도 재량권의 한계를 넘거나 그 남용이 있는 때에는 법원은 이를 취소할 수 있다"고 규정하고 있어

---

40) 환경행정은 국토개발과정에서 공익과 사익, 공익과 공익의 충돌이 이루어지는 현장이다. 환경영향평가를 거쳐야 하는 환경영향평가대상사업의 경우 그 사업이 환경을 해치지 않는 방법으로 시행되도록 함으로써 당해 사업과 관련된 환경공익을 보호하는데 그치지 않고 환경영향평가대상지역내 주민의 개별적·구체적 환경이익(환경사익)도 보호하여야 한다.

재량권의 일탈·남용의 경우에 재량처분의 취소에 관하여 규율하고 있다. 재량영역에서는 행정의 권한 존중과 사법적 통제와의 긴장관계가 설정된다. 단순한 기속행위 내지 기속재량에서의 심사범위와 판단여지와 자유재량행위에서의 심사범위와 밀도가 다르다.

(2) 기속재량행위의 심사방식

기속재량행위의 경우에는 중대한 공익상의 필요가 있는지 여부에 대하여는 비교형량을 하여야 한다. 법원은 기속행위의 경우와 마찬가지로 중대한 공익상 필요가 구비되어 있는지를 심사함에 있어 엄격한 심사로 적극적으로 사법심사하는 방법을 택하고 있다.

기속행위의 경우 법원은 사실인정과 관련 법규의 해석·적용을 통하여 일정한 결론을 도출한 후에 그 결론에 비추어 행정청이 한 판단의 적법여부를 독자적 입장에서 판정하는 방식에 의하듯이 기속재량행위의 경우에도 기속행위에 준하여 심사한다.

이와 관련하여 독일의 의도된 재량(intendierte Ermessen)은 전형적인 사안에서는 법률에 의하여 예정된 법률효과가 발생하고, 예외적인 사안에서만 특별한 이유제시를 요하는 재량이 행사되는 것을 의미하는 것으로, 우리의 기속재량과 유사하다. 당위규정(Soll-vorschrift)의 경우 이례적 사례인 비정형적 사례(atypische Fälle)[41]에 있어서는 그것이 과연 존재하는지의 여부 및 행정청이 법규가 일반적으로 의도하는 법적효과로부터 일탈하는 것이 허용될 수 있는지 등의 문제도 전적으로 법원에 의한 사법심사의 대상이 되는 것으로 파악한다.[42] 다만, 중대한 공익상의 이유로 거부를 할 수 있는 비정형적 예외적 사유에 있어서는 ① 사

---

41) 김용섭, "개발허가의 법적성질", 한국토지공법학회 제28회 학술대회 제1주제 발제논문, 토지공법연구 제13집, 2001, 143면, 행정법원은 비정형적인 사례(atypische Fälle)에 해당하는지에 대하여 사법심사를 하고, 아울러 행정청은 법원에 이를 주장하고 입증하여야 한다.
42) 김성수, "독일행정법에서의 의도된 재량이론과 재량통제", 헌법판례연구, 제6집, 334면.

실관계의 조사(Sachverhaltsermittlung)로 행정청에서 예외적인 사안이 존재한다는 것을 인식할 수 있을 정도로 진행되어야 하며, 관련되는 공익과 사익간의 형량을 위한 제반자료를 마련할 수 있을 정도로 행정조사가 이루어 져야 하고, ② 형량(Abwägung)을 거쳐야 하는데, 공익 상호간, 사익상호간, 공익과 사익 상호간에 있어서 행정청이 정당한 형량을 하여야 하며, ③ 이유제시(Begründung)를 해야 할 의무는 정상적인 경우에는 그 의무가 면제되지만, 예외적 사안이 존재하는 경우에는 독일 행정절차법상 제39조 제1항에 따라 이유제시의무를 준수하여야 한다. 아울러 재량결정에 있어서의 이유제시는 행정청이 그 재량을 행사함에 있어서 어떠한 시각을 전제로 판단하였는지를 분명하게 인식할 수 있을 정도 및 범위로 이루어져야 한다.[43]

행정조사가 선행되지 않은 행정결정은 있을 수 없다. 행정청은 법치국가 내에서 각각의 행정결정을 하기에 앞서 사실관계를 충분히 조사하여야 하는 과제와 의무를 동시에 갖는다. 그 이유는 법을 적용하기에 앞서 사실관계의 확정에 있어 담당 공무원이 실체적 진실을 인식하고 있다는 전제 위에서 행정결정이 이루어져야 하기 때문이다.[44] 실시계획의 신청에 대하여 조사를 하지 아니하고, 법령상이 요건이 아닌 단지 민원의 제기를 이유로 이를 거부한 경우에는 조사절차를 게을리 한 하자가 있다고 보아야 한다. 왜냐하면 조사에 기하지 않은 사실의 억측에 따라 안건을 처리하는 것은 일종의 권한남용으로서 재량처분에 있어서는 물론이거니와 모든 처분에 있어서 판단과정의 하자를 구성한다고 볼 것이다.[45] 행정청은 행정처분을 행하는데 있어서 성실하게 법령을 집행할 의무를 진다. 우리의 기속재량 내지 거부재량과 유사한 독일의 의도

---

43) 이은상, "독일법상의 의도된 재량", 행정법연구 제11호, 2004, 300면.
44) 김용섭,이경구, 이광수, 「행정조사의 사법적 통제방안 연구」, 박영사, 2016, 1면, Betrina Spilker, 「Behördliche Amtsermittlung」, Mohr Siebeck, 2015, Vorwort.
45) 岡田正則 外6, 「行政手續と行政救濟」, 現代行政法講座 II, 日本評論社, 2014. 144面.

재량의 경우에 중대한 공익상의 필요가 있는지 여부에 대한 조사를 필수적으로 할 것을 요구한다. 처분의 적법성을 기초지우는 사실에 대한 피고 행정청이 입증책임을 진다. 처분을 행함에 있어서 필요한 조사의 정도는 그 처분의 근거가 되는 법의 취지에 의하여 결정되고, 이것은 처분에 의하여 제한되는 가치와 이익의 헌법적 보장정도에 따라서 서로 다르기 때문에 행정청으로서는 당해 처분을 행함에 있어서 요구되는 조사의무의 정도에 따라서 당해 처분의 주요 사실이 그 정도의 조사범위 내에서 합리적으로 인정가능하다는 것을 제시하여야 한다. 비례원칙의 내용이라고 할 수 있는 형량명령에 있어서도 이익형량을 하기 위한 전제는 행정청이 관련 있는 이익을 모두 조사하는 것이 선행되어야 하고, 조사의무를 이행하지 않은 하자를 조사의 결함이라고 할 것이다.[46)]

(3) 재량행위에 대한 심사방식
(가) 전통적 심사방식

재량행위에 있어서는 행정청의 재량에 기한 공익판단의 여지를 감안하여 법원은 독자적인 결론을 도출함이 없이 당해 행위에 재량권의 일탈·남용이 있는지 여부만을 심사하게 되고, 이러한 재량권의 일탈·남용으로 사실오인, 목적위반이나 타사고려, 비례·평등원칙위반, 신뢰보호원칙을 포함시키기도 한다.[47)]

그러나, 재량권의 일탈·남용의 기준으로 '현저하게 균형을 잃었을 것'을 요건으로 들거나 '현저히 부당하다고 인정할 합리적 이유가 없는 한', '사회적 관념상 현저히 타당성을 잃었다고 보지 않는 한' 등의 이유를 드는 판례의 전통적 심사방식은 법원이 행정의 재량통제를 제대로 하지 않고 행정청의 자의적 결정을 방임하는 결과를 초래하게 된다.

이와 관련하여 대법원 2017. 3. 15. 선고 2016두55490판결은 환경의 훼손이나 오염을 발생시킬 우려가 있는 개발행위에 대한 행정청의

---

46) 박균성, 「행정법강의」, 박영사, 2020, 183면.
47) 대법원 2005. 7. 14. 선고 2004두6181 판결 등

허가와 관련하여 재량권의 일탈·남용을 심사할 때, 환경권과 환경정책기본법 등을 고려하여 행정적 재량적 판단은 내용이 현저히 합리성을 결여하였거나 상반되는 이익이나 가치를 대비해 볼 때 형평이나 비례원칙에 뚜렷하게 배치되는 사정이 없는 한 폭넓게 존중될 필요가 있다고 하면서, 행정청의 당초예측이나 평가와 일부 다른 내용의 감정의견이 제시되었다는 사정만으로 쉽게 행정청의 판단이 위법하다고 단정할 것은 아니라고 하였다. 이 판결은 환경이익을 고려한 측면은 높이 평가할 수 있지만 형량을 그르친 경우에 있어서도 행정청의 입장을 최대한 존중하는 그야말로 행정청의 자의적 재량권 행사까지 용인하는 결과가 되어, 행정부의 입장을 지나치게 옹호하여 사법통제를 방기한 문제가 있는 판결이라고 할 것이다.[48] 법원이 일방적으로 환경권과 환경보호 의무라는 공익을 지나치게 앞세울 경우 헌법상 재산권의 보호와 공공사업의 추진이라는 또 다른 공익적 가치가 몰각될 수 있으므로 양 가치를 균형 있고 조화롭게 해석하는 노력을 기울여 나갈 필요가 있다.[49]

(나) 법원의 판단과정의 심사방식

현대행정에 있어 고도의 정책적 판단이나 과학기술적 판단을 필요로 하는 행정작용이 증가하고 있는 추세에 있다. 이러한 영역에서는 법원에 의한 실체적 통제는 한계가 있다. 법원은 절차적 관점에서 행정청의 판단과정상의 잘못이 있는지 여부를 판별하는 방식으로 심사가 이루어 질 필요가 있다.

이와 관련하여 일본에서는 실체적 대체심리방식에서 심리의 밀도를 좀 더 높이 판단과정의 통제방식에 의해 재량행위를 사법통제하려는 움직임이 있다. 이러한 판단과정통제방식에 관한 최초의 판례가 70년대

---

48) 이 부분은 박병대 대법관이 퇴임을 앞두고 개인적 가치관이 깊이 투영된 판결로 보인다. 이에 관하여 2017년 6월 5일자 법률신문 인터뷰 참조
49) 장혜진, "환경 훼손 우려가 있는 건축허가의 법적 성질과 사법심사 기준에 대한 검토", 법과 정책 제24집 제1호, 2018, 221면.

하급심에서 닛코타로스기 사건을 들 수 있다. 일본의 하급심은 재량처분을 내리는 판단과정에 있어서 ① 고려할 필요가 있는 요소를 고려하지 않고 판단한 경우(要考慮要素不考慮), 반대로 고려해서는 안 되는 요소를 고려해서 판단한 경우(他事考慮)에는 처분이 위법이 된다고 보았다. ② 아울러 본래 중시해야 할 고려요소를 부당하게 안이하게 경시한 경우 혹은 본래 과대하게 평가해서는 안 되는 요소를 과중하게 평가하는 경우에도 위법이라고 보았다.50) 이 판결 이후에 이러한 판단과정 통제 방식에 의한 판결이 약 20년간 나오지 않다가 전문기술적 재량이 있는 이이가타 원자력 발전소사건인 最高裁 1992. 10. 29 판결51)에서 이러한 심사방식이 다시 등장하게 되었다. 이처럼 오늘날 일본의 행정재량의 사법심사방식은 종래의 심사방식에서 탈피하여 행정결정과정의 메커니즘에 주목해서 특히 판단과정의 일환으로서 재량기준이 책정되어 있는 경우에 그 기준정책단계와 기준적용단계에서의 전제사정과 고려요소를 고려해서 판단하는 경향으로 나아가고 있다는 것을 알 수 있다.52)

(4) 판단여지의 심사방식

국토계획법상 실시계획 인가의 경우에 요건면에 명시적으로 불확정개념을 사용하는 경우는 아니지만 중대한 공익상 필요가 암묵적으로 함축되어 있다고 본다면 그 해석은 전면적인 사법심사에 해당하기 때문에 법원의 심사권이 제한되지 않는다.53)

---

50) 노기현, "행정법상 재량행위에 대한 사법심사기준의 변천에 관한 연구- 일본의 학설과 판례의 논의를 중심으로-", 공법학연구 제14권 제3호, 2013, 309-310면.

51) 이에 대한 자세한 내용은 이영창, 앞의 논문, 290-282면, 김창조, "항고소송에 있어서 입증책임", 법학논고 제48집, 2014, 71-72면. 김창조 교수에 의하면 위 최고재판소 판결 중 입증책임의 완화와 관련되는 부분이 관심을 끈다고 말하며, 재량권 행사의 불합리성의 판단에 관한 주장, 입증책임은 원고에 있다고 보면서도 심사기준과 그 심사기준의 적용에 있어 간과하기 어려운 결함이 있는지 여부에 심사를 강화하여 원고의 입증책임의 경감을 도모한 것으로 실질적으로 증명도의 완화를 통해 원고의 권리구제를 확대하고 있다고 설명하고 있다.

52) 노기현, 앞의 논문, 311-312면.

설사 불확정개념의 해석 적용의 문제를 판단여지로 보게 되더라도 그와 같은 법원의 심사가 제한되는 영역의 사안으로 처분이 판단여지의 범위 내에서 이루어진 것이어서 적법한 처분이라는 것을 행정청이 입증해야 한다.[54] 가령, 환경피해 발생가능성이 있다는 이유의 제시만으로 국토계획법상 실시계획 인가 신청 불허처분의 정당성이 인정되지 않고 전문가들로 구성된 독립위원회의 결정이 있는 경우라면 법원의 사법심사의 범위가 축소될 여지가 있다.

독일의 경우 규제재량의 영역에 있어서 행정의 권한 행사의 전제가 되는 요건은 비록 불확정개념을 사용하더라도 전면적 사법심사에 해당한다. 아울러 예외적으로 판단여지가 인정될 수 있는 예측결정 영역의 경우에도 전면적인 사법심사에 해당한다고 보고 있다. 다만, 계획에서의 예측에 대하여는 예측여지를 인정하여 제한적 사법심사가 이루어져서 행정청의 판단을 최대한 존중하지만, 법원은 당시 사용가능한 최선의 방법을 사용하였는지, 예측에 필요한 요소를 모두 고려하였는지, 적절한 예측방법이 선택되었는지, 전제되는 사실관계에 대한 적절한 조사가 이루어 졌는지, 예측결과에 대한 명확한 근거가 제시되었는지, 비례원칙이 준수되었는지를 심사한다.[55] 한편 EU의 경우에는 재량행위와 관련하여 처분요건에 대한 입증책임을 행정청이 부담하는 한편 처분요건의 평가의 근거가 되는 사실에 관하여 '근거가 된 증거가 정확하고 믿을 만하고 일관성이 있는지, 위 증거가 복잡한 상황에 대한 평가를 위

---

53) 다만 특정한 예외적인 상황에서 행정청의 처분의 영향이 불특정 다수인에게 미치는 예측가능성의 문제는 불확정 개념의 해석 적용의 문제로 법의 해석의 문제로 법원의 전면적인 사법심사에 해당한다고 볼 것이다. 다만, 우리의 판례는 불확정개념의 특수한 경우에 사법심사가 제한되는 경우를 판단여지로 받아들이지 않고, 재량으로 통일적으로 파악하고 있다.

54) 이영창, 앞의 논문, 258면, 김동건, "대법원 판례상의 재량행위–기속행위와 재량행위의 구분과 그에 대한 사법심사방식을 중심으로", 행정판례연구 제7집, 한국행정판례연구회, 2001, 61–63면.

55) 임성훈, 앞의 논문, 175면.

하여 고려하여야 하는 모든 정보를 포함하고 있는지, 그로부터 도출된 결론을 실질적으로 뒷받침하는지'에 대한 구체적이고 엄격한 심사를 법원이 하도록 하고 있다.56)

(5) 계획재량에 관한 심사방식

계획재량의 경우에 광범위한 형성의 자유가 인정되는 반면에 법원에 의한 형량명령에 따른 심사척도가 발전되어 행정청의 자의적 행정에 대한 법원의 통제밀도를 높이고 있는 것이 추세라고 할 것이다.

대법원 2007. 4. 12. 선고 2005두1893판결은 행정계획에서 계획재량을 통제하는 법리로 일반의 이익형량보다 체계화되고 객관화된 형량명령의 법리를 인정하고 있다. 즉, 형량명령은 행정주체가 행정계획을 입반·결정함에 있어서 이익형량을 전혀 행하지 아니하거나 이익형량의 고려대상에 마땅히 포함시켜야 할 사항을 누락한 경우 또는 이익형량을 하였으나 정당성과 객관성이 결여된 경우에는 그 행정계획결정은 형량에 하자가 있어 위법하게 된다고 보고 있다. 형량명령은 이익형량에서 관련 공익을 구체적 공익으로 파악하고, 각 구체적인 공익을 달성되는 정도와 가치, 침해되는 정도와 가치를 세밀하게 판단하여 이익형량을 할 것을 요구한다. 이러한 계획재량에서의 형량명령의 공익의 가치 판단방식은 일반 행정재량에 대한 비례원칙의 적용으로서 이익형량에도 적용되어야 할 원칙이다.

국토계획법상 실시계획의 인가를 광범위한 형성의 자유가 있는 계획재량으로 파악하고 있다고 보지 않지만, 일반 재량의 경우에도 계획재량에 있어서 형량명령에 따라 심사하는 것처럼 구체적으로 형량을 비교하는 것은 비례원칙의 실질을 위해 바람직한 측면이 없지 않다.57)

---

56) 임성훈, 앞의 논문, 176면
57) 실시계획의 인가를 할 것인지 여부를 심사함에 있어서는 사업시행자로서 실시계획을 작성하여 인가를 받고자하는 자가 거부처분으로 입게 되는 불이익의 내용과 정도 등을 전혀 비교형량하지 않았거나 비교형량의 고려대상에 마땅히 포함시켜야

대법원은 형량하자의 개념은 인정하지만 심사방식에 있어서는 효과재량에 있어서 비례원칙의 위반과 별 차이가 없이 개별 형량과정에 대한 구체적인 심사는 생략하고 있다는 비판이 있다.[58] 행정청의 미래예측 당부에 대하여도 사법심사를 하여야 하는데 전문가 집단의 결과라면 이를 존중하여야 하지만, 단지 행정청의 자의적인 형식적 기준에 의하여 거부사유를 밝히는 것을 그대로 법원이 수용하는 것은 사법권의 행사를 스스로 포기하는 것이 된다고 할 것이다. 이러한 처사는 행정청의 자의적인 공행정의 잘못에 대하여 눈감는 것으로 적법통제를 하여야 하는 법원의 역할 방기라고 할 것이다.

V. 이 사건 판결에 대한 평석

이상에서 살펴본 바와 같이, 이 사건에 있어서의 국토계획법상 실시계획 인가의 법적 성질은 수용권을 발생하는 설권적 성질이 있으므로 재량행위의 성질을 지닌다고 볼 여지도 있다. 그러나 그와 같은 재량은 계획재량과 같이 광범위한 형성의 자유가 인정되기 보다는 제한된 재량권의 영역의 문제라고 보여진다. 그 이유는 국토계획법의 규범구조에 비추어 보거나 이미 토지를 확보하여 토지보상법의 준용의 필요가 없는 사안에 있어서는 요건을 갖춘 경우에 실시계획의 인가를 하여야 하는 기속행위 내지 기속재량행위로 파악하는 것이 타당하기 때문이다. 실시계획의 인가 신청을 불허하는 경우에는 보다 중대한 공익상의 필요가

할 사항을 누락한 경우 또는 비교형량을 하였으나 정당성과 객관성이 결어된 경우에는 거부처분은 재량권을 일탈·남용하여 위법하다고 볼 수밖에 없다.(대법원 2005. 9. 15. 선고 2005두3257판결; 대법원 2019. 7.11. 선고 2017두 38874판결)
58) 강현호, "계획적 형성의 자유의 통제수단으로서 형량명령", 토지공법연구 제66집, 2014, 222면, 김병기, "도시·군 관리계획 변경제안 거부와 형량명령", 행정법연구 제37호, 2013, 191-192면, 임성훈, 앞의 논문, 178면.

있는 경우에 가능한 기속재량에 속한다고 보는 것이 법문의 구조와 체제, 학설과 판례에 비추어 타당하다고 할 것이다.

법령상의 요건을 모두 갖추어 실시계획의 인가를 하도록 되어 있음에도 중대한 공익상 필요나 그와 같은 침해가능성에 대한 피고의 입증이 없을 뿐만 아니라 비교형량에 있어 제대로 된 형량을 하지도 않은 경우에는 위법한 처분이 된다고 할 것이다. 이와 관련하여, 최근에 선고된 대법원 2020. 6. 15. 선고 2020두34384판결에서 "피고가 이 사건 한정면허를 포함한 공항버스 면허기간 종료 시 한정면허를 회수할 것을 전제로 후속방안을 검토하는 과정에서 한정면허의 노선에 대한 수요 증감의 폭과 추이, 원고의 공익적 기여도 등에 대하여 구체적인 검토를 하였다는 자료를 찾아볼 수 없고, 오히려 피고는 이러한 사정을 고려하지 아니한 채 한정면허의 갱신 여부를 판단하였던 것으로 보인다"며 "피고가 원고의 한정면허 갱신 신청을 심사할 당시 각 노선에 대한 수요 증감의 폭과 추이, 원고가 해당 노선을 운영한 기간, 공익적 기여도, 그간 노선을 운행하면서 취한 이익의 정도 등을 종합적으로 고려하였어야 하는데도, 단순히 공항 이용객의 증가, 운송여건의 개선, 한정면허 운송업체의 평균 수익률을 이유로 이 사건 한정면허 노선의 수요 불규칙성이 개선되었다고 전제한 다음 한정면허의 갱신 사유에 관하여 구체적으로 살펴보지도 않은 채 갱신거부처분을 하였으므로, 거부처분이 위법하다"고 적절히 판시하였다.

이 사건 판결에서는 법원의 재량권 심사와 관련하여 형량명령의 원리를 적용하고 있으나, 이러한 판시 태도는 재판통제를 강화한 것으로 공익과 사익, 공익 상호간의 이익형량을 전혀 행하지 않거나 그러한 형량이 비례성을 결한 경우에는 위법하다는 판단척도를 제시하고 있는 점에서 법원의 비례성 통제를 강화한 것으로 볼 것이다.[59] 일부 대

---

59) 백윤기, "도시계획결정에 있어서 이웃사람과 계획재량", 원광법학 23권 제2호, 2007. 293면 이하.

법원 판결에서 보는 바와 같이 국토계획법상 실시계획 인가의 규범구조
는 고찰하지 않고 설권적 처분인 특허로 파악하거나 법문은 고려하지
않고 단지 수익적 행위라는 이유로 재량행위로 보고 있는 것은 문제가
있다고 할 것이다. 실시계획인가에 있어서 법원은 공익판단과 관련하여
사실적 공익과 진정한 공익을 구별하여 막연한 공익을 내세우는 것을
정당화 할 것이 아니라 공익판단은 진정한 공익을 향하는 것이어야 하
고, 행정청의 비교형량이 객관적이며 체계적으로 이루어 질 것을 법원
에서 통제하지 않으면 행정청은 막연한 공익을 주장하는 것만으로 그
입증을 다 한 것으로 안일한 행정을 지속할 가능성이 있다. 실시계획의
인가 전에 여러 단계의 행정결정의 과정에서 형량평가를 하는 경우가
많다. 이 경우에는 선행단계에서 결정된 것을 이해 관계자가 뒤늦게 이
의제기할 수 없어야 대규모 시설에 대한 안정적 설치가 가능하다.[60] 다
시 말해 선행처분을 하면서 형량을 평가하여 이를 적법한 것으로 결정
을 내렸다면 이에 대하여 다툴 수 있는 기간내에 다투지 않으면 후속결
정에 그대로 규준력이 미친다. 이해관계인은 선행행정행위의 하자를 다
툴 수 없는 바, 이는 대규모 시설의 경우에 투자이익의 보호와 합목적
적인 절차형성을 위해 인정되는 배제효라고 할 것이다.[61] 그 하자여부
의 평가를 가령 최종적인 단계인 실시계획 인가의 과정에서 문제를 삼
게 된다면 종전에 한 형량평가를 모두 부인하는 결과가 된다.

　　이 사건 판결의 경우에는 국토계획법상 실시계획인가의 법적 성질
을 재량행위로 보고 있다. 토지수용권이 발생하는 경우이므로 설권적
처분이라서 형성적 행위의 성질을 함께 고려하면 재량행위로 볼 여지가
있다. 이 사건 판결이 의미 있는 것은 법원이 형량적 요소를 들어 구체
적인 비교형량을 하고 있다는 점이다. 이 사건의 판결이유에서 형량요

---

60) 박종국, "독일법상 행정절차참가와 배제효", 법조 통권 569호, 2004, 5면 이하
61) 정하중, "다단계 행정절차에 있어서 사전결정과 부분허가의 의미 - 판례평석: 대판
　　1998. 9. 4. 97누19588(부지사전승인처분취소) -", 서강법학 제1호, 1999, 80면.

소로 든 것은 다음 같다. ① 이 사건 아울렛은 도시계획시설규칙이 정한 대규모점포 중에서도 복합쇼핑몰에 해당하는 지하 1층 및 지상 3층 규모의 시설로서, 건물면적이 약 50,000㎡에 이르고, 약 250개의 의류 매장, 식당, 카페 등 매장과 영화관 등이 설치될 예정으로 지역 주민들의 자유롭고 편리한 경제·문화 활동에 크게 기여할 것으로 보인다. ② 기존에 광양 지역에 이와 같은 종류의 복합쇼핑몰은 없었던 것으로 보이고, 상당수 지역 주민들도 생활의 편의를 위하여 이전부터 위와 같은 대규모 유통시설의 설치를 요구하고 있었다. ③ 이 사건 아울렛의 위치 및 규모에 비추어, 지역 사회에 상당한 일자리 창출이 예상되고, 지역 내 유입 및 유동인구의 증가, 세수 증대 등 직·간접적 효과로 인한 지역 주민들의 삶의 질 향상이 기대된다. ④ 이 사건 아울렛으로 인하여 기존의 상인들에게 영업과 관련한 피해 등이 일부 있을 수 있고, 사업에 반대하는 토지소유자의 사익도 고려될 수도 있으나, 지역 주민들이 향유하게 될 편익, 법령이 정한 다수 토지소유자가 사업에 동의하는 점 등과 형량하여 볼 때, 이 사건 실시계획인가처분과 관련되는 사익이 공익보다 크다는 점에 관한 구체적 증명이 있다고 보기 어렵다. ⑤ 이 사건 아울렛에 관한 실시계획은 기존 도시계획시설의 결정·구조 및 설치 기준에 대체로 부합하는 것으로 보이고, 달리 도시계획시설결정 이후에 공익성을 상실하였다고 볼 만한 사정의 변경도 발견되지 아니한다.

이 사건 판결은 피고 광양시장이 국토계획법상의 실시계획인가처분을 하면서 공익과 사익 간의 이익형량 등을 제대로 한 결과 재량권을 일탈·남용하였다고 볼 수 없다고 판시하였다. 이 사건 판결은 단순한 비례원칙의 적용이 아니라 행정청의 형량적 고려를 토대로 비교형량을 하였다는 점, 법원이 광범위한 형성의 자유를 인정하는 계획재량을 인정한 것이 아니라 사법심사의 범위를 넓혀 행정청이 형량적 요소를 고려하여 비교형량을 충실히 하여 재량통제를 강화하였다는 점에서 결론에 있어서 타당한 판결이라고 할 것이다. 다만, 국토계획법상의 실시계획의 인가의 법적 성질을 규범구조적 측면에서 분석하지 아니하고 단정적으로 재량행위로 파악하고 있는 점은 문제점으로 지적될 수 있다. 결론적으로 국토계획법상 실시계획 인가의 법적 성질을 일률적으로 재량행위로 접근 할 것이 아니라 특수한 예외적 사례의 경우에 중대한 공익상 필요로 그 거부 가능성이 인정되거나, 재량권이 제한되는 기속재량행위로 접근하는 것이 국민의 권익구제의 관점에서 바람직한 측면이 있다고 할 것이다.

참고문헌

강현호, "계획적 형성의 자유의 통제수단으로서 형량명령", 토지공법연구 제66집, 2014.

김광수, "개발행위허가의 쟁점과 절차", 토지공법연구 제77집, 2017.

김동건, "대법원판례상의 재량행위-기속행위와 재량행위의 구분과 그에 대한 사법심사방식을 중심으로", 행정판례연구 제7집, 한국행정판례 연구회, 2001.

김병기, "도시군관리계획 변경입안제안 거부와 형량명령-대법원 2012. 1. 12. 선고 2010두 5806판결(완충녹지지정해제신청 거부처분 취소소송) 을 중심으로", 행정법연구 제37호 2013.

김성수, "독일행정법에서의 의도된 재량이론과 재량통제", 헌법판례연구 제6집, 2004.

김용섭, 「행정법이론과 판례평석」, 박영사, 2020.

김용섭, 신봉기, 김광수, 이희정, 「법학전문대학원 판례교재 행정법 제4판」, 법문사, 2018.

김용섭, 이경구, 이광수, 「행정조사의 사법적 통제방안연구」, 박영사, 2016.

김용섭, "행정재량론의 재검토-기속재량의 새로운 방향모색을 중심으로 -", 경희법학 제36권 제1호, 2001.

김용섭, "기속행위, 재량행위, 기속재량", 판례연구 제15집 하, 서울지방변 호사회, 2001.

김용섭, "개발허가의 법적성질", 한국토지공법학회 제28회 학술대회 제1주 제 발제논문, 토지공법연구 제13집, 2001.

김용섭, "2018년 행정법(I) 중요판례평석", 인권과 정의 통권 제480호, 2019.

김은주, "행정재량과 절차적 정당성의 모색-미국에서의 이론과 법제도를 중심으로", 행정법연구 제37호, 2013.

김종보, "도시계획시설의 공공성과 수용권". 행정법연구 제30호, 2011.

김중권, 「행정판례의 분석과 비판」, 법문사, 2019.

김중권, "도시계획시설사업 실시계획인가의 무효와 관련한 문제점-대법원 2015. 3. 20. 선고 2011두3746판결-" 법조 제68권 제3호, 통권 735호, 2019.

김재협, "최근 행정판례의 흐름과 극복하여야 할 과제", 법조 2001. 6.

김창조, "항고소송에 있어서 입증책임", 법학논고 제48집, 2014.

김현준, "행정계획에 대한 사법심사-도시계획소송에 대한 한·독 비교검토를 중심으로-", 특별법연구 제13권, 2016.

김현준, "계획법에서의 형량명령", 공법연구 제30집 2호, 2001.

김해룡, "법치국가의 원리로서의 형량명령", 외법논집 제34권 제1호, 2010.

노기현, "행정법상 재량행위에 대한 사법심사기준의 변천에 관한 연구-일본의 학설과 판례의 논의를 중심으로-", 공법학연구 제14권 제3호, 2013.

문중흠, "개발행위허가가 의제되는 건축허가거부처분에 대한 사법심사 기준 및 심사강도", 행정판례연구23집 제2호, 2018.

민성철, "박병대 대법관님 행정분야 주요 판결의 경향-공익과 사익의 조화로운 균형점을 찾기 위한 여정-", 법과 정의 그리고 사람:박병대 대법관 재임기념 문집, 사법발전재단, 2017.

박균성, 「행정법강의」, 박영사, 2020.

박균성, "행정판례를 통해 본 공익의 행정법적 함의와 기능", 청담 최송화 교수 희수기념 논문집, 박영사, 2018.

박종국, "독일법상 행정절차참가와 배제효", 법조 통권 569호, 2004.

박태현, "대기환경보전법상 배출시설 설치허가, 기속재량 그리고 의회입법의 원칙-대법원 2013. 5. 9. 선고 2012두22799판결의 비판적 검토-", 인권과 정의 통권 437호, 2013.

백승주, 행정계획재량에 내재된 문제를 반영한 사법통제의 강화필요성 고
　　찰－독일연방건설법전에 대한 관련논의의 검토를 중심으로－, 토지공
　　법연구 제43집 제1호, 2009.
백윤기, "도시계획결정에 있어서 이웃사람과 계획재량", 원광법학 23권 제
　　2호, 2007.
석종현, "개발행위허가제에 관한 소고", 토지공법연구 제71집, 2015.
성봉근·손진상, "실시계획에 대한 인가 절차 및 법적 쟁점", 토지공법연
　　구 제78집, 2017.
송동수, "독일에 있어 토지에 관한 공익과 사익의 조정－형량명령을 중심
　　으로－", 토지공법연구 제16집 제1호, 2002.
송시강, "행정재량과 법원리－서론적 고찰", 행정법연구 제48호, 2017.
이영창, "환경소송에서 행정청의 재량에 대한 사법심사의 방법과 한계",
　　사법논집 제49집, 법원도서관, 2009.
이은상, "독일법상의 의도된 재량", 행정법연구 제11호, 2004.
이은상, "독일 재량행위 이론의 형성에 관한 연구－요건재량이론에서 효
　　과재량이론으로의 변천을 중심으로－" 서울대 대학원 법학박사학위
　　논문, 2014.
이홍훈, "도시계획과 행정거부처분", 행정판례연구 제1집, 1992.
임성훈, "행정에 대한 폭넓은 존중과 사법심사", 행정법연구 제52호,
　　2018.
장윤순, "도시군계획시설사업의 시행자 지정처분 및 실시계획 인가처분의
　　위법여부와 그 위법의 정도에 대한 연구－대법원 2017. 7. 11. 선고
　　2016두35120판결", 법학논총 제39호, 2017.
장혜진, "환경 훼손 우려가 있는 건축허가의 법적 성질과 사법심사의 기
　　준에 대한 검토(대상판결: 대법원 2017. 3. 15. 선고 2016두55490판
　　결)", 법과 정책 제24집 제1호, 2018.
정영철, "환경계획재량의 통제규범으로서의 형량명령", 공법학연구 제14집
　　제4호, 2013.
정하중, "다단계 행정절차에 있어서 사전결정과 부분허가의 의미－판례평

석: 대판 1998. 9. 4. 97누19588(부지사전승인처분취소) - ", 서강법학
　　제1호, 1999.
정희근, "개발행위허가제에 관한 소고", 토지공법연구 제38집, 2017.
최선웅, "재량과 판단여지에 대한 사법심사", 행정판례연구 제18권 제2호,
　　2013.
최선웅, "행정소송에서의 재량행위에 대한 사법심사사유", 행정법연구 제
　　59호, 2019.
최선웅, "행정소송에서의 기속재량", 행정법연구 제52호, 2018.
최승필, "행정계획에서의 형량-형량명령에 대한 논의를 중심으로-". 토
　　지공법연구 제73집 제1호, 2016.
하명호, 「행정법」, 박영사, 2019.
홍강훈, "기속행위와 재량행위 구별의 새로운 기준", 공법연구 제40집 제
　　4호, 2012.

Betrina Spilker, 「Behördliche Amtsermittlung」, Mohr Siebeck, 2015,
Maurer/Waldhoff, 「Allgemeines Verwaltungsrecht 19. Auflage」. C. H.
　　Beck, 2017.
Steffen Detterbeck, 「Allgemeines Verwaltungsrecht, mit
　　Verwaltungsprozessrecht, 17. Auflage」, C. H. Beck, 2019.
Wolf-Rüdiger Schenke, 「Verwaltungsprozessrecht, 16 Auflage」, C. F.
　　Müller, 2019.

岡田正則　外6, 「行政手續と行政救濟」, 現代行政法講座　II, 日本評論社,
　　2014.

국문초록

　　국토계획법 제88조 제3항에서 규정하고 있는 실시계획의 인가는 사업시
행자지정을 받은 민간 사업시행자가 실시계획을 작성하여 공익사업인 도시계
획시설사업의 공사에 착수하고 토지수용권을 확보하기 위한 것으로 설계도에
따른 공사허가의 성질을 지닌다. 따라서 국토계획법상의 실시계획의 인가는
도시계획시설사업을 구체화하여 현실적으로 실현하기 위한 행정처분이다. 실
시계획 인가의 법적성질이 기속행위인지 재량행위인지, 아울러 재량행위라면
기속재량인지 자유재량행위인지 문제가 된다.

　　이러한 실시계획인가의 법적 성격을 규명하기 위해서는 국토계획법의
관련 규정을 상세히 검토하고, 학설과 판례를 종합적으로 분석할 필요가 있
다. 우선 국토계획법상 실시계획 인가의 규범구조적 특성을 토대로 실시계획
인가와 개발행위허가의 성질상의 차이점을 분석하였다. 이 논문에서는 실시
계획인가의 성질을 일률적으로 재량행위라고 보기 보다는 구체적 상황에 따
라 달리 파악할 수 있다는 관점에서 논리를 전개하였다. 무엇보다 재량행위
와 기속행위의 중간영역인 기속재량론의 관점에서 국토계획법상의 실시계획
인가와 불허(거부)처분의 성질을 살펴보았다. 따라서 국토계획법상 실시계획
인가의 법적 성질을 일률적으로 재량행위로 보거나 심지어 계획재량으로 파
악하는 견해에 대하여 비판적 관점에서 살펴보았다.

　　나아가 재량권과 사법심사의 문제를 다루면서 재량행위의 스펙트럼을
분석하였다. 실시계획인가의 거부를 기속재량 내지 거부재량으로 파악할 경
우 독일에서의 '의도된 재량'과 같은 차원에서 파악하였다. 이와 관련하여 재
량권에 대한 법원의 통제를 논하면서 자유재량이나 판단여지, 계획재량에
따른 사법심사의 방식을 비교 고찰하였다. 기속재량의 중요한 요소인 중대
한 공익상의 필요의 의미와 요소를 분석하였고, 이에 대하여는 행정청이 입
증책임을 부담하는 것으로 보았다. 이 사건 판결에서 대법원의 형량명령을
비례원칙의 내용으로 판시하고 있지만, 실시계획 인가를 설사 재량행위로

볼지라도 이를 계획재량의 문제로 보는 것은 타당하지 않다는 입장에서 분석하였다.

주제어: 국토계획법, 실시계획 인가, 기속재량행위, 개발행위허가, 의도된 재량, 입증책임

Abstract

Legal Nature of Implementation Plan Authorized under the National Land Planning & Utilization Act and its Judicial Control Methods and Limitations
−Related Judgment: 2016DU48416 Adjudged by the Supreme Court on July 24, 2018 (Revocation of expropriation adjudication, etc.) −

Prof. Dr. Kim Yong Sup*

The approval of the implementation plan provided for in Paragraph (3) of Article 88 of the National Land Planning & Utilization Act is intended for the designated private project operator to secure the right to land expropriation and start the concerned public city planning and facility construction project as planned, and has the property of construction permit according to the plan. Therefore, the approval of the implementation plan under the National Land Planning & Utilization Act is an administrative disposition to actualize and realize the urban planning and facility construction project. The question is whether the legal nature of the implementation plan authorization is a bound or discretionary act, and if it is a discretionary, it is a bound or free discretionary act.

To investigate the legal nature of the implementation plan approval, it is necessary to review the relevant provisions of the National Land

---

* Jeonbuk National University

Planning & Utilization Act in detail and to comprehensively analyze theories and precedents. Above all, this paper analyzed the differences in the nature of the implementation plan authorization and development activity permit on the basis of the normative structural characteristics of the implementation plan authorization under the National Land Planning & Utilization Act. This paper developed the logic from the viewpoint that the nature of the implementation plan approval could be understood differently depending on specific circumstances rather than as a discretion act indiscriminately. First of all, this paper examined the nature of the implementation plan under the Land Planning & Utilization Act and the nature of disapproval (refusal) disposition from the viewpoint of the theory of bound discretionary act, intermediate between discretionary and bound acts. Therefore, this paper takes a critical stance on the view that the legal nature of the implementation plan authorization under the National Land Planning & Utilization Act is a discretionary act or even an intended discretionary act.

In addition, this paper analyzed the spectrum of discretionary act while dealing with the issues of discretion and judicial review. Understanding the refusal of implementation plan approval as a bound discretionary act or discretionary refusal was based on the concept of 'intended discretionary act' widely accepted in Germany. In this regard, the methods of judicial review depending on free discretion, judgment or intended discretion were also comparatively reviewed while discussing the court's controls over discretionary power. Also, this paper analyzed the meaning and elements of the urgent need for public interest as a critical element of a bound discretionary act, and considered that the responsibility for proof thereof should be borne by administrative agencies. This case was judged in proportion to the Supreme Court's sentence ruling, but it was analyzed unfeasible to view the approval of the implementation plan as a matter of planned discretion even if it was seen as a discretionary act.

Key words: the National Land Planning & Utilization Act, Implementation Plan, bound discretionary act, development activity permit, intended discretionary act., responsibility for proof

투고일 2020. 6. 24.

심사일 2020. 6. 28.

게재확정일 2020. 6. 29.

行政行爲의 瑕疵

무형문화재(인간문화재) 보유자의 인정 해제처분의
법리에 관한 연구 (한견우)

無形文化財(人間文化財) 保有者의 認定
解除處分의 法理에 關한 硏究

한견우*

Ⅰ. 서 론
1. 무형문화재의 의의
2. 사건의 개요
Ⅱ. 무형문화재 보유자 인정 해제
  1. 관련 법령들의 내용과 적용
  2. [무형문화재법] 제21조 제1항
    제2호의 법문언적 해석
  3. 무형문화재 보유자 인정제도
    의 목적과 관련 없는 인정해
    제사유
  4. [무형문화재법] 제21조 제1항

단서의 법적 성격
Ⅲ. 이 사건 적용에 따른 무형문화재
  인정 해제의 위법성 여부
  1. A에 대한 형사판결의 기재
    범죄사실이 "전통문화의 공
    연·전시·심사 등에 관련된
    것"인지 여부
  2. 무형문화재 보유자인 A의 지
    위를 필요적으로 인정해제시
    킬 사정이 있는지 여부
Ⅳ. 결 론

Ⅰ. 서 론

1. 무형문화재의 의의

무형문화재(無形文化財 Intangible cultural properties)는 일정한 형태가 없는 문화재를 말하며,[1] 이러한 '무형문화재'라는 단어는 1950년 일본

---

* 연세대학교·법학전문대학원·법무대학원·정교수·법학박사·옻칠화가.
1) 「무형문화재 보전 및 진흥에 관한 법률」[무형문화재법] 제2조(정의) 제1호에 의하면, "무형문화재란 「문화재보호법」 제2조제1항제2호에 해당하는 것을 말한다"고 규정하는 한편, 「문화재보호법」 제2조(정의) 제1조 제2호에 의하면 다음과 같이 규

'문화재법'에서 등장하였고, 이러한 일본의 '문화재법'을 우리나라가 1962년 그대로 도입하여 한국의 '문화재보호법'2)을 제정함으로써 사용되었다. 역사적으로나 예술적으로 높은 가치와 문화적 기능을 지닌 사람을 무형문화재 보유자로 지정하여 그 기능을 후계자에게 전수할 수 있도록 하며, 그 비용은 국가가 부담한다. 무형문화재의 종류로는 연극·음악·무용·공예·무예·의식·놀이·음식 그리고 활과 화살 등이 있는데, 이러한 기술을 보유한 사람을 '인간문화재'(Living Human Treasures)라고 부르기도 한다.3) 이러한 무형문화재와 관련해서 유네스

　정하고 있다 :

　무형문화재 : 여러 세대에 걸쳐 전승되어 온 무형의 문화적 유산 중 다음 각 목의 어느 하나에 해당하는 것을 말한다.

　가. 전통적 공연·예술

　나. 공예, 미술 등에 관한 전통기술

　다. 한의약, 농경·어로 등에 관한 전통지식

　라. 구전 전통 및 표현

　마. 의식주 등 전통적 생활관습

　바. 민간신앙 등 사회적 의식

　사. 전통적 놀이·축제 및 기예·무예

2) 1962년 1월 10일 7장 73개조로 제정되어 1982년 12월, 2007년 4월, 2010년 2월, 각각 전부 개정되었고 그 뒤 가장 최근에는 2020년 6월 부분 개정되었다.

3) '인간문화재'라는 용어가 한국에서 만들어졌고 이 단어가 국제적으로 널리 사용되길 바라는 입장에서 '무형문화재' 대신에 '인간문화재'라는 용어를 사용하는 것이 바람직하고 '인간문화재'라는 명칭이 자주 사회적으로 학술적으로 써지기를 바란다는 다음과 같은 주장이 있다(임돈희, 앞의 글, 23~24면 참조) : 1) 인간문화재라는 명칭이 많은 일반인들에게 더욱 알려진 명칭이기 때문이다. 2) 많은 보유자들이 인간문화재라는 명칭으로 불리기 원하고 있다. 그리고 3) 인간문화재라는 명칭은 이미 "Living Human Treasure"라는 명칭으로 UNESCO에 소개되어 국제적 용어로도 통용되고 있다. 4) 무형문화재 보유자가 일본 무형문화재 보지자(保持者)의 번역이란 점도 들 수 있다. 이와 더불어 문화재(culturalproperty)라는 말도 문화유산(cultural heritage)이라는 용어로 바꾸기를 제안한다. 국제적으로 문화유산이라는 용어가 보편적으로 사용되고 있기 때문이다. 따라서 우리나라의 '문화재청'도 문화유산청으로 바꾸는 것이 좋다고 본다. 학술 용어란 고정된 것은 아니고 시대에 따라 상황에 따라 융통성 있게 변화하여야 한다고 본다. 다행히 2015년 개정된 「무형문화재 보전 및 진흥에 관한 법률」 제2조(정의) 제11호에서 "'인간문화재'란 제17조

코가 민속·전통 등 무형문화재를 보호대상으로 무형문화유산(비물질문화유산 Intangible cultural heritage: ICH) 사업이 있다.4)

　　유형문화재는 보존하면 그대로 계속 남아있을 수 있지만, 무형문화재는 그 기능 또는 예능을 보유한 사람은 그 기능 또는 예능을 반드시 다음 세대의 사람에게 전수해주어야 무형문화재의 맥이 계속 살아있을 수 있게 된다. 무형문화재는 문화재로 지정될 만큼의 가치 있는 기능 또는 예능이어야 하고 습득의 난이도도 매우 높아서 완전히 전수받기까지는 상당한 시간과 노력을 요한다. 이와 같이 무형문화재의 전승은 무형문화재 보존에 있어 중요한 의미를 가지기 때문에, 무형문화재 기능보유자 지정시 해당 기능 또는 예능의 실현 능력과 더불어 중요한 부분을 차지하는 것이 바로 전승계보 부분이다. 즉 누구에게서 문화재의 기능 또는 예능을 사사했는지의 여부가 해당 무형문화재의 기능 또는 예능이 과거의 모습을 정확하게 재현하고 있는가 판단할 수 있는 중요한 척도가 된다. 이러한 전승계보가 불명확하다면 설사 아무리 뛰어난 기능 또는 예능을 갖춘 사람이라도 무형문화재 기능보유자로 지정되는 것은 어렵다.5) 따라서 기능전수자가 없어 기능보유자가 없음을 이유로 무

또는 제18조에 따라 인정된 보유자 및 명예보유자를 통칭하여 말한다"라고 규정함으로써 2015년부터 인간문화재가 법적인 용어로 인정을 받게 되었다. 그러나 아직도 '무형문화유산'은 법적인 용어가 되지 못하고 있으며, '문화재청'도 '문화유산청'으로 바뀌지는 않았지만 영어로는 '문화재청'을 'Korean Heritage Administration'으로 쓰고 있다(임돈희, 앞의 글, 24면 참조).

4) 한국의 무형문화재와 유네스코의 무형문화유산은 여러 세대에 걸쳐 사회문화적 환경과 상호작용하며 공동체의 정체성을 이어가면서 전승돼 온 무형의 문화적 유산이라는 기본개념은 비슷하지만, 가장 큰 차이점은 지정 혹은 등재되는 지역적 수준이다. 즉 한국의 무형문화재는 말 그대로 한국 차원에서 '문화재보호법 제24조'에 따라 지정되는 문화재이고 유네스코 무형문화유산은 국제 차원에서 2003년 유네스코 총회에서 채택된 '무형문화유산보호협약'에 근거로 등재되는 유산이다.(임돈희, "한국의 무형문화재 제도와 유네스코 무형문화유산 정책의 비료와 담론", 학술원논문집(인문·사회과학편) 제58집 제1호, 2019, 87~149면 참조)

5) 4대 국새 제작과정의 비리로 구속 수감된 4대 국새 제작단장의 경우 수차례 중요무형문화재 지정 신청을 했으나 명확한 전승계보가 없어 번번히 탈락한 바 있다. 현

형문화재의 지정이 해제되는 경우가 있는데, 이러한 경우는 전승계보의 단절로 이어져서 다시는 무형문화재의 재지정이 어렵게 됨으로써 종국적으로 세월이 흘러감에 따라 해당 무형문화재가 사라지는 결과를 초래할 수도 있다.

따라서 국가는 "무형문화재의 보전과 진흥을 통하여 전통문화를 창조적으로 계승하고, 이를 활용할 수 있도록 함으로써 국민의 문화적 향상을 도모하고 인류문화의 발전에 이바지하는 것을 목적으로" 하는 「무형문화재 보전 및 진흥에 관한 법률」(이하 [무형문화재법]이라 한다)을 만들었다. 이러한 무형문화재의 보전과 진흥을 위하여 전형 유지를 기본으로 하면서, 1) 민족정체성 함양, 2) 전통문화의 계승 및 발전, 3) 무형문화재의 가치 구현과 향상 등을 기본원칙으로 한다(법 제3조(기본원칙) 참조). 그리고 무형문화재 전승자[6]는 전승활동을 충실히 수행함으로써 무형문화재의 계승 및 발전을 위하여 노력하여야 한다(법 제5조(무형문화재 전승자의 책무) 참조).

무형문화재 보유자는 국가무형문화재와 관련해서는 문화재청장이 인정하고, 시도무형문화재의 경우는 시도지사가 인정하게 된다. 이러한 무형문화재 보유자의 인정 기준 및 절차는 대통령령으로 정하게 되는데, 1) 해당 무형문화재에 대한 전승기량 및 전승기반을 갖추고 있을 것, 2) 해당 무형문화재에 대한 전승실적 및 전승의지가 높을 것, 3) 해당 무형문화재의 전승에 기여하였을 것 등의 요건을 모두 갖춘 사람에 대하여 보유자로 인정하게 된다(법시행령 제16조 참조). 이러한 보유자 인정과 관련해서 문화재청장은 국가무형문화재의 보유자 인정의 세부기

재 이 부분에 대해서 이미 사장된 기술을 문헌기록 등을 토대로 현대에 복원한 경우 전승계보가 없다는 이유로 무형문화재 기능보유자 지정을 거부하는 것은 전통기술의 보존에 역행하는 행위가 아닌가 하는 논란의 씨앗이 되고 있으며, 학계에서 활발히 논의되는 부분이기도 하다.

6) "전승자"란 1) 보유자, 2) 보유단체, 3) 전수교육조교, 4) 이수자의 어느 하나에 해당하는 사람 또는 단체를 말한다(법 제2조(정의) 제7호).

준과 배점 등을 고시로 정하게 되는데, 「국가무형문화재 지정 및 보유자 인정 등의 조사·심의에 관한 규정」(문화재청장 고시)에 의하면, 다음과 같이 3단계의 과정으로 나누어 조사·심의하도록 규정하고 있다. 1) 제1단계 : 전승능력(15점), 전승환경(07점), 전수활동 기여도(03점), 2) 제2단계 : 전승능력(65점), 전승환경(10점), 3) 제3단계 : 전승능력(100점)으로 평가하도록 규정하고 있다([별표] 국가무형문화재 지정 및 보유자 인정 등의 조사지표 측정산식 제4호 국가무형문화재 보유자 인정 조사의 조사지표(개인 종목) 참조).

2. 사건의 개요

2008. 1. 4.경 무형문화재(옻칠정제장) A는 자신의 문하생인 B가 대한민국공예품대전(이하 '이 사건 공예품대전'이라 한다)에 공예품을 출품하여 대통령상[7]을 받는 경사가 있었음에도 불구하고 동종 옻칠공예업계의 사람들이 제기한 투서·고발에 의한 진정사건으로 경찰조사를 거쳐 검찰조사를 여러 차례 받았다. 위 투서·고발의 내용인즉, 1) 이 사건 공예품대전에 출품한 옻칠공예품(이하 '이 사건 공예품'이라 한다)이 A가 운영하는 공방(이하 'A공방'이라 한다)에서 만들어진 기존 공예품의 모방품이고, 2) B가 이 사건 공예품대전에 출품한 옻칠공예품의 목기부분과 나전부분을 직접 제작하지 않았다는 것이었다. 당시에는 또 소위 '조영남의 대작' 사건으로 사회가 시끄러울 때였기 때문에, 경찰과 검찰은 '공예품의 대작'도 마땅히 '미술품 대작'과 같은 유형의 사건으로 생각하고 수사하였던 것으로 생각된다. 그리고 실제 수사할 때도 대작(代作)사

---

7) 그런데 이 사건 공예품대전에서 B는 실질적으로 대통령상을 수상한 것이 아니라 공동출품자인 C만이 대통령상의 수상자였다. 이 사건 공예품대전의 규정에 의하면, 복수의 사람이 공동으로 출품한 경우는 1인만을 수상한다고 규정하고 있었기 때문이다.

건에 초점을 맞추어 이루어졌고 당시 보도된 언론의 내용도 모방품 내
지 대작에 관한 것이었다.

그러나 1) A공방의 기존 공예품을 모방했다는 내용의 투서·고발
자는 "공예계의 공방은 **도제시스템**으로 이루어지고 있다"는 사실을 망
각하지 않았다면, 이 사건의 공예품이 "모방품이라고 할 수 없다"는 것
을 충분히 납득할 수 있었던 부분이다. 그리고 2) 공모전의 출품자가 해
당 공예품의 목기[8]제작과 자개제작을 직접 하지 않았다는 부분 역시
"공예계의 공예품 제작은 **협업시스템**으로 이루어지고 있다"는 사실을
염두에 두었다면, 목심칠기의 옻칠공예품 제작에 있어서 목기제작과 자
개제작을 옻칠하는 사람이 직접 하지 않고 협업을 통하여 훌륭한 옻칠
공예품이 제작되어 전승되어 왔음을 알 수 있었을 것이다.

그런데 검찰은 B가 "모방품이고, 대작(代作)을 한 옻칠 공예품을
출품하여 수상을 하였다"는 기소이유[9]를 적시하고 정식재판으로 넘겨

---

8) 목심칠기(木心漆器) 옻칠공예의 바탕이 되는 목기를 백골(白骨)이라고 하는데, 여기
서 백골(白骨)이란 소목장의 기술 중 하나로 옻칠을 하기 이전의 나무 기물을 뜻한
다.
9) **검찰의 기소내용**은 다음과 같다 : "A는 B 등 문하생들을 두고 공방을 운영하면서 공
예품을 제작하여 왔는데, 공예품 제작 공정 중 목기가공 작업의 경우에는 목기가
공업자 D에게 의뢰하여 왔고, 나전작업의 경우에는 나전작업자 E에게 의뢰하여 오
던 중, B가 본 건 공예품대전에 공예품을 출품한다고 하자, 위와 같은 외주 방식으
로 나전 작업까지 마쳐진 다음 공방에 보관되어 있던 접시와 성잔을 B에게 건네주
었고, B는 위 접시와 성잔을 기존에 있었던 F(A의 문하생 중 한명)의 공예품과 유
사하게 마무리 옻칠 작업을 하여, 모방품이자 직접 제작하지도 않은 공예품을 자
신이 직접 제작한 것처럼 본 건 공예품대전에 출품하고, 공예품이 수상작으로 선
정되어 상금을 수령함으로써 B와 A는 함께 사기, 업무 내지 공무방해의 죄를 저질
렀다."
그리고 이러한 검찰의 기소내용에 관한 문제점은 다음과 같다 : "B는 공방에서 초
벌칠을 마치고 쌓아 놓고 있던 접시와 성잔(聖盞)을 이용하고 여기에 한지공예(C
제작)와 공동작업을 하기로 하는 이 사건 공예품대전에 출품할 작품을 구상하였다.
B는 이러한 작품구상에 대하여 스승인 A에게 허락을 득한 후, B는 위 접시와 성잔
을 기존에 있었던 F(A의 문하생 중 한명)의 공예품과 유사한 문양으로 자개장식을
하기로 하고, A공방에서 행해졌던 기존의 협업방식으로 나전작업자인 E에게 의뢰

지게 되었고, 스승 A는 제자인 B의 위 옻칠공예품 제작에 여러 모로 관여하였다는 이유로 약식명령(1,000만원)이 받았다. 그 후 약식명령에 불복하여 A는 B와 함께 정식재판을 받게 되었고,10) 불행 중 다행으로 1심 재판에서 "이 사건 공예품이 모방품이 아니다"라는 점과 "이 사건 공예품 중 목기 부분은 대작이 아니다"라는 점에 관한 결론으로 일정부분 검찰의 혐의를 벗게 되었다. 그러나 이 사건 공예품의 나전부분을 B가 직접 제작하지 않았다는 점이 문제가 되어 1심에서 A와 B는 각각 벌금 500만 원을 선고받게 되었고,11) 2심에서도 이러한 판단이 유지되

한 나전작업을 마친 후 A공방에서 수십 과정의 옻칠공정에 따라 이 사건 옻칠공예품을 제작하여 이 사건 공예품대전에 출품하기에 이른 것이다.

이 사건 공예품출품작은 백골과 자개 그리고 한지공예는 각각 다른 협업자 내지 공동작업자가 제작한 것임에는 추호도 다툼이 없으며, 이러한 협업은 전통적 공예품 제작에 있어서 널리 알려지고 오랜 전통에 가깝다고 할 것이고, 같은 공방에서 스승의 장식문양이 제자의 공예품에 사용되는 경우 또는 같은 문하생들 사이에 유사한 장식문양이 사용되는 것 역시 전통적 도제시스템 아래서는 지극히 당연한 것으로 여겨진다.

따라서 이 사건에서 B의 출품작을 모방품 운운하는 것이라든지 직접 제작하지 않았다는 기소내용은 전통공예의 이해와는 너무나 거리가 있고, 또한 공예품제작의 실무적 현실을 전혀 고려하지 않은 단세포적인 법이론의 적용이라고 할 것이다."

참고로 A공방에서 제작되는 옻칠공예품의 제작(공정)과정은 이 사건 옻칠공예품의 경우는 **총42과정(공정)**으로 이루어지는데([별첨] 목칠공예품(나전칠기)의 공정 참조), 목기제작과 자개제작은 그 한 공정에 불과하다.

10) A는 초등학교를 졸업하고 당시 어려운 가정형편으로 중학교도 진학하지 못하고 입에 풀칠하기 위하여 시작한 옻칠을 45여년 넘게 옻칠공예품의 전승을 위하여 노력한 옻칠명장이고 또한 여러 차례 옻칠공예품대전의 심사위원을 역임하였다. 따라서 A는 첫째, "공예품 공방의 도제시스템"과 둘째, "공예계의 협업시스템"에 관한 전통적·연혁적 그리고 현대적·현실적으로 엄연한 존재하는 사실(fact)을 외면한 검찰의 결정을 그대로 인정할 수 없었다. 더욱이 이러한 검찰의 결정은 비단 A 한 사람에 국한된 문제가 아니라 대한민국의 공예계를 통틀어 공예산업의 퇴행이라는 심각한 폐해를 야기할 수 있음을 인식하고, 대한민국 공예계를 위하여 그리고 옻칠문화를 위하여 약식명령에 불복하여 정식재판을 받기로 결정하였던 것이다.

11) 당시 검찰의 구형은 A는 벌금 1,000만원이었고, B는 징역 1년이었는데, 제1심 법원은 "기존 공예품과 B가 출품한 공예품이 실질적으로 유사하지 않다"고 판단하고 (제1심법원의 판결문 22면 마지막 문단), "직접 제작성이 문제된 외주작업 중 목기

었으며, 대법원에서도 1심과 2심의 판단이 그대로 유지되었다.[12]

A는 2008. 1. 4.경 '무형문화재 (옻칠)정제장'으로 지정되어 옻칠 공예계에 기여한 바가 매우 클 뿐만 아니라, 앞으로 옻칠문화융성에 기여할 수 있는 많은 부분이 있음에도 불구하고, 위와 같은 사법부의 판결로 인하여 관할 행정청[X]이 '무형문화재 보유자 인정'을 해제하여야 하는 것이 아닌가 하는 논란이 있었다. 따라서 이와 같은 사건에 있어서 사법부의 최종판단(500만원 벌금형)이 '무형문화재 보유자 인정 해제'로 곧바로 이어질 사안인지 여부에 관하여 법적 쟁점을 논하고자 한다.

가공(백골)작업 부분은 공예품의 주요 부분이라고 보기 어려워 이를 외주 방식으로 작업하더라도 문제가 되지 않는다(제1심법원의 판결문 17면 두 번째 문단)"고 판단하였다. 다만 제1심에서 "나전작업을 E가 하였음에도 출품자로 B만이 기재되는 등 B가 직접 제작하지 않았다는 내용의 기소 부분에 대하여는, 이 사건 공예품 중 나전 부분은 주요 부분이고, 이러한 주요 부분을 B가 하지 않은 이상, B의 출품행위 등이 기망행위에 해당된다"는 판단을 내리면서 A에 대하여 "벌금500만원"을 선고하였다.

12) 이러한 법원의 판단과 관련해서, 우리 법원이 1) 공예품과 미술품의 차이를 제대로 구별하였는지 여부, 2) 공예품을 직접 제작한다는 것이 무엇을 의미하는지 여부, 그리고 3) 공예품 제작에 있어서 오랫동안 이어져 온 도제시스템과 협업시스템을 제대로 이해하고 있었는지 여부 등에 관하여 깊은 우려가 있다. 그런데 소위 조영남 대작사건과 이 사건이 대법원 같은 제1부에 시차를 두고 상고되었는데, 공예품의 전통적 협업방식에 의하여 제3자가 작품의 일부를 제작한 것에 대하여 이 사건에서는 사기죄를 인정하는 판결을 2019. 7. 10. 선고한 반면에, 소위 조영남대작사건에서는 제3자에 의한 대리제작을 인정함으로써 사기죄를 인정하지 않는 판결을 2020. 6. 25. 선고하였다. 이러한 대법원 판결을 통하여 보면, 위에서 제기한 필자의 3가지 우려가 단순한 기우가 아님을 알 수 있다. 이 두 대법원의 판결에 대해서는 다음에 판례평석을 통하여 문제점을 지적할 생각이다. 이 사건에 대한 대법원 판결이 소위 조영남대작사건에 대한 대법원 판결보다 뒤에 나왔더라면 이 사건의 결론이 전혀 다를 수 있었을 것이라는 점을 생각해보면 '돈많은 화가'와 '가난한 공예가'의 비애 (유전무죄 무전유죄)라고 해도 법률가로서는 뭐라 속시원하게 변명할 길이 없다.

II. 무형문화재 보유자 인정 해제

1. 관련 법령들의 내용과 적용

이 사건과 관련된 무형문화재 보유자 인정 해제에 관한 법령들은 1) [무형문화재법], 2) 「무형문화재법 시행규칙」 등이 있는데, 이러한 법령들에서는 무형문화재 인정해제에 관하여 아래와 같은 규정을 두고 있다.

무형문화재법

제21조 (전승자 등의 인정 해제) ① 문화재청장은 국가무형문화재의 보유자, 보유단체, 명예보유자 또는 전수교육조교가 다음 각 호의 어느 하나에 해당하는 경우 위원회의 심의를 거쳐 인정을 해제할 수 있다. 다만, 제1호부터 제4호까지의 규정에 해당하는 경우 그 인정을 해제하여야 한다.

　　1. 보유자, 명예보유자 또는 전수교육조교가 사망한 경우

　　2. 전통문화의 공연·전시·심사 등과 관련하여 벌금 이상의 형을 선고받거나 그 밖의 사유로 금고 이상의 형을 선고받고 그 형이 확정된 경우

　　3. 국외로 이민을 가거나 외국 국적을 취득한 경우

　　4. 제16조에 따라 국가무형문화재의 지정이 해제된 경우

　　5.~9. 〈생략〉

제35조(준용규정) 시·도무형문화재 및 시·도긴급보호무형문화재의 지정 및 지정 취소·해제, 지정의 고시 및 효력 발생시기, 시·도무형문화재의 보유자·보유단체·명예보유자 또는 전수교육조교의 인정 및 인정 취소·해제, 인정의 고시 및 통지와 효력 발생시기, 정기조사, 시·도무형문화재의 전승자 및 명예보유자의 신고사항, 행정명령, 전수교육, 전수교육 이수증, 전수장학생, 시·도무형문화재의 공개 및 관람료의 징수, 시·도무형문화재의 전수교육학교의 선정 등에 관하여는 제12조부터 제30조까지의 규정을 준용한다. 이 경우 제12조부터 제30조까지의 규정 중 "문화재청장"은 "시·도지사"로, "대통령령"은 "조례"로, "국가"는 "지방자치단체"로, "위원회"는 "시·도무형문화재위원회"로, "국가무형문화재"는 "시·도무형문화재"로, "국가긴급보호무형문화재"는 "시·도긴급보호무형문화재"로 본다.

무형문화재법 시행규칙

제7조(국가무형문화재등의 지정 해제 절차)

① 문화재청장은 법 제16조제1항에 따라 국가무형문화재등의 지정을 해제하려면 법 제52조에 따른 청문을 하여야 하고, 필요한 경우에는 법 제53조에 따른 관계전문 가 등에게 해당 무형문화재에 대한 조사를 요청할 수 있다.

② 제1항에 따라 조사를 한 관계 전문가 등은 조사 후 조사보고서를 작성하여 문화재 청장에게 제출하여야 한다.

③ 문화재청장은 제1항에 따른 청문 결과와 제2항에 따른 조사보고서를 검토하여 법 제16조제1항 각 호의 어느 하나에 해당한다고 판단되는 경우에는 위원회에서 심의 할 내용을 관보에 30일 이상 예고하여야 한다.

④ 문화재청장은 제3항에 따른 예고가 끝난 날부터 6개월 안에 위원회의 심의를 거쳐 법 제16조에 따른 국가무형문화재등의 지정 해제 여부를 결정하여야 한다.

⑤ 문화재청장은 이해관계자의 이의제기 등 부득이한 사유로 제4항에 따른 기간 안에 지정 해제 여부를 결정하지 못한 경우에는 제3항 및 제4항에 따른 절차를 다시 거 쳐야 한다.

제8조(인정 또는 인정 해제의 고시) 문화재청장은 법 제17조부터 제19조까지의 규정 에 따라 보유자등을 인정하거나 법 제21조에 따라 그 인정을 해제하는 경우에는 다음 각 호의 사항을 관보에 고시하여야 한다.

1. 국가무형문화재의 보유자, 명예보유자 또는 전수교육조교의 성명ㆍ성별ㆍ생년월 일ㆍ주소 또는 사망 연월일(보유단체의 경우에는 명칭, 소재지, 설립 연월일과 대표 자의 성명ㆍ성별ㆍ생년월일ㆍ주소)

2. 인정 또는 인정 해제의 이유

이러한 무형문화재 보유자 등의 인정 해제와 관련해서 무형문화재 법 제21조는 '필요적 인정해제사유'와 '선택적 인정해제사유'로 구분하 여 제1항 제1호부터 제4호까지의 사유가 있는 경우는 필요적 인정 해제 로 규율하고 있다. 그런데 무형문화재법 제21조 제1항 제2호의 해제사 유와 관련해서는 입법적으로 필요적 인정해제사유로 규율한 것을 비롯

하여 몇 가지 점에 있어서 법적으로 문제가 있으며13) 이를 개선할 필요
가 있다.

그리고 이러한 필요적 인정해제와 관련해서 무형문화재위원회의
심의사항이 될 것인가에 대하여 의문이 있을 수 있다. [무형문화재법]
에 의하면, 무형문화재위원회는 "무형문화재의 보전 및 진흥에 관한 사
항을 조사·심의하기 위하여 설치되며(법 제9조 제1항 참조), 이러한 무형
문화재위원회의 심의사항 중에는 '국가무형문화재의 지정과 그 해제에
관한 사항 그리고 국가무형문화재 전승자의 인정과 그 해제에 관한 사
항'을 규율하고 있다(법 제10조 제1항 제2호 및 제3호 참조). 따라서 [무형

---

13) 첫째, 무형문화재 보유자 인정해제는 보유자 인정의 경우와 마찬가지로 무형문화재
    보유자인정의 제도적 취지에 기초해서 판단하여야 한다. 둘째, 무형문화재 보유자
    인정해제는 그 인정해제의 사유가 보유자 인정을 해제함에 있어서 객관적으로 명
    확한 사실에 기초하여 아무런 정성적 심리·판단을 할 필요가 없는 경우도 있지만,
    그 인정해제의 사유가 무형문화재 보유자 인정의 제도적 취지와 관련해서 정성적
    심리·판단을 할 필요가 있는 경우가 있다. 따라서 전자의 정성적 심리·판단이 필
    요하지 않는 경우는 객관적 사실의 발생만으로 보유자 인정해제처분을 할 수 있으
    나, 후자의 정성적 심리·판단이 필요한 경우는 보유자 인정의 경우와 마찬가지로
    문화재위원회의 심리·판단을 거쳐 최종적으로 보유자 인정해제처분을 하는 것이
    법리적으로 타당하다고 할 것이다. 셋째, 무형문화재 보유자 인정을 해제함에 있어
    서는 무형문화재 보유자 인정의 제도적 취지를 고려하여 결정하여야 함에도 불구
    하고, 무형문화재 보유자 인정의 제도적 취지와 아무런 관련성이 없는 사항과 결
    부하여 무형문화재 보유자 인정을 해제하는 것은 '부당결부금지의 원칙'에 반하는
    위법한 처분이 된다. 넷째, 무형문화재 보유자 인정해제는 일정한 사유가 있으면
    획일적으로 보유자 인정을 해제하는 것은 헌법적 원리인 '비례의 원칙'에 반하는
    위헌·위법적이라고 할 것이다. 따라서 보유자 인정의 해제사유가 발생한 경우에는
    그 해제사유의 정도와 경중에 따라서 보유자 인정정지처분 또는 인정해제처분을
    하는 것이 합헌적이고 합법적이라고 할 것이다. 끝으로, 무형문화재법 제21조 제1
    항 단서의 법문만 보면 기속행위로 규율하고 있다고 판단할 수 있으나, 법문언이
    비록 기속행위의 형식으로 규정되어 있어서도 재량행위로 볼 수 있는 경우도 있다
    는 점 그리고 최근 대법원의 판례가 무형문화재법 제21조 제1항 제2호와 관련된
    단서 규정에 의한 보유자 인정해제처분의 법적 성질을 '재량행위'로 판단하였다는
    점 등을 고려하면 무형문화재법 제21조 제1항 제2호와 관련된 단서의 규정을 '재량
    행위'로 규율할 필요가 있다.

문화재법]은 필요적 인정해제의 경우와 선택적(재량적) 인정해제를 구분하지 않고 '전승자의 인정과 그 해제에 관한 사항'을 무형문화재위원회의 심의사항으로 규율하고 있는 점, 보유자 인정해제와 관련해서 문제된 사실 또는 사항이 필요적 인정해제 사유에 해당하는지 여부에 관하여 다툼이 있는 점 등을 고려하면 필요적 인정해제의 경우도 무형문화재위원회의 심의대상이 된다고 할 것이다.14)

2. [무형문화재법] 제21조 제1항 제2호의 법문언적 해석

[무형문화재법] 제21조 제1항 제2호에 의하면, 무형문화재의 보유자가 인정해제되는 경우는 1) 벌금 이상의 형을 선고받거나 2) 금고 이상의 형을 선고받고 그 형이 확정된 경우로 규정함으로써, '벌금'과 '금고'의 형으로 나누어 규율하고 있다. 그리고 [무형문화재법]은 1) '벌금'을 선고받은 경우는 **"전통문화의 공연·전시·심사 등"**과 관련된 경우로 한정하고 있는 반면에([무형문화재법] 제21조제1항제2호 전문 참조), 2)

---

14) 따라서 1) 2018. 12. 31. 손혜원의원의 [무형문화재법]개정 발의안(17660) 관련 제안이유에서 "현행법에 따르면 문화재청장은 … ("보유자 등")이 전통문화의 공연·전시·심사 등과 관련하여 벌금 이상의 형을 선고받거나 그 밖의 사유로 금고 이상의 형(이하 "벌금등"이라 한다)을 선고받고 그 형이 확정된 경우 <u>무형문화재위원회의 심의 없이 그 인정을 당연히 해제해야 함</u>. 그런데 보유자등이 전통문화의 전승과 관련 없는 그 밖의 사유로 금고 이상의 형을 선고받고 그 형이 확정됐다는 이유로 <u>무형문화재위원회의 심의도 없이 인정을 해제하는 것은</u> 부당한 결부일 가능성이 있으며, 가혹다다는 의견이 있음"이라고 적고 있는 것은 [무형문화재법]의 법리적 내용과 거리가 있다고 할 것이다. 2) 2019. 4. 12. 이동섭의원의 [무형문화재법]개정 발의안(19786) 관련 제안이유에서 "현행법상 문화재청장은 … ("보유자 등")이 전통문화의 공연·전시·심사 등과 관련하여 벌금 이상의 형을 선고받거나 또는 그 밖의 사유로 금고 이상의 형을 선고받고 그 형이 확정된 경우 <u>무형문화재위원회의 자체적 심의판단 없이 그 인정을 해제하도록 하고 있음</u>. 그러나 <u>무형문화재위원회의 자체적 심의판단도 없이 보유자등의 국가문화재 인정을 해제하는 것은</u> 부당 결부일 가능성이 있으며 가혹하다는 지적이 있음"이라고 적고 있는 것 역시 [무형문화재법]의 법리적 내용·해석과 거리가 있다고 할 것이다.

'금고'를 선고받은 경우는 "**그 밖의 사유로**"라고 규율함으로써 어떤 특정한 법률 위반행위(범죄사실)로 특별히 한정하고 있지 않고 있다([무형문화재법] 제21조제1항제2호 **후문** 참조).

따라서 무형문화재 보유자에게 벌금형이 선고됨으로써 문화재청이 그 보유자의 지정해제처분을 하고자 하는 경우는 그 <u>해당 법률 위반행위(범죄사실)가</u> 전통문화의 공연·전시·심사 등에 관련된 것일 때에 한<u>정하여</u> 지정해제처분을 하여야 할 것이다. '전통문화의 공연·전시·심사 등' 이외의 사유로[**그 밖의 사유로**] 무형문화재 보유자의 지정해제처분을 하고자 하는 경우는 '벌금' 아니라 '금고' 이상의 형을 받은 경우에만 무형문화재 인정 해제 여부가 문제된다고 할 것입니다.

여기서 1) "공연"이란 음악·무용·연극·연예·국악·곡예 등 예술적 관람물을 실연에 의하여 공중에게 관람하도록 하는 행위15) 또는 저작물 또는 실연·음반·방송을 상연·연주·가창·구연·낭독·상영·재생 그 밖의 방법으로 공중에게 공개하는 것16) 등을 말한다. 그리고 2) "전시"란 많은 사람들에게 보이기 위하여 작품이나 물품 등을 진열하여 보여주는 것을 말하고, 3) "심사"라 함은 자세하게 조사하여 등급이나 당락 따위를 결정하는 것을 말한다.17)

그리고 [무형문화재법]의 해당 법조문의 취지는 무형문화재 보유자가 **무형문화재 보유자라는 지위에 기초하여** 자신의 작품을 공연 또는 전시함에 있어 법률 위반행위(범죄)를 저지르거나, 무형문화재 보유자의 지위에서 타인에 대한 심사를 함에 있어 법률 위반행위(범죄)를 저지르는 등의 경우에 그 무형문화재 보유자의 지위를 박탈하겠다는 것이다. 요컨대 위 해당 법조문에서 나열한 공연행위, 전시행위, 심사행위 등의 행위는 **무형문화재 보유자라는 지위에서 주체가 되어 행하는 행위**임을

---

15) 공연법 제2조(정의) 제1호 참조.
16) 저작권법 제2조(정의) 제3호 참조.
17) 표준국어대사전 참조.

염두에 둔 것이라고 할 것이다. 따라서 그 행위주체가 무형문화재 보유자의 지위와 상관없이 일반인이 공연·전시·심사 등으로 인하여 벌금 이상의 형사처벌을 받은 경우는 "무형문화재 보유자가 전통문화의 공연·전시·심사 등에 관련되어 처벌을 받은 것"으로 볼 수는 없다고 할 것이다.

3. 무형문화재 보유자 인정제도의 목적과 관련 없는 인정해제사유

가. [무형문화재법] 제21조 제1항 제2호 후단의 법문

현행 [무형문화재법] 제21조 제1항 제2호 후단(後段)의 법문을 보면, "…그 밖의 사유로 금고 이상의 형을 선고받고 그 형이 확정된 경우"를 규정하고 있는데, <u>전통문화의 공연·전시·심사 등과 관련성이 없는</u> 사유로 금고 이상의 형을 선고받고 그 형이 확정된 경우에 무형문화재 보유자 인정을 해제하게 된다. 이러한 현행 [무형문화재법] 제21조 제1항 제2호 후단의 규정은 위에서 설명한 '부당결부금지의 원칙'에 반하는 위헌·위법한 법규정이라고 하지 않을 수 없다.

즉 무형문화재 보유자 인정제도는 1) 해당 무형문화재에 대한 전승기량 및 전승기반을 갖추고, 2) 해당 무형문화재에 대한 전승실적 및 전승의지가 높으며, 3) 해당 무형문화재의 전승에 기여한 사람을 문화재청장이 인정하는 제도이다(법시행령 제16조 참조). 따라서 무형문화재 보유자 인정은 "무형문화재의 보전과 진흥을 통하여 전통문화를 창조적으로 계승 및 발전하고 이를 활용할 수 있도록 하기 위하여, 무형문화재의 전형 유지를 기본으로 하면서 민족정체성 함양 및 무형문화재의 가치 구현과 향상 등을 목적으로 한다"[18]고 할 것이다.

---

18) [무형문화재법] 제1조(목적), 제3조(기본원칙), 제5조(무형문화재 전승자의 책무) 등 참조.

　　무형문화재 보유자 인정뿐만 아니라 보유자 인정해제에 있어서도 무형문화재 보유자 인정의 제도적 목적을 고려하면서 해당 무형문화재의 전승기량·전승기반·전승실적·전승의지·전승기여 등을 조사·심사하여 결정하여야 한다. 그럼에도 불구하고 문화재청이 무형문화재 보유자의 인정처분 내지 인정해제처분을 함에 있어서, 이러한 1) 무형문화재 보유자 인정제도의 목적에 반하지 아니하거나 무형문화재 보유자 인정제도와 무관한 사유로 무형문화재 보유자 인정 또는 무형문화재 보유자 인정해제의 사유를 규정하는 **법령**은 부당결부금지의 원칙에 반하는 것으로 **법규정의 위헌·위법성**을 면하기 어렵다.19) 또한 2) 무형문화재 보유자 인정제도의 목적에 반하지 아니하거나 무형문화재 보유자 인정제도와 무관한 사유로 무형문화재 보유자 인정처분 또는 무형문화재 보유자 인정해제처분을 하는 것은 부당결부금지의 원칙에 반하는 것으로 **처분의 위헌·위법성**을 면하기 어렵다.

　　현행 [무형문화재법] 제21조 제1항 제2호 후단의 규정("…그 밖의 사유로 금고 이상의 형을 선고받고 그 형이 확정된 경우")에서 "그 밖의 사유"는 위에서 적시한 바와 같이 무형문화재 보유자 인정제도의 목적과 무관한 것임은 명백하다고 할 것이다. 따라서 1) 무형문화재 보유자 인정제도와 무관한 "그 밖의 사유"를 무형문화재 보유자 인정해제사유로 규정한 현행 [무형문화재법] 제21조 제1항 제2호 후단의 규정은 위헌·위법하다고 하지 않을 수 없으며, 또한 2) 이러한 현행 [무형문화재법] 제21조 제1항 제2호 후단의 규정에 근거하여 무형문화재 보유자 인정제도와 무관한 "그 밖의 사유로" 무형문화재 보유자 인정을 해제하는 처분 역시 위헌·위법하다고 하지 않을 수 없다.

---

19) 대법원 2016.08.17. 선고 2015두51132 판결 참조.

나. 국가무형문화재 제68호 '밀양백중놀이' 하용부 보유자 인정해제처분의 위법성

2018년 소위 문화계 미투(me too: 나도 당했다)로 성추행 가해자로 지목된 국가무형문화재 제68호 '밀양백중놀이'의 하용부 보유자에 대하여 최근 문화재청은 무형문화재위원회의 검토를 거쳐 국가무형문화재 보유자 인정해제처분을 하였다. 이와 관련해서 문화재청 소속 국가무형문화재위원회는 "국가무형문화재 보유자가 성추행·성폭행 논란의 당사자가 되는 등 사회적 물의를 빚는 행위로 인해 전수교육지원금 중단과 보유단체의 제명 처분을 받았다"면서 "전수교육 활동을 1년 이상 실시하지 않은 것이 확인됐으므로 보유자 인정을 해제하는 것이 타당하다"고 설명하였다. 그런데 이와 같은 문화재청의 보유자 인정해제처분은 위법성을 면할 수 없는 측면이 있다.

우선 국가무형문화재위원회가 밝히고 있는 바와 같이 "전수교육 활동을 1년 이상 실시하지 않은 점"은 무형문화재법 제21조 제1항 제8호("제25조제2항에 따른 전수교육 또는 그 보조활동을 특별한 사유 없이 1년 동안 실시하지 아니한 경우")에 해당한다고 보면 적법한 보유자 인정해제처분이라고 판단할 수 있다. 그런데 이 사건에서 해당 보유자가 1년 이상 전수교육 활동을 실시하지 않는 이유가 '특별한 사유'로 인정된다면, 이 사건 보유자 인정해제처분은 **위법하다**고 할 것이다. 즉 이 사건 문화재청이 해당 보유자에게 전수교육지원금을 중단한 것이 주된 이유라면 '특별한 사유'에 해당할 수 있고, 더욱이 전수교육지원금 중단사유가 위법한 것이라고 판단되는 경우는 명확하게 '특별한 사유'에 해당한다고 할 것이다. '전수교육에 필요한 경비 및 수당의 지원'에 관한 [무형문화재법]시행령 제22조[20])에 의하면, 국가무형문화재위원회가 설명하고 있

---

20) 제22조(전수교육에 필요한 경비 및 수당의 지원) ① 법 제25조제3항에 따른 전수교육에 필요한 경비(전수교육조교의 전수교육 보조에 필요한 경비를 포함한다) 및

는 바와 같이 "국가무형문화재 보유자가 성추행·성폭력 논란의 당사자가 되는 등 사회적 물의를 빚는 행위"를 이유로 전수교육지원금을 중단할 수 있거나 보유단체의 제명처분[인정해제처분]할 수 있다는 규정은 어디에도 존재하지 않는다. 따라서 이 사건 보유자 인정해제처분에 앞서 행한 전수교육지원금중단과 보유단체 제명처분[인정해제처분]은 아무런 법적 근거도 없이 문화재청장이 자의적으로 행한 처분으로서 위법하다고 할 것이다.21)

따라서 이 사건에서 문화재청은 "해당 보유자가 당시 보유자 반납 의사를 밝혔으나" 보유자의 의사를 무시하고 나름대로 법적인 보유자 인정해제절차를 준수한다고 국가무형문화재위원회를 통하여 이 사건 보유자 인정해제를 결정하였다. 그러나 이러한 결정을 한 문화재청은 결론적으로 법령을 제대로 이해하지 못하고 위법한 처분을 행하는 중대한 과실을 범하고 말았다.

요컨대 이 사건에서 우리가 다시 한 번 이해하여야 하는 점은 **무형문화재 보유자 인정제도의 목적에 반하지 아니하거나 무형문화재 보유자 인정제도와 무관한 사유**(이 사건의 경우는 해당 보유자의 성추행·성폭행의 단순한 논란의 사유22))로 무형문화재 보유자의 인정을 해제하는 처분

수당은 매월 지급한다.
② 문화재청장은 다음 각 호의 어느 하나에 해당하는 경우에는 법 제25조제3항에 따른 지원을 중단할 수 있다.
 1. 국가무형문화재의 보유자 또는 보유단체가 정당한 사유 없이 전수교육 또는 전승활동을 이행하지 아니하거나 이행하지 못하게 된 경우
 2. 전수교육조교가 정당한 사유 없이 전수교육 보조를 하지 아니한 경우
 3. 전수교육 또는 전승활동과 관련하여 금품수수 등의 부정한 행위를 한 경우
21) 이러한 위법성은 취소할 수 있는 '단순위법'이 아니라 처음부터 효력이 없는 '당연무효'에 해당한다고 할 것이다.
22) 성추행·성폭행의 논란 또는 혐의만이 아니라 유죄로 인정되어 금고 이상의 확정판결을 받았다고 하더라도, 이러한 사유는 **"무형문화재 보유자 인정제도의 목적에 반하지 아니하거나 무형문화재 보유자 인정제도와 무관한 사유"**에 해당한다고 할 것이다.

은 부당결부금지의 원칙에 반하는 것으로 처분의 위헌·위법성을 면하기 어렵다는 것이다.

다. 무형문화재 보유자 인정제도의 목적과 무관한 인정해제사유의 인정여부

(1) 인정하는 견해

무형문화재법 제21조 제1항 제2호 후단의 규정과 관련해서 '그 밖의 사유로 금고 이상의 형을 선고받고 그 형이 확정된 경우'를 보유자 인정해제사유로 하고 있는 점과 관련해서 위헌·위법성이 없다는 견해가 있을 수 있다.

'무형문화재 보전 및 진흥에 관한 법률 일부개정법률안[손혜원의원·이동섭의원 대표발의] 검토보고'(문화체육관광위원회 수석전문위원 임익상)에 의하면 다음과 같이 기술하고 있다 : "첫째, 국가무형문화재 보유자 등은 <u>단순한 기능보유자라기보다는 사회적으로 모범적인 인격체로서의 역할이 기대되는</u> 자격자인 점을 감안할 때 현행의 위법행위에 따른 인정해제 규정이 과도한 기본권의 침해로 보는 것은 유사 입법례를 감안할 때 논리성이 결여된 측면이 있음. 유사입법례로서 「국가공무원법」·「교육공무원법」 등 공무원 관련 법률에서는 죄명에 관계없이 금고 이상의 형이 확정된 경우 신분 또는 자격을 박탈하고 있음."

위 임익상 수석전문위원의 검토의견에서 보는 바와 같이, 국가공무원과 교육공무원의 경우는 직무관련성이 없는 범죄행위로 금고 이상의 형을 받은 경우에 신분 또는 자격을 박탈하고 있는데, 이와 같이 관련법률에서 직무관련성이 없는 범죄행위에 대해서도 신분 또는 자격을 박탈하는 논리적 이유는 "<u>공무원의 직무가 보다 공공적 성격이 강하고 공무원은 법제도 및 준법에 대한 보다 고양된 윤리성을 갖추는 것이 필요하다</u>"고 보기 때문이다. 따라서 이러한 공무원의 경우와 마찬가지로 변호사의 결격사유도 사회질서유지 및 사회정의 실현이라는 변호사의 사명을 고려할 때 변호사의 결격사유인 금고 이상의 형의 원인이 되는 범죄행위를 그 직무관련범죄에 한정하지 않는 것으로 변호사법 제5조[23])에서 규율하고 있다. 즉 변호사법 제5조는 변호사의 결격사유로서 범죄의 종류를 당해 업무수행의 공익성 및 공정성을 저해하는 것으로 제한하지 아니하고 금고 이상의 형의 선고를 받은 모든 경우로 정하고 있다.[24])

(2) 부정하는 견해

반면에 의료법[25]) · 약사법[26])에서는 결격사유가 되는 금고 이상의

---

23) **변호사법** 제5조(변호사의 결격사유) 다음 각 호의 어느 하나에 해당하는 자는 변호사가 될 수 없다. <개정 2014.5.20, 2014.12.30, 2017.12.19>
 1. 금고 이상의 형(刑)을 선고받고 그 집행이 끝나거나 그 집행을 받지 아니하기로 확정된 후 5년이 지나지 아니한 자
 2. 금고 이상의 형의 집행유예를 선고받고 그 유예기간이 지난 후 2년이 지나지 아니한 자
 3. 금고 이상의 형의 선고유예를 받고 그 유예기간 중에 있는 자
 4. 탄핵이나 징계처분에 의하여 파면되거나 이 법에 따라 제명된 후 5년이 지나지 아니한 자
 5. 징계처분에 의하여 해임된 후 3년이 지나지 아니한 자
 6. 징계처분에 의하여 면직된 후 2년이 지나지 아니한 자
 7. 공무원 재직 중 징계처분에 의하여 정직되고 그 정직기간 중에 있는 자(이 경우 정직기간 중에 퇴직하더라도 해당 징계처분에 의한 정직기간이 끝날 때까지 정직기간 중에 있는 것으로 본다)
 8. 피성년후견인 또는 피한정후견인
 9. 파산선고를 받고 복권되지 아니한 자
 10. 이 법에 따라 영구제명된 자
 [전문개정 2008.3.28]
24) 헌법재판소 2006.04.27. 선고 2005헌마997<변호사법 제5조 제1호 위헌확인> 결정 참조.
25) **의료법** 제8조(결격사유 등) 다음 각 호의 어느 하나에 해당하는 자는 의료인이 될 수 없다. <개정 2007.10.17, 2018.3.27, 2018.8.14>
 1. 「정신건강증진 및 정신질환자 복지서비스 지원에 관한 법률」 제3조제1호에 따른 정신질환자. 다만, 전문의가 의료인으로서 적합하다고 인정하는 사람은 그러하지 아니하다.
 2. 마약 · 대마 · 향정신성의약품 중독자
 3. 피성년후견인 · 피한정후견인

형의 선고를 받은 범죄를 직무관련범죄로 한정하고 있는데, 그 이유는
의사·약사의 업무수행은 공공적인 성격이 강하거나 법제도 및 준법에
대한 보다 고양된 윤리성을 요하지 않기 때문이다. 따라서 의사·약사
의 결격사유로서 범죄의 종류를 당해 업무수행의 공익성 및 공정성을
저해하는 것으로 제한하여 금고 이상의 형의 선고를 받은 경우로 규율
하게 된다. 사정이 이러하다면, 무형문화재 보유자의 업무에 관한 공공
성 및 윤리성은 공무원 또는 변호사의 직무와 같은 성질의 것이라고 볼
것이 아니라 의사·약사의 직무와 유사하거나 이 보다 약하다고 할 것
이다.

　　무형문화재 보유제도는 보유자가 관련 무형문화재에 관한 특별한

---

4. 이 법 또는 「형법」 제233조, 제234조, 제269조, 제270조, 제317조제1항 및 제347조
(허위로 진료비를 청구하여 환자나 진료비를 지급하는 기관이나 단체를 속인 경우
만을 말한다), 「보건범죄단속에 관한 특별조치법」, 「지역보건법」, 「후천성면역결핍
증 예방법」, 「응급의료에 관한 법률」, 「농어촌 등 보건의료를 위한 특별 조치법」,
「시체해부 및 보존에 관한 법률」, 「혈액관리법」, 「마약류관리에 관한 법률」, 「약사
법」, 「모자보건법」, 그 밖에 대통령령으로 정하는 **의료 관련 법령을 위반하여** 금고
이상의 형을 선고받고 그 형의 집행이 종료되지 아니하였거나 집행을 받지 아니하
기로 확정되지 아니한 자
26) 약사법 제5조(결격 사유) 다음 각 호의 어느 하나에 해당하는 자는 약사면허 또는
한약사면허를 받을 수 없다. <개정 2007.10.17, 2011.12.2, 2012.2.1, 2014.3.18,
2018.12.11>
1. 「정신건강증진 및 정신질환자 복지서비스 지원에 관한 법률」 제3조제1호에 따른 정
신질환자. 다만, 전문의가 약사(약사)에 관한 업무를 담당하는 것이 적합하다고 인
정하는 사람은 그러하지 아니하다.
2. 피성년후견인·피한정후견인
3. 마약·대마·향정신성의약품 중독자
4. 「약사법」·「마약류 관리에 관한 법률」·「보건범죄 단속에 관한 특별조치법」·「의료법」·
「형법」 제347조(거짓으로 약제비를 청구하여 환자나 약제비를 지급하는 기관 또는
단체를 속인 경우만 해당한다. 이하 같다), **그 밖에 약사에 관한 법령을 위반하여** 금
고 이상의 형을 선고받고 집행이 종료되지 아니하였거나 집행을 받지 아니하기로
확정되지 아니한 자
5. 「형법」 제347조의 죄를 범하여 면허취소 처분을 받고 3년이 지나지 아니하였거나 약
사(약사)에 관한 법령을 위반하여 면허취소의 처분을 받고 2년이 지나지 아니한 자

기능을 수행할 수 있는 특별한 역량(능력 및 지식)을 외부적으로 표시할
수 있는 중요한 지표이며, 무형문화재 보유자 인정은 이러한 무형문화
재에 관한 특별한 기능을 수행할 수 있는 특별한 역량을 관할 행정청이
인증하는 기능이라고 할 것이다. 따라서 무형문화재 인정은 대학의 학
위와 유사한 기능을 가진다고 할 것이고, 이미 받은 대학의 학위를 대
학 학위와 무관한 범죄행위로 당해 학위를 취소 또는 철회한다면 정당
하거나 적법하다고 할 수 없을 것이다. 요컨대 직무와 관련성이 없는
범죄행위로 무형문화재 보유자 인정을 해제하는 것은 부당결부의 원칙
에 반하는 위헌·위법한 처분이라고 할 것이다. 따라서 **무형문화재법
제21조 제1항 제2호 후단의 규정과 관련해서 '그 밖의 사유로 금고 이
상의 형을 선고받고 그 형이 확정된 경우'의 법문은 삭제하거나 무형문
화재 보유자의 업무관련범죄로 제한할 필요**가 있다.[27]

(3) 일본 문화재보호법의 입법례

우리나라 문화재보호법의 모법인 일본 문화재보호법 제72조는 '중
요무형문화제의 지정 등의 해제'에 관하여 다음과 같이 규정하고 있다
: 1) "보유자가 심신의 고장 때문에 보유자로서 적당하지 않게 되었다
고 인정되는 경우 및 기타 특수한 사유가 있는 때는, 문부과학대신은
보유자 또는 보유단체의 인정을 해제할 수 있다"(제2항). 2) "보유자가
사망했을 때 또는 보유단체가 해산했을 때(소멸했을 때를 포함한다. 이하
이 조 및 다음 조에 있어 동일)는 당해 보유자 또는 보유단체 인정은 해제
된 것으로 하고, 보유자 모두가 사망했을 때 또는 보유단체 모두가 해
산했을 때는, 중요무형문화재 지정은 해제된 것으로 한다"(제4항). 그리

---

27) 따라서 임익상 수석전문위원의 검토의견에서 언급하는 바와 같은 1) "국가무형문화
재 보유자 등은 단순한 기능보유자라기보다는 사회적으로 모범적인 인격체로서의
역할이 기대되는 자격자인 점"라는 지적은 전적으로 타당한 지적이 아니고, 또한
2) "현행의 위법행위에 따른 인정해제 규정이 과도한 기본권의 침해로 보는 것은
유사 입법례를 감안할 때 논리성이 결여된 측면이 있음"이라는 지적 또한 논리적
타당성이 전혀 없다고 할 것이다.

고 일본 문화재보호법 제153조 제1항은 "문부과학대신은 다음에 기재하는 사항에 대해서는 미리 문화심의회에 자문해야 한다"고 규정하면서, 1) 중요무형문화재의 지정 및 그 지정의 해제(제3호), 2) 중요무형문화재의 보유자 또는 보유단체의 인정 및 그 인정의 해제(제4호)를 규정하고 있다. 따라서 일본 문화재보호법에 의하면, 1) 무형문화재의 보유자 등의 인정 및 그 인정의 해제와 관련해서 문화심의회의 자문을 받도록 규정하고 있으나, 2) 무형문화재의 인정해제 사유로서 벌금 또는 금고형 등을 규율하고 있지 아니하다.

4. [무형문화재법] 제21조제1항 단서의 법적 성격
─재량행위인지 기속행위인지 여부─

가. 재량행위와 기속행위의 구별

(1) 학 설
(가) 법률규정재량설(법규정재량설·요건재량설)

법률규정재량설(法律規定裁量說)은 '법문의 주어'가 행정주체(행정청)로 규정되어 있는 경우에 근거법령의 규정형식에 의해서 기속성과 재량성을 구별하는 입장이다. 당해 행정행위의 근거법령에서 요건규정과 효과규정이 아주 철저하게 규정하고 있는 경우는 기속성이 인정되고, 그렇지 않고 행정청의 판단이나 선택의 여지(재량)를 어느 정도 남겨둔 경우는 재량성이 인정된다. 따라서 근거법령의 요건규정이 공백규정·불확정개념·종국목적만을 적어 놓고 있는 경우에는 재량성이 인정된다. 그리고 효과규정에서 "행정청은 …할 수 있다" 또는 "행정청은 …아니할 수 있다"고 규정한 경우에는 재량성이 인정되고, "행정청은 …하여야 한다"거나 "행정청은 …하여서는 아니 된다" 또는 "행정청은 …할 수 없다"[28]라고 규정한 경우에는 기속성이 인정된다. 이러한 입장에 의하면, 행정청에게 많은 재량권을 가질 수 있도록 하기 위하여 법규정의 형식을 공백규정·불확정개념·종국목적만을 규정함으로써 법치행정이 무색하게 될 수도 있는 문제점이 있다. 그리고 재량(재량개념·사실문제)과 판단여지(불확정개념·법률문제)를 구별하는 입장은 요건재량설에 대해서 법률문제인 요건인정을 사실문제인 재량으로 오인하고 있다는 비판을 가하고 있다.

(나) 법률효과재량설(행정행위효과재량설·효과재량설)

법률효과재량설(法律效果裁量說)은 '법문의 주어'가 행정객체(국민)로 규정되어 있는 경우 또는 법문의 표현이 애매한 경우(예, OOO가…한다)에 기속성과 재량성의 구별을 <u>행정객체의 입장</u>[행정행위의 효과라는 측면]<u>에서</u> 시도한 이론이다. 따라서 수익적 행정행위인 경우는 재량성을 인정하고 침해적 행정행위인 경우는 기속성을 인정하게 된다. 이러한 입장은 법률규정재량설에 비해서 행정청의 재량개념을 축소하여 재량행위의 통제를 확대한 점에 의의가 있다.

현대복지국가의 이념에 따라 강하게 등장하고 있는 급부행정의 영역에 있어서까지 법률효과재량설을 적용하게 되면 지나치게 행정의 재량권을 넓게 인정하게 된다는 비판을 피할 수가 없다. 또한 정치적·행정적 책임을 수반하는 정책재량이나, 전문적·기술적 지식을 요하는 기술재량의 경우에 있어서는 비록 불이익처분이라 하여도 행정청의 재량성을 인정하고 있을 뿐만 아니라 사법적 통제의 대상에서 제외되는 경우도 있다. 그리고 법률효과재량설은 근거법령(실정법)을 경시한다는 점에 문제가 있다고 비판한다. 예컨대 건축법상 건축허가나 식품위생법상 영업허가 등이 관계 법규정에 의하면 기속성을 인정하고 있음에도 불구하고, 효과재량설에 의하면 재량행위로 보아야 한다는 문제점이 있다고 지적하기도 한다.29)

---

28) "… 할 수 없다"는 표현방식이 사용된 경우에는 기속행위로 보아야 할 것이다"라고 보는 경우(류지태·박종수)가 있다.

29) 기속행위와 재량행위의 구별기준을 우선 법규정에서 찾아야 한다는 기본원리를 생

(다) 신법률요건재량설(신요건재량설 · 판단여지설)

법률요건재량설이 법규정의 외형적 형식으로 재량성을 인정하는 점에 대해서, 신법률요건재량설(新要件裁量說)은 법규정의 실질적 내용을 고려해서 재량성을 인정하려는 입장이다. 이러한 신법률요건재량설은 요건규정에 사용된 다의적 개념인 불확정개념에 대한 재량성의 범위를 지나치게 넓게 인정하는 법률규정재량설의 문제점을 시정하기 위한 학설이다. 따라서 불확정개념에 대해서 일반 경험법칙에 의하여 그 개념을 알 수 있는 경우[경험적 불확정개념]에는 기속성을 인정하고, 그렇지 않는 경우[가치적 불확정개념]에는 재량성을 인정하게 된다. 재량성이 인정되는 경우에는 행정청의 판단에 대해서 법원의 판단이 미치지 않거나 또는 법원이 스스로의 판단을 자제함으로써 행정청의 판단이 종국적인 것이 되도록 한다. 이러한 영역을 '판단여지'라고 부르기도 하는데, 학설이름이 '판단여지설'로 불리게 된 배경도 여기에 있다.30) 이러한 신법률요건재량설에 대해서 불확정개념에 있어서 경험법칙이라는 또 다른 애매한 구별개념을 등장시킨 점을 비판한다. 그리고 불확정개념의 전통적 의미의 재량성을 부인하고 전면적 사법심사를 주장하는 논리와 행정정책의 수행과 재판관의 심리능력의 한계를 고려한 사법자제라는 논리 사이에 모순이 있다고 비판한다.

(라) 신법률효과재량설(신효과재량설 · 종합설)

법률효과재량설에 의한 재량행위와 기속행위의 구분이 행정객체의 입장에서만 고려된다는 문제점을 시정한 것이 신법률효과재량설이다.

각하면 이러한 문제점의 지적은 잘못된 것이라고 할 것이다.
30) 불확정개념은 요건부분의 문제이고 재량의 개념은 효과부분의 문제이기 때문에, 또는 판단여지는 인식의 문제이고 재량은 선택의 문제이기 때문에 판단여지설은 기속행위와 재량행위의 구별기준이 될 수 없다는 견해(김남진 · 김연태 · 홍정선 · 류지태 · 박종수)가 있다. 이러한 견해는 기본적으로 판단여지와 재량을 구별하는 입장[구별설]에 기초한 것이고, 판단여지와 재량을 구별하지 않는 입장[총괄설]에서 보면 판단여지설은 기속행위와 재량행위의 구별기준이 될 수 있다.

따라서 이러한 입장은 법률효과와 관련해서 기속행위와 재량행위를 구분할 때, 법령의 규정방식, 그 취지·목적, 행정행위의 성질 등을 함께 [종합적으로] 고려하여 구체적 사안마다 개별적으로 판단하여야 한다고 본다. 또한 이러한 판단은 경우에 따라서 공익성 관련성을 기준으로 할 수도 있고, 헌법상 기본권실현 관련성을 기준으로 할 수도 있다. 예컨대 당해 행정행위의 발령이 당사자의 기본권실현을 의미하는 경우에는 기속성을 인정하고, 당해 행정행위를 통하여 비로소 새로운 권리가 설정되는 경우 또는 중대한 공익성(합목적성)이 요구되는 경우에는 재량성을 인정하게 된다.31)

(2) 판례의 입장

(가) 근거규범의 해석과 법률효과

대법원은 재량행위와 기속행위의 구별에 대해서 기본적으로 근거규범의 해석[법률요건재량설]을 바탕으로 하면서,32) 보충적으로 상대방에 대한 법률효과[법률효과재량설]를 기준으로 판단하고 있다.33) 근거규범의 해석은 당해 처분의 근거가 된 규정의 형식이나 체재 또는 문언

---

31) 예컨대 "행정청이 처분을 할 때 '행정청이 필요하다고 인정하는 경우'에는 청문을 한다"(행정절차법22①ii)고 규정한 경우에, '법문의 표현'이 "… 한다"라고 적고 있기 때문에 "실시를 하여야 한다"는 뜻인지 "실시를 할 수 있다"는 뜻인지 애매하다고 할 것이다. 이러한 경우 경찰행정청이 자의적으로 '청문을 하는 것은 수익적이다'라고 하여 재량행위로 판단해서는 안 된다는 것이다. 청문의 실시는 헌법적 근거를 가진 행정법의 절차적 일반법원칙이기 때문에 예외적인 사유가 없는 한 반드시 청문을 실시하여야 한다는 점에서 기본권(행정절차참가권)의 실현과 관련이 있으므로 기속성이 인정된다. 따라서 불이익 처분을 함에 있어서 청문을 실시하지 않은 것은 기속성에 위반되고 상대방의 방어권을 제한한 것으로 위법하다고 할 것이다.

32) 대법원 1995.12.12. 선고 94누12302 판결; 대법원 1997.12.26. 선고 97누15418 판결; 대법원 2008.05.29. 선고 2007두18321<경찰공무원합격결정취소>판결; 대법원 2013.12.12. 선고 2011두3388<유가보조금전액환수>판결 등 참조.

33) 대법원 2004.03.25. 선고 2003두12837<개발제한구역내행위허가> 판결; 대법원 2005.07.22. 선고 2005두999<개인택시운송사업면허> 판결; 대법원 2007.07.12. 선고 2007두6663 판결 등 참조.

에 따라 개별적으로 판단하여야 하며,34) 침익적 행정행위의 근거가 되는 행정법규(정)는 엄격하게 해석·적용하여야 하고 그 행정행위의 상대방에게 불리한 방향으로 지나치게 확장해석하거나 유추해석해서는 안 된다.35) 또한 행정법규정의 입법취지와 목적 등을 고려한 목적론적 해석이 전적으로 배제되는 것은 아니라 하더라도, 그 해석이 문언의 통상적인 의미를 벗어나서는 아니 된다.36) 그리고 대법원은 근거규범의 해석 이외에도 당해 행위가 속하는 행정분야의 주된 목적과 특성, 당해 행위 자체의 개별적 성질과 유형 등을 모두 고려하여 재량행위와 기속행위를 구별하고 있다.37)

(나) 공익·합목적성 및 기본권실현 관련성

대법원은 또한 공익과 합목적성을 이유로 재량행위로 판단한 경우도 있고,38) 기본권실현과 관련성을 이유로 기속행위로 판단한 경우도 있다.39)

(3) 소 결

기속행위와 재량행위의 구별기준은 법치행정의 원칙에 따라 우선 법규정에서 찾아야 하며, 이러한 의미에서 법률요건재량설(요건재량설)을 기본으로 하면서 불확정개념에 관한 한 신법률요건재량설(판단여지

---

34) 대법원 2001.02.09. 선고 98두17593 판결; 대법원 2011.07.14. 선고 2011두5490 판결 등 참조.
35) 대법원 2008.02.28. 선고 2007두13791·13807 판결; 대법원 2013.12.12. 선고 2011두 3388<유가보조금전액환수및지급정지처분취소> 판결 등 참조.
36) 대법원 2008.02.28. 선고 2007두13791·13807 판결; 대법원 2013.12.12. 선고 2011두 3388<유가보조금전액환수및지급정지처분취소>판결 등 참조
37) 대법원 1998.09.08. 선고 98두8759 판결; 대법원 2001.02.09. 선고 98두17593 판결; 대법원 2002.08.23. 선고 2002두820 판결 등 참조.
38) 대법원 2001.01.19. 선고 99두3812 판결; 대법원 2004.11.26. 선고 2003두3123<국제 선정기항공운송사업노선면허처분취소> 판결; 대법원 2008.11.27. 선고 2008두 4985<건축불허가처분취소> 판결 등 참조.
39) 대법원 1989.10.24. 선고 88누9312 판결 등 참조.

설)에 의해 보완될 수 있다고 본다. 그리고 부차적으로 침해적 행위인가 수익적 행위인가 또는 법령의 규정형식·취지·목적, 행정행위의 성질 등 종합적으로 고려하여 기본권의 실현관련성이 있는가 공익성 관련성이 있는가 등과 같은 행위의 성질을 기준으로 한다. 따라서 기속행위·기속적재량행위·자유재량행위의 구분에는 법률요건재량설(요건재량설), 신법률요건재량설(판단여지설), 법률효과재량설(효과재량설), 신법률효과재량설(종합설)을 순차적으로 적용하는 것이 바람직하다[4자병용설].40)

나. 무형문화재 보유자 인정 해제처분의 법적 성질

[무형문화재법] 제21조 제1항에서는 무형문화재의 보유자 등이 동항 각 호의 행위를 한 경우에 무형문화재위원회의 심의를 거쳐 인정을 해제할 수 있고, 제1호부터 제4호까지의 규정에 해당하는 경우에는 "**그 인정을 해제하여야 한다**"고 규정하고 있다. 따라서 무형문화재의 보유자가 [무형문화재법] 제21조 제1항 제1호 내지 제4호에 해당되는 경우 문화재청의 무형문화재의 보유자 등에 대한 지정해제는 법문언상으로만 보면 '기속행위'로 이해할 수 있다.

그러나 우리나라 대법원은 2015. 6. 11.자로 선고한 [**중요무형문화재 보유자 인정해제처분취소**]사건(2015두39699)의 판결41)에서는 [무형문화재법] 제21조 제1항 단서의 법적 성질은 '기속행위'가 아니라 '**재량행위**'라고 판시하였다. 즉 국가무형문화재의 보유자가 [무형문화재법] 제21조 제1항 제1호 내지 제4호에 해당하는 경우라고 하더라도 문화재

---

40) 한견우, 현대행정법총론 2 - 행정행위법 - (e - Book), 세창출판사, 2018.3. 68면 참조.
41) 대법원 제2부는 2015. 6. 11.자로 선고한 [중요무형문화재 보유자 인정해제처분취소]사건(2015두39699)의 판결에서는 원심판결인 서울고등법원 제4행정부가 2015. 2. 17.자 선고한 [중요무형문화재 보유자 인정해제처분취소]사건(2014누62014)의 판결에 대하여 '문화재청장'이 제기한 상고를 기각하는 판결을 하였다. 그리고 항소법원인 서울고등법원은 제1심 법원(서울행정법원 제14부)이 2014. 8. 21.자 선고한 [중요무형문화재 보유자 인정해제처분취소]사건(2014구합53186) 판결에 대한 '문화재청장'이 제기한 항소를 기각하는 판결을 하였다.

청장은 반드시 필요적으로 이를 인정 해제해야 하는 것이 아니라, 아래에서 제시되는 바와 같은 제반 사정들을 고려하여 인정 해제 여부를 신중히 판단하여야 한다는 취지로 판시하였다. 이러한 대법원의 입장은 무형문화재 보유자 인정해제에 따른 공익과 합목적성을 이유로 법문언상 기속행위임에도 불구하고 재량행위로 판단한 것으로 여겨지며 학설적으로는 신법률효과재량설(신효과재량설·종합설)의 입장과 일맥상통한다고 할 것이다.

그리고 [무형문화재법] 제21조 제1항 단서를 적용함에 있어서 고려하여야 할 제반 사정들에 관하여 법원은 다음과 같이 적시하였다 : 1) 법률 위반행위가 중요무형문화재의 보존 및 전승이라는 보유자 인정제도의 목적이 상실될 정도로 중한지 여부, 2) 법률 위반행위가 공정성 및 객관성이 현저히 상실될 정도의 비위행위인지 여부, 3) 보유자 인정해제처분을 하면 보유기능의 가치와 전승의 필요성이 큰 당해 문화재의 계승·전수에 큰 어려움이 발생하는지 여부, 4) 형사사건에서의 비위 정도, 5) 당해 문화재에 대한 보유자의 수행·발전 정도 등.

따라서 대법원은 이 사건에서 "(위의 제반 사정을 고려하여) **원고에 대하여 보유자 인정을 해제하는 이 사건 처분은 재량권을 일탈하거나 남용한 것으로 보인다 … 이 사건 처분은 위법하다**"고 판시함으로써 원심의 판결을 확정하였다.

다. [무형문화재법] 제21조 제1항 제2호와 관련된 단서 규정의 개정필요성

(1) 재량행위로 개정하여야 한다는 견해

무엇보다 최근 대법원이 [무형문화재법] 제21조 제1항 제2호와 관련된 단서 규정에 의한 보유자 인정해제처분의 법적 성질을 '재량행위'로 판단한 점을 법률개정에 적극적으로 반영할 필요가 있다. 이러한 보유자 인정해제처분의 재량행위성은 일본의 입법례에서 찾을 수 있고,

2016. 3. 28. 현행법의 제정·시행으로 인하여 재량행위에서 기속행위로 입법화한 것은 일정한 사유가 있으면 획일적으로 보유자 인정을 해제하는 것이 되어 헌법적 원리인 '비례의 원칙'에 반하는 위헌·위법적이라고 할 것이다. 따라서 보유자 인정의 해제사유가 발생한 경우에는 그 해제사유의 정도와 경중에 따라서 보유자 인정정지처분 또는 인정해제처분을 하는 것이 합헌적이고 합법적이라고 할 것이다.

(2) 재량행위로 개정하는 것을 반대하는 견해

그럼에도 불구하고 [무형문화재법] 일부개정법률안[손혜원의원·이동섭의원 대표발의] 검토보고'(문화체육관광위원회 수석전문위원 임익상)에 의하면 다음과 같이 보유자 인정해제처분의 재량행위성으로 개정하는 것을 반대하고 있다 : 1) 개정안과 같이 금고 이상의 형이 확정된 보유자 등에 대한 인정해제를 사례별로 판단·결정해야 하는 재량행위로 규정하게 되는 경우 위법행위와 행정제재 간의 비례성 원칙으로 인해 명문 규정과 달리 중형이 아닌 사례의 경우는 사실상 인정해제를 하기 어렵게 될 뿐만 아니라, 문화재청장의 결정에 대하여 재량행위의 일탈·남용을 이유로 행정소송의 남발을 야기할 우려도 있는 점을 감안할 필요가 있음. 2) 2016. 3. 28. 현행법이 제정·시행되면서 금고 이상의 형에 대한 인정 해제를 기속행위로 규정하였는데, 종전의 「문화재보호법」에서는 재량행위로 규정하여 적용하고 있었음. 이 법 시행 후 금고 이상의 형으로 인정 해제된 사례가 아직 발생하지 않은 상황에서 법률 개정 필요성 여부에 대하여는 법적 안정성 등을 감안하여 결정할 필요가 있음.

위 수석전문위원 임익상이 검토의견으로 제시하고 있는 바와 같이, "…보유자 등에 대한 인정해제를 사례별로 판단·결정해야 하는 재량행위로 규정하게 되는 경우 위법행위와 행정제재 간의 비례성 원칙으로 인해 명문 규정과 달리 중형이 아닌 사례의 경우는 사실상 인정해제를 하기 어렵게 되는 것"은 지극히 당연한 법리이라고 할 것이다. 뿐만 아니라, 문화재청장의 위법한 결정에 대하여 재량행위의 일탈·남용을 이유로 행정소송이 제기되는 것 또한 지극히 당연한 현상임에도 불구하고 "행정소송의 남발을 야기할 우려도 있는 점을 감안할 필요가 있다"는 지적은 현대 법치행정의 원리에 반하는 것으로 결코 타당한 지적이라고 할 수 없다. 또한 재량행위에서 기속행위로 당초부터 잘못 제정·시행된 법규정의 적용이 있는 사례가 아직 발생하지 않았기 때문에, 향후 이 법규정의 적용사례가 등장한 후에 당해 법률개정을 하는 것이 법적안정성 등을 감안하여 바람직할 것이라는 지적도 잘못된 법규정의 내용을 그대로 두는 것이 과연 법적안정성에 합당한 것인지 의문이 아닐 수 없다. 법적안정성은 곧 법치행정의 한 내용으로서 올바른 법률의 적용을 통하여 이룩된다는 사실을 감안한다면 가능한 빠른 시일내에 법률을 개정하는 것이 법적안정성 내지 법치행정을 위하여 바람직하다고 할 것이다.

(3) 소 결

국가무형문화재는 심사과정의 엄격성과 기본 10년이 넘는 장기간의 경력과 숙련도를 쌓아야만 선정기회가 주어지는 현실에 비추어 볼 때, 무형문화재지정은 전통예술인으로서 크나큰 자부심이자 명예에 관한 것이다. 그럼에도 불구하고 보유자의 업무와 아무런 관련성이 없는 행위에 대한 금고 이상의 형을 선고받아 확정된 경우에, 문화재청장의 재량적 판단을 전적으로 배제하고 무형문화재 보유자 인정을 획일적으로 "해제하여야 한다"는 [무형문화재법]에 규정하는 것은 전통문화의 보전과 전승이라는 [무형문화재법]의 취지 또는 무형문화재 보유자제도의 취지를 벗어나는 것이라고 할 것이다.

더욱이 현재도 보유자 또는 전수교육조교가 부재한 무형문화재가 단절로 인하여 해당 무형문화재의 변질·쇠퇴로 이어질 수도 있다는 점과 전승활성화의 지속성에 심각한 장애가 될 수 있는 점 등을 고려할 때, 경미한 잘못으로 인하여 어렵게 인정된 무형문화재 보유자의 지위가 하루아침에 날아가 버리는 일은 없어야 할 것이다. 특히 최근 문화재청 자료에 의하면, 무형문화재 보유자의 규모가 꾸준히 줄어들고 있다는 점[42] 등을 고려해서 무형문화재 보유자 등의 과도한 인정해제가 되지 않도록 입법기술적으로 뿐만 아니라 실무적으로도 보다 신중한 접근이 필요하다.

Ⅲ. 이 사건 적용에 따른 무형문화재 인정 해제의 위법성 여부

1. A에 대한 형사판결의 기재 범죄사실이 "전통문화의 공연·전시·심사 등에 관련된 것"인지 여부

[무형문화재법] 제21조 제1항에 의하면 무형문화재 보유자에게 벌금형이 선고된 경우에는 그 해당 범죄사실이 첫째, **"전통문화의 공연·전시·심사 등에 관련된 것"**에만 한정하여 무형문화재 보유자 인정해제 여부가 문제되고, "전통문화의 공연·전시·심사 등에 관련된 것" **외의 범죄사실**에 관하여는 금고형 이상의 형을 선고받아야 무형문화재 보유자 인정해제 여부가 문제된다. 그리고 **둘째, 전통문화의 공연·전시·심사 등의 행위주체는 "무형문화재 보유자 자신"**이어야 한다.

따라서 이 사건 형사판결에서 A에게 인정된 본건 범죄사실이 무형문화재 보유자로서 A가 행한 전통문화의 공연·전시·심사 등에 관련된 것인지 여부가 판단되어야 할 것이다.

---

42) 문화재청 자료에 의하면 2019. 6.말 기준 국가무형문화재 보유자는 모두 166명으로 2002년에 비해 24.5% 감소했다.

첫째, 이 사건 형사판결과 관련된 본건 범죄사실에 해당하는 행위는 "무형문화재 보유자[A] 자신의 행위가 아닌 그 문하생[B]의 출품행위"에 관한 것인데, 이러한 문하생[B]의 '일반 출품행위'에 스승[A]가 "공동으로 가담하였다"는 것이다. 다시 말하면, 이 사건 형사판결에서 직접 실행자인 B와 A의 공범관계는 기본적으로 직접 실행자인 B가 '일반 출품행위'라는 범행을 하였다는 것을 전제로 하고, 이러한 B의 범행에 제3자인 A가 가담하였다는 법률관계의 구조이다.

여기서 '공범과 신분의 법리'에 관한 형법적 법리를 적용하게 되면, 본건 범행에 가담한 A의 행위는 어디까지나 직접 실행자인 B의 '일반 출품행위' 자체에 대한 것이고, 이는 '무형문화재 보유자'로서가 아니라 '일반인'으로서 B의 '일반 출품행위'에 가담한 것으로 평가하게 된다. 요컨대 본건 범행은 어디까지나 '일반 출품자의 행위' 자체에 대한 것이고, 이러한 범행에 개입된 제3자에게는 어떠한 신분이나 지위를 요구하는 것이 아니기 때문에 A가 무형문화재 보유자 신분이었다는 사실은 본건 범행의 내용이나 범행의 성립여부에 전혀 관계가 없다.

둘째, 이 사건 공예품의 "출품행위"는 문언적으로 위 법조문에서 말하는 "공연·전시·심사" 중 어느 하나에도 해당하지 않는다. 따라서 A에게 벌금형이 선고된 본 사안에서는 **무형문화재법 제21조 제1항 제2호 전문을 적용하여 A의 무형문화재 보유자에 대한 인정해제처분을 할 수 없다**고 할 것이다.

셋째, 이 사건에서 A의 범법행위가 '전통문화의 공연·전시·심사' 이외의 사유("그 밖의 사유")에 해당한다면 '금고 이상의 형'을 받은 경우에만 무형문화재 인정 해제 여부가 문제된다고 할 것이다. 그런데 이 사건에서 A는 벌금형을 받은 것이니 **무형문화재법 제21조 제1항 제2호 후문을 적용하여 A의 무형문화재 보유자에 대한 인정해제처분도 할 수 없다**고 할 것이다.

2. 무형문화재 보유자인 A의 지위를 필요적으로 인정해제시킬 사정이 있는지 여부

앞서 살펴 본 바와 같이 무형문화재 보유자 인정해제는 관계 법령의 법문에도 불구하고 대법원의 판례상 재량행위로 인정되고 있다. 그리고 이러한 무형문화재 보유자 인정해제처분을 할 것인지 여부는 다음과 같이 사정을 종합적으로 고려하여야 판단하여야 한다는 것이 대법원 판례의 입장이다 : 1) 법률 위반행위가 중요무형문화재의 보존 및 전승이라는 보유자 인정제도의 목적이 상실될 정도로 중한지 여부, 2) 법률 위반행위가 공정성 및 객관성이 현저히 상실될 정도의 비위행위인지 여부, 3) 형사사건에서(법률 위반행위)의 비위 정도, 4) 당해 문화재에 대한 보유자의 수행·발전 정도 등을 종합적으로 고려해서 판단하게 됩니다. 그리고 5) 보유자 인정해제처분을 하면 보유기능의 가치와 전승의 필요성이 큰 당해 문화재의 계승·전수에 큰 어려움이 발생하는지 여부 등이다.

따라서 A의 무형문화재 보유자로서의 지위를 필요적으로 인정해제할 것인지 여부는 위의 대법원 판례에서 적시하는 내용을 따라야 비로소 적법한 무형문화재 보유자 인정해제처분이 될 수 있을 것이다.

가. 이 사건 법률 위반행위(B의 출품과 수상)가 옻칠공예라는 무형문화재의 계승 및 발전이라는 측면에서 옻칠공예라는 무형문화재의 본질을 훼손하였다고 볼 수 없다.

이 사건의 공예품 제작에 관여한 사람은 4명(B, 한지공예가 C, 목기 제작자 D, 나전제작자 E)인데, 검찰의 기소의견과 법원의 판결 내용에 따르면 이러한 4명을 모두 기재하였을 때에는 이 사건 수상에 아무런 문제가 없고, 2명만(B와 C)을 기재하였을 때에는 이 사건 수상에 문제가 된다는 것이다. 따라서 이 사건 범죄사실(법률 위반행위)은 나전작업을 한 사람(E)이 따로 있는데 이를 밝히지 않았다는 것이다. 그런데 나전작업을 한 사람(E)을 이 사건 출품과 관련해서 밝혀졌더라도 이 사건과 같은 대통령상의 수상이라는 결과가 반드시 발생하지 않는 것은 아니다. 요컨대 무엇보다 대통령상 수상은 제작자가 누구인지 또는 제작에 관여한 사람들이 몇 명인지에 따라 결정되는 것이 아니고 출품된 공예품 자체의 우수성으로 결정되는 것이다.

더욱이 이 사건 공예품대전에서 출품자 기재란에 협업자도 기재하도록 하였어야 함에도 그런 기재란을 두지 않은 행정적 착오 등의 문제가 있었다고 할 수 있겠으나, 그러한 출품자의 기재에 관한 행정적 착오 등의 문제가 있었다고 하더라도 이 사건 공예품의 실용성·품질성·심미감 등에는 아무런 영향을 미치지 못한다고 할 것이다.

그러므로 이 사건에 있어서 공동제작자의 한 사람을 누락함으로써 초래된 법률 위반행위는 옻칠공예라는 무형문화재의 계승 및 발전의 측면에서 무형문화재의 본질을 훼손하였다고 볼 수 없는 사안이라고 할 것이다.

나. 이 사건 법률 위반행위는 현저히 공정성과 객관성을 상실한 것이 아니다.

(1) 이 사건은 출품자의 범위·제작자·협업자에 관한 개념의 혼선이 있었던 사안일 뿐, 전통적으로 내려오는 공예계의 도제시스템·공방시스템·협업시스템에 따라 이 사건 공예품은 제작되고 출품된 것이다.

이 사건 공예품은 전통공예에 속하는 것으로 우리 전통을 계승하고 발전시키는 영역으로서 예로부터 장주(스승)와 도제(제자)의 가족적 끈끈한 관계를 바탕으로 한 전통적 도제시스템과 여러 장인들의 협업을 기초로 한 전통적 협업제작방식을 근간으로 하고 있는 것이다. 고려청자와 이조백자가 전통적 협업방식이나 도제방식이 아니라 한 사람의 도공에 의하여 한평생 제작되었다면 결코 오늘날 우리가 보는 바와 같은 훌륭한 공예품이 만들어지지도 않았을 것이고 전해지지도 않았을 것이다. 요컨대 전통공예인 옻칠공예는 협업을 전제로 하여 계승·발전되어 왔고, 전통적으로 협업관계에 따라 목기(백골)제작자와 나전작업자가 따로 있어 왔던 분야이다.

그런데 우리 법원은 목기제작의 경우는 외주, 즉 협업이 가능하다는 취지로 판시하면서도 옻칠공예의 장식에 불과하고 다른 장식(예컨대, 장석, 회각, 보석 등)으로도 대체가능한 나전의 경우는 그 외양의 화려함에 끌려 '주요 부분'이기 때문에 직접 제작한 사람을 출품자로 넣어야 한다는 판단을 내놓았다.

이러한 법원의 판단은 전통 옻칠공예인으로서는 이해하기 힘든 면이 분명히 있다.[43] B는 스승인 A로부터 전수받은 기술을 가지고 스승의 A공방에서 오랜 기간에 걸쳐 어느 정도 정형화된 시스템에 따라 옻칠작업을 하였고, 그 작업과정은 전통공예의 정상적인 프로세스와 전혀 다르지 않다. 그리고 A는 스승으로서 제자의 작품제작을 지원하는 것이 도제시스템에서는 당연한 것으로써 이 사건 법률 위반행위가 공정성 및 객관성이 현저히 상실될 정도의 비위행위라고는 전혀 볼 수 없다고 할 것이다.

(2) 옻칠 공예가의 입장에서는 나전은 옻칠공예품의 심미감을 높여주는 하나의 장식에 불과하고, 이러한 나전부분을 옻칠공예품의 본질적 부분이 아니라 부수적 부분으로 본다.

옻칠공예품 제작과정에 대하여 문외한인 경우는 이 사건 공예품에 이루어진 옻칠의 복잡한 공정과 우수성을 쉽게 알아채지 못하고 자개의

---

43) "예전이나 지금이나 나전칠기는 한국을 대표하는 수공예다. 분업을 통해 여러 장인의 손을 빌려 공동 제작하기 때문에 한 사람만의 작품이 아니다. 나무를 깎아 형태를 만드는 소목장, 그 원목 위에 옻칠하는 옻칠장, 이와 함께 화룡점정처럼 자개를 오려 내거나 끊는 자개장 등이 서로 손발을 맞춰 작품을 완성한다. 그중에서도 나전칠기가 영롱하게 빛나도록 하는 가장 귀한 요소가 바로 옻칠이다."(출처: "'신의 혈액' 옻, 옻칠을 거치면 명품이 되는 이유"(중앙일보 2018.03.29.))

무늬와 색깔이 주는 반짝이는 빛남 등의 외형적 화려함에 이끌리게 마
련이다. 이러한 외관적 이끌림은 이 사건 공예품에서 주된 부분이 나전
이라고 착각할 수 있으나, 이러한 자개의 화려함은 단순히 자개라는 물
질 자체가 가지고 있는 특성 때문이라 할 것이고 공예품의 본질인 쓰임
[用]이라는 실용성과는 아무런 관련성이 없다. 주지하다시피 옻칠은 4
천년 5천년 간다고 하는데, 자개는 그렇게 오래 갈 수 있는 물질이 아
니다. 따라서 공예품을 오래 오래 간직하고자 하면 사실 자개라는 장식
물을 사용하지 않고 순수한 옻칠로만 만드는 것이 바람직하다.

　　한편 이 사건 공예품이 이 사건 공예품대전에 출품된 분야는 전통
공예 분야 중 칠공예 분야이고, 옻칠공예의 나전 부분은 기능상 장식적
인 요소로써, 옻칠 공예품에 있어서 이러한 나전 장식은 금속 장식이나
화각(華角 또는 畫角) 장식[44] 등 다른 소재의 장식으로 얼마든지 대체가
능하므로 옻칠공예품의 본질적인 요소가 될 수 없으며, 따라서 법원이
판시하는 바와 같은 '주요부분'이라고도 할 수 없다. 장식을 사용하는
목적이 심미감을 증가시키기 위한 것이기 때문에 이 사건 공예품의 장
식적 기법인 나전을 통하여 심미감을 더하는 것은 지극히 당연한 것이
고, 이러한 심미감이 더해진다고 해서 장식적 기법인 나전작업이 부수
적인 기능에서 주요부분으로 바뀌는 것은 아니다.[45] 이러한 입장은 옻

---

44) 소뿔의 뿌리 쪽 하얀 부분을 종잇장처럼 얇게 떠내서 그 안쪽에다 채색의 그림을
　　그려서 목물(백골)의 표면에 장식적으로 붙이는 것으로 조선 후기에 유행한 우리
　　나라만의 공예기법이다.
45) 옻칠은 도료지만 재료의 겉을 덮은 것이 아니라 그 특징을 더 확실하게 살려준다.
　　나전칠기가 유명해진 것은 화려한 자개를 눈에 띄게 살려주는 옻칠이 있기 때문이
　　다. 따지고 보면 옻칠이 나전칠기에 속하는 것이 아니라 나전칠기가 수많은 옻칠
　　의 장르 중 하나이다. 그럼에도 불구하고 우리나라의 대부분의 사람들은 '옻칠'이
　　라고 하면 나전칠기를 연상한다. 그러나 나전칠기는 단지 기법으로 분류된 칠기의
　　한 종류에 불과하다. 고려시대부터 우리나라에서는 나전이 매우 발달하여 나전칠
　　기들이 다량으로 생산되어 왔기 때문에, 많은 사람들이 나전이 마치 옻칠을 대표
　　하는 것처럼 고정관념을 갖게 되었을 뿐이다.

칠공예가라면 누구나 가지고 있는 인식이고, 비록 사법부가 이와 달리 주요부분이라고 판단하였으나, 이러한 판단 역시 사후적인 것이고 옻칠공예계의 입장과는 큰 차이가 있음을 알 수 있다.

따라서 사법부가 주요부분이라고 하는 이 사건 공예품의 자개부분을 B가 직접 제작하지 않았다는 점에 있어서 법률위반에 해당한다는 뜻의 '법률 위반행위'는 옻칠공예계에서는 사법부와 전혀 다른 입장을 가지고 있는 현실도 고려한다면, 이 사건 법률 위반행위는 공정성 및 객관성이 현저히 상실될 정도의 비위행위라고 결코 말할 수 없다고 할 것이다.

다. 이 사건 법률 위반행위는 비위 정도가 결코 중하다고 할 수 없다.

(1) 이 사건 범행의 직접 실행자인 B의 행위만 놓고 보더라도, B는 적극적인 고의를 가지고 이 사건 범행으로 나아간 것이 아니고, A는 더욱 더 그러하다.

이 사건 공예품이 출품된 대전인 대한민국공예품대전과 도공예품대전의 출품신청서에는 제작자와 구별되는 '협력자'를 기재하는 란(欄)이 없다. 출품하는 공예품에 관하여 협업으로 일부 작업을 나누어 한 사람이 있었더라도 그 사람이 출품자가 되지 않는 한 이를 표시할 방법 자체가 없다는 것이다. 반면에 이 사건 공예품대전과 구별되는 '대한민국전승공예대전'의 경우는 그 출품신청서에는 '협력자'의 성명·전화번호·협력내용을 적을 수 있게 되어 있고, 원주 옻칠공예대전의 출품원서에서도 '협력자 또는 공동제작자'를 적는 란(欄)이 따로 있다.

이 사건에서 B는 옻칠 공예가로서 이 사건 공예품대전에서 옻칠공예분야에 출품을 하면서, 한지공예가 C가 맡은 한지 부분을 제외하고 나머지 부분을 구상하고 옻칠작업으로 아름다움[美]을 갖춘 기능성[쓰임(用)]을 가진 공예품을 직접 제작하였다. 다만 나전의 경우 옻칠 공예품의 장식적 개념으로 붙인 것이어서, 나전작업을 한 사람[E]을 공동제

작자로 넣어야 한다는 생각을 하지 못 하였을 뿐만 아니라, 이 사건 공
예품대전의 출품원서에는 '협력자' 또는 '공동제작자(출품을 하지 않으나
제작에 관여한 사람)'를 기재하는 란이 따로 없어 이를 기재하지 못했을
뿐이다.

더욱이 B는 C와 함께 2015. 6. 14. 지역 방송 프로그램에 출연하여
이 사건 출품작의 자개작업은 "자개를 전문적으로 하는 사람에게 의뢰
하였다"는 말을 하였는데, 위와 같은 인터뷰를 한 시기는 B와 C가 이
사건 대한민국공예품 대전에 출품하기 전이었다.

이와 같이 B는 이 사건 대한민국공예품대전에 출품하기 전에 공공
방송에 출연하여 공공연하게 이 사건 출품작의 자개작업은 "자개를 전
문적으로 하는 사람에게 의뢰하였다"는 말을 하였는데, 이러한 말의 배
경에는 1) 협업적 차원에서 자개전문가에게 자개작업의 협업을 의뢰하
였고, 2) 전통공예의 관점에서 이러한 협업은 매우 당연하고 자연스러
운 것이며, 3) 이러한 협업자를 공동제작자로 보아 함께 출품을 해야 한
다는 생각 자체를 할 수 없었던 그동안 공예계의 통용된 인식이었음을
보여주는 것이다. 더욱이 위에서 살펴본 바와 같은 '대한민국전승공예
대전'이나 '원주 옻칠공예대전'은 출품원서에는 협업자 또는 공동제작자
를 기재하는 란(欄)이 있어 여기에 기재만 하면 얼마든지 많은 협업자
또는 공동제작자가 있더라도 단독으로 출품도 가능하고 수상도 가능한
경우였다.

따라서 B가 법원에서 범죄를 실행하였다는 판단을 확정적으로 받
기는 하였지만, 위와 같이 B가 확실한 범의를 가지고 범행을 나아간 경
우는 전혀 아니었다고 할 것이다. 더욱이 B의 장주로서 B를 지도했던
스승 A에게는 50년 가까운 공예가의 생활에서 공예품의 제작에서 협업
적 공정이 인정되지 않으리라고는 상상조차 할 수 없었기 때문에, 더더
욱 A는 범의 내지 위법성 인식이 전혀 없었다고 할 것이다.

(2) B의 범행 실행행위 또한 적극적이고 강한 기망 수단을 사용하

였다고 평가할 수도 없다.

법원의 판결을 통하여 B뿐만 아니라 나전작업자 E도 이 사건 공예품의 공동제작자이고, 따라서 E도 공동출품자가 되어야 마땅했다는 사후적인 법원의 판단을 받기는 하였다. 그런데 결국 B는 출품자에 본인 이름만 기재하고 E의 이름을 기재하지 않은 것이고, 그 사유 역시 위 (1)항에서 살펴 본 바와 같으며, 그러한 (공동제작자의 이름을 기재하지 않는) 부작위를 적극적인 기망행위로 평가할 수는 없다고 할 것이다.

또한 법원의 판결문에서 유남권이 2015. 7. 20.경 일부 심사위원들이 참석한 현장실사 자리에서 직접 나전작업을 하지 않았다는 사실을 밝히지 아니하고 적극적으로 나전작업을 한 점을 기망행위라고 평가하였다. 그러나 이 사건 공예품대전은 쇠퇴해가고 있는 대한민국 공예산업의 발전을 도모하기 위하여 개최되는 것으로, 이 사건 각 공예대전의 심사기준과 심사배점 및 현장실사 등을 통하여 **수상작이 상품으로 생산 가능한지 그 능력과 환경을 확인하는 것**이다. 즉 위 현장실사 자리는 수상자가 직접 제작을 하였는지, 하지 않았는지 그 진위를 조사하는 자리가 전혀 아니고, <u>직접 제작을 할 수 있는지, 수상이 되었을 때 상품으로 나갈 수 있는 능력과 환경이 되는지를 확인하는 자리</u>였다고 할 것이다. 따라서 B는 현장실사 자리에서 A공방에서 이 사건 공예품이 제작되어 상품으로 생산가능함을 보여주었을 뿐이다.

따라서 이러한 B의 행위를 기망행위로 평가할 수 없고, 위 각 행위에 A가 개입한 바는 전혀 없으므로, 이 사건 법률 위반행위는 공정성 및 객관성이 현저히 상실될 정도의 비위행위라도 볼 수 없다.

(3) 더욱이 A는 판결문에 적시된 직접적인 범행 실행행위를 한 바 없고, A가 공범으로 관여하였다는 부분은 도제시스템 아래에서 스승이 제자를 지도하는 것의 이상도 이하도 아니다.

판결문에 기재된 여러 사실들 중에서 A의 가담행위로 평가될 수 있는 것을 망라하면, A가 ① E에게 나전작업을 의뢰하였고 그 작업의 비용도 지불하였다는 사실,[46] ② 공방에 있는 접시 등을 이 사건 출품 제작을 위하여 B에게 건네주었다는 사실, 그리고 ③ B로 하여금 A의 아이디어인 갈대문양의 나전을 사용하도록 한 사실이다.

이러한 판결 부분 역시 전통적 도제제도를 이해하지 못한 것에서 비롯되었다고 할 것이다. 즉 전통적 도제제도는 ① 지식이나 기능을 습득하려고 하는 사람(장공/제자)이 장주(스승)와 함께 생활하면서 기능을 실무적으로 습득하게 되고, ② 대체로 가족과 결합된 성격을 지니기 때문에 도제제도는 가족경영주의적·온정주의적 관계를 조장하고 유지시키게 되고, ③ 장주(스승)과 장공(도제/제자)은 입문할 때부터 독립할 때까지 지속적으로 장공이 노동에 종사하는 대가로 장주의 비전적(祕傳的) 기능을 전수받게 되는 구조이다.

따라서 A는 도제제도 아래에 있는 B의 장주(스승)이자 이 사건 공방의 책임자로서, 제자이자 이 사건 공방의 구성원인 B를 지도하고 그를 대신하여 "나전작업의 협업을 요청하는" 대외적인 접촉을 한 것이지 이를 공범 관계에서의 역할 분담으로 보기에 어려운 면이 있다고 할 것이다.

라. A는 옻칠공예와 관련한 한길만 걸어온 옻칠정제분야의 유일한 무형문화재이다.

A는 초등학교 졸업 이후 중학교도 진학하지 못하고 지금까지 반세기 가까이 전통공예품의 계승과 발전을 위하여 제대로 먹지도 못하고 허기진 배를 움켜잡고 밤낮으로 매진할 결과 2008년에 무형문화재 보유자로 지정되었고, 지금도 대한민국의 옻칠 공예품의 성장과 융성을 위하여 매진하고 있다. 또한 A는 약 25년 동안 'OOOO공예사'라는 공

---

46) 그러나 A가 E의 나전작업 비용을 지불하였던 것은 A가 운영하는 공방 전체의 일 중에 하나라고 생각했기 때문이고, 또한 B 개인이 이를 직접 지불한다면 아무래도 비용면에서 비쌀 수밖에 없었기 때문이기도 하다. 그리고 A가 이 사건의 비용과 관련해서는 사후에 B로부터 보전 받았다.

방을 운영해 오면서 제자 장인들을 키우며 전통공예발전에 이바지하여 왔다. 그리고 A는 사단법인 기능보존협회 준회원, 사단법인 기능인 협회 회원, 한국 칠예가회 지회장, 사단법인 옻칠문화원 이사 등을 맡으며 옻칠공예의 발전을 위하여 여러 단체에 기여하고 있다.

　마. A에 대한 (옻칠)정제장 무형문화재 보유자 인정해제처분은 옻칠정제장의 보유기능의 가치와 계승·발전의 필요성이 큰 당해 문화재의 계승·발진에 큰 어려움이 발생할 수 있다.

　얼마 전까지만 하여도 우리나라 옻칠장인 또는 옻칠공예가들이 사용하는 정제옻칠은 99% 일본에서 수입·유통한 것이었다. 이러한 열악한 환경 속에서 우리나라만의 독특한 전통공예인 나전옻칠공예를 활성화하고자 A는 전통정제기법을 습득하여 끊임없이 옻칠정제기술을 연구·개발하여 왔다는 점에서 우리나라의 자부심이자 옻칠기의 맥을 이어나가는데 큰 역할을 하였다. 이전부터 '카슈(Cashew)'라는 저급 안료를 사용하여 손쉽게 대량으로 만들어지던 목기들이 언제부터인가 건강에 해롭다고 하여 외면당하였을 때, 옻칠정제기술의 연구·개발을 통하여 다시 한 번 목기산업에 활기를 불어넣었던 사람이 바로 A이다. 천연도료인 옻칠정제기술을 바탕으로 전통공예를 계승·발전시키고자 부단히 불철주야 노력한 A는 전통공예산업에 대한 이미지 함양은 말할 것도 없고 대한민국의 전통옻칠공예의 위상을 높임으로써 대한민국의 문화융성에 크게 기여하였다.

　또한 A는 정제옻칠의 대중화를 위해 부단히 노력하였고 대한민국의 정제옻칠을 처음으로 수출하는 등 대한민국의 전통옻칠공예문화를 나라 안팎으로 널리 알리는데 혼신의 힘을 다하였다.[47] 이러한 A의 노

---

47) 옻나무에서 바로 채취한 생옻칠은 수분이 많이 함유되어 있고 불순물이 포함되어 있어 생옻칠 그래도 사용하기는 실제 어려움이 많이 있다. 따라서 수분과 불순물을 제거하는 기술을 '정제기술'이라 하는데, 정제된 옻칠은 강도가 강하고 도막형성이 용이하여 누구나 쉽게 옻칠공예를 할 수 있는 기초가 된다.

력에 힘입어 우리나라는 일본옻칠의 의존도를 현저히 낮추어 지금은
90% 국산화를 이루었으며, 앞으로 10년 이내에 100%의 국산화를 목표
로 매진하고 있다. 또한 대한민국의 전통옻칠공예가 일본에 밀려 외면
받던 예전과는 달리 지금은 전 세계적으로 일본과 어깨를 나란히 할 수
있었던 것도 A의 정제옻칠의 개발과 보급에 힘입은 바가 크다고 할 것
이다.

따라서 A의 옻칠정제장 무형문화재 보유기능의 가치는 말할 것도
없고, 대한민국의 옻칠공예의 발전을 위한 옻칠정제기술의 계승·발전의
필요성은 아무리 강조해도 지나치지 않다고 할 것이다. 요컨대 옻칠의
대중화·활성화를 위하여 A의 무형문화재 보유자 인정은 계속되어야 하
고, <u>보유자인정해제는 대한민국의 전통공예발전에도 크나 큰 손실이 아</u>
니라고 할 수 없다. 과거에서 현재까지 대한민국 전통옻칠공예의 핵심
인 정제기술을 계승·발전시켜온 A는 대한민국의 자산이고 문화유산이
라고 하지 않을 수 없다.

IV. 결 론

이 사건 범행(법률 위반행위) 주체인 B는 1) 무형문화재 보유자의
지위와 상관없는 일반출품자로서 2) '공연·전시·심사' 아닌 '출품'과 관
련하여 처벌받은 경우에 해당하기 때문에, 관련 법령에서 명시하는 바
와 같이 "무형문화재 보유자가 전통문화의 공연·전시·심사 등에 관련
되어 처벌을 받은 것"으로 볼 수 없다. 또한 이 사건에서 A에게 인정된
본건 범죄사실은 무형문화재 보유자가 아닌 '일반인(B)의 출품행위'에
가담한 행위이고, 무형문화재 보유자로서 A가 행한 전통문화의 공연·
전시·심사 등에 관련된 것이 결코 아니다. 따라서 **A에 대해서는 법률**

요건 해당성이 없기 때문에 [무형문화재법] 제21조 제1항을 적용할 수 없다.

설령 백번 양보하여 A에 관한 범죄사실을 "공연·전시·심사"에 관한 것이라고 보더라도, 본 사안과 관련하여 A에게는 위에서 언급한 바와 같은 여러 사정들을 고려한다면 A의 무형문화재 보유자 인정을 해제를 할 수 없는 경우라고 할 것이다.

또한 이 사건에 A는 도제시스템 하의 스승으로서 B의 출품을 지원한 것이 뿐인데, 공동제작자의 현출을 요구하거나 공동제작자의 기재란도 없는 상황에서 단지 (공동)출품자 표시가 잘못되었다는 이유로 이와 **무관한 제3자인 A의 무형문화재 보유자 인정을 박탈(해제)한다면 그것은 지나치게 가혹한 것으로서 부당결부금지의 원칙과 비례의 원칙 등에 반하는 위헌·위법·부당하다고 할 것이다.**

더욱이 국회 문화관광위원회에서는 무형문화재 보유자의 인정해제를 '공연·전시·심사'에 따른 범법행위의 경우도 '벌금형'이 아니라 '금고형'으로 보다 엄격하게 규율함으로써 대한민국의 무형문화재를 보다 잘 유지·발전시킬 수 있도록 하기 위하여 현행 [무형문화재법]의 일부 개정안이 여러 차례 발의된 바가 있고, 제21대 국회에서도 이러한 노력이 계속될 것으로 보인다.[48]

---

48) 필자 역시 55여년의 화력(畵歷)을 가지고 있는 '그림을 그리는 법학자'이다. 수년 전 나전과 옻칠로 회화의 영역을 구축하고 계시는 통영의 김성수 관장님을 만나 '옻칠회화'라는 새로운 영역에 깊은 관심을 가지게 되었으며 2015년부터 지금까지 600호, 200호, 100호 등 대작을 비롯한 10호, 20호, 30호, 50호 등 100여점의 옻칠작품을 실험하는 자세로 옻칠물감의 명장(인간문화재)과 함께 옻칠물감의 재질과 특성을 연구하면서 옻칠화를 그리고 있으며, 유화물감을 대체할 수 있는 옻칠물감 등 옻칠화를 위한 재료연구도 함께 하고 있다. 옻칠이 가지는 효능적 특성으로 미루어 볼 때 미술사적으로 12~13세기에 등장한 유화의 영역에서 탈피하여 인간에게 보다 이롭고 새로운 자연친화적 친환경 미술재료로써 옻칠을 발전시킬 수 있으리라고 확신한다.

[별첨] 목칠공예품(나전칠기)의 공정

Ⅰ. 준비단계

Ⅱ. 백골작업

 1. 백골의 제작 또는 주문

  1-1. 목물(목기백골)의 원형 재단

  1-2. 갈이틀의 면판에 목물고정

  1-3. 갈이틀에 고정

  1-4. 기물의 뒷면(외형) 가공

  1-5. 손사포 치기

  1-6. 기계사포 치기

  1-7. 목물의 앞면(내형) 가공을 위한 갈이척 고정

  1-8. 목물의 뒷면(외형) 굽에 맞게 갈이척의 홈 가공

  1-9. 목물의 앞면(내형)을 파기위한 갈이척에 목물 고정

  1-10. 목물의 앞면(내형) 가공

  1-11. 사포치기 후 완성

 2. 백골(소지)의 검사(확인)

 3. 백골의 손질 및 다듬기

Ⅲ. 1차 칠하기 공정 −〈자개작업 이전의 칠하기 공정〉−

 4. 1차 생칠 바르기

  4-1. 1차 생칠 바르기

  4-2. 생칠 후 칠표면 손질하기

5. 베(헝겊) 바르기

   5-1. 베(헝겊)재단하기

   5-2. 기물의 앞면에 호칠 바르기

   5-3. 기물의 앞면에 베(헝겊) 바르기

   5-4. 기물의 앞면 베(헝겊) 정리하기

   5-5. 기물의 뒷면에 호칠 바르기

   5-6. 기물의 뒷면에 베 바르기

   5-7. 기물의 뒷면 베(헝겊) 정리하기

6. 2차 생칠 바르기

7. 1차 토회칠 바르기

   7-1. 토회 만들기

   7-2. 1차 토회칠 바르기

   7-2-1. 기물의 뒷면 1차 토회칠 바르기

   7-2-2. 기물의 앞면 1차 토회칠 바르기

   7-3. 220방 마른 사포치기

8. 1차 (정제)흑칠 바르기

   8-1. 기물의 뒷면 1차 (정제)흑칠 바르기

   8-2. 기물의 앞면 1차 (정제)흑칠 바르기

9. 2차 토회칠 바르기

   9-1. 기물의 뒷면 2차 토회칠 바르기

   9-2. 기물의 앞면 2차 토회칠 바르기

10. 400방 마른 사포 치기

11. 2차 (정제)흑칠 바르기

   11-1. 기물의 뒷면 2차 (정제)흑칠 바르기

   11-2. 기물의 앞면 2차 (정제)흑칠 바르기

12. 3차 토회칠 바르기 : 칠면잡기

13. 600방 물사포 치기

14. 3차 (정제)흑칠 바르기

　14-1. 기물의 뒷면 3차 (정제)흑칠 바르기

　14-2. 기물의 앞면 3차 (정제)흑칠 바르기

15. 4차 토회칠 바르기

16. 800방 물사포 치기

17. 4차 (정제)흑칠 바르기

　17-1. 기물의 뒷면 4차 (정제)흑칠 바르기

　17-2. 기물의 앞면 4차 (정제)흑칠 바르기

18. 800방 물사포 치기

19. 5차 (정제)흑칠 바르기

　19-1. 기물의 뒷면 5차 (정제)흑칠 바르기

　19-2. 기물의 앞면 5차 (정제)흑칠 바르기

20. 자개 붙이기 전 1000방 물사포치기(앞면만)

IV. 자개작업공정

21. 자개작업의 준비

　21-1. 끊음질 자개 준비

　21-2. 문양구상에 따른 밑그림 그리기

22. 나전(자개)붙이기

V. 2차 옻칠하기 공정-〈자개작업 이후의 칠하기 작업〉-

23. 나전(자개)상태의 확인 및 쇠솔질

24. 3차 생칠(묽은생칠) 바르기(자개를 붙인 앞면만)

   24-1. 생칠(묽은생칠) 바르기

   24-2. 1차 자개긁기

   24-3. 400방 마른 사포 치기

25. 6차 (정제)흑칠 바르기(자개 붙인 앞면만)

   25-1. 6차 (정제)흑칠 바르기

   25-2. 2차 자개긁기

   25-3. 600방 물사포 치기

26. 7차 (정제)흑칠 바르기(자개 붙인 앞면만)

   26-1. 7차 (정제)흑칠 바르기

   26-2. 3차 자개 긁기

   26-3. 800방 물사포치기

27. 8차 (정제)흑칠 바르기(자개 붙인 앞면만)

   27-1. 8차 (정제)흑칠 바르기

   27-2. 4차 자개긁기

   27-3. 1000방 물사포치기

28. 9차 (정제)흑칠 바르기(자개 붙인 앞면만)

   28-1. 9차 (정제)흑칠 바르기

   28-2. 5차 자개 긁기

   28-3. 1000방 물사포 치기

29. 10차 (정제)흑칠 바르기(자개 붙인 앞면만)

   29-1. 10차 (정제)흑칠 바르기

   29-2. 6차 자개 긁기

   29-3. 1000방 물사포 치기

30. 11차 (정제)흑칠 바르기(자개 붙인 앞면만)

30-1. 11차 (정제)흑칠 바르기

30-2. 7차 자개 긁기

30-3. 1000방 물사포 치기

31. 12차 (정제)흑칠 바르기(자개 붙인 앞면만)

31-1. 12차 (정제)흑칠 바르기

31-2. 8차 자개 긁기

31-3. 1000방 물사포 치기

32. 13차 (정제)흑칠·주칠 바르기

32-1. 13차 (정제)흑칠 바르기

32-2. 9차 자개 긁기(광내기전 칡 긁기)

32-3. 1000방·1500방·2000방 물사포 치기

33. 1차 광내기

34. 1차 접칠(습칠)하기

35. 2차 광내기

36. 2차 접칠하기

37. 3차 광내기(마무리 광내기)

38. 3차 접칠하기

39. 4차 광내기(최종)

40. 1000방 물사포 치기

41. 뒷면 마무리 (정제)흑칠 바르기

42. 목

칠공예품(나전칠기)의 완성

참고문헌

김수갑, 문화국가론, 충북대학교출판부, 2012

국가무형문화재기능협회, 무형문화재 인정해제 제도개선,

인하대학교 산학협력단, 주요국 문화재보호 법제 수집·번역 및 분석, 문화
재청, 2010.12.

인하대학교 산학협력단, 무형문화재법 및 관계법령 개정을 위한 연구,
2017.12.

임돈희, "한국의 무형문화재 제도와 유네스코 무형문화유산 정책의 비료
와 담론", 학술원논문집(인문·사회과학편) 제58집 제1호, 2019,
87~149면.

임익상(문화체육관광위원회 수석전문위원), 무형문화재 보전 및 진흥에
관한 법률 일부개정법률안[손혜원의원·이동섭의원 대표발의] 검토보
고서.

손혜원의원, 「무형문화재 보전 및 진흥에 관한 법률」 개정 발의안(17660),
2018. 12. 31.

이동섭의원, 「무형문화재 보전 및 진흥에 관한 법률」 개정 발의안(19786),
2019. 4. 12.

이장렬, 한국 무형 문화재 정책: 역사와 진로, 관동출판, 2005.

한견우, 현대행정법총론 2 - 행정행위법 - (e - Book), 세창출판사, 2018.3.

Charlotte Waelde, Catherine Cummings, Mathilde Pavis, Research
Handbook on Contemporary Intangible Cultural Heritage: Law
and Heritage, Edward Elgar Publishing, 2018.

Federico Lenzerini, Intangible Cultural Heritage: The Living Culture of
People, European Journal of International Law, Vol.22, Issue 1,
Feb. 2011, pp.101 - 120.

Toshiyuki Kono, Intangible Cultural Heritage and Intellectual Property: Communities, Cultural Diversity and Sustainable Development, Intersentia, 2009.

Pier Luigi Petrillo, The Legal Protection of the Intangible Cultural Heritage −A Comparative Perspective−, Springer, 2019.

국문초록

역사적으로나 예술적으로 높은 가치와 문화적 기능을 지닌 사람을 무형문화재 보유자로 지정하여 그 기능을 후계자에게 전수할 수 있도록 함으로써, 무형문화재의 보존과 전승을 도모하고 국민의 문화적 향상과 인류문화의 발전에 이바지한다. 따라서 「무형문화재 보전 및 진흥에 관한 법률」(이하 [무형문화재법]이라 한다)은 무형문화재 보유자의 인정과 해제를 규율함으로써 무형문화재의 보전과 진흥을 위하여 전형 유지를 기본으로 하면서, 1) 민족정체성 함양, 2) 전통문화의 계승 및 발전, 3) 무형문화재의 가치 구현과 향상 등을 기본원칙으로 한다.

무형문화재 보유자 인정해제와 관련해서 [무형문화재법](제21조 제1항)은 보유자 인정해제사유를 규율하면서, "전통문화의 공연·전시·심사 등과 관련하여 벌금 이상의 형을 선고받거나 그 밖의 사유로 금고 이상의 형을 선고받고 그 형이 확정된 경우"(제2호)에 "무형문화재 보유자의 인정을 해제하여야 한다"고 규정하고 있다.

이러한 법규정과 관련해서 무형문화재 보유자 인정의 해제처분에 따른 법리를 다음과 같이 명확히 정리할 필요가 있다 : 1) 전통문화의 공연·전시·심사 등과 관련하여 벌금 이상의 형을 선고받은 경우와 그 밖의 사유로 금고 이상의 형을 선고받은 경우에 보유자 인정이 해제된다. 2) 이러한 해제사유가 있는 경우에는 반드시 인정해제하여야 하는 필요적·강제적 처분의 형식으로 법문에 규정되어 있으나, 대법원 판례에 의하면 이러한 해제처분의 법적 성질을 재량행위로 판단한다.

그런데 무형문화재 보유자 인정해제처분과 관련해서 1) 해당 법조문을 합헌적인 방향으로 개정하는 것이 바람직하다. 즉 [무형문화재법] 제21조 제1항 제2호 후단의 '전통문화의 공연·전시·심사 등'과 무관한 법률 위반행위(범법행위)로 인한 보유자 인정해제사유는 삭제하는 것이 바람직하다. 2) 최근 대법원이 [무형문화재법] 제21조 제1항 제2호와 관련된 단서 규정에 의한 보유자 인정해제처분의 법적 성질을 '재량행위'로 판단한 점을 법률개정에 적극적으로 반영할 필요가 있다.

끝으로 더욱이 현재도 보유자 또는 전수교육조교가 부재한 무형문화재가 단절로 인하여 해당 무형문화재의 변질·쇠퇴로 이어질 수도 있다는 점과 전승활성화의 지속성에 심각한 장애가 될 수 있는 점 등을 고려할 때, 경미한 잘못으로 인하여 어렵게 인정된 무형문화재 보유자의 지위가 하루 아침에 날아가 버리는 일은 없어야 할 것이다. 특히 최근 문화재청 자료에 의하면, 무형문화재 보유자의 규모가 꾸준히 줄어들고 있다는 점 등을 고려해서 무형문화재 보유자 등의 과도한 인정해제가 되지 않도록 입법기술적으로 뿐만 아니라 실무적으로도 보다 신중한 접근이 필요하다.

주제어: [무형문화재보호법], 옻칠공예, 무형문화재 보유자, 인정해제처분, 인정해제사유, 재량행위성,

Abstract

A Study on the Legal Theory of the Derecognition of Intangible Cultural Property Holders(Living Human Treasures)

Dr.jur. HAN, Kyun Woo*

By designating people with historically and artistically high values and cultural functions as holders of intangible cultural properties(Living Human Treasures), the functions can be passed on to successors, It promotes the preservation and transmission of intangible cultural properties and contributes to the cultural improvement of the people and the development of human culture. Therefore, the 「Act on the Preservation and Promotion of Intangible Cultural Properties」 (hereinafter referred to as the [Intangible Cultural Properties Act]) regulates the recognition and release of holders of intangible cultural properties(Living Human Treasures), while preserving the traditional types for the preservation and promotion of intangible cultural properties. The basic principles are cultivating identity, succeeding and developing the traditional culture, and realizing and improving the value of intangible cultural properties.

Regarding the removal of holders of intangible cultural properties(Living Human Treasures), the [Intangible Cultural Properties

* Professor of YONSEI University, Artist(Ott-Painting)

Act] (Article 21(1)) regulates the reasons for the removal of holders, "1) in cases where a sentence of fine or higher is definitely sentenced for a performance, exhibition, or review concerning a traditional culture, and 2) when a sentence of imprisonment or higher is sentenced for other reasons. And It stipulate that in these cases, "the approval of the intangible cultural property holder(Living Human Treasures) must be cancelled."

In connection with these regulations, it is necessary to clarify the legal principles according to the cancellation of the recognition of holders of intangible cultural properties(Living Human Treasures) : 1) In the case of a sentence of fines or more for reasons relating to performances, exhibitions, and examinations of traditional culture, or in the case of a sentence of imprisonment or higher for other reasons, the recognition of the holder must be canceled. 2) If there is a reason for such cancellation, it is prescribed in the law in the form of necessary and compulsory disposition that must be dismissed, but according to the Supreme Court case, the legal nature of such disposition is judged as discretion.

However, it is desirable to revise the relevant legal provisions according to the constitutionality in relation to the disposition to disqualify holders of intangible cultural properties(Living Human Treasures). In other words, it is desirable to remove the reason for the removal of the holder's recognition due to the violation of the law (criminal act) irrelevant to the performance, exhibition, reviewing of traditional culture at the end of Article 21 (1) 2 of the [Intangible Cultural Properties Act].

Lastly, when considering the fact that intangible cultural properties, which are still lacking holders or vocational education assistants, can lead to the deterioration and decline of the intangible cultural properties due to disconnection, and that they can seriously impede the continuity of transmission, it is a slight mistake. Therefore, the status of holders of recognized intangible cultural properties must not be blown away in the morning. In particular, according to the latest Cultural Heritage Administration data, considering the fact that the numbers of holders of intangible cultural properties(Living Human Treasures) is steadily decreasing, a more careful approach is needed not only in legislative technology but also in practice so as not to over−dissolve the recognition of holders of intangible cultural properties(Living Human Treasures).

Key words: [Intangible Cultural Properties Act], Natural Lacquer(Ott−painting) craft, Holders of intangible cultural properties(Living Human Treasures), Recognition and Decognition of holders of intangible cultural properties(Living Human Treasures), Reason for Decognition, Discretionary behavior.

투고일 2020. 6. 24.
심사일 2020. 6. 28.
게재확정일 2020. 6. 29.

行政節次 및 情報公開

행정절차법상 처분기준과 이유제시 (유진식)

행정절차법상 처분기준과 이유제시*
—일본에서의 학설·판례를 소재로 하여—

유진식**

Ⅰ. 처음에   Ⅲ. 2011년 판결과 이유제시
Ⅱ. 일본에서의 학설·판례의 전개   Ⅳ. 맺음말

Ⅰ. 처음에

　　일본의 경우, 행정처분시 요구되는 이유제시(부기)[1]에 대한 법리의 형성은 학설과 판례 가운데 후자가 주도적인 역할을 해왔다. 이해를 돕기 위하여 이들 법리형성에 주된 역할을 수행했던 일본 최고재판소의 판례를 시기 순으로 먼저 간단히 소개하기로 한다.

　　이유부기에 관한 최고재의 판례는 처음에는 조세법 영역에서의 처

---

* 이 논문은 전북대학교 2020년도 상반기 인문·사회계열 교수 연구기반 조성비에 의하여 연구되었음

**전북대학교 법학전문대학원, 교수

1) 이유제시와 유사한 용어로 「이유부기」가 있는데 이것은 서면을 전제로 하여 사용되는 용어이기 때문에 행정절차법에서는 구두(口頭)에 의한 처분의 경우도 포함한다는 취지에서 「이유제시」라는 용어를 사용하게 되었다고 한다. 塩野宏·高木光、条解行政手続法、有斐閣(2000), 165쪽, 室井力·芝池義一·浜川清編, コンメンタール行政法Ⅰ 行政手続法·行政不服審査法, 日本評論社(1997), 97쪽, 참조. 본고에서는 원칙적으로 「이유제시」라는 용어를 사용하지만 맥락에 따라 「이유부기」라는 용어도 함께 사용한다.

분을 중심으로 전개되었다. 이들 가운데 이유부기에 관한 판례의 효시라고 할 수 있는 판결이 ① 1962년 판결(「청색신고승인취소처분취소청구사건」)[2]이다. 그리고 그 이듬해 이유부기의 기능과 함께 이유부기의 내용 및 정도에 관하여 명확하게 판시한 ② 1963년 판결(「소득세청색심사결정처분등취소청구사건」)[3]이 나오게 된다. 이 판결은 행정절차법이 제정(1992년 11월 12일 제정, 1993년 10월 1일 시행)되고 뒤에 소개하는 2011년 최고재판결이 나올 때까지 이유제시(부기)에 관한 리딩 케이스의 자리를 차지하고 있었다. 이어서 이유부기에 관한 판례법리가 조세 이외의 일반처분에까지 확대될 수 있다는 가능성을 시사한 ③ 1974년 판결(「법인세경정처분등취소청구사건」)[4]이 나온다.

그 후 드디어 ④ 1985년 판결(「일반여권발급거부처분취소등사건」)[5]을 통하여 조세법 영역에서 형성된 이유부기에 관한 판례의 법리가 다른 영역으로 확대되기에 이른다. 그리고 ⑤ 1992년 판결(「경시청정보비공개결정처분취소청구사건」)[6]은 「1985년 판결」의 흐름을 이은 것으로 이유부기의 판례법리가 세법 이외의 다른 영역에서도 일반적으로 적용된다는 점을 확실히 자리 잡게 한 판결이다.

1992년 행정절차법의 제정은 이유제시(부기)의 법리에 새로운 변화를 가져오게 된다. 동법은 신청에 대한 처분에 대해서는 「심사기준」을, 불이익처분에 대해서는 「처분기준」에 관한 규정을 두게 된 것이다. 그리고 동법은 또한 이유부기에 관한 최고재의 판례법리를 참고하여 거부처분과 불이익처분을 할 경우에는 처분이유를 제시하도록 명문으로 규정하기에 이르렀다(동법 제8조, 제14조). 그런데 동법은 처분이유를 제시하도록 하고 있을 뿐, 이유제시의 기능이나 가장 핵심적인 내용이라고

---

2) 最高裁昭和37.12.26 民集16巻12号2557頁
3) 最高裁昭和38.5.31 民集17巻4号617頁
4) 最高裁昭和49.4.25 民集28巻3号405頁
5) 最高裁昭和60.1.22 民集39巻1号1頁
6) 最高裁平成4.12.10 判例タイムズ813号184頁

할 수 있는 이유제시의 내용 및 정도에 대해서는 명문의 규정을 두고 있지 않다. 결국, 이 문제는 고스란히 학설·판례의 몫으로 여전히 남아 있게 된 것이다. 그리고 여기서의 주된 관심은 이유제시를 함에 있어서 심사기준과 처분기준을 어떻게 취급할 것인가 하는 점이다.

행정절차법 제정 이후 위와 같은 관심 속에서 일련의 하급심 판례가 이어지고 드디어 최고재판소 ⑥ 2011년 판결(「1급건축사면허취소처분등취소청구사건」)[7]이 나오게 된다. 이 판결은 「1963년 판결」의 틀을 유지하면서 처분시 심사(처분)기준의 구체적인 적용관계를 이유로 제시할 것을 요구하고 있다는 점을 특징으로 하고 있다. 그 후 거의 모든 판례가 동 판결을 인용하고 있다.

본고에서는 위에서 언급한 일본 최고재의 6개 판결과 이에 대한 학설을 소재로 하여 일본에서 이유제시(부기)에 대한 학설·판례가 어떻게 전개되어 왔는가에 대하여 살펴보고자 한다.

II. 일본에서의 학설·판례의 전개

앞서 언급한 것처럼 일본에서 행정절차법의 제정 이전과 이후는 이유제시(부기)에 대한 법제환경이 다르기 때문에 이를 나누어 살펴보기로 한다.

1. 행정절차법 제정 이전

1) 학설

제2차 세계대전 이후 일본의 행정법학에서는 아직 행정절차법에

---

7) 最高裁平成23.6.7 民集65卷4号2081頁

대한 가치를 충분히 인식하지 못했기 때문에 본격적인 논의가 행해지지 않았다. 따라서 이유부기에 대해서도 1980년대 후반까지도 이를 행정절차의 관점에서 접근 한 것이 아니라 행정행위의 형식상의 요건의 하나로 보고 이것에 위반하는 행위의 하자를 논했다.[8] 예를 들면, 제2차 세계대전 이후 오랫동안 일본의 표준적인 행정법교과서의 위치를 차지했던 다나카 지로우의 교과서는 이유부기에 대하여 다음과 같이 다루고 있었다. 즉, 다나카는 행정행위의 무효 및 취소의 원인으로 (1)주체에 관한 하자, (2)내용에 관한 하자, (3)절차에 관한 하자, (4)형식에 관한 하자 네 가지를 들고, 이유부기를 결한 행위는 날짜 등을 기재하지 않은 행위와 함께 (4)형식에 관한 하자의 카테고리에 포함시켜 서술하고 있다.[9] 이와 같은 취급방식은 그 당시 다른 교과서도 거의 마찬가지였다.[10] 앞서 언급한 것처럼 이유부기의 불비를 이유로 행정행위를 취소하는 최고재의 일련의 판결이 1962년부터 내려졌음에도 불구하고 그 때까지 행정법교과서에서 이를 체계적으로 정리하여 취급하고 있지 않았다는 것은 어떻게 보면 국외자로서 이해하기 힘든 부분이다.

그러나 움직임이 없었던 것은 아니다. 1960년 행정절차법을 주제로 한 제25회 일본공법학회에서는 행정절차법의 제(諸)문제와 외국의 제도에 대한 발표와 토론이 있었다. 그러나 동 학회에서는 행정절차법의 매크로적인 관점에서의 논의가 주를 이루었기 때문에 「이유부기」와 같은 특정한 테마는 언급되지 않았다. 그러나 그 후에도 「이유부기」에 관한 학계의 논의는 앞서 언급한 1962년부터 이어진 일련의 판례에 대

---

8) 金子宏, 理由附記を欠く行政処分の瑕疵、行政判例百選 I (別冊ジュリスト61, 1979. 4), 223쪽.

9) 田中二郎, 『新版 行政法 上』、弘文堂(1988)、147-148쪽. 참고로 초판은 1954년에 발행되었음.

10) 杉村章三郎, 行政法要義 上卷, 有斐閣(1983), 51-52쪽. 和田英夫, 行政法講義上, 学陽書房(1988), 125쪽. 藤田宙靖、新版行政法 I (総論), 青林書院(1986), 193-194쪽, 참조.

한 평석의 형식으로 수동적으로 전개되었다.[11] 결국 일본에서 일부의
행정법교과서에 「이유부기」에 대하여 행정절차법적 관점에서 체계적으
로 정리된 이론이 실리게 된 것은 1980년대 말과 1990년대 초에 걸쳐
서이다.[12] 위의 평석을 통하여 형성된 「이유부기」에 관한 이론과 교과
서에 실린 내용은 이하에서 소개하는 판례에 대한 해설을 하는 과정에
서 언급하도록 한다.

2) 판례

행정절차법이 제정되기 이전의 「이유부기」에 관한 의미 있는 판결
로서는 조세법 분야의 「1962년 판결」, 「1963년 판결」과 「1974년 판결」
그리고 조세법 이외의 분야에서 최초인 「1985년 판결」과 「1992년 판결」
을 들 수 있다.

(1) 조세법분야

앞서 언급한 것처럼 이유부기를 둘러싼 이론은 학설보다는 판례를
중심으로 전개되어 왔고 판례 가운데에서도 중심적인 역할을 한 분야가
조세법이다. 이들 가운데 이유부기에 관한 판례의 효시라고 할 수 있는
판결이 1962년 최고재판결(最高裁昭和37.12.26 民集16卷12号2557頁)이며
그 다음 해에 나온 판결(最高裁昭和38.5.31 民集17卷4号617頁)이 리딩 케이

---

11) 일본에서 1962년 판결에 대한 평석을 법학을 공부하는 학생들이 처음으로 접한 것
은 1965년 10월에 발행된 『行政法判例百選』 [增補版] (有斐閣)을 통해서이다. 당시
이 교재를 비롯하여 거의 20여년간 이유부기를 행정행위의 항목에서 행정행위의
하자라는 관점에서 다루었는데 『行政法判例百選』 시리즈가 행정절차라는 항목을
만들어 이유부기를 독자적인 테마로 취급하게 된 것은 1987년 6월에 발행된 『行政
法判例百選 II』 (第二版)(有斐閣)부터이다.
12) 이들에 속하는 교과서로는 塩野宏、行政法 I, 有斐閣(1991), 220-222쪽, 兼子仁, 行
政法総論, 筑摩書房(1990), 187-190쪽, 遠藤博也, 実定行政法, 有斐閣(1989), 165-167
쪽 등을 들 수 있다. 이 가운데 절차법적 행정법학의 이론구성에 가장 적극적인 학
자가 兼子仁이다. 兼子仁, 行政法学における手続法の概念―手続法的觀点を中心に―,
兼子仁・礒部力編, 手続法的行政法学の理論, 勁草書房(1995) 등 참조.

스로 취급되고 있다. 그 후에도 위의 판례를 답습한 이유부기에 관한 판례가 계속 이어지는데 이 가운데 이유부기에 관한 논의 가운데 중요한 논점인 이유부기의 정도에 대해서 보다 일반적인 형식으로 요구수준을 제시한 것이 1974년 최고재판결(最高裁昭和49.4.25 民集28卷3号405頁)이다. 이하에서 위의 세 가지 판례에 대하여 살펴보기로 하자.

① 1962년 판결

본 건은 세무서장(Y1)으로부터 청색신고의 승인을 취소당한 X가 처분에 대한 불복으로 Y1의 상급청인 지방국세국장(Y2)에게 제기한 심사청구가 기각당하자 Y1과 Y2 양쪽을 상대로 하여 취소소송을 제기한 것이다. 제1심은 Y1의 처분은 적법하다고 하여 기각했지만 Y2의 심사청구기각결정에 대해서는 Y2가 「귀사의 심사청구의 취지, 경영상황, 기타를 감안하여 심사해 봤지만 Y1이 행한 청색신고승인 취소처분에는 잘못이 없다고 인정되기 때문에 심사청구에는 이유가 없습니다」(밑줄은 필자)라고만 기재한 이유부기가 위법하다고 하여 이것을 취소하였다. 제2심은 Y2의 이유부기가 불비하다고는 하지만 심사결정의 위법여부는 심사결정의 결론이 위법한가의 여부를 바탕으로 결정해야 하기 때문에 해당 심사결정을 취소하는 것은 허용되지 않는다고 하였다. 그리하여 청색신고승인처분에 위법한 점이 없는 본 건에서는 이에 대한 심사청구를 기각한 결정도 결국 정당하다고 하여 X의 청구를 기각하였다. 이에 대하여 X가 상고한 것이 본 건이다.

최고재는 X의 상고를 기각했지만 이유부기에 대해서는 다음과 같이 설시하였다.

(i)「법인세법…이 심사결정의 서면에 이유부기를 해야 한다고 규정하고 있는 것은 소원법이나 행정불복심사법에 의한 재결의 이유부기와 마찬가지로 결정기관의 판단을 신중하게 함과 동시에 심사결정이 심

<u>사기관의 자의(恣意)에 흐르지 않도록 공정성을 보장하기 위한 것이라</u>고 해석되기 때문에 그 이유는 청구인의 불복사유에 대응하여 결론에 도달한 과정을 명확히 하지 않으면 안 된다. 특히 본 건과 같이 당초 세무서장이 한 처분에 이유부기가 없는 경우에 청구인의 청구를 배척함에 있어서는 심사청구서 기재의 불복사유가 간단할지라도 원(原)처분을 정당하다고 하는 이유를 분명히 밝히지 않으면 안 된다. 이와 같이 생각하면 전기(前記) 본건 심사결정의 이유는 이유로서 불비하나는 점이 명백하고 이 점에 관하여 원(原)판시는 정당하다.

<u>이것은 청구인이 기각의 이유를 추정하여 알 수 있는 가의 여부와 관계없는 것이라고 해석해야 한다.</u>

그런데 원(原)판결은 「심사결정의 당부를 심사하는 소송에 있어서는 심사결정의 결론이 위법한가의 여부에 바탕하여 이것을 유지해야 할 것인가의 여부를 결정해야 하며 심사결정에 부기한 이유가 불비하다는 점만으로 심사를 취소하는 것은 허용되지 않는 것이라고 해야 할 것이다.」라고 하여 상고인의 심사결정의 취소를 구하는 본 건 청구를 기각하고 있다.」(밑줄은 필자)

(ⅱ)「그러나 <u>법률이 심사결정에 이유를 부기해야 한다는 취지를 규정하고 있는 것은 행정기관으로서 결론에 도달한 이유를 상대방 국민에게 알리도록 하는 의무를 부여하는 것</u>인데 이것을 뒤집어 말하면 국민은 자기의 주장에 대한 행정기관의 판단과 그 이유 등을 요구할 권리를 갖는다고 말할 수 있다. 따라서 원판결이 말하고 있는 것처럼 … , 이유부기가 불비한 결정을 취소하는 것이 허용될 수 없다고 말할 수 없다. 바꾸어 말하면 <u>이유가 되지 않는 이유를 부기하는데 그친 결정은 심사결정절차에 위법이 있는 경우와 마찬가지로 판결에 의한 취소를 면할 수 없다고 해석해야 할 것이다.</u>」(밑줄은 필자)

1962년 판결은 구(舊)법인세법상의 심사결정의 이유불비가 위의 결정의 적부(適否)와는 별개로 취소사유가 될 수 있다[13]는 것을 보여주었다는 점에서 의미를 찾을 수 있다. 그리고 이유부기의 기능으로 보통 '자의억제기능'과 '불복신청(=쟁송제기)의 편의기능'을 드는 것[14]이 보통인데 동 판결은 전자를 처음으로 언급한 판결로도 유명하다. 이 판결이 불복신청에 대한 재결(심사결정)이었기 때문에 후자의 기능에 대해서는 언급하지 않은 것으로 보인다.[15] 그러나 판지(ⅱ)에서 이유부기의 이유로서 「행정기관으로서 결론에 도달한 이유를 상대방 국민에게 알리도록」 해야 한다는 점을 들고 있는데 이것은 상대방이 장래 해당 처분을 다투는 경우의 공격방어에 대하여 적절한 준비기회를 부여 한다는 의미에서 간접적으로 '불복신청의 편의기능'을 언급하고 있다고 볼 수도 있을 것이다.[16]

② 1963년 판결

본 건의 사실의 개요는 대략 다음과 같다. 소득세 청색승인을 받은 구두소매업자인 X가 1956년도분의 소득에 대하여 청색신고서로 소득금액을 309,422엔이라고 확정신고를 했다. 그런데 S세무서장은 위의 금액을 444,695엔으로 경정하고 통지서에 경정이유로서 「매매차익률 검토의 결과 기장(記帳)에 적힌 액수가 적게 적혀 있어 조사차익률에 따라 기본금액을 수정, 소득금액을 경정한다」라고 기재하였다. X는 이에 불복하여 S세무서장에게 재조사청구를 하였지만 기각되었고 나아가 T국세국장에 대하여 심사청구를 하였는데 T국세국장은 「당신의 심사청구의 취지, 경영상황 그 밖의 사항을 감안하여 심사한 결과 세무서장이 행한 재조사결정처분에는 잘못이 없다고 인정되므로 심사청구는 이유 없습니다」 라는 이유를 부기한 통지서를 보내 X의 청구를 기각하였다.

---

13) 小早川, 手続瑕疵による取消し, 法学教室(No. 156, 1993. 9), 94쪽.
14) 塩野宏, 行政法Ⅰ〔第六版〕行政法総論, 有斐閣(2015), 296쪽.
15) 小早川, 상게논문, 94쪽.
16) 金子宏, 行政行為の瑕疵 ③ ―行政行為と理由付記―, 『行政法判例百選』〔増補版〕, 有斐閣(1965.10)、249쪽, 참조.

그리고 S세무서장의 재조사결정통지서에는 「재조사청구의 이유로 들고 있는 매매차익률에 대해서는 실제의 조사차익률에 따라 점포의 실태를 반영한 것이며 표준차익률에 따라 경정한 것이 아니라 당초 경정액은 정당하다」라는 이유가 부기되어 있었다. 이에 대하여 X는 경정 시에는 통지서에 이유를 부기하도록 하고 있는 구(舊)소득세법 제45조 등을 근거로 양자(재조사청구와 심사청구)에 부기된 이유 모두 추상적이고 그 취지가 불분명하기 때문에 위의 두 처분은 이유불비로 위법하다고 하여 그 취소를 구한 사건이다. X는 특히 본 건 각 처분의 금액에 대해서도 승복할 수 없지만 본 건에서는 이유불비의 점만을 위법사유로 하여 주장한다고 하였다.

제1심은 X의 청구를 받아들여 위의 경정처분 및 심사청구를 모두 취소하였지만 원심(原審)은 본 건 경정처분이 위법하지 않다고 하여 제1심판결을 취소하고 X의 청구를 기각하였다. 이에 대하여 X가 상고하였고 최고재는 다음과 같은 판지로 원심판결을 파기, 자판하여 X의 청구를 인용하였다.

「일반적으로 법이 행정처분에 이유를 부기해야 한다고 하고 있는 것은 처분청의 판단의 신중·합리성을 담보하여 그 자의를 억제함과 동시에 처분의 이유를 상대방에게 알려서 불복신청에 편의를 제공하는 취지에서 나온 것이기 때문에 기재를 결한 경우에는 처분 자체의 취소를 면할 수 없다고 하지 않으면 안 된다. 그런데 어느 정도 기재를 해야 할 것인가는 처분의 성질과 이유부기를 명한 각 법률의 규정의 취지·목적에 비추어 결정해야 하는데 소득세법 제45조 제1항의 규정은 신고에 관한 소득의 계산이 법정의 장부조직에 의한 정당한 기재에 근거한 것인 이상 그 장부의 기재를 무시하고 경정되는 일이 없도록 하는 뜻을 납세자에게 보장한 것이기 때문에 동조 제2항이 부기해야 할 것으로 하고 있는 이유에는 특히 장부서류의 기재 이상으로 신빙력이 있는 자료를

적시하여 처분의 구체적 근거를 명확히 할 것을 필요로 한다고 해석하는 것이 상당하다.」(밑줄은 필자)

청색신고는 신고납세제도의 정착을 도모하기 위하여 패전 후 샤우프권고[17])에 근거하여 도입한 제도이다. 이 제도 하에서는 일정한 장부서류를 비치하고 있는 자에 한하여 청색신고서를 사용하여 신고하는 것을 인정함과 동시에 이것에 높은 신뢰성이 부여되고 있다는 점의 표시로서 청색신고에 백색신고(청색이 아닌 통상의 신고서를 사용하여 행하는 신고)에는 인정되지 않는 각종의 특전을 부여하고 있다. 그 절차상의 특전이 경정에 대한 이유부기이다. 즉, 청색신고에 대한 경정은 추계과세에 의하여 행할 수 없고, 해당 장부서류를 조사하고 그 조사에 따라 소득금액의 계산에 잘못이 있다고 인정되는 경우에 한하여 행할 수 있고(일본 소득세법 제155조 제1항, 법인세법 제130조 제1항) 더구나 경정을 행하는 경우에는 반드시 경정통지서에 경정이유를 부기하지 않으면 안 되게 되어 있다(일본 소득세법 제155조 제2항, 법인세법 제130조 제2항).[18]

1963년 판결의 의의는 먼저 청색신고에 대한 경정의 이유부기에 대하여 세무관청측의 훈시규정이라는 견해와 학계의 강행규정이라는 입장이 오랫동안 대립하고 있었는데 후자의 입장에서 만약 이유부기에 하자가 있다면 취소될 수 있다는 것을 명확히 했다는 점을 들 수 있다.[19] 1962년 판결도 이유부기의 불비가 취소사유가 될 수 있음을 밝히

---

17) 미국경제학자 샤우프(C.S. Shoup)를 단장으로 하는 일본세제사절단이 1949년과 50년에 연합군총사령부에 제출한 세제개혁에 관한 권고. 직접세(특히 소득세) 중심의 세제, 신고납세제의 채용, 지방재정의 강화 등 일본세제의 원점을 이루는 것으로 평가되고 있다(三省堂大辞林 第三版) https://www.weblio.jp/content/%E3%82%B7%E3%83%A3%E3%82%A6%E3%83%97%E5%8B%A7%E5%91%8A
18) 下川環、理由の提示(1)—青色申告に係る更生、『行政法判例百選Ⅱ』〔第7版〕、有斐閣(2017.11)、240-241쪽,
19) 高柳信一、青色申告に対する更生の理由付記、『租税法判例百選』、有斐閣(1964.8)、166-167쪽.

고 있지만 1962년 판결은 판단의 대상인 심사결정이 쟁송절차에 있어서 심판행위라는 점을 전제로 하고 있는 것처럼 보인다. 그러나 1963년 판결은 불복신청에 대한 판단행위뿐만 아니라 제1차적 행정처분에 대해서도 역시 이유부기의 불비가 취소사유가 될 수 있다는 점이 널리 인정되게 되었다.[20]

그리고 1963년 판결이 갖는 중요한 의미는 이유부기의 취지·목적과 그 '기재의 정도'에 대하여 명확하게 언급하고 있다는 점이다. 먼저 동판결은 법이 행정처분에 이유부기를 요구하고 있는 취지·목적에 대하여 ① 「처분청의 판단의 신중·합리성을 담보하여 자의를 억제하는」 것(자의억제기능) 및 ② 「처분이유를 상대방에게 알려 불복신청의 편의를 제공하는」 것(쟁송제기편의기능)의 두 가지 점을 들어 이유부기를 행정절차의 일환으로 파악하고 있다. 이어서 이유부기와 관련한 중요한 논점 중의 하나가 '기재의 정도'인데 이 점에 대해서 「처분의 성질과 이유부기를 명한 각 법률의 규정의 취지·목적에 비춰서 결정」된다고 하였다.

그런데 위의 이유부기의 취지·목적과 그 '기재의 정도'는 서로 밀접한 관련이 있다. 따라서 동판결이 이유부기의 '기재의 정도'를 「법률의 규정의 취지·목적에 비춰서 결정」한다고 하였지만 사실 이것만으로는 불충분하며 이유부기의 취지·목적 역시 고려되어야 한다. 즉, 처분에 대한 이유는 ① 자의억제기능 및 ② 쟁송제기편의기능을 달성할 수 있는 정도의 내용을 갖춰야 한다는 점이다. 그 이유는 다음과 같다.

먼저 자의억제기능과의 관계에서 생각해보자. (1962년 판례와 1963년 판례처럼) 절차에 하자가 있는 처분은 취소될 수 있다는 입장을 취하는 경우 그 근거는 기본적으로는 절차의 하자가 신중·공정하게 행해져야 할 행정청의 실체적 판단형성에 영향을 주어 처분의 실체를 왜곡한

20) 小早川, 상게논문, 94쪽.

다, 혹은 그렇다는 것과 같은 의심을 외부에서 느낄 수 있게 된다는 점
에서 찾을 수 있다.[21] 이것을 이유부기의 경우에 대입해보면 실체적
판단형성의 신중성과 공정성을 담보하는 취지에서 이유부기가 요구되
고 있음에도 불구하고 충분한 이유부기 없이 행해진 처분은 신중·공정
하게 행해진 것으로서 존중되기 위한 조건을 결하였기 때문에 이유부
기의 불비는 취소사유가 된다고 볼 수 있을 것이다. 이유가 불충분한
처분은 신중성과 공정성이 담보되지 않는 자의적인 처분이라는 평(評)
을 면하기 어려울 것이다. 원래 이러한 입장은 입법으로 해결하는 방법
도 있지만 판례는 이것을 이유부기 의무를 정한 법률규정에서 도출하
고 있다.[22]

　　다음에 이유부기와 쟁송제기 편의기능의 경우는 어떠한가? 이 점
과 관련해서는 언뜻 보면 현행법상 이유부기의 내용 여하에 관계없이
쟁송을 제기할 수 있기 때문에 쟁송제기 편의기능의 관점에서 보면 이
유부기의 불비가 취소사유가 될 수 있을까 하는 생각이 들 수도 있을
것이다.[23] 그러나 처분이유가 불분명한 경우 상대방으로서는 쟁송을 제
기할 경우 무엇을 공격의 대상으로 삼아야 할지 어려움에 처하게 된다.
특히 해당 처분이 재량행위에 속할 경우 그 어려움은 더욱 커지게 된
다. 실제로 조세법 영역에서 청색신고와 관련한 이유부기 제도는 1959
년의 (구)법인세법을 필두로 하여 도입되기 시작하였는데 그 당시 이 제
도의 도입이 납세자들의 강력한 요청에 의해서 실현되었다는 사실은 다
음과 같은 의사록의 기록을 통해서도 확인할 수 있다. 즉, 1959년 3월
4일 (구)법인세법의 일부개정을 위한 중의원 오쿠라위원회에서 수정안
의 제안이유 설명이 있었는데 그 내용은 다음과 같다.

---

21) 小早川, 상계논문, 95쪽.
22) 小早川, 상계논문, 96쪽.
23) 小早川, 상계논문, 96쪽.

「현행법에 있어서는, … 단지 취소의 통지를 하면 된다고 되어 있습니다만 그렇게 되어서는 선량한 청색신고 납세자들에게는 불편하기 짝이 없다. 어떠한 이유에서 청색신고의 승인을 취소하는가 그 이유를 부기해 주었으면 한다, 이와 같은 요망이 강했기 때문에 당 위원회로서는 이것은 납세자의 요망은 당연하다, 이 이유부기를 법률로 명기하지 않으면 … 납세자가 이의신청을 하는 경우에 현행법에서는 그 이의(異議)의 이유부기가 큰 장애가 된다, 정부가 취소이유를 써 주기만 한다면 납세자의 이의신청 …이 매우 하기 편리해 진다. 이러한 의미에서 수정안을 제출했다.」[24)]

그런데 위의 내용만 가지고는 '쟁송제기 편의제공'이라는 관점에서 처분의 이유부기가 불비한 경우 취소사유가 될 수 있다는 점을 충분히 설명할 수 없을 것이다. 이 점에 대하여는 「행정청에 의한 이유부기 의무의 이행이 법에 비추어 불충분하다는 것은 해당 처분의 실체의 적부(즉, 실체적 하자의 존부)에 관한 당사자의 주장 및 재판소의 심리에 어쨌든 무엇인가의 지장을 주는 것이며 따라서 그 경우에는 재판소는 처분의 실체의 적부에 대하여 답을 제시하지 않고 단순히 이유부기 의무의 불이행에 착안하여 처분을 취소하는 데에 그치는 것이 적당하다, 그것이 이유부기 쟁송제기 편의기능에 비추어 그 불비는 처분의 취소사유가 된다.」[25)]라는 설명이 설득력이 있다.

위와 같은 논리에서 처분이유의 기재는 취소의 근거가 된 사실이 기재 그 자체로 명확하도록 부기해야 하며 상대방이 이를 알고 있는가의 여부는 관계가 없다. 이것은 1962년 판결과 1963년 판결이 취하고 있는 견해이며 이유부기에 관한 그 후의 최고재의 모든 판례가 이를 답

---

24) 중의원 오쿠라위원회 의사록 제16호 제10쪽(1959. 3. 4.). 佐藤繁, 最高裁判所判例解説 民事篇 昭和49年度(1977/11/25)、293-294쪽에서 재인용.
25) 小早川, 상계논문, 97쪽.

습하고 있다.

③ 1974년 판결

본 건 역시 소득세 청색승인의 취소 및 중가산세부과처분을 받은 X가 세무서장 Y에 대한 재조사청구 및 지방국세국장에 대한 심사청구 모두 기각 당하자 청색승인의 취소처분의 이유가 불비하다는 이유로 이에 대한 취소를 구한 소송이다.

법인세 청색신고승인취소에 관한 (구)법인세법 제25조 제8항은 다음과 같이 다섯 가지 취소사유를 규정하고 있었다. 즉, 해당 법인이 비치하고 있는 장부서류가 ① 제2항의 규정에 준거하고 있지 않은 경우(동 제1호), ② 제4항의 지시에 따르지 않고 작성된 경우(동 제2호), ③거래의 전부 또는 일부를 은폐하거나 또는 가장(假裝)하여 기재하는 등 해당 장부서류의 기재사항 전체에 대하여 그 진실성을 의심하기에 충분할 정도로 부실하게 기재되어 있는 경우(동 제3호)와 ④ 제18조 등에서 규정하고 있는 신고서를 기한 내에 제출하지 않은 경우(동 제4호) 그리고 ⑤ 동법이 규정하고 있는 정부의 승인을 얻지 않고 자산평가방법을 변경한 경우(동 제5호)가 그것들이다. 그리고 동법 제25조 제9항은 제8항의 규정에 의하여 취소를 행하는 때는 해당법인에 이것을 통지해야 하며 그 통지서에는 「취소의 기인(基因)이 된 사실이 전항(前項) 각호(各号) 어디에 해당하는 가를 부기하지 않으면 안 된다」라고 규정하고 있었다.

제1심, 원심 모두 X의 청구를 인용하자 Y가 상고하였으나 최고재는 다음과 같은 판지로 이를 기각하였다.

(ⅰ) 「(구법인세법)이 승인취소의 통지서에 이와 같은 부기(附記)를 명한 것은 ……, 이 점에 있어서 청색신고의 경정에 있어서 이유부기의 규정(동법 제32조) 그 밖의 일반적으로 법이 행정처분에 대하여 이유부기를 요구하는 많은 경우와 그 취지, 목적을 같이 하는 것이라고 해석

된다. 그렇다고 한다면 거기서 요구되는 부기의 내용 및 정도는 특단의
이유가 없는 한 어떠한 사실관계에 근거하여 어떠한 법규를 적용하여
해당 처분이 행해졌는가를 처분의 상대방의 입장에서 그 기재(記載) 자
체로부터 잘 알 수 있는 것이 아니면 안 되기 때문에 단지 추상적으로
처분의 근거규정을 제시하는 것만으로는 그것으로 해당 규정의 적용원
인이 된 구체적 사실관계를 당연히 알 수 있는 것과 같은 예외적인 경
우를 제외하고는 법이 요구하는 부기로서는 충분하지 않다.」(밑줄은 필
자)

(ⅱ)「이 견지에서 보면 (구)법인세법 제25조 제8항 각호가 규정하
는 승인취소의 사유는 유형화 되어 있다고는 하지만 구체적 사안에 있
어서 어떠한 사실이 이것에 해당하는가 반드시 명확하지 않고 특히 3호
의 사유는 극히 개괄적이고 구체성이 부족하기 때문에 통지서에 동호
(同号)에 해당한다고 부기한 것 만으로서는 처분의 상대방은 장부서류
의 기재사항 전체에 대하여 진실성이 의심된다고 한 이유가 거래의 전
부 또는 일부를 은폐 또는 가장(假裝)한 것에 의한 것인가 그 이외의 이
유에 의한 것인가 또 위의 은폐 또는 가장이 장부서류의 어느 부분에
있어서 어떠한 거래에 관한 것인가 등을 통지서에 보다 구체적으로 아
는 것은 거의 불가능하다. 뿐만 아니라 승인의 취소는 형식상 동항(同
項) 각호에 해당하는 사실이 있으면 반드시 행해져야 하는 것이 아니라
현실적으로 취소할 것인가의 여부는 개개의 경우의 사정에 따라 처분청
이 합리적인 재량에 의하여 결정해야 하는 것이기 때문에 처분의 상대
방으로서는 그 통지서의 기재에서 어떠한 태양(態樣), 정도의 사실에
의하여 해당 취소가 행해졌는가를 알 수 있는 것이 아니면 그 처분에
대하여 재량권행사의 적부를 다툴 적확(的確)한 실마리를 얻을 수 없게
되는 것이다.」(밑줄은 필자)

이 판결이 갖는 첫 번째의 의미는 판지(ⅰ) 밑줄친 부분에서 알 수

있는 것처럼 이유부기에 대한 판례법리가 개별법의 해석을 떠나서 불이
익처분 혹은 신청에 대한 거부처분과 같이 상대방에게 침해적인 효과를
부여하는 처분 일반에까지 확대될 수 있는 가능성을 열었다는 점이
다.26) 둘째로는 판지(ⅱ)의 설시에서 알 수 있는 것처럼 재량통제의 관
점에서 이유부기의 필요성을 언급하고 있다는 점이다.27) 그리고 동 판
결이 이유부기에 관한 논의 가운데 중요한 논점의 하나인 이유부기의
정도에 대하여 1962년 판결과 1963년 판결의 내용을 답습하면서도 이
것을 보다 일반적인 형식으로 요구수준을 제시하고 있다는 점 또한 빼
놓을 수 없을 것이다.

(2) 1985년 판결(여권발급거부처분사건)

원고 X가 1977년 1월 8일 피고 Y(외무대신)에 대하여 사우디아라비
아를 여행지로 하는 일반여권발급을 신청했던 바 Y는 X에 대하여 「여
권법 제13조 제1항 제5호에 해당한다.」는 이유로 같은 해 2월 16일 거
부처분을 하였다. 이에 대하여 X가 Y에 대하여 이의신청을 하였지만
다음과 같은 이유로 이를 기각하였다. 즉, 「귀하가 중동지역에서 행한
여러 활동 및 그 밖의 자료로 보아 귀하는 이른바 일본적군이라고 칭하
는 과격파집단과 연계관계가 있다고 인정되고 이들 과격파집단의 지금
까지의 파괴활동에 비추어 귀하의 해외 도항(渡航)은 국가의 이익 및
공안을 현저히 그리고 직접적으로 해할 염려가 있다고 인정된다.」라고
하는 것이다.

X가 Y에 대하여 위의 일반여권발급거부처분의 취소를 구하는 소
(訴)를 제기한 것이 본 건이다. 제1심은 청구를 인용하였지만 원심(原審)
은 제1심판결을 취소하고 청구를 기각하자 X가 상고하였다. 최고재는

---

26) 板垣勝彦, 一級建築士免許取消処分等取消請求事件〈最高裁判所民事判例研究19〉, 法学協
会雑誌 第130卷第8号, 146쪽.
27) 常岡孝好, 裁量権行使に係る行政手続の意義, 礒部力·小早川光郎·芝池一義編 行政法の
新構想Ⅱ 行政作用·行政手続·行政情報法, 有斐閣(2008), 261–262쪽, 참조.

다음과 같은 판지로 원판결을 파기하고 Y의 처분을 취소하였다.

「일반적으로 법률이 행정처분에 이유를 부기하도록 하고 있는 경우에 어느 정도의 기재를 할 것인가는 처분의 성질과 이유부기를 명한 법률의 규정의 취지·목적에 비추어 이를 결정해야 한다(最高裁昭和38.5.31 民集17卷4号617頁). …(중략), 이와 같은 이유부기제도의 취지에 비춰보면 일반여권발급거부통지서에 부기하여야 할 이유로서는 어떠한 사실관계에 근거하여 어떠한 법규를 적용하여 일반여권의 발급이 거부되었는가를 신청자 쪽에서 그 기재 자체로부터 잘 알 수 있어야 하는 것으로 단지 발급규정의 근거규정을 제시하는 것 만으로서는 그것으로 해당규정의 적용의 기초가 된 사실관계도 당연히 알 수 있게 되는 경우는 별개로 하더라도 여권법이 요구하는 이유부기로서는 충분하지 않다.」

앞서 살펴본 이유부기에 관한 판례법리는 모두 조세법에 관한 것으로 이것이 다른 영역에도 적용되는가에 대하여 모두의 관심이 집중되어 있었다. 1985년 판결이 갖는 의미는 무엇보다도 조세법 영역에서 형성된 이유부기에 관한 판례의 법리가 다른 영역으로 확대되어 일반적으로 타당하는 법리로 고양되었다는 점이다.

(3) 1992년 판결(경시청정보비공개결정처분취소청구사건)

원고 X가 피고 Y(동경도 지사)에 대하여 동경도공문서의 공개 등에 관한 조례(이하「본조례」라고 한다) 제5조에 근거하여 「개인정보실태조사에 관하여 경시청으로부터 입수 취득한 일체의 문서」의 공개를 청구하자 Y는 위의 공개대상이 된 문서는 경시청으로부터 제출된 「개인정보보호대책의 검토에 관하여」라는 제목의 문서(이하「본건문서」라고 한다)이기 때문에 「본조례」 제9조 제8호에 해당한다는 이유를 들어 비공개결정을 하였다. 이에 대하여 X는 Y의 결정은 「본조례」 제7조 제4항에서

정하고 있는 이유부기 요건을 결하고 있다는 등의 이유로 취소를 구하
는 소송을 제기하였다. 제1심은 X의 청구를 기각하였으나 원심(原審)은
이유부기의 불비를 이유로 제1심판결을 취소하고 본건비공개결정을 취
소하였다. 이에 대하여 Y가 상고하였으나 최고재는 다음과 같은 판지로
Y의 상고를 기각하였다.

（ⅰ) 본조례가 공문서의 비공개결정통지서에 그 이유를 부기하도록
하고 있는 것은 「실시기관에 있어서는 공문서공개를 청구하는 도민(都
民)의 권리를 충분히 존중해야 한다고 하고 있는 점(본조례 제1조, 제3조,
참조)에 비추어 비공개이유의 유무에 관하여 실시기관의 판단의 신중성
과 공정타당성을 담보하여 자의(恣意)를 억제함과 동시에 비공개이유를
공개청구자에게 알림으로서 불복신청에 편의를 제공하려는 취지에서 나
온 것이라고 할 것이다. 이와 같은 이유부기제도의 취지에 비춰보면 공
문서의 비공개결정통지서에 부기해야할 이유로서는 공개청구자의 입장
에서 본조례 제9조 각호 소정의 비공개사유 어디에 해당하는가를 그 근
거와 함께 잘 알 수 있는 것이 아니면 안 되기 때문에 단지 비공개의 근
거규정을 제시하는 것 만으로서는 해당 공문서의 종류, 성질 등과 함께
공개청구자가 그것들을 당연히 알 수 있는 경우는 별개로 하더라도 본
조례 제7조 제4항이 요구하는 이유부기로서는 충분하지 않다.」

（ⅱ) 「해당 공문서의 비공개이유로서 본조례 제9조 제8호에 해당
한다는 취지의 기재만으로서 공개청구자의 입장에서 해당 공문서의 종
류, 성질 혹은 공개청구서의 기재에 비추어 비공개이유가 동호(同号) 소
정의 어느 사유에 해당하는가를 그 근거와 함께 잘 알 수 있는 경우가
있을 수 있다고 하여도 동호(同号)에 해당한다는 기재 만으로서는 공개
청구자의 입장에서 비공개이유가 어떠한 근거에 의해 동호(同号) 소정의
어느 사유에 해당하는가를 알 수 없는 것이 통례라고 생각된다.」

본 판결이 갖는 의미는 판지(ⅰ)에서 알 수 있는 것처럼 이유부기의 판례법리가 종래 헌법 또는 법률상의 권리를 제한하는 처분에 관하여 축적되어 왔으나 이것이 조례에 대해서도 타당하다는 것을 보여주고 있다는 점이다.[28] 이로서 이유부기의 판례법리가 세법 이외의 다른 영역에서도 일반적으로 적용된다는 점이 확실히 자리를 잡게 되었다. 그리고 이유부기의 정도에 대한 이론에 대해서는 1985년 판례를 답습하고 있다.

(4) 소결

이상에서 살펴본 것처럼 조세법분야를 중심으로 형성된 최고재의 판례법리는 다음과 같이 정리할 수 있을 것이다. 첫째, 일반적으로 법률이 행정처분에 이유를 부기해야 한다고 하고 있는 것은 처분청의 판단의 신중·합리성을 담보하여 자의를 억제함과 동시에 처분이유를 상대방에 알려서 불복신청에 편의를 제공하기 위한 취지에서 나온 것이기 때문에 기재를 결한 경우 처분 자체의 취소를 면할 수 없다. 둘째, 어느 정도로 이유를 기재해야 할 것인가는 처분의 성질과 이유부기를 명한 각 법률규정의 취지·목적에 비추어 이것을 결정해야 한다. 셋째, 처분이유는 부기이유의 기재 자체로 명확하도록 하지 않으면 안 된다. 마지막으로 이유를 부기시키는 것은 단순히 피처분자에게 처분이유를 제시하는 데 그치는 것이 아니라 막연한 처분을 하지 않도록 처부의 공정타당성을 담보하는 취지를 포함하는 것이기 때문에 이유부기의 정도에 관한 이상의 법리는 피처분자가 처분 이유를 알 수 있는가의 여부와 관계없다.

---

28) 平松毅、非公開決定と理由付記、別冊ジュリスト(No.168)、41쪽.

2. 행정절차법 제정 이후

1) 행정절차법의 제정과 이유제시 규정

앞서 언급한 것처럼 일본의 행정절차법은 1993년 11월 12일 제정되어 그 다음 해 10월 1일부터 시행되었다. 여기서 동법의 내용을 전부 살펴볼 수 없고 본고의 테마인 이유제시와 관련된 조문에 대해서 언급하기로 한다.

먼저 언급해야 할 것은 일본의 경우, 한국과는 달리, 「신청에 대한 처분」(제2장)과 「불이익처분」(제3장)을 분리하여 규정하고 있다는 점이다. 그리고 신청에 대한 처분의 심사기준의 제정과 공표를 의무사항으로 하고 있는 반면(동법 제5조), (불이익)처분기준에 대해서는 이를 노력규정으로 하고 있는 점[29] 역시 염두에 둘 필요가 있다.

그러나 이유제시에 관한한 양자는 핵심적인 내용에 있어서 동일하게 규정하고 있다. 즉, 신청에 대한 거부처분을 하거나 불이익처분을 하는 경우에는 「당해〔불이익〕처분에 대하여 이유를 제시하지 않으면 안 된다」(동법 제8조 제1항 본문, 제14조 제1항 본문)라고 규정하고 있다. 그리고 그 이외에는 이유제시의 형식이나 급박한 사정이 있는 경우 처분 후 상당한 기간 내에 제시해도 된다는 등의 형식적인 내용 이외에 실질적인 규정은 두고 있지 않다(동법 제8조 제1항 단서, 제2항, 제14조 제1항 단서, 제2항, 제3항).

이처럼 현행 일본 행정절차법은 지금까지 판례를 통하여 형성된 이유부기에 관한 법리를 법제화 하였다고는 하지만 판례에서 전개된 내용, 즉 이유부기의 기능, 기재의 정도, 이유불비의 법적 효과 등에 대해

---

29) 이처럼 불이익처분의 처분기준의 제정과 공표를 노력규정으로 한 이유는 첫째로 불이익처분에 대한 실적이 많지 않고 둘째로 처분기준을 공표할 경우 이를 우회하여 탈법을 저지를 우려가 있다는 점이 작용하였다고 한다. 板垣勝彦, 最高裁判所民事判例研究 民集65卷4号〔1級建築士免許取消処分等取消請求事件〕, 法学協会雜誌第130卷第8号, 158쪽.

서 명시적인 규정을 두고 있지 않다. 그 이유는 구체적인 내용에 대해서는 제정 이후 전개되는 학설·판례에 맡기려는 의도였다고 한다.[30]

2) 판례

동법 제정 이전에는 이유제시에 관해서는 일반적인 규정이 없고 개별법에 규정되어 있었던 반면, 행정절차법은 이유제시에 관한 일반적인 규정을 두었고 거기에 심사기준과 처분기준에 관한 규정을 두고 있기 때문에 이러한 사항이 이유제시의 법리에 어떻게 작용할 것인가에 대하여 모든 사람의 관심이 집중되었다. 이와 관련해서는 대부분의 학설은 행정절차법의 제정 초기부터 심사기준·처분기준의 구체적인 적용관계를 제시해야 한다고 하고 있었지만[31] 행정실무에서는 심사기준·처분기준을 제시하지 않고 처분을 행하는 경우가 많아 하급심에서 빈번하게 다투어지곤 했다고 한다. 그리고 하급심의 대부분은 종래의 최고재의 판례법리를 제시하고 나서 요구되는 이유제시의 요구수준을 충족시키기 위해서는 심사기준·처분기준의 구체적인 적용관계를 제시할 필요가 있다는 입장을 취하고 있었다.[32] 이들 하급심 가운데 주목을 끌었던 판례는 다음과 같은 3건이었다. 즉, ① 동경고등재판소 2001·6·14(국가시험예비수험자격인정처분취소등청구항소사건, 判例タイムズ No.1121′ 118쪽)(이하, 판례①이라한다), ② 모리오카지방재판소2006·2·24(영업허가취소처분취소청구사건, LEX/DB(문헌번호) 28132212)(이하, 판례②라 한다) 그리고 ③ 오사카지방재판소 2007·2·13(수송시설사용처분등취소청구사건, 判例タイムズ No.1253′ 122쪽)(이하, 판례③이라 한다)이 그것이다. 이하에

---

30) 北島周作、理由の提示(2)—青色申告に係る更生、『行政法判例百選Ⅱ』〔第7版〕、有斐閣(2017.11)、243쪽.
31) 塩野宏·高木光、条解行政手続法, 有斐閣(2000), 217−218쪽, 室井力·芝池義一·浜川清編, コンメンタール行政法Ⅰ 行政手続法·行政不服審査法, 日本評論社(1997), 137−138쪽 참조.
32) 北島周作, 理由提示の程度と処分基準, 法学教室(2011.10−No.373), 53쪽.

서 간단히 살펴보기로 하자.

1) 판례①

판례①은 중국에서 의과대학을 졸업한 중국국적의 원고 X가 일본의 의사국가시험수험자격 인정신청을 했지만 후생대신은 이를 각하하였다. 그런데 본 건 각하처분의 통지서에는 「…인정 신청했던 귀하의 의사국가시험자격에 대해서는 심사한 결과 귀하의 의학에 관한 경력 등으로 보아 (이전)에 통지한 대로 예비시험 수험자격이 상당하다고 인정됨으로 통지한다.」라고 기재되어 있을 뿐이었다. 그러자 X가 이에 대하여 취소를 구하는 소송을 제기했는데 제1심(동경지방재판소 1999.6.30)이 X가 의사법 제11조 제3호의 요건을 충족시키지 못한다고 해서 청구를 기각하자 항소한 사건이다.

이에 대하여 본 건 항소심인 판례①은 후생대신이 X에 대하여 심사기준을 공표하지 않은 것은 행정절차법 제5조에 위반되며 이유제시 역시 다음과 같은 이유로 불비하여 위법하다고 판시하였다. 즉, 1963년 판결이나 행정절차법 제8조 제1항에서 규정하고 있는 이유제시제도의 취지에 비춰볼 때 「… 해당 처분이 행정절차법 제5조의 심사기준을 적용한 결과이며 그 심사기준을 공표하는데 행정상 특별한 지장이 없는 경우에는 해당 처분에 부기해야 하는 이유로서는 어떠한 사실관계에 대하여 어떠한 심사기준을 적용하여 해당 처분을 행했는가를 신청자의 입장에서 그 기재 자체로부터 알 수 있을 정도로 기재할 것」[33]이 요구된다는 것이다. 최고재가 이유부기와 관련하여 사실관계에 대하여 적용되는 법조를 「어떠한 법규」라는 표현을 하였는데 판례①은 여기에 심사기준을 대입하고 있다는 점에 주목하여야 할 것이다.

2) 판례②

판례②는 빠칭코가게를 운영하던 중 불법체류외국인을 고용했다는

---

33) 判例タイムズ No.1121, 127−128쪽

이유로 벌금형이 확정된 원고 X에 대하여 피고 Y(모리오카현 공안위원회)가 풍속영업법 제4조 제1항 제2호 및 제9호(허가결격사유) 및 제8조 제2호에 근거하여 영업허가를 취소하자 이에 대하여 행정절차법 제14조에서 규정하는 이유제시의 불비를 이유로 취소를 구하는 소송을 제기한 사건이다. Y는 풍속영업법 제8조에 관하여 재량행사기준을 정한 처분기준을 공표하고 있었는데 취소처분을 알리는 통지서에는 ① 행정처분의 구분(영업허가의 취소) 및 취소날짜 외에 ② 근거가 되는 법령의 조항으로 풍속영업법 제8조 제2호가 기재되어 있을 뿐이었다.

이에 대하여 동(同)재판부는 이유제시제도의 취지를 설시한 후 다음과 같이 말하고 있다. 즉, 「본 건과 같이 불이익처분의 근거가 되는 규정에 관하여 <u>행정청의 재량성이 인정되고 있는 경우이고, 청문에서 재량성에 관한 판단이 중요한 쟁점이 되는 것이 분명하며 상대방도 그 점에 대한 판단에 대하여 강한 관심을 가지고 있는 때에는 적어도 동(同)판단을 함에 있어서 근거로 삼은 처분기준 이외에 그 판단을 지탱하는 주요한 근거사실을 제시하지 않으면 안 된다고 해석하는 것이 상당하다</u>」(밑줄은 필자). 그런데 「본 건 통지서에는 불이익처분의 내용 외에는 근거가 되는 법령의 조항으로 풍속영업법 제8조 제2호가 기재되어 있을 뿐이어서 그 자체로서는 동법 제4조 각호의 어디에 해당하는 가 명확하지 않고 불이익처분의 원인이 되는 사실에 대한 기재도 없다」. 따라서 「본 건 취소처분은 행정절차법 제14조가 요구하는 이유제시를 결한 것」으로 취소를 면할 수 없다고 판시하였다.

처분기준은 재량행사의 기준이기 때문에 재량결정의 이유 중에 포함되는 것이 보통이라고 할 것이다. 따라서 재량권행사가 적절하게 행사되었다는 점을 적어도 처분의 상대방에게 알리기 위해서는 처분기준이 포함된 결정이유를 표명하는 것이 필요하다고 할 것이다.[34) 판례②

---

34) 常岡孝好, 裁量権行使に係る行政手続の意義, 礒部力・小早川光郎・芝池一義編 行政法の 新構想Ⅱ 行政作用・行政手続・行政情報法、有斐閣(2008), 261－262쪽.

는 이와 같은 점을 염두에 두고 이유제시의 불비문제를 판단했다는 점
에 주목할 만 하다고 하겠다.

3) 판례③

판례③은 일반여객자동차운송사업 등을 영위하는 원고 X가 긴키
운수국장 Y로부터 도로운송법 제40조에 근거하여 X의 사업용자동차 14
대에 대해서는 4일간, 1대에 대해서는 9일간 차량사용정지처분(이하「본
건 처분」이라 한다)을 받고 나서 본 건 처분이 행정절차법 제14조 제1항
에서 규정하는 이유제시의무에 위반한다는 등의 주장을 하여 그 취소를
구한 사안이다. 한편, Y는 본 건 처분을 함에 있어서 행정절차법 제12
조 제1항에 근거하여 작성되어 공표된 처분기준(이하「본 건 처분기준」이
라 한다)에 근거하여 처분을 행하고 처분이유로서「도로운송법 제16조
제1항, 여객자동차운수사업규칙 제21조 제3항, 동 제24조 제1항, 제2항,
동 제25조 제2항, 제3항, 동 제37조 제1항, 동 제38조 제1항 위반」이라
고만 기재된 서면(이하「본 건 명령서」라고 한다)을 원고에 교부하였다.

이에 대하여 동(同)재판부는 처분기준에 준거하여 불이익처분을
행하는 경우의 이유제시의 정도로서「처분의 원인이 되는 사실관계에
대하여 어떠한 근거법조나 처분기준(공시된 처분기준 내지 개별기준의 해당
부분)을 적용했는가를 처분의 상대방의 입장에서 그 기재 자체로부터
알 수 있는 것이어야 하기 때문에 단지 해당처분의 근거규정을 제시하
는 것만으로써는 원칙적으로 불충분하다」는 이유로 처분을 취소하였다.

앞서 살펴본 것처럼 이유제시의 기능으로 자의억제기능과 쟁송제
기에의 편의를 드는 것이 보통이지만 여기에 더하여 상대방에 대한 설
득기능, 결정과정 공개기능을 언급하는 학자도 있다.[35] 이처럼 행정청
은 이유제시라고 하는 형식으로 불이익처분이라고 하는 결론에 이른 판
단과정에 대하여 그 적정성, 합리성을 설명할 책임을 이행하는 것이

---

35) 塩野宏, 行政法 I 〔第六版〕行政法総論, 有斐閣(2015), 296-297쪽.

다.36) 따라서 행정청의 판단과정의 합리성확보라고 하는 관점에서 처분 기준에 의거하여 판단한 경우는 그 적용관계를 처분기준으로서 제시하는 것이 필요하다고 생각할 수 있다.37) 판례③은 바로 위와 같은 관점에서 이유제시의 정도에 대해서 설시하였다는 점에서 그 의의를 찾을 수 있다.

그리고 행정절차법 제정 이후 이유제시에 관한 위와 같은 학설·판례의 논의에 종지부를 찍은 최고재 판례가 본고의 도입부에서 언급한 2011년 판결(「1급건축사면허취소처분등취소청구사건」)이다. 항을 바꾸어 살펴보기로 하자.

Ⅲ. 2011년 판결과 이유제시

1. 사건의 개요

국토교통대신은 건축사사무소에 관리건축사로서 근무하며 건축물의 설계를 하고 있던 일급건축사 X(원고·항소인·상고인)의 설계행위에 대하여 건축사법(2006년 법률92호에 의한 개정 전의 것) 제10조 제1항 제2호 및 제3호에 해당한다고 하여 청문절차를 실시하고 중앙건축사심사회의 동의를 얻고 나서 1급 건축사면허를 취소하는 처분(이하 「본건면허취소처분」이라 한다)을 하였다. 본건면허취소처분이 행해진 당시 건축사에 대한 징계처분에 대해서는 의견공모절차를 거쳐야 하고 「건축사의 처분 등에 관하여」라고 하는 통지(1999년 12월 28일 건설성주택국장이 도도부현지사에게 통지)에 처분기준(이하 「본건처분기준」이라 한다)이 정해져 있고 공표되어 있었다. 그러나 본건면허취소처분의 통지서에 기재된 이유

36) 芝池一義, 行政法總論講義(第4版補訂版), 有斐閣(2006), 313쪽.
37) 前田雅子, 演習行政法, 法学教室(2011.9 No. 372), 153쪽.

는 건축물의 소재지를 열거하고 나서 이들 「건축물의 설계자로서 건축
기준법령에서 규정하는 구조기준에 적합하지 않은 설계를 하고 그로 인
하여 내진성 등이 부족한 구조상 위험한 건축물을 현출시켰」던 일, 또
는 「건축물의 설계자로서 구조계산서에서 허위로 보이는 부적절한 설
계를 행했다」는 점이 「건축사법 제10조 제1항 제2호 및 제3호에 해당
하고 1급 건축사에 대하여 사회가 기대하고 있는 품위 및 신용을 현저
히 손상시키는 일이다」 등이라고 기재했을 뿐으로 본건처분기준에 관
한 기재는 없었다. X는 국가 Y(피고, 피항소인, 피상고인)에 대하여 본
건면허취소 등의 취소를 구하는 소송을 제기하고 거기서 본건면허취소
처분은 본건처분기준의 적용관계가 이유로서 제시되지 않고 행정절차
법 제14조 제1항 본문이 규정하고 있는 이유제시의 요건을 결한 위법한
처분이라는 등의 주장을 하였다.

　　제1심(삿포로지방재판소 2008·2·29)은 행정절차법 제14조 제1항 본문
의 취지는 해당 처분의 근거법조(法條) 및 그 법조의 요건에 해당하는
구체적인 사실관계를 밝히는 것으로써 충분히 달성할 수 있고 더 나아
가 처분기준의 내용 및 적용관계에 대하여 까지 밝힐 것을 요구하는 것
은 아니라고 하였고 제2심(삿포로고등재판소 2008·11·13)도 이 판단을 받
아들였다.[38]

2. 판지

원판결, 파기 자판(自判).

　(i)「행정절차법 제14조 제1항 본문이 불이익처분을 하는 경우 동
시에 그 이유를 상대방에게 제시하지 않으면 안 된다고 하고 있는 것은
상대방에게 직접 의무를 과하거나 권리를 제한한다고 하는 불이익처분

---

38) 北島周作、理由の提示(2)―青色申告に係る更生、『行政法判例百選 I 』[第7版]、有斐
　　閣(2017.11), 242쪽을 참고하여 작성함.

의 성질에 비추어 행정청의 판단의 신중과 합리성을 담보하여 자의(恣意)를 억제함과 동시에 처분이유를 상대방에게 알림으로서 불복신청에 편의를 제공하는 취지에서 나온 것이라고 해석된다. 그리하여 동항(同項) 본문에 근거하여 어느 정도의 이유를 제시해야 할 것인가는 위와 같은 동항(同項) 본문의 취지에 비추어 <u>해당 처분의 근거법령의 규정내용, 해당처분에 관한 처분기준의 존재여부 및 내용 및 공표의 유무, 해당 처분의 성질 및 내용, 해당 처분의 원인이 된 사실관계의 내용 등을 종합고려하여 이것을 결정해야 한다.</u>(밑줄은 필자)

(ⅱ) 이러한 견지에서 건축사법 제10조 제1항 제2호 및 제3호에 의한 건축사에 대한 징계처분에 대하여 보면 동항(同項) 제2호 및 제3호가 규정하는 처분요건은 어느 것이나 추상적일 뿐만 아니라 이들에 해당하는 경우에 동항(同項) 소정의 계고(戒告), 1년 이내의 업무정지 또는 면허취소 가운데 어느 처분을 선택할 것인가도 처분청의 재량에 맡기고 있다. 그리하여 건축사에 대한 상기(上記) 징계처분에 대해서는 처분내용의 결정에 관하여 본건처분기준이 정해져 있는 바 본건처분기준은 의견공모절차를 거치는 등 적정성을 담보하기 위하여 철저한 절차를 거쳐서 규정되어 공표되어 있고 더구나 그 내용은 … 다양한 사례에 대응할 수 있도록 꽤 복잡하게 되어 있다. 그렇다고 하면 <u>건축사에 대한 상기 징계처분 시(時)에 동시에 제시되어야 할 이유로서는 처분의 원인이 되는 사실 및 처분의 근거법조에 더하여 본건처분기준의 적용관계가 제시되지 않으면 처분의 상대방의 입장에서는 상기 사실 및 근거법조의 제시에 의하여 처분요건의 해당성에 관한 이유는 알 수 있어도 어떠한 이유에 근거하여 어떠한 처분기준의 적용에 따라 해당 처분이 선택되었는가를 아는 것은 곤란하다는 것이 통례라고 생각된다.</u>(밑줄은 필자) 이것을 본건에 대하여 살펴보면, … 본건면허처분취소는 X의 1급건축사로서의 자격을 직접 박탈하는 중대한 불이익처분인 바 그 처분이유로서 X가, … 건축물의 설계자로서 건축기준법령에서 규정하는 구조기준에

적합하지 않은 설계를 하고 그로 인하여 내진성 등이 부족한 구조상 위험한 건축물을 현출시키고 또는 구조계산서에 허위로 보이는 부적절한 설계를 했다고 하는 처분의 원인이 되는 사실과 건축사법 제10조 제1항 제2호 및 제3호라고 하는 처분의 근거법조 등이 제시되고 있을 뿐으로 본건처분기준의 적용관계가 전혀 제시되어 있지 않고 그 복잡한 기준 속에서 X의 입장에서는 상기 사실 및 근거법조의 제시에 의하여 처분요건의 해당성에 관한 이유는 적절히 알 수 있다고 하여도 어떠한 이유에 근거하여 어떠한 처분기준의 적용에 의하여 면허취소처분이 선택되었는가를 아는 것은 불가능하다고 말하지 않을 수 없다. 이와 같은 본건의 사정 아래서는 행정절차법 제14조 제1항 본문의 취지에 비추어 동항(同項) 본문이 요구하는 이유제시로서는 불충분하다고 말하지 않을 수 없어서 본건면허취소처분은 동항(同項) 본문이 규정하는 이유제시의 요건을 결한 위법한 처분으로 취소를 면할 수 없다고 할 것이다.」

아울러 다하라 재판관의 보충의견, 나스, 오카베 재판관의 반대의견이 있다.

3. 2011년 판결에 대한 분석

1) 이유제시의 기능

2011년 판결(이하, 본판결이라 한다)은 행정절차법 제14조 제1항의 취지, 즉 일반적인 불이익처분에 대하여 이유제시를 하도록 하는 의무를 부과한 취지로서 「상대방에게 직접 의무를 과하거나 권리를 제한한다고 하는 불이익처분의 성질에 비추어 행정청의 판단의 신중과 합리성을 담보하여 자의(恣意)를 억제함과 동시에 처분이유를 상대방에게 알림으로서 불복신청에 편의를 제공하는 취지에서 나온 것」이라고 설명하고 있다. 이것은 종래의 판례가 이유제시의 기능으로 제시한 내용이 행정절차법의 이유제시규정의 취지로서도 타당하다는 것을 확인하고 있다고 볼 수 있다.

2) 이유제시의 정도

둘러싼 법리에서 가장 중요한 부분이 바로 '이유제시의 내용 및 정도' 문제이다. 이 점에 대하여 본판결은 「동항(同項) 본문에 근거하여 어느 정도의 이유를 제시해야 할 것인가는 위와 같은 동항(同項) 본문의 취지에 비추어 해당 처분의 근거법령의 규정내용, 해당처분에 관한 처분기준의 존재여부 및 내용 및 공표의 유무, 해당 처분의 성질 및 내용, 해당 처분의 원인이 된 사실관계의 내용 등을 종합, 고려하여 이것을 결정해야 한다」라는 기준을 제시하고 있다. 그리고 결론적으로 「건축사에 대한 상기 징계처분 시(時)에 동시에 제시되어야 할 이유로서는 처분의 원인이 되는 사실 및 처분의 근거법조에 더하여 본건처분기준의 적용관계가 제시되지 않으면 처분의 상대방의 입장에서는 상기 사실 및 근거법조의 제시에 의하여 처분요건의 해당성에 관한 이유는 알 수 있어도 어떠한 이유에 근거하여 어떠한 처분기준의 적용에 따라 해당 처분이 선택되었는가를 아는 것은 곤란」하기 때문에 처분은 위법하다고 판단하였다.

앞서 언급한 것처럼 불이익처분에 대한 처분기준이 공표되어 있는 경우에는 처분기준의 어느 부분에 의거하여 결론에 달했는가를 제시할 필요가 있다고 하는 견해가 일반적으로 제시되고 있었다. 즉, 통상 「근거가 되는 법령」의 규정은 역시 추상적이며 해당 사실이 요건에 해당하는가의 여부는 어떠한 불이익처분을 할 것인가라고 하는 판단이 일의적으로 행해지는 것이 아니라 판단과정의 투명화라고 하는 관점에서 처분기준을 설정해야 할 노력의무가 행정청에 부과되고 있기 때문이다. 기준이 존재하는 이상 그것을 무시하는 것은 허용되지 않으며 기준에서 벗어나 판단하는 경우에는 합리적인 설명이 불가결하다고 한다.[39]

---

39) 塩野宏·高木光, 条解行政手続法, 有斐閣(2000), 217-218쪽.

위와 같은 점을 염두에 두고 본건의 이유제시의 내용에 대하여 살펴보자. 앞서 언급한 사건의 개요에서 알 수 있는 바와 같이 본건의 이유제시의 내용은 간단한 위반사유와 근거조문만 제시되어 있을 뿐이고 더욱이 이미 공표된 처분기준의 적용에 대해서는 언급하고 있지 않다. 그런데 처분기준을 보면, 별표 제1에 따라서 처분내용을 결정하도록 되어 있고, 별표 제1의 (2)는 건축사가 건축사법 제10조 제1항 제2호 또는 제3호에 해당하는 때는 「표2의 징계사유에 기재한 행위에 대응하는 처분랭킹을 기본으로 하여 표3에서 규정하는 정상(情狀)을 참작, 가감(加減)하여 랭킹을 결정하고 표4에 따라서 처분내용을 결정한다. 다만 해당 행위가 고의에 의한 것이며 그로 인해 건축물의 도괴(倒壞)·파손 등이 발생한 때 또는 인사사고가 발생한 때(이하 「결과가 중대한 때」라고 한다)는 업무정지 6월 이상 또는 면허취소처분을 하고 해당 행위가 과실에 의한 것이고 결과가 중대한 때는 업무정지 3월 이상 또는 면허취소처분을 한다」[40]라고 규정하고 있었다. 그럼에도 불구하고 Y가 제시한 이유에는 처분기준은 아예 언급되지도 않았던 것이다. 그 결과 실제로 X는 본건 소송 제기단계에서 본건 면허취소처분의 근거는 본건 처분기준의 별표 제1의 (2) 본문이라고 이해하고 있었으나 Y(피고)는 본건 면허취소처분의 근거를 주위적으로 별표 제1의 (2) 단서라고 주장하고 예비적으로 별표 제1의 (2) 본문이라고 주장하는 상황이 연출되었다.[41] 이렇게 볼 때 Y의 이유제시의 내용과 정도는 불이익처분에 대한 처분기준이 공표되어 있는 경우에는 처분기준의 어느 부분에 의거하여 결론에 달했는가를 제시할 필요가 있다고 하는 일반적인 견해에 비춰볼 때 불충분하다는 것을 쉽게 알 수 있다. 결국 최고재가 원심을 파기하고 Y

---

40) 北島周作, 理由提示の程度と処分基準、法学教室(2011.10-No.373), 49쪽. 「建築士の処分等について」(建設省住指発第784号), 別表第1 処分等の基準, 表2ランク表, 表3, 表4, 참조.
41) 北島, 상게논문, 49쪽.

가 X에 대하여 내린 처분을 취소하기에 이른 것이다.

4. 2011년 판결의 의의

그렇다면 위와 같은 판단은 종래의 판례에 비추어 어떠한 의미를 갖는가? 이유제시의 내용 및 정도에 대하여는, 앞서 살펴본 것처럼, 이미 1963년 판결이 「처분의 성질과 이유부기를 명한 각 법률의 규정의 취지·목적에 비춰서 결정」해야 한다고 하였다. 그리고 이를 이어 받아 1974년 판결은 이 점과 관련하여 「특단의 이유가 없는 한 어떠한 사실 관계에 근거하여 어떠한 법규를 적용하여 해당 처분이 행해졌는가를 처분의 상대방의 입장에서 그 기재(記載) 자체로부터 잘 알 수 있는 것」이어야 한다고 판시하였다.

이렇게 보면 2011년 판결 역시 종래의 판결, 즉 1963년과 1974년 판결의 틀을 그대로 활용하고 있음을 알 수 있다. 그러나 여기서 빠트려서는 안 될 중요한 점은 2011년 판결은 종래의 판단의 틀에 「처분기준」이라는 요소를 대입하여 재구성하고 있다는 점이다. 2011년 판결은 「해당처분에 관한 처분기준의 존재여부 및 내용 및 공표의 유무」[42] 즉, 처분기준에 관한 사항을 고려요소의 하나로 삼아 사실관계와 적용법조문의 구체적 적용관계뿐 만이 아니라 제정·공표된 처분기준에 대해서도 구체적 적용관계를 요구하고 있다. 이와 같은 판단의 틀은 앞서 살펴본 하급심 판례(본고 Ⅱ. 2.에서 다룬 판례①, 판례②, 판례③)에서도 시도되고 있음을 알 수 있지만 이를 최고재가 처음으로 일반화 했다는 점에서 그 의의를 찾을 수 있다.

2011년 최고재 판결은 이유제시에 관한 리딩 케이스로서 위치를 확고히 하고 있다. 동 판결이 내려진 이후 이를 인용한 하급심 판결은

---

42) 2011년 판결, 판지(ⅰ) 밑줄부분, 참조.

2020년 4월 현재 76건에 이르고 있다.[43]

Ⅳ. 맺음말

일본의 전통적인 행정법학에서 큰 주목을 받지 못했던 이유제시에 관한 이론은 요즈음 새로운 각도에서 주목을 받고 있다. 이러한 배경에는 조세법 영역을 중심으로 전개되어 온 이유제시에 관한 판례가 중요한 역할을 하였지만 역시 결정적인 계기는 행정절차법의 제정과 시행이라고 본다. 행정절차법은 이유제시가 지니는 행정법학에서의 의미를 잘 드러나도록 하는 역할을 하고 있기 때문이다. 이유제시는 처분청이 어떠한 의도를 가지고 처분을 하였는지 판단을 가능하게 하며 또 이것은 상대방을 설득하는 기능을 하게 된다.[44] 그리고 2011년 판결에 의해서 정립된 판례이론은 처분(심사)기준을 이유제시의 근거로 삼도록 하고 있다. 처분(심사)기준이 보통 재량준칙이라는 점에 비춰보면 처분에 대하여 제대로 제시된 이유는 처분의 '공정성과 투명성'을 높이는 데 매우 중요한 역할을 한다는 점은 두 말할 필요가 없다고 할 것이다. 그리고 이상에서 언급한 점은 다름 아닌 행정절차법이 제정된 목적이기도 하다(일본 행정절차법 제1조). 이렇게 보면 이유제시이론의 형성과 전개는 행정절차법의 발전의 척도라고 해도 과언이 아닐 것이다. 이유부기에 관한 판례법리는 2011년 판결 이후 이미 하급심에서는 진화가 계속되고 있다. 예를 들면, 이유부기의 정도에 대하여 처분의 「판단과정을 차례로 용이하게 검증할 수 있을 것」을 요구하는 판례가 등장하고 있기 때문이다.[45] 이유제시이론에 새로운 관심이 쏠리는 이유이다.

43) LEX/DB 文献番号25443459, 3-7쪽, 참조.
44) 塩野宏、行政法 I〔第六版)行政法総論, 有斐閣(2015), 296쪽.
45) 대표적인 사례로 大阪高等裁判所2013·1·18(부과결정처분취소등청항소구사건)(LEX/DB

한편 한국의 경우 행정절차법 제23조[46)]에서 일본의 이유제시의 규정과 유사한 규정을 두고 있지만 이에 대한 학설·판례의 전개는 사뭇 다르다. 이곳에서 그 내용을 모두 살펴볼 수 없지만 가장 두드러진 차이점은 이유제시의 정도에 있어서 「처분의 상대방의 인식가능성」에 대한 입장이다. 한국의 판례는 「처분서에 기재된 내용과 관계 법령 및 당해 처분에 이르기까지 전체적인 과정 등을 종합적으로 고려하여, 처분 당시 당사자가 어떠한 근거와 이유로 처분이 이루어진 것인지를 충분히 알 수 있어서 그에 불복하여 행정구제절차로 나아가는 데에 별다른 지장이 없었던 것으로 인정되는 경우에는 처분서에 처분의 근거와 이유가 구체적으로 명시되어 있지 않았다고 하더라도 그로 말미암아 그 처분이 위법한 것으로 된다고 할 수는 없다.」[47)]라는 입장이다. 학설도 대부분 이러한 입장에 동조하고 있고 이와 다른 입장을 취하는 학설은 극히 소수에 불과하다.[48)] 그러나 이유제시의 목적과 기능을 고려해볼 때 판례와 다수설의 입장으로 충분한 것인지 면밀한 검토가 필요하다고 할 것이다.

문헌번호 25501735)을 꼽을 수 있다.
46) 참고로 한국 행정절차법 시행령 14조의2는 처분의 이유제시에 대하여, 「행정청은 법 제23조의 규정에 의하여 처분의 이유를 제시하는 경우에는 처분의 원인이 되는 사실과 근거가 되는 법령 또는 자치법규의 내용을 구체적으로 명시하여야 한다.」라고 규정하고 있다.
47) 대법원 2013. 11. 14. 선고 2011두18571 판결 [업무정지처분취소], 대법원 2002. 5. 17. 선고 2000두8912 판결[토지형질변경불허가처분취소], 등
48) 판례에 대하여 비판적인 입장을 취하는 대표적인 학자로 김철용 교수를 들 수 있다. 김철용, 전면개정 제9판 행정법, 고시계사(2020), 380－382쪽, 참조.

참고문헌

김철용, 전면개정 제9판 행정법, 고시계사(2020)

田中二郎´『新版 行政法 上』´弘文堂(1988)

杉村章三郎´行政法要義　上卷´有斐閣(1983)

和田英夫´行政法講義上´学陽書房(1988)

藤田宙靖´新版行政法Ⅰ(総論)´青林書院(1986)

塩野宏´行政法Ⅰ´有斐閣(1991)

塩野宏´行政法Ⅰ〔第六版〕　行政法総論´有斐閣(2015)

兼子仁´行政法総論´筑摩書房(1990)

兼子仁·礒部力編´手続法的行政法学の理論´勁草書房(1995)

遠藤博也´実定行政法´有斐閣(1989)

芝池一義, 行政法総論講義〔第4版補訂版〕´有斐閣(2006)

塩野宏·高木光´条解行政手続法´有斐閣(2000)

室井力·芝池義一·浜川清編´コンメンタール行政法Ⅰ行政手続法·行政不服
　　審査法´日本評論社(1997)

金子宏´行政行為の瑕疵③—行政行為と理由付記—´『行政法判例百選』
　　〔増補版〕´有斐閣(1965.10)

金子宏´理由附記を欠く行政処分の瑕疵´行政判例百選Ⅰ(別冊ジュリスト
　　61´1979.4)

小早川´手続瑕疵による取消し´法学教室(No. 156´1993. 9)

下川環´理由の提示(1)—青色申告に係る更生´『行政法判例百選Ⅰ』〔第7
　　版〕´有斐閣(2017.11)

高柳信一´青色申告に対する更生の理由付記´『租税法判例百選´有斐閣
　　(1964.8)

佐藤繁´最高裁判所判例解説 民事篇 昭和49年度(1977/11/25)板垣勝彦´一
　　級建築士免許取消処分等取消請求事件〈最高裁判所民事判例研究1

9)´ 法学協会雑誌第130巻　第8号

常岡孝好´ 裁量権行使に係る行政手続の意義´ 礒部力・小早川光郎・芝池一
　義編　行政法の新構想Ⅱ　行政作用・行政手続・行政情報法´ 有斐閣
　(2008)

平松毅´ 非公開決定と理由付記´ 別冊ジュリスト(No.168)

前田雅子´ 演習行政法´ 法学教室(2011. 9　No. 372)

北島周作´ 理由提示の程度と処分基準´ 法学教室(2011.10－No.373)

北島周作´ 理由の提示(2)―青色申告に係る更生´『行政法判例百選Ⅰ』〔第
　7版〕´ 有斐閣(2017.11)

（通達）「建築士の処分等について」(建設省住指発第784号)

국문초록

　　본고는 제2차 대전 후 일본에서 이유제시에 관한 학설·판례가 어떻게 전개되어 왔는가에 대하여 살펴보는 글이다. 이유부기에 관한 일본 최고재의 판례는 처음에는 조세법 영역에서의 처분을 중심으로 전개되었다. 이들 가운데 이유부기에 관한 판례의 효시라고 할 수 있는 판결이 ① 1962년 판결(「청색신고승인취소처분취소청구사건」)이다. 그리고 그 이듬해 이유부기의 기능과 함께 이유부기의 내용 및 정도에 관하여 명확하게 판시한 ② 1963년 판결(「소득세청색심사결정처분등취소청구사건」)이 나오게 된다. 이 판결은 행정절차법이 제정(1992년 11월 12일 제정, 1993년 10월 1일 시행)되고 뒤에 소개하는 2011년 최고재판결이 나올 때까지 이유제시(부기)에 관한 리딩 케이스의 자리를 차지하고 있었다. 이어서 이유부기에 관한 판례법리가 조세 이외의 일반처분에 까지 확대될 수 있다는 가능성을 시사한 ③ 1974년 판결(「법인세경정처분등취소청구사건」)이 나온다.

　　그 후 드디어 ④ 1985년 판결(「일반여권발급거부처분취소등사건」)을 통하여 조세법 영역에서 형성된 이유부기에 관한 판례의 법리가 다른 영역으로 확대되기에 이른다. 그리고 ⑤ 1992년 판결(「경시청정보비공개결정처분취소청구사건」)은 「1985년 판결」의 흐름을 이은 것으로 이유부기의 판례법리가 세법 이외의 다른 영역에서도 일반적으로 적용된다는 점을 확실히 자리 잡게 한 판결이다.

　　1992년 행정절차법의 제정은 이유제시(부기)의 법리에 새로운 변화를 가져오게 된다. 동법은 신청에 대한 처분에 대해서는 「심사기준」을, 불이익처분에 대해서는 「처분기준」에 관한 규정을 두게 된 것이다. 그리고 동법은 또한 이유부기에 관한 최고재의 판례법리를 참고하여 거부처분과 불이익처분을 할 경우에는 처분이유를 제시하도록 명문으로 규정하기에 이르렀다(동법 제8조, 제14조). 그런데 동법은 처분이유를 제시하도록 하고 있을 뿐, 이유제시의 기능이나 가장 핵심적인 내용이라고 할 수 있는 이유제시의 내용 및 정도에 대해서는 명문의 규정을 두고 있지 않다. 결국, 이 문제는 고스란히 학설·판례의 몫으로 여전히 남아있게 된 것이다. 그리고 여기서의 주된 관심은 이유제시를 함에 있어서 심사기준과 처분기준을 어떻게 취급할 것인가 하는 점이다.

행정절차법 제정 이후 위와 같은 관심 속에서 일련의 하급심 판례가 이어지고 드디어 최고재판소 ⑥ 2011년 판결(「1급건축사면허취소처분등취소청구사건」)이 나오게 된다. 이 판결은 「1963년 판결」의 틀을 유지하면서 처분시 심사(처분)기준의 구체적인 적용관계를 이유로 제시할 것을 요구하고 있다는 점을 특징으로 하고 있다. 그 후 거의 모든 판례가 동 판결을 인용하고 있다.

주제어 : 행정절차법, 처분기준, 이유제시, 재량통제, 일본행정법

Abstract

Disposition Standards in Administrative Procedures Act
and Declaration of Reasons for Dispositions
—Chiefly on Academic Theory and Judicial Cases in Japan—

Yoo, Jin Sik*

This manuscript deals with how the academic theory and judicial cases about a declaration of reasons for dispositions in Japan have been developed since the Second World War. In Japan, judicial cases, not academic theory, have led the theory about the theme. The Japanese Supreme Court held the first meaningful case about a declaration of reasons for dispositions in December 1962, which made it clear the disposition could be revoked if the declaration of reasons is insufficient. And then, the next year, the Court held an another meaningful case about it. It declared the meaning and purpose of a declaration of reasons, which is to contain the administrative willfulness and to help the party to file a revocation. And it also showed the guideline which the administrative agency should keep in writing a declaration of reasons. This Supreme Court case had played a leading role for a long time before the Japanese Administrative Procedures Act was prescribed in 1992.

With the prescription of the Japanese Administrative Procedures Act, people had been very interested in how the Supreme Court case about

---

* Chonbuk National University, Law School, Professor

declaration of reasons for dispositions could change until the 2011 Supreme Court case was delivered. The point was how it should consider disposition standards in Administrative Procedures Act in reviewing the legality of a declaration of reasons for dispositions. Understandably, the Supreme Court kept its previous cases and with referring to academic theories and lower court cases it should review if disposition standards in Administrative Procedures Act are applied to concrete cases. The 2011 Supreme Court case has been playing a leading role since it was delivered.

Key Words : Administrative Procedures Act, disposition standards, a declaration of reasons for dispositions, control over administrative discretion, Japanese Administrative Law

투고일 2020. 6. 24.
심사일 2020. 6. 28.
게재확정일 2020. 6. 29.

行政爭訟一般

병역의무기피자인적사항의 공개의 법적 성질의 문제점 (김중권)

병역의무기피자인적사항의
공개의 법적 성질의 문제점

金重權*

대상판결: 대법원 2019.6.27. 선고 2018두49130판결

Ⅰ. 대상판결(대법원 2019.6.27. 선고
2018두49130판결의 요지
Ⅱ. 사안, 경과 및 관련규정
  1. 사안
  2. 당사자의 주장
  3. 경과: 하급심의 태도
  4. 관련 법규정
Ⅲ. 문제의 제기
Ⅳ. 대상판결의 개개의 문제점
  1. 병무청장의 2016.12.20. 공개
     결정의 처분성 인정과 관련
     한 문제점

  2. 취소판결의 기속력의 차원에
     서 결과제거의무의 인정과
     관련한 문제점
  3. 소송방도로서의 취소소송과
     관련한 문제점
  4. 관할 지방병무청장의 공개
     대상자 결정의 처분성여부와
     관련한 문제점
  5. 재량권 일탈·남용 여부와 관
     련한 문제점
Ⅴ. 맺으면서-처분성 인정에 따른
   상반된 後果

Ⅰ. 대상판결
(대법원 2019.6.27. 선고 2018두49130판결)의 요지

[1] 병무청장이 병역법 제81조의2 제1항에 따라 병역의무 기피자

---

* 중앙대학교 법학전문대학원

의 인적사항 등을 인터넷 홈페이지에 게시하는 등의 방법으로 공개한 경우 병무청장의 공개결정을 항고소송의 대상이 되는 행정처분으로 보아야 한다. 그 구체적인 이유는 다음과 같다.

① 병무청장이 하는 병역의무 기피자의 인적사항 등 공개는, 특정인을 병역의무 기피자로 판단하여 그 사실을 일반 대중에게 공표함으로써 그의 명예를 훼손하고 그에게 수치심을 느끼게 하여 병역의무 이행을 간접적으로 강제하려는 조치로서 병역법에 근거하여 이루어지는 공권력의 행사에 해당한다.

② 병무청장이 하는 병역의무 기피자의 인적사항 등 공개조치에는 특정인을 병역의무 기피자로 판단하여 그에게 불이익을 가한다는 행정결정이 전제되어 있고, 공개라는 사실행위는 행정결정의 집행행위라고 보아야 한다. 병무청장이 그러한 행정결정을 공개 대상자에게 미리 통보하지 않은 것이 적절한지는 본안에서 해당 처분이 적법한가를 판단하는 단계에서 고려할 요소이며, 병무청장이 그러한 행정결정을 공개 대상자에게 미리 통보하지 않았다거나 처분서를 작성·교부하지 않았다는 점만으로 항고소송의 대상적격을 부정하여서는 아니 된다.

③ 병무청 인터넷 홈페이지에 공개 대상자의 인적사항 등이 게시되는 경우 그의 명예가 훼손되므로, 공개 대상자는 자신에 대한 공개결정이 병역법령에서 정한 요건과 절차를 준수한 것인지를 다툴 법률상 이익이 있다. 병무청장이 인터넷 홈페이지 등에 게시하는 사실행위를 함으로써 공개 대상자의 인적사항 등이 이미 공개되었더라도, 재판에서 병무청장의 공개결정이 위법함이 확인되어 취소판결이 선고되는 경우, 병무청장은 취소판결의 기속력에 따라 위법한 결과를 제거하는 조치를 할 의무가 있으므로 공개 대상자의 실효적 권리구제를 위해 병무청장의 공개결정을 행정처분으로 인정할 필요성이 있다. 만약 병무청장의 공개결정을 항고소송의 대상이 되는 처분으로 보지 않는다면 국가배상청구 외에는 침해된 권리 또는 법률상 이익을 구제받을 적절한 방법이 없다.

④ 관할 지방병무청장의 공개 대상자 결정의 경우 상대방에게 통보하는 등 외부에 표시하는 절차가 관계 법령에 규정되어 있지 않아, 행정실무상으로도 상대방에게 통보되지 않는 경우가 많다. 또한 관할 지방병무청장이 위원회의 심의를 거쳐 공개 대상자를 1차로 결정하기는 하지만, 병무청장에게 최종적으로 공개 여부를 결정할 권한이 있으므로, 관할 지방병무청장의 공개 대상자 결정은 병무청장의 최종적인 결정에 앞서 이루어지는 행정기관 내부의 중간적 결정에 불과하다. 가까운 시일 내에 최종적인 결정과 외부적인 표시가 예정된 상황에서, 외부에 표시되지 않은 행정기관 내부의 결정을 항고소송의 대상인 처분으로 보아야 할 필요성은 크지 않다. 관할 지방병무청장이 1차로 공개 대상자 결정을 하고, 그에 따라 병무청장이 같은 내용으로 최종적 공개결정을 하였다면, 공개 대상자는 병무청장의 최종적 공개결정만을 다투는 것으로 충분하고, 관할 지방병무청장의 공개 대상자 결정을 별도로 다툴 소의 이익은 없어진다.

[2] 행정처분의 무효확인 또는 취소를 구하는 소가 제소 당시에는 소의 이익이 있어 적법하였더라도, 소송 계속 중 처분청이 다툼의 대상이 되는 행정처분을 직권으로 취소하면 그 처분은 효력을 상실하여 더 이상 존재하지 않는 것이므로, 존재하지 않는 그 처분을 대상으로 한 항고소송은 원칙적으로 소의 이익이 소멸하여 부적법하다. 다만 처분청의 직권취소에도 불구하고 완전한 원상회복이 이루어지지 않아 무효확인 또는 취소로써 회복할 수 있는 다른 권리나 이익이 남아 있거나 또는 동일한 소송 당사자 사이에서 그 행정처분과 동일한 사유로 위법한 처분이 반복될 위험성이 있어 행정처분의 위법성 확인 내지 불분명한 법률문제에 대한 해명이 필요한 경우 행정의 적법성 확보와 그에 대한 사법통제, 국민의 권리구제의 확대 등의 측면에서 예외적으로 그 처분의 취소를 구할 소의 이익을 인정할 수 있을 뿐이다.

II. 사안, 경과 및 관련규정

1. 사안

원고들은 '여호와의 증인' 신도로서 2016. 2. 이전에 현역 입영 또는 소집 통지를 받고도 병역법 제88조에서 정한 기간 이내에 입영하지 아니하거나 소집에 응하지 아니한 사람들이다. 서울 등 14개 지방병무청(지방병무지청 포함, 이하 같다)장은 각 지방병무청 단위로 설치된 병역의무기피공개심의위원회(이하 '위원회'라 한다)의 심의를 거쳐 현역병 입영을 하지 아니하거나 사회복무요원 소집에 불응한 사람들 중 병역의무기피자로서 인적사항 등을 공개할 잠정 공개 대상자를 선정한 다음, 2016.2.말경부터 2016.4.말경까지 잠정 공개 대상자로 선정된 사람들에게 '기피일자, 기피요지, 공개 내용, 공개 예정일, 공개 방법'등이 기재된 '병역의무 기피자 인적사항 등의 공개 사전통지서'를 등기우편으로 송부하였는데, 원고들도 잠정 공개 대상자에 포함되었다. 위 사전통지서에는 유의사항으로 '병역의무를 기피한 부득이한 사유가 있을 때에는 사전통지서를 받은 날로부터 30일 내에 소명서를 관할 지방병무청에 제출하도록 하고, 해당 기한까지 소명서를 제출하지 않을 때에는 병역의무 기피사실을 공개하는 것에 이의가 없는 것으로 간주된다'는 내용이 기재되어 있다. 서울 등 14개 지방병무청장은 원고들로부터 소명서 등을 제출받은 다음, 다시 위원회의 심의를 거쳐 2016.12.12.경 원고들을 최종 공개 대상자로 확정하였고, 그 무렵 원고들에게 '병역기피자 공개 관련 소명서 제출에 대한 심의결과 알림' 등을 통하여 최종 공개 대상자가 되었음을 통지하였다. 병무청장이 2016.12.20. 원고들을 포함하여 전항 기재 최종 공개 대상자로 확정된 237명에 대한 인적사항을 병무청 홈페이지에 게시하였다.

대법원이 이른바 양심적 병역거부가 병역법 제88조 제1항에서 정

한 병역의무 불이행의 '정당한 사유'에 해당할 수 있다는 취지로 판례를
변경하자(대법원 2018.11.1. 선고 2016도10912 전원합의체판결 참조),
병무청장은 위 대법원 판례변경의 취지를 존중하여 이 사건 상고심 계
속 중인 2018.11.15.경 원고들에 대한 공개결정을 직권으로 취소한 다
음, 그 사실을 원고들에게 개별적으로 통보하고 병무청 인터넷 홈페이
지에서 게시물을 삭제하였다.

2. 당사자의 주장

(1) 원고들의 주장

원고들은 이 사건 처분은 아래와 같은 중대한 절차적 하자가 존재
하고, 내용면에서도 처분사유가 인정되지 아니하거나 재량권을 일탈·
남용한 것이어서 위법하므로, 주위적으로 이 사건 처분의 무효확인을,
예비적으로 이 사건 처분의 취소를 구하였다.

가) 처분성 여부와 관련해서

원고들은, 이 사건 공개는 정보화 사회에서 개인의 명예 내지 수치
심을 자극함으로써 간접적으로 행정상 의무이행을 확보하기 위한 것으
로 ㉮ 피고에 의해 일방적으로 행해지고 이로 인하여 원고들의 명예,
인격권 등이 침해되는 점, ㉯ 일회적으로 끝나는 것이 아니라 상당기간
공개상태를 지속하면서 공개 대상자들에게 이를 수인할 것을 명령하는
성격도 아울러 가지고 있는 점, ㉰ 위와 같이 계속성을 갖는 사실행위
에 대하여 이를 취소할 경우 장래에 이루어질 인격권의 침해로부터 원
고들의 권리를 구제할 실익이 있는 점 등에 비추어 원고들의 구체적 권
리의무에 직접적 변동을 초래하는 공법상 행위로서 항고소송의 대상이
되는 처분에 해당한다고 주장한다.

나) 절차적 하자와 관련해서

피고는 원고들에게 이 사건 처분에 앞서 사전통지만 하였을 뿐 이 사건 처분에 대한 통지 자체를 한 사실이 없으므로 행정절차법 제23조, 제24조, 제26조를 위반하였다. 또한 원고 26, 원고 76의 경우 사전통지서의 본문에 성명, 주소, 처분사유가 모두 기재되어 있지 아니하고, 원고 14, 원고 39, 원고 60의 사전통지서는 행정청의 직인이 찍히지 아니하였으므로 적법한 사전통지로 볼 수 없다.

다) 실체적 하자와 관련해서

원고들은 여호와의 증인 신자들로서 종교적 양심에 따라 병역을 거부한 것이고, 이는 자유권규약 제18조, 대한민국헌법 제19조, 제20조에 따라 보호받는 양심 및 종교의 자유에 내재된 권리로서 정당한 사유에 해당하므로, 병역법 제81조의2 제1항 제3호의 '정당한 사유 없이 현역 입영 또는 사회복무요원 소집이나 교육소집에 응하지 아니하는 사람'에 해당하지 아니한다.

원고들의 경우 징역 1년 6월의 형사판결이 확정되면 제2국민역으로 처분되므로, 이 사건 처분을 하더라도 얼마 후 공개자 명단에서 삭제된다. 결국 이 사건 처분은 원고들에 대하여 병역의무 이행의 촉구라는 입법 목적을 달성하지 못하고 오로지 고통만을 가하는 처벌수단에 불과하므로, 이 사건 처분은 비례의 원칙에 반하고 재량권을 일탈·남용한 것으로서 위법하다.

(2) 피고의 주장

피고는 제1심에서는 이 사건 공개를 행정처분으로 본 것을 바탕으로 제소기간 및 하자와 관련하여 항변하였는데, 그것이 주효하지 아니하자, 제2심에서는 대상적격의 물음을 제기하였다. 즉, 본안전항변으로 이 사건 공개는 그 자체로 원고들의 법률상 지위에 아무런 변동을 일으

키지 아니하는 비권력적 사실행위의 성격을 가지므로, 항고소송의 대상
이 되는 행정처분에 해당하지 않으니, 이 사건 주위적 및 예비적 청구
의 소는 모두 부적법하다고 주장하였다.

3. 경과: 하급심의 태도

(1) 서울행정법원 2018. 2. 9 선고 2017구합59581판결의 요지

가) 행정처분의 성립 시기와 관련해서

행정소송법 제20조 제1항은 취소소송은 처분 등이 있음을 안 날부
터 90일 이내에 제기하여야 한다고 규정하고 있는데, 위 조항에서 말하
는 제소기간의 기산점인 '처분 등이 있음을 안 날'이란 통지, 공고 기타
의 방법에 의하여 당해 처분 등이 있었다는 사실을 현실적으로 안 날을
의미한다(대법원 1991. 6. 28. 선고 90누6521 판결 참조).

원고들이 잠정 공개 대상자로 선정되었다는 사전통지를 받았다는
사실만으로는 최종 공개 대상자로 선정되었다는 사실을 확정적으로 알
았다고 할 수 없다. 별지2 목록 제1항 기재 원고들은 이 사건 처분에 앞
서 최종 공개 대상자로 선정되어 2016. 12. 20. 인적사항 등이 공개됨을
본인 또는 가족이 그 주거지에서 등기우편으로 통지받은 사실을 인정할
수 있으므로, 위 원고들은 2016. 12. 20. 이 사건 처분이 있음을 알았다
고 추인할 수 있다. 그런데 위 원고들이 이 사건 처분이 있음을 안 날로
부터 90일이 경과한 2017. 3. 27. 이 사건 소를 제기한 사실은 역수상 명
백하므로, 위 원고들이 제기한 소는 제소기간이 도과하여 부적법하다.

그러나 나머지 원고들인 별지2 목록 제2항 기재 원고들의 경우, 제
출된 증거만으로는 최종 공개 대상자로 선정되어 2016. 12. 20. 인적사
항 등이 공개되었다는 사실을 이 사건 소 제기일로부터 90일 이전에 알
았다고 단정할 수 없으므로, 위 원고들에 대한 피고의 본 안전항변은
받아들이지 아니한다.

나) 행정절차법 제24조 위반 여부와 관련해서

병역법 제81조의2, 병역법 시행령 제160조는 병역의무 기피자의 인적사항 등 공개에 관하여 잠정 공개 대상자 선정, 사전통지 및 소명 기회 제공, 최종 공개 대상자 결정의 절차를 거쳐 병역의무 기피자의 성명, 연령, 주소, 기피일자 및 기피요지, 법 위반 조항을 병무청 또는 관할 지방병무청 인터넷 홈페이지에 게시하도록 규정함으로써 처분의 존부나 내용의 명확성에 관한 다툼이 발생할 여지가 없도록 그 절차와 방식을 구체적으로 정하고 있으므로, 이는 행정절차법 제24조 제1항의 '다른 법령 등에 특별한 규정이 있는 경우'에 해당한다고 봄이 타당하다. 따라서 원고들에 대한 이 사건 처분이 행정절차법 제24조를 위반하였다 고 할 수 없다(또한 을 제17호증의 기재 및 변론 전체의 취지를 종합하면, 별지2 목록 제 1항 기재 원고들은 병역법 제81조의2에 따른 최종 공개대상자로 확정되 어 2016. 12. 20. 인적사항 등이 공개될 예정임을 문서로 통지받은 사실을 인정할 수 있으므로, 위 원고들의 이 부분 주장은 이 점에서도 받아들일 수 없다).

다) 병역법 제81조의2 제1항 제3호의
'정당한 사유' 해당 여부와 관련해서

병역법 제81조의2 제1항 제3호는 정당한 사유 없이 현역 입영 또 는 사회복무요원의 소집이나 군사교육소집에 응하지 아니하는 사람에 대하여 병무청장이 인적사항과 병역의무 미이행 사항 등을 인터넷 홈페 이지 등에 공개할 수 있다고 규정하고 있는데, 이때 '정당한 사유'는 현 역입영 또는 소집 통지서를 받고도 정당한 사유 없이 입영하지 아니하 거나 소집에 응하지 아니한 사람에 대한 형사처벌을 규정하고 있는 병 역법 제88조 제1항의 '정당한 사유'와 동일하게 해석하여야 한다. … 원고들이 주장하는 사정은 병역법 제81조의2 제1항 제3호의 '정당한 사 유'에 해당한다고 할 수 없으므로, 원고들의 이 부분 주장은 받아들이지 아니한다.

라) 재량권 일탈·남용 여부와 관련해서

이와 같이 병역법 및 그 시행령은 '위원회가 공개할 실익이 없다고 인정한 경우'를 인적 사항을 공개하지 아니하는 사유로 규정하고, 병역의무를 이행하는 경우에는 공개할 실익이 없다고 보아 공개된 인적사항을 삭제하도록 규정하고 있는 점, 병역법 제81조의2에서 규정 한 인적 사항 등 공개제도는 이른바 '행정상 공표'에 해당하고, 이러한 의무위반 사실에 대한 행정상 공표는 정보화 사회에서 개인의 명예 내지 수치심을 자극하여 심리적으로 압박함으로써 간접적으로 행정상 의무이행을 확보하고자 하는 수단인 점, 이러한 인적사항 등 공개제도로 인하여 개인의 명예, 신용 또는 프라이버시권이 침해되는 정도가 가볍다고 할 수 없는 점 등을 고려할 때, 병역기피자의 인적사항 등을 공개하는 취지는 병역의무 기피를 방지하고 성실한 병역의무의 이행을 확보하기 위한 것이고, 그러한 입법 목적을 달성할 여지가 없어 공개의 실익이 없는 경우에 대해서까지 인적사항 등을 공개한다면 이는 그로 인하여 달성하고자 하는 공익에 비하여 침해되는 사익이 현저하게 큰 경우로서 비례의 원칙을 위반하여 재량권을 일탈·남용한 것이라고 봄이 타당하다.

그런데 원고들과 같은 이유로 병역을 거부한 사람들에게 대부분 1년 6월의 실형이 선고 되었음에도 원고들은 여전히 종교적 양심을 이유로 현역입영 등 병역의무의 이행을 거부하여 수사 또는 재판을 받고 있거나 받게 될 예정이고, 이 사건 처분으로 원고들이 병역의무의 이행에 관한 입장을 바꿀 것이라고 기대하기도 어렵다. 이러한 사정을 고려하면, 원고들에 대한 이 사건 처분은 원고들로 하여금 병역의무를 이행하게 하거나 원고들과 같은 사유로 병역의무의 이행을 거부하는 사람들에 대하여 병역의무의 이행을 확보하는 일반 예방적 효과를 도모한다는 원래의 입법 목적 달성에 기여하지 못하고, 오로지 원고들에게 사회적 불명예와 고통을 가하는 처벌수단으로만 기능하고 있는 것으로 보인다.

따라서 이러한 원 고들에 대하여 인적사항 등을 공개하도록 하는 이 사건 처분은 비례의 원칙을 위반하여 재량권을 일탈·남용한 것으로서 위법하다.

(2) 서울고등법원 2018.6.5. 선고 2018누38217판결의 요지

다음의 사실에 관한 법집행으로서 국민의 권리의무에 직접적으로 영향을 미치는 행위라고 보기 어려우므로, 이 사건 공개는 항고소송의 대상이 되는 행정처분이라고 할 수 없다.

① 공개는 행정청이 스스로 확보한 정보를 직접 또는 인터넷 등 매체를 통하여 불특정 다수인이 알 수 있도록 외부적으로 표시하는 행위로서, 의사표시를 요소로 하는 법적행위가 아니라 사실행위이다. ② 공개가 행정청에 의해 일방적으로 행해지긴 하지만, 공개 자체로는 아무런 법적 효과가 발생하지 않고, 공개 상대방에 대하여 어떠한 수인의무를 부과하지도 않으므로 권력적 행위로 보기 어렵다. ③ 병역법은 정당한 사유 없이 현역 입영 또는 사회복무요원 소집이나 군사교육소집에 응하지 아니하는 사람에 대해서 인적사항과 병역의무 미이행 사항 등을 인터넷 홈페이지 등에 공개할지 여부 등을 심의하기 위하여 관할 지방병무청에 위원회를 두고(제81조의2 제2항), 관할 지방병무청장은 위원회의 심의를 거친 잠정 공개 대상자에게 인적사항 등의 공개 대상자임을 통지하여 소명 기회를 주어야 하고, 통지일부터 6개월이 지난 후 위원회로 하여금 잠정 공개 대상자의 병역의무 이행 상황을 고려하여 공개 여부를 재심의하게 한 후 공개 대상자를 결정하도록 하고 있다(제81조의2 제3항). 그렇다면, 지방병무청장의 공개 대상자 결정이 행정처분에 해당한다 할 것이므로, 원고들은 이 사건 공개가 이루어지기 전 원고들을 공개 대상자로 결정한 관할 지방병무청장의 처분에 대하여 다투어 이 사건 공개를 저지할 수 있다. 더구나 일단 공개가 이루어지면 그 자체로 사실행위가 완료되므로, 취소로 소멸시킬 법률효과나 취소의 방법을 상정하기

어려운 만큼 그 전 단계에서 지방병무청장의 위 결정에 대하여 다투는 것이 실효적이고 직접적인 구제수단이 된다.

4. 관련 법규정

* 병역법 제81조의2(병역의무 기피자의 인적사항 등의 공개)

① 병무청장은 다음 각 호의 어느 하나에 해당하는 사람에 대해서는 인적사항과 병역의무 미이행 사항 등을 인터넷 홈페이지 등에 공개할 수 있다. 다만, 질병, 수감 등 대통령령으로 정하는 사유가 있는 경우에는 그러하지 아니하다. <개정 2016. 5. 29., 2019. 12. 31.>

1. …, 2. …

3. 정당한 사유 없이 현역 입영 또는 사회복무요원·대체복무요원 소집이나 군사교육소집에 응하지 아니하는 사람

② 제1항에 따라 공개하는 인적사항과 병역의무 기피·면탈 및 감면 사항 등에 대한 공개 여부를 심의하기 위하여 관할 지방병무청(지방병무청지청을 포함한다. 이하 이 조에서 같다)에 병역의무기피공개심의위원회(이하 이 조에서 "위원회"라 한다)를 둔다.

③ 관할 지방병무청장은 위원회의 심의를 거친 잠정 공개 대상자에게 제1항에 따른 인적사항 등의 공개 대상자임을 통지하여 소명 기회를 주어야 하며, 통지일부터 6개월이 지난 후 위원회로 하여금 잠정 공개 대상자의 병역의무 이행 상황을 고려하여 공개 여부를 재심의하게 한 후 공개 대상자를 결정한다.

④ …

* 병역법시행령 제160조(병역의무 기피자의 인적사항 등의 공개)

① 법 제81조의2 제1항 각 호 외의 부분 단서에서 "질병, 수감 등 대통령령으로 정하는 사유가 있는 경우"란 다음 각 호의 어느 하나에

해당하는 경우를 말한다.

　　1. 법 제81조의2 제2항에 따른 병역의무기피공개심의위원회(이하 이 조 및 제161조에서 "위원회"라 한다)가 질병, 수감 또는 천재지변 등의 사유로 병역의무를 이행하기 어려운 부득이한 사유가 있다고 인정하는 경우

　　2. 위원회가 법 제81조의2 제1항 각 호의 어느 하나에 해당하는 사람(이하 이 조에서 "병역의무 기피자"라 한다)을 공개할 실익이 없거나 공개하는 것이 부적절하다고 인정하는 경우

　　② 관할 지방병무청장(지방병무청지청장을 포함한다. 이하 이 조 및 제161조에서 같다)은 법 제81조의2 제3항에 따라 잠정 공개 대상자에게 같은 조 제1항에 따른 인적사항 등의 공개 대상자임을 통지할 때에는 병역의무를 이행하도록 촉구하고 병역의무를 이행하지 못한 부득이한 사유가 있는 경우에는 그에 관한 소명자료를 제출하도록 안내하여야 한다.

　　③ …

　　④ 법 제81조의2 제1항에 따른 공개는 병무청 인터넷 홈페이지 또는 관할 지방병무청(지방병무청지청을 포함한다. 이하 이 조 및 제161조에서 같다) 인터넷 홈페이지에 게시하는 방법으로 한다.

　　⑤ 병무청장은법 제81조의2 제1항에 따라 병무청 인터넷 홈페이지에 게시된 병역의무 기피자가 병역의무를 이행하는 등 그 인적사항등을 공개할 실익이 없는 경우에는 제3항 각 호의 인적사항등을 삭제하여야 하며, 관할 지방병무청 인터넷 홈페이지에 게시된 경우에는 관할 지방병무청장으로 하여금 제3항 각 호의 인적사항등을 삭제하도록 하여야 한다.

　　⑥ …

Ⅲ. 문제의 제기

병무청장이 공개(결정)를 취소하고 게시물을 삭제한 이상, 취소를 구할 권리보호의 필요성이 없으므로 공개결정에 대한 취소소송은 당연히 부적법하다. 통상 사안처럼 소의 대상이 없게 되면 권리보호의 필요성(협의의 소의 이익)의 차원에서 간단히 다루는데, 대상판결은 중요한 소송요건적 물음인 대상적격의 물음에 관하여 적극적으로 의견을 개진하였다. 대상판결이 처분성의 확대에 이바지한 것으로 여겨질 수 있지만, 처분성 인정의 논거 및 행정행위의 성립여부와 관련해서 치명적인 문제점을 지니고 있다. 그리고 대상판결은 취소판결의 기속력의 차원에서 결과제거의무를 처음으로 공식적으로 인정하면서, 바람직하지 않게도 그것을 처분성인정의 논거로 삼았다. 효과적인 권리보호의 차원에서 과연 항고소송이 효과적인지도 의문스럽다. 아울러 대상판결이 관할 지방병무청장의 공개 대상자 결정의 처분성을 부인한 것과 제1심이 병무청장이 공개(결정)가 재량권 일탈·남용에 해당하다고 본 것 역시 문제점을 지니고 있다.

Ⅳ. 대상판결의 개개의 문제점

1. 병무청장의 2016.12.20. 공개결정의 처분성 인정과 관련한 문제점

(1) 적극적인 처분성 인정의 태도

일찍이 세무조사결정의 처분성을 인정한 대법원 2011.3.10. 선고 2009두23617, 23624판결을 계기로 새로운 국면에 들어갔다.[1] 종래 문

---

[1] 상론은 김중권, 행정법, 2019, 509면 이하.

헌과 같은 맥락에서 조사행위(조사실시) 그 자체를 대상으로 논의를 전
개한 하급심과는 달리, 대법원은 조사행위를 근거지우는 결정(조사결
정)을 문제로 삼았다. 종래 조사실시에 사로잡힌 나머지 그것을 곧바로
사실행위로 접근하여 조사결정에 대해 권리보호를 강구하는 것이 여의
치 않았다. 관건은 행정처분의 개념적 징표 가운데 법적 효과를 발생시
키는 규율이 존재하는지 여부이다. 이 판결은 세무조사가 갖는 함의에
착안하여 그로부터 법효과의 발생을[2] 적극적으로 논증함으로써, 기왕
의 스테레오적 사고에서 벗어났다. 이와 비슷하게 대상판결이 정보공개
가 낳는 명예훼손과 같은 권익침해에 의거하여 적극적으로 그것의 법효
과를 논증하려고 한 점은 바람직하다. 그리고 공개 대상자의 실효적 권
리구제를 위해 항고소송의 대상적격을 적극적으로 인정하고자 한 것은
수긍할 만하다.[3]

(2) 독립된 행정처분의 존재와 관련한 문제점

공개라는 현상에 초점을 맞추어 사실행위의 차원에서 접근한 원심
과는 달리, 대상판결은 공개이전에 공개결정의 존재에 초점을 맞추었
다. 병무청장의 2016.12.20. 공개와 관련해서 행정처분으로서의 공개결
정이 전제되어 있다는 지적은 타당하지만 그것의 존재에 관한 논거가
제시되지 않았다. 처분서가 존재하지 않고, 정보공개에 앞서 의견청취
와 같은 사전절차를 밟도록 규정하고 있지 않는 이상,[4] 처분의 존재를

---

2) 납세의무자는 세무공무원의 과세자료 수집을 위한 질문에 대답하고 검사를 수인하
여야 할 법적 의무를 부담하게 되는 점, 세무조사는 기본적으로 적정하고 공평한
과세의 실현을 위하여 필요한 최소한의 범위 안에서 행하여져야 하고, 더욱이 동
일한 세목 및 과세기간에 대한 재조사는 납세자의 영업의 자유 등 권익을 심각하
게 침해할 뿐만 아니라 과세관청에 의한 자의적인 세무조사의 위험마저 있으므로
조세공평의 원칙에 현저히 반하는 예외적인 경우를 제외하고는 금지될 필요가 있
는 점.
3) 동지: 구정태, 인적사항공개의 처분성 인정 여부, 대한변협신문 제770호, 2020, 8면.
4) 여기서의 공개결정은 그 자체가 불이익처분이어서 의견청취에 따른 사전통지와 같
은 절차적 요청을 충족하여야 하는지가 문제된다. 어떤 행정작용에 대해 재판을

확인하기 어렵다. 좀 더 설득력 있는 착안점이 제시될 필요가 있다. 이
런 연결고리에 해당할 수 있는 것이 바로 추단적(묵시적) 행정행위
(konkludenter Verwaltungsakt)의 존재이다.5) 행정의 추단적 용태로부터
행정행위의 개념적 징표를 충족하는 법적으로 의미있는 공법적 의사표
시가 도출될 수 있을 때, 추단적 행정행위가 존재할 수 있다.6) 가령 보
조금반환요구(결정)는 보조금지급결정의 묵시적 폐지를 동시에 담고 있
다. 여러 명이 한정된 허가(임용)를 신청하여 일부에 대해 허가(임용)가
발해진 경우 다른 이에 대한 거부처분이나 불이익한 제외처분이 존재하
는 셈이다.7) 그리고 종종 (후속) 행정사실행위를 위한 법적 근거가 되는
추단적 행정행위가 사실행위로부터 생겨나기도 한다(예: 경찰관이 행한
수신호). 물론 표시행위에 대해 법률상 일정한 형식(서면, 공증증서, 고시
등)이 규정된 때는 추단적 행정행위는 배제된다.8) 추단적 행정행위의

통해 비로소 행정처분적 성질이 확인되는 경우에는 행정절차법의 절차적 요청을
그대로 적용해서는 아니 된다. 즉, 절차하자를 문제 삼아서는 곤란하다. 물론 공식
적으로 처분성이 인정된 이후에는 행정처분에 합당한 요청을 충족하여야 한다.

5) 한편 법률에 의해 예외적으로 행정청의 침묵에 대해 법효과가 규정되어 있거나 처리
기간의 경과로 거부처분으로 여겨지지 않는 한, 행정청의 단순한 침묵은 행정행위
가 될 수 없다. 시민이나 다른 행정청이 행한 활동이나 상태에 대해 행정청이 소극
적으로 甘受(감수, Duldung)한 것 역시 마찬가지이다. 하지만 적극적인 감수의 경
우, 가령 일정한 행위를 수긍한다는 것을 공식적으로 나타내거나 개별법이 감수에
대해 이런 법적 의의를 부여하는 경우에는 다르다. 가령 이의를 제기하지 않는다
는 행정청의 서면상의 표시는 행정행위가 될 수 있다. VGH Mannheim NJW 1990,
3164.

6) Barczak, Typologie des Verwaltungsakts, JuS 2018, 238(244).

7) 판례는 총장임용에서의 임용제청제외·임용제외(대법원 2016두57564판결; 2015두
50092판결), 교장승진임용에서의 임용제외(대법원 2015두47492판결)를 제외처분으
로 보는데, 지원절차인 전자는 거부처분이다(본서 734면). 김중권, 법조 제733호
(2019.2.28.): 법률신문 제4681호(2019.3.4.).

8) 판례는 공공용물의 성립과 폐지에서 묵시적 공용지정(개시)행위나 공용폐지의 존
재를 인정하는 데 엄격한 태도를 취한다(대법원 2016.5.12. 선고 2015다25524판결
등): 토지의 지목이 도로이고 국유재산대장에 등재되어 있다는 사정만으로 바로
토지가 도로로서 행정재산에 해당한다고 할 수는 없다. 이는 국유재산대장에 행정
재산으로 등재되어 있다가 용도폐지된 바가 있더라도 마찬가지이다.

존재는 후속 행정행위를 발하기 위한 중간단계로서 특별한 의의를 지녀
서, 경우에 따라서는 명시적 처분에 담겨질 수도 있다.9) 여기서 추단적
행정행위는 종국적 처분이 내려지기 전에 권리구제를 강구할 수 있는
착안점이 될 수 있다. 추단적 행정행위에 관한 인식이 확산될 필요가
있다.

(3) 행정처분의 성립 자체 및 성립시점의 문제점

병무청장의 2016.12.20. 공개처분이 공개대상자에게 성립하는가?
병역법 제81조의2에 의거한 병무청장의 병역의무기피자인적사항의 공
개에서 공개결정(처분)의 존재를 도출하는 이상, 공개대상자에게 통지하
지 않은 점은 공개처분의 성립의 문제를 발생시킨다. 이에 대해 대상판
결은, "병무청장이 그러한 행정결정을 공개 대상자에게 미리 통보하지
않은 것이 적절한지는 본안에서 해당 처분이 적법한가를 판단하는 단계
에서 고려할 요소이며, 병무청장이 그러한 행정결정을 공개 대상자에게
미리 통보하지 않았다거나 처분서를 작성·교부하지 않았다는 점만으로
항고소송의 대상적격을 부정하여서는 아니 된다."고 판시하였다.

일반적으로 행정행위(처분)의 통지를 행정행위의 효력발생요건으로
들지만, 판례는 "일반적으로 행정처분이 주체·내용·절차와 형식이라는
내부적 성립요건과 외부에 대한 표시라는 외부적 성립요건을 모두 갖춘
경우에는 행정처분이 존재한다고 할 수 있다."고 판시하여 통지(표시)를
성립요건으로 접근한다. 그리고 "행정처분의 외부적 성립은 행정의사가
외부에 표시되어 행정청이 자유롭게 취소·철회할 수 없는 구속을 받게
되는 시점을 확정하는 의미를 가지므로, 어떠한 처분의 외부적 성립 여
부는 행정청에 의해 행정의사가 공식적인 방법으로 외부에 표시되었는
지를 기준으로 판단하여야 한다."고 판시하였다.10)

사안의 공개결정을 상대방이 있는 행정처분으로 보는 한, 기왕의

---

9) Barczak, Typologie des Verwaltungsakts, JuS 2018, 238(244).
10) 대법원 2017.7.11. 선고 2016두35120판결.

판례에 의하면 그것의 명시적인 통지가 없는 이상, 그것이 성립하지 않게 되는 즉, 존재하지 않는 결과를 낳는다. 여기서 대상판결은 기왕의 판례의 기조와 정면으로 배치된다. 특히 대상적격의 물음에서, 처분성의 인정 물음과 처분의 존재 물음이 다름에도 불구하고, 대상판결은 바람직하지 않게도 양자를 구별하지 않는 논증을 하였다. 그리고 대상판결은 "피고의 공개결정이 공개 대상자들에게 개별적으로 통보되지 않았다고 하더라도, 공개 대상자들의 인적사항 등을 병무청 인터넷 홈페이지에 게시함으로써 공개결정이 대외적으로 표시되어 외부적으로 성립되었다고 할 것이다."고 판시하였는데, 이 역시 "상대방이 있는 행정처분은 상대방에 통지가 되지 않는 한, 설령 다른 경로를 통해 행정처분의 내용을 알게 되었다고 하더라도 성립하지 않아서 효력을 발생시키지 않는다."고 판시한 기왕의 판례와도11) 배치된다. 기왕의 판례의 기조에서 보면, 통보와 관련한 대상판결의 판시내용은 전혀 설득력이 없게 된다.

대상판결은 병무청장의 2016.12.20. 공개시점에 행정처분으로서의 공개결정이 성립하는 것을 전제로 논증을 하였지만, 그와 대비되게 제1심은 이 사건 처분(2016.12.20. 공개)에 앞서 최종 공개 대상자로 선정되어 2016. 12. 20. 인적사항 등이 공개됨을 본인 또는 가족이 그 주거지에서 등기우편으로 통지받은 원고들과 그런 통지를 받지 않은 나머지 원고들을 구별하여 전자의 경우에 대해서는 취소소송의 제소기간을 적용하고, 후자의 경우에 대해서는 그러하지 않았다. 제1심은 기본적으로 이 사건의 공개를 상대방이 있는 행정행위의 차원에서 나름의 통지를 착안점으로 삼아 행정행위의 성립 및 관련 제소기간의 문제를 타당하게 논증한 것이다.12)

---

11) 대법원 2019.8.9. 선고 2019두38656판결.
12) 일찍이 대법원 2011.3.10. 선고 2009두23617, 23624판결이 세무조사결정의 처분성을 인정하였지만, 그것이 언제 행정행위로 성립하는지에 관해서는 언급을 하지 않았다. 행정조사의 사전통지시점을(행정조사는 조사개시 7일전까지(행정조사기본법 제17조), 세무조사는 조사개시 15일전까지(국세기본법 제81조의7 제1항이)이다) 행

2. 취소판결의 기속력의 차원에서 결과제거의무의
인정과 관련한 문제점

취소판결이 내려졌는데 이미 행정행위가 집행되었다고 하면 어떻게 되는가? 행정행위가 집행된 이후의 상태는 이로 인해 위법상태가 되어버린다. 취소판결의 취지를 따르면 위법한 상태를 처분이 내려지기 전의 상태로 되돌려야 한다. 행정청이 스스로 행정행위가 내려지기 전의 상태, 즉 원래의 상태로 되돌리면 문제가 없지만, 그렇지 않을 경우가 논란이 된다. 취소판결에 의거하여 그것을 구할 수 있는지 여부이다. 취소판결의 기속력의 내용으로 결과제거의무 역시 당연히 인정된다고 할 것 같으면, 원고는 어려움 없이 결과제거를 도모할 수 있다. 2013년 법무부 개정안은 기속력의 일환으로 결과제거의무를 명문화하였는데,[13] 대상판결은 취소판결의 기속력의 차원에서 결과제거의무를 처음으로 공식적으로 인정하였다.[14] 그런데 대상판결이 결과제거의무의 존재를 처분성인정의 논거로 삼은 것은[15] 이해하기 힘들다. 결과제거의무는 취소판결의 기속력의 내용일 뿐이다.

판례가 취소판결의 기속력의 차원에서 결과제거의무를 공식적으로

정조사결정이 성립하는 시점으로 보아야 한다. 김중권, 행정법, 512면.

13) 제32조 ④ 판결에 따라 취소되는 처분등이 이미 집행된 경우에는 당사자인 행정청과 그 밖의 관계행정청은 그 집행으로 인하여 직접 원고에게 발생한 위법한 결과를 제거하기 위하여 필요한 조치를 해야 한다.

14) 동지: 대법원 2019.10.17. 선고 2018두104판결: 이 사건 주민소송에서 이 사건 도로점용허가를 취소하는 판결이 확정되면, 피고는 취소판결의 기속력에 따라 위법한 결과를 제거하는 조치의 일환으로서 피고 보조참가인에 대하여 도로법 제73조, 제96조, 제100조 등에 의하여 이 사건 도로의 점용을 중지하고 원상회복할 것을 명령하고, 이를 이행하지 않을 경우 행정대집행이나 이행강제금 부과 조치를 하는 등이 사건 도로점용허가로 인한 위법상태를 제거하는 것이 가능하게 된다.

15) 병무청장은 취소판결의 기속력에 따라 위법한 결과를 제거하는 조치를 할 의무가 있으므로 공개 대상자의 실효적 권리구제를 위해 병무청장의 공개결정을 행정처분으로 인정할 필요성이 있다.

인정함으로써 취소소송에 관한 기왕의 형성소송적 접근은 더욱더 확실하고 공고해진다. 다만 다음과 같은 후속적 물음이 제기된다. 먼저 만약 처분청이 결과제거에 나서지 않을 경우에 어떻게 될 것인가? 행정상의 결과제거청구권의 실현의 문제이자 결과제거청구권의 실현방도의 문제이다. 즉, 관련법상의 개입조치를 구하고 그것의 불응에 대해 -구한 개입조치가 행정행위이면- 거부처분취소소송(또는 의무이행소송)이나 부작위위법확인소송을, -구한 개입조치가 사실행위이면- 당사사소송을 강구해야 한다.16) 여기서 결과제거의무의 인정은 신청권의 인정으로 연결될 수 있다. 그런데 결과제거의무가 특히 문제되는 상황은 제3자의 행위가 위법한 상태의 형성에 개입한 경우이다. 즉, 제3자효 행정행위에 해당하는 환경관련시설의 설치허가에 대해 취소판결이 내려졌지만, 취소판결 전에 이미 그 환경관련시설이 설치된 경우처럼, 제3자의 행위가 위법한 상태의 형성에 개입한 경우이다. 결과제거의무가 여기서도 통용될 수 있는지 여부가 논란이 될 것인데, 행정개입청구권의 인정여부에 새로운 의미를 가져다줄 것이다.17)

3. 소송방도로서의 취소소송과 관련한 문제점

(1) 권리보호의 필요성(협의의 소의 이익)의 차원에서의 문제제기

사안에서 공개결정에 대한 취소소송이 효과적인 소송인가? 취소소송이 아닌 다른 효과적인 소송방도는 없는가? 대상판결이 공개결정의 처분성을 적극적으로 강구한 것은 호평할 만하지만, -물론 사안에서 이미 병무청이 직접 삭제하긴 했지만- 병무청 인터넷 홈페이지에 게시된 상황을 취소소송을 통해 공개이전의 원래의 상황으로 직접적으로 회

---

16) 김중권, 행정법, 937면 이하.
17) 김중권, 행정법, 938면.

복시킬 수는 없다. 형성소송으로서의 취소소송은 계쟁처분 및 그로 인해 성립한 법상황을 직접적으로 제거하는 것이다. 그런데 이미 공개된 사실은 공개결정의 취소만으로 곧바로 제거될 수가 없다. 대상판결에 의해 취소판결의 기속력의 일환으로 결과제거의무가 인정된다고 하더라도, 이 사정은 변함이 없다.

원고가 소송에 의하지 않더라도 또는 다른 소송방법을 통해 자신의 목적을 쉽게 달성할 수 있거나 이미 그 목적을 달성한 경우에는 권리보호의 필요성은 부인된다. 그라고 소송을 통한 목적달성의 전망이 없을 때도 권리보호의 필요성이 부인된다. 원고의 청구취지는 이론적인 의미만을 가져서는 아니 되고, 실제적인 효용 내지 실익이 있어야 한다.[18] 사안에서의 취소소송의 제기를 권리보호의 필요성의 차원에서 엄격히 검토할 필요가 있다.

(2) 결과제거청구소송으로서의 당사자소송의 강구

행정상의 결과제거청구는 위법한 상태의 제거를 통해 원래상태대로 회복하는 것을 목표로 한다. 원상회복 그 이상 그 이하도 아니다. 공법적 활동으로부터 빚어진 직접적인 결과의 제거를 도모한다. 원래상태와 비견될 수 있는 상태를 만들어서 종전의 법적 상황을 복구시키는 것이다. 공개결정의 취소를 구하는 것보다 병무청 인터넷 홈페이지에 게시된 상황의 삭제를 구하는 것이 더 효과적이고 적실하다. 여기서 결과

---

18) 그리하여 판례는 확인적 행정행위에 해당하는 건물의 준공처분(사용승인처분; 사용검사처분)의 경우, 그것을 취소하더라도 해당 건축물의 하자가 제거되지 않는다는 점, 쟁송취소하지 않고서도 인근주민은 물론 입주자(및 입주예정자)는 민사소송을 통하여 소정의 권리구제를 받을 수 있다는 점을 들어 시종 소의 이익을 부인한다 (대법원 1993.11.9. 선고 93누13988 판결). 판례의 이런 태도는 문제가 있다. 준공처분에 대한 취소소송은 위법사유만으로 충분하여 인인이나 입주자가 용이하게 자신의 이익보호를 도모할 수 있음에도 불구하고, 이처럼 본안심리에 들어가는 것조차 원천적으로 봉쇄하는 판례의 태도는 민사구제가능성의 존재로 공법적 권리보호를 무시하는 셈이 된다.

제거청구소송으로서의 당사자소송이 강구될 수 있다.[19)

　　그런데 위법한 행정행위로 인해 위법한 결과가 빚어진 경우, 그 행
정행위가 존재하는 한 결과제거를 구할 수 없다. 따라서 원인행위가 행
정행위인 경우에는 행정행위의 공정력으로 말미암아 행정행위가 폐지
되거나 처음부터 무효이어야 비로소 행정상의 결과제거청구권을 행사
할 수 있다. 그런데 사안에서 대상판결과는 달리 공개결정이 통지되지
않은 이상, 불성립이나 부존재하다고 보면, 행정상의 결과제거청구권을
행사하는 데 아무런 어려움이 없다.

　　한편 지방병무청장의 공개대상자결정 이후에 병무청장의 공개결정
이 내려지기 전에 당사자가 나름의 권리구제를 도모할 수 있는지의 문
제를 고려할 필요가 있다. 항고소송에 대해서는 민사집행법상의 가처분
제도가 활용되지 못하지만, 당사자소송의 경우는 그렇지 않다.[20) 사안
에서 취소소송이 아닌 당사자소송으로 결과제거청구소송을 강구하는
것이 여러 모로 바람직하다.

　　이제까지 행정상의 결과제거청구는 그저 문헌상의 논의에 그쳤다.
그 이유는 행정상의 결과제거청구와 관련해서 논의된 대상인 목적물반
환 및 방해배제 그리고 공직자의 명예훼손적 발언 등은 민사소송의 방
식으로도 충분히 대응할 수 있었기에 때문이다. 사안을 결과제거청구
소송으로서의 당사자소송으로 접근할 좋은 기회인데, 많이 아쉽게 여
겨진다.

---

19) 이 점에서 역설적으로 병무청장의 2016.12.20. 공개를 사실행위로 접근한 항고심의
　　입장에 설 때 결과제거청구소송으로서의 당사자소송의 활용에 관한 인식이 생겨날
　　수 있다.
20) 대법원 2019.9.9. 선고 2016다262550판결 등.

4. 관할 지방병무청장의 공개 대상자 결정의
   처분성여부와 관련한 문제점

대상판결은 관할 지방병무청장의 공개 대상자 결정의 처분성을 부
인하면서 그 논거로 상대방에게 통보하는 등 외부에 표시하는 절차가
관계 법령에 규정되어 있지 않다는 점, 관할 지방병무청장이 위원회의
심의를 거쳐 공개 대상자를 1차로 결정하기는 하지만, 병무청장에게 최
종적으로 공개 여부를 결정할 권한이 있다는 점 그리고 가까운 시일 내
에 최종적인 결정과 외부적인 표시가 예정된 상황에서, 외부에 표시되
지 않은 행정기관 내부의 결정을 항고소송의 대상인 처분으로 보아야
할 필요성은 크지 않다는 점을 든다. 그리하여 관할 지방병무청장의 공
개 대상자 결정의 처분성을 부인하고 그것을 행정기관 내부의 중간적
결정에 불과한 것으로 본다.

병무청장이 최종적으로 공개를 한 상황에서 이를 항고소송으로 다
툴 수 있음에도 불구하고 중간과정인 관할 지방병무청장의 공개 대상자
결정을 다툰 것을 소의 이익의 차원에서 배척하는 것은 나름 타당하다.
그런데 대상판결을 따르면, 병무청장의 최종 공개 이전 단계에서 관할
지방병무청장의 공개 대상자 결정을 다투는 것이 원천적으로 봉쇄되는
셈이 된다. 이것은 일련의 사전결정(예비결정)에[21] 대해 권리구제의 차
원에서 적극적으로 처분성을 인정해온 기왕의 판례의 경향과는 어울리
지 않는다. 관할 지방병무청장의 공개 대상자 결정의 처분성은 인정하
면서도 그것을 소의 이익의 차원에서 되새김했어야 한다.

---

21) 단계적 행정행위로서의 사전결정제도에 관한 상론은 김중권, 행정법, 242면 이하.

5. 재량권 일탈·남용 여부와 관련한 문제점

비록 대상판결은 소송요건차원의 판단을 내렸지만, 제1심은 본안 판단까지 하여 병무청장의 최종적 공개결정이 비례의 원칙을 위반하여 재량권을 일탈·남용한 것으로서 위법하다고 판시하였다. 제1심은 병역 기피자의 인적사항 등을 공개하는 취지는 병역의무 기피를 방지하고 성실한 병역의무의 이행을 확보하기 위한 것이고, 그러한 입법 목적을 달성할 여지가 없어 공개의 실익이 없는 경우에 대해서까지 인적사항 등을 공개한다면 이는 그로 인하여 달성하고자 하는 공익에 비하여 침해되는 사익이 현저하게 큰 경우로서 비례의 원칙을 위반하여 재량권을 일탈·남용한 것이라고 봄이 타당하다고 하면서, 병무청장의 최종적 공개결정의 위법성을 적극적으로 논증하였다.

그런데 제1심의 판단은 결정적인 문제점을 지닌다. 병역법 및 그 시행령은 '위원회가 공개할 실익이 없다고 인정한 경우'를 인적 사항을 공개하지 아니하는 사유로 규정하고 있다. 따라서 공개실익의 유무에 관한 판단은 전적으로 병역의무기피공개심의위원회에 맡겨져 있다. 병역의무기피공개심의위원회가 판단하지 않은 상황에서 공개의 실익이 없다고 법원이 판단하는 것은 -굳이 판단여지의 문제라는 점을 지적하지 않더라도- 지나치다고 할 수 있다. 당연히 행정의 실효성 확보수단으로서의 성격을 결부시키는 것 역시 자연스럽지 않다.

현역 입영 또는 소집 통지를 받고도 병역법 제88조에서 정한 기간 이내에 입영하지 아니하거나 소집에 응하지 아니한 것이 공개결정의 사유인데, 그것의 성립을 조각시키는 '정당한 사유'가 있다고 인정되지 않는 이상, 모든 국민의 국방의무를 헌법이 규정한 데서 -양심적 병역거부의 인정여부와는 별개로- 공개의 공익이 관련 사익보다 우월하다고 보아야 한다.

제1심이 "이 사건 처분으로 원고들이 병역의무의 이행에 관한 입장을 바꿀 것이라고 기대하기도 어렵다. 이러한 사정을 고려하면, 원고들에 대한 이 사건 처분은 원고들로 하여금 병역의무를 이행하게 하거나 원고들과 같은 사유로 병역의무의 이행을 거부하는 사람들에 대하여 병역의무의 이행을 확보하는 일반 예방적 효과를 도모한다는 원래의 입법 목적 달성에 기여하지 못하고, 오로지 원고들에게 사회적 불명예와 고통을 가하는 처벌수단으로만 기능하고 있는 것으로 보인다."는 지적은 관련 입법 자체의 문제점을 제기하는 차원에서는 타당하고, 입법적 개선의 착안점으로 유용할 수 있으나, 이 사건 공개결정의 재량하자를 논증하는 데 동원되는 것은 바람직하지 않다.

V. 맺으면서-처분성 인정에 따른 상반된 後果

이상에서 대상판결 및 하급심의 문제점을 상론하였지만, 사안의 공개(결정)의 처분성을 인정한 데 따른 긍정적인 후과 역시 존재한다. 이를 계기로 관련 법제에 사전통지와 의견청취 및 발령과 관련한 절차법적 요청을 반영할 것이 기대된다. 왜냐하면 사안의 공개가 판례상 행정처분에 해당하는 이상, 이후에는 통상의 침익적 행정처분에 대해 요구되는 절차법적 요청이 관철되어야 하기 때문이다. 그럼에도 불구하고, 대상판결의 그늘진 면이 크게 느껴진다. 대상판결은 취소소송중심의, 행정행위구속적 권리구제의 사고에서 하루바삐 벗어나야 한다는 점을 새삼 확인하게 한다. 행정법원이 출범한 이래로, 공법관계 및 공법사건에 관한 정당한 이해가 확산되어, 판례상으로 당사자소송의 대상이 과거보다 확대되었지만, 안타깝게도 아직까지 결과제거청구의 차원에서 당사자소송이 용인된 적은 없다. 법률에 의해 성립한 법률관계를 다투는 경우를 넘어 당사자소송의 대상을 확대하는 데 적극적으로 나아갈 필요가 있다. 이 점에서 효과적인 권리구제의 틀로서 본연의 기능을 다하지 못하는 행정소송법의 개혁은 행정법의 개혁의 차원에서 시급하다.[22] 어려움은 새로운 생각이 아니라, 오래된 생각으로부터 벗어나는 데 있다(케인즈, 고용·이자 및 화폐에 관한 일반이론 서문).

---

[22] 김중권, 당사자소송의 활성화에 즈음한 행정법의 개혁에 관한 소고, 이강국헌법재판소장 퇴임기념논문집(2013. 1.19.),

참고문헌

김중권, 행정법, 2019.

구정태, 인적사항공개의 처분성 인정 여부, 대한변협신문 제770호, 2020, 8면.
김중권, "교장승진임용제외의 처분성 문제", 법률신문 제4681호, 2019.3.4.
_____, "총장임용제청거부와 배타적 경쟁자소송", 법조 제733호, 2019.2.28. 459면 이하.

외국문헌

Hufen Verwaltungsprozessrecht, 9.Aufl., 2013.
Kopp/Schenke, VwGO, 22.Aufl., 2016.
Schoch/Schneider/Bier, Verwaltungsgerichtsordnung, 2018.
Barczak, Typologie des Verwaltungsakts, JuS 2018, 238(244).

국문초록

병무청장이 공개(결정)를 취소하고 게시물을 삭제한 이상, 취소를 구할 권리보호의 필요성이 없으므로 공개결정에 대한 취소소송은 당연히 부적법하다. 통상 사안처럼 소의 대상이 없게 되면 권리보호의 필요성(협의의 소의 이익)의 차원에서 간단히 다루는데, 대상판결은 중요한 소송요건적 물음인 대상적격의 물음에 관하여 적극적으로 의견을 개진하였다. 대상판결이 처분성의 확대에 이바지한 것으로 여겨질 수 있지만, 처분성 인정의 논거 및 행정행위의 성립여부와 관련해서 치명적인 문제점을 지니고 있다. 그리고 대상판결은 취소판결의 기속력의 차원에서 결과제거의무를 처음으로 공식적으로 인정하면서, 바람직하지 않게도 그것을 처분성인정의 논거로 삼았다. 효과적인 권리보호의 차원에서 과연 항고소송이 효과적인지도 의문스럽다. 아울러 대상판결이 관할 지방병무청장의 공개 대상자 결정의 처분성을 부인한 것과 제1심이 병무청장이 공개(결정)가 재량권 일탈·남용에 해당하다고 본 것 역시 문제점을 지니고 있다.

주제어: 병역의무기피자인적사항의 공개, 병역법, 행정행위의 통지, 권리보호의 필요성, 결과제거의무, 결과제거청구소송, 당사자소송

Zusammenfassung

Probleme der Rechtsnatur der Offenlegung persönlicher Informationen von Kriegsdienstverweigerern

Kim, Jung—Kwon*

Solange die Militärbehörde die Offenlegungsentscheidung von Kriegsdienstverweigerern zu—rücknimmt und ihre persönlichen Informationen löscht, fehlt es grundsätzlich an dem Rechts—schutzbedürfnis, so dass die Anfechtungsklage gegen die Offenlegungsentscheidung zweifel—los unzulässig ist. In der Regel handelt es sich nur um Rechtsschutzbedürfnis, wenn der Kla—gegegenstand verschwunden ist. Hingegen befasst sich diese Rechtsprechung eingehend mit den Fragen nach Statthaftigkeit, die eine wesentliche Voraussetzung für Klage bildet. Auch wenn es scheint, diese Rechtsprechung Erweiterung der Verfügung zu führen, bestehen vielen Lücken. Darüber hinaus bejaht diese Rechtsprechung deutlich zwar Folgebeseitigungspflicht, aber sie wird als ein Argument für Verfügung unrichtig eingeordnet. Daher erzeugt ein Zwei—fel, ob mit Blick auf effektiven Rechtsschutz die Anfechtungsklage sinnvoll ist. Ferner ist dazu problematisch, dass diese Rechtsprechung nicht nur die Verfügung der Offenlegungsent—scheidung nicht angenommen hat, sondern auch die erste Instanz dieses Falls die Offenle—gungsentscheidung als Ermessenfehlgebrauch beurteilt hat.

---

* Chung—Ang University, College of Law

Key-word: Offenlegung persönlicher Informationen von Kriegsdienstverweigerern, Wehrpflichtgesetz, Bekanntgabe des Verwaltungsakts, Rechtsschutzbedüfnis, Folgenbeseitigungspflicht, Folgenbeseitigungsklage, Parteistreitigkeit

투고일 2020. 6. 24.
심사일 2020. 6. 28.
게재확정일 2020. 6. 29.

取消訴訟의 對象

근로복지공단에 의한 사업종류 변경결정의 처분성 (장윤영)

근로복지공단에 의한 사업종류 변경결정의 처분성
- 프랑스 월권소송의 대상 확대에 관한 최근의 사례와 관련하여 -

장윤영*

대상판결: 대법원 2020. 4. 9. 선고 2019두61137 판결

Ⅰ. 대상판결의 개요　　　　Ⅳ. 대상판결의 검토
Ⅱ. 문제의 소재　　　　　　Ⅴ. 결론
Ⅲ. 프랑스 월권소송의 대상에 관하여

Ⅰ. 대상판결의 개요

1. 사실관계

원고는 냉연, 열연 철강재 판매업 등을 목적으로 설립된 회사로서 피고 근로복지공단에 자신의 사업장인 철판코일 가공 공장에 관한 사업종류를 '도·소매 및 소비자용품 수리업'으로 산재보험관계 성립신고를 하고, 그에 따라 산재보험료를 납부하여 왔다. 피고 근로복지공단은 2018. 1. 15. 원고의 사업장에 관한 사업종류를 2014. 1. 1. 기준으로

---

* 법학박사(행정법), 서울대학교 법학연구소 연구원, 변호사.

'도·소매 및 소비자용품 수리업'¹⁾에서 '각종 금속의 용접 또는 용단을 행하는 사업'²⁾으로 변경하는 결정을 하고, 이를 원고 회사에 통지하였다. 한편, 원심공동피고 국민건강보험공단은 위 사업종류 변경결정에 따라 원고에 대하여 2018. 1. 22.에는 2014. 1. 1.부터 2016. 12. 31.까지의 기간에 대한 산재보험료로 93,675,300원을, 2018. 2. 21.에는 위 기간에 대한 산재보험료로 59,912,370원을 각 추가로 납부하라고 고지하였다.

원고는 자신이 행하는 사업의 내용이 다른 업체로부터 냉연코일을 구입한 후 별도의 가공조치 없이 단순히 고객의 요청에 따라 일정한 길이로 잘라서 판매하는 것일 뿐이어서 '도·소매 및 소비자용품 수리업'에 해당하므로 피고 근로복지공단이 행한 사업종류 변경결정은 위법하다고 주장하였다. 그리고 원심공동피고인 국민건강보험공단이 위 사업종류 변경결정을 기초로 하여 추가보험료를 부과한 것 또한 위법하다고 주장하였다. 이에 원고는 피고 근로복지공단을 상대로 사업종류 변경결정의 취소를 구하고, 원심공동피고 국민건강보험공단을 상대로 추가보험료 부과의 취소를 구하는 내용의 소를 제기하였다.³⁾

---

1) 해당 사업의 산재보험료율은 9/1,000이다.
2) 해당 사업의 산재보험료율은 19/1,000이다.
3) 참고로 이 사건 1심에서 원고는 피고를 근로복지공단으로만 정하여 산업재해보상보험 사업종류 변경처분과 그에 따른 추가적인 산업재해보상보험료 부과처분의 각 취소를 구하였고, 1심 재판부는 사업종류 변경의 처분성 여부 등을 문제 삼지 않고 원고의 주장을 그대로 인정하여 청구취지를 전부 인용하는 원고 승소 판결을 하였다. 이후 원고는 원심에 이르러 산업재해보상보험료 부과처분취소 청구 부분의 피고를 국민건강보험공단으로 경정하는 내용의 피고경정허가신청을 하였고, 신청이 허가되어 사업종류 변경처분 취소청구는 근로복지공단을 피고로 하고, 추가보험료 부과처분 취소청구는 국민건강보험공단을 피고로 하게 되었다.

2. 소송의 경과

(1) 원심법원의 판단 - 피고 근로복지공단에 대한 소 각하

원심법원은 피고 근로복지공단의 사업종류 변경결정은 국민건강보험공단의 추가보험료 부과와 달리, 항고소송의 대상이 되는 처분에 해당하지 않는다고 보았다.[4] 그 주된 근거는 다음과 같다.

① 피고 근로복지공단의 사업종류 변경결정만으로는 원고의 법률상 지위에 구체적, 직접적인 변동이나 불이익이 발생한다고 볼 수 없다. ② 사업종류 변경결정에 따라 원심공동피고 국민건강보험공단이 추가보험료를 부과함으로써 비로소 원고에게 현실적인 불이익이 발생한다. ③ 원고는 원심공동피고인 국민건강보험공단을 상대로 추가보험료 부과처분의 취소를 청구하는 것만으로도 충분한 권리구제를 받을 수 있다.

결국 원심법원은 피고 근로복지공단의 사업종류 변경결정은 항고소송의 대상이 되는 처분이 아니라고 판단하여 피고에 대한 사업종류 변경결정 취소청구 부분을 각하하였다. 다만 원심법원은 원고의 주장대로 원고 사업장의 사업종류가 '도·소매 및 소비자용품 수리업'에는 해당한다고 판단하여 원심공동피고 국민건강보험공단에 대한 추가보험료 부과처분 취소청구는 인용하였다.

(2) 대법원의 판단 - 피고 근로복지공단에 대한 부분 파기 환송

대법원은 원심법원의 판단에는 항고소송의 대상인 처분에 관한 법리를 오해하여 판결에 영향을 미친 잘못이 있다는 이유로 원심법원의 판결 중 피고 근로복지공단에 대한 부분을 파기하고 사건을 원심법원으로 환송하였다. 즉 대법원은 피고 근로복지공단의 사업종류 변경결정을 행정소송의 대상이 되는 처분으로 인정한 것인데, 그 이유는 다음

---

4) 부산고등법원 2019. 11. 22. 선고 2018누23725 판결.

과 같다.

① 피고 근로복지공단이 개별 사업장의 사업종류를 결정하는 것은 고용산재보험료징수법을 집행하는 과정에서 이루어지는 행정작용으로 구체적 사실에 관한 법집행으로서 공권력을 행사하는 '확인적 행정행위'에 해당한다. ② 피고 근로복지공단의 사업종류 변경결정은 원고의 권리·의무에 직접 영향을 미친다. ③ 피고 근로복지공단은 원고에게 사업종류 변경결정에 관한 통지를 하면서 내부 규정에 기한 사전통지 및 의견청취절차를 거치고, 불복방법을 고지하는 등 사업종류 변경결정을 스스로 처분으로 인식하였고, 원고로 하여금 처분으로 인식하게끔 하였다. 그랬던 피고가 소가 제기되자 사업종류 변경결정에 처분성이 인정되지 않는다는 본안전항변을 하는 것은 신의성실원칙에 어긋난다.

한편 대법원은 위 판단에서 더 나아가 근로복지공단의 사업종류 변경결정이 행정소송법상 처분으로 인정되는 소위 '쟁송법적 처분'이 아니라, 개별·구체적 사안에 대한 규율로서 외부에 대해 직접적 법적 효과를 갖는 소위 '실체법적 처분'에 해당한다고 보았다.

II. 문제의 소재

대상판결은 쟁송법적 처분 개념을 명시적으로 언급한 최초의 대법원 판결로서, 근로복지공단의 사업종류 변경결정이 항고소송의 대상이 되는 처분에 해당하는지 여부를 그 쟁점으로 한다. 산재보험료는「고용보험 및 산업재해보상보험의 보험료징수 등에 관한 법률」(이하 '고용산재보험료징수법')에 따라 근로복지공단에 의해 부과되고, 건강보험관리공단에 의해 징수된다(제4조, 제16조의2). 근로복지공단은 산재보험료를 산정할 때 해당 사업의 종류에 따른 산재보험료율을 적용하는데(제13조 제5항, 제14조 제3항, 같은 법 시행규칙 제12조), 사업의 종류가 실제에 맞는지

확인한 후 변경이 가능하다.5) 대상판결은 이처럼 근로복지공단이 산재
보험료 산정의 요소인 산재보험료율을 적용함에 있어 기초가 되는 사업
의 종류를 변경하였을 때, 그 변경 결정에 대한 처분성을 인정하였다.

　이 글에서는 비교법적 관점에서 특히 우리나라 항고소송에 상응하
는 프랑스 월권소송의 대상에 관한 내용과 관련하여 대상판결을 검토하
고자 한다. 행정법의 본향(本鄕)인 프랑스에서 월권소송의 대상은 계속
확대되는 추세로 최근 월권소송의 대상과 관련하여 주목할 만한 판결이
등장하였다. 이러한 동향을 살펴보는 것은 궁극적으로 우리 행정소송법
의 이해와 발전을 제고하는 데에 의미 있는 시사점을 제공할 것이다.6)
이하에서는 먼저 프랑스의 현황을 소개하고, 항고소송의 대상이 되는
처분의 개념에 관한 우리나라의 학설과 판례를 살펴본 후, 이를 기초로
근로복지공단의 사업종류 변경결정의 처분성을 인정한 대상판결의 분
석이 타당한지 검토한다.

---

5) 고용산재보험료징수법에 따르면, 사업주는 보험관계가 성립하면 14일 이내 보험관
　계 성립신고를 하고(제11조 제1항), 사업의 종류가 변경되어도 변경신고를 하여야
　하는데(제12조 제1항, 같은 법 시행령 제9조 제3호), 근로복지공단은 사업주가 신
　고한 내용이 사실과 다를 경우 사업주에게 미리 알리고 그 사실을 조사하여 사업
　종류를 변경하고 그에 따라 보험료를 산정한다(제16조의9 제2항, 제16조의6 제1항,
　제19조의2). 이때 사업종류의 변경에 관하여는 구체적으로 근로복지공단의 내부규
　정인「적용 및 부과업무 처리 규정」제21조에 따라 위 변경신고가 있거나 사업종
　류 변경이 필요하다고 판단되는 경우 그 사실을 조사하여 사업종류를 변경할 수
　있다고 하고, 사업종류 변경의 절차를 상세히 두고 있다.
6) 프랑스의 행정소송제도는 우리나라 행정소송제도와 존재여건, 내용 면에서 유사성
　을 갖고 있고, 그 자체의 역사성과 전문성으로 인해 참고할만한 판례와 제도가 축
　적되어 있으므로 연구의 필요성이 있다고 하는 문헌으로 박균성, "프랑스 행정소
　송 제도와 그 시사점", 경희법학 제38권 제1호, 2003, 56면 참조.

Ⅲ. 프랑스 월권소송의 대상에 관하여

1. 월권소송의 의의와 대상

월권소송(le recours pour excès de pouvoir)은 프랑스의 대표적인 행정소송 유형 중 하나로, 행정행위 또는 행정결정의 위법성을 이유로 그 취소를 구하는 소송이다.7) 월권소송은 역사적으로 판례에 의해 형성되어 프랑스의 행정에 대한 적법성 통제 수단으로 기능한다.8) 20세기 초 프랑스의 대표적인 공법학자 레옹 뒤기(Léon Duguit)는 월권소송에 대해 국가로부터 개인을 보호하기 위해 프랑스 판례법이 만들어 낸 위대한 창조물이라고 평가하였을 정도로,9) 월권소송은 프랑스 행정법 역사에서 매우 중요한 위치를 차지해왔다. 월권소송은 그 원고적격이 '개인적이고 직접적인 이익'(l'intérêt personnel et direct)으로 상당히 넓게 인정되고,10) 변호사 강제주의가 적용되지 않으며, 소송비용이 소가에 따라 정해지는 것이 아니라 고정되어 있는 등 소 제기가 용이하다. 또한 월권소송을 담당하는 꽁세이데따(le Conseil d'État)는 오랜 세월 축적된 경험과 전문성을 바탕으로 프랑스 국민들의 신뢰를 받고 있다.11) 이러한 점에서 월권소송은 현재까지도 법치국가의 실현수단으로서 중요한 기능

---

7) 박재현, "프랑스의 행정재판제도에 관한 연구", 법학연구 제19권 제1호, 2011, 44면 참조.

8) Yves Gaudemet, Droit administratif, 21e éd., LGDJ, 2015, pp.140-142 참조.

9) Léon Duguit, Leçons de droit public général, faites à la faculté de droit de l'Université égyptienne pendant les mois de Janvier, Février et Mars 1926, E. de Boccard, Paris, 1926, pp.280-281 참조.

10) 월권소송에서의 '이익'은 법규의 사익보호성과 관계가 없고, 사실상의 이익, 정신적 이익, 단체의 집단적 이익을 포괄하며, 국가를 제외한 지방자치단체의 납세 이익도 포함된다는 문헌으로 박정훈(朴正勳), "인류의 보편적 지혜로서의 행정소송", 행정법연구2-행정소송의 구조와 기능, 박영사, 2006, 120-121면 참조.

11) Léon Duguit, Les transformations du droit public, 2e tirage, Librairie Armand Colin, Paris, 1921, pp.183-184 참조.

을 담당하고 있다.12)

월권소송은 행정행위(l'acte administratif) 또는 행정결정(la décision administrative)을 그 대상으로 한다.13) 보다 구체적으로 살펴보면, 일반적으로 일방적 행정행위(l'acte administratif unilatéral)와 행정계약에서 일방적 또는 공권력적인 성격을 갖는 계약체결결정 등 계약에서 분리될 수 있는 분리가능행위(l'acte détachable d'un contrat)14)가 월권소송의 대상이 된다. 이러한 행위 또는 결정은 '침익적 또는 법적 상태의 변경을 야기하는'15)(faisant grief) 것으로, 단순한 준비행위(les actes préparatoires), 내부행위(les mesures d'ordre intérieur), 해석적 통첩16) 또는 훈령(les circulaires intérpretatives), 재량준칙(les directives) 등은 원칙적으로 월권소송의 대상이 되지 않는다.17) 특이한 점은 우리나라와 달리 개별행위(l'acte individuel)뿐만 아니라 법규제정행위(l'acte réglementaire)도 월권소

---

12) 프랑스 최고행정재판소인 꽁세이데따(le Conseil d'État)는 그 판례집(le Recueil Lebon)에 수록할 중요판결을 선정하는데, 행정소송에 관한 2019년 주요판례로 게시된 총 14개[이후 발표자 박우경 박사에 따르면, 총 15개]의 사례가 모두 월권소송으로 제기되었다는 통계를 소개한 문헌으로 박우경, "최근(2019) 프랑스 행정판례의 동향과 검토", 2019. 12. 19. 한국행정판례연구회·사법정책연구원 공동학술대회 발표문(미공간), 77−78면 참조.

13) 박정훈(朴正勳), "공공기관과 행정소송 - 공공기관의 '행정청 자격'에 관한 대법원판례의 극복을 위해 -", 행정법연구 제60호, 2020, 15면 참조.

14) 분리가능행위 이론에 관한 상세한 논의를 다룬 문헌으로 강지은, "프랑스 행정법상 분리가능행위에 관한 소고", 행정법연구 제30호, 2011, 375면 참조.

15) 'faisant grief'의 번역에 관하여 기본적으로 법적 상태의 침해 혹은 변경의 야기를 의미하지만 달리 해석하는 견해도 있기 때문에 이를 '침해하는 행위'로 번역할 경우 불필요한 오해를 야기할 수 있으므로 원어 그대로 사용하는 것이 타당하다는 견해를 제시한 문헌으로 전 훈, "항고소송의 대상에 관한 비교법적 검토 - 프랑스 행정소송을 중심으로-", 공법학연구 제13권 제2호, 2012, 331면 참조.

16) 이를 해석적 통첩으로 번역한 문헌으로 박균성, "프랑스 행정법상 행정규칙에 관한 고찰", 공법연구 제19집, 1991, 179−180면 참조.

17) Jacqueline Morand−Deviller, Droit administratif, LGDJ, 2013, p.662 참조; Pierre−Laurent Frier et Jacques Petit, Droit administratif, 9e éd., LGDJ, 2014, p.497 참조.

송의 대상에 포함된다는 점이다.[18]

프랑스에서 월권소송의 대상은 역사적으로 점차 확대되는 경향을 보인다. 이러한 추세에 따라 최근인 2016년 연성법(le droit souple)적 행위에 관하여 주목할 만한 판례가 등장하였다. 연성법적 행위란 행정상 대방에 대해 직접적인 권리 또는 의무를 발생시키지는 않지만 그 내용과 절차 면에서 사실상의 강제력을 갖는 법적 행위이자 행정의 다양한 행정작용을 포괄하는 실무상 개념으로서, 그 대표적인 예로 통지(la communication), 심의(la délibération), 권고(la recommandation), 가이드라인(les lignes directrices) 등이 있다.[19]

2. 연성법적 행위에 대한 통제

프랑스의 최고행정재판소인 꽁세이데따는 2016년 3월 21일 '페어베스타 회사'(Société Fairvesta International GMBH) 및 '뉘메리카블르 회사'(Société NC Numericable)의 사건을 병합하여 판결을 내렸는데, 이 판결을 통해 연성법적 행위에 대한 사법통제를 강화하였다.

(1) 사실관계

먼저 '페어베스타 회사'사건[20]에서, 프랑스의 금융시장감독당국(l'Autorité des marchés financiers)은 감독청의 인터넷 사이트에 보도자료(le communiqués de presse)를 공개했다. 당해 보도자료는 투자자들에게 페어베스타 회사가 판매하는 몇 가지 금융 상품의 위험성에 대해 언급하면서 이를 경계할 것을 촉구하는 내용이었다. 이에 페어베스타 회사

---

18) Yves Gaudemet, Droit administratif, 21e éd., LGDJ, 2015, p.144 참조.
19) 한견우 · 쟝―브느와 알베르띠니, "프랑스 행정법의 성립 · 발전과 변혁 그리고 한국 행정법에 끼친 영향과 과제", 행정법학 제18호, 2020, 17면 참조.
20) CE 21 mars 2016, Société Fairvesta International GMbh et autres.

는 위 보도자료의 위법성을 다투는 취소소송을 제기하였다.

다음으로 '뉘메리카블르 회사'사건21)은 프랑스 경쟁당국(l'Autorité de la concurrence)이 과거 텔레비전 방송 시장에서 기업 간의 기업결합을 승인하면서 내린 이행명령(injonction)과 관련하여,22) 기존의 이행명령 중 하나가 텔레비전 방송 시장이 변화된 현재 상황 하에서는 더 이상 성립하지 않는다는 입장표명(la prise de position)을 한 사안이다. 뉘메르카블르 회사는 기존의 이행명령으로 텔레비전 채널에 대한 배타적 지위를 누리고 있었던 회사로 경쟁당국의 위 입장표명에 대하여 취소소송을 제기하였다.

(2) 판결의 내용과 의의

꽁세이데따는 결론적으로 두 사안에서 청구인들의 청구를 모두 기각하였다. 그러나 2016년 판결이 중요한 의미를 갖는 이유는 판결의 결론 그 자체 때문이 아니라 이 판결을 통하여 월권소송의 대상 범위가 크게 확대되었다는 점 때문이다.23) 보도자료나 입장표명은 법적으로 어떠한 의무를 부과하는 것이 아니기 때문에 과거에는 월권소송의 대상으로 여기지 않았는데, 이에 대해서도 본안에서 판단을 받도록 한 것이다. 종래 프랑스 월권소송의 대상은 어떤 법적 상태의 변경을 야기하는 행정행위만을 의미했다. 따라서 법적 효과를 발생시키거나 변동시키지 않는 행정작용은 월권소송의 대상이 될 수 없었다. 그러나 행정기관들에 의해 이루어지는 다양한 형식의 행정작용들이 급격히 증가함에 따라 이

---

21) CE 21 mars 2016, Société NC Numericable.
22) 경쟁당국은 2012년 비방디(Vivendi)와 카날 플뤼스 그룹(le Groupe Canal Plus)에 의한 TPS(Télévision par satellit)와 카날사텔리트(CanalSatellite)의 매수를 승인함에 있어 일정한 조건을 부과하였는데, 이는 일종의 조건부 승인으로 기업 간의 결합을 허용하는 대신 그에 따른 이행명령들을 부과하여 그것을 준수하도록 함으로써 시장지배자적 사업자의 지위 남용을 막고자 하는 취지이다.
23) Marceau Long, Prosper Weil, Guy Braibant, Pierre Delvolvé et Bruno Genevois, Les grands arrêts de la jurisprudence administrative, 21e éd., Dalloz, 2017, p.943 참조.

를 통제할 필요성이 대두되었고, 이에 연성법적 행위에 대한 행정재판소의 통제가 이루어지기 시작한 것이다.

대표적인 예로, 2002년 '뒤비네르 부인'(Mme Duvignères) 사건24)에서 꽁세이데따는 행정이 발한 훈령 또는 지도의 명령적(impératif) 일반 조항들에 대해 월권소송의 대상이 된다고 판시한 바 있다. 그러나 이 판결의 취지는 어디까지나 개인에 대해 일정한 처분적 성격을 갖는 연성법적 행위만이 월권소송의 대상이 된다는 것에 그치는 것이어서, 법적 효과를 발생시키지 않는 연성법적 행위에 대해서는 침묵한 것이었다.25) 이러한 상황에서 2016년 판결은 금융시장당국의 보도자료와 경쟁당국의 입장표명과 같이 그 행위 자체로는 어떠한 권리나 의무를 창설하지 않는 연성법적 행위에 대해서도 그것이 실제로 미치는 영향력이 상당하다는 이유로 월권소송의 대상적격을 인정하였다는 점에서 기존의 논의에서 한 단계 더 진일보하였다고 평가할 수 있다.

3. 소결

우리는 규제기관들이 행한 연성법적 행위에 대하여 월권소송을 허용한 꽁세이데따의 최근 판결 사례를 통해 행정에 대한 사법심사에 관하여 프랑스에서 일어나는 중요한 변화를 감지할 수 있다. 단순한 보도자료나 입장표명은 권리나 의무를 창설하는 또는 법적 효과를 발생시키는 행위가 아니다. 그러나 현실에서 규제당국에 의해 행해지는 이와 같은 행위들은 관련자들에게 매우 큰 영향을 미친다. 즉 일종의 사실상의 강제력이 존재한다. 이러한 상황에서 최근의 판결은 기존의 법리만으로는 다양한 방식으로 유연하게 이루어지는 여러 행정작용을 통제할 방법

---

24) CE 18 décembre 2002, Mme Duvignères.
25) 한견우·쟝-브느와 알베르띠니, "프랑스 행정법의 성립·발전과 변혁 그리고 한국 행정법에 끼친 영향과 과제", 행정법학 제18호, 2020, 17면 참조.

이 없는 행정 현실 속에서 그로부터 실질적으로 영향을 받는 사람들의 권익을 보호할 필요가 있다는 꽁세이데따의 정책적 고려와 의지가 반영된 것으로 판단된다.

2016년 판결이 주는 메시지는 분명하다. 행정은 급격하게 변화하는 현실에 맞추어 행정상대방들에게 영향을 미치는 새로운 도구들을 계속해서 만들어 나갈 것이지만, 그와 동시에 해당 행위가 사법통제의 대상이 될 수 있다는 점을 염두에 두면서 스스로 법치행정의 원칙에 부합하는 활동을 하도록 노력해야한다. 행정에 대한 적법성 통제 기능을 담당하는 월권소송이 제 역할을 충실히 이행하게 된 것이다. 요컨대 프랑스의 월권소송 대상의 확대 경향은 변화하는 현실에서 행정의 적법성을 효과적으로 통제함으로써 국민의 권익을 보호한다는 맥락에서 이해할 수 있다.

Ⅳ. 대상판결의 검토

1. 항고소송의 대상으로서 '처분' 개념

(1) 행정소송법 제2조 제1항의 처분에 관한 논의

우리나라 행정소송법은 항고소송의 대상을 처분으로 정하고(제3조, 제19조, 제38조 등), 처분의 정의를 "행정청이 행하는 구체적 사실에 관한 법집행으로서의 공권력의 행사 또는 그 거부와 그 밖에 이에 준하는 행정작용"이라고 규정한다(제2조 제1항 제1호). 이러한 처분 개념은 강학상의 개념인 '행정행위'와 그 용어를 달리하므로 학계에서는 행정소송법상 처분의 의미가 무엇인지에 관한 논의가 진행되어왔다.

1) 실체법적 개념설

실체법적 개념설은 행정소송법상 처분과 강학상 행정행위를 동일한 것으로 이해하는 견해로, 일원설이라고도 불린다. 이는 취소소송을 행정행위의 공정력을 배제하는 형성소송으로 이해하여 공정력을 갖는 행정행위만 그 대상으로 삼아야 하고, 행정행위 외의 다른 행정작용에 대해서는 그에 상응하는 소송유형을 마련하여 실질적인 권리구제가 가능하도록 해야 한다는 점을 근거로 한다.26) 이 견해에 따르면, 취소소송을 공정력을 가진 행정행위로 인하여 생긴 위법상태를 제거하여 상대방의 권익을 구제함을 목적으로 하는 소송으로 이해하여 공정력을 가진 행정행위에 대하여만 취소소송의 대상성을 인정한다.27)

2) 쟁송법적 개념설

쟁송법적 개념설은 행정소송법상 처분과 강학상 행정행위는 구별되어야 하고 처분에 대한 행정소송법상 규정 형식에 따라 처분 개념이 강학상 행정행위보다 더 넓은 것으로 이해하는 견해로, 이원설이라고 불린다. 이는 다수의 학자들이 취하는 견해로, 권력적 사실행위, 비권력적 행위더라도 국민의 권익에 사실상의 지배력을 미치는 행위, 처분적 명령 등을 처분으로 보는데, 처분의 정의를 정한 규정의 입법취지가 국민의 권리구제 기회를 확대하려는 데에 있고, 항고소송중심주의를 취하여 다양한 행정소송이 존재하지 않는 우리나라 행정소송법 현실 하에서 처분개념을 강학상 행정행위에 한정하는 것은 국민의 권리구제 범위를 자의적으로 축소하는 것이라는 점 등을 근거로 한다.28)

---

26) 박균성, 행정법론(상), 제18판, 박영사, 2019, 1201면 참조.

27) 김동희, 행정법 Ⅰ, 제25판, 2019, 765면 참조.

28) 박균성, 행정법론(상), 제18판, 박영사, 2019, 1201－1202면 참조. 한편 이 문헌에 따르면, 쟁송법적 개념설 외에 행정소송법상 처분 개념을 실체법적 행정행위 개념과 구분하는 견해로 형식적 행정행위론이 존재한다. 형식적 행정행위론에 관한 자세한 설명을 다룬 또 다른 문헌으로 선정원, "행정행위와 항고소송의 대상적격", 행정법의 작용형식, 경인문화사, 2019, 37－44면 참조.

(2) 판례의 태도

우리나라 법원의 판례는 일반적으로 항고소송의 대상인 처분을 "행정청의 공법상 행위로서 상대방 또는 기타 관계자들의 법률상 지위에 직접적으로 법률적인 변동을 일으키는 행위"[29]로 보거나 "행정청의 공법상 행위로서 특정사항에 대하여 법규에 의한 권리의 설정 또는 의무의 부담을 명하거나, 기타 법률상 효과를 발생하게 하는 등 국민의 권리 의무에 직접 관계가 있는 행위"로 보고, 행정 상대방 또는 기타 관계인들의 법률상 지위에 직접적인 변동을 야기하지 않는 행위는 항고소송의 대상이 되는 처분이 아니라는 입장을 보인다.[30] 이러한 태도는 1984년 행정소송법 개정으로 행정소송법상 처분 개념이 규정되기 이전의 판례의 태도가 유지된 것으로, 주로 실체법적 처분설의 입장을 취한 것으로 이해된다.[31]

그러나 판례는 이후 개별 사안에서 행정소송의 대상이 되는 처분의 범위를 넓히려는 시도를 해왔다.[32] 대표적으로 건축신고 반려행위가 문제된 사안에서, "행정청의 행위가 항고소송의 대상이 될 수 있는지는 추상적 · 일반적으로 결정할 수 없고, 구체적인 경우에 관련 법령의 내

---

29) 예를 들어, 대법원 1980. 10. 27. 선고 80누395 판결, 대법원 1995. 11. 21. 선고 95누9099 판결 등 참조.

30) 예를 들어, 대법원 1967. 6. 27. 선고 67누44 판결, 대법원 1999. 8. 20. 선고 97누6889 판결, 대법원 1999. 10. 22. 선고 98두18435 판결, 대법원 2007. 10. 26. 선고 2005두7853 판결 등 참조.

31) 김남진/김연태, 행정법 Ⅰ, 제23판, 2019, 851면; 김동희, 행정법 Ⅰ, 제25판, 2019, 769면; 김철용, 행정법, 전면개정 제9판, 2020, 551면 참조. 이에 대해 판례가 아직 처분 개념을 좁게 보고 있지만 그 범위를 점차 확대하고 있다고 하면서 절차법적 처분설의 입장을 취하고 있다고 보는 견해로 박균성, 행정법론(상), 제18판, 박영사, 2019, 1204면 참조.

32) 행정소송법상 처분 개념에 관하여 지금까지 판례는 점차 처분 개념을 확대해왔다는 평가를 받는데, 이에 관한 문헌으로 김호정, "판례를 통하여 본 '처분' 개념의 확대, 외법논집 제41권 제4호, 2017, 413면 참조.

용과 취지, 그 행위의 주체·내용·형식·절차, 그 행위와 상대방 등 이해관계인이 입는 불이익 사이의 실질적 견련성, 법치행정의 원리와 그 행위에 관련된 행정청이나 이해관계인의 태도 등을 고려하여 개별적으로 결정"할 것을 요구하여, 건축신고 반려행위가 항고소송의 대상이 된다고 판단하였다.33) 또한, 판례는 처분에 대한 법령상 근거 유무, 행정절차법 준수 여부 등 적법성 판단은 본안에서 이루어지는 것으로 보고,34) 어떤 행정청의 행위가 '처분'에 해당하는지가 불분명한 경우에는 행정 상대방의 인식가능성과 예측가능성을 주요한 판단의 요소로 고려하여 규범적으로 판단할 것을 요구하는 등35) 전반적으로 종래 처분의 개념을 소극적으로 해석했던 경향을 탈피하여 처분 개념의 확대를 통해 국민의 권익 보호를 위한 실효적 구제수단으로서 행정소송의 기능을 강화하려는 움직임을 보이고 있다.

(3) 소결

우리 행정소송법상 항고소송의 대상이 되는 처분 개념이 무엇인가에 관한 논의는 실정법으로부터 출발해야 한다. 즉, 행정소송법상 항고소송의 대상인 처분 개념은 강학상의 행정행위 개념과는 별개의 개념으로 이해되어야 한다. 1984년 전면 개정 전의 행정소송법은 처분의 개념을 구체적으로 정의하지 않았기 때문에,36) 처분 개념은 필연적으로 법원의 판례와 학자들의 연구를 통해 형성되고 발전해왔다. 이 과정에서

---

33) 대법원 2010. 11. 18. 선고 2008두167 전원합의체 판결 참조. 해당판결은 이후 최근 2020. 4. 9. 선고 2015다34444 판결, 2020. 5. 28. 선고 2017두66541 판결 등에서 계속 원용되고 있다.

34) 대법원 2016. 8. 30. 선고 2015두60617 판결 참조.

35) 대법원 2018. 10. 25. 선고 2016두33537 판결 참조.

36) 구(舊) 행정소송법 제1조는 "행정청 또는 그 소속기관의 위법에 대한 그 처분의 취소 또는 변경에 관한 소송 기타 공법상의 권리관계에 관한 소송절차는 본법에 의한다."는 규정을 두고 있을 뿐 처분 개념에 대하여 명시적인 정의 규정을 두지 않았다.

강학상 행정행위의 개념상 내재되어 있는 본질적 속성이 항고소송의 대상으로서 처분 개념에 투영된 것이다. 그러나 명문의 규정을 통해 처분 개념을 정의한 오늘날까지 이러한 틀이 유지되는 것은 법치국가 원리의 준수 차원에서 바람직하지 않다. 처분 개념에 대한 논의의 역사적 전개 과정을 이해하면서도, 법률 문언 자체의 의미를 세밀하고 체계적으로 분석하고, 그 규정을 만든 입법자들의 의사를 고려하여 해석해야 한다.

    독일의 경우 취소소송의 대상은 '행정행위'(Verwaltungsakt)로 한정하고,[37] 연방행정절차법(VwVfG) 제35조에서 행정행위를 "행정청이 공법의 영역에서 개별사안을 규율하기 위해 행하고, 외부에 직접적인 법률효과를 발생시키는 모든 처분, 결정 또는 기타 고권적 조치"로 규정한다. '행정소송을 통한 국민의 권익 보호'라는 관점에서 이처럼 취소소송의 대상을 행정행위만으로 한정하는 제도가 정당성을 가질 수 있는 근거는 행정행위로 포섭되지 않는 다른 행정작용에 대해서도 적절한 불복수단을 마련하고 있다는 점에 기인한다. 그러나 우리는 독일과 규정의 형식 및 행정소송의 양태를 달리하므로, 행정소송법상 처분과 강학상 행정행위를 동일시하여 이해하는 것은 우리의 행정소송이 가지는 적법성 통제기능을 약화시키고 국민의 권익을 제대로 보호하지 못한다는 점에서 명문의 규정을 부당하게 축소하는 해석에 해당한다.[38]

---

37) 독일 연방행정법원법(VwGO) 제42조 제1항은 취소소송의 대상을 행정행위로 한정한다. 행정행위 외의 행정작용에 대해서는 그에 고유한 소송형태가 존재하는데, 사실행위에 대한 일반이행소송, 금지소송 등이 대표적이다. 특히 사실행위에 관한 불복수단에 관한 독일의 논의를 상세히 설명한 문헌으로 박재윤, "권력적 사실행위의 처분성", 행정법연구 제54호, 2018, 177-180면 참조.
38) 행정소송이 갖는 적법성 통제기능과 국민의 권익보호 기능에 관하여 다룬 문헌으로 최계영, "항고소송에서 본안판단의 범위 - 원고의 권리침해가 포함되는지 또는 원고의 법률상 이익과 관계없는 사유의 주장이 제한되는지의 문제를 중심으로 -", 행정법연구 제42호, 2015, 124-126면 참조.

2. 근로복지공단의 사업종류 변경결정

　　대상판결은 근로복지공단의 사업종류 변경결정이 항고소송의 대상
이 되는 처분에 해당하는지 여부를 판단하기 위하여 먼저 우리 행정소
송법 제2조 제1항 제1호에서 규정하는 처분의 정의를 적시한다. 이러한
태도는 비교적 최근의 판결 사례에서 자주 찾아볼 수 있는데,39) 종래
대법원이 행정 처분의 개념에 관하여 실체법적 처분 개념과 유사한 법
리를 전개하였던 것과 대비되는 부분이다.40) 앞서 언급한 바와 같이 항
고소송의 대상인 처분 개념을 확정하는 것은 실정법을 그 논의의 출발
점으로 삼아야 한다는 점에서, 대상판결이 행정소송법상 처분의 정의
조항을 제1의 판단도구로 삼은 점은 당연하고 바람직하다.

　　대상판결은 관계 법령의 분석을 통해 근로복지공단의 개별 사업장
에 대한 사업종류 변경결정이 고용산재보험료징수법을 집행하는 과정
에서 이루어지는 행정작용으로서, 원고의 권리·의무에 직접 영향을 미
치는 처분에 해당한다고 보았다. 이에 대하여 산재보험료는 건강보험공
단에 의한 부과처분이 예정되어 있기 때문에 근로복지공단이 사업자의
사업 종류를 변경하더라도 그 결정 자체만으로는 국민의 법률관계 또는
권리·의무에 직접 변동을 일으키는 것이 아니어서 처분이 아니라고 이
해할 수도 있다.41) 실제로 과거 대법원은 이러한 이유를 근거로 산업재
해보상보험 사업종류 변경결정에 대한 처분성을 부정하였다.42) 그러나
근로복지공단이 사업의 종류를 변경하면 산재보험료율과 산재보험료가

---

39) 대법원 2020. 1. 16. 선고 2019다264700 판결, 대법원 2020. 4. 9. 선고 2015다34444
　　판결, 대법원 2019. 6. 27. 선고 2018두49130 판결 등 참조.
40) 대법원 2019. 2. 14. 선고 2016두41729 판결, 대법원 2016. 12. 27. 선고 2014두5637
　　판결, 대법원 2016. 7. 14. 선고 2015두58645 판결 등 참조.
41) 이는 원심판결이 근로복지공단의 사업종류 변경통지를 처분으로 인정하지 않은 이
　　유이기도 하다.
42) 대법원 1995. 7. 28. 선고 94누8853 판결 참조.

기계적으로 결정되고, 사업종류 변경결정에도 불구하고 사업주가 이를 준수하지 않으면 결국 사업주로서는 연체금이나 가산금의 징수, 체납처분 등과 같은 불이익을 입을 수 있다는 점에서 근로복지공단의 사업종류 변경결정이 국민의 법률관계 또는 권리·의무에 상당한 영향을 미친다는 사실을 쉽게 확인할 수 있다. 또한 대법원은 행정 내부의 중간적 행위에 대해서도 실효적이고 빠른 분쟁의 해결이라는 관점에서 처분성 인정을 확대해왔다.43) 이와 같은 맥락에서 이미 대법원은 지난 2008년 산업재해보상보험 가입자인 사업주의 사업종류변경신청에 대한 근로복지공단의 반려행위가 항고소송의 대상이 되는 행정처분에 해당한다고 판시한 바 있고,44) 최근 하급심 판결에서도 산업재해보상보험 사업종류 변경결정에 대한 처분성이 인정된 사례가 존재한다.45) 또한 행정심판 재결에서도 사업종류 변경결정에 대한 처분성을 인정하고 있다.46) 결국 근로복지공단의 사업종류 변경결정에 관하여는 법원의 판례와 행정심판위원회의 재결례의 태도가 일치하지 않아 실무상 혼란을 초래한다는 비판이 제기되기에 이르렀다.47)

　　우리 행정소송법은 명시적으로 처분의 개념적 징표에 직접적으로

---

43) 이상덕, "할당관세 적용 추천이 행정처분에 해당하는지 여부", 대법원판례해설 제 114호, 법원도서관, 2017, 14면－16면 참조. 이 문헌에 따르면, 대법원은 행정 내부 의 중간적 결정이 구속적 효력을 갖고, 쟁송 대상으로 인정할 만한 법정책적 필요 성 등이 있는 경우에 처분성을 인정한다. 특히 쟁송 대상으로 인정할 만한 법정책 적 필요성을 고려하는 대법원의 태도는 쟁송적 관점에서 취소소송의 대상을 인식 하고 있음을 분명히 드러내고 있다는 점에서 바람직하다고 판단된다.
44) 대법원 2008. 5. 8. 선고 2007두10488 판결 참조. 이 판결에 따르면, '영향을 미치는 것'의 의미는 실체법상 권리·의무 관계에 직접적인 변동을 일으키는 것뿐만 아니 라, 권리를 행사하거나 의무를 이행하는 데에 중대한 지장을 초래하는 것도 포함 한다.
45) 서울행정법원 2017. 3. 31. 선고 2016구합59812 판결 참조.
46) 중앙행정심판위원회 2013. 6. 4. 선고 2013－05946 재결, 중앙행정심판위원회 2017. 1. 24. 선고 2016－19076 재결 등 참조.
47) 최진수, "산재보험의 사업종류변경, 보험료 부과 및 납입고지의 처분성", 행정판례 연구 제24권 제2호, 2019, 310면 참조.

법률적인 변동을 일으키는 행위를 포함하고 있지 않다. 따라서 국민의
권리·의무에 직접적으로 법률적인 변동을 일으키는 행위를 처분성의
요소로 파악하는 일부 판례의 태도는 문언적 해석에 반하는 것으로 타
당하지 않다.[48] 우리의 입법자들은 1984년 행정소송법을 전면개정하면
서 항고소송의 대상인 처분 개념을 확대하려는 의지를 갖고 있었다고
평가할 수 있다. 따라서 우리 행정소송법상 처분 개념은 쟁송의 대상이
라는 관점에서 인식되어야 한다. 즉 실체법적 처분 개념을 넘어 취소소
송을 통해 그 위법성 여부를 다툴만한 행정작용에 대하여 널리 인정되
어야 하고, 이러한 맥락에서 대상판결의 결론은 매우 타당하다. 다만 대
상판결은 근로복지공단의 사업종류 변경결정을 처분으로 보는 이유로
당해 결정이 "구체적 사실에 관한 법집행으로서 공권력을 행사하는 '확
인적 행정행위'"이기 때문이라고 하였는데, 여기서 '구체적 사실에 관한
법집행으로서 공권력을 행사하는'(＝처분의 개념요소)과 '확인적 행정행
위'(＝행정행위의 성질)는 직접적인 관련성이 부족하다는 점에서 그 이론
의 구성에 있어서는 다소 의문이 든다.[49] 근로복지공단의 사업종류 변
경결정은 고용산재보험료징수법에 따라 산재보험료를 산정하기 위해
구체적인 사업주의 사업장에 관하여 이루어지는 법집행 행위로, 앞서
언급한 바와 같이 사업종류 변경결정에 따라 산재보험료율과 산재보험

---

48) 박정훈(朴正勳), "취소소송의 성질과 처분개념", 행정법연구2－행정소송의 구조와
    기능, 박영사, 2006, 176면 참조.
49) 통상 확인적 행정행위는 특정한 사실이나 법률관계에 대해 공적 권위를 통해 그것
    을 확정하는 확인으로서 준법률행위적 행정행위로 분류되는데, 이에 관한 논의를
    다룬 문헌으로 김동희, 행정법Ⅰ, 제25판, 2019, 305면; 김중권, 행정법, 제3판,
    2019, 235면; 김철용, 행정법, 전면개정 제9판, 2020, 196면; 박균성, 행정법론(상),
    제18판, 박영사, 2019, 304면 참조. 참고로 행정행위를 법률행위적 행정행위와 준법
    률행위적 행정행위의 구분하는 것을 비판적으로 보는 견해가 존재하고, 이에 관해
    준법률행위적 행정행위의 범주가 없어도 확인적 행정행위를 인정할 수 있어 하명
    적 행정행위, 형성적 행정행위, 확인적 행정행위의 3유형으로 행정행위를 분류하
    여야 한다는 견해를 다룬 문헌으로 김중권, 행정법, 제3판, 2019, 231－232면 참조.

료가 결정되고, 사업주가 이를 준수하지 않으면 연체금이나 가산금의
징수, 체납처분 등의 불이익을 입을 수 있다는 점에서 사업주에게 상당
한 영향을 미치므로 법원에 의해 그 위법성 여부를 판단 받을 수 있
는,[50] 항고소송의 대상이 되는 처분에 해당한다고 볼 수 있다.

V. 결론

대상판결은 행정소송법상 처분 규정을 판단의 기초로 삼고, 근로복
지공단의 사업종류 변경결정에 대해 국민의 권리와 의무를 직접적으로
변동시키지 않는다고 보아 처분성을 부정한 원심의 판결을 파기하고,
국민의 권리와 의무에 직접 영향을 미친다고 보아 처분성을 인정하였
다. 이는 우리 행정소송법상 처분 개념이 권리·의무와 같은 법률관계
에 직접적인 변동을 야기할 것을 요건으로 하지 않는다는 점을 명확히
하고, 지금까지 근로복지공단의 사업종류 변경결정에 관해 법원의 판결
과 행정심판 재결 사이에 존재해왔던 모순을 제거하고 혼란을 잠재웠다
는 점에서 바람직하다.

우리의 제도와 완전히 같지는 않지만, 참고할 만한 법제를 갖춘 프
랑스에서도 최근 우리나라의 항고소송에 상응하는 월권소송의 대상이
확대되고 있다. 최고행정재판소인 꽁세이데따는 종래 침익적 또는 법적
상태의 변경을 야기하는 행위에 대해서만 월권소송의 대상성을 인정하
였으나, 침익적 효과를 발생시키지 않는다고 하더라도 국민에 대해 상
당한 영향력을 미치는 행정기관의 연성법적 행위에 대해서도 적법성 통

---

50) 박정훈(朴正勳), "취소소송의 성질과 처분개념", 행정법연구2 - 행정소송의 구조와
기능, 박영사, 2006, 174면 참조. 이 문헌에 따르면, 취소소송이 갖는 객관소송과
확인소송의 성질에 비추어 취소소송의 대상인 처분 개념은 행정의 적법성 통제의
대상이 되는 행위로 파악하면 족하다고 한다.

제의 필요성에 따라 월권소송의 대상성을 인정한 것이다. 결국 월권소
송은 행정에 대한 적법성 통제수단으로서의 기능을 제대로 수행할 수
있는데, 이는 실제로 우리나라의 취소소송이 갖는 적법성 통제기능과도
무관하지 않다는 점에서 주목할 만하다.51)

　　또한 대상판결은 근로복지공단의 사업종류 변경결정에 관하여 실
질적으로 사업주에게 방어권이나 불복절차 등이 보장되었다면 개별·구
체적인 사안에 대한 규율로서 외부에 대해 직접적·법적 효력을 갖는
'실체법적 처분'에 해당한다는 결론을 내리면서도, 대법원 판결로서는
최초로 '쟁송법적 처분' 개념을 명시적으로 언급하고, 쟁송법적 처분이
행정소송법상 처분으로 인정됨을 밝혔다. 이는 대상판결을 통해 우리
대법원 판례의 태도가 쟁송법적 관점에서 처분 개념을 인식하고 있음을
분명하게 보여주는 것으로 그 의의가 매우 크다. 복잡하고 다양한 행정
작용의 등장이 예견되는 오늘날 행정 현실 속에서 행정 스스로가 일 처
리를 적법하게 하도록 통제하고, 법원의 심사를 통해 처분의 적법성을
다시 한 번 검토함으로써 국민의 권익을 보호하는 기능을 하는 항고소
송은 궁극적으로 법치행정의 원리를 실현하는 강력한 수단이 될 수 있
다. 항고소송의 역할과 기능에 대한 이러한 관점을 견지하면서 앞으로
도 변화하는 현실에 맞는 처분 개념을 정립하려는 노력을 계속해 나아
가야 할 것이다.

---

51) 행정소송에서 본안심사가 자주 행해지는 행정 영역의 경우 실무자들이 소송에 대
　　한 예방 차원에서 관련법규와 절차를 잘 준수하는 반면, 대상적격이 부정되는 등
　　의 이유로 본안심사가 자주 이루어지지 않는 행정 영역의 경우에는 실무자들이 제
　　대로 절차를 준수하지 않는 등의 모습을 보였다고 하면서 이를 항고소송의 예방적
　　기능으로 설명한 문헌으로 이상덕, "항고소송과 헌법소원의 관계 재정립", 공법연
　　구 제44집 제1호, 2015, 230-231면 참조.

참고문헌

1. 국내문헌

(1) 단행본

김남진·김연태, 행정법 Ⅰ, 제23판, 2019.
김동희, 행정법 Ⅰ, 제25판, 2019.
김중권, 행정법, 제3판, 2019.
김철용, 행정법, 전면개정 제9판, 2020.
박균성, 행정법론(상), 제18판, 박영사, 2019.
박정훈(朴正勳), 행정법연구2 – 행정소송의 구조와 기능, 박영사, 2006.
선정원, 행정법의 작용형식, 경인문화사, 2019.

(2) 논문

강지은, "프랑스 행정법상 분리가능행위에 관한 소고", 행정법연구 제30
    호, 2011.
김호정, "판례를 통하여 본 '처분' 개념의 확대, 외법논집 제41권 제4호,
    2017.
박균성, "프랑스 행정법상 행정규칙에 관한 고찰", 공법연구 제19집,
    1991.
박균성, "프랑스 행정소송 제도와 그 시사점", 경희법학 제38권 제1호,
    2003,
박재윤, "권력적 사실행위의 처분성", 행정법연구 제54호, 2018.
박재현, "프랑스의 행정재판제도에 관한 연구", 법학연구 제19권 제1호,
    2011.
박우경, "최근(2019) 프랑스 행정판례의 동향과 검토", 2019. 12. 19. 한

국행정판례연구회·사법정책연구원 공동학술대회 발표문(미공간).

박정훈(朴正勳), "공공기관과 행정소송 - 공공기관의 '행정청 자격'에 관한 대법원판례의 극복을 위해 -", 행정법연구 제60호, 2020.

이상덕, "할당관세 적용 추천이 행정처분에 해당하는지 여부", 대법원판례 해설 제114호, 법원도서관, 2017.

이상덕, "항고소송과 헌법소원의 관계 재정립", 공법연구 제44집 제1호, 2015.

전 훈, "항고소송의 대상에 관한 비교법적 검토 - 프랑스 행정소송을 중 심으로-", 공법학연구 제13권 제2호, 2012.

최계영, "항고소송에서 본안판단의 범위 - 원고의 권리침해가 포함되는지 또는 원고의 법률상 이익과 관계없는 사유의 주장이 제한되는지의 문제를 중심으로 -", 행정법연구 제42호, 2015.

최진수, "산재보험의 사업종류변경, 보험료 부과 및 납입고지의 처분성", 행정판례연구 제24권 제2호, 2019.

한견우·쟝-브느와 알베르띠니, "프랑스 행정법의 성립·발전과 변혁 그 리고 한국 행정법에 끼친 영향과 과제", 행정법학 제18호, 2020.

2. 해외문헌

Duguit, Léon, Leçons de droit public général, faites à la faculté de droit de l'Université égyptienne pendant les mois de Janvier, Février et Mars 1926, E. de Boccard, Paris, 1926.

Duguit, Léon, Les transformations du droit public, 2e tirage, Librairie Armand Colin, Paris, 1921.

Frier, Pierre-Laurent et Jacques Petit, Droit administratif, 9e éd., LGDJ, 2014.

Gaudemet, Yves, Droit administratif, 21e éd., LGDJ, 2015.

Long, Marceau, Prosper Weil, Guy Braibant, Pierre Delvolvé et Bruno

Genevois, Les grands arrêts de la jurisprudence administrative, 21e éd., Dalloz, 2017.

Morand—Deviller, Jacqueline, Droit administratif, LGDJ, 2013.

국문초록

대상판결은 종래 법원의 판결과 행정심판 재결의 태도가 일치하지 않았던 근로복지공단의 사업종류 변경결정에 관하여 그 처분성을 인정함으로써 실무의 혼란을 잠재웠다. 나아가 대상판결은 대법원에서 소위 쟁송법적 처분 개념의 항고소송의 대상성을 명시적으로 언급한 최초의 사례라는 점에서 큰 의의가 있다. 이 글에서는 비교법적 관점에서 특히 우리나라 항고소송에 상응하는 프랑스 월권소송의 대상 확대에 관한 최근 사례와 관련하여 대상판결을 검토한다.

프랑스에서는 종래 침익적 또는 법적 상태의 변경을 야기하는 행정행위 또는 결정에 대해서만 월권소송의 대상성을 인정하는 태도를 보여 왔다. 그러나 최고행정재판소인 꽁세이데따는 2016년 규제기관의 연성법적 행위에 대하여 월권소송을 인정하는 판결을 내렸다. 연성법적 행위는 행정상대방에 대한 직접적인 권리 또는 의무의 변동을 야기하지 않지만 사실상의 강제력을 갖는 행위인데, 이에 대해서도 월권소송을 통하여 적법성 통제의 대상으로 삼아야 한다는 꽁세이데따의 의지가 반영된 것이다. 이러한 최근의 판결은 갈수록 다양하고 복잡한 행정작용이 많아지는 현실 속에서 국민에게 중대한 영향을 미치는 행정작용을 법의 지배하에 둠으로써 국민의 권익 보호의 실현을 도모한다는 측면에서 시사점이 있다.

우리 행정소송법은 1984년 전면개정을 통해 제2조 제1항에서 항고소송의 대상이 되는 처분의 개념을 정의하였음에도 불구하고, 판례는 지금까지도 처분의 개념을 주로 실체법적 처분 개념과 유사한 것으로 설시하는 태도를 보임으로써 비판을 받아왔다. 이러한 관점에서 대상판결이 행정소송법상 처분 개념을 논의의 출발점으로 삼고, 쟁송법적 처분 개념을 명시적으로 항고소송의 대상인 처분으로 언급한 점은 항고소송의 대상인 처분 개념을 행정행위와 구별하여 쟁송법적 관점에서 이해하는 판례의 경향을 재확인하였다는 점에서 주목할 만하다. 다만 그 이론구성에 있어서는 확인적 행정행위로 포섭하지 않고서도 처분성을 인정할 수 있다고 생각한다. 항고소송에 의한 적법성 통제를 통해 궁극적으로 국민의 권익을 보호한다는 측면에서 처분 개념의 확대 경향을 재확인한 대상판결의 태도는 행정작용의 양태가 복잡·다양해지는 오늘날 더욱 의미를 갖는다.

주제어: 항고소송의 대상, 행정처분, 월권소송, 연성법

Abstract

The subject of appeal litigation
— in relation to the recent case regarding the subject of French administrative litigation, le recours pour excès de pouvoir —

Yoonyoung Chang*

In the Republic of Korea, the appeal litigation which includes a suit for cancellation plays a very important role as it protects a legal right or interest of a person and assures lawful exercise of administrative power. Taking into account the current situation which the administration and the government authorities try to take administrative measures in various ways in order to cope with a rapid changing world, the problem regarding which activities can be a subject of appeal litigation is becoming more crucial than before. The purpose of this paper is to review the recent ruling of the Supreme Court on the decision made by the Korea Workers' Compensation and Welfare Service(the "COMWEL") with regard to the subject of appeal litigation.

To examine the current status of the Supreme Court, the approach of comparative law on relevant decisions of the Conseil d'État, which acts as the supreme court for administrative justice in France, will be used to derive implications. In France, a suit for cancellation of administrative actions(le recours pour excès de pouvoir) was accepted only when a

* Ph. D., Researcher at the Seoul National University Law Research Institute, Attorney at Law.

certain administrative action changes the legal status of a person. Accordingly, decisions that do not change legal status of a person could not be examined by administrative courts. However, the recent decisions of the Conseil d'État indicate that 'soft law'(le droit souple) action, which does not necessarily change legal status of a person directly, could also become a subject of administrative litigation as it strongly affects the relevant people de facto.

In the Republic of Korea, the subject of appeal litigation has been narrowed by courts' decisions due to their interpretation of the concept of the term"disposition" under the Administrative Litigation Act(the "Act"). While the Act stipulates the wider concept of the disposition, the courts' decisions have remained their narrow view as an administrative action, which requires changing the legal status of a person directly, may only be reviewed by the courts. However, in the recent ruling, the Supreme Court explicitly acknowledged the possibility of accepting the wider concept of disposition by admitting the decision of changing business type made by the COMWEL as a subject of the appeal litigation. This judgement was based on the understanding that the disposition does not have to meet the threshold which requires the direct change of a person's legal status. Since the COMWEL's decision is strongly affecting the people concerned, its decision may be reviewed by the court. Despite the reasoning of the Supreme Court did not perfectly match the term "disposition" of the Act, it is a desirable change in a perspective that it could bring the legitimacy of the administrative activities under the rule of law, and eventually protect the people from the arbitrary administration.

Key Words: subject of appeal litigation, administrative disposition, le recours pour excès de pouvoir, le droit souple

투고일 2020. 6. 24.
심사일 2020. 6. 28.
게재확정일 2020. 6. 29.

憲法裁判

國家公務員의 政治團體 參加禁止條項에 대한 違憲決定과
그 羈束力의 範圍 (鄭南哲)
국제회의로 인한 일시적 집회제한조항의 위헌성
판단기준에 대한 비교법적 연구 (徐輔國)
출입국 외국인(난민)의 기본권 보장범위에 관한 헌재
결정 및 관련 법제에 대한 검토와 그 개선방안 (성중탁)

國家公務員의 政治團體 參加禁止條項에 대한 違憲決定과 그 羈束力의 範圍

鄭南哲*

대상판례: 헌재 2020. 4. 23. 2018헌마551

[사실관계 및 소송경과]
[결정 요지]
Ⅰ. 서 론
Ⅱ. 위헌결정의 기속력이 미치는
　　범위와 한계

Ⅲ. 국가공무원법 제65조 제1항의
　　'정치단체'의 의미와 해석
Ⅳ. 국가공무원 복무규정의 정비
　　필요성
Ⅴ. 맺음말

[사실관계 및 소송경과]

　　(1) 청구인 신○○, 박○○, 허○○, 이○○, 홍○○, 김○○(이하 청구인 신○○ 등이라 한다)은 2018. 3. 1. 중고등학교 교사로 임용되어 공립학교에서 근무하고 있다. 또한 청구인 이ㅁㅁ 1990. 3. 1.에 초등학교 교사로 임용되어 공립학교에서 근무하고 있으며, 강○○은 1990. 3. 1. 중고등학교 교사로 임용되어 공립학교에서 근무하고 있고, 청구인 권○○는 1996. 3. 1. 중고등학교 교사로 임용되어 사립학교에서 근무하고 있다.

* 숙명여자대학교 법과대학 교수

(2) 청구인들은 초·중등학교 교사로서 정당법(2013. 12. 30. 법률 제 12150호로 개정된 것) 제22조 제1항 단서 제1호 본문 중 '국가공무원법 제 2조 제2항 제2호에 규정된 교육공무원'에 관한 부분 및 제22조 제1항 단서 제2호 중 '사립학교의 교원'에 관한 부분, 국가공무원법(2008. 3. 28. 법률 제8996호로 개정된 것) 제65조 제1항 중 '국가공무원법 제2조 제2항 제2호에 규정된 교육공무원'에 관한 부분이 청구인들의 정당설립 및 가입의 자유 등을 침해한다고 주장하면서 2018. 5. 29. 이 사건 헌법소원 심판을 청구하였다.

[결정 요지]

(1) 청구인들 중 일부는 각 교사 임용일에 비추어 볼 때 심판대상 조항의 적용을 받게 된 날로부터 1년이 경과한 후 이 사건 헌법소원심 판을 청구하였으므로, 이들의 심판청구는 청구기간을 준수하지 못하여 부적법하다.

(2) 헌법재판소는 2004. 3. 25. 2001헌마710 결정 및 2014. 3. 27. 2011헌바42 결정에서, 국가공무원이 정당의 발기인 및 당원이 될 수 없도록 규정한 구 정당법 및 구 국가공무원법 조항들이 헌법에 위반되지 않는다고 판단하였다. 그 요지는 '이 사건 정당가입 금지조항은 국가공무원이 정당에 가입하는 것을 금지함으로써 공무원이 국민 전체에 대한 봉사자로서 그 임무를 충실히 수행할 수 있도록 정치적 중립성을 보장하고, 초·중등학교 교원이 당파적 이해관계의 영향을 받지 않도록 교육의 중립성을 확보하기 위한 것이므로, 목적의 정당성 및 수단의 적합성

이 인정된다. 공무원의 정치적 행위가 직무 내의 것인지 직무 외의 것인지 구분하기 어려운 경우가 많고, 공무원의 행위는 근무시간 내외를 불문하고 국민에게 중대한 영향을 미치므로, 직무 내의 정당 활동에 대한 규제만으로는 입법목적을 달성하기 어렵다. 또한 정당에 대한 지지를 선거와 무관하게 개인적인 자리에서 밝히거나 선거에서 투표를 하는 등 일정한 범위 내의 정당관련 활동은 공무원에게도 허용되므로 이 사건 정당가입 금지조항은 침해의 최소성 원칙에 반하지 않는다. 정치적 중립성, 초·중등학교 학생들에 대한 교육기본권 보장이라는 공익은 공무원들이 제한받는 사익에 비해 중대하므로 법익의 균형성 또한 인정된다. 따라서 이 사건 정당가입 금지조항은 과잉금지원칙에 위배되지 않는다. 이 사건 정당가입 금지조항이 초·중등학교 교원에 대해서는 정당가입의 자유를 금지하면서 대학의 교원에게 이를 허용한다 하더라도, 이는 기초적인 지식전달, 연구기능 등 양자 간 직무의 본질과 내용, 근무 태양이 다른 점을 고려한 합리적인 차별이므로 평등원칙에 위배되지 않는다.'는 것이다. 위 선례의 판단을 변경할 만한 사정 변경이나 필요성이 인정되지 않고 위 선례의 취지는 이 사건에서도 그대로 타당하므로, 위 선례의 견해를 그대로 유지하기로 한다.

(3) 재판관 유남석, 재판관 이영진, 재판관 문형배의 위헌의견

국가공무원법조항 중 '그 밖의 정치단체'에 관한 부분은, '그 밖의 정치단체'라는 불명확한 개념을 사용하고 있어, 표현의 자유를 규제하는 법률조항, 형벌의 구성요건을 규정하는 법률조항에 대하여 헌법이 요구하는 명확성원칙의 엄격한 기준을 충족하지 못하였다. 이에 대하여는, 아래 재판관 3인의 위헌의견 중 '명확성원칙 위배 여부' 부분과 의견을 모두 같이 한다. 덧붙여, 국가공무원법조항 중 '그 밖의 정치단체'에 관한 부분은 어떤 단체에 가입하는가에 관한 집단적 형태의 '표현의 내용'에 근거한 규제이므로, 더욱 규제되는 표현의 개념을 명확하게 규정할 것이 요구된다. 그럼에도 위 조항은 '그 밖의 정치단체'라는 불명확한 개념을 사용하여, 수범자에 대한 위축효과와 법 집행 공무원의 자의적 판단 위험을 야기하고 있다. 위 조항이 명확성원칙에 위배되어 나머지 청구인들의 정치적 표현의 자유, 결사의 자유를 침해하여 헌법에 위반되는 점이 분명한 이상, 과잉금지원칙에 위배되는지 여부에 대하여는 더 나아가 판단하지 않는다.

재판관 이석태, 재판관 김기영, 재판관 이미선의 위헌의견

국가공무원법조항 중 '그 밖의 정치단체'에 관한 부분은 형벌의 구성요건을 규정하는 법률조항이고, 나머지 청구인들의 정치적 표현의 자유 및 결사의 자유를 제한하므로, 엄격한 기준의 명확성원칙에 부합하여야 한다. 민주주의 국가에서 국가 구성원의 모든 사회적 활동은 '정치'와 관련된다. 특히 단체는 국가 정책에 찬성·반대하거나, 특정 정당이나 후보자의 주장과 우연히 일치하기만 하여도 정치적인 성격을 가진다고 볼 여지가 있다. 국가공무원법조항은 가입 등이 금지되는 대상을 '정당이나 그 밖의 정치단체'로 규정하고 있으므로, 문언상 '정당'에 준하는 정치단체만을 의미하는 것이라고 해석하기도 어렵다. 단체의 목적이나 활동에 관한 어떠한 제한도 없는 상태에서는 '정치단체'와 '비정치단체'를 구별할 수 있는 기준을 도출할 수 없다. 공무원의 정치적 중립성 및 교육의 정치적 중립성의 보장이라는 위 조항의 입법목적을 고려하더라도, '정치적 중립성' 자체가 다원적인 해석이 가능한 추상적인 개념이기 때문에, 이에 대하여 우리 사회의 구성원들이 일치된 이해를 가지고 있다고 보기 어렵다. 이는 판단주체가 법전문가라 하여도 마찬가지이다. 그렇다면 위 조항은 명확성원칙에 위배되어 나머지 청구인들의 정치적 표현의 자유 및 결사의 자유를 침해한다.

국가공무원법조항 중 '그 밖의 정치단체'에 관한 부분은 공무원의 정치적 중립성 및 교육의 정치적 중립성을 보장하기 위한 것이므로, 그

입법목적의 정당성이 인정된다. 그러나 위 조항은 위와 같은 입법목적
과 아무런 관련이 없는 단체의 결성에 관여하거나 이에 가입하는 행위
까지 금지한다는 점에서 수단의 적합성 및 침해의 최소성이 인정되지
않는다. 또한 위 조항은 국가공무원법 제2조 제2항 제2호의 교육공무원
가운데 초·중등교육법 제19조 제1항의 교원(이하 '교원'이라 한다)의 직무
와 관련이 없거나 그 지위를 이용한 것으로 볼 수 없는 결성 관여행위
및 가입행위까지 전면적으로 금지한다는 점에서도 수단의 적합성 및 침
해의 최소성을 인정할 수 없다. 공무원의 정치적 중립성은 국민 전체에
대한 봉사자의 지위에서 공직을 수행하는 영역에 한하여 요구되는 것이
고, 교원으로부터 정치적으로 중립적인 교육을 받을 기회가 보장되는
이상, 교원이 기본권 주체로서 정치적 자유권을 행사한다고 하여 교육
을 받을 권리가 침해된다거나 교육의 정치적 중립성이 훼손된다고 볼
수 없다. 교원이 사인의 지위에서 정치적 자유권을 행사하게 되면 직무
수행에 있어서도 정치적 중립성을 훼손하게 된다는 논리적 혹은 경험적
근거는 존재하지 않는다. 공무원의 정치적 중립성 및 교육의 정치적 중
립성에 대한 국민의 신뢰는 직무와 관련하여 또는 그 지위를 이용하여
정치적 중립성을 훼손하는 행위를 방지하기 위한 감시와 통제 장치를
마련함으로써 충분히 담보될 수 있다. 위 조항이 교원에 대하여 정치단
체의 결성에 관여하거나 이에 가입하는 행위를 전면적으로 금지함으로
써 달성할 수 있는 공무원의 정치적 중립성 및 교육의 정치적 중립성은
명백하거나 구체적이지 못한 반면, 그로 인하여 교원이 받게 되는 정치
적 표현의 자유 및 결사의 자유에 대한 제약과 민주적 의사형성과정의
개방성과 이를 통한 민주주의의 발전이라는 공익에 발생하는 피해는 매
우 크므로, 위 조항은 법익의 균형성도 갖추지 못하였다. 위 조항은 과
잉금지원칙에 위배되어 나머지 청구인들의 정치적 표현의 자유 및 결사
의 자유를 침해한다.

재판관 이석태, 재판관 김기영, 재판관 이미선의 정당법조항 및 국가공무원법조항 중 '정당'에 관한 부분에 대한 반대의견

국가공무원법조항 중 '그 밖의 정치단체'에 관한 부분에서 살펴본 것과 같은 이유에서, 교원의 직무와 관련이 없거나 그 지위를 이용한 것으로 볼 수 없는 결성 관여행위 및 가입행위를 금지하는 것은 과잉금지원칙에 위배되어 나머지 청구인들의 정당설립의 자유 및 정당가입의 자유를 침해한다.

정당법 제22조 제1항 단서 제1호 단서는 고등교육법 제14조 제1항·제2항에 따른 교원(이하 '대학 교원'이라 한다)의 경우 정당의 발기인 및 당원이 될 수 있도록 규정하고 있다. 교원이 사인으로서 정치적 자유권을 행사하게 되면 직무수행에 있어서도 정치적 중립성을 훼손하게 된다고 볼 수 없는 점은 대학 교원과 동일하다. 학생들을 민주시민으로 양성하기 위한 교육과 훈련은 초·중등학교에서부터 이루어지는 것이므로, 직무의 본질이나 내용을 고려하더라도 정당의 설립·가입과 관련하여 대학 교원과 교원을 달리 취급할 합리적인 이유가 있다고 보기 어렵다. 따라서 정당법조항 및 국가공무원법조항 중 '정당'에 관한 부분은 나머지 청구인들의 평등권을 침해한다.

재판관 이선애, 재판관 이은애, 재판관 이종석의 국가공무원법조항 중 '그 밖의 정치단체'에 관한 부분에 대한 반대의견

입법자가 국가공무원법조항 중 '그 밖의 정치단체'에 관한 부분에 의하여 규율하려는 대상은 '정치단체'이고, 그 전형적·구체적인 사례가 바로 앞서 열거된 '정당'이다. 부단히 변화하는 정치환경에서 자율적인 형성과 운영을 본질로 하는 정치조직의 유동성을 고려할 때, 입법자가 규율이 필요한 '정치단체'를 구체적으로 미리 열거하는 것은 입법기술상 불가능하거나 현저히 곤란하다. 오늘날 정치활동은 정당 또는 당파적

기반 아래 활동하는 사람을 중심으로 이루어지므로, 특정 사회 문제에 대한 의견을 공표하는 것을 넘어, 특정 정당이나 특정 정치인을 지지·반대하는 단체는 정치성을 뚜렷하게 지닌 것으로 볼 수 있다. 교원이 이와 같은 단체의 결성에 관여하거나 가입하는 경우, 교육현장에 혼란을 초래할 수 있고, 공무원의 정치적 중립성 및 교육의 정치적 중립성에 대한 국민의 신뢰가 흔들릴 수 있으므로, 이는 제한되어야 한다. 공무원의 정치적 중립성 및 교육의 정치적 중립성을 선언한 헌법의 취지, 국가공무원법조항의 입법목적 그리고 관련 규범들과의 관계 등을 종합적으로 고려하면, 국가공무원법조항에서 가입 등을 금지하는 '정치단체'는 '특정 정당이나 특정 정치인을 지지·반대하는 단체로서 그 결성에 관여하거나 가입하는 경우 공무원의 정치적 중립성 및 교육의 정치적 중립성을 훼손할 가능성이 높은 단체'로 한정할 수 있다. 따라서 '정치단체'의 범위가 지나치게 광범위하다거나 법관의 해석에 의하여 무한히 확대될 위험이 있다고 보기 어렵다. 더욱이 국가공무원법조항의 수범자는 일반 국민이 아니라 교원이므로, 건전한 상식과 통상적인 법 감정을 가진 교원이라면 국가공무원법조항 중 '정치단체'의 의미내용을 충분히 이해할 수 있다. 그러므로 위 조항은 명확성원칙에 위배되어 나머지 청구인들의 정치적 표현의 자유 및 결사의 자유를 침해한다고 볼 수 없다.

정당은 정치적 결사의 한 종류이므로, 정당법조항 및 국가공무원법조항 중 '정당'에 관한 부분에서 살펴본 논거는 국가공무원법조항 중 '그 밖의 정치단체'에 관한 부분에도 그대로 적용될 수 있다. '정치단체'를 '특정 정당이나 특정 정치인을 지지·반대하는 단체로서 그 결성에 관여하거나 가입하는 경우 공무원 및 교육의 정치적 중립성을 훼손할 가능성이 높은 단체'라고 해석하는 이상, 위 조항의 규율 범위가 지나치게 광범위하여 과잉금지원칙에 위배된다고 보기도 어렵다. 그러므로 위 조항은 과잉금지원칙에 위배되어 나머지 청구인들의 정치적 표현의 자유 및 결사의 자유를 침해한다고 볼 수 없다.

I. 서 론

헌법재판소는 정당법 제22조 제1항 단서 제1호 등 위헌확인 사건에서 국가공무원법 제65조 제1항 중 '국가공무원법 제2조 제2항 제2호'의 교육공무원 가운데 초·중등교육법 제19조 제1항의 교원은 그 밖의 정치단체의 결성에 관여하거나 이에 가입할 수 없다'는 부분이 헌법에 위반된다고 결정하였다. 정치적 표현의 자유를 제한하는 국가공무원법 조항 중 '그 밖의 정치단체'에 관한 부분이 명확성원칙에 위배된다고 판단하였다. 그러나 이에 대해 반대의견(재판관 이선애, 재판관 이은애, 재판관 이종석)은 건전한 상식과 통상적인 법 감정을 가진 교원이라면 국가공무원법조항 중 '정치단체'의 의미내용을 충분히 이해할 수 있으므로 위 조항이 명확성원칙에 위배되어 나머지 청구인들의 정치적 표현의 자유 및 결사의 자유를 침해한다고 볼 수 없다고 보고 있다. 또한 국가공무원법조항에서 가입 등을 금지하는 '정치단체'는 '특정 정당이나 특정 정치인을 지지·반대하는 단체로서 그 결성에 관여하거나 가입하는 경우 공무원의 정치적 중립성 및 교육의 정치적 중립성을 훼손할 가능성이 높은 단체'로 한정할 수 있다고 보고 있다.

그러나 헌법재판소는 정당법조항 및 국가공무원법조항 중 '정당'에 관한 부분은 과잉금지의 원칙이나 평등의 원칙에 위배된다고 볼 수 없어 합헌이라고 결정하였다. 즉 정당가입 금지조항의 입법목적이 정당하고, 정당가입 금지조항은 이를 달성하기 위한 효과적이고 적합한 수단일 뿐만 아니라 침해의 최소성 원칙에 반하지 아니한다고 보고 있다. 또한 이를 통해 달성하려는 공익이 제한되는 사익에 비해 결코 경미하다고 볼 수 없으므로 법익의 균형성도 인정된다고 보았다. 그리고 초·중등교원에 대해서는 정당가입의 자유를 금지하면서 대학의 교원에게 이를 허용한다고 하더라도 직무의 본질이나 내용, 그리고 근무 태양 등의 차이를 고려한 합리적인 차별이라고 보고 있다.

헌법재판소는 종전의 선례에서 구 정당법조항이나 국가공무원법
조항에 대하여 수차례 합헌결정을 한 바 있다. 헌법재판소는 2004. 3.
25. 2001헌마710 결정에서 구 정당법(2000. 2. 16. 법률 제6269호로 개정되
고, 2005. 8. 4. 법률 제7683호로 개정되기 전의 것) 제6조 단서 제1호에 대하
여 합헌결정을 하였다. 또한 2014. 3. 27. 2011헌바42 결정에서 구 정당
법(2005. 8. 4. 법률 제7683호로 개정되고, 2011. 7. 21. 법률 제10866호로 개정
되기 전의 것) 제53조 중 '제22조 제1항 단서 제1호 본문의 규정을 위반
하여 당원이 된 국가공무원법 제2조(공무원의 구분)에 규정된 공무원' 부
분 및 구 국가공무원법(2008. 3. 28. 법률 제8996호로 개정되고, 2010. 3. 22.
법률 제10148호로 개정되기 전의 것) 제84조 중 '제65조 제1항의 정당가입
에 관한 부분을 위반한 자' 부분에 대하여 합헌결정을 하였다. 특히
2011헌바42 결정에서 이 사건 정당가입 금지조항이 과잉금지원칙이나
평등원칙에 위배된다고 볼 수 없다고 결정하였다. 대학의 교원에 대해
서는 정당가입의 자유를 금지하면서 대학의 교원에게 이를 허용하더라
도 양자 간에 직무의 본질이나 내용, 근무태양 등에서 차이가 있으므로
합리적인 차별이라고 보고 있다. 이에 대해 반대의견(재판관 이석태, 재판
관 김기영, 재판관 이미선)은 정당의 설립·가입과 관련하여 대학 교원과
교원을 달리 취급할 합리적인 이유가 있다고 보기 어려우므로 정당법조
항 및 국가공무원법조항 중 '정당'에 관한 부분이 나머지 청구인들의 평
등권을 침해한다고 보고 있다.

이러한 헌법재판소의 위헌결정에 따라 국가공무원법 제65조 제1항
을 개정하는 경우에 그 개정대상을 초·중등교육법 제19조 제1항에 따
른 '교원'으로 한정하는 것이 바람직한지, 아니면 이를 '모든 국가공무
원'으로 확대해야 하는지 여부가 문제된다. 또한 헌법재판소는 대상결
정에서 국가공무원법 제65조 제1항에서 '그 밖의 정치단체'에 관한 부분
이 명확성원칙에 위배된다고 판단하였다. 국가공무원법 제65조 제1항의
'그 밖의 정치단체'에 관한 부분이 명확성원칙에 위배되는 것이 무엇을

의미하는지가 문제된다. 즉 '정치단체'에 관한 부분을 삭제해야 하는지, 아니면 '그 밖의 정치단체'를 구체적으로 규정해야 하는지가 검토되어야 한다. 후자의 경우에는 어떠한 방식으로 규정할 것인지가 문제된다. 대상판결의 위헌부분은 국가공무원법 제65조 제1항의 '그 밖의 정치단체'에 참여하는 것을 금지한 조항이다. 이 부분에 대해서는 6인의 재판관이 '명확성원칙'에 위배되었다고 판단하였으나, 3인의 재판관은 '과잉금지원칙'에도 위배된다고 보고 있다. 이와 관련하여 위헌결정의 기속력이 주문 외에 결정이유에도 미치는지가 문제된다. 그리고 국가공무원법 제65조 제4항의 위임에 따라 대통령령으로 '국가공무원 복무규정' 제27조에는 '정치적 행위'를 상세히 규정하고 있다. 여기에 '정치단체'에 관한 규정을 두고 있어, 이 부분을 어떻게 정비해야 할 지에 대해서도 함께 검토할 필요가 있다. 이하에서는 헌법재판소 위헌결정의 기속력의 객관적 범위(Ⅱ), 국가공무원법 제65조 제1항의 '정치단체'의 개념 및 해석(Ⅲ), 그리고 '국가공무원 복무규정'의 정비방안에 대해서 상세히 검토하기로 한다(Ⅳ).

Ⅱ. 위헌결정의 기속력이 미치는 범위와 한계

1. 기속력의 객관적 범위

헌법재판소법 제75조 제1항에 따라 헌법소원의 인용결정은 모든 국가기관과 지방자치단체를 기속한다. 또한 기속력의 객관적 범위가 결정의 '주문'에 미친다는 점에 대해서는 대체로 일치하지만, 방론은 제외된다고 보고 있다. 그러나 그 '결정이유'에 대하여도 기속력이 미치는지 여부에 대해서는 견해대립이 있다.[1] 이와 관련하여 독일 연방헌법재판소는 대체로 위헌결정에서 고려된 중요한 이유(tragende Gründe)에 대해서 기속력이 미친다고 보고 있다.[2] 그러나 독일의 학설 중에는 이에 대해 결정이유의 성역화와 헌법의 고착화, 중요한 이유에 대한 조사의 곤란성 등을 근거로 비판적 견해가 유력하다.[3]

이와 달리 국내학설은 긍정설이 다수설이다. 긍정설은 대체로 결정이유 중 주문과 관련하여 핵심적인 부분이나 중요이유에 한하여 미친다고 보고 있다. 즉 "결정주문을 직접적으로 뒷받침하고 있는 핵심적인 결정이유에 기속력이 미친다"고 보는 견해[4], "헌법재판소의 추론과정에서 사상(捨象)할 수 없는 부분에 해당하는 중요한 결정이유나 결정의 사고필연적인 전제에 대해서는 기속력이 인정된다"는 견해[5], "위헌결정의 기속력의 객관적 범위와 관련하여 결정이유의 핵심적 내용 내지 중요이유를 이루는 헌법해석에도 기속력이 미친다"고 보는 견해[6] 등이 그러하다. 또한 "결정주문의 의미파악을 위하여 필요한 범위 내에서 구속력을 가진다"고 보는 견해도 긍정설에 해당한다.[7] 그리고 "개방적이고 추상적인 헌법규정을 구체화하고 해석하는 것이 헌법재판의 본래적 기능이므로 헌법재판의 실효성을 제고하기 위해서는 중요이유에 기속력을 인정해야 한다"는 견해도 그러하다.[8] 그 밖에 "헌법재판소결정 및 결정이유가 사실상 기속력을 가지며, 핵심적 또는 부수적 이유에 해당하는

1) 헌법재판소, 헌법재판실무제요, 제2개정판, 102면 참조.
2) BVerfGE 1, 14/37; 19, 377/392; 40, 88/93 f.; 112, 1/40.
3) Schlaich/Korioth, Das Bundesverfassungsgericht, 9. Aufl., Rn. 487 ff.; Benda/Klein, Verfassungsprozessrecht, 3. Aufl., Rn. 1452.
4) 허영, 헌법소송법론, 제14판, 2019, 177면.
5) 홍성방, 헌법소송법, 박영사, 2015, 150.
6) 최희수, "헌법재판소 결정의 중요이유의 기속력 연구", 공법연구 제33집 제1호 (2004), 445-468면 참조.
7) 황도수, "헌법재판소 결정의 기속력", 정천허영박사기념논문집, 박영사, 2002, 762-796면(777-778면 참조).
8) 정호경, "헌법재판소 결정의 효력- 기속력의 주관적·객관적 범위를 중심으로", 헌법논총 제26집(2015), 345-380면 (361-362면).

지 여부와 관계없이 입법자와 법원이 이를 존중한다는 점에서 이러한 논의가 큰 실익이 없다"는 견해도 있다.9) 이 견해도 넓은 의미에서 긍정설에 포함시킬 수 있다. 이에 반해 "중요한 이유와 중요하지 않은 이유를 구분하는 것이 쉽지 않고 이러한 불분명한 구분으로 기속력의 객관적 범위를 정하는 것은 헌법재판의 규범력과 정당성을 약화시킨다"고 보는 부정설도 유력하다.10)

이와 관련하여 헌법재판소는 명확한 입장을 밝히고 있지는 않지만, 결정이유에 대해서도 기속력이 미칠 수 있는 가능성을 열어 놓고 있다. 즉 헌법재판소의 헌법재판권 내지 사법권의 범위와 한계, 국회의 입법권의 범위와 한계 등을 고려하여 신중하게 접근해야 한다는 입장을 취하고 있다. 다만, 의료법 제61조 제1항 중 「장애인복지법」에 따른 시각장애인 중 부분 위헌확인 사건에서 "결정이유에까지 기속력을 인정한다고 하더라도, 결정주문을 뒷받침하는 결정이유에 대하여 적어도 위헌결정의 정족수인 재판관 6인 이상의 찬성이 있어야 할 것이고(헌법 제113조 제1항 및 헌법재판소법 제23조 제2항 참조), 이에 미달할 경우에는 결정이유에 대하여 기속력을 인정할 여지가 없(다)"고 보고 있다.11) 한편, 행정소송에 있어서 취소판결의 기속력은 판결주문뿐만 아니라 그 전제가 된 요건사실의 인정과 효력판단에도 미치며, 판결이유 중에 제시된 '개개의 위법사유'를 포함한다고 보고 있다.12)

생각건대 기속력의 객관적 범위를 위헌결정의 주문에 한정하는 경우에는 그 주문만으로는 위헌결정의 취지나 내용을 정확히 파악하기 어려운 경우가 있다. 그러나 결정이유에 대해 모두 기속력을 인정하는 것은 헌법의 경직화 내지 고정화를 초래할 우려도 있다. 따라서 주문과 밀접한 관련이 있고, 그 주요한 근거를 제시하는 핵심적인 결정이유에

---

9) 한수웅, 헌법학, 제8판, 법문사, 2018, 1403면.
10) 정종섭, 헌법소송법, 제7판(전면개정판), 박영사, 2012, 187-188면.
11) 헌재 2008. 10. 30. 2006헌마1098 등, 판례집 20-2상, 1089.
12) 대법원 2001. 3. 23. 선고 99두5238 판결.

대해서는 기속력을 인정하는 것이 타당하다. 핵심적인 결정이유의 판단
은 결국 헌법재판소의 몫이며, 추후 기속력의 위반 여부를 심사하는 과
정에서 구체화될 것이다.

2. 법령소원의 인용결정과 그 주문형식

헌법재판소법 제68조 제1항에 따른 법령에 대한 헌법소원(법령소
원)에서 인용결정을 하는 경우에 어떠한 주문형식을 채택해야 하는지에
대해 논란이 있다. 헌법재판소법 제75조 제3항에는 인용결정을 하는 때
에 "기본권 침해의 원인이 된 공권력의 행사를 취소하거나 그 불행사가
위헌임을 확인할 수 있다"고 규정하고 있다. 그러나 법규범에 대해 '취
소'를 하는 것은 타당하지 않다. 이와 달리 독일 연방헌법재판소법 제95
조 제3항에서는 위헌인 법률에 대해 무효를 선언해야 한다고 규정하고
있다. 여기에는 형식적 의미의 법률뿐만 아니라 법규명령 등이 포함된
다.[13] 이와 관련하여 법령에 대한 헌법소원을 규범통제로 이해하여 위
헌법률심판의 위헌결정과 같이 이해하거나, 또는 헌법재판소법 제68조
제2항에 의한 인용결정과 같은 주문형태를 취하자는 견해도 있다.[14] 후
자의 견해는 결국 헌법재판소법 제68조 제2항에 따라 위헌법률심판에
관한 헌법재판소법 제45조 및 제47조가 준용된다고 보고 있는 것이다.
법령에 대한 헌법소원의 인용결정에서 취소는 허용되기 어렵다. 따라서
헌법재판소법 제75조 제3항의 '취소' 규정은 '무효'로 개정하는 것이 바
람직하다.

헌법재판소는 법령에 대한 헌법소원의 경우에서 주문에서 해당 법
률 또는 법률 조항의 위헌을 선고할 뿐, 침해되는 기본권을 구체적으로

---

13) 상세는 Lechner/Zuck, BVerfGG, 7. Aufl., § 95 Rn. 20; BVerfGE 28, 119/133.
14) 김하열, 헌법소송법, 제3판, 580면.

명시하지 않고 있다.15) 이 사건 2018헌마551 결정에서도 "…… 부분은
헌법에 위반된다"라고 되어 있을 뿐, 구체적으로 침해되는 기본권을 주
문에 명시하고 있지 않다. 다만, 결정의 이유에서 침해되는 기본권을 언
급하고 있다. 해석상 헌법재판소법 제75조 제3항 및 제5항을 헌법재판
소법 제68조 제2항이나 위헌법률심판제청의 경우와 동일하게 보아야
하는지에 대해서는 의문이다. 특히 이에 대해 준용에 관한 명문의 규정
이 없음에도 불구하고 헌법재판소법 제68조 제1항의 헌법소원 인용결
정에 대해서도 헌법재판소법 제45조 및 제47조를 적용하는 것은 신중
할 필요가 있다. 따라서 대상판결의 기속력은 초·중등교육법상의 '교원'
에 한하여 미친다고 보는 것이 타당하다고 판단된다. 따라서 모든 국가
공무원으로 확대하여 개정하는 것은 추후 헌법재판소의 결정을 지켜보
면서 단계적으로 추진하는 것이 바람직하다.

3. 대상판결의 기속력 범위에 관한 검토

대상판결에서는 3인의 재판관(재판관 유남석, 재판관 이영진, 재판관 문
형배)은 "그 밖의 정치단체"에 관한 부분이 명확성원칙에 위배되어 정치
적 표현의 자유나 결사의 자유를 침해한다고 판단하였다.16) 그러나 또

---

15) 헌재 1990. 10. 8. 89헌마89 결정.
16) 한편, 대상판결은 헌법재판소법 제68조 제1항에 의한 권리침해형 헌법소원이므로
이를 규범통제의 방식으로 접근하여서는 아니 된다. 독일 기본법에 기본권 조항이
포함되므로 이러한 기본권 조항이 심사기준이 될 수 있지만, 청구인의 기본권 침
해보다 심판대상조항이 헌법상 보장되는 기본권 조항 그 자체를 위반하고 있는지
가 중요한 의미를 가진다. 예컨대 특정한 법령 조항이 재산권을 침해한다고 하더
라도 개인의 재산권이 아니라, 재산권 조항을 침해하는 경우이다. 예컨대 심판대상
조항이 법률이나 법률에 근거하지 아니한 재산권 침해를 허용하거나, 또는 심판대
상조항이 공용수용의 요건에 해당하는 경우임에도 불구하고 해당 법률에 보상규정
을 두지 아니한 경우가 그러하다. 이러한 문제는 일반적인 헌법소원의 문제가 아
니라 법령(규범) 그 자체의 위헌성이 문제되는 것이다. 명확성원칙 위배는 죄형법

다른 3인 재판관(재판관 이석태, 재판관 김기영, 재판관 이미선)은 위 부분이
명확성원칙뿐만 아니라 과잉금지원칙에도 위배된다고 판단하고 있다.
여기에서 과잉금지원칙에 위배된다고 판단한 것도 국가기관에 대해 기
속력이 미치는지가 문제된다. 이와 관련하여 헌법재판소는 결정주문을
뒷받침하는 결정이유에 대하여 적어도 위헌결정의 정족수인 재판관 6
인 이상의 찬성이 있어야 한다고 보고 있으며(헌법 제113조 제1항 및 헌법
재판소법 제23조 제2항 참조), 이에 미달할 경우에는 결정이유에 대하여
기속력을 인정할 여지가 없다고 보고 있다.17) 대상판결에서도 '그 밖의
정치단체' 부분에 대하여 위헌결정 이유 중 명확성원칙 위배에 대해서
만 6인의 재판관이 찬성하였으므로 대상판결의 기속력은 명확성원칙
위배 여부에 한정된다. 과잉금지원칙 위배 여부에 대해서는 3인의 재판
관이 찬성하였으므로 이 부분에 대해서는 기속력이 인정된다고 보기 어
렵다.

　　대상판결의 주문에서는 "국가공무원법(2008. 3. 28. 법률 제8996호로
개정된 것) 제65조 제1항 중 '국가공무원법 제2조 제2항 제2호의 교육공
무원 가운데 초·중등교육법 제19조 제1항의 교원은 그 밖의 정치단체
의 결성에 관여하거나 이에 가입할 수 없다'는 부분은 헌법에 위반된다"
고 밝히고 있다. 이 주문만으로 구체적으로 어떠한 내용이 위헌인지 여
부를 판단하기는 어렵다. 위헌판단의 핵심적인 결정이유를 살펴보아야
만 국가기관이나 지방자치단체를 기속하는 범위를 확정할 수 있다. 헌
법재판소가 밝히고 있는 바와 같이 위헌결정의 정족수인 재판관 6인 이
상이 찬성한 핵심적인 결정이유에 대해서도 기속력이 인정된다고 보는
것이 타당하다.

　　정주의와 관련하여 문제되는 쟁점이지만, 심사방식에 있어서 기본권침해 그 자체
　　와의 관련성이 부각되어야 한다. 다만, 대상판결에서는 명확성원칙에 의해 청구인
　　들의 정치적 표현의 자유, 결사의 자유를 침해한다고 밝히고 있다.
17) 헌재 2008. 10. 30. 2006헌마1098 등, 판례집 20−2상, 1089, 1090−1091 참조.

Ⅲ. 국가공무원법 제65조 제1항의 '정치단체'의 의미와 해석

1. 정치단체의 개념 해석

공무원(초·중등학교 교원)의 정치단체 가입금지에 관한 규율을 함에 있어서는 국민으로서의 정치적 표현의 자유 보장과 직무수행과 관련된 정치적 중립성 확보 사이에 조화가 모색되어야 한다.18) 현행 법령에서 '정치단체'의 개념을 명확히 규정한 사례는 없다. 한편, 이 사건의 반대 의견(재판관 이선애, 재판관 이은애, 재판관 이종석)은 국가공무원법상 가입을 금지시키는 대상은 '정치단체'이며, 정당을 그러한 정치단체의 구체적 사례로 파악하고 있다. 즉 정치단체는 "특정 정당이나 특정 정치인을 지지·반대하는 단체로서 그 결성에 관여하거나 가입하는 경우 공무원의 정치적 중립성 및 교육의 정치적 중립성을 훼손할 가능성이 높은 단체"로 한정해야 한다고 보고 있다. 그러나 이에 대해 3인의 재판관들(재판관 유남석, 재판관 이영진, 재판관 문형배)은 이와 같이 한정하여 해석할 근거가 없다고 보고 있다. 학설 중에도 정당을 '정치적 결사'의 일종으로 보는 견해가 있다.19) 정당은 "국민의 이익을 위하여 책임 있는 정치적 주장이나 정책을 추진하고 공직선거의 후보자를 추천 또는 지지함으로써 국민의 정치적 의사형성에 참여함을 목적으로 하는 국민의 자발적 조직"이라고 정의되고 있다(정당법 제2조). 또한 정당은 중앙당이 중앙선거관리위원회에 등록함으로써 성립하고, 일정한 요건을 충족하여야 한다(정당법 제4조).

---

18) 김남진/김연태, 행정법 Ⅱ, 제24판, 265면.
19) 김철수, 헌법학개론, 제19전정신판, 909면. 한편, 정치적 결사로 보면서도 '법인격 없는 사법상의 사단의 일종'으로 보는 견해(권영성, 헌법학원론, 개정판, 2006, 196면), 국가기관과 사적 결사의 중간형태로 이해하는 견해(계희열, 헌법학(상), 제2보정판, 253면 이하).

한편, 대법원은 국가공무원인 대학교수가 '민주회복국민회의'의 구성 및 가입에 대해 정치단체의 결성에 관여하면서 이에 가입하여 정치적 행위를 한 것으로 보고 국가공무원법 제56조, 제65조 공무원복무규정 제27조에 위반되는 징계사유에 해당된다고 판시한 사례가 있다.[20] 일부학설은 공무원이 '국민의 공복으로서의 지위'를 가질 뿐만 아니라 '기본권주체로서의 지위'를 가지므로 공무원에 대해 획일적인 정당가입 금지와 정치활동금지가 공무원의 정치적 중립성을 확보하기 위해 필요한 수단인지에 대해 의문을 가지는 견해도 있다.[21]

2. 외국의 입법례

독일에서는 기본법 제33조 제4항에 근거하여 소위 충실의무(Treuepflicht)가 인정되고 있다.[22] 이러한 충실의무는 절대군주제를 배경으로 만들어졌으나, 오늘날에는 절대권력에 대한 신하의 충성이 아니라 헌법과 법률을 존중하고 준수하는 것을 의미하는 것이 보통이다.[23]

---

20) "국가공무원(대학교수)인 원고가 원판시 민주회복국민선언대회에 그 판시 정치인 등 70여명과 함께 참석하여 헌법의 개정, 반정부 행동으로 말미암아 복역, 구금, 연금당하고 있는 인사들의 사면 석방, 현정부 체제의 개폐 등을 집단적으로 주장하고 그 주장을 관철하기 위하여 범국민적 운동을 벌린다는 취지 아래 민주회복국민회의(가칭)를 발족하기로 하는 내용의 이른바 국민선언을 채택하고 원고도 이에 서명한 사실과 그 선언에 따른 민주회복국민회의의 창립총회가 개최되어 그 기구가 구성된 사실을 인정한 다음 원고의 위와 같은 행위는 정치단체의 결성에 관여하면서 이에 가입하여 정치적 행위를 한 것으로 보아야 할 것이므로 이는 국가공무원법 제56조, 제65조 공무원복무규정 제27조에 위반되는 징계사유에 해당된다." (대법원 1981. 12. 22. 선고 80누499 판결)

21) 한수웅, 전게서, 1304면.

22) 한편, 헌법에는 충실의무에 관한 근거는 없지만, 국가공무원법이나 지방공무원법에 성실의무와 직무수행의 헌신의무를 망라하는 '직무충실의 기본의무'에 관한 조항을 신설하자는 견해도 있다(정남철, "災難事故에 있어서 公務員의 義務와 責任", 행정판례연구 제23집 제2호(2018. 12), 169 면 이하 참조).

23) Pieroth, in: Jarass/Pieroth, GG, Art. 33. Rn. 51; BVerfGE 61, 43 (56); 71, 39 (60).

특히 법질서뿐만 아니라 기본법에 투영된 헌법적 가치질서에 대한 적극적인 태도를 요구한다. 독일의 연방공무원법(Bundesbeamtengesetz) 제60조 제1항 및 주(란트)의 공무원지위법(Beamtenstatusgesetz)[24] 제33조에서도 독일 기본법의 '자유민주적 기본질서'를 존중해야 한다는 점을 명시하고 있다. 독일 연방공무원법 제60조 제1항에서 공무원은 정당이 아니라 전체 국민에 대해 봉사하여야 하며, 불편부당(不偏不黨)하게 업무를 수행하도록 규정하여 직업공무원의 중립성을 강조하고 있다. 또한 연방공무원법 제60조 제2항에서는 정치활동에 있어서도 공무원들은 절제와 신중함을 준수하여야 한다고 규정하고 있다. 이와 관련하여 독일에서는 공무원이 정당을 비롯한 정치단체에 가입하는 것이 허용되는지가 다투어지고 있다. 전통적으로 공무원의 정치적 활동을 보장하고 있고, 이러한 정치적 활동은 위헌이 아닌 정당의 당원이 될 수 있는 것을 포함하고 있다.[25] 독일에서는 헌법합치적 정당의 경우에는 공무원도 당원뿐만 아니라 지도부의 일원이 되는 것도 허용하고 있다. 독일 연방헌법재판소는 헌법적대적이거나 금지되지 않는 정당의 당원이 되는 것은 허용하나, 그 정당의 지도부 간부가 되는 것은 허용되지 아니한다고 보고 있다.[26] 그러나 위헌정당의 당원이 되는 것이 전면적으로 금지된다고 보고 있다.[27] 이와 같이 독일에서는 헌법상 충실의무에 근거한 일정한 의무에 관한 규정 두고 있지만, 정당이나 기타 정치단체 등의 가입이나 활동 등 정치활동을 금지하는 규정을 두고 있지 않다.

이에 반해 일본에서는 공무원의 정치적 행위를 엄격히 제한하고 있다. 국가공무원법 제102조 제1항에서는 "직원은, 정당 또는 정치적 목적을 위해서 기부금 기타의 이익을 요구하거나 수령해, 또는 어떠한

---

24) 이 법률의 공식명칭은 「주(란트)의 공무원 지위법의 규율을 위한 법률(Gesetz zur Regelung des Statusrechts der Beamtinnen und Beamten in den Ländern)」이다.

25) Grigoleit, in: Battis(Hg.), BBG, Kommentar, § 60 Rn. 15 f.

26) BVerfG, NJW 2002, 2774.

27) 이에 대해서는 Thorsten Ingo Schmidt, Beamtenrecht, § 14 Rn. 324..

방법으로 이를 하는지를 불문하고, 이러한 행위에 관여해, 혹은 선거권의 행사를 제외하고, 인사원규칙(人事院規則)에서 정하는 정치적 행위를 하여서는 아니 된다"고 규정하고 있다. 또한 직원은 공선(公選)에 의한 공직의 후보자가 되거나, 정치 기타 정치적 단체의 임원, 정치적 고문, 기타 이와 같은 역할을 가지는 구성원이 되어서는 아니된다(같은 조 제2항 및 제3항). 이러한 정치적 행위제한에 관한 규정은 공무원의 기본적 인권과 행정의 중립성 확보라고 하는 충돌되는 이익을 소성하기 위한 타협의 산물이라고 보고 있다.[28] 그러나 일본에서는 정치적 행위의 금지에 관한 규정을 대폭 '인사원규칙'에 위임하고 있다. 위임을 인사원규칙에 하는 것뿐만 아니라 이러한 위임이 백지위임으로서 합헌인지에 대해 의문을 제기하는 견해가 있다.[29] 일본 인사원규칙 14-7(정치적 행위)에는 정치적 목적과 정치적 행위를 광범위하게 정의하고 있지만, 정당 외의 '정치단체'에 관한 정의규정은 찾기 어렵다.

3. 소결

국가공무원법 제65조나 국가공무원 복무규정 제27조의 규정은 일본의 입법례와 매우 유사한 구조와 내용으로 구성되어 있다. 다만, 일본의 입법례에서는 금지되는 정치적 행위를 대폭 '인사원규칙'에 위임하고 있어 법률유보원칙이나 포괄위임금지원칙 등에 비추어 문제가 있다고 판단된다. 이에 반해 우리나라에서는 국가공무원법에 '정치 운동의 금지'에 대해 비교적 상세히 규율하고 있고, 대통령령인 국가공무원 복무규정에 위임하고 있다. 헌법재판소는 2018헌마551 결정에서 초·중등학교의 교원이 정치단체를 가입하지 못하도록 한 것 그 자체를 위헌으로 본 것이 아니라 표현의 자유를 제한하거나 규제하는 경우에 그 정치단

---

28) 이에 대해서는 塩野宏, 行政法 III, 제4판, 287면.
29) 塩野宏, 行政法 I, 제6판, 106-107면.

체의 개념을 명확히 규정해야 한다고 결정한 것이다. 따라서 '정치단체'라는 개념을 구체적이고 상세히 규정하는 것이 중요한 의미를 가진다. 예컨대 정치단체가 정치적 중립성을 위반할 수 있는 경우에는 이러한 정치단체에 가입하는 것은 어렵다고 판단된다. 헌법재판소는 정치단체의 가입 금지에 관한 부분은 표현의 자유를 제한하는 규정이므로 적어도 '정치단체'의 의미를 법률에서 직접 규정하는 것이 바람직하다고 본다.

그러나 정치단체의 다종다양성에 비추어 이를 정의하기는 어렵다. 정치단체는 대체로 "특정한 이념이나 정책, 또는 특정한 정당이나 정치인을 지지하는 등 정치적 활동을 하는 단체나 결사"라고 이해할 수 있다. 다만, 정치단체의 유형을 세분화하여 규율할 수 있다면, 구체성과 명확성의 요건을 갖추어 하위법령에서 구체적 사례를 열거하는 방안도 고려할 수 있다. 그러나 정치단체의 구체적 사례를 파악하기가 어려울 뿐만 아니라 이를 개별적으로 열거하여 규정하는 것은 현실적으로 매우 어렵다. 헌법재판소의 결정 이유에서 제시하고 있는 바와 같이 초·중등학교 교원의 정치적 표현의 자유를 보장하면서도, 이에 대한 한계를 설정하여야 한다. 이와 관련하여 국가공무원법 제65조 제1항의 개정방안을 고려할 수 있다. 첫째, '정치단체'의 개념을 적극적으로 정의하고, 국가공무원법 제65조에서는 관여나 가입이 금지되는 정치단체로 제한하여 규정하는 방안이다. 둘째, 국가공무원법 제65조 제1항에서 '그 밖의 정치단체'의 개념을 삭제하는 방안이다. 이 경우에는 초·중등학교 교원에 대해 정당을 제외한 정치단체에 관여하거나 가입하는 것을 원칙적으로 허용하면서, 공무원의 정치적 중립성과 교육의 정치적 중립성 등을 훼손하거나 훼손할 수 있는 정치적 행위를 적극적으로 규정한다. 전자의 방식이 위헌결정의 취지에 부합하지만, 금지되는 정치적 행위를 유기적으로 연결하여 규율해야 한다.

Ⅳ. 국가공무원 복무규정의 정비 필요성

국가공무원법 제65조 제4항의 위임에 따라 대통령령으로 제정된 '국가공무원 복무규정'도 함께 개정해야 하는지가 문제된다. 국가공무원법 복무규정 제27조에는 금지되는 정치적 행위를 규정하고 있다. 즉 특정 정당에 관한 규정뿐만 아니라, 정치적 목적으로 "특정 정치단체를 지지하거나 반대하는 것"을 금지하고 있다. 이러한 규정에 의하면 초·중등학교 교원은 특정 정치단체에 대한 지지나 반대를 전혀 할 수 없어 정치적 표현의 자유가 중대하게 제한될 수 있다. 이와 관련하여 국가공무원 복무규정 제27조 제1항 제2호의 '정치단체'의 개념을 삭제하는 방안도 고려할 수 있지만, 대상판결의 취지에 비추어 이를 보다 명확히 규정하는 것이 바람직하다. 전술한 바와 같이 정치단체의 개념을 "특정한 이념이나 정책, 또는 특정한 정당이나 정치인을 지지하는 등 정치적 활동을 하는 단체나 결사"라고 규정할 경우, 가입이 제한되는 정치단체의 범위가 지나치게 확대될 우려도 있다. 이러한 정치단체의 가입을 제한하는 것은 또한 위헌 결정의 기속력에 반할 수도 있다. 대상판결의 반대의견에서 제시한 정치단체의 개념을 활용하여 금지되는 정치단체를 적극적으로 규정할 수도 있다. 즉 "특정 정당이나 특정 정치인을 지지·반대하는 단체로서 그 결성에 관여하거나 가입하는 경우 공무원의 정치적 중립성 및 교육의 정치적 중립성을 훼손할 가능성이 높은 단체"에 관여하거나 가입하는 것은 금지된다는 식으로 개정하는 방안도 고려할 수 있다. 이러한 해석에도 "공무원의 정치적 중립성 및 교육의 정치적 중립성을 훼손할 가능성이 높은 정치단체" 부분이 무엇을 의미하는지에 대해서는 또 다른 해석이 필요하다. 국가공무원법 제65조를 위반한 경우에는 국가공무원법 제84조 제1항에 의해 3년 이하의 징역과 3년 이하의 자격정지에 처할 수 있다. 국가공무원법 제65조의 규정은 형벌의 구성요건을 규정하고 있기 때문에 초·중등학교 교원이 관여하거나 가입할 수 없는 '정치단체'를 명확히 규정할 필요가 있다.

국가공무원 복무규정 제27조 제2항에는 국가공무원법 제65조 제4항의 위임에 따라 정치적 행위의 금지에 관한 한계를 상세히 규정하고 있다. 이 중에서 정치단체와 관련된 내용으로는 '정치단체의 기관지인 신문과 간행물을 발행·편집·배부하거나 이와 같은 행위를 원조하거나 방행하는 행위'(제2호), '정치단체를 지지 또는 반대하는 의견을 집회나 그 밖에 여럿이 모인 장소에서 발표하거나 문서·도서·신문 또는 그 밖의 간행물에 싣는 행위'(제3호), '정치단체의 표지로 사용되는 기(旗)·완장·복식 등을 제작·배부·착용하거나 착용을 권유 또는 방행하는 행위'(제4호), '어떠한 명목으로든 금전이나 물질로 정치단체를 지지하거나 반대하는 행위'(제5호)를 금지하고 있다. 따라서 금지해야 할 '정치단체'의 범위를 명확히 규정하고, 이를 금지되는 '정치적 행위'와 연결해서 체계적으로 정비해야 한다.

Ⅴ. 맺음말

국가공무원법 제65조 제1항을 개정하는 경우에 헌법재판소의 위헌결정은 초·중등학교 '교원'에 미치는 것이 원칙직이지만, 정치단체의 개념이 명확성원칙에 위배되는 부분은 추후 다른 공무원의 경우에도 확대될 수 있다. 또한 위에서 살펴본 바와 같이 헌법재판소는 정치단체에 관여하거나 가입하는 것을 금지한 것이 위헌이라고 본 것이 아니라, '정치단체'의 개념이 명확성원칙에 위배된다고 본 것이다. 따라서 정치단체의 개념을 위에서 예시한 바와 같이 적극적으로 정의하여야 한다. 그러나 '정치단체' 개념의 다의성으로 인해 일반적인 정의조항만으로는 초·중등교원의 교원의 정치적 표현의 자유가 지나치게 제약될 수 있다.

따라서 국가공무원법 제65조에서 그 결성의 관여나 가입을 금지해야 할 정치단체를 규정하여야 한다. 공무원이나 교원의 정치적 중립성을 중대하게 훼손하거나 훼손할 수 있는 정치단체에 가입하는 것은 제한되어야 한다. 초·중등교원의 가입이 허용되는 정치단체는 적어도 헌법이나 법률을 준수하여야 하고, 국가의 법질서뿐만 아니라 헌법적 가치를 존중하여야 한다. 헌법적 가치질서를 부정하는 위헌적인 주장이나 정치적 행위를 하는 정치단체의 가입이나 활동은 공무원이나 교원의 정치적 중립성에 비추어 허용되기 어렵다. 국가공무원법 제65조 제4항에서는 금지되는 정치적 행위를 위임하고 있으므로 국가공무원 복무규정 제27조에서도 '그 밖의 정치단체'의 개념을 구체화하여야 한다. 국가공무원 복무규정에서도 "특정한 정치단체를 지지하거나 반대하는 활동"이 주로 문제된다. 공무원의 정치적 중립성을 명백히 훼손하고 헌법적 가치를 부정하는 위헌적인 정치단체의 결성에 관여하거나 가입하거나 그 지도부의 구성원이 되는 것은 허용되기 어렵다. 국가공무원법 제65조 제2항을 신설하여, 이러한 정치단체의 가입에 대해서만 그 결성의 관여나 가입을 금지하도록 하는 것이 바람직하다. 국가공무원 복무규정에서도 일반적인 정치단체의 지지나 반대를 포괄적으로 금지하는 것은 정치적 표현의 자유를 지나치게 제한할 수 있다. 마찬가지로 위에서 언급한 위헌적인 정치단체를 지지하거나 반대하는 정치적 행위로 금지대상을 제한하는 것이 바람직하다. 바야흐로 초·중등학교 교원의 정치적 표현의 자유와 교원(공무원)의 정치적 중립성을 조화롭게 해석할 수 있는 길을 모색해야 할 시점이다.

참고문헌

[국내문헌]

계희열, 헌법학(상), 제2보정판, 박영사, 2002.

김남진/김연태, 행정법 II, 제24판, 법문사, 2020.

권영성, 헌법학원론, 법문사, 개정판, 2006.

김철수, 헌법학개론, 제19전정신판, 박영사, 2007.

김하열, 헌법소송법, 제3판, 박영사, 2018.

정남철, "재난사고에 있어서 공무원의 의무와 책임", 행정판례연구 제23집 제2호(2018. 12), 169－208면.

정종섭, 헌법소송법, 제7판(전면개정판), 박영사, 2012.

정호경, "헌법재판소 결정의 효력 － 기속력의 주관적·객관적 범위를 중심으로", 헌법논총 제26집(2015), 345－380면.

최희수, "헌법재판소 결정의 중요이유의 기속력 연구", 공법연구 제33집 제1호(2004), 445－468면 참조.

한수웅, 헌법학, 제8판, 법문사, 2018.

황도수, "헌법재판소 결정의 기속력", 정천허영박사기념논문집, 박영사, 2002, 762－796면.

허 영, 헌법소송법론, 제14판, 박영사, 2019.

홍성방, 헌법소송법, 박영사, 2015.

헌법재판소, 헌법재판실무제요, 제2개정판, 2015.

[일본 문헌]

塩野 宏, 行政法 I, 第六版, 有斐閣, 2015.

_____, 行政法 III, 第四版, 有斐閣, 2006.

[독일문헌]

Battis(Hg.), Bundesbeamtengesetz (BBG), Kommentar, 5. Aufl., München 2017.

Benda/Klein, Verfassungsprozessrecht: Ein Lehr— und Handbuch, 3. Aufl., 2012.

Jarass/Pieroth, GG, Kommentar, 10. Aufl., München 2009.

Lechner/Zuck, Bundesverfassungsgerichtsgesetz, Kommentar, 7. Aufl., München 2015.

Schlaich/Korioth, Das Bundesverfassungsgericht: Stellung, Verfahren, Entscheidungen, 9. Aufl., München 2012.

Schmidt, Thorsten Ingo, Beamtenrecht, Tübingen 2017.

국문초록

　　헌법재판소는 국가공무원법 제65조 제1항에서 초·중등학교 교원이 정치단체 의 결성에 관여하거나 이에 가입할 수 없다는 부분이 헌법에 위반된다고 결정하였다. 이 결정에서 국가공무원법조항의 '그 밖의 정치단체' 부분이 명확성원칙에 위배된다고 판단하였다. 위헌결정의 취지나 내용을 정확히 파악하기 위해서는 그 기속력의 범위는 주문 외에 핵심적인 결정이유까지 미친다고 보아야 한다. 대상판결에서는 명확성원칙에 위배되는 부분만 기속력이 미치므로 '정치단체'의 개념을 법률에서 명확히 정의할 필요가 있다. 그러나 정치단체의 다종다양성에 비추어 이를 정의하기는 쉽지 않다. 국가공무원법 제65조에서 그 결성의 관여나 가입을 금지해야 할 정치단체를 명확히 규정하여야 한다. 공무원이나 교원의 정치적 중립성을 중대하게 훼손하거나 훼손할 수 있는 정치단체에 가입하는 것은 제한되어야 한다. 초·중등교원의 가입이 허용되는 정치단체는 적어도 헌법이나 법률을 준수하여야 하고, 국가의 법질서뿐만 아니라 헌법적 가치를 존중하여야 한다. 헌법적 가치질서를 부정하는 위헌적인 주장이나 정치적 행위를 하는 정치단체의 가입이나 활동은 공무원이나 교원의 정치적 중립성에 비추어 허용되기 어렵다. '국가공무원 복무규정'에서도 일반적인 정치단체의 지지나 반대를 포괄적으로 금지하는 것은 정치적 표현의 자유를 지나치게 제한할 수 있다. 그러나 위헌적인 정치단체를 지지하거나 반대하는 정치적 행위로 금지대상을 제한하는 것이 바람직하다. 초·중등학교 교원의 정치적 표현의 자유와 공무원의 정치적 중립성을 조화롭게 해석할 수 있는 길을 모색해야 할 시점이다.

　　주제어: 국가공무원, 초·중등학교 교원, 정치단체, 정당, 위헌결정의 기속력, 명확성원칙, 정치적 중립성

Abstract

The scope of binding force of unconstitutional decision over the prohibition clause on state officials' participation in political organizations

Prof. Dr. Nam−Chul Chung*

The Constitutional Court decided in Article 65 paragraph 1 of the National Public Officials Act that elementary and middle school teachers are involved in or are not allowed to join political organizations, which is in violation of the Constitution. In this decision, the 'other political organizations' section of the Government Officials Act was judged to be in violation of the principle of clarity. In order to accurately determine the purpose or content of the unconstitutional decision, the scope of its binding force should be extended beyond the order to the core reason of dicision. In the object judgment, the concept of the "political organisations" needs to be clearly defined in the law because of the violation of the principle of clarity. However, it is not easy to define it in light of the diversity of political organizations. Article 65 of the Government Officials Act shall clearly stipulate the political organizations to be prohibited from being involved in or joining in the formation. Joining a political organization that can seriously undermine or undermine the political neutrality of civil servants or teachers should be

* Sookmyung Women's University College of Law

restricted. Political organizations that are allowed to join elementary and middle school teachers should at least abide by the Constitution or laws, and respect the constitutional values as well as the law and order of the state. An unconstitutional claim to deny constitutional order of value or the joining or activities of political organizations engaged in political acts are hard to be allowed in light of the political neutrality of public officials or teachers. A comprehensive ban on support or opposition from general political groups in the "National Civil Service Regulations" could excessively limit the freedom of political expression. However, it is desirable to limit the ban to political acts that support or oppose unconstitutional political groups. It is time to find a way to harmonize the freedom of political expression of primary and middle school teachers and the political neutrality of public servants.

Key Words: public officials(civil service), primary and middle school teachers, political organizations, political parties, binding force of unconstitutional decisions, the principles of clarity, political neutrality

투고일 2020. 6. 24.
심사일 2020. 6. 28.
게재확정일 2020. 6. 29.

국제회의로 인한 일시적 집회제한조항의 위헌성 판단기준에 대한 비교법적 연구

徐輔國*

대상결정: 헌법재판소 2012. 2. 23. 선고 2010헌마660 결정

[대상결정의 개관]
  1. 사실관계의 개요
  2 심판대상조항과 관련규정
  3. 헌법소원에 대한 결정요지
Ⅰ. 서　론
Ⅱ. 본안에 대한 검토
  1. 당시의 상황
  2. 쟁점별 검토
Ⅲ. 비교법적 고찰
  1. 독　일
  2. 영국, 미국 및 캐나다
Ⅳ. 시사점 및 결론
  1. 일시적 집회제한을 위한 특별법 제정의 정당성
  2. 본안판단 기준의 구체화와 형량심사

[대상결정의 개관]

1. 사실관계의 개요

청구인 甲은 ○○종합건설이 2003년경 경기도 고양시 일대에서 주택건설사업을 시행함에 따라 임차주택에서 아무런 보상을 받지 못한 채

---

* 법학박사, 충남대학교 법학전문대학원 부교수

퇴거당하게 되자 그 즈음부터 현재까지 서울 강남구 삼성동에 있는 ○○종합건설 본사 인근에서 집회신고를 갱신하면서 철거민의 주거권 보장을 요구하는 항의집회를 계속 개최해왔다.

청구인 乙주식회사는 2010. 10. 13. 서울서초경찰서장에게 2010. 10. 15.부터 같은 해 11. 12.까지의 기간 동안 18:00부터 20:00까지 서울 서초구 서초동 상가 앞 인도에서 자신이 발행하는 신문 홍보와 가두판매를 위한 집회를 개최하겠다고 신고한 후 위 장소에서 자신이 발행하는 신문의 가두판매를 하고 있었다.

한편 2010. 11. 11.과 같은 달 12. 서울 강남구 삼성동 코엑스에서 개최되는 G20 정상회의에 참석하는 각 국 정상들에 대한 효율적인 경호안전업무의 수행을 위하여 'G20 정상회의 경호안전을 위한 특별법(이하 '이 사건 법률'이라고 한다.)'이 제정되었고, 피청구인(G20 정상회의 경호안전통제단장)은 2010. 10.경 위 법 제5조 제1항에 따라 정상회의장 주변구역과 정상숙소, 행사장 및 기동로 등을 2010. 10. 25.부터 같은 해 11. 13.까지 경호안전구역으로 지정한 다음 그 중 정상회의장 인근의 경호안전구역만 공고하였다.

구분	대상지역	공고여부
정상회의장	삼성동 코엑스 주변 (별지 반경 1.1km 내지 2.1km 내 지역)	공고
정상숙소	○○호텔, ○○호텔, ○○호텔 등	미공고
기타행사장	○○박물관, ○○미술관, ○○박물관, 창덕궁 등	
공항지역	○○공항, ○○공항, ○○공항	
기동로	올림픽대로, 강남대로 등	

피청구인은 2010. 10. 23.과 같은 달 25. 위 법 제8조 제1항에 따라 경찰청장과 ○○지방경찰청장 등에게 2010. 11. 8.부터 12.까지 5일 간 경호안전구역에서 개최되고, 일정한 요건에 해당하는 집회 및 시위를

구분		제한요건
정상회의장	장소	별지 구역 중 ○○선 안쪽에서는 금지
	시간	정상회의 개최시간과 정상이동시간에는 금지
	인원	10명 이상 참가예정인 경우 금지
	성격	G20 정상회의와 관련 있는 경우 금지
	대상	불법 폭력 집회·시위 이력이 있는 단체가 주관한 경우 금지
	기타	교통소통, 질서유지 등 원활한 경호안전업무수행에 방해가 될 수 있는 경우 금지
정상숙소, 기동로 등		① 불법 폭력 집회·시위 이력이 있는 단체가 주관하는 집회와 ② 교통소통, 질서유지 등 원활한 경호안전업무 수행에 방해가 될 수 있는 집회·시위 금지

제한해 줄 것을 요청하였다.

청구인 甲은 2010. 10. 14. ○○경찰서에 2010. 10. 17.부터 같은 해 11. 12.까지 ○○종합건설 본사 인근에서 집회를 개최하겠다는 신고를 하려 하였으나, 담당경찰관으로부터 경호안전구역에 해당하는 위 장소에서는 G20 정상회의 기간 동안 집회를 할 수 없다는 설명을 듣고 위 제한기간을 제외한 나머지 날에만 집회신고를 하였다.

그리고 청구인 乙주식회사는 2010. 11. 1. ○○경찰서장으로부터 집회신고장소가 경호안전구역에 포함되므로 원활한 경호안전업무 수행을 위하여 위 제한기간 동안 집회를 금지한다는 내용의 금지통고를 받았다.

이에 청구인 甲은 2010. 11. 1. 피청구인이 2010. 10.경 한 경호안전구역 공고와 위 법 제5조, 제8조가, 청구인 乙주식회사는 2010. 11. 11. 위 법 제8조가 각 청구인들의 집회의 자유를 침해한다고 주장하면서 이 사건 심판청구를 하였다.

2. 심판대상조항과 관련규정

[심판대상 조항]

구 'G20 정상회의 경호안전을 위한 특별법(2010. 6. 8. 법률 제 10362호로 제정되고, 2010. 11. 16. 실효된 것)'

제5조(경호안전구역의 지정)

① 통제단장은 정상회의의 경호안전업무의 수행을 위하여 필요하다고 판단하는 경우 관계 기관의 장과 협의하여 경호안전구역을 지정할 수 있다.

제8조(집회 및 시위의 제한)

① 통제단장은 교통소통, 질서유지 등 원활한 경호안전업무 수행을 위하여 필요한 경우에 한하여, 관할 경찰관서의 장에게 경호안전구역에서 집회 및 시위를 제한하여 줄 것을 요청할 수 있다.

② 제1항의 요청을 받은 관할 경찰관서의 장은 '집회 및 시위에 관한 법률'에도 불구하고 경호안전구역에서의 집회 및 시위를 제한하여야 한다.

[관련규정]

구 'G20 정상회의 경호안전을 위한 특별법'

제1조(목적)

이 법은 G20 정상회의를 개최함에 있어 효율적인 경호안전업무의 수행을 위하여 필요한 사항을 규정함을 목적으로 한다.

제2조(다른 법률과의 관계)

이 법은 G20 정상회의(이하 "정상회의"라 한다) 경호안전업무에 관하여 다른 법률에 우선하여 적용한다.

제5조(경호안전구역의 지정)

② 제1항에 따른 경호안전구역(이하 "경호안전구역"이라 한다)은 정상회의가 개최되는 장소, 각국 정상 및 국제기구 대표의 숙소, 이동로 등 정상회의와 직접적으로 관련이 있는 장소 및 그 장소의 주변으로 하되, 경호안전 목적달성을 위한 최소한의 범위로 한정되어야 한다.

③ 통제단장이 제1항에 따라 경호안전구역을 지정하고자 할 때에는 그 기간 및 대상구역 등을 공고하여야 한다. 다만, 경호안전 목적상 보안유지가 필요한 사항은 이를 공고하지 아니할 수 있다.

제8조(집회 및 시위의 제한)

① (본문 생략) 다만, '집회 및 시위에 관한 법률' 제15조에 따른 집회는 제한을 요청할 수 없다.

③ 제2항에 따른 집회 및 시위의 제한기간은 정상회의 기간을 포함하여 5일을 초과할 수 없다.

부칙

① (시행일) 이 법은 2010년 10월 1일부터 시행한다.

② (유효기간) 이 법은 2010년 11월 15일까지 효력을 가진다.

청구인 甲은 피청구인이 2010. 10.경 한 경호안전구역 공고행위와 이 사건 법률 제5조, 제8조 전체를, 청구인 乙주식회사는 이 사건 법률 제8조 전체를 각 심판대상으로 삼았다. 그러나 이 사건 법률 제5조 중 제2항은 경호안전구역의 범위를 최소한도로 정하여야 한다는 원칙을, 제3항은 경호안전구역의 공고에 관한 절차적인 사항을 각 규정한 것일 뿐이고, 이 사건 법률 제8조 중에서도 제1항 단서는 제한요청 대상이 되지 않는 집회를, 제3항은 제한기간의 한도를 각 규정한 것이라서 위 각 조항 부분은 청구인들의 기본권을 제한하는 내용이라고 볼 수 없다고 재판부는 판단하였고 위 부분들은 심판대상에서 제외하였다.

따라서 이 사건 심판의 대상은 이 사건 법률 제5조 제1항, 제8조 제1항 본문, 제2항과 피청구인이 2010. 10.경 한 경호안전구역 지정공고가 청구인들의 기본권을 침해하였는지 여부이다.

3. 헌법소원에 대한 결정요지

구 'G20 정상회의 경호안전을 위한 특별법'(2010. 6. 8. 법률 제10362호로 제정되고, 2010. 11. 16. 실효된 것) 제8조 제1항, 제2항은 부칙에서 정한 유효기간의 종기가 도과하여 실효된 이상 주관적 권리보호이익이 인정되지 아니하고, 위 조항은 G20 정상회의를 개최함에 따라 행해진 1회적인 입법조치라서 앞으로 이와 동일한 입법이 반복적으로 행해질 것이라고 단정할 수 없고, 이미 실효되었고 반복가능성도 없는 위 조항의 위헌 여부를 판단하는 것은 향후의 헌법질서의 수호·유지에 기여한다고 볼 수도 없으므로 헌법적 해명의 필요성을 인정할 수 없다.

(재판관 송두환의 집회제한조항에 관한 반대의견)

1988년 서울올림픽 개최 당시에도 유사한 입법적 조치가 있었고, 향후 대한민국이 더 많은 국제회의를 개최할 것으로 예상되므로 유사한 입법조치의 반복가능성이 없다고 단정할 수 없을 뿐만 아니라, 이 사건의 쟁점사항에 관하여 아직 헌법적 해명이 없었고, 유사한 제한이 다시 발생할 수 없도록 하는 법질서나 사실관계가 형성된 것도 아니며, G20 정상회의에 참석한 정상들에게 집회의 방법으로 의견을 표명할 기회를 박탈당한 것은 중대하지 않다고 볼 수 없고, 향후 단기간의 유효기간을 갖는 한시법의 경우 늘 본안판단을 할 수 없게 될 수 있으므로 이 사건에서 헌법적 해명의 필요성을 인정하여 본안판단으로 나아가야 한다.

Ⅰ. 서 론

대상결정은 이 사건 법률조항이 부칙에서 정한 유효기간의 종기가 도과하여 실효된 이상 주관적 권리보호이익이 인정되지 아니할 뿐만 아니라 1회적인 입법조치로서 이미 실효되었고 반복가능성도 없다는 등 헌법소원의 적법성을 충족하지 않았다는 이유로 각하한 사건이다. 본 논문에서는 이 사건과 이 사건 법률조항의 헌법소원 심판에 필요한 적법성 판단을 검토하기 보다는 본안판단에 있어서 필요한 비교법적 검토를 시도한다. 비교법적 검토를 위해서 주로 독일에서 시행된 집회제한 사례와 그 근거 법령 및 이에 대한 판례를 분석하고 미국 등 기타 국가의 사례는 간략하게 고찰한다. 당시 언론1)에서 이 사건 법률조항에 대해 위헌의견을 제시한 바도 있었으며, 송두환 재판관의 반대의견에서와 같이 향후 본안판단이 필요한 상황이 언제든지 발생할 수 있기 때문이다. 이 사건 이전에도 물론 1988년에 국제행사를 이유로 일시적 집회제한조항을 제정하여 집행한 바 있다.

1988년 서울올림픽을 개최하면서 1988. 8. 5. 법률 제4014호로 구 올림픽의평화를지키기위한법률을 제정하여 경기시설, 숙박시설, 도로 등 올림픽경기에 공여되는 장소와 그 주변을 평화구역으로 설정할 수 있게 하였고(제2조), 그 범위 안에서는 모든 사람이 올림픽의 평화를 지키기 위하여 노력하여야 하고, 모든 집회와 시위는 금지된다고 규정하였던 바 있다(제4조). 위 법에 의하여 서울특별시가 공고한 올림픽평화구역설정(서울특별시 공고 제557호)에서는, 올림픽 문화예술축전행사가 시작되는 1988. 8. 17.부터 대회가 마무리되는 같은 해 10. 31.까지 당시 서울특별시 총 475개동 중 37개동을 제외한 나머지 전역을 올림픽평화구역으로 지정하여 집회와 시위를 금지하였다.2)

---

1) http://www.peoplepower21.org/PublicLaw/600835 (최종확인 2020.6.24.).
2) 1988. 8. 19. 관보 제11011호, 37-38쪽.

이 사건 법률 중 경호안전활동에 관한 규정이나 국가중요시설의 안전관리에 관한 규정은 기존의 '대통령 등의 경호에 관한 법률'이나 통합안전법의 규정에 의하여 처리할 수 있는 부분을 중복 규정한 것이라서 그러한 조치를 취하기 위해서는 굳이 이 사건 법률과 같은 입법조치를 취할 필요는 없었다. 이러한 사정에 비추어 볼 때, 이 사건 법률은 '집회 및 시위에 관한 법률'에서 규정한 집회금지조치보다 추가하여 집회 및 시위를 더 많이 제한할 수 있도록 하는 수권조항을 두는 것을 주된 목적으로 입법된 것이다.

이 사건 법률 제6조, 제7조에 의하여 경호안전구역 내에서 질서유지, 교통관리, 출입통제, 검문·검색, 위험물의 탐지 및 안전조치를 취할 수 있고, 이는 집회참가자들이라고 예외가 될 수는 없는 이상, 이 사건 제한조치나 이 사건 법률 제8조에 의한 집회와 시위의 제한은 경호안전조치를 거친 사람들의 집회도 제한하기 위한 것이다. 이는 집회참가자들에 대하여는 사실상 경호안전조치를 행하기 어렵다는 점을 감안한 조항이다.

이 사건 법률 제8조에서는 집회 및 시위를 '제한'한다고 하고 있는 바, 제한은 '일정한 한도를 정하거나 그 한도를 넘지 못하게 막음'의 의미라서 아예 금지하는 것도 그 내용에 포함되는지 의문이 있을 수 있다. '집회 및 시위에 관한 법률3)'에서는 금지와 제한을 따로 쓰고 있는 바, 이는 집회의 제한에 금지는 포함되지 않는 것을 전제로 한 것이라

---

3) 제8조

③ 다음 각 호의 어느 하나에 해당하는 경우로서 그 거주자나 관리자가 시설이나 장소의 보호를 요청하는 경우에는 집회나 시위의 금지 또는 제한을 통고할 수 있다.

④ 집회 또는 시위의 금지 또는 제한 통고는 그 이유를 분명하게 밝혀 서면으로 주최자 도는 연락책임자에게 통고하여야 한다.

제12조

① 관할경찰관서장은 대통령령으로 정하는 주요 도시의 주요 도로에서의 집회 또는 시위에 대하여 교통 소통을 위하여 필요하다고 인정하면 이를 금지하거나 교통질서 유지를 위한 조건을 붙여 제한할 수 있다.

고 볼 여지가 있고, 실제로 위와 같은 제한은 문언적 해석(grammatische Auslegung)에 의하면 금지와는 구별되는 개념이라고 할 것이다[4]. 그러나 발생사적 해석(genetische Auslegung)에 따르면 이 사건 법률안에 대한 국회의 토론과정에서 집회의 금지까지 가능함을 전제로 하여 논의하였고, 헌법재판소의 결정[5]에서도 객관적인 역사적 해석(objektiv historische Auslegung)에 따라 금지가 제한의 개념에 포함되는 것을 전제로 판시한 부분도 있기 때문에, 조건부과와 일부금지는 명확히 구별하기 어려우므로 이 사건 제한요청과 같은 일부금지는 제한과 유사하다고 볼 여지도 있으므로 이 사건 법률의 '제한'에는 '금지'도 포함되는 것으로 해석한다는 전제에서 검토한다. 만약 '제한'이 '금지'를 포함하지 아니한다고 본다면, 이 사건 제한조치가 금지를 포함한 것은 법률의 위임이 없는 것이라고 보아 법률유보원칙 위반의 문제가 발생할 수 있다.

이와 같은 개념의 범위와 이 사건 법률의 입법목적을 염두에 두고 아래에서는 본안에 대한 판단에 필요한 쟁점별 검토와 비교법적 논의를 소개하여 후발적 논의의 단초를 제공하는 것을 목표로 한다. 대상결정의 적법성에 대한 논의는 앞서 말한 바와 같이 차후의 연구과제로 미뤄둔다.

---

4) 위 법률에 대한 해설서(황교안, 집회·시위법 해설, 박영사, 2009, 147쪽)에서도 '금지'는 집회·시위 자체를 개최하지 못하도록 차단하는 것이고, '제한'은 조건을 붙이는 것이라고 설명하여 다르게 보고 있다.
5) 금지는 과도한 제한에 해당한다는 표현(헌재 2003. 10. 30. 2000헌바67, 판례집 15-2하, 41, 59)에서 보는 바와 같이 제한에 관하여 조건부허용이라는 좁은 의미가 아니라 조건부허용 외에 금지까지 포함하는 넓은 의미로 사용하고 있는 것처럼 보인다.

Ⅱ. 본안에 대한 검토

1. 당시의 상황

당시의 여러 언론 보도를 종합해 보면 2010년 10월 경 경호안전구역이 지정·공고되었고, 그 안에서의 집회와 시위 중 일정 요건에 해당하는 경우에는 금지되었다. 2010. 11. 4. 기준 경호안전구역 내 985건의 집회가 신고 되었는데, 그 중 327건이 금지통고되었다. 미국 피츠버그에서 열린 제3차 G20 회의 당시 체포된 전력이 있는 시위대 184명 등 총 204명의 외국인에 대하여 입국금지조치를 하고, 국내에 체류 중이던 외국인 중에서도 행사안전을 위협할만한 일부 인사를 출국시키기도 하였다.

G20 정상회의 장소인 코엑스를 둘러싼 영동대로와 테헤란로·아셈로·봉은사로에는 녹색 철제 펜스를, 건물 외곽으로는 돌담 문양이 새겨진 높이 2m 짜리 전통 담장형 펜스를 각 설치하였고, 인근에 장갑차까지 배치하였다. 그리고 삼성역 등 인근 지하철역에는 출구마다 10여명의 경찰관을 배치하였다. 정상들이 묵는 호텔 인근에서도 출입하는 모든 사람과 차량에 대하여 검문·검색을 실시하였다. 2010. 11. 11.부터 행사진행인원과 안전요원, 기자 등 허가를 받은 인원을 제외한 일반인의 출입이 전면 통제되었고, 같은 달 12. 0시부터 22시까지 봉은사로·아셈로 대부분과 영동대로·테헤란로의 절반이 통제되었다. 또한 G20 정상회의가 개막한 이후 코엑스 인근에서 내외국인이 1인 시위를 벌이다가 경찰에 의하여 경호안전구역 밖으로 옮겨지는 경우가 다수 있었다.

2. 쟁점별 검토

가. 명확성의 원칙 위반 여부

청구인 乙주식회사는 이 사건 법률 제8조의 '원활한 경호안전업무

수행을 위하여 필요한 경우'라는 문언을 엄격히 해석한다면 경호안전업무에 직접적으로 영향을 미치는 집회와 시위만이 이에 해당한다고 할 것이나, 이를 넓게 해석한다면 간접적으로 조금이나마 영향을 미칠 수 있는 집회와 시위까지, 혹은 전혀 영향을 미치지 않을 집회와 시위까지 금지대상으로 삼을 수도 있다고 주장하였다. 따라서 '원활한 경호안전업무 수행을 위하여 필요한 경우' 부분을 심판대상으로 하여 명확성의 원칙[6] 위반 여부를 검토할 필요성이 있다. 물론 경호작용은 법률에서 모든 상황을 다 상정하여 각 상황별로 필요한 경우가 무엇인지를 규율할 것을 요구하는 것은 입법기술상 불가능하다는 점은 우선적으로 고려되어야 한다.

'경호안전업무의 수행'과 '원활한'이라는 문언은 누구든지 쉽게 파악할 수 있는 개념이며, 동 조항 및 이 사건 법률 제6조에서 예시로 '질서유지, 교통관리, 검문·검색, 출입통제, 위험물의 탐지 및 안전조치 등'이라고 예시하고 있어 그 내용이 무엇인지에 관하여는 쉽게 알 수 있다. 또한 '필요한 경우'는 집회와 시위를 제한하기 위한 요건으로 규정된 것이므로 집회와 시위를 신고대로 허용하는 것이 경호안전업무를 수행하는데 지장이 될 가능성이 있는 경우가 '필요한 경우'에 해당하게 될 것임을 알 수 있다. 경호안전업무에 조금이라도 지장을 줄 여지가 있는

---

6) 명확성의 원칙은 명확한 용어로 규정함으로써 적용대상자에게 규제내용을 미리 알 수 있도록 하여 행동지침을 제공하고, 법집행자가 차별적이거나 자의적인 법해석을 하는 것을 예방하기 위한 원칙으로서 이러한 명확성원칙의 준수 여부는 당해 법규범에 관하여 예측가능성 및 자의적 법집행 배제가 확보되는지 여부에 따라 달라질 것인바, 규범이 불확정개념을 사용하는 경우라도 자의를 허용하지 않는 통상의 합리적 해석방법에 의하여 그 의미 내용을 알 수 있는 때에는 명확성원칙에 위반되지 아니하고, 이때의 법규범의 의미 내용은 법규범의 문언뿐만 아니라 입법목적이나 입법취지, 입법연혁, 그리고 법규범의 체계적 구조 등을 종합적으로 고려하는 해석방법에 의하여 구체화하게 된다. 자세한 것은 헌재 2005. 6. 30. 2002헌바83, 판례집 17-1, 812, 821-822 참조.

경우를 의미하는 것이라고 명확하게 해석되는 이상, 이 부분 심판대상
문언이 명확성의 원칙에 반한다고 할 수는 없다.

나. 집회의 허가제에 해당하는지 여부

청구인 甲은 신고만으로 집회를 개최하는 것은 물론이고, 허가조차
받을 수 없도록 하여 집회를 전면적으로 금지한 이 사건 법률 제8조는
허가제를 금지한 헌법 제21조 제2항에 위반된다고 주장하였다. 그러나
이 사건 법률 제8조[7]가 집회의 전면적인 금지를 규정한 것이라면 입법
자가 법률에 의하여 금지 내지 제한한 것일 뿐이며 행정청의 사전적인
통제에 따라 집회의 금지 여부가 달라진다고 할 수 없으므로 그 금지가
기본권의 본질적 내용을 침해하였거나 과잉금지원칙에 반하는지 여부
를 검토할 것이지, 허가제에 해당하는지 여부를 검토할 필요가 없다. 헌
법재판소 또한 입법자가 법률로써 집회를 제한하는 것은 허가제의 문제
가 아니라고 보고 있다.[8]

그러나 이 사건 법률 제8조는 집회를 '제한'하도록 하고 있어서 결
국 가능한 조치 즉, 금지, 조건부허용, 무조건허용 중 어느 경우에 어떠
한 조치를 택할 것인지는 행정청에 해당하는 피청구인에게 맡겨 둔 것
이고, 그에 따른 이 사건 제한요청은 일정한 요건을 정하여 이에 해당
하는 경우는 모두 금지하고 그 요건에 해당하지 않는 집회 및 시위에
관하여만 허용하고 있다. 이러한 구조로 인해 이 사건 법률 제8조가 일
반적 금지를 규정한 것과 유사하게 운용될 수 있다는 점에서 헌법 제21

---

7) 이 사건 법률 제8조는 입법기술상 단순한 법률적 금지를 규정한 것이 아니라 피청구
   인이 제한요청을 하면 경찰관서의 장이 제한을 하는 2단계 구조로 이루어져 있다
   는 점을 주의해야 한다. 즉, 피청구인이 일정한 경우에 관할 경찰관서의 장에게 경
   호안전구역에서의 집회 및 시위를 제한하여 줄 것을 요청할 수 있고, 요청을 받은
   경찰관서의 장은 경호안전구역에서의 집회 및 시위를 제한하여야 한다고 규정하고
   있다. 또 이 사건 제한요청은 장소, 시간, 인원, 대상 등의 요건을 정하여 그 요건
   에 해당하는 집회 및 시위는 금지하도록 요청하고 있다.
8) 헌재 2009. 9. 24. 2008헌가25, 판례집 21-2상, 427, 443과 447.

조 제2항에 위반되는 지의 여부를 확인할 필요는 있다.

헌법재판소는 허가제의 의미에 대해서 야간옥외집회를 금지하고 예외적으로 관할경찰관서장이 허용할 수 있다고 규정한 '집회 및 시위에 관한 법률' 제10조에 대한 위헌제청사건9)에서 판시한 바 있다. 다수의견에 따르면 집회의 허가제는 행정법학의 허가개념에 따라 행정권이 주체가 되어 일반적인 집회금지를 사전에 심사하여 특정한 경우에 해제하는 것으로서 '집회 및 시위에 관한 법률' 제10조는 야간옥외집회에 대한 '허가'를 규정한 것이라고 판단하였다. 이와는 달리 소수의견에 따르면 헌법 제21조 제2항은 미국·일본 등의 판례에서 볼 수 있듯이 집회에 대한 사전억제적인 제한의 기준이 내용차별적인 것이거나 구체적이고 명확하지 않은 것이라면 금지된다는 의미로 보아 '집회 및 시위에 관한 법률' 제10조는 내용중립적이고 구체적이며 명확한 시간적 기준을 정하고 있는 것이므로 합헌이라고 판단하였다.

그러나 이 사건 법률 제8조는 일반적인 금지를 규정하고 있지도 아니하고, '집회 및 시위에 관한 법률'의 제한규정들처럼 일정한 요건에서 집회를 제한할 수 있다고만 규정하고 있어 그 금지의 범위가 광범위할 것이라고 볼만한 요소를 내포하고 있지도 아니하며, 제한의 요건도 '교통소통, 질서유지 등 원활한 경호안전업무 수행을 위하여 필요한 경우'로 규정하고 있어 다수의견에 의하든, 소수의견에 의하든 허가제에 해당한다고 볼 수 없다.

다. 과잉금지원칙 위반 여부

이 사건 법률 제8조는 집회와 시위의 제한에 관하여 규정한 조항이므로 제한되는 기본권은 집회 및 시위의 자유이다. 집회의 자유는 개

---

9) 헌재 2009. 9. 24. 2008헌가25, 판례집 21－2상, 427 이하.

인의 인격발현의 요소이자 민주주의를 구성하는 요소라는 이중적 헌법
적 기능을 가지고 있는 기본권으로서 민주주의사회에서 가장 중요한 기
본권 중의 하나이므로 중대한 법익보호의 정당한 목적으로 가지고 집회
의 자유를 제한한다고 하더라도 집회의 자유에 대한 제한은 비례의 원
칙을 엄격하게 준수하여야 한다.10)

사실상으로는 다수인이 모인 집회에서 개별적인 참여자에게 경호
안전조치를 취하는 것은 어려울 것인 점 등을 감안해 볼 때, 집회를 제
한하는 것은 입법목적의 달성에 유용한 수단이라고 할 수 있으므로 방
법의 적절성은 인정된다고 판단되며, 이 사건 법률 제8조는 일반적으로
집회와 시위를 금지한 것이 아니고, 이를 제한하도록 하고 있어 그 개
념에 금지가 포함된다고 하더라도 구체적인 상황에 따라 금지 외에 다
양한 조건부과의 방식으로 제한할 수 있도록 하였다는 점에서 수단의
필요성(최소침해성)은 충족된다고 판단된다.

그러나 목적의 정당성과 상당성(법익의 균형성)은 문제가 될 수 있다.
이 사건은 외교공관의 안녕보호보다 더 직접적이고 더 중요한 인
사들의 안전에 관한 것으로서, 국내주재 외국의 외교기관 부근에서 옥
외집회를 금지하고 있는 '집회 및 시위에 관한 법률' 제11조 제1호 부분
에 대한 헌법소원사건에서 '외교공관의 안녕보호'는 정당한 이유가 된
다11)고 한 것과 비교해 보면 이 사건 법률조항의 목적은 정당하다고 판
단할 수도 있다. 이 사건 법률조항의 목적인 각 국의 정상들이 참여하
는 국제회의의 안전한 개최는 헌법 제37조 제2항에서 규정하고 있는 국
가안전보장·질서유지 또는 공공복리에 해당한다고 할 수 있다. 그러나
이 사건 법률조항에 의하여 제한될 여지가 있는 집회는 안전상의 우려
로 출입통제된 자를 제외하고 안전조치를 받아서 아무런 위험물을 소지

---

10) 헌재 2003. 10. 30. 2000헌바67, 판례집 15-2 하, 41, 52-52.
11) 헌재 2003. 10. 30. 2000헌바67, 판례집 15-2 하, 41, 56-57.

하지 아니한 사람들의 집회일 뿐이다. 이 사건 법률 제8조의 입법목적은 안전한 경호업무의 수행이라기보다는 G20 정상회의 부근에서의 집회를 제한함으로써, G20 정상회의에 참석한 외국의 정상들에게 위 회의에 반대하는 목소리나 외국정부 또는 우리나라정부의 정책에 반대하는 목소리를 막아 외국정상들이 불편한 감정을 갖는 것을 방지하기 위한 것일 뿐이라는 판단이 가능하다. 이미 헌법재판소는 국민의 일부가 외교기관 인근에서 평화적인 방법으로 자신의 기본권을 행사하였다고 하여 '외국과의 선린관계'가 저해된다고 볼 수 없다고 하여 '외국과의 선린관계'란 법익은 기본권제한의 정당한 목적이 될 수 없다고 판시한 바 있다.12)

상당성(법익의 균형성)에 대한 판단 또한 목적의 정당성에 대한 판단에서와 같이 청구인들의 사익은 약 5일의 기간 동안, 코엑스 주변 등 넓지 않은 특정 장소에서 집회를 개최하지 못하는 것으로 상대적으로 경미한 것임에 반해, 보호되는 공익은 세계주요국 정상들의 안전을 통하여 세계질서의 혼란을 방지하는 것으로서 상당히 중대하므로 법익 균형성의 요구도 충족되었다는 판단도 가능할 뿐만 아니라 위해인물과 위해소지품들이 모두 제거된 상태에서 집회를 개최하는 다수인들의 집회의 자유라는 사익과 외국정상들이 불편한 감정을 갖는 것을 방지하기 위한 공익이 균형을 이루지 못하고 있다는 판단도 가능하다.

---

12) 헌재 2003. 10. 30. 2000헌바67, 판례집 15-2 하, 41, 56-57.

Ⅲ. 비교법적 고찰

1. 독   일

가. 2007년 독일의 G8 정상회담 집회제한조치 사례

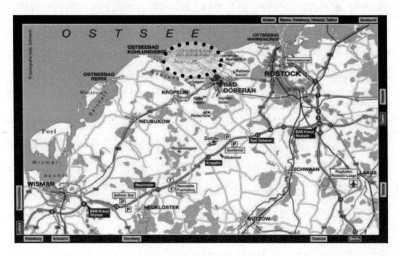

멕클렌부르크-포어폼메른주에 위치한 하일리겐담(Heiligendamm)

독일의 경우 2007년 6월 6일에서 8일까지 3일간 구 동독주인 멕클렌부르크-포어폼메른주(이하 줄여서 멕-폼)의 동해연안 작은 해안휴양지인 바드 도베란(Bad Doberan)시의 5개 관할구역 중 하나인 하일리겐담(Heiligendamm)에서 제33차 G8-정상회담(G8 Summit 2007)이 열렸고, 세계화와 신자유주의에 반대하는 단체들의 정상회담반대시위로 인해 정상회담개최가 불가능해지거나 불의의 사태를 막기 위해 집회와시위에관한법률(Versammlungsgesetz)에 따른 주경찰의 관할권에 대한 멕-폼 주정부 시행령(VersG-ZustVO)을 한시적으로 개정하였다.

2007년 1월 19일에 집회와시위에관한법률의 관할행정청에 대한 멕

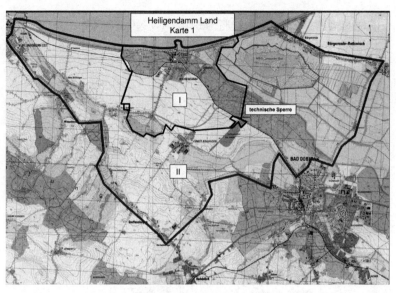

일반처분에 첨부된 집회시위금지구역 I(기술적 봉쇄구역) 및 II

－폼주 시행령 제2a조 및 제5조를 추가/수정하여 한시적인 특별 경찰관
할권을 가지는 것으로 새로 조직된 로스톡 카발라 특별경찰청
(Polizeidirektion Rostock － BAO Kavala －)은 집회와시위에관한법률 제
15조 제1항을 근거로 국제회의로 인한 일시적인 집회금지를 내용으로
하는 일반처분(Allgemeinverfügung)을 5월 17일에 공표하여 회담장 주위
12.5 Km 둘레에 2.5m 높이의 철조망펜스가 설치된 '집회시위금지구역
I(기술적 봉쇄구역)' 및 펜스외부 몇 킬로미터 범위에 걸쳐 더 넓은 범위
의 '집회시위금지구역 II'를 지정하였다.
　　로스톡 카발라 특별경찰청이 2007년 5월 17일에 공표한 일반처분
은 다음과 같다.

1. 하일리겐담 주변의 기술적 봉쇄구역(I)과 기술적 봉쇄구역 외곽 200m 및 하일리겐담의 (해안방향) 봉쇄구역에서는 옥외의 모든 집회와 시위를 2007년 5월 30일 0시부터 6월 8일 24시까지,
2. 첨부된 지도에서 "II"라고 표시된 지역에서는, 옥외의 모든 집회와 시위를 2007년 6월 5일 0시부터 6월 8일 24시까지, 옥외의 모든 미신고된 집회와 시위를 2007년 5월 30일 0시부터 6월 8일 24시까지,
3. 로스톡-라아게 공항(Flughafen Rostock-Laage) 주변 지역의 모든 옥외 집회와 시위에 대해서는 2007년 6월 2일 0시부터 6월 8일 24시까지 금지한다.
4. 이제까지 기신고된 이 지역에서의 모든 집회는 일반처분을 근거로 재심사된다.

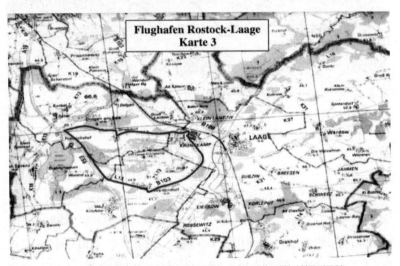

일반처분에 첨부된 로스톡-라아게 공항 주변 집회시위금지구역

이러한 일반처분에 따라 집회시위금지구역 I 및 펜스 200m 전방까지와 펜스가 설치되지 않은 해안지역에서는 기신고된 것을 포함한 모든 집회와 시위에 대해서 (재)심사하여 5월 30일에서 6월 8일까지(10일간)에 해당되는 것은 금지통고할 수 있으며, 집회시위금지구역 II에서는 미신고된 경우에는 5월 30일에서 6월 8일까지(10일간), 이 지역으로 기신

'집회시위금지구역 I'에 설치된 철조망펜스

고된 경우에는 6월 5~8일까지(4일간), 로스톡－라아게 공항 주변지역은 6월 2일에서 8일까지(7일간)에 해당되는 집회와 시위에 대해서는 금지통고 할 수 있었다.

로스톡 카발라 특별경찰청에 5월 25일 이후의 집회일로 신고된 집회와 시위는 총 60개였으며 이 중에서 10개는 아무런 제한/금지조치를 하지 않겠다는 특별경찰청의 통보를 받은 집회와 시위였다.

이와는 달리 2007년 6월 7일에 각기 다른 여러 군데의 장소에서 출발하여 지정된 시각에 한 곳으로 모든 인원이 집결하여 시위를 벌이는, 이른바 별모양행진(Sternmarsch)이 대표적으로 제한/금지처분을 받은 사례이며 행정법원과 연방헌법재판소의 사법심사대상이 되었다. 별모양행진계획 중 우선적으로 1개의 행진구간은 집회시위금지구역 I 안으로 들어가 하일리겐담의 G8－정상회담장소 앞에서 시위하는 것이었으며, 보조적으로 4개는 집회시위금지구역 II 안으로 들어와서 펜스가 설치된 집회시위금지구역 I 경계선 바깥쪽 50m에서 집결하여 시위하는 것을 신고내용으로 하고 있었다. 이미 2006년 10월에 신고된 행진시위를 7개월 후 협의절차(2007년 5월 10일)에서 카발라 특별경찰청은 재심

사하여 집회시위금지구역 II의 바깥지역을 통과하는 대안노선을 제시하
였으나 별모양행진의 주최자로서는 G8-정상회담장소와 너무 멀어져
집회의 목적에 적합하지 않은 대안이라 판단되어 협의가 부결되었고,
기신고된 별모양행진에 대해서는 개별적인 예방적 금지처분이 5월 16
일에 발령되었다.

별모양행진의 주최자는 카발라 특별경찰청의 일반처분과 개별적 금
지처분에 대해 취소소송 등의 전심절차로서 독일 행정법원법(VwGO) 제
68조 이하의 이의신청(Widerspruch)을 관할행정청에 제기하였으나 - 이
의신청 또는 취소소송시 동법 제80조 제1항에 따라 원칙적으로 발생하는
처분의 집행정지효와는 달리 - 대상처분은 동조 제2항 제2호의 예외에
해당되어 법률상 집행정지효가 발생되지 않는다. 따라서 동조 제5항에
의거 취소소송전에도 관할행정법원(VG Schwerin, 슈베린 행정법원)에 집행
정지효의 회복을 구하는 가처분신청을 하였고 5월 25일에 일부승소판결
이 있었다. 신청인과 피신청인의 즉시항고가 제기된 그라입스발트 고등
행정법원(OVG Greifswald)에서는 5월 31일에 원심결정을 파기하였다. 동
법 제152조 제1항에 의해 고등행정법원의 결정이 전문법원(Fachgericht)상
최종심이므로 연방행정법원(BVerwG)이 아닌 연방헌법재판소(BVerfG)에
고등행정법원의 원심파기결정과 로스톡 카발라 특별경찰청의 개별적인
예방적 금지처분 및 집회시위금지구역을 설정한 일반처분에 대한 헌법소
원을 청구하면서 동시에 긴급-권리구제(Eil-Rechtsschutz)로서 가처분
(einstweilige Anordnung)을 신청하였다. 연방헌법재판소 제1재판부 제1
지정부는 위헌의 의심이 있다는 결정이유에도 불구하고 당해 집회와 시
위의 실증적인 위험예측(Gefahrenprognose)에 따라 가처분신청을 6월 6
일에 기각하였고 본안은 연방헌법재판소법 제93a조 제2항의 사유가 존
재하지 않는다는 이유로 7월 7일에 심판불회부선언(Nicht Annahme
Entscheidung)이 내려졌다.

나. 2007년 일시적 집회제한조치 근거 법령

(1) 특별법 제정여부와 집회와시위에관한법률

국제회의나 경호 등을 이유로 일시적인 집회제한을 규율하는 특별법은 독일에서 제정되지 않았다. 따라서 모든 집회제한조치의 법적 근거는 독일 집회와시위에관한법률(Gesetz über Versammlungen und Aufzüge, 줄여서 Versammlungsgesetz) 제15조 제1항이다.

집회와시위에관한법률 제15조

(1) 관할관청이 처분을 내리는 시점에, 집회나 시위를 개최함으로 인하여 공공의 안녕이나 질서에 직접적인 위험이 예상되는 경우에, 관할관청은 집회나 시위를 금지하거나 일정한 부담을 부과할 수 있다.

이 조항은 경찰법상의 경찰권발동근거의 요건과 동일한 '공공의 안녕과 질서에 대한 직접적인 위험'을 그 전제요건으로 하고 있으며, 이를 근거로 관할권을 가진 경찰행정청이 신고된 집회와 시위에 대해서 통상적으로는 개별적인 심사를 통해 금지처분(Verbot) 또는 부담(Auflagen)을 부과하는 제한처분을 발령할 수 있다.[13]

(2) 관할권에 관한 주시행령[14]

제2a조 특별한 사물관할과 지역관할

2007년 5월 25일부터 6월 15일까지 바드 도베란 또는 귀스트로우 또는 한자도시 로스톡 또는 이 지역과 경계가 되는 동해 해안선(로스톡-봐르네뮌데 간 그

---

13) *Schenke*, Polizei- und Ordnungsrecht, 10.Aufl., 2018, Rndr. 373.
14) Landesverordnung über die zuständigen Behörden nach dem Versammlungsgesetz (VersG-ZustVO) Vom 21. Juli 1994, GVOBl. M-V 1994, S. 804. Zuletzt geändert durch Verordnung vom 19.1.2007, GVOBl. M-V 2007, S. 30.

리고 로스톡-호헤뒤네 간 해안운하를 포함하는) 지역에서 발생하거나 발생할 또는 이곳에서 출발하거나 끝나는 집회와 시위에 대한 관할행정청은 로스톡 경찰청이다.

제5조 효력발생, 효력상실

이 시행령은 공포한 다음날 발효된다. 제2a조는 12월 31일에 실효된다.

다. 2007년 집회시위금지처분 관련 독일 행정법원 판례

(1) 슈베린 행정법원(1심)의 가구제 판결[15] 요지

취소소송을 제기하기 전에도 행정법원법 제80조 제5항 제2문에 따라 관할행정법원에 집행정지효신청이 가능하고 그 외의 요건을 충족하였으므로 적법하다. 심판대상인 집회금지처분은 집회시위금지구역 I 및 그 전방 200m의 완충지대에 한하는 경우에만 적법하다. 집회금지처분이 이 범위를 넘는 경우에는 위법하다고 할 것이며 위법한 범위에서 처분의 효력이 정지된다. 집회시위금지구역 II에 해당되는 처분들은 반드시 고려해야할 사실관계와 법익들 및 법원리들을 누락하고 이익형량을 했을 뿐만 아니라 수단의 비례성도 결과적으로 보장되지 않았다는 이유로 위법하다는 판단을 내렸다. 앞에서 언급된 적법한 금지처분으로 인정되는 지역적 범위를 넘는 경우에, 관할경찰청이 해당 집회와 시위의 안전성을 판단하는데 있어서 집회와 시위의 자유를 보장해주려는 방향에서 금지가 아닌 부담을 부과하는 방법을 통해 고려될 수 있었다. 따라서 슈베린 행정법원은 이미 집회의 주최자가 집회시위금지구역 II를 지나가는, 보조적으로 신청한 4개의 행진구간을 펜스가 설치된 집회시위금지구역 I의 전방 완충지대 200m까지 허용하면서 추가적인 부담을 부과하였다. 추가적인 부담은 만약의 경우에 필요한 구조인력의 투입 등의 목적을 위해 일정구간의 도로는 비워두어야 하며 정상회담장소로 가는 기차선로, 기차운행, 기차승차 및 검문소를 방해하지 말 것 등이었다.

---

15) VG Schwerin, v. 25. 5. 2007, Az: 1 B 243/07.

(2) 그라입스발트 고등행정법원(항소심)의 가구제 판결[16] 요지

신청인의 일반처분에 대한 집행정지의 회복신청은 전적으로, 개별적 예방적 금지처분에 대해서는 다음과 같은 척도를 부연하여 기각되었다. 이미 5월 10일의 협의절차에서 관할경찰청으로부터 집회시위금지구역 II 바깥지역을 통과하는 대안노선이 허용되었다는 점과, 특별경찰청은 집회와시위에관한법률 제15조 제1항에 의거 엄격한 비례성의 원칙하에 부담의 부과를 통해서 허용된 집회의 시행방법을 규율할 수권을 부여받았으므로 자세한 규율은 재판부가 아니라 특별경찰청이 스스로 행한다는 점이다.

심판대상인 일반처분은 이른바 '전면금지(Flächenverbot)'가 아니다. 전면금지는 시간과 원인을 불문하고 특정지역의 모든 집회를 금지하는 것[17]을 말하는데 반해 카발라 특별경찰청의 일반처분은 금지구역 I 또는 II에서의 모든 집회를 막기 위한 일반적인 금지가 아니라 오로지 시간상으로 제한되고 특정 원인과 관련된 일반적인 금지이기 때문이다. 이 처분은 신청인이 추구한 목적이 있는 집회의 이행을 금지한 것이 아니라 특정한 기간에 장소적 관점에서의 집회의 이행방법, 즉 집회장소 선택권을 합헌적으로 제한한 것이다.

집회와시위에관한법률 제15조가 기본법 제8조와 합치되는 경우는 오로지 집회의 금지와 해산이 비례의 원칙을 충족시키고, 공동체의 중대한 이익을 보호하기 위해서 필요하며, 나아가 인식 가능한 상황에서 도출될 수 있는 직접적인 위험성이 존재하는 경우에만 가능하다고 해석되는 경우이다(연방헌재, 제1재판부 1985. 5. 14., 사건번호: 1 BvR 233/81, 341/81, 브록도르프 판결).[18] 이러한 헌법적 법익의 하나는 기본법 제32조

---

16) OVG Greifswald, Beschluss v. 31. 05. 2007, Az: 3 M 53/07.
17) *Dietel/Gintzel/Kniesel*, Demonstrations— und Versammlungsfreiheit, 13. Aufl., 2004, § 15 Rdnr. 16 f.
18) 헌법재판소, 독일연방헌법재판소 판례번역집 2010, 43쪽 이하 참조.

제1항에서 규율되고 있는 독일연방정부의 외국과의 우호적 관계유지이며, 이는 곧 공공의 안녕과 질서의 일부임이 연방헌법재판소의 판례(제1재판부 제2지정재판부 1987. 9. 10., 사건번호: 1 BvR 1112/87)로 인정되어 왔다. 우호적이지 않은 집회와 시위로 인해 이를 감내해야 하는 외국정상과의 외교적 관계에 부담이 되는 한, 공공의 안녕과 질서를 관할하는 행정청이 관여할 수 있는 것이다. 또한 외교적 관점에서 외국정상의 생명과 신체의 안전성도 포함된다. 이에 대한 구체적 위험이 발생한 뒤에야 집회의 제한이 정당화되는 것이 아니라 그 전에 위험이 예방되어야 하는 것이 원칙이다.

그 외에 형량되어야 할 법익으로 기본법 제2조 제2항 제1문의 생명과 신체의 불가침 기본권으로서, 집회시위금지구역 I에 존재하는 모든 사람, 즉 국가정상뿐만 아니라 안전요원과 행사요원 및 지역주민에게 폭력적인 시위에 대한 예방책과 구조대책 및 의료대책이 필요하다는 점이 고려되어야 한다.

또한 시위자들이 외국정상들의 감정에 호소할 정도의 거리에 다다르지 못하도록 하는 것이 곧 비례성의 원칙에 반하는 수단을 의미하진 않는다. 국가정상들의 시야범위에서 직접적으로 집회를 운영하여 특별한 주목을 받으려 하는 것까지 헌법상 보장되는 것도 아니다. 국가정상들의 시청범위 밖에서 시위장소가 정해진다고 해서 여론을 지향하는 집회의 소통목적이 좌절되거나 현저히 침해되었다 할 수 없다.

집회시위금지구역 II에 대해서도 1심 행정법원의 평가와는 달리 고등행정법원에서는 특별한 상황으로 인해 정당화된다고 판결하였다. 구역 II에는 지방도로 'L12'를 중심으로 확대되어 있으며, L12를 제외한 다른 도로로는 경찰병력 및 차량들과 구조/의료차량의 신속한 이동이 어려울 뿐만 아니라, 외국정상들의 경호요원들이 요청한 바에 따라 최소한 2개의 대안적 구조용 도로가 확보되어야하기 때문이다. 따라서 집행정지효의 회복을 신청한 자는 이러한 특별경찰청의 안전 및 경호시스템을 충분히 고려하지 않았다.

집회시위금지구역 II에 대한 일반처분에서의 집회금지가 적법하기 때문에 그 안에 들어 있는 집회시위금지구역 I(기술적 봉쇄구역)을 표시하는 펜스 전방 200m의 완충지대에 대해서는 더 이상 설명이 필요 없이 적법하며 구역 II에 포함되는 신청인의 보조적 행진구간에 대한 설명도 더 이상 필요 없다.

특별경찰청과 별모양행진의 주최자간의 협의절차에서 금지구역 II 바깥의 대안노선을 본 소송의 신청인이 이미 거부했기 때문에 재판부는 더 이상 심사할 수 없고 자세한 부담의 부과 등의 규율은 특별경찰청이 행한다.

(3) 2007년 집회시위금지처분 관련
독일 연방헌법재판소 결정[19] 요지

연방헌법재판소는 고등행정법원의 결정과 헌법소원신청 및 가처분신청의 사이기간인 6월 2일에 집회시위금지구역 I, II가 아닌 인근 로스톡(Rostock)시에 일어난 대규모집회에서 폭력적인 시위가 일어나 수십명의 경찰이 부상당했을 뿐만 아니라 화염병도 발견되었다는 경찰보고에 따라, 지금까지의 판단에 있어서 집회와 시위가 평화적으로 운영되리라는 위험예측은 더 이상 유지될 수 없고 금지처분의 위헌성이 의심된다는 여러 결정이유들에도 불구하고 가처분신청을 6월 6일에 기각하였으며, 그 이후 헌법소원에 대해서는 7월 19일에 심판불회부를 선언하였다.

다음은 연방헌법재판소의 가처분기각결정의 선고요지이다.

---

19) BVerfG (1. Kammer des Ersten Senats), v. 6. 6. 2007, Az: 1 BvR 1423/07 (가처분결정); v. 19. 07. 2007 (헌법소원 심판불회부선언).

1. 집회가 금지되거나 집회관할행정청의 처분 또는 행정법원의 결정에 의해 집회의 특정한 소통목적의 실현이 본질적으로 어려워질 정도로 그 집회의 특수성이 변하게 되어 금지한 것과 유사하게 집회가 운영되는 경우에는, 집회의 자유에 대한 중대한 침해라 할 수 있다. 기본권으로서 집회의 자유는 집회주최자가 자신의 견해를 주목받으려는, 즉 상징적인 장소에 가능한 한 가장 근접하는 것을 통해서 그 목적을 실현하려는 집회주최자의 이익을 보호한다.

2. 국제회의에 참석한 외국정상들이 자신들의 국가에 대한 집회와 시위가 "우호적이지 않은 행위"라는 평가를 내리는 것이 어쨌든 집회의 자유에 대한 제한근거가 되는 공공의 질서에 대한 위험을 의미할 수 있는지, 즉 국제회의의 행사국으로서 독일연방공화국의 국격(Ansehen)이 집회와시위에관한법률 제15조 제1항에서 의미하는 독자적인 보호법익이 되는지에 대해서는 판단을 유보한다. 어쨌든 집회의 자유를 제한함으로써 독일에서 헌법상 보호되는 의견형성절차와 이와 관련된 의사형성의 자유 및 집회와 시위의 자유라는 기본권이 침해되는 경우에는, 외국정치인들의 민감한 반응이 나올 수 있다는 이유로 집회의 자유에 대한 제한을 정당화할 수는 없다. 헌법상 보장되는 권력비판은 내국의 권력자에 대한 비판에 한정되지 않는다.

3. 국제회의 참석자의 보호를 위해 회담장소 주위 약 5 곱하기 8 km 면적의 시위금지구역이 설정되고, 이러한 처분의 근저에 놓여있는 안전성고려에 회담장소와 충분히 근접한 장소에서, 특히 회담에 반대하는 내용으로 시위를 진행할 수 있어야 한다는 의도가 충분히 고려되지 않은 것은 위헌성이 의심된다. 따라서 안전성고려는 최소한 객관적으로 금지구역내의 집회의 실현가능성에 대한 판단이 포함되어야 한다.

4. 가처분이 발령되거나 발령되지 않은 각각의 경우에 발생되는 결과를 산정하는데에 있어서 기준이 되는 시점은 긴급구제신청에 대한 연방헌법재판소의 결정시점이다. 행정청의 처분이 발령된 이후 또는 최종

심의 결정이 내려진 이후에 위험의 종류와 정도 또는 신청인에게 임박한 불이익의 정도와 관련된 새로운 사실상의 관점이 발생한 경우에 연방헌법재판소는 이를 고려해야만 한다.

2. 영국, 미국 및 캐나다

가. 영국

영국 런던경찰국은 G−20 회의(2009. 4. 2. 영국 런던 개최)의 보안을 위하여 글랜코 작전(Operation Glencoe)을 실시하였으며, 여기에는 6개의 경찰력과 치안본부(the Ministry of Defence Police) 등이 동원되어 영국 역사상 유래 없는 복잡하고 광대한 보안 작전을 수행하였다. 회의 장소인 ExCeL Conference Centre로의 접근은 장애물(barrier)과 경찰 검문소(police checkpoint)에 의하여 통제되었으나, 그 외 런던 지역에서의 통제·제한 조치는 없었다. G−20 회의를 위한 특별한 집회제한법을 마련하지는 않았으며, 통상의 시위·집회 제한 법규[20]에 의거하여 G−20 개최에 따른 집회제한 조치를 취하였다. 이에 근거하여 G−20회의 기간 중 경찰은 약 5,000명의 시위자들을 경찰 저지선 안에 봉쇄하는 군중 통제 정책을 실시하였다. 공공질서를 위협하는 자에 대한 체포 근거 조항인 Section 4, 5 of the Public Order Act of 1986 등을 근거로 집회·시위 중 체포된 인원은 122명에 이르며, 시위대를 구경하던 시민이 1명 사망하였다.

나. 미국

제3회 G−20회의(2009. 9. 24−25. 미국 피츠버그 개최)는 18 U.S.C.A. § 3056(e)(1)에 규정된 National Special Security Event로 분류되어 피

---

20) 영국의 시위·집회에 관해서는 Public Order Act of 1986 참조.

츠버그 경찰, 펜실베니아주 경찰과 비밀경호국(U.S. Secret Service) 등이 합동으로 보안작전을 수행하였다. 피츠버그시 주요 도로는 경찰에 의하여 통제되어 차량 진입은 금지되었으며, 피츠버그 시내로 직행 운행하는 대중교통이 시민들에게 제공되었다. 회의장소 인근 주요도로는 9월 24일 오전 9시부터 밤 12시까지 차량과 보행인의 통행을 금지하였다. 피츠버그시는 회의 장소인 David L. Lawrence Convention Center에서 시야가 확보되며 소리도 들리는 곳에 2곳의 Public Access Area를 마련하여 그곳에서의 집회·시위를 허가하였는데, Buncher Parking Lot 은 9월 23일 오전 6시부터 26일 오후 11:59, North Shore River Walk Trail 에 마련된 곳은 9월 23일부터 26일까지 오전 6시부터 오후 11시까지 공개되었다. 피츠버그 경찰은 집회·시위 통제 과정에서 군중을 해산시키기 위하여 최루가스를 사용하였으며, 또한 불법적인 집회의 통제 과정에서 64명을 체포하였으며 3명의 시민과 3명의 경찰관이 부상자가 발생하였다.

피츠버그 시의 집회 제한조치에 대하여 시민단체들은 피츠버그시가 Point State Park에서 9월 20일 저녁 7시부터 9월 22일 저녁 7시까지의 집회를 허가하지 않자 이는 표현의 자유와 신체의 자유 위반임을 이유로 가처분소송을 제기하였고 일부 승소하여 결국 집회를 개최하였다.[21)

이 사건 이전에 미국에서 국제회의로 인한 집회제한에 대한 판례로서 2003년 콜로라도주 NATO 회의 시위 금지에 대한 사건에서 합헌 결정[22)이 있었다. 2003년 10월 7일에서 10일까지 4일간 콜로라도 스프

---

21) Codepink Women for Peace v. U.S. Secret Service of the Dept. of Homeland Security, Slip Copy, 2010 WL 2196262, (W.D.Pa. 2010); ACLU, Code Pink v. US Secret Service.
22) Citiznens for Peace in Space v. City of Colorado Springs, 477 F.3d 1212 (10th Cir. 2007).

링시에서 19개 회원국과 9개 초청국이 참여하는 NATO회의를 개최하였다. 회의 참석자 및 관련자는 1000여명에 이르렀으며, 미국 국방부는 이 회의의 경호를 위하여 도로를 봉쇄하고 경호안전구역(security zone)을 설정하였다. 경호안전구역은 회의장소와 몇 블럭 정도의 주변지역이며, 5개의 검문소가 설치되었다. 경호안전구역은 회의참석자, 인증받은 언론인, 경호인, Broadmoor 고용인, 거주인 등을 제외하고는 모든 사람의 진입이 금지되었나. 청구인들은 6명이 항의배너를 들고 회의장소 맞은 편 길에 한 시간 동안 서 있을 수 있도록 집회허가서를 신청하였으나, 시 당국은 그러한 요청을 거절하면서 대신 경호안전구역 밖의 제1 검문소 인근에서 집회를 열도록 권고하였다. 이에 청구인들은 시 당국이 안내한 장소(회의장소에서 약 310야드, 즉 약 283미터 떨어진 곳)에서 집회를 열었으나, 이곳은 회의장소에서 보이지 않는 곳이며 언론의 주목도 받지 못하는 곳이었다.

미국의 보통법에 의하면, 경호안전구역 내의 도로나 길도 전통적인 public forum이라고 할 수 있지만[23] 정부는 public forum에서의 표현의 자유에 대하여 합리적으로 제한을 가할 수 있으며, 이러한 제한들은 ① 표현의 내용에 무관하게 중립적이며 ② 중대한 공익을 달성하기 위하여 필요한 부분만을 규제하여야 하며 ③ 다른 대체 소통 수단을 제공하여야 한다[24].

제10지구 연방고등법원은 이러한 법리를 적용하면서, NATO회의 개최시 경호안전구역 내에서 일체의 집회를 금지시킨 것은 ① 표현의 내용과 무관하게 일괄적으로 취해진 것으로서 중립적인 제한이라고 판단하였다. 또한 ② 국제회의 경호는 중대한 공익이며 ③ 경호안전구역 안에서의 엄격한 통제제한조치는 이러한 중대한 공익의 실현과 직접적인 관계가 있으며, 시 당국이 우려한 폭발물을 이용한 테러 등을 효과

---

23) Hill v. Colorado, 530 U.S. 703, 715 (2000).
24) Ward v. Rock Against Racism, 491 U.S. 781, 791 (1989).

적으로 차단할 수 있는 보안조치라고 하였다. 시 당국이 충분한 대체 소통수단을 제공하였는지에 대한 판단에 있어서 연방고등법원은 경호의 엄중성을 유지할 필요성을 전제하면서, 이러한 전제 하에서는 제1검문소 앞에서의 집회는 최선의 대체방법은 아닐지라도 충분한 대체 소통수단이었다고 판단하였다.

다. 캐나다

캐나다 정부는 G-20회의(2010. 6. 26-27. 캐나다 토론토 개최) 개최에 대비하여 통합경호안전통제단(Integrated Security Unit, 이하 "ISU)를 창설하였다. 회의장소와 인근 도로를 경호안전구역으로 지정하여 이를 보호하기 위한 높이 약 3미터의 경호펜스를 6월 7일부터 구축하여 회의기간 중에는 검문소를 통과하여야만 경호안전구역으로의 진입을 허용하였다. 펜스로 경호받는 구역은 회의 기간 중 차량과 통행인의 진입이 모두 금지되었으며, 경호안전구역 내 거주자 또는 근로자는 사전에 등록증을 발급받거나 신분증과 함께 신상정보를 제공할 것이 요구되었다. 펜스로 둘러진 경호안전구역 외에 6월 25일부터 27일까지 Yonge Street West부터 Spandina, King Street South부터 Queen's Quay까지의 구역은 교통통제구역으로 지정되어 차량 진입이 금지되며 보행인은 경찰의 검문 후에 통행이 허가되었으며, Union Station의 Front Street 출구는 폐쇄되었다. 또한 토론토 항구도 선박통제가 6월 24일부터 27일까지 이루어져 특별경호안전구역 안에는 정박할 수 없으며, 그 외 지역은 거리에 따라 선박에 차등을 두어 정박에 제한을 두었다. 그 외의 토론토 시 내의 교통은 폐쇄되지 않으나 사정에 의하여 수시로 통제되었다.

G-20회의의 경호안전을 위한 특별법은 별도로 제정되지 않았으며, 캐나다의 집회제한법규에 따라서 집회제한조치가 이루어지고 Queen's Park에 집회자유구역이 설정되었다. 캐나다 경찰은 영국 경찰과 유사하게 집회 군중을 통제하기 위하여 경찰 저지선 안에 감금하는

조치를 취하였는데, 경찰은 회의기간 중 집회와 관련하여 900명이 넘는 인원을 체포하였다.

Ⅳ. 시사점 및 결론

1. 일시적 집회제한을 위한 특별법 제정의 정당성

독일의 경우 집회와 시위에 관한 법률 제15조 제1항에 기한 주정부 시행령을 개정하여 회의기간은 로스톡 카발라 특별경찰청이 한시적인 관할권을 갖도록 규정하였고, 위 경찰청은 회의장소로부터 12.5km까지 떨어진 기술적 봉쇄구역의 외곽 200m까지는 회의종료일전 10일간, 그 보다 더 넓은 구역에서는 회의종료전 4일간 일체의 옥외집회시위를 금지하고, 이미 신고된 집회도 재심사한다는 내용의 일반처분을 공표하였다. 회의기간 중에 기술적 봉쇄구역 내부 및 집회가 금지된 기술적 봉쇄구역 외곽 50m 지점까지 진출하기로 계획되었던 별모양행진 시위에 대하여 경찰청장이 대안노선을 제시하였으나 받아들여지지 않자 금지처분을 한 사건이 사법심사의 대상이 되었다.

영국의 경우에는 G-20 회의를 위한 특별한 집회제한법을 마련하지는 않았으며, 통상의 시위·집회 제한 법규(Public Order Act of 1986)에 의거하여 G-20 개최에 따른 집회제한 조치를 취하였다. 캐나다의 경우에 G-20회의의 경호안전을 위한 특별법은 별도로 제정되지 않았으며, 캐나다의 집회제한법규에 따라서 집회제한조치가 이루어지고 Queen's Park에 집회자유구역이 설정되었다.

쟁점에 대한 본안판단의 문제에 앞서서 이러한 비교법적 검토를 통해 알 수 있는 것은 일반적인 집회제한법률 이외에 국제회의를 이유로 특별한 법률을 제정하여 일시적인 집회제한조치를 실시하는 것은 예외적이라는 것이다. 이는 본안판단의 쟁점이 되는 목적의 정당성과 법익균형성에서 판단해야 하는 공익의 본질적인 부분과 연관이 되어 있다. 특히 특별법을 제정하여 적용함으로써 일반법으로 규율하기에는 과도할 수 있는 수단을 정당화하기 위한 우회로로 악용될 수 있다. 따라서 독일의 경우와 마찬가지로 일반법인 집회 및 시위에 관한 법률에서 규율 가능함에도 특별법을 제정한 것은 법정책적으로 과도한 것이라 할 수 있다.

2. 본안판단 기준의 구체화와 형량심사

경호작용과 관련하여 집회의 자유를 제한하는 규정을 구체적으로 법령에서 정하는 것은 앞에서 본 바와 같이 입법기술상 불가능하다. 이러한 점은 비교법적 검토를 통해서도 알 수 있다. 따라서 사법심사시 본안판단의 기준에 대해서 비교법적 검토를 통해 그 기준을 구체화할 수 있다. 특히 공익에 대한 판단기준이 중요하다는 점을 알 수 있다.

독일의 제1심 법원은 청구인들의 주장을 받아들여 기술적 봉쇄구역 외곽 200m 외부까지 시위를 허용하면서 추가적인 부담을 하는 판결을 하였으나, 항소심 법원은 ㉠ 일반처분의 금지는 시간적으로 제한되고 특정 원인과 관련된 집회만을 금지한 것이기 때문에 장소적 관점에서의 집회방법을 제한한 것에 지나지 않고, ㉡ 독일연방정부의 외국과의 우호적 관계유지라는 것은 공공의 안녕과 질서의 일부에 해당하는 것이며, ㉢ 국가정상들이 볼 수 있는 범위 밖에서 시위하도록 하였다고 하여도 여론을 지향하는 집회의 소통 목적이 좌절되거나 현저히 침해된 것은 아니라는 등의 이유로 청구인들의 주장을 배척하였다.

이 사건에서 독일 연방헌법재판소는 그 즈음 일어난 폭력시위의 사례에 비추어 위 시위가 평화적으로 운영될 것이라는 예측을 유지할 수 없다고 하면서 가처분신청을 기각하고, 헌법소원에 대한 심판불회부

결정을 하였다. 그러나 위 재판소는 가처분기각결정에서 ① 집회의 자유는 집회주최자가 자신의 견해를 주목받으려는 상징적인 장소에 가능한 한 가장 근접하는 것을 통해서 목적을 실현하려는 주최자의 이익을 보호하는 것이므로 특정한 소통목적의 실현이 본질적으로 어려워질 정도로 집회의 특수성을 변화시켜 금지된 것과 유사하게 운영하도록 하는 경우는 집회의 자유에 대한 중대한 침해에 해당하고, ② 외국정상들이 특정 집회나 시위가 자신들에 대해 우호적이지 않다는 평가를 내리는 것이 공공질서에 대한 위험에 해당하는지에 관하여는 판단을 유보하되, 헌법상 보장되는 권력비판은 내국의 권력자에 대한 것으로 한정되지 않기 때문에 외국정치인들이 민감한 반응을 보일 수 있다는 이유로 집회의 자유를 제한하는 것은 정당화될 수 없으며, ③ 시위금지구역을 설정하는 처분을 하면서 회담장소에 충분히 근접한 장소에서 회담에 반대하는 내용으로 시위를 진행할 수 있는지 여부가 충분히 고려되지 않았다는 등의 위헌성이 의심되는 부분이 있다는 내용을 부가적으로 설시하였다.

독일 연방헌법재판소는 헌법상 보장되는 권력비판은 내국의 권력자에 대한 비판에 한정되지 않으므로 외국정치인들의 민감한 반응이 나올 수 있다는 이유로 집회의 자유에 대한 제한을 정당화할 수 없다고 명시하였는데, 이와 같은 입장에 따르면 외국정상들이 불편한 감정을 갖는 것을 방지한다는 이 사건 법률 제8조의 실질적인 입법목적은 정당한 것이라고 할 수 없었다.

그러나 미국에서 NATO회의와 관련된 사건에서 연방고등법원은 경호안전구역 내에서 일체의 집회를 금지시킨 것은 표현의 내용과 무관하게 일괄적으로 취해진 것으로서 중립적인 제한이라고 판단하였을 뿐만 아니라 국제회의 경호는 중대한 공익이며, 경호안전구역 안에서의 엄격한 통제제한조치는 이러한 중대한 공익의 실현과 직접적인 관계가 있기에 폭발물을 이용한 테러 등을 효과적으로 차단할 수 있는 보안조치로서 적절하다는 판단을 하였다.

　　따라서 국제회의에 대한 공익의 정도를 판단하는 것은 국가별 상황에 따라 개별적으로 판단해야 하는 것으로서 테러의 위협 정도와 방어체계의 유용성을 종합적으로 판단해야 할 것이다.

참고문헌

황교안, 집회·시위법 해설, 박영사, 2009.
헌법재판소, 독일연방헌법재판소 판례번역집 2010.

Dietel/Gintzel/Kniesel, Demonstrations－und Versammlungsfreiheit, 13. Aufl., 2004.
Schenke, Polizei－ und Ordnungsrecht, 10. Aufl., 2018.

국문초록

헌법재판소는 구 'G20 정상회의 경호안전을 위한 특별법' 제8조 제1항, 제2항을 대상으로 한 헌법소원심판에서 법률의 효력기간이 도과하여 주관적 권리보호이익이 없을 뿐만 아니라 1회적인 입법조치로서 헌법적 해명의 필요성이 없다고 보아 각하하였다. 그러나 이전에도 유사한 입법적 조치가 있었을 뿐만 아니라 국제회의의 개최 등 입법조치의 반복가능성이 있다는 헌법재판관의 반대의견과 같이 헌법적 해명의 필요성이 있다고 보아 본안판단에 대한 검토와 비교법적 고찰은 필요하다. 본안판단에 있어서 이 사건 법률조항이 명확성 원칙 및 집회의 허가제와는 문제가 되지 않는다. 그러나 과잉금지의 원칙과 관련하여, 특히 목적의 정당성과 법익균형성에 있어서 입법목적 및 공익을 판단하는 부분은 심사기준을 구체화하여 판단할 필요가 있다. 독일과 미국 등의 법제와 판례를 비교법적으로 분석하여 도출할 수 있는 시사점으로 일반적인 집회제한법률 이외에 국제회의를 이유로 특별한 법률을 제정하여 일시적인 집회제한조치를 실시하는 것은 예외적이라는 점과 헌법상 보장되는 권력비판은 내국의 권력자에 대한 비판에 한정되지 않으므로 외국 정치인들의 민감한 반응이 나올 수 있다는 이유로 집회의 자유에 대한 제한을 정당화할 수 없다는 독일 연방헌법재판소의 논거는 앞으로의 특별법 제정 등과 관련하여 판단기준을 도출하는 데에 참고가 될 수 있다.

주제어: 집회제한조항, 경호안전구역, 정상회담, 명확성 원칙, 집시법, 집회허가, 집회금지

Abstract

Comparative law study on the criteria for judging the constitutionality of temporary assembly restrictions due to international conferences

Bo Cook Seo*

The constitutional court dismissed the constitutional complaint about the former article 8, paragraphs 1 and 2 of the G20 Summit Special Act on Security because there is no need for a constitutional explanation as a one－time legislation, but also no subjective rights protection benefit due to the validity of the law. However, as there is a need for a constitutional explanation, such as the opinion(dissenting vote) of the constitutional judge, it is necessary to review the main judgment and to consider comparative law. If try to make a main decision, the legal provisions of this case do not matter with the principle of clarity and the permission of assembly. However, in relation to the principle of prohibition of excess, in particular, in determining the purpose of legitimacy and the balance of legal interests, it is necessary to make judgments by specifying the criteria for judicial purposes and public interests. There are such implications for comparative analysis of laws and precedents in Germany and the United States, as that temporary assembly restrictions by special legislation is an exception, and that constitutionally guaranteed power criticism is not limited to criticism of domestic powers, so the restrictions on freedom of assembly cannot be

---

* Associate Professor, Chungnam University Law School, Dr. iuris.

justified because of the sensitive reaction of foreign politicians.

Keyword: assembly restrictions, security area, summit, clarity principle, assembly and demonstration act, assembly permission, assembly prohibition

투고일 2020. 6. 24.
심사일 2020. 6. 28.
게재확정일 2020. 6. 29.

출입국 외국인(난민)의 기본권 보장범위에 관한 헌재 결정 및 관련 법제에 대한 검토와 그 개선방안
- 헌법재판소 2018. 5. 31. 2014헌마346 결정을 중심으로 -

Ⅰ. 서 론
Ⅱ. 송환대기실 수용난민에 대한 변호인접견거부 사건
Ⅲ. 외국인의 기본권 주체성과 기본권 보장 범위 문제
Ⅳ. 행정절차에서의 구금문제와 변호인의 조력을 받을 권리
Ⅴ. 우리나라 난민제도의 문제점과 개선방안
Ⅵ. 결론

Ⅰ. 서 론

저출산, 고령화가 장기화되면서 경제활동인구의 대폭적인 감소에 대한 해결책으로 적극적인 외국인 노동 수급정책이 제시되고 있다. 공식적으로 취업비자를 받은 외국인 노동자 수는 2018년에 이미 100만 명을 넘어섰으며, 불법체류자를 포함할 경우 국내에서 일하는 외국인 노동자는 130만 명을 넘어서는 것으로 추산된다. 이렇게 외국인 노동력을 요구하면서도, 우리 사회는 동시에 이를 제한한다. 불법체류, 형사범죄 등으로 추방당한 외국인은 한 해 평균 2만 명을 넘고 있으며, 이제

---

* 경북대학교 법학전문대학원 부교수, 변호사, 법학박사

는 3만 명을 육박하고 있는 상황에서, 외국인 노동자에게 인정될 수 있는 권리는 무엇인지, 인정될 수 있다면 그 범위는 어떠한지, 이를 뒷받침할 수 있는 제도는 무엇인지 등에 관한 논의는, 법학계를 비롯한 우리 사회의 과제가 되었다. 이하에서는 '출입 외국인(난민)의 기본권 주체성과 그 기본권 보장범위 등'에 관하여 최근 헌법재판소가 판시한 2014헌마346 결정을 중심으로 살펴보고자 한다. 구체적으로, 먼저 관련 문제로서 '외국인의 기본권 주체성과 기본권 보장의 범위'에 관한 기존 헌법재판소 판례의 태도를 검토한 후, 위 송환대기실 수용난민에 대한 변호인 접견거부 사건을 중심으로 본 결정의 의의와 관련 우리나라 출입국 외국인에 대한 난민신청제도의 문제점과 관련 외국의 입법례 및 우리 법제의 개선방안에 대하여 차례로 검토하고자 한다.

Ⅱ. 송환대기실 수용난민에 대한 변호인접견거부 사건

1. 헌재 2018. 5. 31. 2014헌마346 결정

(1) 사실관계

청구인은 수단 국적의 외국인이다. 청구인은 2013. 11. 18. 수단 공항에서 출국하였고, 2013. 11. 20. 인천국제공항에 도착하였다. 청구인은 입국 시 수단 주재 한국대사관이 발급한 단기 상용 목적의 사증을 가지고 있었는데, 입국 심사과정에서 난민신청의사를 밝히고 난민법 제6조에 따른 출입국항에서의 난민인정신청을 하였다. 출입국관리공무원은 2013. 11. 20. 청구인에 대하여 입국목적이 사증에 부합함을 증명하지 못하였다는 이유로 입국불허결정을 하였다. 피청구인은 송환지시서를 발부하면서 다만 송환지시서에 "항공사 및 출국대기실에 난민심사를 위해 대기하여야 함을 고지함"이라고 부기하여 즉각적인 집행을 보류하였다. 청구인은 2013. 11. 20.부터 인천국제공항 환승구역 내에 설치된 송환대기실에 수용되었다. 피청구인은 2013. 11. 26. 청구인에 대하여 난민인정심사불회부 결정을 하였고, 청구인은 그 이후에도 계속 송환대기실에 수용되었다. 청구인은 2013. 11. 28. 난민인정심사불회부결정 취소소송을 제기하였고, 다시 2013. 12. 19. 인신보호청구[1]를 제기하였다. 청구인의 변호인은 2014. 4. 25. 청구인에 대한 접견을 신청하였다. 피청구인은 2014. 4. 25. 송환대기실 내에 수용된 입국불허자에게 변호인 접견권을 인정할 법적 근거가 없고, 피청구인은 송환대기실의 관리·운영 주체가 아니어서 청구인에 대한 변호인 접견을 허가할 권한이나 의무가 없다는 이유를 들어 접견신청을 거부하였다. 청구인은 피청구인의 접견신청 거부로 청구인의 변호인의 조력을 받을 권리가 침해되었다고 주장하면서 접견신청 거부의 취소를 구하는 이 사건 헌법소원심판을 청구하였다.

(2) 판단내용

1) 법정의견
가) 청구인 능력에 대한 판단

청구인은 외국인이다. 헌법재판소법 제68조 제1항의 헌법소원은 기본권의 주체만 청구할 수 있는데, 단순히 '국민의 권리'가 아니라 '인간의 권리'로 볼 수 있는 기본권에 대해서는 외국인도 기본권의 주체이다. 청구인이 침해받았다고 주장하는 변호인의 조력을 받을 권리는 성질상 인간의 권리에 해당되므로 외국인도 주체이다. 따라서 청구인의

---

1) 인신보호법 제3조(구제청구) 피수용자에 대한 수용이 위법하게 개시되거나 적법하게 수용된 후 그 사유가 소멸되었음에도 불구하고 계속 수용되어 있는 때에는 피수용자, 그 법정대리인, 후견인, 배우자, 직계혈족, 형제자매, 동거인, 고용주 또는 수용시설 종사자(이하 "구제청구자"라 한다)는 이 법으로 정하는 바에 따라 법원에 구제를 청구할 수 있다. 다만, 다른 법률에 구제절차가 있는 경우에는 상당한 기간 내에 그 법률에 따른 구제를 받을 수 없음이 명백하여야 한다. <개정 2010.6.10>

심판청구는 청구인 능력이 인정된다.

나) 헌법 제12조 제4항에 규정된 "구속"에 행정절차상 구속도 포함되는지 여부

헌법 제12조 제4항 본문의 문언 및 헌법 제12조의 조문 체계, 변호인 조력권의 속성, 헌법이 신체의 자유를 보장하는 취지를 종합하여 보면, 헌법 제12조 제4항 본문에 규정된 "구속"은 사법절차에서 이루어진 구속뿐 아니라, 행정절차에서 이루어진 구속까지 포함하는 개념이다. 따라서 헌법 제12조 제4항 본문에 규정된 변호인의 조력을 받을 권리는 행정절차에서 구속을 당한 사람에게도 즉시 보장된다. 종래 이와 견해를 달리하여 헌법 제12조 제4항 본문에 규정된 변호인의 조력을 받을 권리는 형사절차에서 피의자 또는 피고인의 방어권을 보장하기 위한 것으로서 출입국관리법상 보호 또는 강제퇴거의 절차에도 적용된다고 보기 어렵다고 판시한 우리 재판소 결정(헌재 2012. 8. 23. 2008헌마430)은, 이 결정 취지와 저촉되는 범위 안에서 변경한다.

다) 송환대기실 수용이 헌법 제12조 제4항에 규정된 "구속"에 해당되는지 여부

인천국제공항 송환대기실은 출입문이 철문으로 되어 있는 폐쇄된 공간이고, 인천국제공항 항공사운영협의회에 의해 출입이 통제되기 때문에 청구인은 송환대기실 밖 환승구역으로 나갈 수 없었으며, 공중전화 외에는 외부와의 소통 수단이 없었다. 청구인은 이 사건 변호인 접견신청 거부 당시 약 5개월 째 송환대기실에 수용되어 있었고, 적어도 난민인정심사불회부 결정 취소소송이 종료될 때까지는 임의로 송환대기실 밖으로 나갈 것을 기대할 수 없었다. 청구인은 이 사건 변호인 접견신청 거부 당시 자신에 대한 송환대기실 수용을 해제해 달라는 취지의 인신보호청구의 소를 제기해 둔 상태였으므로 자신의 의사에 따라 송환대기실에 머무르고 있었다고 볼 수도 없다. 따라서 청구인은 이 사건 변호인 접견신청 거부 당시 헌법 제12조 제4항 본문에 규정된 "구속" 상태였다. 청구인은 송환대기실에 구속된 상태였으므로, 헌법 제12조 제4항 본문에 따라 변호인의 조력을 받을 권리가 있다.

라) 변호인 접견신청 거부의 위헌 여부

이 사건 변호인 접견신청 거부는 현행법상 법률상 근거가 없이 청구인의 변호인의 조력을 받을 권리를 제한한 것이므로, 청구인의 변호인의 조력을 받을 권리를 침해한 것이다. 또한 청구인에게 변호인 접견신청을 허용한다고 하여 국가안전보장, 질서유지, 공공복리에 어떠한 장애가 생긴다고 보기는 어렵고, 필요한 최소한의 범위 내에서 접견 장소 등을 제한하는 방법을 취한다면 국가안전보장이나 환승구역의 질서유지 등에 별다른 지장을 주지 않으면서도 청구인의 변호인 접견권을 제대로 보장할 수 있다. 따라서 이 사건 변호인 접견신청 거부는 국가안전보장이나 질서유지, 공공복리를 위해 필요한 기본권 제한 조치로 볼 수도 없다. 따라서 이 사건 변호인 접견신청 거부는 청구인의 변호인의 조력을 받을 권리를 침해하므로 헌법에 위반된다.

2) 재판관 김창종, 재판관 안창호의 별개의견
가) 변호인의 조력을 받을 권리 침해 여부

입국불허결정을 받은 외국인은 대한민국에 입국할 수 없을 뿐, 본국 또는 제3국으로 임의로 자진 출국함으로써 언제든지 송환대기실 밖으로 나올 수 있었으므로, 입국불허결정을 받은 외국인에 대한 '이동의 자유'의 제한은 그의 의사에 좌우될 수 있다는 특수성이 있다. 국가의 안전보장, 질서유지 및 공공복리를 위해서는 입국불허결정을 받은 외국인의 '이동의 자유'를 제한할 필요성이 인정되고, 입국이 불허된 청구인이 임의로 자진 출국할 수 있음에도 계속 대한민국에 입국하려고 하여 이를 통제하는 과정에서 불가피하게 청구인에 대한 '이동의 자유'의 제한이 있었던 것이므로, 그러한 자유의 제한이 청구인의 의사와 무관하다고는 볼 수 없다. 또한, 청구인이 이 사건 송환대기실에 5개월 이상 머무르게 된 것은 그가 난민인정심사 불회부 결정을 받고 그에 대한 취소의 소를 제기하며 다투는 과정에서 출입국항에 머무르는 기간이 길어졌기 때문이다. 이러한 점을 고려하면 청구인은 헌법에서 예정한 '구금' 상태에 놓여 있었다고 볼 수 없으므로, 헌법 제12조 제4항에 규정된 구속된 사람이 가지는 변호인의 조력을 받을 권리를 갖는다고 할 수 없다. 따라서 이 사건 변호인 접견신청 거부에 의하여 청구인의 헌법상 변호인의 조력을 받을 권리가 제한된다고 볼 수 없다.

나) 재판청구권 침해 여부

청구인과 같이 외국인이 재판청구권의 주체가 될 수 있는지에 관하여, 송환대기실에 수용된 청구인이 수용의 당부를 다투기 위해 인신보호청구의 소를 제기하였으며, 그 소송과 관련하여 변호사의 조력을 원한다는 점을 고려하면, 이 사건에서 재판청구권은 인간의 권리인 신체의 자유를 실효적으로 보장하는 데 반드시 필요한 권리라고 볼 수 있어, 청구인이 외국인이라 하더라도 재판청구권의 주체가 된다고 봄이 타당하다. 출입국항에서 입국불허결정을 받아 송환대기실에 있는 사람과 변호사 사이의 접견교통권의 보장은 헌법상 보장되는 재판청구권의 한 내용으로 볼 수 있으므로, 이 사건 변호사 접견신청 거부는 재판청구권의 한 내용으로서 청구인의 변호사의 도움을 받을 권리를 제한한다. 이 사건 변호사 접견신청 거부는 아무런 법률상의 근거 없이 이루어졌고, 국가안전보장, 질서유지, 공공복리를 달성하기 위해 필요한 기본권 제한 조치로 볼 수도 없으므로, 청구인의 재판청구권을 침해한다.

(3) 검토

먼저, 이 사건에서 청구인이 위 접견신청거부를 거부처분으로 보아 거부처분취소소송을 제기하는 한편, 당해 소송에서 집행정지신청을 하여 다툴 여지도 충분히 있었다고 사료된다. 다만, 위 사건에서 피청구인의 청구인에 대한 변호인 접견거부가 처분성이 인정될지 여부가 미지수였던 관계로 청구인의 대리인은 고심 끝에 바로 헌법재판소법 제68조 제1항 소정의 권리 구제형 헌법소원을 바로 제기한 것으로 보여진다. 물론 헌재는 이에 대해 보충성의 예외로서 본안 판단에 나아갔다. 참고로, 대법원은 그동안 일관되게 거부처분에 대한 집행정지에 대해서는 부정적 입장이었다. 즉, "접견허가신청에 대한 거부처분은 그 효력이 정지되더라도 그 처분이 없었던 것과 같은 상태를 만드는 것에 지나지 아니하는 것이고 그 이상으로 행정청에 대하여 어떠한 처분을 명하는 등 적극적인 상태를 만들어 내는 경우를 포함하지 아니하는 것이므로, 교도소장이 접견을 불허한 처분에 대하여 효력정지를 한다 하여도 이로 인하여 위 교도소장에게 접견의 허가를 명하는 것이 되는 것도 아니고 또 당연히 접견이 되는 것도 아니어서 접견허가거부처분에 의하여 생길 회복할 수 없는 손해를 피하는 데 아무런 보탬도 되지 아니하니 접견허가거부처분의 효력을 정지할 필요성이 없다."라고 판시한 것이다.[2] 다만, 이에 대해 유력설은 기간에 제한이 있는 허가사업을 영위하는 자가 허가기간의 만료전 갱신허가를 신청하였음에도 권한행정청이 거부한 경우에는 집행정지를 인정할 실익도 있기 때문에 이러한 경우에는 제한적으로 긍정할 필요가 있다고 본다. 거부처분의 집행정지에 의하여 거부처분이 행해지지 아니한 상태가 된다면 신청인에게 법적 이익이 인정될 수 있고, 그러한 경우(인허가갱신거부처분과 외국인 체류기간연장신청거부처분 등)에는 예외적으로 집행정지신청의 이익이 있다고 할 것이다.

나아가 본안 판단과 관련하여, 위 결정에서 법정의견은 변호인의 조력을 받을 권리도 '인간의 권리'에 해당하므로 외국인의 기본권 주체성이 인정된다고 하였다. 또한, 이를 전제로 헌법 제12조 제4항 본문에 규정된 '구속'에 행정절차상 구속이 포함되며, 청구인의 송환대기실 수

---

2) 대법원 1991. 5. 2. 선고 91두15 결정.

용이 동 규정의 '구속'에 해당되므로, 헌법 제12조 제4항 본문에 따라 변호인의 조력을 받을 권리가 있다고 하였다. 따라서 이 사건 변호인 접견신청거부는 청구인의 변호인의 조력을 받을 권리를 침해[3]하므로 헌법에 위반된다고 판시하였다. 반면 재판관 김창종, 재판관 안창호의 별개의견은 청구인이 헌법에서 예정한 '구금' 상태에 있었다고 볼 수 없으므로, 헌법 제12조 제4항에 규정된 구속된 사람이 가지는 변호인의 조력을 받을 권리를 갖는다고 할 수 없고, 따라서 이 사건 변호인 접견신청 거부에 의하여 청구인의 헌법상 변호인의 조력을 받을 권리가 제한된다고 볼 수 없다고 하였다. 다만 청구인이 외국인이라도 재판청구권의 주체는 된다고 판시한 후, 이 사건 변호사 접견신청 거부는 재판청구권의 한 내용으로서 청구인의 변호사의 도움을 받을 권리를 제한하고, 따라서 청구인의 재판청구권[4]을 침해한다고 판시하였다. 이와 관련하여 종래 헌재는 구속 불구속을 불문하고 형사절차에서는 피의자와 피고인에 대해 변호인의 조력을 받을 권리를 인정하였다. 다만 헌법 제12조 제4항에 규정된 '구속'에는 형사절차상 구속만 포함되고, 행정절차상 구속은 포함되지 않는다고 판시하였는데, 위 결정에서 종래의 선례를 변경하여 행정절차상 구속까지 포함된다고 보고, 행정절차상 구속의 경우에도 변호인의 조력을 받을 권리가 있다고 판시한 점은 매우 의미 있는 결정이다.

아래에서는 위 결정에서 판시한 내용 중 외국인의 기본권 주체성 인정문제와 행정절차에서의 구금문제 및 변호인의 조력을 받을 권리 등

---

3) 종래 헌법재판소도 일관되게 변호인 조력을 받을 권리에는 변호인 선임권, 변호인과의 접견교통권 등이 응당 포함된다고 보았다(헌법재판소 1992. 1. 28.자 91헌마111 결정).
4) 재판청구권은 통상 공정한 재판을 받을 권리를 의미하는바, 변호인의 도움을 받아 충실한 재판을 받겠다는 것이므로 위 소수의견의 논거도 응당 일리가 있다고 생각된다.

에 관한 종례 판례 태도 및 외국 입법례에 대한 비교법적 검토를 한 후
우리 현행 법제의 개선방안까지 살펴보기로 한다.

Ⅲ. 외국인의 기본권 주체성과 기본권 보장 범위 문제

1. 쟁점

대상 헌법재판소 결정에서 문제가 된 외국인의 기본권 주체성이
인정될 것인지에 관한 문제는 외국인에게 특정 국가의 헌법이 보장하는
기본권이 인정되는가 하는 문제로서, 헌법이 보장하는 외국인의 국내법
적 지위에 관한 문제와 동일한 차원의 논의라고 할 수 있다. 외국인의
기본권 주체성 인정 여부는 특히 기본권 침해에 대한 구체적인 권리구
제절차인 헌법소원을 제기할 당사자 능력과 적격이 있는지와 관련되는
중요한 문제이기도 하다. 따라서 송환대기실 수용난민에 대한 변호인
접견거부 사건인 대상 판결에 대한 선결 검토로서 헌법재판소가 외국인
의 기본권에 관하여 그동안 어떠한 태도를 취하고 있는가에 대한 검토
가 필요하다.

2. 관련 판례

(1) 헌재 1994. 12. 29. 93헌마120 결정

우리 헌법재판소는 국회노동위원회의 헌법소원청구적격 사건(1994.
12. 29. 93헌마120 결정)에서 외국인의 기본권 주체성을 처음으로 언급하
였다.[5] 그러나 위 사건은 외국인의 기본권 주체성이 직접 문제 된 사안

---

5) 전상현, "외국인의 기본권", 강원법학 제43권, 강원대학교 비교법학연구소, 2014.
   10, 582면.

은 아니며, 단지 언급이 된 정도에 불과한 사례이다. 헌법재판소는 위 결정에서 『헌법재판소법 제68조 제1항은 "공권력의 행사 또는 불행사로 인하여 기본권을 침해받은 자는 헌법소원의 심판을 청구할 수 있다"고 규정하고 있다. 여기서 기본권을 침해받은 자만이 헌법소원을 청구할 수 있다는 것은 곧 기본권의 주체라야만 헌법소원을 청구할 수 있고, 기본권의 주체가 아닌 자는 헌법소원을 청구할 수 없다는 것을 의미하는 것이다. 기본권 보장규정인 헌법 제2장의 제목이 "국민의 권리와 의무"이고 그 제10조 내지 제39조에서 "모든 국민은 …… 권리를 가진다"고 규정하고 있으므로 국민(또는 국민과 유사한 지위에 있는 외국인과 사법인)만이 기본권의 주체라 할 것이다.』라고 판시하여, '국민과 유사한 지위에 있는 외국인'은 기본권의 주체가 된다고 언급하였다. 그러나 '국민과 유사한 지위에 있다'는 것이 무엇을 의미하는지는 구체적으로 밝히지는 않았다.[6)]

(2) 헌재 2001. 11. 29. 99헌마494 결정

헌재 2001. 11. 29. 99헌마494 결정은 중국에 거주하고 있는 중국 국적의 재외동포들이 「재외동포의 출입국과 법적지위에 관한 법률」에서 규정하는 혜택을 받지 못하게 되어 인간으로서의 존엄과 가치 및 행복추구권, 평등권을 침해당했다고 주장하면서 헌법소원심판을 제기한 사건이다. 위 결정에서 헌법재판소는 처음으로 외국인의 기본권 주체성을 직접 쟁점으로 하여 판시하였다. 헌법재판소는 앞서 결정에서 『우리 재판소는 '국민' 또는 국민과 유사한 지위에 있는 '외국인'은 기본권의 주체가 될 수 있다고 판시하여(헌재 1994. 12. 29. 93헌마120) 원칙적으로 외국인의 기본권 주체성을 인정하였는바, 청구인들이 침해되었다고 주장하는 인간의 존엄과 가치, 행복추구권은 대체로 '인간의 권리'로서 외

---

6) 전상현, 전게 논문, 583면.

국인도 주체가 될 수 있다고 보아야 하고, 평등권도 인간의 권리로서 참정권 등에 대한 성질상의 제한 및 상호주의에 따른 제한이 있을 수 있을 뿐이다. 이 사건에서 청구인들이 주장하는 바는 대한민국 국민과의 관계가 아닌, 외국 국적의 동포들 사이에 재외동포법의 수혜대상에서 차별하는 것이 평등권 침해라는 것으로서 성질상 위와 같은 제한을 받는 것이 아니고 상호주의가 문제 되는 것도 아니므로, 청구인들에게 기본권 주체성을 인정함에 아무런 문제가 없다.』고 하였다. 즉, 헌법재판소는 국민과 유사한 지위에 있는 외국인은 기본권의 주체가 될 수 있다는 기존 93헌마120 결정을 전제로 하여 원칙적으로 외국인의 기본권 주체성을 인정하면서, 기본권의 성질상 '인간의 권리'로 인정되는 인간의 존엄과 가치, 행복추구권, 평등권의 경우에는 외국인의 기본권 주체성이 인정된다고 하였다. 다만 평등권의 경우에는 참정권 등에 대한 성질상의 제한 및 상호주의에 따른 제한이 있을 수 있다고 하였다.[7] 그러나 이러한 헌법재판소의 결정에는 다음과 같은 비판이 존재한다. 첫째는 헌법재판소가 외국인에게 기본권 주체성이 인정되는 근거를 직접 논증하지 않았다는 것이고,[8] 둘째는 93헌마120 결정을 외국인의 기본권 주체성을 '일반적'으로 인정한 선례로 인정하고 있다는 것이다. 이는 93헌마120 결정의 주된 쟁점은 외국인의 기본권 주체성 인정 여부가 아니며, 그 내용 역시 외국인 모두에게 기본권 주체성을 인정한 것이 아니라 '국민과 유사한 지위에 있는 외국인'의 기본권 주체성을 인정했음을 근거로 한다.[9]

---

7) 임희선·김경제, "현행 헌법에 따른 외국인의 법적 지위", 법학논총, 국민대학교 법학연구소, 2017. 6, 272면.
8) 전상현, 전게논문, 584면.
9) 임희선·김경제, 전게 논문, 273면.

(3) 헌재 2007. 8. 30. 2004헌마670 결정

외국인 산업기술 연수생의 신분으로 입국하여 근무하였던 청구인
이 '외국인 산업인력 정책 심의위원회의 대책', '외국인 산업연수제도 운
영에 관한 지침' 및 '외국인 산업기술 연수생의 보호 및 관리에 관한 지
침' 등이 청구인과 같은 산업연수생의 기본권을 침해하고 있다고 주장
하면서 헌법소원심판을 제기한 사건에서, 헌법재판소는 앞에서 살펴본
93헌마120 결정과 99헌마494 결정을 선례로 인정하면서 외국인에게 모
든 기본권이 무한정 인정될 수 있는 것은 아니고, 원칙적으로 '국민의
권리'가 아닌 '인간의 권리'의 범위 내에서만 인정된다고 명시적으로 판
시하였다. 즉 헌법재판소는『근로의 권리는 생활의 기본적인 수요를 충
족시킬 수 있는 생활수단을 확보해 주고 나아가 인격의 자유로운 발현
과 인간의 존엄성을 보장해 주는 것으로서 사회권적 기본권의 성격이
강하므로(헌재 1991. 7. 22. 89헌가106, 헌재 2002. 11. 28. 2001헌바50) 이에
대한 외국인의 기본권주체성을 전면적으로 인정하기는 어렵다. 그러나
근로의 권리가 "일할 자리에 관한 권리"만이 아니라 "일할 환경에 관한
권리"도 함께 내포하고 있는바, 후자(後者)는 인간의 존엄성에 대한 침
해를 방어하기 위한 자유권적 기본권의 성격도 갖고 있어 건강한 작업
환경, 일에 대한 정당한 보수, 합리적인 근로조건의 보장 등을 요구할
수 있는 권리 등을 포함한다고 할 것이므로 외국인 근로자라고 하여 이
부분에까지 기본권 주체성을 부인할 수는 없다.』고 하였다.

(4) 헌재 2011. 9. 29. 2007헌마1083 등 결정

외국인근로자의 고용 등에 관한 법률 제25조 제4항 등 위헌확인
사건(헌재 2011. 9. 29. 2007헌마1083 등 결정)에서 역시 헌법재판소는 앞에
서 살펴본 2004헌마670 결정과 같이 93헌마120 결정과 99헌마494 결정
을 선례로 인정하면서, 외국인에게 모든 기본권이 무한정 인정될 수 있

는 것이 아니라 원칙적으로 '국민의 권리'가 아닌 '인간의 권리'의 범위 내에서만 인정된다고 판시하였다. 그러나 위 결정에서 김종대 재판관은 외국인의 기본권 주체성을 '부정'하는 반대의견을 제시한다. 김종대 재판관은 『기본권의 주체를 '모든 국민'으로 명시한 우리 헌법의 문언, 기본권 주체에서 외국인을 제외하면서 외국인에 대해서는 국제법과 국제조약으로 법적지위를 보장하기로 결단한 우리 헌법의 제정사적 배경, 국가와 헌법 그리고 기본권과의 근본적인 관계, 헌법상 기본권의 주체는 헌법상 기본적 의무의 주체와 동일해야 한다는 점, 외국인의 지위에 관한 헌법상 상호주의 원칙, 청구인이 주장하는 기본권의 내용이 인간으로서의 권리인지 국민으로서의 권리인지 검토하여 기본권 주체성 인정 여부를 결정하는 것은 구별기준이 불명확하고 판단 순서가 역행되어 헌법재판 실무처리 관점에서도 부당한 점, 외국인에 대해서는 국제법이나 조약 등에 의하여 충분히 그 지위를 보장할 수 있는 점에 비추어 보면 모든 기본권에 대하여 외국인의 기본권 주체성을 부정함이 타당하다. 다만, 외국인이라도 우리나라에 입국하여 상당기간 거주해 오면서 대한민국 국민과 같은 생활을 계속해 온 자라면 사실상 국민으로 취급해 예외적으로 기본권 주체성을 인정할 여지는 있다고 본다.』고 설시하였다.

3. 개별 기본권에 대한 헌법재판소 판례

(1) 인간의 존엄과 가치, 행복추구권

헌법재판소는 『청구인들이 침해되었다고 주장하는 인간의 존엄과 가치, 행복추구권은 대체로 '인간의 권리'로서 외국인도 주체가 될 수 있다고 보아야 한다』고 판시하여,[10] 외국인도 인간의 존엄과 가치, 행복추구권의 기본권 주체성이 인정된다고 하였다.

---

10) 헌재 2001. 11. 29. 99헌마494 결정.

(2) 평등권

헌법재판소는 『평등권도 인간의 권리로서 참정권 등에 대한 성질 상의 제한 및 상호주의에 따른 제한이 있을 수 있을 뿐이다. 이 사건에 서 청구인들이 주장하는 바는 대한민국 국민과의 관계가 아닌, 외국 국 적의 동포들 사이에 재외동포법의 수혜대상에서 차별하는 것이 평등권 침해라는 것으로서 성질상 위와 같은 제한을 받는 것이 아니고 상호주 의가 문제되는 것도 아니므로, 청구인들에게 기본권주체성을 인정함에 아무런 문제가 없다.』고 하였다.11) 이는 헌법재판소가 외국인이 평등 권에 대해 갖는 기본권 주체성에 대해 '차별 취급의 내용이 무엇인지에 따라 차별 취급의 내용과 관련된 다른 기본권(참정권, 근로의 권리, 직 업선택의 자유 등)에 대한 기본권 주체성을 따로 판단하겠다'는 입장으 로 풀이된다.12)

(3) 자유권적 기본권

헌법재판소는 『청구인들이 불법체류 중인 외국인들이라 하더라도, 불법체류라는 것은 관련 법령에 의하여 체류자격이 인정되지 않는다는 것일 뿐이므로, '인간의 권리'로서 외국인에게도 주체성이 인정되는 일 정한 기본권에 관하여 불법체류 여부에 따라 그 인정 여부가 달라지는 것은 아니다. 청구인들이 침해받았다고 주장하고 있는 신체의 자유, 주 거의 자유, 변호인의 조력을 받을 권리, 재판청구권 등은 성질상 인간의 권리에 해당한다고 볼 수 있으므로, 위 기본권들에 관하여는 청구인들 의 기본권 주체성이 인정된다.』고 하여,13) 신체의 자유, 주거의 자유, 변호인의 조력을 받을 권리에 대하여 외국인의 기본권 주체성을 인정하

---

11) 헌재 2001. 11. 29. 99헌마494 결정.
12) 전상현, 전게 논문, 586면.
13) 헌재 2012. 8. 23. 2008헌마430 결정.

였다. 그러나 헌법재판소는 『입국의 자유에 대해서 외국인의 기본권 주
체성은 인정되지 아니한다.』고 판시하였다.[14]

(4) 직업의 자유

헌법재판소는 직업의 자유가 외국인에게 인정되는지 여부에 대해
서는 일관되지 못한 입장을 가지고 있다.[15] 헌법재판소는 2011. 9. 29.
2007헌마1083 결정에서 『직업의 자유 중 이 사건에서 문제되는 직장
선택의 자유는 인간의 존엄과 가치 및 행복추구권과도 밀접한 관련을
가지는 만큼 단순히 국민의 권리가 아닌 인간의 권리로 보아야 할 것
이므로 외국인도 제한적으로라도 직장 선택의 자유를 향유 할 수 있다
고 보아야 한다.』고 하였다. 반면 2014. 8. 28. 2013헌마359 결정에서
는 『헌법에서 인정하는 직업의 자유는 원칙적으로 대한민국 국민에게
인정되는 기본권이지, 외국인에게 인정되는 기본권은 아니다. 국가 정
책에 따라 정부의 허가를 받은 외국인은 정부가 허가한 범위 내에서 소
득활동을 할 수 있는 것이므로, 외국인이 국내에서 누리는 직업의 자유
는 법률 이전에 헌법에 의해서 부여된 기본권이라고 할 수는 없고, 법
률에 따른 정부의 허가에 의해 비로소 발생하는 권리이다. 헌법재판소
의 결정례 중에는 외국인이 대한민국 법률에 따른 허가를 받아 국내에
서 일정한 직업을 수행함으로써 근로관계가 형성된 경우, ⋯⋯ 외국인
은 그 근로관계를 계속 유지함에 있어서 국가의 방해를 받지 않고 자유
로운 선택과 결정을 할 자유가 있고 그러한 범위에서 제한적으로 직업
의 자유에 대한 기본권 주체성을 인정할 수 있다고 하였다.[16] 하지만
이는 이미 근로관계가 형성되어 있는 예외적인 경우에 제한적으로 인정
한 것에 불과하다. 그러한 근로관계가 형성되기 전 단계인 특정한 직업

---

14) 헌재 2014. 6. 26. 2011헌마502 결정.
15) 전상현, 전게 논문, 587면.
16) 헌재 2011. 9. 29. 2007헌마1083 결정.

을 선택할 수 있는 권리는 국가 정책에 따라 법률로써 외국인에게 제한
적으로 허용되는 것이지 헌법상 기본권에서 유래되는 것은 아니다.』고
하였다. 즉, 이 결정에서 헌법재판소는 헌법에서 인정하는 직업의 자유
는 외국인에게 인정되는 기본권이 아니며, 직업선택의 자유를 외국인에
게 인정하였던 종전 결정(2007헌마1083)의 의미를 이미 근로관계가 형성
되어 있는 예외적인 경우로 제한하였다. 생각건대 헌재의 입장은 아직
직업을 갖지 못한 외국인의 직업선택의 자유는 헌법상 기본권으로 보지
않지만 이미 직업을 영위하고 있는 경우에는 직업수행 내지 영업의 자
유는 기본권으로 보는 것으로 정리를 하고 있는 것으로 사료된다.

(5) 정치적 기본권

헌법재판소는『참정권에 대한 외국인의 기본권 주체성이 인정되지
않는다.』고 판시하였다.[17]

(6) 청구권적 기본권

헌법재판소는『청구인들이 불법체류 중인 외국인들이라 하더라도,
…… '인간의 권리'로서 외국인에게도 주체성이 인정되는 일정한 기본
권에 관하여 불법체류 여부에 따라 그 인정 여부가 달라지는 것은 아니
다. 청구인들이 침해받았다고 주장하고 있는 …… 재판청구권 등은 성
질상 인간의 권리에 해당한다고 볼 수 있으므로, 청구인들의 기본권 주
체성이 인정된다.』고 판시하여,[18] 외국인에게도 재판청구권의 기본권
주체성을 인정하였다.

(7) 사회적 기본권

헌법재판소는 '근로의 권리'와 관련하여『근로의 권리의 구체적인

---

17) 헌재 2014. 6. 26. 2011헌마502 결정.
18) 헌재 2012. 8. 23. 2008헌마430 결정.

내용에 따라, 국가에 대하여 고용증진을 위한 사회적·경제적 정책을 요구할 수 있는 권리는 사회권적 기본권으로서 국민에 대하여만 인정해야 하지만, 자본주의 경제질서 하에서 근로자가 기본적 생활수단을 확보하고 인간의 존엄성을 보장받기 위하여 최소한의 근로조건을 요구할 수 있는 권리는 자유권적 기본권의 성격도 아울러 가지므로 이러한 경우 외국인 근로자에게도 그 기본권 주체성을 인정함이 타당하다.』고 하였다.[19]

4. 소결

현행 헌법은 기본권 주체를 모든 국민으로 규정하여 대한민국 국민이 기본권의 주체가 될 수 있는 것으로 표현하고 있으나, 이를 바탕으로 기본권의 주체를 제한하는 대신, 기본권의 성질상 국민인지 여부를 떠나 인간이라면 누구나 누려야 할 권리로 해석되는 기본권, 예를 들어 인간의 존엄과 가치, 행복추구권 등을 인간의 권리로 보아 대한민국 국민이 아닌 외국인도 그 주체가 될 수 있다는 것이 국내외의 지배적인 학설이자 헌법재판소의 입장이다. 헌법재판소가 모든 기본권에 대하여 외국인의 기본권 주체성을 인정했다고 속단하기에는 이르지만, 불법체류 중인 외국인들이라 하더라도, 불법체류라는 것은 관련 법령에 의하여 체류자격이 인정되지 않는다는 것일 뿐이므로, 인간의 권리로서 외국인에게도 주체성이 인정되는 일정한 기본권에 관하여 불법체류 여부에 따라 그 인정 여부가 달라지는 것은 아니기 때문에, 불법체류 중인 외국인들이라 하더라도 신체의 자유, 주거의 자유, 변호인의 조력을 받을 권리, 재판청구권 등은 성질상 인간의 권리에 해당한다고 볼 수 있으므로, 기본권의 주체성이 인정된다고 판시한 바 있는 것이다.

---

19) 헌재 2007. 8. 30. 2004헌마670 결정.

IV. 행정절차에서의 구금문제와 변호인의 조력을 받을 권리

1. 난민신청 관련 현행 제도 운영 실태와 관련 법적 쟁점

현행 출입국관리법 제56조의6(면회등[20]) 제3항은 '면회등의 절차 및 그 제한 등에 관한 구체적 사항은 법무부령으로 정한다'고 하고, 법무부령인 외국인 보호규칙은 제34조(특별면회)에서 '2. 보호외국인의 변호인인 변호사(변호인이 되려는 사람을 포함한다)'에 관하여는 근무시간 내라면 면회장소 및 준수사항을 지키면, 면회시간을 제약하지 않는다는 형태로 변호인접견절차를 제도화하고 있다. 그에 따라 현재, ① 변호인은 접견신청원(통역인의 인적사항과 신분증도 첨부)을 작성하여 각 공항의 '난민회부심사'를 관할하는 부서에 사전제출(환승구역은 '보호구역'이므로, 변호사 및 통역인이 이곳에 출입을 위한 임시출입증 발급을 '인천공항공사'에 하는 절차로 인해 시간이 많이 걸린다)하고, ② 변호인선임서의 제출도 필요하다. 그 후 공무원이 별도의 통로를 통해 '인솔자'가 되어 공항 보안구역 출입을 위한 보안검색을 변호인 및 통역인에 대해 실시한 후 일정장소에 대기토록 하고, 위 공무원이 난민신청자를 데려와 특정 장소에서 접견을 하도록 한다.[21]

---

20) 제56조의6(면회등) ① 피보호자는 다른 사람과 면회, 서신수수 및 전화통화(이하 "면회등"이라 한다)를 할 수 있다. ② 지방출입국·외국인관서의 장은 보호시설의 안전이나 질서, 피보호자의 안전·건강·위생을 위하여 부득이하다고 인정되는 경우에는 면회등을 제한할 수 있다. ③ <u>면회등의 절차 및 그 제한 등에 관한 구체적인 사항은 법무부령으로 정한다.</u>

21) 공항 송환대기실 등에서의 변호인 접견 절차

> • (변호인 접견 접수) 변호인은 접견 신청원[서식 4]를 작성하여 변호인 선임서 및 변호사 신분증 사본을 팩스 또는 메일 등으로 출입국관리소 난민팀에 사전 제출(*인천공항공사에 보호구역 출입을 위한 임시출입증 발급신청절차 등 필요)

2. 행정절차에서의 구금 문제

(1) 관련 규정 현황

현재 출입국관리법에 의해 외국인의 인신이 구속되는 '보호'는 두 개의 경로를 통해 이루어진다. 하나는 이미 국내에 체류하고 있었던 외국인의 체류자격이 문제되어 퇴거대상이 되는 경우이고, 다른 하나는 난민인정신청을 전제로 절차가 진행 중인 경우이다. 그런데 출입국관리법상 규정된 '보호'절차를 살피면, 형사절차에서의 체포·구속 절차와 매우 유사하며 출입국관리법상 '용의자'라는 용어를 사용하고 '변호인'의 조력을 받을 수 있도록 하는 등 인신 구속과 유사한 절차를 마련하고 있다. 또한 '긴급 보호'제도를 마련하여 긴급 보호 이후 사후에 지방출입국·외국인관서의 장으로부터 보호명령서를 발급받도록 되어 있는 등 형사절차상 긴급체포와 유사한 제도를 두고 있다. 그리고, 출입국관리법 제51조는 외국인의 '보호'조치의 여부를 행정관청의 재량사항인 것으로 규정하고 있는데 실제로 미등록외국인이 적발되는 경우 거의 예

- 인천국제공항 보호구역 출입증 규정 제36조(기관대여 임시출입증 발급) 제③항: 기관대여 임시출입증은 출입증신청시스템을 통하여 소속 기관장이 발급하여야 하며, 보호구역 출입시 인솔자와 함께 신분확인 절차를 거쳐야 한다.
- 접견 신청서 접수 시, 난민인정신청자에게 변호인 선임 여부 확인
- (변호인 신분 확인 및 인솔) 담당자는 접견 신청원 접수 및 보호구역 내 '변호인 접견실' 인솔 시, 변호인의 신분증명 서류 등의 진위 여부를 확인(*변호사가 아닌 변호인이 접견을 하고자 하는 때에는 따로 법원의 허가를 받은 경우에 한함)
- (변호인 접견 대장 작성) 담당자는 변호인이 난민인정신청자와의 면담을 위하여 '변호인 접견실'을 방문하는 때에는 접견실에 별도 비치된 '변호인 접견 대장'을 작성
- (변호인 접견 장소) 변호인 접견은 우리 소 '난민신청자대기실' 내 '변호인 접견실'에서 실시(*현재 난민신청자대기실 내 심사실을 '변호인 접견실'로 활용)
- (접견 시간) 평일 09:00~18:00(12:00~13:00 제외) 사이에 실시, 다만, 소장이 긴급 또는 부득이한 사정이 있다고 인정하는 경우에는 휴무일에도 실시

외 없이 보호조치된다. 한편 일단 퇴거 대상이라는 결정이 나면 본국으로 송환될 때까지 '보호'하도록 규정하고 있어 사실상 무한정 연기[22]도 가능하다.

(2) 법적 성격

출입국관리법상 보호조치는 행정상의 즉시강제로 분류된다. 행정상의 즉시강제는 급박한 행정상의 장해를 제거할 필요가 있지만 미리 의무를 명할 시간적 여유가 없을 때 또는 급박하지는 않지만 성질상 의무를 명하여서 목적 달성이 곤란한 때, 즉시 국민의 신체 또는 재산에 실력을 가하여 행정상의 필요한 상태를 실현하는 행정작용을 말한다.[23] 출입국관리법상의 '보호'는 외국인에게 퇴거라는 의무를 명하여는 퇴거라는 목적달성이 곤란하기 때문에 신체에 실력을 가하여 행정상의 필요한 상태를 실현하는 행정작용이라고 할 수 있다. 이러한 작용은 인신을 체포하고 구속하고 외부와 격리함으로써 신체의 자유를 강하게 제한하는 것으로, 실질적인 구금(인신구속 강제처분)이라고 할 수 있다.

이 사건 대상 결정에서도 헌재 다수의견은 헌법 제12조 제4항에 규정된 "구속"에 행정절차상 구속도 포함되는지 여부와 관련하여, 헌법 제12조 제4항 본문의 문언 및 헌법 제12조의 조문 체계, 변호인 조력권의 속성, 헌법이 신체의 자유를 보장하는 취지를 종합하여 보면, 헌법 제12조 제4항 본문에 규정된 "구속"은 사법절차에서 이루어진 구속뿐

---

22) 즉 퇴거가 결정되어도 서류가 구비되지 않거나, 퇴거에 필요한 비용을 피보호 외국인이 부담할 수 없거나, 퇴거의 목적지인 국가에서 거부하거나 하는 경우가 있어 (혹은 난민 신청 결과가 나올 때까지) 실제로 3년 이상을 '보호'상태에 있는 경우도 있다.
23) 박균성, 행정법론(상), 박영사, 2017. 566면; 홍정선, 행정법원론(상), 박영사, 2017, 606면, 최봉석, "행정상 즉시강제의 안착을 위한 법치국가적 과제", 유럽헌법연구 제20호, 2016. 4. 45면) 행정상의 즉시강제의 예로는 경찰관직무집행법상의 경찰장구사용, 무기사용, 전염병예방법상의 강제격리(전염병예방법 제29조), 식품검사를 위한 수거(식품위생법 제17조), 임시영치(총포도검화학류단속법 제46조)등이 있다.

아니라, 행정절차에서 이루어진 구속까지 포함하는 개념이다. 따라서 헌법 제12조 제4항 본문에 규정된 변호인의 조력을 받을 권리는 행정절차에서 구속을 당한 사람에게도 즉시 보장된다. 종래 이와 견해를 달리하여 헌법 제12조 제4항 본문에 규정된 변호인의 조력을 받을 권리는 형사절차에서 피의자 또는 피고인의 방어권을 보장하기 위한 것으로서 출입국관리법상 보호 또는 강제퇴거의 절차에도 적용된다고 보기 어렵다고 판시한 우리 재판소 결정(헌재 2012. 8. 23. 2008헌마430)은, 이 결정 취지와 저촉되는 범위 안에서 변경하였으며, 마찬가지로, 출입국관리법 제63조 송환대기실 수용이 헌법 제12조 제4항에 규정된 "구속"에 해당한다고 보았다.

그러므로 사람을 체포, 구속하고 외부와 격리함으로써 신체의 자유를 강하게 제한하는 출입국관리법상의 외국인 '보호'조치와 관련하여, 구금된 외국인은 관련 근거법령의 합헌성과 해당 법령에 의한 구금이 합법적인 것인지를 따질 권리가 있다고 할 것이다.

(3) 영장주의 적용 문제

행정 구금과 관련되어 문제되는 것이 헌법 제12조 제3항 영장주의이다. 헌법 제12조 제3항은 형사절차와 관련하여 체포·구속·압수·수색의 강제처분을 할 때 법관이 발부한 영장에 의하도록 하고 있는데, 이 헌법 규정이 인신 구속의 효과를 가지는 행정상 즉시강제에 적용되어야하는가의 문제이다. 학계에서는 이런 경우 행정의 특성상 영장과 같은 법관유보까지 요구되는 것은 아니나 적어도 보호명령서의 발부주체와 집행기관은 분리되어야 한다는 견해도 있고,[24] 기본권 주체의 입장에서 기본권이 얼마나 제한되었는지가 중요하므로 법관유보가 필요하다는 견해[25]도 있다. 그러나 헌법재판소는 출입국관리법에 의한 '보

---

24) 하명호, "외국인 보호 및 강제퇴거절차와 구제절차에 대한 공법적 고찰", 고려법학, 제52호, 고려대학교 법학연구원, 2009, 187−189면.

호'에 헌법 제12조 제3항의 영장주의가 적용되지 않는다는 전제를 바탕으로 판단해 왔다.26) 예를 들어 출입국관리법의 '보호'가 적법절차 원칙을 위반하는가와 관련하여 헌법재판소는 헌법 제12조 제1항이 규정하고 있는 적법절차 원칙은 모든 국가작용에 적용되며 따라서 행정작용에 있어서도 준수되어야 하는 것이라고 말하면서도, 위법한 행정처분 또는 사인에 의한 부당한 수용으로부터 개인을 구제하기 위한 인신보호법27)이 출입국관리법에 따라 보호된 자를 적용대상에서 제외28)한 규정이 헌법 제12조 제6항에 반하는 가에 대하여, 출입국관리행정에 관한 사항은 광범위한 입법재량의 영역에 있으므로 현저히 불합리한 내용이 아니라면 헌법 위반된다고 할 수 없다고 판시하였다.29) 더불어 헌법재판소는 출입국관리법이 보호명령서 집행시에 외국인에게 보호명령서를 제시(제53조, 제63조 제6항)하도록 하는 점, 3일 이내에 국내에 있는 보호대상자의 법정대리인 등에게 '보호조치'에 관한 서면통지를 하여야 한다는 규정(제54조, 제63조 제6항), 법무부장관에 대한 이의신청절차(제55조 제1항, 제63조 제6항), 필요한 경우 이해관계인의 진술 청취(제55조, 제63조 제6항)와 같은 절차가 있다며 적법절차원칙을 위반하지 않았다고 판단했다.30) 그리고 외국인의 보호소 구금의 문제는 아니었지만 전투경찰순경이 업무위반을 이유로 영창 5일의 징계처분을 받아 제기한 헌법소원

---

25) 정종섭, 헌법학원론, 박영사, 2017, 517면,; 박균성, 앞의 책, 507면.
26) 헌법재판소 2007. 10. 4. 2006헌바91.
27) 인신보호법은 형사절차에 의해 인신을 구속당하는 경우에 구제절차가 있으나 행정력이나 사인에 의해 야기된 구금의 경우에 구제절차가 없어 중대한 인권의 침해가 있다는 점을 인지하고 만든 법률이다. 인신보호법은 피수용자와 그 관계인이 법원에 구제를 청구할 수 있도록 절차를 마련하고 있다.
28) 현재 민주당 박주민의원이
29) 원칙적으로는 헌법 제12조 제6항은 모든 형태의 공권력 행사기관의 인신구속에 적용되어야 하고 따라서 출입국관리법에 따라 보호된 사람들이 보호자체에 대해 적법여부를 다툴 수 있는 기회를 최소한 1회 이상을 가져야 한다고 하면서도, 헌법재판소는 그러한 판단을 내렸다.(헌법재판소 2014. 8. 28. 2012헌마686 결정)
30) 헌법재판소 2014. 8. 28. 2012헌마686 결정.

에서 헌법재판소는 헌법 제12조 제3항에서 규정하는 영장주의가 형사 절차와 관련한 체포, 구속, 압수, 수색의 강제처분에만 관련된다는 점을 분명히 하고 행정절차(영창처분)에는 적용되지 않는다고 판단한 바 있다.[31] 그러나 위 사건에서도 공권력의 행사로 인한 신체 구속의 경우, 구속이 형사절차에 의한 것이든, 행정절차에 의한 것이든 차이가 없으므로, 행정기관이 신체의 자유를 제한하는 경우에도 원칙적으로 헌법 제12조 제3항의 영장주의가 적용되어야 한다는 반대의견이 강력히 제시된 바 있다.

(4) 적법절차 준수 문제

행정절차상 인신을 구속하는 것은 예외적인 작용이고, 실질적으로 기본권에 미치는 효과가 매우 큰 만큼 일반적인 행정절차준수에 그치는 것은 신체의 자유 박탈에 대해 헌법 제12조가 실질적으로 의미하고 있는 안전장치에 부합하지 못한다고 봐야 한다. 따라서 실정법령상 공무원의 증표제시의무, 의견청취, 수거증의 교부 등의 절차가 있고 그것을 준수하였다 하더라도 인신을 체포하고 장기간 구속하는 조치에 대해서는 헌법이 제12조에서 요구하고 있는 적법절차 원칙에 부합하도록 요구해야 한다.[32]

그러나, 실무상 구금시 당연히 제시되어야 하는 보호명령서 또는 긴급보호명령서 등을 제대로 제시받지 못하는 경우도 있으며 보호되는 외국인이 각 명령서를 받더라도 단속 당시 자신이 어떠한 이유로 보호되는지 모르는 경우도 많다. 뿐만 아니라 자신을 보호하려는 자가 출입국관리 사무소 직원(공무원)인지 여부도 확인하지 못하는 문제가 발생하

---

31) 헌법재판소 2016.3.31. 2013헌바190 결정.
32) 김희정, "행정구금을 실질적 형사구금으로 볼 수 있는 법리의 검토 - 출입국관리법의 외국인 '보호'문제를 중심으로 -", 인권법평론, 전남대 공익인권법센터, 2018. 2., 122-123면.

고 있다. 한편 구금 개시 단계에서의 적법절차에 대하여, 위에서 설시한 법무부 훈령인 출입국사범 단속과정의 적법절차 및 인권보호 준칙으로 규율하고, 동 준칙 중에는 용의자의 진술거부권 및 변호인선임권 등의 고지의무가 규정되어 있다. 그러나 동 준칙에 규정된 내용이 실제 제대로 지켜지지 않는 경우가 많을 뿐만 아니라 동 준칙은 법무부 훈령인바 법규명령과 같은 대외적 구속력이 없어 동 준칙을 위반하더라도 위법하지 않다는 문제점이 있다.

이와 관련하여, 앞서 헌법재판소는 2018. 2. 22. 선고 2017헌가29 결정에서도 4인의 재판관은 출입국관리법 제63조(송환대기실에서의 보호)에 대한 위헌의견에서 "심판대상조항은 보호기간의 상한을 설정하고 있지 않아 피보호자로 하여금 자신이 언제 풀려날지 전혀 예측할 수 없게 한다는 점에서, 실제 보호기간의 장단과 관계없이 그 자체로 심각한 정식적 압박을 가져오며 … 적정한 보호기간의 상한이 어느 정도인지는 별론으로 하더라도,… 단지 강제퇴거명령의 집행을 용이하게 한다는 행정목적 때문에 기간의 제한없는 보호를 가능하게 하는 것은 행정의 편의성과 획일성만을 강조한 것으로 그 자체로 피보호자의 신체의 자유에 대한 과도한 침해"이며, "강제퇴거대상자 중에는 범죄를 범하여 형을 선고받은 외국인뿐만 아니라 입국이나 체류에 과한 행정법규를 단순히 위반한 외국인도 있을 수 있는데, 이들 모두를 잠재적 도주자 내지는 잠재적 범죄자로 보아 기간의 제한 없이 보호하는 것은 과도한 조치"라고 판시하는 한편, 적법절차 원칙 위반 여부를 검토하면서 "헌법 제12조 제1항 '적법절차 원칙'은 형사소송절차에 국한하지 않고 모든 국가적 용에 대하여 적용(헌재 1992. 12. 24. 92헌가8 결정)되는데, 출입국관리법상의 외국인 보호도 형사절차상 '체포 또는 구속'에 준하는 것으로서 외국인의 신체를 박탈하는 것이므로… 적어도 출입국관리공무원이 아닌 객관적 중립적 지위에 있는 자가 그 인신구속의 타당성을 심사할 수 있는 장치가 있어야 한다고 판시하면서 구금의 개시 및 연장단계에서 중립적 기관의 개입 없이 강제퇴거명령이 있으면 사실상 자동적으로 발령되는 보호명령처분이 되는 구조는 헌법상 적법절차원칙에도 위반된다.”고 판시한 바 있다.[33)]

(5) 소결

결국, 출입국관리법에서 규정하는 외국인 보호시설은 행정절차법 적용이 배제되는바, 형사절차법이 적용되는 구금시설로 분류되지는 않지만, 실질적으로 보호 외국인의 신체의 자유를 제한한다는 점에서 구금에 대한 헌법상 일반 원칙이 적용되어야 마땅하다.

V. 우리나라 난민제도의 문제점과 개선방안

1. 난민신청절차 및 권리 고지의 부재

출입국항에서 난민신청절차 안내고지는, ‘출입국항에서도 난민신청

---

33) 한편, 위 결정 이전에도 헌재 2016. 4. 28. 2013헌바196결정에서는, 소의 이익이 없어 부적법 각하 판단을 하였으나, ① 2인의 다수의견에 대한 보충의견에서는 “출입국 관리법 제63조상 ‘보호’는 신체의 자유를 제한하는 측면이 있으므로, 보호기간이 3개월을 넘는 경우 이를 연장할지에 대한 판단을 사법부가 심사하여 결정하도록 함으로써 외국인의 인권 보호에 진일보한 입법정책을 택하는 것이 바람직한 것으로 보인다.”는 의견을, ② 4인의 반대의견에서는 “심판대상조항의 위헌 여부에 대한 판단은 외국인의 신체의 자유와 직결되는 매우 중요한 헌법문제이며, 아직 헌법재판소의 해명이 이루어진 바 없다 ⋯ (중략) ⋯ 현재도 일부 난민신청자들이 장기 보호되고 있어 기본권 침해 논란이 계속되고 있으므로 ⋯ (중략) ⋯ 출입국관리법상의 외국인 보호는 형사절차상 ‘체포 또는 구속’에 준하여 외국인의 신체의 자유를 박탈하는 것이므로 객관적·중립적 지위에 있는 자가 그 인신구속의 타당성을 심사할 수 있는 장치가 있어야 한다.”는 의견을 개진하여, 이미 헌법재판관 9인 중 6인이 출입국관리법상 보호는 신체의 자유를 제한하는 측면이 있음을 인정한바 있다.

이 가능함'을 알림으로써 난민들이 무리하게 밀입국을 시도하지 막는
차원에서 중요하며, 변호사 및 기타 조력이 어려운 상태에서 최소한 난
민신청 절차라도 스스로 정확히 인지하도록 하는 것은 난민의 절차적
권리 보장의 기본이다. 이에 난민법 및 난민법시행규칙은 출입국항에서
난민신청 절차를 게시하도록 규정하고 있다.[34] 그러나 우리나라 출입국
측은 국문과 영문의 이동식 입간판을 게시하였지만 대다수가 보기 힘든
곳에 위치하고 있다. 또한, 안내문이 한국어와 영어로만 되어 있어서,
안내문을 본다고 하더라도 영어와 한국어를 알지 못하는 난민들은 이를
이해할 수가 없다. 난민들이 많이 발생하는 국가인 중동지방과 아프리
카에서 주로 사용하는 불어와 아랍어 등 주요언어는 추가로 게시할 필
요가 있다.[35] 또한, 난민신청제도의 안내문의 내용 역시 부실하고, 입국
심사 담당 공무원의 난민에 관한 이해 부족 등이 문제가 된다.[36]

2. 난민 심사 과정의 문제

공항에서의 난민인정심사 회부절차는 난민신청자의 신원을 확인하
고 난민신청자의 신원을 확인하고 난민인정심사 회부 여부를 결정하기
위한 절차로, 본격적 난민인정심사가 아니다. 회부 결정은 난민에 해당
하는지 여부를 판단하기 위해 난민인정심사에 회부하겠다는 것에 불과

---

34) 제7조(난민인정 신청에 필요한 사항의 게시) ① 지방출입국·외국인관서의 장은 지
방출입국·외국인관서 및 관할 출입국항에 난민인정 신청에 필요한 서류를 비치하
고 이 법에 따른 접수방법 및 난민신청자의 권리 등 필요한 사항을 게시(인터넷 등
전자적 방법을 통한 게시를 포함한다)하여 누구나 열람할 수 있도록 하여야 한다.
<개정 2014. 3. 18.> ② 제1항에 따른 서류의 비치 및 게시의 구체적인 방법은
법무부령으로 정한다.
35) 영국의 경우, 영어 외에 입국장에 소말리아어, 알바니아어, 쿠르드어, 페르시아어,
아랍어, 불어로 표기된 안내문을 게시하고 있다.
36) 난민지원네트워크 및 대한변호사협회, 『2016년도 한국의 공항, 그 경계에 갇힌 난
민들 - 공항에서의 난민신청 실태조사 보고서』, 유엔난민기구 한국대표부, 2016.
19-24면.

하다. 그런데 불회부결정은 난민불인정결정과 마찬가지로 본국으로의 송환으로 귀결된다. 따라서 난민심사불회부 결정은 별도의 난민심사를 거치지 않더라도 난민에 해당하지 않음이 명백한 경우로만 한정되어야 한다는 것이 제도의 취지상 명백하다. 이와 관련, 「난민법」은 제6조 제3항에서 "법무부장관은 제1항에 따라 난민인정신청서를 제출한 사람에 대하여는 그 신청서가 제출된 날부터 7일 이내에 난민인정 심사에 회부할 것인지를 결정하여야 하며, 그 기간 안에 결정하지 못하면 그 신청자의 입국을 허가하여야 한다."라고만 규정할 뿐, 불회부결정의 구체적 기준을 제시하지 않고 있다. 다만, 같은 조 제6조 제5항은 상당히 모호한 표현으로 "출입국항에서 하는 난민인정 신청의 절차 등 필요한 사항"을 대통령령에 위임하고 있다. 이에 「난민법 시행령」 제5조 제1항37)에서 7가지 난민인정심사 불회부사유를 열거하고 있는데 지나치게 행정청의 폭넓은 재량에 의존할 수밖에 없는 자의적이고 불명확한 심사기준이라는 비판을 받고 있다.

　구체적으로 제5조 제4호에 대해서는 난민 협약상 근거가 없으므로

---

37) 제5조(출입국항에서의 난민신청자에 대한 난민인정 심사 회부) ① 법무부장관은 출입국항에서의 난민신청자가 다음 각 호의 어느 하나에 해당하는 경우에는 그 사람을 난민인정 심사에 회부하지 아니할 수 있다.
　1. 대한민국의 안전 또는 사회질서를 해칠 우려가 있다고 인정할 만한 상당한 이유가 있는 경우
　2. 인적사항 관련 질문 등에 응하지 아니하여 신원을 확인할 수 없는 경우
　3. 거짓 서류를 제출하는 등 사실을 은폐하여 난민인정을 받으려는 경우. 다만, 본인이 지체 없이 자진하여 그 사실을 신고한 경우는 제외한다.
　4. 박해의 가능성이 없는 안전한 국가 출신이거나 안전한 국가로부터 온 경우
　5. 난민인정을 받지 못한 사람 또는 난민인정이 취소된 사람이 중대한 사정의 변경 없이 다시 난민인정을 받으려는 경우
　6. 법 제19조 각 호의 어느 하나에 해당된다고 인정할만한 상당한 이유가 있는 경우
　7. 그 밖에 오로지 경제적 이유로 난민인정을 받으려는 등 난민인정 신청이 명백히 이유없는 경우

삭제해야 한다는 주장이 제기되고 있고, 동조 제7호에 대해서는 일반조
항으로서 불회부결정 사유로 가장 많이 사용되는 조항인데,[38] 어떠한
경우가 '명백히 이유 없는 경우'인지가 명확하지 않다는 비판이 제기되
고 있다. 한편 유엔난민기구(UNHCR)는 2013년 '대한민국 난민법 시행령
및 시행규칙 제정에 관한 UNHCR의 의견'이라는 의견서에서, 난민법 시
행령 제5조 제1항 각호의 사유들 중 제4호의 경우 '안전한 제3국'의 개
념이 난민 협약과 난민 협약과 충돌된다는 결론을 내렸으며, 나머지 사
유들 중 제7호 이외의 사유들은 모두 단기간의 회부절차에서 심사하기
곤란한 것이므로 불회부결정의 근거로 사용하기에 부적절하다는 의견을
표명하였다.[39][40] 그 밖에 난민 심사 과정에서의 문제로 통역시스템의
미비, 부족한 면접조사 시간, 발언기회 미보장, 인터뷰 내용 확인 및 수
정 절차의 부재, 소지품에 대한 영장 없는 사실상의 강제조사, 성별에
대한 배려 부재, 불회부 이유 고지 및 이의절차의 부재 등이 있다.[41]

참고로 이와 관련하여, 캐나다에서는 한국과 유사하게 공항에서 난
민신청의사를 밝힌 이들의 회부 여부를 결정하는 회부 심사를 한다.[42]
이 심사는 난민신청의사를 밝힌 시점으로부터 3일 내에 이루어져야 하
고, 3일 내에 회부심사가 이루어지지 않을 경우 회부된 것으로 간주한
다. 비호 신청 의사는 국경청에 밝혀야 하며, 회부 심사를 통하여 적격
성이 확인된 난민신청자는 필요 서류를 캐나다 이민난민위원회(IRB)의

---

38) 주진효, 「실무적 입장에서의 공항만 난민심사제도」, 『출입국항에서의 난민신청절차
    토론회 – "출입국항에서의 난민신청절차 : 난민법 시행 1주년의 검토 및 향후 발
    전의 방향"』, 유엔난민기구, 2014, 32면.
39) 유엔난민기구, 「대한민국 난민법 시행령 및 시행규칙 제정안에 관한 UNHCR의 의
    견 (비공식 국문번역본)」, 2013, 8–16면.
40) 최유·권채리, "난민법에 대한 사후적 입법평가", 현안분석 17–15–4, 헌법재판연구
    원, 2017. 11., 49–51면.
41) 난민지원네트워크 및 대한변호사협회, 앞의 글, 25–36면.
42) 캐나다 정부 홈페이지, http://www.cic.gc.ca/english/refugees/inside/apply–how.asp

난민보호과(RPD)로 15일 내에 접수하여 난민심사를 받게 된다.[43] 회부 심사는 면담 형식으로 진행되며, 일반적으로 3시간 내로 끝난다. 또한 난민신청자는 이민청 직원들로부터 회부 심사 관련 필요한 정보를 모두 제공 받는다. 불회부 결정을 내리는 경우 그 이유가 적혀있는 서류를 신청인에게 제공하여야 하고 불회부 이후 7일 내에 조건부 출국명령이 발효된다. 해당인은 불회부 결정이 내려진 이후 15일 내로 출국명령에 대한 사법심사를 요청하여 명령집행을 연기할 수 있다.

한편, 모국어 통역의 제공에 있어서도 네덜란드에서는 100가지 언어로 제공되는 24시간 전화 통역 서비스를 구축하고 있어서, 면접이 지체없이 진행될 수 있도록 하고 있으며, 면접 과정에서의 오역이나 오류도 최소화 하고 있다. 국제인권 기구는 국가가 당사자에게 그 결정에 대한 이유를 반드시 통보하도록 권고하고 있기도 하다. UN 자유권규약위원회는 1990년, Caldas v Uruguay CCPR.C.OP/2(1990)에서 난민 신청자는 국가 안보상의 이유로 입국이 거부된 경우에도 그 사건 당사자는 본인의 난민 신청과 관련한 정당한 판단을 보장받기 위해 가능한 많은 정보를 얻을 수 있어야 한다고 판시한 바 있다. 또한 2014년 유럽사법재판소는 국가 안보상 이유 등 협약에 명시된 이유에 의한 입국이 거부되었다 해도 입국 거부된 당사자는 그 결정의 배경과 이유에 대해 알 권리가 있으며, 이는 그 결정에 대해 이해하고 이의신청절차가 있을 경우 효과적으로 이의신청하여 본인을 변호할 수 있도록 준비하기 위함이라 명시하였다. 현재 유럽에서는 쉥겐국경법(Schengen Borders Code) 제13조 (2),(3)에 의해 입국거부 시 결정사항, 향후 절차 및 항소할 권리에 대해 설명하는 표준 양식을 사용하고 관련 절차를 안내하고 있으며, 프랑스 등 일부 국가에서는 10개 언어로 입국거부 사유를 고지하고 있다.[44]

---

43) 캐나다 이민난민보호법 제100조 제1항

3. 불회부 판정 이후의 열악한 처우

(1) 열악한 송환대기실에서의 사실상 구금문제

일반적으로 출입국항 난민신청자는 입국심사과정에서 입국불허처분을 받고 출입국 관리법 76조 제1호 내지 제3호와 출입국관리법 시행령에 따라 송환지시서를 발급받은 후 송환대기실에서 머물다가, 송환을 거부하면서 난민신청을 하게 된다. 그리고 공항만 출입국 관리사무소로부터 회부심사를 받는 7일 간의 기간 동안 다시 잠시 '난민신청대기실'로 옮겨 머물다가, 회부결정을 받으면 입국이 허가되고, 불회부결정을 받으면 다시 송환대기실로 옮겨 출국하게 된다. 그런데 불회부결정에 대해 행정심판이나 행정소송으로 불복하게 되면, 대상 결정 사건 청구인과 같이 불복절차가 끝날 때까지 송환대기실에서 기약없이 계속 대기하게 된다. 그런데 난민법령에는 출입국항 난민신청자의 회부여부가 결정되기 이전까지의 절차에 대해서만 규정되어 있고, 불회부결정자의 대기시설이나 처우에 대해서는 아무런 규정이 없다.45) 이로 인해 불회부결정자들은 법적 근거도 없는 송환대기실이라는 공간에서 최소한의 식음료 외에는 거의 아무런 지원을 받지 못한 채 1년 넘게 소요되는 쟁송과정을 버텨나가야 한다. 열악한 송환대기실 환경으로 인한 불회부결정자들의 인간다운 삶을 보장하기 어려운 상황에서 사실상 구금상황에 놓이는 것이다.46)

(2) 열악한 변호인의 조력 환경

대상 결정이 나기까지 난민신청불회부결정자들에 대한 변호인 조

---

44) 난민지원네트워크 및 대한변호사협회, 앞의 글, 제36-39면 참조.
45) 김종철·김재원, "난민법 입법과정과 제정법의 의의 및 향후 과제", 『공익과 인권』, 통권 제 12호, 2012, 제168면 참조.
46) 최유·권채리, 앞의 글, 제51-53면 참조.

력권을 인정할 것인지에 대한 논란이 있었다. 난민법 시행 이후 약 1년 간 법무부는 불회부결정자를 포함한 출입국항 난민신청자에 대해 변호 인의 접견을 허용하지 않는 입장을 취해왔기 때문이다. 그러나 대상 2014헌마346 결정을 통해 변호인 접견을 허가하라는 것으로 입장을 변 경하였다. 이로 인해 지금은 불회부결정자들에 대해서도 변호인 접견을 원칙적으로 허가하고 있다. 그러나 앞서 본 바와 같이 여전히 실무는 변호사의 조력을 받을 수 있다는 권리에 대한 사전고지가 없고, 변호사 단체 및 변호사 명부가 게시되어 있지 않고, 비밀이 보장되는 독립된 공간이 없다는 등의 문제점들이 지적되고 있다.47) 이 밖에도 송환대기 실 관계자들의 허위정보 제공 및 협박, 부족한 식사 제공, 열악한 의료 접근권, 강제송환가능성의 존재 등이 난민신청자들의 기본권 침해 사항 으로 지적되고 있다.

(3) 해외 사례

1) 외부 변호인 등의 조력에 관한 사례

독일은 연방헌법재판소 결정(Urteil des BVerfG vom 14.5.1996(NVwZ 1996, 678)에 의해 사법절차 접근성을 보장하고, 결정의 고지, 이유제시, 불복절차고지를 하도록 한다. 또한 법적 구제절차를 밟을 경우 승소가 능성을 판단할 수 있도록, 변호사가 선임되어 있지 않은 신청자에게는 무료로 난민법 전문가와의 상담 기회를 주어야 한다. 전문가는 결정주 체로부터 독립적이어야 하고, 공항구역에서 접견 가능하여야 한다. 전 문가 상담시 필요하다면 통역이 제공되어야 한다(독일 난민법 제18a조 제 1항 5문). 공항절차에서의 무료 법률상담에 대한 변호사 보수는 정부재 원으로 지급하도록 하여 변호사 조력에 대해 적극적으로 지원하고 있

---

47) 이 일, "출입국항 난민신청제도 운영현황 및 변호인 접견권의 헌법적 보장", 「출입
 국항에서의 변호사 접견권 침해에 대한 개선방안 세미나」, 서울지방변호사회,
 2019. 9면.

다.48) 스페인은 난민구호기관(CEAR)이라는 단체가 공항에 상주하면서 비호신청자들에게 즉각 조력을 제공하고 있으며, 해당 단체에서 국경수비대, 비호담당 부서 및 유엔난민기구와 지속적으로 연락을 주고받으며 비호신청자나 난민들의 잠재적 강제송환 가능성을 차단하고 있다. 또한 유엔난민기구 스페인 대표부가 비호절차에 적극적으로 관여할 수 있도록 하고 있다.

2) 불회부 결정 이후 구금에 관한 사례

캐나다에서는 공항에서 회부가 된 신청자에게는 조건부 입국허가가 나오게 되고, 불회부된 이들도 절대적으로 구금에 처해지는 것은 아니며 조건부입국이 허가될 수도 있다. 캐나다 IRPA 제55항 제2조에 의하면, 심사를 완료하기 위하여 구금에 처해질 수 있고, 1차 심사 중 신원이 확인되지 않았거나 안보에 위협을 미칠 수 있다고 판단되는 경우도 구금의 사유가 될 수 있다. 또한 심사 중 태도, 캐나다에 지인이 있는지 여부 및 도주 위험을 고려하여 구금 결정을 할 수 있다고 명시한다. 하지만 모든 구금 결정은 가능한 모든 합리적 대안의 고려 이후에 내려져야 하고 이민과의 심사를 받아야만 한다. 그리고 구금 결정이 내려졌다면 해당 결정과 신청인의 권리에 대해서 신청인에게 바로 소통되어야 한다. 위험도가 높지 않은 신청인은 가능할 경우 대부분 이민 대기 센터에 수용된다. 이민 대기 센터의 운영 비용은 캐나다 국경청에서 지불하며, 구금된 신청인은 변호사의 조력을 받을 수 있고 더 빠른 심사를 요구할 수도 있다.49)

3) 송환을 위한 구금에 관한 사례

유럽인권재판소는 자국 등 해외 송환을 위해 구금을 하는 경우 구

---

48) 최계영, "독일의 공항절차 - 절차적 보장과 변호사 조력을 중심으로 -", 「출입국항에서의 변호사 접견권 침해에 대한 개선방안 세미나」, 서울지방변호사회, 2019. 22-24면.

49) IRPA Aticle 57.

금은 현실적으로 즉각적 송환의 가능성이 있을 경우이어야 하며, 기한이 법으로 정해져 있지 않고, 구금의 적법성에 대해 이를 제기하는 등의 법적 권리를 행사할 수 없는 경우, 그 구금은 위법한 구금에 해당한다고 판단하였다(Chahal v the United Kingdom, Application no. 22414/93). 특히 몰타에서 구금된 알제리인 Loulded Massoud v Malta, Application no. 24340/08 사건에서, "송환명령 후 구금된 장소가 사람이 너무 많고, 위생시설이 제대로 갖춰지시 않고 의료 서비스와 변호사의 조력에도 제한이 있는 곳이라면 그러한 이민 관련 구금이 국내법에 명시되어 있다 하더라도 국제기준에 부합하지 않을 수 있다"고 판시했다. 비록 유럽인권조약이 이민이나 난민상 이유로의 구금을 허용하고 있으나 신체의 자유라는 기본권이 제한될 경우라면 그 구금은 자의적이어서는 안 되며, 국내법에 명시되어야 하고, 국제기준에 부합해야 한다는 것이다. 무엇보다, 유럽인권재판소는 공항 내 환승 구역이 국가의 관할 밖이라는 이유로 국가의 책임을 회피할 수 없다는 입장이며(Amuur v. France, No. 19776/92), "자발적으로 출국할 것을 기대하며 10일간 열악한 환경의 환승구역에 '구금'한 처분의 위법성을 확인"한 결정은 현재 한국의 현실에도 시사하는 바가 크다(Riad and Idiab v. Belgium, No. 29787/03, 29810/03). 한편, 네덜란드에서는 국경수비대 관리들이 개별 위험성 심사를 실시하여 입국이 거부된 이를 공항 내의 구금시설에 두는 것이 필요한지 여부를 결정한다. 많은 경우, 이러한 이들이 환승 구역에서 자유롭게 지낼 수 있도록 허용하고 있다.50)51)

---

50) Hungarian Helsinki Committee, Access to Protection at Airports in Europe: Report on the monitoring experience at airports in Amsterdam, Budapest, Madrid, Prague, Vienna and Warsaw, 2008.

51) 난민지원네트워크 및 대한변호사협회, 앞의 글, 제57−58면 참조.

(3) 소결

외국에 비해, 상대적으로 난민신청 관련 사례가 적은 우리나라의
경우 난민신청자의 기본권 보호에 대한 제도나 인식이 뒤처지는 것이
사실이고 대상 헌재 결정도 그러한 열악한 현실을 감안한 결과에 해당
한다. 따라서 난민신청에 대한 안내절차, 이의신청 제도의 미흡, 구금의
법률적 근거 미흡, 형식적인 변호인 조력 제도 등에 대한 개선이 필요
하다.

4. 개선방안

(1) 변호인 접견권에 관한 행정당국의 인식 변화 및
     법적 근거 수립

대상 결정에서와 같이 넓게는 입국 거부를 당한 모든 난민신청자
및 그로 인해 행정 구금되어 있는 외국인들에게 보장되는 변호인접견권
은, 실제 난민신청자 입장에서 제대로 보장받기란 까다로운 부분이 많
다. 예컨대, 난민들이 실제로 어디에 있느냐에 따라 변호인 접견권 보장
을 달리할 수 없지만, 실무는 그렇지 않다. 즉 입국심사대를 넘지 못한
난민들의 경우 원칙적으로 광의의 구금상태에 놓인다. 공항 환승구역
밖으로 나갈 수 없고, 보안구역 출입허가를 받은 사람을 제외하고는 들
어가서 난민들을 만날 수도 없다. 구체적으로 분류하자면, 난민신청자
들은 ① 송환대기실에 구금되어 있기도 하고, ② 난민신청자 대기실에
머물러 있기도 하고, ③ 송환대기실에서 나와 환승구역에 열악하게 장
기로 머물러 있기도 하고, ④ 강제퇴거명령과 보호명령을 받고 보호실
에 구금되어 있기도 한다. 이 사건 헌법재판소 2014헌마346결정의 사례
군에 해당하는 ①의 경우는 법무부령인 외국인 보호규칙은 제34조는
보호명령을 받고 있는 경우만을 상정하고 있으므로 변호인 접견권이 보

장되기 쉽지 않다. ②의 경우 난민신청자대기실에서 원할 경우 출입이
불가능하지는 않으므로, 구금되어 있다고 보긴 어렵지만 행정당국의 지
배력이 미치는 공간에 있으므로 이 경우에도 접견권이 보장되어야 하
고, 지침에 따라 실무상으로도 허용된다. ③의 경우 변호인이 대상 외국
인을 접견하고자 하면, 행정당국에서는 어디에 있는지 모른다고 하고,
소관이 아니라고 하거나, 찾아서 데려다가 만나게 해줄 수는 없다고 하
는 경우가 있다. ④의 경우는 보호된 경우이므로 위 법무부부령인 외국
인보호규칙의 변호인 등의 특별면회 대상이 된다. 어느 경우이거나, 실
제로 어떤 공간에 위치해있거나, 결국 위 모든 사례에서 난민신청인의
변호인 조력을 받을 필요는 명확하지만, 접견권 형태로 절차가 정립되
지 않을 경우, 본인이 원해도 변호인을 만나기 어려운 상황에 처할 수
있다.52) 변호사가 공항에 간다고 해서 난민이 있는 보안검색대를 쉽사
리 넘어 갈 수가 없기 때문에 더더욱 그렇다. 따라서, 차제에 '출입국항
에서 난민신청'을 한 난민 모두에게 변호인 접견권(그 근거가 헌법 제12조
제4항이든, 헌법 제27조든)이 인정되고, 그 보장 과정이 법제화되어야 하
며, 접견권의 제한 역시 반드시 법률에 근거해야 한다는 행정당국의 인
식변호가 필요하다.

    위 설명의 연장선으로 형사소송법 제34조53)와 같은 형태의 출입국
관리법 내지 난민법에 난민신청인의 변호인 접견권 및 변호인의 난민신
청인에 대한 접견권에 대한 근거규정을 각각 마련해야 한다. 특히, 현재
법무부령인 '외국인보호규칙'에 난민신청자로서 보호된 외국인에 대한
변호인의 특별면회만 규정하고 있는 형태가 법률유보 원칙 등에 부합하

---

52) 이 일, "출입국항 난민신청제도 운영현황 및 변호인 접견권의 헌법적 보장", 서울지
    방변호사회 심포지엄 발제문, 2019. 1. 10., 25−26면.
53) 형사소송법 제34조(피고인, 피의자와의 접견, 교통, 수신) 변호인 또는 변호인이 되
    려는 자는 신체구속을 당한 피고인 또는 피의자와 접견하고 서류 또는 물건을 수
    수할 수 있으며 의사로 하여금 진료하게 할 수 있다.

는지 의문이 있으며, 무엇보다 위 ④를 제외한 ①, ②, ③ 유형에 대해
서는 변호인 접견권이 명시적으로 보장되는 경우에도 해당되지 않을 여
지가 있으므로, 차제에 출입국당국이 행정청으로서 행정구금하거나 이
에 준하는 지배력을 행사하고 있어 변호인 접견권의 제도화가 긴요한
유형들을 모두 포함하여 출입국관리법과 난민법 등에 변호인 접견권에
관한 근거규정을 적시함이 상당하다.54)

(2) 실효적인 변호인 접견권 보장을 위한 방안

첫째, 변호인 접견권의 존재에 대한 충분한 사전 고지가 필수적이
다. ① 출입국항에서 난민신청서를 접수하여 난민신청자대기실에 머무
르기 시작하는 시점, ② 입국불허처분을 받고 － (또는) － 난민인정심
사불회부결정을 받고 송환대기실에 구금되는 시점에 변호사의 조력을
받을 수 있다는 것을 반드시 알려야 한다. 이를 위해서는 난민신청서
접수시, 향후 절차에 관한 안내문을 교부하면서 변호사의 조력을 받을
수 있는 권리를 명시하는 방법, 난민인정심사불회부결정을 통지하는 처
분서에 변호사의 조력을 받을 수 있는 권리를 명시하는 방법 등이 있
다. 둘째, 접견을 신청할 수 있는 변호사의 연락처 게시와 연락수단의
제공이다. 송환대기실의 경우 아무런 연락처가 게시되어 있지 않다. 적
어도 난민들에게 법률서비스를 제공하는 로펌, 변호사단체, 시민단체의
연락처, 또는 각 지방변호사회와 협조를 얻어 형사당직변호사 명부운용
과 유사한 형태의 명부를 게시하는 것이 바람직하다. 셋째, 대화의 비밀
이 보장되는 독립된 접견공간이 마련되어야 한다. 실제로 일선 지방 출
입국관리사무소의 '보호실'에 보호된 경우 장소가 협소하여 별도의 변호
인 접견장소가 마련되어 있지 않은 곳이 많다. 적어도 공항에 있는 송
환대기실이나 보호실에 있는 긴급한 난민신청자들에 대해서는 이와 같

---

54) 이 일, 전게 발제문, 2019. 1. 10., 27면.

은 공간을 확실하게 확보할 필요가 있다. 넷째, 수용 난민이 변호인과
원활한 의사소통을 할 수 있도록 충분한 통역 서비스를 제공할 필요가
있다. 이는 반드시 정부기관에서만 제공할 것이 아니라, 민간단체 혹은
대학 등과 협약을 맺어 민간서비스를 효율적으로 활용하는 것이 방법이
다. 다섯째, 변호인 접견신청 후 자진출국 형태로의 송환을 금지하기 위
해서 난민과 변호인이 약속시간을 정하여 통보하였을 경우 그 전까지
송환집행을 보류해야 한다. 송환집행에 대한 이와 같은 보류는 송환지
시에 관한 집행정지와 같은 별도의 절차가 없어도 접견신청서가 접수되
면 자동적으로 시행할 수 있는 것이므로, '충분한 절차와 권리에 대한
설명이 제공되고, 본인의 명시적인 변호인 접견 필요의 번복 및 자진출
국의사의 표명'을 명확하게 입증할 수 없는 한 자진출국 형태로든 송환
집행의 형태로든 변호인 접견의 기회를 박탈해서는 안 된다.[55)]

(3) 변호인 접견신청절차에 대한 구체적인 개선방안

변호인 접견권을 강화하는 것은, 현재 출입국항에서의 난민신청자
들에게는 법원에 소송을 제기하는 것 외에는 다른 불복수단이 없기 때
문에 그 중요성이 더 크다. 모든 신청자들이 소송 과정에 대한 이해를
충분히 하여, 승소나 패소 가능성 및 향후 절차에 대한 객관적인 판단
을 할 수 있도록 돕는 것은, 결국 그들로 하여금 자발적으로 출국 또는
불복절차를 진행할 수 있도록 유도할 수도 있는 것이다. 이를 위해서는
앞서 언급한 바와 같이, 변호사협회 등과의 협업을 통한 핫라인 및 변
호인 풀 구축, 관련 연락처 게시 및 안내문 교부, 전문적인 통역인 풀
확보, 변호인 접견실 마련, 접견을 위한 지침의 구체화 및 대외적 공유
등 제도적으로 보완되어야 하는 많은 과제들이 있다. 특히, 여성, 아동,
고령자, 장애인 등 특별한 고려가 필요한 이들에 관한 지침이 마련되어

---

55) 채현영, "출입국항 난민신청제도 운영현황 및 변호인 접견권의 헌법적 보장에 관한
   토론문", 서울지방변호사회 심포지엄 토론문, 2019. 1. 10., 56면.

법적 절차 중에서의 통역 및 고지 등에 관한 권리뿐만 아니라, 통합적인 대응 방안이 모색될 필요가 있다. 구체적으로, ① 실제로 최초상담을 위한 변호인 접견신청시 구비하기 어려운 '변호인 선임서'의 제출은 생략해야 하며, ② 임시출입허가증 중 일부는 변호인 접견을 위한 것으로 별도로 구비해 놓아 내부 행정절차 소요를 이유로 변호인 접견시점이 제한되지 않도록 해야 한다. ③ 변호인 접견신청서의 제출이 FAX로 이루어지면, 공항절차의 특수성을 감안하여, 접수되었다는 사실을 FAX로 즉시 회송하거나, 전화를 통해 알릴 필요가 있다. ④ 무엇보다, 변호인 접견신청을 접수하는 단위가 전국의 출입국항마다 모두 다르므로, 이를 전국의 출입국 당국 홈페이지에 연락처와 접수방법, 접견에 관한 절차 및 지침을 게시하여 수행 부서의 책임도 명확히 할 필요가 있다. ⑤ 마지막으로, 복잡한 법리검토가 필요하나 공항절차의 긴급성을 고려하여, 일부 형사 수형자들에게 허용되는 '원격화상접견서비스'를 출입국항의 난민신청자들에게도 일정한 요건하에 도입할 필요가 있다.[56]

VI. 결론

대상 결정은 외국인에게 변호인의 조력을 받을 권리를 인정한 대단히 의미 있는 결정이다. 이를 전제로 헌법 제12조 제4항 본문에 규정된 '구속'에 행정절차상 구속이 포함되며, 청구인의 송환대기실 수용이 동 규정의 '구속'에 해당되므로, 헌법 제12조 제4항 본문에 따라 변호인의 조력을 받을 권리가 있다고 하는 등 구체적 타당성을 기하였다. 이에 따라 이 사건 변호인 접견신청 거부는 청구인의 변호인의 조력을 받을 권리를 침해하므로 헌법에 위반된다고 판시하였다. 종래 결정에서는

---

56) 김연주, "출입국항에서의 변호사 접견권 침해에 대한 개선방안", 서울지방변호사회 심포지엄 토론문, 2019. 1. 10., 67면 이하.

헌법 제12조 제4항에 규정된 '구속'에는 형사절차상 구속만 포함되고, 행정절차상 구속은 포함되지 않는다고 판시하였는바, 종래 판례를 변경하여 행정절차상 구속의 경우에도 변호인의 조력을 받을 권리가 있다고 판시한 점에서 그 의미가 크다. 다만, 영장주의 적용여부에 대해 판단하지 않은 것은 아쉬운 측면이 있다. 출입국관리를 목적으로 하는 행정절차로서의 외국인의 구금이 그 목적과 효과의 면에서 형사처벌에 가깝다고 평가되는 경우 이들에게 주어져야 할 보장에는 경우에 따라서 당연히 영장주의가 포함이 될 것이다. 나아가, 대상 결정의 취지를 실질적으로 뒷받침하기 위해서는, 난민신청에 대한 형식적인 안내절차, 이의신청 제도의 미흡, 구금의 법률적 근거 미흡, 형식적인 변호인 조력 제도 등에 대한 개선과 더불어 난민에 대한 사회적인 이해도를 높이는 교육이 필요한 상황이다. 구체적 방안으로 ① 변호사의 조력을 받을 수 있다는 권리를 명확히 사전고지하고, 변호사 단체 및 변호사 명부를 게시하고, 별도의 접견 공간을 마련하는 등 실무적 뒷받침이 필요하다. 또한, ② 수용 난민이 변호인과 원활한 의사소통을 할 수 있도록 통역 서비스를 제공할 필요가 있다. 이런 개선이야말로 소수자와 약자의 아픔에 공감하는 우리 헌법정신의 실현일 것이다. 즉 이러한 헌법 정신은, 비단 국민에만 한정될 것이 아니고, 우리 사회에서 차별받는 외국인에게도 확장될 때에 더 빛을 발하고, 그것이 대한민국 헌법 제6조 제2항[57])의 진정한 실현이라고 할 것이다.

---

57) 헌법 제6조 ② 외국인은 국제법과 조약이 정하는 바에 의하여 그 지위가 보장된다.

참고문헌

단행본

박균성, 행정법론(상), 박영사, 2017
오승진·이호용, "출입국분야 인권교육 교재", 국가인권위원회, 2009
정종섭, 헌법학원론, 박영사, 2017
홍정선, 행정법원론(상), 박영사, 2014

논문

김희정, "행정구금을 실질적 형사구금으로 볼 수 있는 법리의 검토 — 출
　　입국관리법의 외국인 '보호'문제를 중심으로 —", 인권법평론, 전남대
　　공익인권법센터, 2018. 2
공진성, "출입국관리법상 강제퇴거의 집행을 위한 '보호'의 헌법합치성",
　　법학연구 통권 제58집, 전북대학교 법학연구소, 2018. 12
김대근, "난민의 인권보장을 위한 구금관련 규정 정비 방안", 한국형사정
　　책연구원, 2015
김선일, "'자유권규약' 제13조의 해석 및 국내적 적용", 「경찰학연구 제18
　　권 제1호」, 경찰대학 경찰학연구편집위원회, 2018. 3
김종철·김재원, "난민법 입법과정과 제정법의 의의 및 향후 과제", 『공익
　　과 인권』, 통권 제 12호, 2012
심성은, "EU의 송환지침과 프랑스 및 독일의 이민법 개정", 「유럽연구 제
　　34권 제2호」, 한국유럽학회, 2016. 6
오정은, "강제퇴거 대상 외국인의 보호 및 강제퇴거 절차에 대한 해외 법
　　제도 연구", 법무부 출입국, 외국인 정책본부, 2017. 12
이　일, "현행 공항난민신청제도의 실체와 개선방안: 법, 실무운용을 중심
　　으로", 「출입국항에서의 난민신청절차 토론회」, 국회의원회관, 2014

이 일, "출입국항 난민신청제도 운영현황 및 변호인 접견권의 헌법적 보
　　장", 「출입국항에서의 변호사 접견권 침해에 대한 개선방안 세미나」,
　　서울지방변호사회, 2019
임희선·김경제, "현행 헌법에 따른 외국인의 법적 지위", 법학논총, 국민
　　대학교 법학연구소, 2017. 6.
전상현, "외국인의 기본권", 강원법학 제43권, 강원대학교 비교법학연구소,
　　2014. 10
주진효, "실무적 입장에서의 공항만 난민심사제도", 『출입국항에서의 난민
　　신청절차 토론회 － "출입국항에서의 난민신청절차 : 난민법 시행 1
　　주년의 검토 및 향후 발전의 방향"』,　　　　유엔난민기구, 2014
최계영, "독일의 공항절차 － 절차적 보장과 변호사 조력을 중심으로 －",
　　「출입국항에서의 변호사 접견권 침해에 대한 개선방안 세미나」, 서울
　　지방변호사회, 2019
최봉석, "행정상 즉시강제의 안착을 위한 법치국가적 과제", 유럽헌법연구
　　제20호, 2016. 4
최유·권채리, "난민법에 대한 사후적 입법평가", 현안분석 17－15－4, 헌
　　법재판연구원, 2017 하명호, "외국인 보호 및 강제퇴거절차와 구제절
　　차에 대한 공법적 고찰", 고려법학, 제52호, 고려대학교 법학연구원,
　　2009

기타

국회 의안정보시스템, "난민 등의 지위와 처우에 관한 법률안, 심사보고
　　서"
난민지원네트워크 및 대한변호사협회, 『2016년도 한국의 공항, 그 경계에
　　갇힌 난민들 － 공항에서의 난민신청 실태조사 보고서』, 유엔난민기구
　　한국대표부, 2016
미국 Center for Immigration Studies, Asylum in th United States, 2014
유럽연합, 난민신청자 처우에 관한 EU의 최소기준 (EU Council directive
　　2003/9/EC of 27 January 2003, Laying down minimum standards

for the reception of asylum seekers)

유럽연합 이사회 (Council of the European Union), Proctical Handbook for Border Guards ("Schengen Handbook"), 2006

유엔난민기구, '대한민국 난민법 시행령 및 시행규칙 제정안에 관한 UNHCR의 의견', 2013

캐나다 법무부, "Representation for Immigrants and Refugee Claimants, Final Study Report", 2002

Hungarian Helsinki Committee, Access to Protection at Airports in Europe: Report on the monitoring experience at airports in Amsterdam, Budapest, Madrid, Prague, Vienna and Warsaw, 2008

웹사이트

http://www.judicial.gov.tw/constitutionalcourt/p03_01.asp?expno=708

국문초록

본 글은, 송환대기실 수용 난민에 대한 변호인 접견거부(헌법재판소 2018. 5. 31.자 2014헌마346 결정) 사건을 중심으로 출입국과 관련된 외국인의 변호인 조력을 받을 권리와 재판청구권 등에 관한 기본권 주체성 및 그 기본권의 보장 범위는 물론, 출입국 난민행정절차에서의 영장주의 적용 문제 등에 관하여 상세히 검토하고, 그와 관련된 외국의 입법례와 비교·분석하면서 국내 제도의 문제점과 그 개선방안까지 다루었다. 이 사건 대상 2014헌마 346 결정은 외국인에게 변호인의 조력을 받을 권리를 인정한 매우 의미 있는 결정이다. 헌재가 종래의 판례를 변경하여 행정절차상 구속의 경우에도 변호인의 조력을 받을 권리가 있다고 판시한 점에서 그 의미가 매우 큰 것이다. 향후 난민 행정 등 행정절차상 외국인에게 변호인의 조력을 받을 권리가 보다 확실히 보장되기 위해서는, ① 대상 외국인들에게 변호사의 조력을 받을 수 있다는 권리를 명확히 사전고지하고, 변호사 단체 및 변호4사 명부를 게시하며 별도의 접견 공간을 마련하는 등 실무적·시설적 뒷받침이 필요하다. 또한, ② 수용 난민이 변호인과 원활한 의사소통을 할 수 있도록 통역 서비스도 충분히 제공할 필요가 있다.

주제어: 외국인의 기본권 주체성, 외국인의 기본권 보장 범위, 출입국 난민의 변호인 조력을 받을 권리, 출입국 난민 행정절차에서의 영장주의, 적법절차 보장

Abstract

Review and Improvement Measures on the Constitutional Decision and Related Legislation on the Coverage of Basic Rights of Foreign Immigrants(Refugees)

Joong—Tak Sung*

This article focuses on the right to receive the assistance of foreign lawyers related to refugee applications and the right to claim trials, mainly in cases of rejection of counselor counseling for refugees in the repatriation waiting room (constitutional court decision of 31 May 2018. And the coverage of basic rights and the application of warrants in refugee administrative procedures, and detailed analysis and comparison with foreign legislative cases related to the problems of the domestic system and its improvement measures. The 2014 Hunma346 decision targeted in this case is a very meaningful decision to recognize the right of foreigners to receive counsel. The meaning is very significant in that the Constitutional Court has changed the existing precedents and judged that they have the right to receive the assistance of lawyers even in the case of administrative arrest. In the future, in order to ensure the right to the assistance of lawyers to foreigners in administrative procedures such as refugee administration, ① Clearly notify the target foreigners of their right to receive assistance from lawyers, and post a list of lawyer groups and lawyers separately. It is necessary to provide practical and

---

* Prof., Lawyer, JD Kyungpook National University Law School

institutional support, such as providing an interview space. In addition, it is necessary to provide sufficient interpreting services so that prisoners of refugee can communicate smoothly with lawyers.

Key word: Subjectivity of basic rights of foreigners, scope of guarantee of basic rights, the right to receive assistance from refugees, warrants in refugee administrative procedures, and guarantee of due process

투고일 2020. 6. 24.
심사일 2020. 6. 28.
게재확정일 2020. 6. 29.

外國判例 및 外國法制 研究

最近(2019) 미국 行政判例의 動向과 分析 (김재선)
最近(2019) 프랑스 行政判例의 動向과 檢討 (朴祐慶)

最近(2019) 미국 行政判例의
動向과 分析

김재선*

Ⅰ. 들어가며
Ⅱ. 2019년 미국 연방대법원
  주요 판례
  1. 이민행정 관련 판례
  2. 행정입법 사법심사 관련 판례
  3. 정보비공개 대상 관련 판례
4. 원고적격 관련 판례
5. 연방과 지방의 관계 관련 판례
6. 선거구 획정 관련 판례
7. 그 밖의 판례
Ⅲ. 나가며
Ⅳ. 결어

Ⅰ. 들어가며

1. 2019년 미국 연방대법원의 구성

미국 연방대법원은 2019년 현재 5:4로 보수 구도를 유지하되 상대적으로 보수적인 성향이 작년보다 강해졌다고 평가되고 있다. 2016년 문언적 해석(textualism)을 강조하였던 스칼리아(Antonin Scalia) 전 대법관이 사망하였으며, 2018년 7월 중도보수 성향으로 오랫동안 스윙보트(성향을 알 수 없는 판결성향)를 하면서 캐스팅 보트 역할을 하여 온 앤서니 케네디(Anthony Kennedy) 대법관[1]이 퇴임하면서 트럼프 대통령은 보

* 부산대학교 법학전문대학원 부교수, J.D., 법학박사(Ph.D.).
졸고는 2019년 12월 19일 개최된 행정판례연구회 제354차 월례발표회에서 발표한 내용("외국의 최근 행정판례")을 수정 및 보완하여 논문의 형식으로 작성하였습니다. 학술대회에서 고견을 나누어주신 교수님들께 진심으로 감사드립니다.

2019년 12월 현재 연방대법원의 구성[3]

대법관	지명자	지명일	판결성향
존 로버츠(대법원장)	조지 부시	2005	보수(온건)
클래런스 토마스	조지 H.W.부시	1991	보수(강경)
루스 베이더 긴즈버그	빌 클린턴	1993	진보(강경)
스테판 브라이어	빌 클린턴	1994	진보
사무엘 알리토	조지 부시	2006	보수
소니아 소토마요르	버락 오바마	2009	진보
엘레나 케이건	버락 오바마	2010	진보(온건)
닐 고서치	도널드 트럼프	2017	보수
브렛 캐버노	도널드 트럼프	2018	보수

수성향으로 분류되는 닐 고서치 대법관(2017년 4월 임명), 브렛 캐버노 대법관(2018년 10월 임명)을 임명하였다.[2]

미국에서는 도널드 트럼프 대통령에 의해 임명된 두 대법관(닐 고서치 대법관, 브렛 캐버노 대법관)이 본격적으로 판결하기 시작하면서 연방대법원의 판결변화에 많은 관심이 집중되었으나 두 대법관은 임명 당시 예상되었던 대로 정치적 사건에서 보수적인 판결 성향을 보이고 있는 것으로 평가된다. 구체적으로 2018 임기(2018 하반기-2019상반기) 동안 이루어진 총 72건의 판결 중 20건이 현재의 구도인 보수:진보(5:4)의 판결로 이루어졌는데, 닐 고서치 대법관은 이 중 네 차례 진보판결을 하였으며, 브렛 캐버노 대법관은 한 차례만 진보판결을 하였다.

---

1) 앤서니 케네디 대법관은 로널드 레이건 대통령에 의하여 임명되었으며, 판결 전반에서 보수 성향을 나타냈지만, 중요 판결 "낙태권 인정 판결(1992), 동성애 합헌 판결(2015), 의료보험 의무가입제도 합헌 판결(2015)"에서 캐스팅 보트 역할을 하면서 중도 보수로 분류된다. 김재선, 最近(2018) 미국 行政判例의 動向과 分析, 행정판례연구, 제24권, 2019, 395-396면.
2) Amelia Thomson-DeVeaux, "Is The Supreme Court Heading For A Conservative Revolution?", ABC News, 2019년 10월 7일자.
3) 미국 연방대법원 홈페이지 참조.

연방대법원 판결성향[4)]

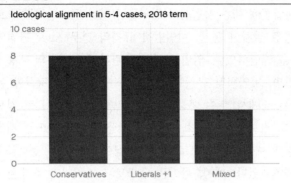

Ideological alignment in 5-4 cases, 2018 term

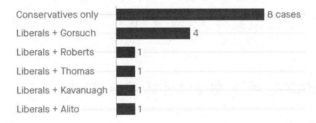

5-4 decisions: Alignment of the majority in close cases
2018 term

2. 주요 판례 개관

2019년 미국 연방대법원은 행정법적 관점에서 중요한 판단이 많이 이루어진 것으로 생각된다. 첫째, 이민행정 영역에서 인구조사와 시민권 질문지 집행정지 가처분이 이루어지면서 연방정부의 이민정책에 일부 제한이 이루어진 반면, 외국인 범죄자 구금권한 확대, 국경장벽 건설 예산전용 합헌 판단이 이루어지면서 트럼프 행정부의 보수적 이민정책

---

4) Ephrat Livni, "We charted the ideological lines along which each Supreme Court justice voted", QUARTZ, 2019년 7월 4일자.

은 계속될 것으로 예상된다. 둘째, 국가보훈처 행정입법에 관한 해석 문제는 행정입법에 대한 사법심사 범위를 규정한 중요한 사건으로 입법적 규칙의 경우 절차적 통제, 비입법적 규칙의 경우 Auer 판결의 구체적 심사기준을 제안하였다. 입법적 규칙에 관하여 사법부의 내용적 심사를 완화한 반면, 비입법적 규칙에 대해서는 사법심사를 강화할 논거를 마련하였다는 점에서 추후 행정법 해석의 중요한 원칙이 될 것으로 예상된다. 셋째, 정보공개 청구소송에서 소매상인의 상업 또는 재정적 정보로서 기밀에 해당하는 정보로 비공개대상에 해당하는 정보를 판단하는 기준을 제안하였다. 넷째, 아이폰 앱스토어 소비자가 휴대폰 제조사인 애플사에 대한 반독점 소송에서 원고적격을 인정받아 소비자소송의 소송주체를 확대하였다. 그 밖에도 연방과 지방의 관계에 관한 판단, 당파적 선거구 획정의 통치행위성 등 행정법적 쟁점이 다루어졌다.

Ⅱ. 2019년 미국 연방대법원 주요 판례

1. 이민행정 관련 판례

1) 개관

2018년에 트럼프 행정부의 이민정책에 관한 정책적 판단(특정 국가5) 국민들에 대한 입국금지명령에 대한 합헌판단, 외국인에 대한 보석석방명령 없는 구금허용, 불명확한 외국인 강제퇴거 요건 위헌판단)이 주로 이루어진 반면, 2019년 연방대법원의 이민행정 관련 판례는 트럼프 행정부의 정책

---

5) 2018년 연방대법원은 특정 국가("이란, 이라크, 리비아, 소말리아, 수단, 시리아, 예멘") 출신 외국인에 대한 입국을 제한하는 대통령 행정명령을 외국인에 대한 차별 의도가 입증되지 않은 반면, 국가안보를 위한 행정재량은 명확하게 부여되어 있다는 이유를 들어 합헌으로 판단하였다. 김재선, 最近(2018) 미국 行政判例의 動向과 分析, 행정판례연구, 제24권, 2019, 398-399면.

방향이 구체화되면서 개별·구체적으로 실현되고 있는 이민정책의 합헌
성을 평가하는 방향으로 이루어졌다.

올해 미국 내에서 가장 중요한 판결로 평가6)되며 미국 행정법에서
중요하게 다루는 주요 쟁점(행정소송에서 원고적격, 행정처분에 대한 사법심
사 인정범위, 연방행정절차법상 이유제시)이 심사된 인구조사와 시민권 질문
의 집행정지 가처분 판결에서 연방대법원은 주정부의 원고적격을 인정
하였으며, 인구조사에 대한 시민권 질문은 헌법상 허용되는 범위로 인
정하였으나, 연방행정절차법상 시민권 질문 추가의 필요성에 관한 이유
제시가 충분하지 않다는 이유로 처분중지 가처분을 승인하였다.

한편, 시민권 질문에 관한 판결을 제외한 이민정책에 관한 판결에
서는 국경장벽 건설 예산전용, 외국인 범죄자의 구금권한 확대 등 내·
외국인에 대한 차별을 강화하는 방향으로 판결이 이루어졌다. 우선, 외
국인 범죄자에 대한 구금권한을 확대한 사건에서는 추방대상 범죄를 범
한 뒤 출소 후 수년(최소 3년 - 최대 11년)간 이민당국에서 집행재량을 불
행사하고 있었으나 최근 이민국이 다시 해당 외국인을 구금한 사건에서
이와 같은 구금이 이민개혁법의 입법취지에 반하지 않는다고 판단하였
다. 또한, 국경장벽 건설 예산전용 판결에서는 미국과의 국경장벽 건설
을 위하여 대통령이 요구한 예산(57억 달러)보다 의회가 훨씬 적은 예산
(13억 7천만 달러)을 승인하자 국가비상사태를 선포하여 국방부 및 재무
부 예산을 전용하겠다는 대통령의 선언에 대하여 사법부가 행정부와 의
회의 예산배정에 관하여 판단하기 어렵고 장벽건설 발생할 피해와 이익
을 형량하더라도 예산전용이 위헌인 것은 아니라고 판단하였다.

---

6) Adam Liptak, Jason Kao, "The Supreme Court's Biggest Decisions in 2019", 2019년
6월 29일자. Mitchell Thorson, Jim Sergent, "Supreme Court's top cases of 2019",
USA Today.

2) 인구조사와 시민권 질문지 집행정지 가처분
("Department of Commerce v. New York")[7]

(1) 논의의 배경

2019년 6월 27일 미국 연방대법원은 Department of Commerce v. New York 판결[8]에서 2020 인구조사에서 시민권 여부에 관한 질문을 추가하는 것에 대한 처분중지 가처분을 승인하였다. 2018년 3월 미국 연방 상무부(Commerce Department) 산하 인구조사국(United States Census Bureau)은 모든 가구에 배송되는 인구조사 설문에 시민권 보유 여부를 묻는 질문을 포함하도록 하는 방안을 추진하였다. 이에 대해 뉴욕 주를 비롯한 다수의 주정부는 연방 상무부와 상무부 장관(윌버 로스, Wilbur Ross)을 피고로 하여 헌법 제1조 열기된 권리 조항(Enumeration Clause)에 위반된다고 주장하였다. 민주당은 불법체류 이민자들을 대상으로 한 정책이며, 이민자들에 대한 교육, 고속도로, 의료 등의 연방기금을 축소하려는 정책이라고 비판하였으며, 공화당은 시민권 여부에 관한 질문은 기존 행정관행을 되풀이하는 것에 불과하며 실제로 국민의 90% 이상이 시민권자 이므로 특별히 달라지는 것은 없다고 주장하였다.[9] 이후 2019년 1월 25일 원고 측(뉴욕 주 등)은 인구조사 설문양식이 2019년 6월까지는 정해져야 한다는 점을 이유로 대법원에 집행정지를 신청하였다. 대법원은 2019년 4월 23일 구두변론을 열었고, 2019년 6월 27일 판단하였다.

---

7) Department of Commerce v. New York, 588 U.S.＿＿ (2019).
8) Department of Commerce v. New York, 588 U.S.＿＿ (2019).
9) "The Citizenship Question on the 2020 Census", Govtrack, available at
　<https://www.govtrack.us/congress/oversight/1-census-2020-citizenship>.

2018년도 인구조사 설문양식[10]

(2) 주정부의 원고적격 인정여부

연방대법원은 미국 연방헌법 제3조에 의하여 심사대상으로 인정되기 위해서는 "확실·특정·현실·임박한 침해(injury)가 있어야 하며, 피고

---

10) 미국 상무부 홈페이지 참조.

의 행위로 권리구제이익이 있으며, 원고의 승소가능성"이 있어야 한다
는 점을 전제하였다. 당해 소송에서 원고로 참여한 주정부(뉴욕 주 등)는
인구조사에서 시민권이 없는 주민들이 주별로 약 2%정도라는 점을 전
제한다면, 그만큼 <u>인구가 누락되며</u> 이 경우 "<u>선거권 감소, 연방기금 감</u>
<u>소, 인구조사 데이터의 신뢰성 저하, 자원배분의 결함</u>"이 발생하므로 소
송대상인 원고적격은 충족한다고 판단하였다.

(3) 인구조사의 형식과 내용에 대한 사법심사 대상성

연방대법원은 일반적으로 행정행위는 "자의적이거나 예측불가능하
거나 재량남용이거나 불법적"인 경우에 해당하지 않는 한, 행정부의 결
정을 존중하여야 한다는 행정결정 존중 원칙(chevron doctrine)11)을 전제
하였다. 이에 따라 우선 입법자의 의도를 평가할 때 인구조사법("The
Census Act")12)은 "(인구조사의) 형식과 내용을 결정할 수 있다(may
determine)"라고 규정하고 있으므로 인구조사 형식은 행정부가 결정할
수 있는 재량이 부여되어 있는 것으로 평가된다.

인구조사법 제141(a)조
행정청은 인구조사의 형식과 내용을 그 자신의 결정으로 인구조사를 실시하여야
한다.

The Secretary <u>shall</u> (...) take a decennial <u>census of population</u> <u>as of</u>
<u>the first day of April</u> (...) <u>in such form and content(형식과 내용) as he</u>
<u>may determine,</u> including the use of sampling procedures and special
surveys.

---

11) 5 U.S.C. §706(2)(A). Chevron 원칙에 관하여는 다음 논문을 참조할 수 있다. 허성욱,
   "행정재량에 대한 사법심사기준에 대한 소고: 미국 행정법상 쉐브론원칙(Chevron
   Doctrine)과 해석규범(Canon)의 기능과 상호관계를 중심으로", 공법연구, 제41권
   제3호, 2013.; 김은주, "미국 행정법에 있어서 Chevron 판결의 현대적 의의", 공법
   연구, 제37권 제3호, 2009.; 정하명, "미국 행정법상 행정부의 법률해석에 관한 사
   법심사의 범위", 공법학연구, 제8권 제2호, 2007.

하지만 연방대법원은 재량한계를 규율하면서 "법에서 명시적으로 행정부의 재량이라고 분류한 범위(certain categories)"에 해당하는 경우 행정결정을 존중(chevron doctrine 적용)하여야 하지만, 인구조사의 형식과 내용은 명시적으로 재량으로 정한 사항에 해당하지 않으므로 사법심사의 대상이 된다고 전제하였다.

(4) 인구조사에서 시민권 질문의 헌법상 허용성

우선, 연방대법원은 인구조사의 내용을 결정할 수 있는 권한이 행정부에 있다는 점은 명시적으로 인정하였다. 다수의견은 미국 연방헌법 제1조 열기된 권리 조항에 따르면 의회에는 광범위한 입법권한이 부여되어 있고, 상무부 장관은 인구조사의 내용에 대하여 연혁적으로 광범위한 결정권한을 갖고 있어 왔으므로 시민권에 관한 질문을 인구조사에 포함하는 것은 헌법상 허용되는 범위에 해당한다고 판단하였다.

다음으로, 연방대법원은 기존 질문지에 없었던 시민권에 관한 사항을 추가하는 것에는 광범위한 입법재량이 부여된 것은 아니므로 연방 행정절차법(Federal Administrative Procedure Act)에 의하여 검토되어야 한다고 설명하였다. 즉, 연방대법원은 광범위한 재량이 없는 행정결정을 하기 위해서는 행정부가 법적 근거를 명시하여야 하며, 행정청이 법적 근거를 명시하지 못하거나 행정부의 부적절한 행정결정("strongly showing of bad faith or improper behavior")을 하는 경우 법원은 상세한 행정결정과정("the mental processes of administrative decision-makers")의 제출을 요구할 수 있다. 또한 이 경우 행정부는 행정절차법상 법원과 이해관계자에 의하여 구체적으로 분석될 수 있는 진정한 정당성 ("genuine justifications for important decisions, reasons that can be scrutinized by courts and the interested public")13)을 설명하여야 한다. 이에 따라 연방대법원은 연방 행정부(상무부)에서 제출한 근거를 분석, 인

---

12) 13 U.S.C. §141(a).
13) 5 U.S.C. §706(2)(A)

구조사에서 기존 질문지에 없던 시민권에 관한 사항을 추가할 수 있는
지를 분석하였으며, 법무부가 투표권법(The Voting Right Act) 집행 또는
이민행정의 편의를 위하여 시민권에 대한 엄격한 조사를 요구했다는 점
은 행정결정의 진정한 정당화 근거가 되지 못한다고 설명하였다.

(5) 우리나라에서의 시사점

우리나라의 경우 통계청이 매년 실시하는 인구주택총조사에서 이
미 국적에 관한 사항을 포함하고 있다. 구체적으로 (i) 인구별 조사항목
은 "성명, 성별, 나이, 가구주와의 관계, 국적, 입국 연월, 교육 정도, 교
육 영역, 출생지, 1년 전 거주지, 5년 전 거주지, 아동보육, 활동제약,
활동제약돌봄 등" 총 32개 항목으로 구성되어 있으며, (ii) 가구별 조사
항목은 "가구구분, 거주기간, 1인 가구사유, 혼자 산 기간, 가족저녁식
사, 반려(애완)동물, 안전·환경, 마시는 물, 건물 및 거주 층, 사용방 수,
주거시설형태 등" 총 17개 항목으로 구성되어 있다.14)

미국의 경우 (i) 이민 국가로 평가될 만큼 다양한 형태의 이민가정
이 구성되어 있고 불법체류자 및 체류 외국인이 상당히 많으며, (ii) 별
도의 주민등록시스템이 갖추어져 있지 않으므로 연방정부가 주정부에
대한 교육 및 복지관련 기금을 지원함에 있어서 인구조사가 갖는 의미
가 큰 반면, 우리나라의 경우 주민등록, 외국인 출입국관리 등으로 이미
국적 등에 관한 사항은 행정적으로 관리되고 있으므로 제도설계에서 차
이가 존재하는 것으로 생각된다.

한편, 동 판결은 행정법적 측면에서 주정부에 대한 원고적격 인정,
인구조사의 형식과 내용에 대한 행정부 존중주의(chevron deference)의
한계 설정, 행정결정의 이유부기의 정도 등 행정법적 관점에서도 시사
점이 있는 판례로 생각된다. 우리나라의 경우 행정결정에 대한 행정부
존중주의는 여러 행정분야(기술규제, 환경규제 등)에서 논의되고 있으나

---

14) 통계청 홈페이지 참조.

타당성 및 구체적인 기준설정의 문제가 더욱 논의되어야 할 것으로 생각된다.15) 또한 행정결정의 이유부기에 대한 사법심사의 경우에도 미국 연방대법원에서는 기존에 없던 질문을 추가하는 경우에 보다 구체적인 이유부기를 요구하고 있다는 점에서 우리나라의 행정절차법상 처분의 이유제시(제23조)에 대한 사법부의 심사가능성 및 사법부의 심사범위 또는 밀도에 대한 평가에서 참조할 수 있을 것으로 생각된다.

3) 외국인 범죄자 구금권한 확대(Nielsen v. Preap)16)

(1) 논의의 배경

연방대법원은 2019년 3월, 범죄기록으로 인하여 추방대상자가 된 합법이민자에 대하여 행정부(이민국)가 집행을 보류한 후 수년이 지난 후 구금(detention)하더라도 헌법에 반하지 않는다고 판단하였다. 구체적으로 원고(Preap)는 2006년 캘리포니아에서 합법이민자로 거주하던 중 이민법상 추방범죄에 해당하는 마약범죄로 징역형을 선고받고 복역하였으나, 출소 이후 행정부(이민국)에서 별도로 구금하거나 추방조치를 이행하지 않았다. 그러나 트럼프 행정부가 반이민 행정정책을 채택함에 따라 행정부(이민국)는 이미 형집행 후 수년이 지나도록 추방되지 않은 원고(Preap)를 수년이 지난 후 비형사적 사유로 기소된 후 이민국에 구금되었다.

원고는 이민개혁법(Illegal Immigration Reform and Immigrant Responsibility Act)에서 "출소되면(when the alien is released)" 구금할 수 있다고 규정하고 있는데 출소 직후 구금되지 않은 후 상당한 기간이 지난 이후 구금되는 것은 입법자의 의도에 반한다고 주장하였다. 반면, 피고 측(이민국)은 "출소하면"이라는 표현을 문언 중심으로 해석할 때 반드시 즉시 구금하여야 한다고 해석되는 것은 아니므로 언제라도 구금할

---

15) 자세한 내용은 김성배, 미국 행정법상 이유제시의 문제와 그 정도-행정절차법과 판례를 중심으로, 법학논고, 제54권, 2016, 3-25면.
16) Nielsen v. Preap, 586 U.S.＿＿ (2019).

> 이민개혁법 제1226조[18])
>
> 정부는 추방대상인 범죄를 저지른 외국인이 (...) 출소하면 구금하여야 한다.
>
> (c)(1) The Attorney General **shall take into custody** any alien who—
> (C) is **deportable** under section 1227(a)(2)(A)(i) of this title on the
> basis of an offense for which the alien has been sentence to a term
> of imprisonment of at least 1 year, or (...) "**when the alien is**
> **released**" (...)

수 있는 권한을 보유한다고 주장하였다.[17])

(2) 법원의 판단

연방대법원은 위 규정에 대하여 이민개혁법 제정 당시 의회는 테러리스트와 위험한 범죄기록이 있는 이민자들에 대한 구금은 범죄가 이루어진 이후라 할지라도 언제든지 가능하여야 한다고 의도하였으므로 복역 직후에는 구금되지 않았더라도 언제든지 구금될 수 있다고 판단하였다. 다만, 다수 의견은 이러한 연방대법원의 해석으로 입법자가 의도하지 않은 범죄(마약, 테러 등)에 적용될 경우 이민자들에 대한 차별이 될 수 있다는 점을 우려하였다. 한편, 반대의견을 낸 브라이어 대법관은 다수 의견은 몇 년 전에 저지른 작은 범죄에도 신체를 구금할 수 있는 권한을 국가에게 부여한 것이며 외국인의 경우 이민국의 구금에 대한 보석심문 기회(detention hearing)도 부여하지 않을 수 있으므로 더욱 문제가 된다 비판하였다.[19])

---

17) Nielsen v. Preap, 133 Harvard Law Review 392, at 392−401.

18) 8 U.S. Code § 1226.

19) 2018년 연방대법원은 외국인의 경우 구금 중 보석신청권한을 인정하지 않을 수 있다고 판단하였다. Jennings v. Rodriguez, 583 U.S.___ (2019). 김재선, 最近(2018) 미국 行政判例의 動向과 分析, 행정판례연구, 제24권 제1호, 2019, 405면.

(3) 우리나라에서의 시사점

우리나라의 출입국관리법 제46조 및 시행규칙 제54조는 "적법하지 않은 절차로 입국한 자, 금고 이상의 형을 선고받고 석방된 자, 강간 및 추행죄를 범한 자, 성폭력범죄 및 마약류 관련 범죄를 저지른 자"를 추방할 수 있도록 규정하고, 당해 범죄 이후 복역된 사람들에 대해서는 강제퇴거 및 출국명령 제도를 두고 있다. 그러나 출입국관리법 제63조에 따르면 강제퇴거명령을 받은 외국인이라도 대한민국 밖으로 송환할수 없는 경우 송환 시까지 구금할 수 있도록 규정하고 있다. 이에 대하여 2018년 2월 헌법재판소는 "강제퇴거 대상자에 대한 보호기간 상한을 두지 않는 것이 헌법에 위반되지는 않는다"고 판단하기도 하였다.[20] 우리나라의 경우, 미국 연방대법원과 동일한 판례가 있는 것은 아니지만 기존의 출입국판례 기준으로 판단할 때 강제퇴거 대상에 해당하는 외국인을 추방하지 않은 경우 기간이 지나더라도 집행재량을 행사할 수있는 것으로 해석된다.

한편, 동 판결은 외국인에 대한 행정절차를 오랫동안 발전시켜 오고 불법체류자 및 외국인에 대하여 관대한 정책을 취하여 왔던 미국 연방대법원이 이민개혁법에 대한 해석에서 연방대법원이 상당히 보수화되고 있음을 보여주는 대표적인 사례로 평가된다. 특히 우리나라의 경우와 유사하게 미국 연방대법원도 이민개혁법은 행정청에 상당한 재량을 부여하는 모호한 규정이 상당히 많다는 점을 전제하고 행정부(이민국)의 집행재량을 사법부가 존중한 판결로 해석된다.[21]

---

20) 이준일, 강제퇴거 대상자에 대한 보호제도의 위헌성─헌법재판소 2018. 2. 22. 2017 헌가29 결정에 대한 평석─, 세계헌법연구, 제25권 제2호, 2019, 35─51면.; 오정은, "강제퇴거 대상 외국인의 보호 및 강제퇴거 절차에 대한 해외 법제도 연구", 법무부 용역보고서, 2017, 25─60면.
21) Nielsen v. Preap, 133 Harvard Law Review 392, at 392─401.

4) 국경장벽 건설 예산전용 합헌 판단
(Trump v. Sierra Club)[22]

(1) 법원의 판단

미국 연방대법원은 2019년 7월 26일 멕시코와 미국 사이의 국경에 장벽을 건설할 때 국방부 예산 약 25억 달러를 사용하고자 하는 대통령의 행정계획에 대한 집행정지 가처분 승인취소소송에서 5:4로 집행정지 가처분 취소판결을 하여, 국경장벽 건설 예산전용을 합헌으로 판단하였다.

2018년 12월, 트럼프 대통령은 미국과 멕시코 사이 국경장벽 건설에 57억 달러를 지원할 것을 의회에 요구하였으나, 의회가 13억7천만 달러만 승인하였다. 이에 대해 트럼프 대통령은 2019년 2월 15일, 국가비상사태법(National Emergency Act)에 근거, 국가비상사태를 선포하면서 국방부 또는 재무부 예산을 활용하여 장벽을 설치하겠다고 선언하였다. 이에 대하여 캘리포니아를 포함한 19개 주정부, 미국시민자유연합(American Civil Liberties Union)은 대통령의 비상사태 선포에 대한 집행정지 가처분을 신청하면서, 트럼프 행정부가 의회승인 없이 기금사용을 승인하였다고 주장하였다. 한편, 의회는 대통령의 비상사태선포를 저지하기 위하여 의결하였으나 트럼프 대통령의 거부권(veto) 행사에 대하여 재적의원 3분의2의 동의를 획득하지 못하여 연방대법원에 대한 소송이 제기되었다. 원고 측(주정부, ACLU 등)은 환경보호 취지에서 국경장벽 건설은 환경영향평가 없이 이루어지고 있다는 점, 기존 토지소유자의 수용권과 충돌될 수 있다는 점, 종교적 자유 보장의 필요성이 높다는 점[23]을 주장한 반면, 피고 측(트럼프 행정부)은 654마일(약 1천 킬로미터, 보행자 및 차량 방지 펜싱)에 대한 장벽을 건설하여 국경에서 이민자들의

---

22) Trump v. Sierra Club, No. 19A60. 588 U.S.___(2019).
23) 연방대법원은 이동권이 제한되면 종교적 자유의 수행에 상당한 부담이 된다고 주장하였다.

침입하는 혼란을 방지해야 한다는 점,[24] 헌법상 적정한 예산으로 규정
된 내용이 없다는 점을 들어 행정부(국방부 또는 재무부) 예산을 사용할
수 있다고 주장하였다.

연방대법원은 사법부가 행정부와 의회의 예산배정에 관하여 판단
하기 어려우며, 환경에 대한 회복하기 어려운 피해(irreparable harm)가
우려되지만 그러한 우려는 환경피해가 실제로 발생한 이후에 장벽을 무
너뜨릴 경우 다시 회복할 수 있는 정도의 피해이므로 이익형량에서도
문제되는 것은 아니라고 판단하였다.

한편, 미국 연방 지방법원은 2019년 12월 10일 미국 대통령이 36
억 달러의 군사기금을 국경장벽 건설에 사용하려는 시도에 대한 영구금
지명령을 내렸다. 국경장벽이 설치되는 엘칸소 카운티(El Paso County)와

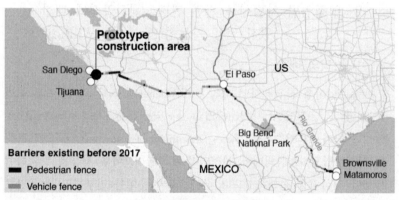

미국 국경장벽 건설 예정지역

---

24) 2017년 기준 미국 이민자는 아시아계 30.4%, 멕시코 27.3%, 기타 라틴 아메리카
16.7%, 유럽 10%, 중앙아메리카 8%, 아프리카 5% 등으로 상당수의 주민이 멕시코
주민이거나 멕시코를 통해서 유입되는 것으로 알려져 있다. Kriston McIntosh, Ryan
Nunn, Jay Shambaugh, "Six chart on the immigrants who call the US home", BBC
뉴스, 2018년 11월 29일자.

25) Lucy Rodgers, Dominic Bailey, "Trump wall – all you need to know about US
border in seven charts", BBC 뉴스, 2019년 9월 27일자.

국경네트워크 인권단체는 소송을 제기하면서 의회의 권한을 대통령이 침해하였다며 금지명령(preliminary injunction)을 청구하여 이에 대한 새로운 소송이 진행되고 있다.

(2) 우리나라에서의 시사점

대통령이 국방예산을 국경장벽 건설에 사용하기 위하여 국가비상사태법을 활용한 사례는 미국의 특수한 정치적·사회적 배경에 근거한 것이므로 우리나라와 직접 비교하기는 어려우나, 대통령이 의회의 승인을 받지 못한 경우 별도의 예산을 사용할 수 있을지에 관한 문제에서 연방대법원의 논리(환경에 대한 피해가 회복할 수 있을 정도의 피해라는 측면, 토지수용자의 권리침해가 아니라는 논의)는 참조할 수 있을 것으로 생각된다.[26]

2. 행정입법 사법심사 관련 판례: 행정입법에 대한 Chevron 원칙 적용 가능성(Kisor v. Wilkie)[27]

1) 논의의 배경

베트남전쟁 참전용사인 제임스 키저(James Kisor)는 참전 이후 심리적 외상 후 스트레스 장애("Posttraumatic stress disorder", 이하 PSAD)로 1982년 국가보훈처("United States Department of Veterans Affairs")에 보상을 신청하였으나, 심의에서 인정되지 못하였다. 이후 서류를 보완하여 2006년 재심의를 신청하였으나 국가보훈처는 이를 거부하였다. 국가보훈처 연금심사규정(38 CFR § 3.156)에 따르면 연금청구인은 "새롭고 중대한 증거를 제출함으로써 재심사를 청구"할 수 있으며(a), 국가보훈처는

---

26) 동 판결 이후 미국 국방부는 36억달러 정도(4조3450억원 정도)를 국경장벽 건설 프로젝트에 투입하면서 해외 국방시설 운영비용이 장벽건설에 투입되면서 한미 국방비 협상에도 영향을 주고 있다고 평가된다. 우리나라에 배정된 약 850억 달러의 예산이 장벽건설에 전용된 것으로 알려져 있다. 동아일보, "美국방부, 국경장벽에 군 예산 승인…한국 군사시설 2곳 예산 집행 중단", 2019년 9월 5일자.
27) Kisor v. Wilkie, 588 U.S.____ (2019).

> 38 CFR § 3.156 New Evidence
> (a) 청구인은 새롭고 상당한 증거를 제출하여 재심사를 청구할 수 있고, (c) 국가
> 보훈처는 <u>관련성이 인정되는 경우</u> 재심사할 수 있다.

> (a) A <u>claimant</u> may <u>reopen</u> a <u>finally adjudicated</u> legacy claim by
> submitting <u>new and material evidence.</u>
> (c)(1) (...) after <u>VA issues a decision on a claim</u>, if <u>VA(행정부)</u> receives
> <u>or associates with the claims file relevant(관련 있는)</u> official service
> department records that <u>existed and had not been associated with</u>
> <u>the claims file</u> when VA first decided the claim, VA will <u>reconsider(재</u>
> <u>심사하다)</u> the claim.

이미 판단된 사건이라도 제출된 증거가 기존 사건과 <u>관련성이 인정되는</u>
<u>경우</u> 이에 근거하여 재심사할 수 있다"(b)

원고(Kiser)는 보완된 서류를 제출하였으나 피고(국가보훈처)는 새롭
게 추가된 서류는 1982년 청구와는 "관련이 없다"는 이유로 재심사를
거절하자 원고는 기존 청구와 "관련이 없다"는 피고(국가보훈처)의 해석
을 사법부가 존중할 이유는 없다며 재심사 거부에 대한 사법심사를 요
청하였다. 즉, 원고는 연방 행정절차법 제551조에 따르면 행정입법이
모호하게 규정된 경우 사법부의 적극적 해석이 필요하며 현대국가의 행
정이 발전하고 사회에 미치는 영향력이 급격하게 증가하면서 그 필요성
은 더욱 증가하였다고 주장하였다.[28]

한편, 피고(국가보훈처)는 정당한 집행기관으로서 행정입법에 대한
해석을 사법부가 존중하여야 한다고 주장하며 Chevron 원칙을 행정입
법 해석에도 인용한 Auer v. Robbins 판결,[29] Bowles v. Seminole

---

28) 원고는 Auer 원칙은 효과적이지 않는 지배적 원칙("unworkable (...) doctrinal
dinosaur")이 되었다고 주장하였다.
29) Auer v. Robbins, 519 U.S. 452 (1997). 세인트루이스 경찰공무원의 초과근무수당 지
급여부에 관한 규정(Secretary of Labor's regulations) 해석에서 법원은 행정부의 해

Rock & Sand Co. 판결[30]을 근거로 들었다.

2) 행정입법에 대한 사법부의 해석범위

(1) Auer 판결 인용 및 구체화

연방대법원은 Chevron 원칙에서 확대된 Auer 판결을 인용하면서 (i) 행정입법이 <u>진정으로 모호한</u>(genuinely ambiguous) 경우에는 Chevron 원칙이 적용될 수 없으며, (ii) 법원은 행정부의 해석이 <u>합리적인 범위 내</u>(within the bounds of reasonable interpretation)에 해당하는지, <u>행정부 해석의 특성과 내용</u>(character and context)에 특정한 이익이 있는지 여부를 독자적으로 심사하여야 한다고 판단하였다. 또한 이 경우 법원은 (iii) <u>행정부의 정당한 직무권한 범위</u> 내에서 이루어져야 하며, (iv) 행정부는 <u>상당한 전문성</u>을 나타내야 하며, (v) 소송상 편의가 아닌 <u>형평에 부합하고 신중한 판단</u>(fair and considered judgment)이어야 한다고 설명하였다.

(2) 입법적 규칙의 경우 절차적 심사

연방대법원은 연방행정절차법에서 사법부가 행정입법의 의미를 해석("determine the meaning")한다고 규정한 것은 사법부가 행정입법의 구

석이 <u>형평에 부합하고 신중한 판단</u>(fair and considered judgement)이었으므로 법원은 행정부의 해석을 존중하여야 한다고 판단하였다. 특히 Auer 법원은 Chevron 원칙에서 우선 법률이 명확한 경우 이에 따르되, 법률이 명확하지 않은 경우, <u>행정부의 해석</u>을 존중한다고 규정하였는데, Auer의 경우, 행정부 스스로 제정한 규제(its own regulation)에 대한 해석에서도 사법부는 행정부의 해석을 존중하여야 한다고 판단하였다. 다만, Chevron 원칙과 달리 2단계 심사가 아닌 행정부의 규제에 대한 <u>합리적인 해석</u>("permissible interpretation of its own regulation")을 존중한다고 해석하였다.

30) Bowles v. Seminole Rock & Sand Co., 325 U.S. 410 (1945). 가격통제국에서 제정한 최대가격규제(Maximum Price Regulation)에서 법원은 법규해석에 의문이 있는 경우 당연히 행정부의 해석을 검토하여야 하며, <u>그 해석에 명시적인 오류가 있거나 일관성이 없는 경우 최종 기준은 행정부의 해석이 되어야 한다</u>고 판단하였다.

체적인 내용을 해석하여야 하는 것은 아니라고 판단[31]하여 법원이 행
정입법을 심사할 수는 있지만 입법적 규칙의 경우 심사내용은 절차적
심사에 한하여야 한다고 판단하였다. 즉, 모든 행정입법이 대한 해석이
집행(enforcement action)의 근거가 될 수는 없으며, 집행은 공고 및 고지
절차를 거친 입법적 규칙에 근거하여야 한다고 설명하면서, 사법부는
집행의 근거가 된 입법적 규칙의 경우 행정입법 제정절차(notice–and–
comment rule)를 준수하였는지 여부만을 심사하면 된다고 설명하였
다.[32][33]

연방 행정절차법 제551조[34]

... the reviewing court shall decide all relevant questions of law,
interpret constitutional and statutory provisions, and "determine the
meaning" or applicability of the terms of an agency action.

---

(3) 그 밖의 주장

정책적으로 모호한 행정입법의 제정을 막기 위해서 사법부의 적극
적 해석이 필요하다는 주장, 행정부의 행정입법 해석권한을 존중할 경
우 행정부가 사법부의 역할을 하게 되므로 권력분립원칙에 반한다는 견

---

31) Bowles v. Seminole Rock & Sand Co., 325 U.S. 410 (1945).
32) 한편, 닐 고서치 대법관(2018년 임명)은 별개의견에서 Auer 판결은 행정입법 전반
에 대한 사법심사를 인정하여 "합리적인 해석" 범위에 대하여 혼란을 발생시키고
심지어 행정부의 해석이 충돌되는 경우 법원에서 이를 방조하는 결과를 초래하였
다고 주장하였다. 또한, 브렛 케버노 대법관(2018년 임명)은 반대의견에서 스칼리
아 대법관의 주장을 인용하면서 행정입법에 Chevron 원칙을 적용하는 Auer 원칙
을 반대하면서 행정입법도 사법심사의 대상이 된다고 판단하였다.
33) 연방대법원은 행정입법의 효력 측면을 설명하면서 법원이 행정입법(regulation)이
행정절차법상 고지 및 의견제출(notice and comment) 절차를 거치지 않은 비입법
적 규칙(예컨대, 해석규칙<interpretive rule>)인 경우 (고지 및 의견제출 절차를
거친) 입법적 규칙이 있는 경우 당해 규칙의 효력이 우선한다고 판단하였다. 김재
선, 미국 행정절차법상 행정입법절차와 그 사법상 통제, 행정법학 제17호, 2019.
34) 5 U.S. Code §706.

해에 대해서도 연방대법원은 인정하지 않았다.

3) 판례에 대한 평가

Chevron 원칙은 미국 행정법에서 가장 중요한 원칙으로 널리 적용
되어 왔지만 원칙의 적용범위에 관해서는 반대 의견이 적지 않아 왔다.
예컨대 Auer 판결 이후 엄격한 원본주의(originalism)자이자, 문언적 해
석(textualism)을 강조하였던 앤터닌 스칼리아(Antonin Scalia) 대법관은
동 판결은 사법부의 역할을 포기한 것이며, 행정입법에 대한 행정부의
역할을 존중할 이유가 없다고 주장[35]하였다. 또한, Manning 교수는 행
정입법에 대한 Chevron 원칙의 확대적용은 행정절차법상 적법절차의
원칙에 반한다고 평가하였다.[36] 특히 2015년 Perez 판결[37]에서 토머스
대법관(Clarence Thomas)은 별개 의견으로 입법부의 위임이 명확하지 않
은 비입법적 규칙에 대해서까지 사법심사를 자제하고 행정부의 해석을
존중하는 것은 사법부의 권한을 침해하는 것이라고 판단하였다.[38]

2019년 이루어진 Kisor 판결은 연방대법원이 Auer 판단을 존중하
고 인용하였지만 일정한 한계<(i) 행정입법이 진정으로 모호하여야 하
며 (ii) 행정부의 규제해석이 합리적이어야 한다고 판단하였으며, 합리적
판단의 기준으로 (i) 행정부의 정당한 직무권한 범위 내에서 이루어져야
하며, (ii) 행정부는 상당한 전문성을 나타내야 하며, (iii) 소송상 편의가
아닌 형평에 부합하고 신중한 판단(fair and considered judgement)이어야
한다는 점>를 제안하였다는 측면에서 중요한 의미가 있는 판결이라 생

---

35) Ronald A. Cass, Auer Def uer Deference: Doubling Down on Delegation ence:
    Doubling Down on Delegation's Defects, 87 *Fordham Law Review* 2, 2018, at 534.
36) Ronald A. Cass, Auer Def uer Deference: Doubling Down on Delegation ence:
    Doubling Down on Delegation's Defects, 87 *Fordham Law Review* 2, 2018, at 534.
37) Perez v. Mortgage Bankers Association, 575 U.S.____ (2015).
38) Ronald A. Cass, Auer Def uer Deference: Doubling Down on Delegation ence:
    Doubling Down on Delegation's Defects, 87 *Fordham Law Review* 2, 2018, at 559.

	심사대상	요건	판단기준	판결의 의미
Chevron (1984)	법령(statute)	침묵 또는 모호한 (silent or ambiguous)	(1단계) 의회의 의도가 명확한 경우, 입법의도에 따름. (2단계) 의회의 의도가 불명확한 경우, 허용가능한 해석범위인지 판단(permissible construction)	행정판단을 존중, 사법심사의 여지가 매우 낮아짐.
	대기청정법 (Clean Air Act)			
Auer (1997)	행정입법 (regulation)		행정입법 제정기관의 행정입법해석은 명확하게 오류가 있거나 규정에 부합하지 않는 경우(plainly erroneous or inconsistent with the regulation)가 아닌 한 존중	행정입법에 대한 사법심사에서도 Chevron 원칙 확대 적용 (Chevron 강화)
	경찰공무원의 초과근무수당 지급규정(Secretary of Labor's regulations)			
Mead (2001)39)	관세법(Customs Act)의 위임을 받은 관세분류기준		(위임을 받은) 입법적 규칙은 Chevron 적용 비입법적 규칙은 Skidmore 적용(비입법적 규칙은 사법심사가 더 엄격하게 적용됨.)	행정입법 중 입법적 규칙만 Chevron 적용
Kisor (2019)	국가보훈처 연금심사규정	진정으로 모호한 (genuinely ambiguous)	합리적 판단 범위(within the bounds of reasonable interpretation) (i) 행정부의 정당한 직무권한 범위 내에서 이루어져야 하며, (ii) 행정부는 상당한 전문성을 나타내야 하며, (iii) 소송상 편의가 아닌 형평에 부합하고 신중한 판단(fair and considered judgement)	행정입법에 대한 사법심사에서 합리적 해석의 판단기준 제안

각된다.

---

39) United States v. Mead Corp., 533 U.S. 218 (2001).

3. 정보비공개 대상 관련 판례: 정보공개청구 거부처분 관련 판례(Food Marketing Institute v. Argus Leader Media)[40]

1) 논의의 배경

원고인 사우스 다코타 지방의 한 언론사(Argus Leader Media)는 피고인 미국 연방 농림부(Department of Agriculture)에게 식량배급법(Food Stamp Act)에 따라 개인 소매업자들이 2005년부터 2010년까지 면세받은 자료(일명 SNAP data라고 한다)[41]를 공개할 것을 요구하는 정보공개청구를 하였다. 그러나 피고인 농림부는 당해 정보가 연방 정보공개자유법(Freedom of Information Act, FOIA)에서 정한 예외조항(기밀로 안정되는 재정적 정보)에 해당한다는 이유로 이를 거부하였다.

2) 연방정보공개법상 기밀정보의 의미

법원은 우선, 연방 정보공개자유법상 제552(b)조에서 규정한 비공개 정보의 요건을 판단하였다. 비공개정보로 인정되기 위해서는 당해 정보가 (i) 상업적 또는 재정적 정보이며, (ii) 특정한 인(person)으로부터 획득한 정보이며, (iii) 기밀(privileged or confidential)인 정보여야 한다고 판단하였다.[42] 동 판결에서는 "정부가 설문 등으로 획득한 것으로서 공개되지 않은 정보(SNAP data)"가 위의 세 요건을 충족하는지 여부였으며 이 중 세 번째 요건인 기밀정보 해당성(confidentiality) 여부가 주된 쟁점이 되었다.

---

40) Food Marketing Institute v. Argus Leader Media, 588 U.S.___ (2019).
41) 식품구매지원 프로그램(Supplemental Nutrition Assistance Program) 관련 자료로 판례 원문에서 SNAP data로 명명한다.
42) 이와 같은 기준은 DC항소법원에서 제안한 기준이다. Getman v. NLRB, 146 U.S.App.D.C. 209, 450 F.2d 670, 673 (1971).

연방 정보공개자유법 제552조
(b)(4) This section does not apply to matters that are— trade secrets and <u>commercial or financial information(상업 또는 재정적 정보)</u> obtained <u>from a person(인으로부터 획득)</u> and <u>privileged or confidential(기밀)</u>

DC 항소법원은 비공개 대상으로 판단하기 위한 기준으로 "경쟁적 손해 심사(competitive harm test)"를 제안하였다. 동 기준에 따르면 정보가 공개될 경우 (i) 미래에 필수적인 정부의 정보획득능력을 저해하거나 (ii) 정보를 획득한 경쟁력 있는 지위에 있는 자에게 상당한 피해를 발생시키는 경우에 정보공개의무가 면제된다. 이에 따라 DC 항소법원은 당해 정보가 공개되더라도 약간의(some) 경쟁적 손해를 발생시키기는 하지만 상당한 정도(substantial)에 이르지는 않으므로 비공개대상 정보에 해당하지 않는다고 판단하였다.

이에 대하여 연방대법원은 당해 정보는 공개할 경우 <u>소매업자들에게 상당히 많은 경제적 손실을 발생시킬 것</u>이므로 연방 정보공개자유법상 기밀(confidential)<즉, 사적 또는 비밀(private or secret)> 정보에 해당한다고 판단하였다. 구체적으로 연방대법원은 <u>(i) 당해 정보가 쉽게 공개되는 정보가 아니라는 점, (ii) 정부가 소매업자들에게 이 정보가 사적인 정보로 유지될 것임을 약속하였다는 점</u>을 들어 기밀정보임을 확인하였다.

한편, 연방대법원은 (i) 당해 정보가 기밀의 상업적 정보(confidential commercial information)라는 원고의 주장은 법령을 잘못 해석한 것이라고 판단하였으며, (ii) 정책적으로 이를 공개하여야 한다는 주장에 대해서도 법원이 정책적으로 예외규정을 좁게 해석할 수는 없다고 판단하였다. 또한 브라이어 대법관은 별개의견에서 상당한 경제적 손해에 관한 DC 항소법원의 판단에 반대하여 공개대상 정보는 아니라고 판단하였지만 정보가 공개될 경우 정보소유권자의 경제적 또는 사업적 이익을 진정으로 해할 때 기밀정보에는 해당한다고 판단하였다.

3) 우리나라에서의 시사점

우리나라의 경우 정보공개법(공공기관의 정보공개에 관한 법률) 제9조에서 비공개대상을 열기하고 있는데, 재정정보의 경우 그 범위가 명확하게 정의된 것은 아니다. 다만 제7호 "(법인 등의) "경영상·영업상 비밀에 관한 사항"으로서 공개될 경우 "법인 등의 정당한 이익을 상당히 해칠 우려가 있다고 인정되는 정보"에 관한 판단이 동 판례에서와 유사한 것으로 볼 수 있다. 당해 판결에서 기밀성을 판단하기 위한 기준으로 정보공개 시 국가에 정보를 제공한 소매업자의 손실발생여부를 중요하게 판단하였다는 점에서 시사점이 있을 것으로 생각된다.

4. 원고적격 관련 판례: 아이폰 앱스토어 구매자의 휴대폰 제조사(애플 사)에 대한 원고적격(Apple Inc. v. Pepper)[43]

1) 논의의 배경

연방대법원은 아이폰을 통하여 어플리케이션을 구매한 소비자들이 아이폰 앱스토어를 통해서만 어플리케이션을 구매하도록 한 조치가 반독점법에 반한다는 반독점 소송에서 소비자들의 원고적격을 인정하였다. 본 사건은 특히 (제3의 전매인을 통한) 간접소비자는 제조사를 피고로 제소할 수 있는 원고적격이 인정되지 않았던 1977년 Illinois Brick v. Illinois 판결[44]을 인용하되, 아이폰을 이용하여 어플리케이션을 구매한 소비자들은 <u>간접소비자에 해당하지 않으므로</u> 아이폰 제조사인 애플사를 상대로 제소할 수 있다고 판단하였다.

---

43) Apple Inc. v. Pepper, 587 U.S.____ (2019).
44) Illinois Brick Co. v. Illinois, 431 U.S. 720 (1977).

　　구체적으로 어플리케이션은 개별 제작업체에 의해서 제작되었지만 아이폰이라는 플랫폼을 제공하는 애플사는 개발자에게 연 99달러의 가입비용을 받고 모든 어플리케이션 판매비용의 30%를 수수료로 받았다. 원고(Pepper)는 아이폰 사용자로서 아이폰을 통하여 어플리케이션을 구매하였는데, 소송에서 애플 사가 불법적으로 어플리케이션 시장을 독점하고 있다고 주장하였다. 한편, 피고(애플 사)는 직접적으로 상품이나 서비스를 판매하지 않고 중개역할을 할 뿐이므로 소송의 상대방이 되지 않으며 소비자들의 원고적격도 인정되지 않는다고 주장하였다.

2) 법원의 판단

　　연방대법원에 따르면 반독점법(Clayton Act) 제4조는 "반독점행위로 피해를 입은 사람은 <u>누구든지</u> 반독점법 위반을 이유로 제소할 수 있다"고 규정하고 있으므로 조문을 광의로 판단할 경우, 주장된 독점적 행위(아이폰 앱스토어에서만 어플리케이션을 판매하는 행위)로 경쟁 시장에 비하여 높은 가격을 지불한 소비자의 원고적격은 인정된다고 볼 수 있다.

> 반독점법 제4조[45]
> 반독점법으로 사업 또는 재산상의 손실을 입은 사람은 <u>누구든지</u> 제소할 수 있다.
>
> <u>any person</u> who shall be <u>injured</u> in his business or property by reason of anything forbidden in the antitrust laws <u>may sue.</u>

　　그러나 본 소송에서 1977년 Illinois Brick 판결[46]에서 유통사를 통하여 제품을 구매한 소비자는 간접소비자로서 원고적격이 인정되지 않는다고 판단하였으므로, 앱스토어에서 어플리케이션을 구매한 소비자가 간접소비자(indirect purchaser)에 해당하는지가 문제되었다. 연방대법원은 Illinois Brick 판결에서 법원이 간접소비자의 원고적격을 제한한 사

---

45) 15 U.S.C. §15(a)
46) Illinois Brick Co. v. Illinois, 431 U.S. 720 (1977).

유로 (i) 반독점법의 효과적인 집행, (ii) 복잡한 손실계산 회피, (iii) 피고에 대한 이중손해방지에 있다고 설명하면서 이러한 점을 고려할 때 어플리케이션을 구매한 소비자에게 원고적격은 인정하더라도 간접소비자 해당성 문제는 발생하지 않으므로 원고적격을 인정할 수 있다고 판단하였다.

3) 우리나라에서의 시사점

위 판례는 스마트폰 제조사인 애플 사와 관련된 소송으로 이후 (i) 정보통신 관련 소송으로 애플 사 뿐만 아니라 다른 회사를 피고로 한 소송이 나타날 수 있다는 점, (ii) 어플리케이션 구매자를 간접소비자로 볼 수 없다고 판단한 점 등에서 의미가 있다. 특히 원고적격과 관련하여 어플리케이션 구매자라 할지라도 소송당사자가 될 수 있음을 명확히 하였으므로 이후 플랫폼 이용자의 소송참여권한을 확대하였다는 측면에서도 의미가 있다.[47]

5. 연방과 지방의 관계 관련 판례

1) 연방정부와 주정부의 이중처벌 합헌 판결
(Gamble v. United States)[48]

연방대법원은 연방정부와 주정부가 모두 처벌할 수 있음을 규정한 연방 수정헌법 제5조가 이중처벌금지의 원칙에 반하여 위헌에 해당하는 것은 아니라고 판단하였다.

---

47) Herbert Hovenkamp, Apple v. Pepper: Rationalizing Antitrust's Indirect Purchaser Rule, Columbia Law Review Forum 2020, University of Pennsylvania Law School, 2019.
48) Gamble v. United States, 587 U.S.____ (2019).

> 연방 수정헌법 제5조
> No person shall be held to answer for a capital, or otherwise
> infamous crime, (....) <u>nor shall any person be subject for the same</u>
> <u>offence to be twice put in jeopardy of life or limb</u> (...)

원고(Gamble)는 총기를 소지하고 중범죄(felon)를 범하여 연방법원 및 주법원에서 기소되었다. 이에 대하여 원고는 이중처벌 금지의 원칙에 반한다고 주장하였으나, 7인의 연방대법관은 국제법에서 국가에 따라 다른 형법을 적용할 수 있는 것과 같이 연방법원과 주법원은 서로 독립되어 있으므로 이중처벌 금지에 해당하지 않는다고 판단하였다. 한편, 토머스 대법관은 별개의견으로 이 경우 이중처벌에 해당하지 않지만, 이중처벌 결정에 명백한 오류가 있는(demonstrably erroneous) 경우에는 이중처벌에 해당한다고 판단하였다.

2) 정당한 보상을 위한 연방법원 제소요건
(Knick v. Township of Scott, Pennsylvania)[49]

연방대법원은 정당한 보상없이 사인의 토지를 몰수하는 경우 연방 수정헌법 제5조 및 민권법 제1983조에 근거하여 연방대법원에 제소할 수 있다고 판단하였다. 민권법 제1983조는 민사상 권리침해(deprivation of any right)가 발생하는 경우 권리침해가 발생한다고 규정하고 있다.

사건에서 원고(Knick)는 1970년대 90에이커의 토지를 구매하였는데, 2008년 피고(지방정부)가 원고의 토지 내에 분묘가 있다는 이유로 공중보행로를 설치하려고 하자 원고는 이를 반대하였다. 이에 지방정부는 2012년 지방정부 내 분묘에 대해서는 접근로를 만들어야 하고 낮시간동안 이를 공중에게 공개하여야 한다는 조례를 제정하였다. 원고 측

---

49) Knick v. Township of Scott, Pennsylvania, 587 U.S.   (2019). First
   Amendment－Taking Clause－State Litigation Requirement－Knick v. Township of
   Scott, *133 Harvard Law Review 322* (2019) at 322－331.

> 민권법 제1983조[50] 권리침해에 대한 민사소송
> any citizen of the United States or other person within the jurisdiction thereof to the deprivation of any rights, privileges, or immunities secured by the Constitution and laws, shall be liable to the party injured in an action at law, suit in equity, or other proper proceeding for redress, except that in any action brought against a judicial officer for an act or omission taken in such officer's judicial capacity, injunctive relief shall not be granted unless a declaratory decree was violated or declaratory relief was unavailable.

은 당해 규정이 보상 없는 공공이용("public use without compensation")에 해당한다는 이유로 지방법원과 연방법원에 소송을 제기하였다. 주정부 지방법원은 당해 사건을 각하하였고 연방 하급법원은 대법원으로 이송하였다. 연방대법원 5인의 다수의견은 토지소유자는 수정헌법 제5조에 의하여 지방정부의 재산권 침해에 대하여 정당한 보상을 요구할 수 있으며 그 전에 토지를 몰수당하지 않는다고 판단하였다. 특히 동 판결은 지방법원의 재산몰수에 대하여 연방대법원에 제소하기 전에 주법에 따라 토지를 몰수당할 수 있다는 1985년 연방대법원 판결을 변경하는 판결로 그 의미가 인정된다.[51][52]

---

50) 42 U.S.C. §1983.

51) Andrew Chung, "Conservative U.S. justices draw criticism by overruling precedent again", Routers, 2019년 6월 22일자.

52) 정하명, 역수용 소송의 주법원소송요건에 관한 미국연방대법원 판결례, 행정판례연구, 제24권 제2호, 2019.

6. 선거구 획정 관련 판례: 당파적 선거구 획정의 통치 행위성(Rucho v. Common Clause)[53]

연방대법원은 당파적 선거구획정이라 할지라도 통치행위에 해당하므로 법원이 심사할 수 없다고 판단하였다. 위 사건은 공화당이 우세한 노스캐롤라이나, 민주당이 우세한 메릴랜드 주에서 나타난 사건이다. 우선, Rucho 사건의 경우, 공화당이 우세한 노스캐롤라이나 의회에서 선거구를 재획정한 결과 2016년의 경우 공화당 10석, 민주당 3석을 획득하였으며, 2018년의 경우 공화당 9석, 민주당 3석을 획득하였다. 그러나 주 전체의 실질 득표율은 2016년 공화당 53%, 2018년 50%를 차지한 것으로 나타나 실제 득표율과 의석수에 약 23 − 25%(76%, 75%) 정도의 차이가 나타났다. 다음으로 메릴랜드 사건의 경우, 민주당이 우세한 메릴랜드 주에서 공화당 의원이 차지하고 있던 선거구를 폐쇄하였으며, 이를 위하여 36만명의 거주민을 당해 선거구에서 삭제하고 35만명의 거주민을 새로 등록하는 절차를 거쳤다.

Rucho 사건에서 원고 측은 당파적 선거구 획정은 평등선거의 원칙에 반하며, 민주당 지지자들의 표현의 자유를 침해하였으며, 주민에 의한 대표자 선출권한을 침해하였으며, 선거에 관한 내용(시간, 장소, 방법)을 정할 수 있는 주정부의 권한을 침해하였다고 주장하였다.[54] 연방지방법원이 메릴랜드 주정부와 노스캐롤라이나 주정부에 대하여 2020년 선거에 대비하여 새로운 선거구를 획정할 것을 선언하자, 주정부에서 연방대법원에서 소송을 제기하였다.

연방대법원은 선거구획정이 비록 당파적 선거구획정이 이루어진다 할지라도 이는 정당화할 수 없는 정치적 문제이므로 사법심사의 대상이

---

53) Rucho v. Common Clause, 588 U.S.___ (2019). 139 S.Ct. 2484. Lamone v. Benisek, 585 U.S.___ (2019). 138 S.Ct. 1942.
54) Rucho v. Common Cause, 133 Harvard Law Review 252 (2019).

될 수 없다고 판단하였다. 존 로버츠 대법관은 당파적 선거구획정은 정
당화할 수 없지만 의회의 권한이라는 점을 지적하였다. 특히 법원은 당
파적 선거구획정이 위헌이라고 판단할 구체적인 기준이 없다는 점을 지
적하였다. 한편, 4인의 반대의견은 자유롭고 공정한 선거만큼 중요한
가치는 없으며 사법부는 이러한 근간을 지켜야 할 의무가 있다고 주장
하였다.

7. 그 밖의 판례

1) 공정채권추심법상 채권추심 소멸시효(Rotkiske v. Klemm)[55]

연방 공정채권추심법(Fair Debt Collection Practices Act)에 따르면 불
법행위 발생 이후 1년 이내에 채권추심자들에 대하여 민사소송을 제기
할 수 있다고 규정하고 있는데 연방대법원은 연방 공정채권추심법의 법
문상 소멸시효는 연방 공정채권추심법상 위법행위가 발생한 때를 기준
으로 할 뿐 위법행위가 발견된 시점을 기준으로 하는 것은 아니라고 판
단하였다.

연방 공정채권추심법 제1692k(d)조
(d) An action to enforce any liability created by this subchapter may
be brought in any appropriate United States district court (...) within
one year from the date on which the violation occurs. (위법행위 발생 시
점)

채권자인 피고(Klemm)는 채무자인 원고(Rotkiske)의 채권을 추심하
기 위하여 원고(채무자)가 더 이상 거주하지 않고 있는 거주지에 소송서
류를 송달하였으며, 서류는 원고(채무자)가 아닌 타인에게 송달되었다.
2009년 피고(채권자)는 궐석재판으로 승소하였으며, 2014년 원고(채무자)

---

55) Rotkiske v. Klemm, 589 U.S.___ (2019).

는 처음으로 당해 판결을 알게 되었다. 원고(채무자)는 궐석재판이 위법하다고 소송을 제기하였고 피고(채권자)는 1년의 제소기간이 경과하였다고 소송각하(Motion to Dismiss)를 요청하였다. 원고(채무자)는 연방 공정채권추심법은 민사소송상 증거제출 등 조사절차(discovery rule)을 따라야 하므로 원고가 위법행위를 안 시점부터 1년 이내에 제소가능하다고 주장한 반면, 피고(채권자)는 법문에 따라 위법행위가 발생한 시점부터 1년 이내에 제소하여야 한다고 주장하였다.

이에 대하여 연방대법원은 법문의 규정이 소멸시효를 위법행위 발생시점으로 명시하고 있으므로 채권추심에 관한 기한이 불명확한 것이 아니므로 법문을 그대로 판단하여 위법행위 발생시점을 기준으로 한다고 판단하였다.

2) 상표법상 공서위반 규정의 위헌성(Iancu v. Brunetti)[56]

연방대법원은 연방 상표법(Lanham Act)상 공서양속 위반상표 (scandalous trademark)에 대한 상표등록 금지는 연방수정헌법 제1조의 표현의 자유(Free Speech Clause)에 반한다고 판단하였다. 구체적으로 연방 상표법에 따르면 "비도덕적, 기만적, 공서양속에 반하는(immoral, deceptive, or scandalous") 상표는 등록이 거부될 수 있다고 규정하였다.

> 연방 상표법 제1052조[57]
> No trademark by which the goods of the applicant may be distinguished from the goods of others shall be refused registration on the principal register on account of its nature unless it—(a) Consists of or comprises <u>immoral, deceptive, or scandalous</u> matter

제3자인 기업은 당신이 신뢰할 수 없는 친구("Friends U Can't

---

56) Iancu v. Brunetti, 588 U.S.____ (2019).
57) 15 U.S.C. §1052.

Trust")를 의미하는 약자인 FUCT를 상표로 의류사업을 하였다. 원고
(Brunetti)는 위 문구에 대한 상표권 등록을 신청하였으나 피고(Ianucu)인
특허청장은 공서양속에 반하므로 상표권 등록의 대상이 될 수 없다고
판단하였고 이러한 판단은 상표권 심사위원회(Trademark Trial and
Appeal Board)에 의하여 승인되었다. 연방 항소법원은 위 상표법의 위헌
소송을 제기하였다.

　　법원은 우선, 연방 상표법상 위 표현이 그 자체로 차별적(viewpoint
discrimination)에 해당한다고 판단하였다. 또한 법원은 위 상표가 방송광
고 등으로 방송될 경우, 청소년 등에게 미칠 영향이 있음을 우려했으며,
다른 폭력단어(vulgar words)와 명확하게 구분되지 않는 한 다른 단어와
다르게 판단하는 이유가 명확해지지 않는다고 판단하였다.

3) 연방중재법상 노사분쟁 집단중재 강제 가능성
(Lamps Plus Inc. v. Varela)[58]

　　연방대법원은 노사분쟁에서 집단중재에 관한 규정이 모호한 경우,
집단중재를 의무화할 수는 없다고 판단하였다. 구체적으로 연방중재법
(Federal Arbitration Act)에 따르면 당사자간 사전계약에 의하여 분쟁 시
중재를 최종심으로 할 수 있다고 규정하고 있다.

연방중재법 제16조[59]
(a) An appeal may be taken from (3) <u>a final decision</u> with respect to
an <u>arbitration</u> that is subject to this title.

　　근로자인 원고(Varela)는 사측인 피고(Lamps Plus)가 원고의 개인정
보를 유출하였다고 소송을 제기하였다. 노사 상호 합의한 근로계약서에
따르면 상호 중재에 관한 규정이 있었는데 집단중재에 관한 규정이 명

---

58) Lamps Plus, Inc. v. Varela, 587 U.S.＿＿ (2019).
59) 9 U.S.C. §16(a)(3).

확하지 않은 점이 논의되었다. 원고(근로자측)는 연방중재법상 집단중재에 관한 내용은 공익적 관점에서 고려하여 집단소송을 인정하여야 한다고 주장한 반면, 피고(사측)는 연방중재법상 양측의 명확한 합의가 없는 경우에는 분쟁해결방법을 강제할 수는 없다고 주장하였다. 연방대법원은 개별중재와 집단중재는 그 법적 성격(비용, 시간, 진행절차)이 완전히 다르므로 합의내용이 명확하지 않은 경우 집단중재에 관한 합의가 있는 것으로 해석할 수 없다고 판단하였다.

III. 나가며

2019년 미국 연방대법원은 전반적으로 보수적 경향을 강화하면서 여러 공법적 사건에서 앞으로 더욱 보수화된 판단이 내려질 것임을 예고하였다. 특히 2019년 미국 연방대법원은 행정법적 관점에서 중요한 판단이 많이 이루어졌는데, 이민법 해석에서 재량행위성을 인정하였다는 점, 인구조사에서 시민권 질문여부를 평가하면서 행정청의 광범위한 입법재량과 그 한계에 관한 기준을 제안하였다는 점, 행정입법 해석에 관한 Chevron 원칙의 한계로 행정입법의 합리성을 심사하기 위한 기준을 제안하였다는 점, 정보공개법상 비공개대상정보 중 기밀성을 판단하기 위한 기준을 제안하였다는 점, 플랫폼을 통하여 어플리케이션을 구매한 소비자에 대하여도 반독점규제법상 소비자소송의 원고적격을 인정하였다는 점 등은 추후 행정소송에서도 중요한 의미가 있을 것으로 생각된다. 우리나라에서도 유사한 행정법적 문제가 다수 발생하고 있는 상황임을 고려할 때 연방대법원에 대한 평석과 해설, 후속판례를 통해 우리 행정법상 문제 해결에도 참고할 수 있을 것으로 생각된다.

참고문헌

국내논문

김성배, 미국 행정법상 이유제시의 문제와 그 정도−행정절차법과 판례를
　　　중심으로, 법학논고, 제54권, 2016.

김은주, 미국 행정법에 있어서 Chevron 판결의 현대적 의의, 공법연구,
　　　제37권 제3호, 2009.

김재선, 最近(2018) 미국 行政判例의 動向과 分析, 행정판례연구, 제24권,
　　　2019.

김재선, 미국 행정절차법상 행정입법절차와 그 사법상 통제, 행정법학 제
　　　17호, 2019.

오정은, 강제퇴거 대상 외국인의 보호 및 강제퇴거 절차에 대한 해외 법
　　　제도 연구, 법무부 용역보고서, 2017.

이준일, 강제퇴거 대상자에 대한 보호제도의 위헌성−헌법재판소 2018.
　　　2. 22. 2017헌가29 결정에 대한 평석−, 세계헌법연구, 제25권 제2호,
　　　2019,

정하명, 미국 행정법상 행정부의 법률해석에 관한 사법심사의 범위, 공법
　　　학연구, 제8권 제2호, 2007.

정하명, 역수용 소송의 주법원소송요건에 관한 미국연방대법원 판결례,
　　　행정판례연구, 제24권 제2호, 2019.

허성욱, 행정재량에 대한 사법심사기준에 대한 소고: 미국 행정법상 쉐브
　　　론원칙(Chevron Doctrine)과 해석규범(Canon)의 기능과 상호관계를
　　　중심으로, 공법연구, 제41권 제3호, 2013.

해외 문헌

First Amendment−Taking Clause−State Litigation Requirement−Knick

v. Township of Scott, 133 Harvard Law Review, 322 (2019).

Herbert Hovenkamp, Apple v. Pepper: Rationalizing Antitrust's Indirect Purchaser Rule, Columbia Law Review Forum 2020, University of Pennsylvania Law School, 2019.

Nielsen v. Preap, 133 Harvard Law Review 392 (2019).

Ronald A. Cass, Auer Def uer Deference: Doubling Down on Delegation ence: Doubling Down on Delegation's Defects, 87 Fordham Law Review 2 (2018)

Rucho v. Common Cause, 133 Harvard Law Review 252 (2019).

미국 연방대법원 판례

Bowles v. Seminole Rock & Sand Co., 325 U.S. 410 (1945).

Getman v. NLRB, 146 U.S.App.D.C. 209, 450 F.2d 670, 673 (1971).

Illinois Brick Co. v. Illinois, 431 U.S. 720 (1977).

Auer v. Robbins, 519 U.S. 452 (1997).

United States v. Mead Corp., 533 U.S. 218 (2001).

Perez v. Mortgage Bankers Association, 575 U.S.   (2015).

Apple Inc. v. Pepper, 587 U.S.   (2019).

Department of Commerce v. New York, 588 U.S.   (2019).

Food Marketing Institute v. Argus Leader Media, 588 U.S.   (2019).

Gamble v. United States, 587 U.S.   (2019).

Iancu v. Brunetti, 588 U.S.   (2019).

Kisor v. Wilkie, 588 U.S.   (2019).

Knick v. Township of Scott, Pennsylvania, 587 U.S.   (2019).

Lamps Plus, Inc. v. Varela, 587 U.S.   (2019).

Nielsen v. Preap, 586 U.S.   (2019).

Trump v. Sierra Club, 588 U.S.   (2019).

Rotkiske v. Klemm, 589 U.S.   (2019).

Rucho v. Common Clause, 588 U.S.   (2019).

Lamone v. Benisek, 585 U.S. (2019).

신문기사 등 인터넷 자료

Amelia Thomson−DeVeaux, "Is The Supreme Court Heading For A Conservative Revolution?", ABC News, 2019년 10월 7일자.

Andrew Chung, "Conservative U.S. justices draw criticism by overruling precedent again", Routers, 2019년 6월 22일자.

Ephrat Livni, "We charted the ideological lines along which each Supreme Court justice voted", QUARTZ, 2019년 7월 4일자.

Adam Liptak, Jason Kao, "The Supreme Court's Biggest Decisions in 2019", 2019년 6월 29일자.

Kriston McIntosh, Ryan Nunn, Jay Shambaugh, "Six chart on the immigrants who call the US home", BBC 뉴스, 2018년 11월 29일자.

Lucy Rodgers, Dominic Bailey, "Trump wall − all you need to know about US border in seven charts", BBC 뉴스, 2019년 9월 27일자.

Mitchell Thorson, Jim Sergent, "Supreme Court's top cases of 2019", USA Today.

동아일보, "美국방부, 국경장벽에 군 예산 승인…한국 군사시설 2곳 예산 집행 중단", 2019년 9월 5일자.

국문초록

　　2019년 미국 연방대법원은 행정법적 관점에서 의미있는 여러 판결을 내렸으며, 본고에서는 미국 사회의 변화에 따른 연방대법원 변화의 흐름을 보여주는 주요 판례에 대한 검토를 시도하였다. 미국 연방대법원은 2016년 스칼리아 대법관의 사망, 2018년 앤서니 케네디 대법관의 사임 이후 트럼프 행정부에서 임명한 닐 고서치 대법관(2017년 4월 임명), 브렛 캐버노 대법관(2018년 10월 임명)이 본격적으로 판결을 시작하면서 많은 관심이 모였는데, 대체적으로 정치적 사건에서는 보수적 판단이 이루어진 반면, 정보공개, 소비자소송 등 현대적 소송에서는 진보적 판단이 이루어진 것으로 평가된다.

　　우선, 연방대법원은 이민행정 분야인 Nielsen v. Preap 판결에서 외국인 범죄자에 대한 구금권한 확대 규정을 행정재량 중 집행재량 영역으로 보아 승인하였으며, Trump v. Sierra Club 판결에서 멕시코와 미국 사이의 국경에 장벽 건설에 사용되는 비용집행을 승인하여 이민행정영역에서 행정청의 재량을 폭넓게 인정하였다. 다만, 연방대법원은 Department of Commerce v. New York 판결에서 2020 인구조사 시 시민권 여부에 관한 질문을 추가하는 경우 이민행정과 관련된 새로운 질문을 추가하는 것이므로 행정청이 구체적인 이유부기를 하여야 한다고 판단하여 행정절차적 측면에서는 엄격한 입장을 취하였다.

　　다음으로 행정입법의 해석 분야인 Kisor v. Wilkie 판결에서 연방대법원은 국가보훈처의 행정입법에 대한 사법심사 기준으로 입법적 규칙의 경우 절차적 통제를 강조한 반면, 비입법적 규칙의 경우 Auer 판결에서 제안된 구체적 심사기준을 적용하였다. 당해 판결은 행정입법에 대한 해석에서 행정부의 재량을 강조한 Chevron 판결 이후 입법적 규칙에 관하여 사법부의 내용적 심사를 완화한 반면, 비입법적 규칙에 대해서는 사법심사를 강화하였다는 점에서 추후 행정법 해석의 중요한 원칙이 될 것으로 예상된다.

　　마지막으로 IT기업과 관련된 소송이 다수 나타나고 있는 상황에서 연방

대법원은 Food Marketing Institute v. Argus Leader Media 판결에서 기업
(소매상인)의 소비자에 대한 판매정보는 소매상인의 상업 또는 재정적 정보
로서 기밀정보에 해당한다고 판단하였다. 법원은 비공개대상 정보의 판단기
준으로 상업적 또는 재정적 정보로서 특정한 상대방으로부터 획득한 정보여
야 하며, 내용상 기밀에 해당하여야 한다는 구체적인 기준을 제안하였으며,
Apple Inc. v. Pepper 판결에서는 아이폰 앱스토어 소비자가 휴대폰 제조사
인 애플사에 대한 반독점 소송을 제기할 경우 원고적격을 인정하였다.

그 밖에도 Gamble v. United States 판결에서 연방대법원은 연방정부와
주정부가 모두 처벌할 수 있음을 규정한 연방수정헌법 제5조를 합헌으로 판
단하였으며, Knick v. Township of Scott, Pennsylvania 판결에서 주정부 등
이 정당한 보상없이 타인의 토지를 몰수하는 경우 이를 연방대법원에서 다툴
수 있다고 판단하였다.

주제어: 연방대법원, 이민행정법, 정보, 입법적 규칙, 원고적격

Abstract

Analysis of the Significant Administrative Law Cases in 2019 of the United States Supreme Court

Kim, Jae Sun*

In 2019, the Supreme Court of the United States held several meaningful decisions from the administrative law perspectives, and this article tries to review administrative law cases that reflects the changes of the U.S. society. In 2019, the Supreme Court showed conservative steps in the political cases while the constitution of the Justices changes: Justice Antonin Scalia passed away in 2016 and Justice Anthony Kennedy regined in 2018 while the Trump administration appoints Justice Niel Gorsuch in 2017 and Justice Brett Kavanaugh 2018.

First, the immigration area, the Nielsen v. Preap Court held the 8 U.S.C. 1226(Illegal Immigration Reform and Immigrant Responsibility Act) as constitutional because the government may detain criminal immigrants before deportation, while approving the government's discretion to enforce the law. Moreover, Trump v. Sierra Club Court held that the federal fund raised to build a wall on the border between the United States and Mexico could be used under the government's discretion. However, the Department of Commerce v. New York Court held that the census questionnaire regarding the citizenship to the people could needs to be explanation rather than a short form.

---

* Associate Professor, Pusan National University School of Law, J.D., Ph.D.

Second, in the administrative legislation areas, the Kisor v. Wilkie Court held that the agency's interpretation for legislative rules needs to be more procedural, while non−legislative rules should be more specific under the Aure decision. This decision emphasis the administrative discretion under the Chevron principle for the legislative rules, while strict scrutiny for the non−legislative rules are needed.

Third, as the lawsuits are increasing regarding the IT industry, the Food Marketing Institute v. Argus Leader Media Court held that the client information retained by the retail stores are categorized as the confidential information as it is financial information collected by the individual having confidential characters. Moreover, the Apple Inc. v. Pepper Court held that the application customers could have standing to sue to the IT industry including Apple.

Keywords: US Supreme Court, Immigration Law, Information, legislative rules, standing

투고일 2020. 6. 24.
심사일 2020. 6. 28.
게재확정일 2020. 6. 29.

最近(2019) 프랑스 行政判例의 動向과 檢討*

朴祐慶**

Ⅰ. 서론
Ⅱ. 대상 및 원고적격
1. 제1유형: 침익적 행정행위에 대한 취소소송
2. 제2유형: 수익적 행정행위의 거부조치에 대한 취소소송
3. 제3유형: 침익적 제3자효를 갖는 이중효과적 행정행위에 대한 취소소송
4. 제4유형: 수익적 제3자효를 갖는 이중효과적 행정행위의 거부조치에 대한 취소소송
Ⅲ. 본안심사의 척도 및 강도
1. 제한적 내지 최소심사가 이루어진 경우
2. 통상적 내지 완전심사가 이루어진 경우
3. 최대심사가 이루어진 경우
Ⅳ. 결론

Ⅰ. 서론

2015년부터 2019년까지 프랑스 최고행정재판소 국사원(le Conseil d'État)은 연평균 약 9,800여 건을 처리하였고, 2019년에는 10,320 건을 처리하였다.[1) 국사원은 그 가운데 중요한 판결들을 판례집(le Recueil

---

* 본 논문은 2019. 12. 19. 한국행정판례연구회·사법정책연구원 공동학술대회 발제문의 내용을 수정·보완한 것임을 밝힌다.
** 사법정책연구원 연구위원, 법학박사.
1) 보다 자세한 통계는 아래 표와 같다. Conseil d'État, *Rapport public: Activité juridictionnelle et consultative des juridictions administratives en 2019*, La documentation Française, 2020, p. 31.

Lebon)에 수록하는데, 특히 중요한 쟁점을 담고 있는 판례들을 선별하여 웹에 게시하고 있으며, 2019년부터는 중요판례 가운데 상대적으로 중요도가 더 높은 판례에 A·B등급을 부여하고 있다. 2018년 12월부터 2019년 11월까지 선고된 판결 가운데 국사원이 중요판례로 게시한 판례는 총 15개[2]이며, 그 가운데 A·B등급이 부여된 판례는 총 4개(아래 '2018. 12. - 2019. 11. 국사원 중요판례 목록' 참조)이다. 아래에서는 국사원이 중요판례로 게시한 15개의 판례를 소송요건 가운데 대상 및 원고적격의 측면과(Ⅱ), 본안의 심사강도(Ⅲ) 측면에서 분석해보기로 한다.[3]

건수 분류	처리건수 / 접수건수				
	2015	2016	2017	2018	2019
제1심행정재판소 (TA)	188,783 /192,007	191,697 /193,532	201,460 /197,243	209,618 /213,029	223,229 /231,280
행정항소재판소 (CAA)	30,540 /30,597	30,605 /31,308	31,283 /31,283	32,854 /33,773	34,260 /35,684
국사원 (CE)	9,553 /8,727	9,607 /9,620	10,139 /9,864	9,583 /9,563	10,320 /10,216

2) 행정소송에 대한 판결만을 포함하고, 명령(집행정지) 등은 제외한 수치이다.

3) 이 논문의 분석틀은 박정훈, 『행정소송의 구조와 기능』, 제3장 취소소송의 4유형, 박영사, 2006, 63-99면의 분석방법론에 따른 것임을 밝힌다. 논문의 방향에 많은 조언을 해주신 선생님께 지면을 빌어 감사드린다.

2018. 12. – 2019. 11. 국내원 중요판례 목록

연번	선고일자 (연/월/일)	사건번호	사건내용	원고	피고(행정청)	중요도	결과	유형 대상/원고적격	유형 심사강도
①	18/12/14	419443	라디오프랑스사장 직무종료결정 취소청구	라디오 프랑스사장	시청각최고위원회	-	기각	1-a	최소
②	19/5/13	421779	재판 진행 중인 사건 관련 프랑스 뗄레비지옹社의 보도 관련 시청각최고위원회 결정 취소청구	프랑스 뗄레비지옹社	시청각최고위원회	-	기각		최대
③	19/7/11	426060	전기계량기설치 중단결정 취소청구	전기계량기 설치업체	까스트 市	-	인용		통상
④	19/7/19	426389	불성실한 재선신고사항 공표 취소청구	마린느 르 펜	공직생활 투명화를 위한 고등청	A	기각		-
⑤	19/3/27	424394 424656 424695	중영사를 정부가 임명하는 고위직에 포함시킨 데꾸레 취소청구	외교부공무원 노동조합 등	외교부장관	-	일부 인용	1-b	통상
⑥	19/5/6	419242	의무예방접종 8가지를 추가한 데끄레 취소청구	프랑스백신 접종자유연맹	보건부장관	A	기각		-
⑦	19/6/26	415426 415431	살충제 사용요건을 정한 이레떼 취소청구	환경단체	생태부장관, 농업·식품부장관	-	일부 인용		최대
⑧	19/3/15	414751	주차카드 발급 거부결정 취소청구	청각장애인	도지사	-	인용	2	-
⑨	19/6/12	427916	학위과정 지원자 심사기준 및 의결사항 공개거부결정 취소청구	전국대학생 연합	앙띠으 대학	-	기각		-

				임청후보자	생태부장관 등				
⑩	19/7/24	416862	생브리의 해상풍력발전단지 운영자선정결정 취소청구	임청후보자	생태부장관 등	-	일부인용	-	-
⑪	19/7/24	418846	생브리의 해상풍력발전단지 운영자선정결정 취소청구	환경단체	생태부장관 등	-	기각	-	-
⑫	19/10/9	430538 431689	돌루즈-불라너 공항 지문인수자결정 취소청구	항공소음 반대단체, 지역단체 등	경제부장관	B	기각	3-a	취소
⑬	19/10/16	433069	인터넷타켓팅고 관련 개인정보호위원회 시행계획 취소청구	디지털권리 변호단체 등	개인정보호위원회	-	기각	-	-
⑭	19/11/29	425519 등 병합	접착제를 이용한 야생조류 사냥을 허용한 아래에 대한 취소청구	동물보호단체	생태부장관	-	선결문제 제 제청	3-b	-
⑮	19/5/6	415694	알루미늄염이 첨가된 백신을 제조하지 않도록 제조사를 규제할 것과 첨가물이 없는 백신이 충분히 공급되게 할 것을 요청한 것에 대한 거부재건 취소청구	국민 3천 여 명 등	보건부장관	A	기각	4	취소

Ⅱ. 대상 및 원고적격

검토대상인 15개의 중요판례는 모두 월권소송(le recours pour excès de pouvoir)4)으로 제기되었다. 프랑스 행정소송에서 큰 비중을 차지하는 소송의 유형에는 월권소송과 완전심판소송(le recours de pleine juridiction)이 있는데, 월권소송은 행정의 행위의 위법성을 이유로 그 취소를 구하는 소송으로서5) 우리나라의 취소소송에 상응하는 것으로 볼 수 있고,6) 완전심판소송은 우리나라의 당사자소송에 상응하는 것으로 볼 수 있다.7) 월권소송은 "행위에 대한 소송"으로서,8) 객관소송의 성질을 띤다.

월권소송은 행정행위의 적법성을 지키는 데에 그 목적이 있으므로 공익적인 소송(un recours d'utilité publique)으로 규정되기도 한다.9) 그 공익적인 성격으로 인해, 월권소송은 모든 '일방적 행정행위'(l'acte administratif unilatéral)를 대상으로 한다.10) 따라서 월권소송을 제기하는

---

4) 월권소송에 관한 상세로는 김동희, "월권소송론", 서울대학교 법학 제17권 제1호, 1975; 박균성, "프랑스의 행정법원과 행정재판",『현대법의 이론과 실제』(금랑 김철수교수 화갑기념논문집), 박영사, 1993 등 참조.
5) Camille BROYELLE, *Contentieux administratif*, LGDJ, 2018, p. 59 참조.
6) 국사원은 행정의 묵시적 거부결정도 월권소송의 대상으로 인정하고 있으므로, 월권소송은 우리나라 항고소송의 취소소송을 넘어 부작위위법확인소송까지도 포괄하는 소송유형이라고 할 수 있다. 조춘, "취소소송에 있어서 행정행위의 취소사유에 관한 연구: 프랑스 행정법상의 월권소송을 중심으로", 서울대학교 법학박사학위논문, 2001, 42−43면 참조.
7) 박정훈,『행정소송의 구조와 기능』, 제4장 인류의 보편적 지혜로서의 행정소송, 박영사, 2006, 120·124면 참조.
8) Edouard LAFERRIÈRE, *Traité de la juridiction administrative et des recours contentieux*, 1896, 560 참조(조춘, "취소소송에 있어서 행정행위의 취소사유에 관한 연구: 프랑스 행정법상의 월권소송을 중심으로", 서울대학교 법학박사학위논문, 2001, 13면에서 재인용).
9) René CHAPUS, *Droit du contentieux administratif*, Montchrestien, 2008, p. 230.
10) 행정계약이나 행정계약의 이행을 위해 취하여진 조치 등은 월권소송의 대상이 되지 않고 완전심판소송의 대상이 된다. 그러나 계약절차상의 행정청의 결정들, 예컨

원고가 입증하여야 하는 '개인적이고 직접적인 이익'(l'intérêt personnel et direct)은 매우 넓게 인정되며,11) 월권소송을 제기하는 원고는 자신이 침해된 권리를 가지고 있다는 정도까지 입증할 필요가 없다.12)

검토대상 판례들은 이와 같은 월권소송의 특징을 잘 나타내고 있는데, '취소소송의 4유형'13)에 따라 이를 분류하여 해당 판례들이 대상과 원고적격을 어느 정도로 넓게 인정하고 있는지를 살펴보기로 한다.

1. 제1유형: 침익적 행정행위에 대한 취소소송

우리나라 취소소송과는 달리, 프랑스 월권소송의 대상이 되는 일방적 행정행위에는 행정의 개별행위(l'acte individuel)뿐 아니라 법규제정행위(l'acte de réglementaire)까지도 포함된다.14) 따라서 특정 행정입법의 위법성도 월권소송으로 다투는 것이 가능하다. 이에 아래에서는 취소소송의 제1유형에 '침익적 행정입법에 대한 취소소송'을 제1-b유형으로 추가하여 논의하기로 한다. 판례 ①, ②, ③, ④는 침익적 개별결정을 대상으로 하는 제1-a유형에 속하며, 판례 ⑤, ⑥, ⑦은 침익적 행정입법을 대상으로 하는 제1-b유형에 속한다.

대 시장의 계약체결행위, 시장으로 하여금 계약을 체결하는 권한을 부여하는 시의 회의 의결, 낙찰자결정행위 등은 계약으로부터 분리될 수 있는 행위로 인정되어 월권소송의 대상이 된다. Charles DEBBASCH, Jean-Claude RICCI, *Contentieux administratif*, Dalloz, 2001, pp. 777-778 참조. 분리가능행위에 관한 상세로는, 강지은,『프랑스 행정법상 분리가능행위』, 경인문화사, 2017 참조.

11) René CHAPUS, *Droit du contentieux administratif*, Montchrestien, 2008, p. 231.

12) Camille BROYELLE, Contentieux administratif, LGDJ, 2019, p. 78. 월권소송에서의 소의 이익에 관한 상세로는 한견우, "프랑스 행정소송제도상 월권소송에 있어서 소의 이익", 연세법학연구 창간호, 1990 참조.

13) 이 분류방식은 박정훈,『행정소송의 구조와 기능』, 제3장 취소소송의 4유형, 박영사, 2006, 63-99면의 유형화 방법론에 따른 것이다.

14) Yves GAUDEMET, *Droit administratif*, Dalloz, 2015, n° 279 참조.

(A) 제1-a유형: 침익적 개별결정에 대한 취소소송

이 유형은 행정이 개별·구체적으로 내린 작위·금지·수인하명 등의 불이익 개별결정에 대하여 상대방이 그 취소를 구하는 것이다.[15] 이 유형에는 판례 ①, ②, ③, ④가 해당한다.

(1) 판례 ①

(a) 사실관계

이 판례는 시청각최고위원회(le Conseil supérieur de l'audiovisuel: CSA)의 2018. 1. 31. 제2018-13호 결정에 대하여 라디오프랑스社(Radio France)의 사장이었던 원고가 취소를 청구한 사례이다. 피고행정청은 2014. 2. 27. 결정에 따라 원고를 2014. 5. 12.부터 임기가 시작되는 라디오프랑스社의 사장으로 임명하였는데, 원고에 대한 2018. 1. 15. 제1심 형사유죄판결이 있은 이후 2018. 1. 31. 계쟁 결정에서 원고의 직무를 2018. 3. 1. 자로 종료하였다.

「통신의 자유에 관한 1986년 9월 30일 제86-1067호 법률」[16] 제47-5조 제1항은 라디오프랑스社의 사장에 대한 해임은 동 법률 제47-4조 제1항에 규정된 조건에 따라 이유를 제시한 결정에 의하여 가능하다고 규정하고 있고, 동 법률 제47-4조 제1항은 '후보자의 능력과 경력'이라는 기준에 따라 이유를 제시한 결정에 의하여 임명된다고 규정하고 있다. 따라서 이 사건에서는 피고행정청이 후보자의 능력과 경력을 기준으로 원고의 직무를 종료하였는가가 쟁점이 된다.

해당 형사판결은 원고가 2010-2014년 국립시청각연구소(INA) 사장으로 재직하던 시절, 입찰후보자들의 자유로운 접근권 또는 평등권을

---

15) 박정훈, 『행정소송의 구조와 기능』, 제3장 취소소송의 4유형, 박영사, 2006, 67면.
16) Loi n° 86-1067 du 30 septembre 1986 relative à la liberté de communication (Loi Léotard).

네 차례 침해하였다고 판시하였다. 피고행정청은 해당 형사유죄판결(징역 1년 집행유예 및 2만유로 벌금)이 종국적인 것은 아니지만, 원고는 공정하게 직무를 수행하고 국가의 신임이 유지되게 하는 모범을 보여야 하는 직책에 있는데, 해당 판결로 인해 원고가 평온하고 유연하게 직무를 수행하기 어려울 것으로 보이며 국가의 신임을 유지하기도 어렵게 되었다는 이유로 직무종료결정을 하였다.

(b) 대상적격

시청각최고위원회의 계쟁 결정은 원고에게 침익적 영향을 초래하는 행정의 일방적 행위로서 월권소송의 대상이 된다. 계쟁 결정은 우리나라의 처분은 물론, 독일의 최협의의 행정행위(Verwaltungsakt)에도 해당된다.

(c) 원고적격

원고는 계쟁 결정의 직접상대방으로서 원고적격이 인정된다. 우리나라에서는 물론, 원고적격을 권리침해로 한정하는 독일에서도 원고의 원고적격이 인정되는 데에 문제가 없을 것이다.

(2) 판례 ②

(a) 사실관계

이 판례는 시청각최고위원회의 2018. 4. 11. 제2018-232호 결정에 대하여 공영방송사인 프랑스텔레비지옹社(la société France Télévisions)가 취소 청구한 사례이다. 계쟁 결정은 원고 프랑스텔레비지옹社가 원고에게 부과된 법령상 의무, 특히 아래에서 살펴볼 계약조건명세(le cahier des charges) 제35조를 위반했다고 보아, 원고가 향후 방송을 함에 있어 해당 규정을 준수할 것을 경고하는 것을 내용으로 하는 것이었다.

2017. 12. 14. 원고는 프랑스2(France 2) 채널의 "특파원"이라는 프로그램에서 "고소인"이라는 제목으로 성폭행을 이유로 상사인 시장을

고소한 한 시청직원 여성이 겪는 어려움을 보도하였다. 피고행정청은 2018. 4. 11. 결정에서 해당 보도가 피고인에게 불리한 증거, 증언 등에 집중하여 그 균형을 상실하였고 그 점에서 계약조건명세 제35조를 위반하였다고 하였다. 동 위원회는 해당 보도의 후속편이 당사자 심문이 있은 지 불과 몇 시간 뒤에 방송되었고 이는 배심원단의 평의가 있기 전이었다는 점도 언급하였다.

「프랑스텔레비지옹社의 계약조건명세를 정하는 2009년 6월 23일 제2009-796호 데끄레」[17)]는 그 부속서에 계약조건명세를 첨부하고 있는데, 계약조건명세 제35조는 다음과 같은 사항을 규정하고 있다. 동 사는 재판정보 관련 사항을 방송하는 경우, 무죄추정의 원칙, 사생활의 비밀, 비행청소년의 익명화를 존중하는 차원에서 특별한 주의를 기울여야 한다. 재판소의 판결을 소개하는 경우에는 재판소의 권위 또는 독립성이 실추되는 방식으로 해당 판결이 언급되지 않도록 하여야 한다. 재판이 진행 중인 사건이 방송되는 경우, 해당 사건은 엄정하고 절도 있고 정직한 방식으로 다루어져야 하며, 해당 사건을 방송에서 다룸으로써 재판절차에 심각한 장애가 발생하지 않도록 하여야 하고, 해당 사건에 관한 다양한 견해가 소개됨으로써 다원주의가 보장되어야 한다.[18)]

---

17) Décret n° 2009-796 du 23 juin 2009 fixant le cahier des charges de la société nationale de programme France Télévisions.
18) 우리나라에서는 재판이 계속 중인 사건이나 범죄사건 등의 보도와 관련하여 「방송심의에 관한 규정」에 아래와 같은 규정들을 두고 있다.
　제11조(재판이 계속 중인 사건) 방송은 재판이 계속 중인 사건을 다룰 때에는 당사자의 공정한 재판을 받을 권리를 침해하지 않도록 유의하여야 한다.
　제23조(범죄사건 보도 등) ① 방송은 피고인 또는 피의자에 대해 법원의 확정판결이 있기까지는 범인으로 단정하는 표현을 하여서는 아니된다. ② 방송은 형의 집행이 종료되거나 시효가 만료된 범죄사건을 다룰 때에는 당사자의 사회활동에 지장을 주지 않도록 유의하여야 한다. ③ 방송은 피고인 또는 피의자에 대하여 보도할 때에는 수갑 등에 묶이거나 수의(囚衣) 등을 입은 상태를 정면으로 근접촬영한 장면 등을 통해 피고인 또는 피의자의 인격을 침해하지 않도록 유의하여야 한다. ④ 방송은 피고인·피의자·범죄혐의자에 관한 내용을 다룰 때에는 범죄행위가 과장

「통신의 자유에 관한 1986년 9월 30일 제86-1067호 법률」제44
조는 프랑스텔레비지옹社가 국가와 지방을 대상으로 텔레비전 방송의
프로그램을 편성하며, 동 법률과 계약조건명세에서 규정하는 당사의 공
역무 임무에 부응하기 위한 다수의 시청각통신서비스를 수행함을 규정
하고 있다. 한편 동 법률 제48-1조는 시청각최고위원회가 프랑스텔레
비지옹社 등에게 당사에 부과된 법령상 의무를 준수하라는 경고(mettre
en demeure)를 할 수 있음을 규정하고 있다.

　(b) 대상적격

국사원은 시청각최고위원회가 원고에 '제재'를 가한 것이 아니라,
계약조건명세에 규정된 원고의 의무를 상기하고 향후 동일한 성격의 의
무위반사항이 있을 경우 제재절차를 밟을 수 있기 위한 '경고'를 한 것
에 불과하다고 보았다. 그러면서도 국사원은 이것이 유럽인권협약
(European Convention on Human Rights: ECHR) 제10조 제1항에서 말하는
'당국의 간섭'에 해당한다고 보았다. 따라서 표현의 자유를 침해하는 '당
국의 간섭'에 해당하는 시청각최고위원회의 계쟁 경고는 원고에게 침익
적 영향을 초래하는 행정의 일방적 행위로서 월권소송의 대상이 된다.

참고로 독일에서는 직접적 법적 효과를 발생하는 것만을 행정행위
로 보기 때문에 이 경우 피고행정청의 원고에 대한 경고는 행정행위에
해당하지 않고, 사실행위로서 금지소송의 대상이 된다.

　(c) 원고적격

원고 프랑스텔레비지옹社는 계쟁 결정에 대한 직접적이고 개인적
인 이익을 갖는 직접상대방으로서 원고적격이 인정된다.

되거나 정당화되지 않도록 유의하여야 한다.

(3) 판례 ③

(a) 사실관계

이 판례는 전기계량기설치중단에 관한 꺄스트 시의회의 두 차례의 의결과 시장의 결정에 대하여 전기계량기설치업체가 취소청구를 한 사례이다.

2016. 6. 16. 꺄스드 시의회는 전기계량기를 시 전역에 설치하는 것을 중단할 것을 시장에게 요구하는 의결을 하였다. 이는 전자계량기 설치가 건강에 어떠한 영향을 주는지에 관한 보건부의 연구결과를 기다리기 위함이었다. 2016. 6. 24. 꺄스트市 시장은 전기계량기가 건강에 줄 수 있는 위해를 이유로 이를 시 전역에 설치하는 것을 중단하는 결정을 내렸다. 전기계량기 설치업체 에네디스社는 2016. 6. 16. 시의회의 의결에 대한 이의신청을 하였는데, 시의회는 이를 기각하는 의결을 하였다.

(b) 대상적격

전기계량기 설치 중단에 관한 꺄스트 시의회의 계쟁 의결들과 꺄스트 시장의 계쟁 결정은 원고에게 침익적 영향을 초래하는 행정의 일방적 행위로서 월권소송의 대상이 된다. 국사원은 꺄스트 시의회의 계쟁 의결들과 꺄스트 시장의 계쟁 결정은 단순한 권고가 아니라 전자계량기를 시 전역에 설치하는 것에 반대하여 원고에게 침익적 영향을 초래하는 행위의 성격을 갖는다고 보았다.

(c) 원고적격

항소심은 원고인 전기계량기설치업체가 계쟁 의결들과 결정에 대한 취소를 청구할 충분한 이익을 입증하였다고 보았다. 꺄스트市는 원고가 배타적으로 서비스하는 구역에 위치해 있기 때문이다. 국사원은 항소심이 이와 같이 판시함에 있어 법적 파악, 즉 포섭의 하자를 범하지 않았다고 보았다.

「에너지법전」(Code de l'énergie) 제L.111-52조 제1항은 전기생산
활동을 프랑스전기회사(Électricité de France: EDF)가 담당함으로써 전기
공급망의 운영활동과 전기생산활동이 분리되었고, 그 결과로 전기공급
망의 운영자가 된 사업자는 자신이 담당하는 배타적인 구역에서 전기공
급망의 운영회사가 된다고 규정하고 있다. 이 사건 원고도 자신이 담당
하는 배타적인 구역에서 전기계량기의 설치를 담당하며, 꺄스트市는 원
고가 담당하는 배타적인 구역 내에 위치해 있으므로, 원고는 계쟁 결정
에 대한 직접적이고 개인적인 이익을 갖는 법인으로서 원고적격이 있다
고 인정된다.

(4) 판례 ④

(a) 사실관계

이 판례는 재산신고 평가사항 공표 관련 '공직생활 투명화를 위한
고등청'(Haute Autorité pour la Transparence de la Vie Publique: HATVP, 이
하 '고등청'이라 약함)[19]의 2018. 10. 24. 제2018-168호 의결에 대하여
프랑스 정당 국민연합(Rassemblement national: RN)의 당대표 '마린느 르
펜'(Marine Le Pen)이 취소를 청구한 사례이다.

2017. 6. 18. 빠-드-꺌레 지역의 하위의원으로 선출된 원고는
「선거법전」(Code électoral) 제LO135-1조에 따라 직무 개시 후 두 달
내인 2017. 7. 28. 고등청에 자신의 재산을 신고하였다.[20] 고등청은 해

---

19) 프랑스 공직자 부패방지제도와 관련하여서는 전학선, "프랑스의 고위공직자에 요구
되는 청렴성, 도덕성의 기준", 공법학연구 제9권 제3호, 2008; 전훈, 『프랑스의 공
직자 부패행위에 관한 비교법적 연구』, 한국법제연구원, 2015 참조.
20) 우리나라의 경우, 공직자 재산 성실등록의무와 관련하여 「공직자윤리법」에서 다음
과 같은 규정들을 두고 있다.
제12조(성실등록의무 등) ① 등록의무자는 제4조에서 규정하는 등록대상재산과 그
가액, 취득일자, 취득경위, 소득원 등을 재산등록 서류에 거짓으로 기재하여서는
아니 된다.

당 신고가 완전성, 정확성, 정직성을 갖춘 것으로 보기 어렵다고 판단하고, 원고로 하여금 이에 대한 의견을 진술하도록 하였다. 고등청은 원고의 의견을 진술받고 다시 심의한 끝에, 원고의 재산신고사항과 함께 재산신고 위반사항의 존재를 확인한 평가를 함께 공표하기로 하는 계쟁 의결을 하였다. 원고는 계쟁 의결을 다투는 월권소송을 제기하였다.

(b) 대상적격

피고행정청인 고등청은 해당 청구의 대상적격을 문제삼았다. 국사원은 고등청이 원고의 재산신고사항에 첨부하고자 하는 재산신고사항에 대한 고등청의 '평가'(l'appréciation)는 재산신고의 완전성, 정확성, 정직성의 준수의무에 관한 해당 기관의 '입장표명'(une prise de position)에 해당한다고 보았다. 국사원은 이러한 행정청의 입장표명은 사실행위로서 법적인 효과가 없지만 재산신고 당사자인 원고에게 중압감을 줄 수 있다고 보았다. 왜냐하면 그러한 입장표명은 재산신고사항과 함께 공표됨으로써 원고의 평판 등에 현저한 영향을 미칠 수 있고 특히 그것을 공표받은 유권자의 행동에 영향을 미칠 수 있기 때문이다. 국사원은 이러한 점을 고려하여 고등청의 입장표명이 원고에게 침익적 영향을 초래하는 것으로 보았다. 따라서 원고가 취소를 청구한 고등청의 계쟁 의결은 월권소송의 대상이 된다.

행정의 입장표명의 경우, 독일에서는 사실행위로서 금지소송의 대상이 될 수 있고, 우리나라의 경우에는 판례상으로는 대상적격이 인정되기가 쉽지 않을 것이다.

(c) 원고적격

계쟁 의결은 원고인 마린느 르 펜 개인을 특정하여 내려진 것이므

제22조(징계 등) 공직자윤리위원회는 공무원 또는 공직유관단체의 임직원이 다음 각 호의 어느 하나에 해당하면 이를 사유로 해임 또는 징계의결을 요구할 수 있다.
7. 제12조제1항(제6조의2제4항 및 제11조제2항에서 준용하는 경우를 포함한다)을 위반하여 허위등록 등 불성실하게 재산등록을 한 경우

로, 원고는 계쟁 의결에 대한 직접적이고 개인적인 이익을 갖는 자로서
원고적격이 인정된다. 우리나라에서는 대상적격이 인정된다면 원고적격
도 인정될 수 있을 것이다.

(B) 제1-b유형: 침익적 행정입법에 대한 취소소송

앞서 언급한 바와 같이 프랑스의 월권소송은 행정의 개별결정뿐
아니라 행정입법도 그 대상으로 삼고 있다. 물론 행정입법은 그것이 원
고의 법적 상황에 관계되는 경우에만 월권소송의 대상이 될 수 있
다.[21] 이 유형은 상대방이 행정입법의 위법성을 주장하고 그 취소를 구
하는 경우이다. 판례 ⑤, ⑥, ⑦이 이에 해당한다. 데끄레[22]와 아레떼[23]
에 대한 취소소송이 주를 이루는데, 이 유형의 소송들은 국사원에서 단
심으로 심판한다.[24]

(1) 판례 ⑤

(a) 사실관계

이 판례는 정부가 임명하는 고위직 목록에 총영사를 추가한 「정부
가 임명하는 고위직을 정하는 1984년 1월 11일 제84-16호 법률 제25
조를 적용하여 1985년 7월 24일 제85-779호 데끄레를 개정하는 2018

---

21) Charles DEBBASCH, Jean-Claude RICCI, *Contentieux administratif*, Dalloz, 2001,
   p. 762.
22) 데끄레(le décret)는 대통령 또는 수상이 발동하는 명령이다. 대통령 또는 수상이 발
   동하는 명령은 간혹 아레떼의 형식으로 제정되기도 한다. Agathe Van LANG,
   Geneviève GONDOUIN, Véronique INSERGUET-BRISSET, *Dictionnaire de droit
   administratif*, SIREY, 2011, pp. 137-138 참조; 한국법제연구원, 『프랑스 법령용어
   집』, 2008, 283-284면 참조.
23) 아레떼(l'arrêté)는 대부분 각부장관, 도지사, 시장 등의 집행기관이 제정한 명령 또
   는 규칙에 해당한다. Agathe Van LANG, Geneviève GONDOUIN, Véronique
   INSERGUET-BRISSET, *Dictionnaire de droit administratif*, SIREY, 2011, pp.
   36-37 참조; 한국법제연구원, 『프랑스 법령용어집』, 2008, 87면 참조.
24) Code de justice administrative, art. R.311-1 참조.

년 8월 3일 제2018-694호 데끄레」25)에 대하여 외교부공무원노동조합 등이 취소를 청구한 사례이다.

「국가공직에 관한 규정을 정하는 1984년 1월 11일 제84-16호 법률」 제25조는 정부가 임명하는 각 행정기관의 고위직을 국사원 데끄레로 정한다는 점과, 이러한 고위직은 공무원이든 비공무원이든 본질적으로 해임될 수 있다는 점을 함께 언급하고 있다. 이렇게 동 법률 제25조에서 정한 바에 따라, 「1985년 7월 24일 제85-779호 데끄레」 제1조는 정부가 임명하는 각 행정기관의 고위직을 열거하고 있는데, 계쟁 데끄레 제1조와 부록1은 이 목록에 22개의 총영사직을 추가하였다.

(b) 대상적격

계쟁 데끄레는 원고에게 침익적 영향을 초래하는 행정의 일방적 행위로서 월권소송의 대상이 된다. 우리나라의 경우, 행정입법은 취소소송의 대상이 될 수 없고 헌법소원심판의 대상으로 다루어질 수 있다. 독일의 경우, 행정입법은 행정입법 자체를 심사 대상으로 하는 규범통제절차 소송의 대상이 될 수 있다.26)

(c) 원고적격

이 판례에서는 원고인 외교부공무원노동조합 등의 원고적격이 쟁점이 되었다. 피고 행정청인 외무부장관은 원고들이 해당 단체들의 이름으로 행위할 수 있는 법적인 대표자가 아니므로 원고적격이 없어 청구가 각하되어야 한다고 주장하였다. 국사원은 해당 법인들의 정관상 단체의 목적을 구체적으로 명시하면서 원고들이 해당 단체의 이름으로

---

25) Décret n° 2018-694 du 3 août 2018 modifiant le décret n° 85-779 du 24 juillet 1985 portant application de l'article 25 de la loi n° 84-16 du 11 janvier 1984 fixant les emplois supérieurs pour lesquels la nomination est laissée à la décision du Gouvernement.

26) 독일의 규범통제절차에 관한 상세로는 박정훈, "행정입법에 대한 사법심사", 행정법연구 제11호, 2004, 132-147면 참조.

재판상 행위를 할 수 있는 자들에 해당함을 이유로 원고들의 원고적격을 인정하여 피고행정청의 주장을 받아들이지 않았다.

프랑스에서 법인이나 단체가 방어할 임무가 있는 집단적 이익을 방어하는 소를 제기하는 경우, 해당 법인이나 단체의 설립목적 내지 정관상 단체의 목적 등을 고려하여 월권소송의 원고적격을 인정한다. 우리나라의 경우, 원칙적으로 법인이나 단체의 헌법소원심판 청구인적격은 단체 자신의 기본권이 침해된 경우에만 인정되며, 법인이나 단체가 그 구성원을 위한 청구를 할 수 없다.27) 법인, 단체 등을 포함하여 넓은 범위에서 원고적격을 인정한다는 점은 객관소송으로서의 월권소송의 특징을 보여준다.

(2) 판례 ⑥

(a) 사실관계

이 판례는 「필수예방접종에 관한 2018년 1월 25일 제2018-42호 데끄레」28)에 대하여 프랑스백신자유연맹이 취소를 청구한 사례이다.

계쟁 데끄레는 「공중보건법전」 제L.3111-2조를 개정한 「2018년 사회보장 자금조달에 관한 2017년 12월 30일 제2017-1836호 법률」에 따라 제정되었다. 「공중보건법전」 제L.3111-2조는 제1항에서 필수예방접종으로 3가지(디프테리아, 파상풍, 소아마비)를 규정하고 있었는데, 권고대상에 불과하였던 8가지 질병[백일해, 인플루엔자균 B(Hib), B형간염, 폐렴구균, 뇌수막염, 홍역, 유행성이하선염, 풍진]에 대한 예방접종이 이에 추가되어 총 11가지 필수예방접종을 규정하는 것으로 개정되었다.29) 또한 동 법전 제L.3111-2조 제2항은 친권자 또는 미성년자 후견

---

27) 헌법재판소 1991. 6. 3. 선고 90헌마56 결정; 헌법재판소 2008. 2. 28. 2006헌마1028 결정 등.

28) Décret n° 2018-42 du 25 janvier 2018 relatif à la vaccination obligatoire.

29) 참고로 우리나라 「감염병의 예방 및 관리에 관한 법률」 제24조는 16가지 질병(디프테리아, 폴리오, 백일해, 홍역, 파상풍, 결핵, B형감염, 유행성이하선염, 풍진, 수두,

인에게 동 조 제1항에서 규정한 필수예방접종의무 이행책임을 지우면
서, 자녀가 탁아소나 학교에 입학·재학하고 여름캠프 등에 참가하기 위
해서는 데끄레에서 정하는 방식에 따라 필수예방접종 증명서를 제출하
여야 함을 규정하고 있다.

　「공중보건법전」 제L.3111－2조는 「2018년 사회보장 자금조달에
관한 2017년 12월 30일 제2017－1836호 법률」 제49조에 의해 개정된
것인데, 동 법률 제49조 제Ⅲ항은 예방접종에 대한 친권자 등의 의무이
행 책임을 부여하는 「공중보건법전」 제L.3111－2조 제2항은 새로이 추
가된 8가지 질병에 관하여는 2018년 1월 1일 이후 태어난 자녀의 친권
자 또는 후견인에 대하여 2018년 6월 1일부터 적용된다고 규정하였다.

　계쟁 데끄레 제1조는 「공중보건법전」 제L.3111－2조에 규정된 생
후 18개월까지의 영유아를 대상으로 필수예방접종이 행해짐을 규정하
고, 제2조는 필수예방접종의무를 준수하였음을 인증하는 건강기록카드
등을 제시하여야 미성년자가 학교에 입학할 수 있음을 규정하고 있다.

　원고 프랑스백신자유연맹은 8가지 질병에 대한 예방접종이 추가로
의무화됨으로 인해, 유럽인권협약 제8조에서 보장하는 '사생활을 존중
받을 권리'로부터 유래하는 신체의 완전성에 대한 권리가 침해됨을 주
장하였다. 그러나 국사원은 필수예방접종의 대상이 되는 질병의 심각성
과 예방접종의 효율성, 그리고 전체 인구가 해당 질병에 감염되지 않기
위해 유지되어야 하는 백신접종률을 고려하였을 때, 피고행정청의 거부
결정이 위법하다고 볼 수 없다고 판시하였다.

　(b) 대상적격

　계쟁 데끄레는 원고의 설립목적이나 정관상 목적을 고려하였을

일본뇌염, B형헤모필루스인플루엔자, 폐렴구균, 인플루엔자, A형간염, 사람유두종
바이러스 감염증 등)에 대한 예방접종을 의무화하고 있다. 또한 동 법률 제31조 제
3항은 지방자치단체장으로 하여금 예방접종을 끝내지 못한 영유아, 학생 등에게
예방접종을 하도록 규정하고 있다.

때 원고에 침익적 영향을 초래하는 행정입법으로서 월권소송의 대상
이 된다.

   (c) 원고적격

   원고 프랑스백신자유연맹은 단체이지만 원고적격을 인정받을 수
있다. 프랑스에서는 개인이 모여 연합, 조합, 협회 등을 구성하여 소를
제기하는 경우가 적지 않다. 단체는 개인적인 이익(un intérêt
personnel)이 없더라도 그 단체가 정관상 목적으로 하는 이익을 보호하
기 위해 소를 제기한 경우 월권소송의 원고적격을 인정받을 수 있다.[30]

   (3) 판례 ⑦

   (a) 사실관계

   이 판례는 「농수산법전 제L.253－1조에 적용되는 식물병충해방제
제품과 그 보조제품의 시판 및 사용에 관한 2017년 5월 4일 아레떼」[31]
의 일부조항에 대하여 두 환경단체가 취소를 청구한 사례이다.

   환경단체 '미래세대협회'는 국사원에 계쟁 아레떼의 일부조항의 취
소를 구하면서 국무장관과 생태부장관이 3개월 내에 새로운 아레떼를
채택할 것과 기한에서 하루 늦어질 때마다 이행강제금으로 50유로를 내
도록 명할 것을 청구하였고, 환경단체 '브르따뉴 물과 하천 보호협회'는
계쟁 아레떼의 일부조항에 대한 취소청구와 더불어 농업·식품부 장관
으로 하여금 계쟁 아레떼를 6개월 이내에 개정하고 보완하도록 명할 것
을 청구하였다.

   계쟁 아레떼는 식물병충해방제제품과 그 보조제품 사용에 관한 일
반조건과 일시적인 오염을 제한하기 위한 특별조건을 규정하고 있는데,

---

30) Charles DEBBASCH, Jean－Claude RICCI, *Contentieux administratif*, Dalloz, 2001,
    p. 764.
31) Arrêté du 4 mai 2017 relatif à la mise sur le marché et à l'utilisation des produits
    phytopharmaceutiques et de leurs adjuvants visés à l'article L. 253－1 du code rural
    et de la pêche maritime.

두 환경단체 모두 계쟁 아레떼 제1조 내지 제5조 및 제12조의 취소를 구하였다. 계쟁 아레떼가 살충제 사용방식으로 분사 또는 살포방식을 규정함으로써 살충제 적용범위를 제한하고 있으나, 동 아레떼 제1조는 알갱이 살포 또는 토양에 주입하는 방식과 같은 다른 사용방식을 규정하지 않고 있고, 제2조는 강우량이 많을 때 어떻게 살충제 사용을 제한해야 하는지에 대한 어떠한 내용도 규정하고 있지 않은 등 보완되어야 하는 부분이 있다. 국사원은 계쟁 아레떼가 공중보건과 환경을 충분히 보호하기 위한 일반 조치를 규정하지 않고 특정 지역에 관한 보호조치 규정만을 두고 있다는 점, 다른 방식들을 규율하지 못하고 있다는 점 등을 이유로 계쟁 아레떼의 일부규정들을 취소하였다.

(b) 대상적격

식물병충해방제제품과 그 보조제품의 시판 및 사용에 관한 계쟁 아레떼의 일부규정들은 그 적용으로 공중보건과 환경이 충분히 보호되지 않아 원고 단체가 보호하고자 하는 이익을 고려하였을 때 침익적 성격을 갖는 행정입법으로서 월권소송의 대상이 된다.

(c) 원고적격

원고인 환경단체들의 원고적격에 대한 명시적인 언급은 나타나지 않지만, 이들 단체에도 단체에 원고적격이 인정되는 방식, 즉 정관상 단체의 목적 등을 검토하여 계쟁 결정을 다툴 수 있는 원고적격을 인정할 수 있을 것이다.

2. 제2유형: 수익적 행정행위의 거부조치에 대한 취소소송

이 유형은 수익적 행정행위의 발급을 신청하였으나 그것이 거부된 경우, 그 거부조치의 취소를 구함으로써 해당 수익적 처분의 발급을 요구하는 것이다.[32] 판례 ⑧, ⑨이 이에 해당한다. 앞서 언급한 바와 같이 행정입법도 월권소송의 대상이 되므로, 이 유형에서는 수익적 개별 결정의 거부조치뿐 아니라 수익적 행정입법의 거부조치에 대해서도 취소를 청구할 수 있다. 그러나 대상 판결들 가운데 수익적 행정입법의 거부조치에 대한 취소청구가 있었던 경우는 없었고, 모두 수익적 개별 결정 발급 신청에 대한 거부조치에 대한 취소청구가 있었던 경우에 해당하였다.

(1) 판례 ⑧

(a) 사실관계

이 판례는 일드프랑스 도지사가 장애인 주차카드 발급을 거부한 2016. 7. 5. 결정에 대하여 선천성 중증 청각장애인이 다툰 사례이다. 이 사건에서는 재판상 절차의 하자가 문제되었다는 점이 특기할 만하다.

원고는 일드프랑스 도지사를 상대로 장애인 주차카드를 신청하였으나 2016. 7. 5. 거부결정을 받았고, 이에 대한 이의신청을 하였으나 2017. 1. 17. 결정에 의해 거부결정이 확정되었다. 빠리 제1심행정재판소는 2017. 4. 4. 판결에 의해 그의 청구를 기각하였다.

한편 원고는 2017. 3. 18.에 우편으로 변론기일 수화통역지원을 요청하였는데, 재판소는 이를 거부하고 원고로 하여금 수화통역으로 원고를 보조할 수 있는 사람을 스스로 섭외해 오는 것을 허용하는 데에 그쳤다. 원고는 이러한 조건 하에서 내려진 판결의 취소를 국사원에 청구하였다.

「권리와 기회의 평등 및 장애인의 참여와 시민권에 관한 2005년 2월 11일 법률」 제76조는 모든 청각장애인은 행정재판소와 일반재판소에서 제공되는 의사소통 장치 등을 선택하여 활용할 수 있으며, 그 비용은 국가가 부담한다고 규정하고 있다.

---

32) 박정훈, 『행정소송의 구조와 기능』, 제3장 취소소송의 4유형, 박영사, 2006, 68면.

국사원은 해당 재판소가 이러한 의무를 위반한 것으로 보고, 수화
통역지원이 없었음에도 원고가 공판에서 자신의 견해를 자유롭게 피력
하였다고 볼 수 있지 않은 한, 이러한 절차의무 위반으로 해당 판결은
취소된다고 판시하였다.

(b) 대상적격

일드프랑스 도지사의 계쟁 거부결정은 수익적 행정행위의 거부조
치에 해당하여 원고에 대해 침익적 영향을 초래하는 행정의 일방적 행
위로서 월권소송의 대상이 된다.

(c) 원고적격

원고는 계쟁 결정의 직접상대방으로서 직접적이고 개인적인 이익
이 증명되므로 원고적격이 인정된다.

(2) 판례 ⑨

(a) 사실관계

이 판례는 빠르꾸르스업(Parcoursup)이라는 진학플랫폼의 연산방식
공개청구에 대한 앙띠으 대학의 묵시적 거부결정에 대하여 그 공개를
청구하였던 원고 전국대학생연합(UNEF)이 다툰 사례이다. 원고 전국대
학생연합은 피고행정청이 빠꾸르스업 플랫폼에 등록된 학위과정 지원
자를 심사할 때에 사용하는 연산방식 등의 공개를 요청하였다.

「대학생 진로지도에 관한 2018년 3월 8일 제2018－166호 법률」[33]
은 대학입시 관련 기존의 APB 제도를 폐지하고 빠꾸르스업 제도를 도
입하였다. 빠꾸르스업 제도는 우선순위 없이 대학과 학부를 10개까지
선택하고 이를 자기소개서와 함께 빠꾸르스업 플랫폼에 사전등록하는
제도이다. 동 법률은 제1조 제1항에서, 특정 대학에서 정원을 초과하는

---

33) LOI n° 2018－166 du 8 mars 2018 relative à l'orientation et à la réussite des
    étudiants.

지원을 받고 합격자를 선발한 경우, 해당 대학은 심사기준을 문의하는 지원자에 대해서만 이를 알려줄 의무가 있다고 규정하고 있다.

과들루프제1심행정재판소는 원고의 청구를 받아들여 피고행정청의 묵시적 거부결정을 취소하였다. 아울러 제1심행정재판소는 피고행정청에 해당 정보를 1개월 내에 원고에게 공개할 것을 명하고 이에 대한 이행강제금 100유로/1일을 부과하였다. 이에 피고행정청은 제1심행정재판소의 판결에 대한 집행정지(le sursis à exécution)를 신청하였다.

그러나 국사원은 앙띠으 대학이 지원자가 아닌 원고 전국대학생연합의 정보공개청구를 합법적으로 거부할 수 있다고 보았다. 그러면서도 국사원은 앙띠으 대학이 어떤 방식으로든 그 자료를 공개하기로 결정한다면 언제든지 이를 공개할 수 있으며, 교육법전의 개정으로 앞으로는 모든 대학이 일반적인 심사기준을 공표하여야 한다는 점을 언급하였다.

(b) 대상적격

피고행정청 앙띠으 대학의 계쟁 묵시적 거부결정은 원고에 대해 침익적인 영향을 초래할 수 있는 행정의 일방적 행위로서 월권소송의 대상이 된다고 볼 수 있다.

(c) 원고적격 등

원고 전국대학생연합의 원고적격에 관한 언급은 없고 결과적으로 원고의 청구는 기각되었으나, 원고 단체의 정관상 목적을 고려하였을 때 원고는 계쟁 묵시적 거부결정을 다툴 수 있는 원고적격이 인정된다고 보아야 할 것이다. 이 사안에서는 대학총장협의회, 전국고등학생연합 등의 단체들이 소송참가를 신청하였다. 국사원은 이들 단체들의 정관상 목적을 고려하였을 때 이들 단체들 모두 소송에 참가할 이익이 인정된다고 보았다.

3. 제3유형: 침익적 제3자효를 갖는
이중효과적 행정행위에 대한 취소소송

이 유형은 상대방에게는 수익적 효과를 발생하나 제3자에게는 침익적 효과가 발생하는 이중효과적 행정행위에 대해 침익적 효과를 받는 제3자가 그 취소를 구하는 것이다.[34) 이 유형에서도 행정입법이 월권소송의 대상이 되는 것은 마찬가지이다. 따라서 침익적 제3자효를 갖는 이중효과적 개별결정뿐 아니라 침익적 제3자효를 갖는 이중효과적 행정입법에 대해서도 취소를 청구할 수 있다. 판례 ⑩·⑪, ⑫, ⑬이 전자에 해당하고, 판례 ⑭가 후자에 해당한다고 볼 수 있다.

(A) 제3-a유형: 침익적 제3자효를 갖는 이중효과적 개별결정에 대한 취소소송

이 유형은 상대방에게는 수익적 효과를 발생하나 제3자에게는 침익적 효과가 발생하는 이중효과적 개별결정에 대해 침익적 효과를 받는 제3자가 그 취소를 구하는 것이다. 판례 ⑩·⑪, ⑫, ⑬이 이에 해당한다.

(1) 판례 ⑩·⑪

(a) 사실관계

이 판례는 생브리외 해상풍력발전단지 운영자선정결정과 해상풍력발전단지 운영을 낙찰자에게 허가하는 생태부장관 등의 2012년 4월 18일 결정에 대하여 입찰후보자였던 회사(판례 ⑪)와 환경단체(판례 ⑫)가 취소를 청구한 사례이다. 이에 더하여 입찰후보자는 에엘마린느社가 운영자로 선정됨으로써 입은 피해의 회복을 위한 손해배상을 국가에 청구하였다.

---

34) 박정훈, 『행정소송의 구조와 기능』, 제3장 취소소송의 4유형, 박영사, 2006, 68면.

2011. 7. 5. 생태부장관 등은 생브리외 해상풍력발전단지 운영자 선정을 위한 입찰절차를 개시하였다. 2012. 4. 6. 생태부장관 등의 결정에 의해 에엘마린느社가 생브리외 해상풍력발전단지 4구획의 운영자로 선정되었다. 2012. 4. 19. 피고행정청은 프랑스해상풍력社에 입찰에서 탈락하였음을 통지하면서, 다수의 운영자 선정으로 위험을 분산할 필요가 있었기 때문에 컨소시엄을 운영자로 선정하지 않았다고 하였다. 프랑스해상풍력社 컨소시엄의 구성원이었던 원고는 피고행정청이 계약조건명세에 규정되어 있지 않던 기준으로 운영자를 선정하였으므로 그 결정이 위법하다고 주장하였다. 국사원은 계쟁 결정에 대한 취소청구는 기각하였으나, 입찰공고문에 기재되어 있지 않았던 기준으로 해상풍력발전단지 운영자를 선정함으로써 입찰후보자가 적법하지 않은 방식으로 배제된 것에 대하여는 국가에 손해배상을 명하였다.

(b) 대상적격

생브리외 해상풍력발전단지 운영자선정결정과 해상풍력발전단지 운영자를 결정하고 그 운영을 낙찰자에게 허가한 피고행정청의 계쟁 결정은 원고에 대해 침익적 영향을 초래하는 행정의 일방적 행위로서 월권소송의 대상이 된다.

(c) 원고적격

입찰후보자였던 원고는 계쟁 결정에 대한 직접적이고 개인적인 이익을 갖는 직접상대방으로서 원고적격이 인정된다.

(2) 판례 ⑫

(a) 사실관계

이 판례는 「툴루즈-블라냑 공항 국가지분을 민간부문으로 이전하는 2015년 4월 15일 결정」[35]에 대하여 몇몇 단체들과 개인이 그 취소

---

35) Arrêté du 15 avril 2015 fixant les modalités de transfert au secteur privé d'une participation détenue par l'Etat au capital de la société Aéroport Toulouse—

를 청구한 사례이다. 또한 정부출자관리청(Agence des participations de l'État: APE)이 의견통지를 거부한 결정에 대하여도 원고들은 취소청구를 하였다. 전자의 결정은 형식상 행정입법으로 보일 수 있지만 지분인수자가 특정되어 있으므로 이는 개별결정에 해당한다.

폴루즈-블라냑 공항을 운영하는 특허사업자와 경제부는 폴루즈-블라냑 공항의 지분의 사유화를 허용한 2014년 7월 11일 데끄레 제정 이후 국가지분인수자를 선택하기 위해 폴루즈-블라냑 공항 지분의 49.44%에 해당하는 국가지분을 입찰에 부쳤다. 입찰 결과, 2015. 4. 쌍비오즈 컨소시엄이 지분인수자로 선정되었다. 이 지분인수자 결정에 대해 몇몇 단체들과 개인이 취소를 청구하였다.

국사원은 쌍비오즈 컨소시엄을 지분인수자로 선택한 계쟁 결정은 입찰절차 끝에 내려진 것이며, 그 결정에 평가의 명백한 과오(erreur manifeste d'appréciation)가 없었다고 보았다. 국사원은 우선 지분자를 선택한 해당 결정이 적법한 절차에 따라 이루어졌으며, 계약조건명세와 같은 관련 특별규정들을 준수하였다고 판단하였다. 계약조건명세가 절차 중 후보자군 변경을 금지하지 않고 있기 때문이다.

(b) 대상적격

쌍비오즈 컨소시엄을 지분인수자로 선택한 경제부장관 등의 계쟁 결정은 원고에 대해 침익적 영향을 초래하는 행정의 일방적 행위로서 월권소송의 대상이 된다.

(c) 원고적격

지분인수자후보회사, 지역이익단체, 다수의 개인 등으로 이루어진 원고들은 쌍비오즈 컨소시엄을 지분인수자로 선택한 경제부장관 등의 계쟁 결정에 대해 직접적이고 개인적인 이익을 갖는 자로서 원고적격이 인정된다.

Blagnac.

(3) 판례 ⑬

(a) 사실관계

개인정보위원회(la Commission Nationale de l'Informatique et des Libertés: CNIL)는 2019년 6월 28일과 같은 해 7월 18일의 보도자료를 통해 인터넷타겟광고 관련 시행계획을 공표하였다. 원고 디지털권리변호단체 등은 국사원에 이 시행계획의 취소를 청구하였다. 이와 아울러 원고는 동 위원회 홈페이지에 "계속해서 (웹사이트를) 이용하는 행위"[36]는 쿠키와 온라인추적에 대한 명시적 동의표시의 유효한 방식이 될 수 없으며 이를 위반하는 경우에는 일 500유로의 벌금이 부과된다는 내용을 게시할 것을 명할 것을 국사원에 청구하였다.

유럽연합 일반개인정보보호규정(이하 'GDPR'이라 약함)과 개정된 1978년 1월 6일 법률은 디지털 행위자들로부터 기대되는 요구사항들을 강화하였는데, 그에 따르면 이러한 이용자의 동의는 '명시적'이어야 한다. 이러한 새로운 법적 체계에 부합하기 위해 개인정보위원회는 2019년 7월, 타겟광고 영역에서의 동의에 관한 새로운 규칙을 정하는 의결사항을 채택하였다. 또한 동 위원회는 2020년 1/4분기에 동의를 얻는 방식에 관한 협의를 시작하기로 결정하였다. 타겟광고 영역의 행위자들에게는 그 방식이 결정되는 시점부터 6개월의 유예기간이 주어지게 되었다. 디지털권리변호단체들은 이와 같은 동 위원회의 결정에 이의를 제기하였다.

---

36) 인터넷 웹사이트 운영자는 (타겟광고를 목적으로 하는) 쿠키파일 등의 추적장치가 이용자의 컴퓨터나 휴대전화에 설치되는 것에 대해 인터넷 이용자로부터 동의를 받아야 하는데, 기존에는 이용자가 웹사이트에 접속하고 이를 계속해서 이용하는 행위를 하는 경우 그와 같은 동의가 있는 것으로 간주되었다. 예컨대, 이용자가 인터넷 웹사이트에 접속하였을 때 다음과 같은 문구가 웹페이지 상단 또는 하단에 나타난다. "귀하가 당사 웹사이트를 계속해서 이용하거나 (이 문구 하단의) '동의합니다'에 클릭하는 경우, 귀하는 당사의 쿠키파일 설치에 동의한 것으로 간주됩니다."

(b) 대상적격

피고 행정청인 개인정보보호위원회는 해당 청구의 대상적격을 문제삼았다. 규제당국이 그 임무를 수행하는 중에 채택한 의견, 권고, 경고, 입장표명 등은 그것이 일반강행규정의 성격을 띠는 경우 또는 위반행위 제재를 위한 개별규정을 포함하는 경우에 월권소송의 대상이 될 수 있다는 이유로, 해당 청구가 각하되어야 함을 주장하였다.

국사원은 보도자료에 의해 나타난 피고행정청의 시행계획, 즉 개인정보위원회에 의해 구체화된 타겟광고 관련 시행계획은 동 위원회의 권한행사와 관련된 사항, 특히 새로운 규칙의 준수를 이끌어내기 위한 법집행 관련 동 위원회의 공적인 입장표명에 해당한다고 보았다. 국사원은 동 위원회의 이러한 입장표명이 그것을 공표받는 웹사이트 운영자들과 이용자 등에 현저한 경제적인 영향을 줄 수 있으며, 웹사이트 운영자의 행동에 영향을 미치고자 하는 목표를 가지고 있다는 점에서 월권소송의 대상이 된다고 보았다. 따라서 개인정보보호위원회의 계쟁 결정은 원고에 대해 침익적인 영향을 초래하는 행정의 일방적 행위로서 월권소송의 대상이 된다.

(c) 원고적격

국사원은 원고단체들의 (설립)목적이 인터넷상 자유를 수호하고 개인정보가 갖는 비밀성을 보호하는 것임을 감안하였을 때, 동 위원회의 입장표명은 원고단체들에 침익적인 영향을 초래하므로, 원고들은 그 입장표명의 취소에 대한 직접적이고 확실한 이익이 있다고 보았다. 원고는 계쟁 결정에 대해 직접적이고 개인적인 이익을 갖는 자로서 원고적격이 인정된다.

(B) 제3-b유형: 침익적 제3자효를 갖는 이중효과적 행정입법에 대한 취소소송

이 유형은 상대방에게는 수익적 효과를 발생하나 제3자에게는 침익적 효과가 발생하는 이중효과적 행정입법에 대해 침익적 효과를 받는 제3자가 그 취소를 구하는 것이다. 판례 ⑭가 이에 해당한다.

(1) 판례 ⑭

(a) 사실관계

2018년 9월, 정부는 2018-2019년 수렵기에 프로방스알프꼬뜨다쥐르 레지옹 내 5개의 데빠르뜨망(알프드오뜨프로방스, 알프마리띰므, 부쉬뒤론느, 바르, 보끌뤼즈)에서 개똥지빠귀와 검은 티티새를 접착제 덫을 사용한 사냥 방식으로 잡을 수 있음을 5개 지역에 각각 적용되는 5개의 아레떼로 정하였다. 동물보호단체 원보이스협회와 조류보호연맹은 이 5개의 아레떼가 '2009년 11월 30일 유럽연합 야생조류보호지침'(이하 '유럽연합 야생조류보호지침'이라 약함)[37]을 위반하였다는 이유로 계쟁 아레떼의 취소를 청구하였다. 해당 판례는 두 단체의 청구가 병합된 사건을 다룬 것이다. 국사원은 계쟁 아레떼가 유럽연합 야생조류보호지침을 위반하였는지 여부를 유럽재판소에 선결문제로 제청하였다.

(b) 대상적격

다툼의 대상이 된 계쟁 아레떼의 일부규정들은 원고 단체가 보호하고자 하는 이익을 고려하였을 때 침익적 성격을 갖는 행정입법으로서 월권소송의 대상이 된다.

---

37) Directive 2009/147/EC of the European Parliament and of the Council of 30 November 2009 on the conservation of wild birds.

(c) 원고적격

원고인 동물보호단체들의 원고적격에 관한 명시적인 언급은 나타나지 않으나, 이들 단체에도 단체에 원고적격이 인정되는 방식, 즉 정관상 단체의 목적 등을 검토하여 계쟁 결정을 다툴 수 있는 원고적격을 인정할 수 있을 것이다.

4. 제4유형: 수익적 제3자효를 갖는 이중효과적 행정행위의 거부조치에 대한 취소소송

이 유형은 상대방에게는 침익적 효과를 발생하지만 제3자에게는 수익적 효과를 주는 이중효과적 개별결정을 제3자가 신청하였는데 그에 대한 거부조치가 있었던 경우, 제3자가 그 거부조치의 취소를 구함으로써 해당 이중효과적 처분의 발급을 구하는 것이다.38) 이 유형에는 판례 ⑮가 해당한다.

(1) 판례 ⑮

(a) 사실관계

이 판례는 자연건강연구소와 국민 1,250명으로 구성된 신청인이 보건부장관에게 백신제조사로 하여금 알루미늄염이 첨가된 백신을 제조하지 않도록 규제할 것과 첨가물이 없는 백신이 충분히 공급되게 할 것을 요청한 것에 대해 보건부장관의 묵시적 거부결정이 있었던 사례이다. 자연건강연구소와 국민 3,047명으로 구성된 원고는 피고행정청의 묵시적 거부결정에 대한 취소를 청구하였다.

원고는 크레테이 지역 종합병원이 1998년부터 수행한 연구에서 백신 주입 부위의 면역세포에 알루미늄이 축적되어 대식세포성 근막염이

---

38) 박정훈, 『행정소송의 구조와 기능』, 제3장 취소소송의 4유형, 박영사, 2006, 68면.

국부적으로 발현되었다는 점을 지적하고, 알루미늄 나노입자의 뇌 등으로의 이동가능성으로 발생할 수 있는 상해와 관절·근육 통증, 인지장애 등의 복합증상 간 연관성을 표명한 동물실험 가설을 원용하였다. 2010년 이스라엘 연구팀이 규정한 "첨가물로 유발된 염증성 자가면역질환"과, 알루미늄이 뇌의 면역세포에 주는 영향이 자폐성 장애 유발요인으로 작용할 수 있다는 영국 연구팀의 가설도 원용하였다.

국사원은 원고들이 알루미늄염 첨가제를 포함하는 백신이 자폐증을 유발한다는 1998년 연구결과 등을 근거삼으나, 알루미늄염 첨가제는 해로운 특징이 있는 물질로 분류되지 않고, 보건부장관은 법령에 의해 부여된 권한 내에서 재량을 가지고 백신에 알루미늄염이 아닌 다른 첨가물을 포함할 것인지 여부 등을 결정하므로, 알루미늄염이 첨가되지 않은 백신을 공급해달라는 요청에 대한 계쟁 묵시적 거부결정이 위법하다고 볼 수 없다고 하였다.

(b) 대상적격

피고행정청 보건부장관의 계쟁 묵시적 거부결정은 원고들에게 침익적 영향을 초래하는 개별결정으로서 월권소송의 대상이 된다.

(c) 원고적격

신청인인 국민 1,250명은 엔지니어, 경영자, 의사 등으로 구성되어 있다는 자료가 있다.[39] 이들은 국민 3,047명의 원고와 상당수 중복될 것으로 추정된다. 원고의 구성에 관련된 언급이나 원고적격에 관한 언급은 판결에 나타나지 않으나, 이들은 보건부장관의 계쟁 묵시적 거부결정으로 침익적 영향을 받는 친권자 또는 미성년자 후견인 등을 포함하고 있을 가능성이 높다. 그 경우, 원고들은 계쟁 결정에 대한 직접적이고 개인적인 이익을 갖는 자들로서 원고적격이 인정된다. 그러나 월

---

39) Emeline CAZI, "Un collectif lance une action contre l'aluminium dans les vaccins", *Le Monde*, Publié le 9 août 2017 à 06h46.

권소송의 원고적격 인정에 권리의 침해를 요하지 않으므로, 단체에 원고적격이 인정되는 방식, 즉 정관상 단체의 목적 등을 검토하여 계쟁결정을 다툴 수 있는 원고적격을 인정할 수 있을 것이다.

Ⅲ. 본안심사의 척도 및 강도

프랑스에서는 재량권한(le pouvoir discrétionnaire)과 기속권한(le pouvoir lié)을 판단할 때에, 법규의 요건과 효과를 구별하지 않고 법규 전체를 놓고 판단한다. 즉, 재량을 요건부분과 효과부분으로 나누어 논하지 않으며, 법규의 요건부분 혹은 효과부분 중 어느 부분이 불확정적인지가 중요하지 않다. 재량권한은 법률이 행정에 일정한 권한을 부여하면서 그 권한을 집행하는 방향을 자유롭게 선택하게 하고 있는 경우에 존재하고, 기속권한은 법률이 행정에 일정한 권한을 부여하면서 명령의 방식으로 그 권한이 행사되어야 하는 방향을 지시하고 있는 경우에 존재한다.[40)]

월권소송에서 재량에 대한 사법심사를 할 때, 그 심사강도는 제한적 내지 최소심사(le contrôle restreint ou minimum), 통상적 내지 완전심사(le contrôle normal ou entier), 최대심사(le contrôle maximam)의 3단계로 나뉘는데,[41)] 국사원은 원칙적으로 제한적 내지 최소심사를 해 왔

---

40) Yves GAUDEMET, *Droit administratif*, Dalloz, 2015, n° 229.
41) 판례는 재소자 징계처분(과실에 대한 제재인 경우) 사안에서는 최소심사를, 외국인 강제추방 처분(공공질서 위협을 이유로 하는 경우), 건축허가거부처분(경관을 해친다는 등의 사정이 있는 경우 등) 등의 사안에서는 통상심사를, 경찰법 영역(공공질서를 위한 조치와 관련된 내용인 경우 등), 수용과 관련된 도시계획법 영역(비용편익분석 관련 등) 등에서는 최대심사를 하는 경향이 있다. Pierre-Laurent FRIER, Jacques PETIT, Droit administratif, LGDJ, 2019, n° 1058 참조.

다.42) 아래에서는 3단계의 본안심사강도를 기준으로 불확정개념의 포섭·적용이 문제된 판례를 분류하여 몇 가지 구체적인 사안의 본안심사강도를 분석해본다.

1. 제한적 내지 최소심사가 이루어진 경우

대부분의 행정행위는 어느 정도 기속행위의 성격을 갖지만 법률이 정한 권한의 범위 안에서 행정은 재량의 방식으로 결정한다.43) 따라서 행정은 자신의 재량권한을 행사하기 위해 이를 평가하지 않을 수 없다.

제한적 내지 최소심사(이하 '최소심사'라 약함)를 하는 경우, 재판관은 행정이 사실관계를 어떻게 법적 요건에 포섭하였는지 여부, 즉 사실관계가 법규의 요건에 해당하고 그것에 충족되는지 여부에 대한 평가에 대해서는 심사하지 않는다.44) 다시 말해, 최소심사에서는 근거법규가 존재하는지와 행정이 사실관계를 정확하게 확정하였는지에 대해서는 심사하지만, '사실관계의 법적 파악'45)(la qualification juridique des faits)에 대해서는 '명백한 평가의 하자'(l'erreur manifeste d'appréciation)46)가 있지 않은 한 심사하지 않는다.47)

---

42) Yves GAUDEMET, *Droit administratif*, Dalloz, 2015, n° 313.

43) Yves GAUDEMET, *Droit administratif*, Dalloz, 2015, n° 229.

44) Yves GAUDEMET, *Droit administratif*, Dalloz, 2015, n° 314; Pierre-Laurent FRIER, Jacques PETIT, Droit administratif, LGDJ, 2019, n° 1053.

45) '사실관계의 법적 파악'은 법적용의 전통적 방법인 3단논법에 따르면 제3단계인 '포섭'단계에 해당하는 것으로 볼 수 있다. 박정훈, "불확정개념과 판단여지", 『행정작용법』(중범 김동희교수 정년기념논문집), 박영사, 2005, 251·258-259면 참조.

46) '명백한 평가의 하자'는 독일에서의 '판단여지의 하자'에 해당한다. 박정훈, "불확정개념과 판단여지", 『행정작용법』(중범 김동희교수 정년기념논문집), 박영사, 2005, 259면.

47) Yves GAUDEMET, *Droit administratif*, Dalloz, 2015, n° 313-314 참조.

(1) 판례 ①

이 사건의 쟁점은 라디오프랑스사장이었던 원고에 대한 제1심 형사판결이 있은 후 시청각최고위원회가 그의 직무를 종료한 결정이, 라디오프랑스사장을 임명하거나 해임하는 때에 '후보자의 능력과 경력'이라는 기준에 의하여야 한다고 규정한 「통신의 자유에 관한 1986년 9월 30일 제86-1067호 법률」 제47-5조 제1항 및 제47-4조 제1항에 부합하는지 여부이다.

국사원은 공공부문의 단체의 지도자가 국가로부터 신임을 받기 어렵게 된 상황 그 자체는 해당 지도자에 대한 규제당국의 직무종료 결정을 정당화하지 않는다고 보면서도, 이 사안에서 시청각최고위원회가 시청각 부문 공공기관의 독립성과 공정성을 보장해 주어야 하는 의무를 위반하지 않았다고 판시하였다. 즉, 국사원은 제1심 형사유죄판결에도 불구하고 라디오프랑스사장 직무를 유지하게 하는 것은 국가와 라디오프랑스사 간의 관계에 유해할 것이며, 라디오프랑스사가 올바로 기능하고 공역무 임무를 수행하는 데에 필요한 평온성과 유연성을 고려하였을 때, 시청각최고위원회는 '평가의 하자'를 범하지 않았다고 판시하였다. 국사원이 행정의 결정에 평가의 하자가 있었는지 여부만 심사하였다는 점에서 이는 최소심사에 해당한다.

(2) 판례 ⑮

이 사건의 쟁점은 국민 3천여 명의 백신첨가제 관련 요청사항에 대한 보건복지부 장관의 묵시적 거부결정이 위법한지 여부이다.

국사원은 국립의학아카데미, 세계보건기구 등의 연구에서 알루미늄염 첨가제와 자폐증 등 간의 인과관계가 확인되지 않았다는 점을 들어 원고의 주장을 인용하지 않았다. 또한, 추가된 8종의 예방접종의 효험을 강조하고, 그 예방접종률이 감소할 경우 감염병이 재유행할 수 있음을 언급하며, 면역반응 강화를 위해 알루미늄염 첨가제 사용은 불가 피하다고 하였다.

국사원은 이와 같은 점들을 감안하였을 때 보건부장관이 보건법전에 의하여 부여받은 권한을 행사하지 않았다고 하여 '명백한 평가의 하자'가 있는 것으로 볼 수 없고 예방의 원칙을 위반하였다고 볼 수도 없다고 판시하였다. 국사원이 행정의 결정에 명백한 평가의 하자가 있었는지 여부만 심사하였다는 점에서 이는 최소심사에 해당한다.

2. 통상적 내지 완전심사가 이루어진 경우

통상적 내지 완전심사(이하 '완전심사'라 약함)의 심사대상에는 최소심사의 심사대상에 더하여 '사실관계의 법적 파악'(la qualification juridique des faits), 즉 포섭에 대한 심사까지 이루어진다.[48]

(1) 판례 ③

이 사건의 쟁점은 피고행정청인 시의회와 시장이 전자장이 시민들의 건강에 미칠 영향을 고려하여 해당 시의 구역에 대한 전자계량기 설치를 중단하는 결정을 내릴 수 있는 권한이 있는지 여부에 있다. 경찰권과 예방의 원칙에 관하여 본다.

지방자치법전 제L.2212-1조와 제L.2212-2조는 시장으로 하여금 시의 공공질서, 안전, 공중보건 등을 위해 필요한 일반경찰조치를 취할 수 있는 권한을 부여하고 있다. 또한 환경헌장 제5조에 따르면 손해의 발생이 불확실할지라도 손해로 환경이 돌이킬 수 없는 피해를 입을 수 있는 경우, 행정당국은 '예방의 원칙'(le principe de précaution)에 따라 리스크를 평가하는 절차와 손해를 막기 위한 잠정적인 조치들을 취함으

---

48) Pierre-Laurent FRIER, Jacques PETIT, Droit administratif, LGDJ, 2019, n° 1057 참조.

로써 이를 감독하여야 한다고 규정하고 있다.

국사원은 전기계량기를 설치하고 사용한다면 시민들이 전자장에 노출될 수 있고 예방의 원칙도 충분히 고려되지 않는 결과를 가져올 수 있으나, 이것이 전자계량기 설치중단 결정 권한을 시장에게 부여해주는 근거가 될 수는 없다고 판단하였다. 다시 말해, 국사원은 지방자치법전 제L.2212-2에서 규정하는 경찰권도 환경헌장 제5조에서 규정하는 예방의 원칙도 피고행정청인 꺄스트 시장이 시의 구역에 전기계량기를 설치하는 것을 중단하는 결정을 내릴 권한을 부여해주지 않으며 그 권한은 국가에 있다고 보았다. 국가는 지방단위에서 담보하기 어려운 전문가역량과 기술력을 활용하여 지역단위가 아닌 국가단위에서 공중보건을 보장할 수 있기 때문이다.

이 사건에서 국사원은 전자계량기 설치중단 결정을 할 권한이 피고행정청들에게 없으며 국가에 있다고 판단하면서, 사실관계의 법적 파악, 즉 포섭에 대한 심사를 하고 있다. 그러한 점에서 이 판례는 완전심사의 강도로 본안심사를 한 것으로 볼 수 있다.

(2) 판례 ⑤

이 사건의 쟁점은 정부에 임명권이 있는 고위직에 총영사가 포함되는지 여부이다. 계쟁 데끄레는 총영사 직을 정부가 임명하는 고위직 목록에 포함하였는데, 총영사 직이 정부가 임명하는 고위직에 포함되면 총영사는 본질적으로 해임될 수 있는 직이 된다.

국사원은 총영사의 임무를 규정하는 법률에 비추어 보았을 때, 총영사의 직무가 비엔나협약상에 규정된 외교적 임무의 성격을 띠지 않는다고 판단하였다. 이에 정부에 총영사 임명권이 없다고 판단하고 계쟁 데끄레를 취소하였다. 그러면서도 국사원은 지역적 맥락과 그 직책 수행에 어려움이 있는 지역에 대해서는 계쟁 데끄레가 예외적으로 정당성을 갖는다고 보고, 주 이스라엘 프랑스 총영사의 직은 취소대상에서 제외하였다.

국사원이 외교적 임무의 성격을 띠는지 여부를 독자적인 기준으로 삼아 각 총영사의 직이 그러한 성질을 띠는지를 판단한 것은 포섭에 대한 심사를 한 것으로 볼 수 있다. 국사원이 사실관계의 법적 파악까지 심사하였다는 점에서 이는 완전심사에 해당한다.

3. 최대심사가 이루어진 경우

최대심사에서는 완전심사에서 이루어지는 '사실관계의 법적 파악', 즉 포섭에 대한 심사와 더불어, 가치평가가 필요한 포섭에 대한 심사, 즉 형량심사까지 이루어진다. 부연하면, '사실관계의 법적 파악'에 관한 평가를 넘어 처분의 내용과 이를 정당화하는 법적 요건 간 적절성을 판단하는 비례성 심사가 이루어진다.[49]

(1) 판례 ②

이 사건의 쟁점은 시청각최고위원회가 프랑스뗄레비지옹社의 표현의 자유를 침해하였는지 여부이다. 원고는 시청각최고위원회의 경고가 유럽인권협약 제10조에서 말하는 '당국의 간섭'에 해당하는 것으로 본데에 반하여, 피고행정청은 원고가 재판이 진행 중인 사건을 피고인에 불리한 방향으로 방송하면서 계약조건명세 제35조를 위반하였고 계쟁 결정은 차후의 같은 위반사항을 방지하기 위한 경고라고 주장하였다.

국사원은 시청각최고위원회의 계쟁 결정은 「통신의 자유에 관한 1986년 9월 30일 제86-1067호 법률」 제48-1조에서 규정하고 있는 것으로서, 타인의 명예와 권리를 보호하고 사법기관의 공정성을 보장한다고 보았다. 또한 보도의 내용과 시점을 고려하였을 때, 시청각최고위

---

49) Pierre-Laurent FRIER, Jacques PETIT, Droit administratif, LGDJ, 2019, n° 1056 참조.

원회가 유럽인권협약 제10조에서 보장하는 표현의 자유를 불균형적으로(즉, 비례원칙에 반하여) 침해하지 않았다고 판시하였다. 이 사건에서 국사원은 비례성을 판단하여 형량심사까지 하였다. 그러한 점에서 이 판례는 최대심사의 강도로 본안심사를 한 것으로 볼 수 있다.

Ⅳ. 종합 및 결론

이 글에서는 2018년 12월부터 2019년 11월까지의 국사원의 중요판례 15개를 '취소소송의 4유형'을 기준으로 분류하고, 대상 및 원고적격 차원과 본안의 심사강도 차원에서 이를 분석하여 살펴보았다.

검토결과, 2019년 국사원 중요판례 15개를 기준으로 살펴봤을 때, 취소소송 유형별 비중은 제1유형(7개), 제3유형(5개), 제2유형(2개), 제4유형(1개)으로 순으로 나타났다. 행정입법에 대한 취소소송도 침익적 행정행위에 대한 취소소송인 제1유형에서 가장 많이 나타났다.

검토대상 중요판례는 모두 월권소송으로 제기되었는데, 우리나라 취소소송과는 달리 월권소송의 대상이 되는 일방적 행정행위에는 행정의 개별행위뿐 아니라 법규제정행위도 포함된다. 특정 행정입법의 위법성을 월권소송으로 다투는 것이 가능하다. 따라서 제1~3유형에서 행정입법에 대한 취소소송이 세부유형으로 추가된다. 즉, 제1유형은 침익적 개별결정과 행정입법에 대한 취소소송을, 제2유형은 수익적 개별결정과 행정입법의 거부조치에 대한 취소소송을, 제3유형은 침익적 제3자효를 갖는 이중효과적 개별결정 및 행정입법에 대한 취소소송을 포괄한다. 제4유형은 개별결정을 대상으로 하므로 행정입법에 대한 취소소송이라는 유형이 추가되지 않는다.

검토대상 판결들에서 원고적격을 넓게 인정하고 있는 점도 눈에

띈다. 월권소송을 제기하는 원고는 '개인적이고 직접적인 이익'을 입증하는 데 있어 자신이 침해된 권리를 가지고 있다는 정도까지 입증할 필요가 없다. 살펴본 사안들에서도 환경단체, 동물보호단체, 국민 3천여명 등의 원고적격이 인정되어, 객관소송으로서의 월권소송의 특징이 구체적으로 드러난다. 특히 대상판결들 중에서는 우리 판례에 따르면 신청권의 부존재로 처분성이 부정되어 인정되지 않을 제4유형의 취소소송에 해당하는 사안도 찾아볼 수 있었다.

　향후 분석틀을 활용한 판례 유형화 자료가 꾸준히 축적된다면, 판례 데이터의 분류체계도 정교화되고 판례 분석도 다각도에서 시도될 수 있을 것으로 기대한다.

참고문헌

김동희, "월권소송론", 서울대학교 법학 제17권 제1호, 1975.

박균성, "프랑스의 행정법원과 행정재판", 『현대법의 이론과 실제』(금랑 김철수교수 화갑기념논문집), 박영사, 1993.

박정훈, "행정입법에 대한 사법심사", 행정법연구 제11호, 2004.

박정훈, "불확정개념과 판단여지", 『행정작용법』(중범 김동희교수 정년기념논문집), 박영사, 2005.

박정훈, 『행정소송의 구조와 기능』, 박영사, 2006.

전학선, "프랑스의 고위공직자에 요구되는 청렴성, 도덕성의 기준", 공법학연구 제9권 제3호, 2008.

전　훈, 『프랑스의 공직자 부패행위에 관한 비교법적 연구』, 한국법제연구원, 2015.

조　춘, "취소소송에 있어서 행정행위의 취소사유에 관한 연구: 프랑스 행정법상의 월권소송을 중심으로", 서울대학교 법학박사학위논문, 2001.

한견우, "프랑스 행정소송제도상 월권소송에 있어서 소의 이익", 연세법학연구 창간호, 1990.

BROYELLE, Camille, *Contentieux administratif*, LGDJ, 2019.

CAZI, Emeline, "Un collectif lance une action contre l'aluminium dans les vaccins", *Le Monde*, Publié le 9 août 2017 à 06h46.

CHAPUS, René, *Droit du contentieux administratif*, Montchrestien, 2008.

CHABANOL, Daniel, *La pratique du contentieux administratif*, LexisNexis, 2018.

Conseil d'État, *Rapport public: Activité juridictionnelle et consultative des juridictions administratives en 2019*, La documentation

Française, 2020.

DEBBASCH, Charles, Jean−Claude RICCI, *Contentieux administratif,* Dalloz, 2001.

GAUDEMET, Yves, *Droit administratif,* Dalloz, 2015.

LANG, Agathe Van, Geneviève GONDOUIN, Véronique INSERGUET− BRISSET, *Dictionnaire de droit administratif,* SIREY, 2011.

FRIER, Pierre−Laurent, Jacques PETIT, *Droit administratif,* LGDJ, 2019.

국문초록

프랑스 국사원은 지난 5년 동안 연평균 약 9,800여 건을 처리하였고, 2019년 한 해 동안에는 10,320 건을 처리하였다. 이 글에서는 1년의 기간 (2018. 12. ~ 2019. 12.)을 설정하여 해당 기간 동안 선고된 판결 가운데 국사원에 의해 중요판례로 선정된 15개의 판례를 '취소소송의 4유형' 분석방법론에 따라 분석하였다.

검토대상 중요판례는 모두 월권소송으로 제기되었는데, 우리나라 취소소송과는 달리 프랑스 월권소송의 대상이 되는 일방적 행정행위에는 행정의 개별행위뿐 아니라 법규제정행위도 포함된다. 특정 행정입법의 위법성을 월권소송으로 다투는 것이 가능하기 때문에 그에 따라 취소소송의 유형도 세분화될 수 있다는 특징이 있다.

검토대상 판결들에서 원고적격을 넓게 인정하고 있는 점도 주목할 만하다. 월권소송을 제기하는 원고는 '개인적이고 직접적인 이익'을 입증하는 데 있어 자신이 침해된 권리를 가지고 있다는 정도까지 입증할 필요가 없다. 우리나라의 취소소송에서 법인이나 단체의 헌법소원심판 청구인적격은 원칙적으로 단체 자신의 기본권이 침해된 경우에만 인정되며 법인이나 단체가 그 구성원을 위한 청구를 할 수 없지만, 프랑스의 월권소송에서는 법인이나 단체가 방어할 임무가 있는 집단적 이익을 방어하는 소송을 제기하는 경우 해당 법인이나 단체의 설립목적 내지 정관상 단체의 목적 등을 고려하여 월권소송의 원고적격을 인정한다.

살펴본 사안들에서도 환경단체, 동물보호단체 등의 원고적격이 인정되었고, 우리 판례에 따르면 신청권의 부존재로 처분성이 부정되어 인정되지 않을 '제4유형의 취소소송'(수익적 제3자효를 갖는 이중효과적 행정행위의 거부조치에 대한 취소소송)에 해당하는 사안도 찾아볼 수 있었다는 점에서 객관소송으로서의 월권소송의 특징이 구체적으로 드러난다.

주제어: 국사원, 월권소송, 취소소송의 대상, 원고적격, 사법심사

Résumé

Analyse des décisions importantes du Conseil d'État français en 2019

PARK, Woo Kyung*

En 2019, le Conseil d'État a jugé 10 320 affaires. Cet article analyse les décisions rendues par le Conseil d'État, hors ordonnances, entre décembre 2018 et novembre 2019, qui ont été retenues comme «les dernières décisions importantes», en utilisant la méthodologie d'analyse des «quatre types de contentieux de l'annulation».

Tous les requérants dans ces affaires ont demandé au Conseil d'état d'annuler la décision attaquée par la voie du recours en excès de pouvoir. Le recours en excès de pouvoir est recevable pour les actes administratifs unilatéraux, y compris les actes réglementaires.

Il convient également de noter que la capacité d'agir est largement reconnue dans les décisions examinées. Les requérants qui déposent un recours en excès de pouvoir n'ont pas à prouver la violation d'un droit subjectif, mais seulement qu'ils ont «un intérêt personnel et direct». Les actions de groupe sont réservées aux associations déclarées dont l'objet statutaire correspond aux intérêts auxquels il a été porté atteinte.

Dans les cas examinés, les caractéristiques du recours pour excès de pouvoir comme contentieux objectif se retrouvent dans la reconnaissance des actions exercées au nom de groupes, ainsi que des recours pour excès de pouvoir contre les décisions de rejet à double effet (destinataire et tiers), lesquelles n'auraient pas été recevables dans notre cas.

---

* Judicial Policy Research Institute, Research Fellow.

Mots-clés: Conseil d'État, le recours pour excès de pouvoir, la recevabilité, la capacité d'agir, le contôle juridictionnel

투고일 2020. 6. 24.
심사일 2020. 6. 28.
게재확정일 2020. 6. 29.

附　　錄

研究倫理委員會 規程

研究論集 刊行 및 編輯規則

「行政判例研究」 原稿作成要領

歷代 任員 名單

月例 集會 記錄

研究倫理委員會 規程

제1장 총 칙

제1조 (목적)

이 규정은 사단법인 한국행정판례연구회(이하 "학회"라 한다) 정관 제
26조에 의하여 연구의 진실성을 확보하기 위하여 설치하는 연구윤리
위원회(이하 "위원회"라 한다)의 구성 및 운영에 관한 기본적인 사항을
정함을 목적으로 한다.

제2조 (적용대상)

이 규정은 학회의 정회원·준회원 및 특별회원(이하 "회원"이라 한다)
에 대하여 적용한다.

제3조 (적용범위)

연구윤리의 확립 및 연구진실성의 검증과 관련하여 다른 특별한 규
정이 없는 한 이 규정에 따른다.

제4조 (용어의 정의)

이 규정에서 사용하는 용어의 정의는 다음과 같다.

1. "연구부정행위"는 연구를 제안, 수행, 발표하는 과정에서 연
   구목적과 무관하게 고의 또는 중대한 과실로 행하여진 위조
   ·변조·표절·부당한 저자표시 등 연구의 진실성을 심각하게
   해치는 행위를 말한다.
2. "위조"는 존재하지 않는 자료나 연구결과를 허위로 만들고
   이를 기록하거나 보고하는 행위를 말한다.
3. "변조"는 연구와 관련된 자료, 과정, 결과를 사실과 다르게

변경하거나 누락시켜 연구가 진실에 부합하지 않도록 하는 행위를 말한다.

    4. "표절"은 타인의 아이디어, 연구 과정 및 연구결과 등을 정당한 승인 또는 적절한 인용표시 없이 연구에 사용하는 행위를 말한다.

    5. "부당한 저자 표시"는 연구내용 또는 결과에 대하여 학술적 공헌 또는 기여를 한 자에게 정당한 이유 없이 저자 자격을 부여하지 않거나, 학술적 공헌 또는 기여를 하지 않은 자에게 감사의 표시 또는 예우 등을 이유로 저자 자격을 부여하는 행위를 말한다.

제2장 연구윤리위원회의 구성 및 운영

제5조 (기능)

위원회는 학회 회원의 연구윤리와 관련된 다음 각 호의 사항을 심의·의결한다.

    1. 연구윤리·진실성 관련 제도의 수립 및 운영 등 연구윤리확립에 관한 사항
    2. 연구윤리·진실성 관련 규정의 제·개정에 관한 사항
    3. 연구부정행위의 예방·조사에 관한 사항
    4. 제보자 및 피조사자 보호에 관한 사항
    5. 연구진실성의 검증·결과처리 및 후속조치에 관한 사항
    6. 기타 위원장이 부의하는 사항

제6조 (구성)

① 위원회는 위원장과 부위원장 각 1인을 포함하여 7인 이내의 위원으로 구성한다.
② 위원장은 부회장 중에서, 부위원장은 위원 중에서 회장이 지명

한다.

③ 부위원장은 위원장을 보좌하고 위원장의 유고시에 위원장의 직무를 대행한다.

④ 위원은 정회원 중에서 회장이 위촉한다.

⑤ 위원장과 부위원장 및 위원의 임기는 1년으로 하되 연임할 수 있다.

⑥ 위원회의 제반업무를 처리하기 위해 위원장이 위원 중에서 지명하는 간사 1인을 둘 수 있다.

⑦ 위원장은 위원회의 의견을 들어 전문위원을 위촉할 수 있다.

제 7 조 (회의)

① 위원장은 필요한 경우 위원회의 회의를 소집하고 그 의장이 된다.

② 회의는 재적위원 과반수 출석과 출석위원 과반수 찬성으로 의결한다. 단 위임장은 위원회의 성립에 있어 출석으로 인정하되 의결권은 부여하지 않는다.

③ 회의는 비공개를 원칙으로 하되, 필요한 경우에는 위원이 아닌 자를 참석시켜 의견을 진술하게 할 수 있다.

제 3 장   연구진실성의 검증

제 8 조 (연구부정행위의 조사)

① 위원회는 구체적인 제보가 있거나 상당한 의혹이 있는 경우에는 연구부정행위의 존재 여부를 조사하여야 한다.

② 위원회는 조사과정에서 제보자·피조사자·증인 및 참고인에 대하여 진술을 위한 출석과 자료의 제출을 요구할 수 있다.

③ 위원회는 연구기록이나 증거의 멸실, 파손, 은닉 또는 변조 등을 방지하기 위하여 상당한 조치를 취할 수 있다.

제 9 조 (제보자와 피조사자의 권리 보호)

① 위원회는 어떠한 경우에도 제보자의 신원을 직·간접적으로 노출시켜서는 안 된다. 다만, 제보 내용이 허위인 줄 알았거나 알 수 있었음에도 불구하고 이를 신고한 경우에는 보호 대상에 포함되지 않는다.

② 위원회는 연구부정행위 여부에 대한 검증과정이 종료될 때까지 피조사자의 명예나 권리가 침해되지 않도록 노력하여야 한다.

제10조 (비밀엄수)

① 위원회의 위원은 연구부정행위의 조사, 판정 및 제재조치의 건의 등과 관련한 일체의 사항을 비밀로 하며, 검증과정에 직·간접적으로 참여한 자는 검증과정에서 취득한 정보를 누설하여서는 아니된다.

② 위원장은 제 1 항에 규정된 사항으로서 합당한 공개의 필요성이 있는 때에는 위원회의 의결을 거쳐 공개할 수 있다. 다만, 제보자·조사위원·증인·참고인·자문에 참여한 자의 명단 등 신원과 관련된 정보가 당사자에게 부당한 불이익을 줄 가능성이 있는 때에는 공개하지 아니한다.

제11조 (제척·기피·회피)

① 위원은 검증사건과 직접적인 이해관계가 있는 때에는 당해 사건의 조사·심의 및 의결에 관여하지 못한다. ② 제보자 또는 피조사자는 위원에게 공정성을 기대하기 어려운 사정이 있는 때에는 그 이유를 밝혀 당해 위원의 기피를 신청할 수 있다. 위원회에서 기피 신청이 인용된 때에는 기피 신청된 위원은 당해 사건의 조사·심의 및 의결에 관여하지 못한다.

③ 위원은 제 1 항 또는 제 2 항의 사유가 있다고 판단하는 때에는 회피하여야 한다.

④ 위원장은 위원이 검증사건과 직접적인 이해관계가 있다고 인정하는 때에는 당해 검증사건과 관련하여 위원의 자격을 정지할 수 있다.

제12조 (의견진술, 이의제기 및 변론기회의 보장)

위원회는 제보자와 피조사자에게 관련 절차를 사전에 알려주어야 하며, 의견진술, 이의제기 및 변론의 기회를 동등하게 보장하여야 한다.

제13조 (판정)

① 위원회는 위원들의 조사와 심의 결과, 제보자와 피조사자의 의견진술, 이의제기 및 변론의 내용을 토대로 검증대상행위의 연구부정행위 해당 여부를 판정한다.

② 위원회가 검증대상행위의 연구부정행위 해당을 확인하는 판정을 하는 경우에는 재적위원 과반수 출석과 출석위원 3분의 2 이상의 찬성으로 한다.

제4장 검증에 따른 조치

제14조 (판정에 따른 조치)

① 위원장은 제13조 제1항의 규정에 의한 판정결과를 회장에게 통보하고, 검증대상행위가 연구부정행위에 해당한다고 판정된 경우에는 위원회의 심의를 거쳐 그 판정결과에 따라 필요한 조치를 건의할 수 있다.

② 회장은 제1항의 건의가 있는 경우에는 다음 각 호 중 어느 하나의 제재조치를 하거나 이를 병과할 수 있다.

  1. 연구부정논문의 게재취소
  2. 연구부정논문의 게재취소사실의 공지
  3. 회원의 제명절차에의 회부

　　4. 관계 기관에의 통보

　　5. 기타 적절한 조치

　③ 전항 제 2 호의 공지는 저자명, 논문명, 논문의 수록 권·호수, 취소일자, 취소이유 등이 포함되어야 한다.

　④ 회장은 학회의 연구윤리와 관련하여 고의 또는 중대한 과실로 진실과 다른 제보를 하거나 허위의 사실을 유포한 자가 회원인 경우 이를 제명절차에 회부할 수 있다.

제15조 (조사결과 및 제재조치의 통지)

　회장은 위원회의 조사결과 및 제재조치에 대하여 제보자 및 피조사자 등에게 지체없이 서면으로 통지한다.

제16조 (재심의)

　피조사자 또는 제보자가 판정결과 및 제재조치에 대해 불복할 경우 제15조의 통지를 받은 날부터 20일 이내에 이유를 기재한 서면으로 재심의를 요청할 수 있다.

제17조 (명예회복 등 후속조치)

　검증대상행위가 연구부정행위에 해당하지 아니한다고 판정된 경우에는 학회 및 위원회는 피조사자의 명예회복을 위해 노력하여야 하며 적절한 후속조치를 취하여야한다.

제18조 (기록의 보관) ① 학회는 조사와 관련된 기록은 조사 종료 시점을 기준으로 5년간 보관하여야 한다.

부   칙

제 1 조 (시행일) 이 규정은 2007년 11월 29일부터 시행한다.

研究論集 刊行 및 編輯規則

제정: 1999. 08. 20.
제 1 차 개정: 2003. 08. 22.
제 2 차 개정: 2004. 04. 16.
제 3 차 개정: 2005. 03. 18.
전문개정: 2008. 05. 26.
제 5 차 개정: 2009. 12. 18.
제 6 차 개정: 2018. 12. 24.
제 7 차 개정: 2019. 04. 25.

제 1 장 총 칙

제 1 조 (目的)

이 규칙은 사단법인 한국행정판례연구회(이하 "학회"라 한다)의 정관 제27조의 규정에 따라 연구논집(이하 '논집'이라 한다)을 간행 및 편집함에 있어서 필요한 사항을 정함을 목적으로 한다.

제 2 조 (題號)

논집의 제호는 '行政判例研究'(Studies on Public Administration Cases)라 한다.

제 3 조 (刊行週期)

① 논집은 연 2회 정기적으로 매년 6월 30일, 12월 31일에 간행함을 원칙으로 한다.

② 전항의 정기간행 이외에 필요한 경우는 특별호를 간행할 수

있다.

제 4 조 (刊行形式)

논집의 간행형식은 다음 각 호의 어느 하나에 의한다.

1. 등록된 출판사와의 출판권 설정의 형식
2. 자비출판의 형식

제 5 조 (收錄對象)

① 논집에 수록할 논문은 다음과 같다.

1. 발표논문: 학회의 연구발표회에서 발표하고 제출한 논문으로 서 편집위원회의 심사절차를 거쳐 게재확정된 논문
2. 제출논문: 회원 또는 비회원이 논집게재를 위하여 따로 제출 한 논문으로서 편집위원회의 심사절차를 거쳐 게재확정된 논문
3. 그 밖에 편집위원회의 심사절차와 간행위원회의 의결을 거쳐 수록하기로 한 논문 등

② 논집에는 부록으로서 다음의 문건을 수록할 수 있다.

1. 학회의 정관, 회칙 및 각종 규칙
2. 학회의 역사 또는 활동상황
3. 학회의 각종 통계

③ 논집에는 간행비용의 조달을 위하여 광고를 게재할 수 있다.

제 6 조 (收錄論文要件)

논집에 수록할 논문은 다음 각호의 요건을 갖춘 것이어야 한다.

1. 행정판례의 평석 또는 연구에 관한 논문일 것
2. 다른 학술지 등에 발표한 일이 없는 논문일 것
3. 이 규정 또는 별도의 공고에 의한 원고작성요령 및 심사기준 에 부합하는 학술연구로서의 형식과 품격을 갖춘 논문일 것

제 7 조 (著作權)

① 논집의 편자는 학회의 명의로 하고, 논집의 개별 논문에는 집필
자(저작자)를 명기한다.

② 학회는 논집의 편집저작권을 보유한다.

③ 집필자는 논문 투고 시 학회에서 정하는 양식에 따라 논문사용권,
편집저작권 및 복제·전송권을 학회에 위임하는 것에 동의하는 내용
의 동의서를 제출하여야 한다.

제 2 장   刊行委員會와 編輯委員會

제 8 조 (刊行 및 編輯主管)

① 논집의 간행 및 편집에 관한 업무를 관장하기 위하여 학회에
간행위원회와 편집위원회를 둔다.

② 간행위원회는 논집의 간행에 관한 중요한 사항을 심의·의결한다.

③ 편집위원회는 간행위원회의 결정에 따라 논집의 편집에 관한 업
무를 행한다.

제 9 조 (刊行委員會의 構成과 職務 등)

① 간행위원회는 편집위원을 포함하여 회장이 위촉하는 적정한 수
의 위원으로 구성하고 임기는 1년으로 하되 연임할 수 있다.

② 간행위원회는 위원장, 부위원장 및 간사 각 1인을 둔다.

③ 간행위원장은 위원 중에서 호선하고, 부위원장은 학회의 출판담
당 상임이사로 하고, 간사는 위원 중에서 위원장이 위촉한다.

④ 간행위원회는 다음의 사항을 심의·의결한다.

  1. 논집의 간행계획에 관한 사항

  2. 논집의 특별호의 기획 등에 관한 사항

  3. 이 규칙의 개정에 관한 사항

  4. 출판권을 설정할 출판사의 선정에 관한 사항

5. 그 밖에 논집의 간행과 관련된 중요한 사항

⑤ 간행위원회는 다음 각 호의 경우에 위원장이 소집하고, 간행위
원회는 위원 과반수의 출석과 출석위원 과반수의 찬성으로 의결
한다.

　　1. 회장 또는 위원장이 필요하다고 판단하는 경우

　　2. 위원 과반수의 요구가 있는 경우

제10조 (編輯委員會의 構成과 職務 등)

① 편집위원회는 학회의 출판담당 상임이사를 포함하여 회장이 이
사회의 승인을 얻어 선임하는 10인 내외의 위원으로 구성하고 임기
는 3년으로 한다.

② 편집위원회는 위원장, 부위원장 및 간사 각 1인을 둔다.

③ 편집위원장은 위원 중에서 호선하고 임기는 3년으로 하며, 부위
원장은 학회의 출판담당 상임이사로 하고, 간사는 위원 중에서 위
원장이 위촉한다.

④ 편집위원회는 다음의 사항을 행한다.

　　1. 이 규칙에 의하는 외에 논집에 수록할 논문의 원고작성요령
　　　 및 심사기준에 관한 세칙의 제정 및 개정

　　2. 논문심사위원의 위촉

　　3. 논문심사의 의뢰 및 취합, 종합판정, 수정요청 및 수정후재심
　　　 사, 논집에의 게재확정 또는 거부 등 논문심사절차의 진행

　　4. 논집의 편집 및 교정

　　5. 그 밖에 논집의 편집과 관련된 사항

⑤ 편집위원회는 다음 각 호의 경우에 위원장이 소집하고, 위원 과
반수의 출석과 출석위원 과반수의 찬성으로 의결한다.

　　1. 회장 또는 위원장이 필요하다고 판단하는 경우

　　2. 위원 과반수의 요구가 있는 경우

제 3 장　論文의 提出과 審査節次 등

제11조 (論文提出의 基準)

① 논문원고의 분량은 A4용지 20매(200자 원고지 150매) 내외로 한다.

② 논문의 원고는 (주)한글과 컴퓨터의 "문서파일(HWP)"로 작성하고 한글사용을 원칙으로 하되, 필요한 경우 국한문혼용 또는 외국어를 사용할 수 있다.

③ 논문원고의 구성은 다음 각 호의 순서에 의한다.

　　1. 제목

　　2. 목차

　　3. 본문

　　4. 한글초록·주제어

　　5. 외국어초록·주제어

　　6. 참고문헌

　　7. 부록(필요한 경우)

④ 논문은 제 1 항 내지 제 3 항 이외에 편집위원회가 따로 정하는 원고작성요령 또는 심사기준에 관한 세칙을 준수하고, 원고는 편집위원회가 정하여 공고하는 기한 내에 출판간사를 통하여 출판담당 상임이사에게 제출하여야 한다.

제12조 (論文審査節次의 開始)

① 논문접수가 완료되면 출판담당 상임이사는 심사절차에 필요한 서류를 작성하여 편집위원장에게 보고하여야 한다.

② 편집위원장은 전항의 보고를 받으면 편집위원회를 소집하여 논문심사절차를 진행하여야 한다.

제13조 (論文審査委員의 委囑과 審査 依賴 등)

① 편집위원회는 간행위원, 편집위원 기타 해당 분야의 전문가 중에서 심사대상 논문 한 편당 3인의 논문심사위원을 위촉하여 심사를 의뢰한다.

② 제1항의 규정에 의하여 위촉되어 심사를 의뢰받는 논문심사위원이 심사대상 논문 또는 그 제출자와 특별한 관계가 명백하게 있어 논문심사의 공정성을 해할 우려가 있는 사람이어서는 안 된다.

제14조 (秘密維持) ① 편집위원장은 논문심사위원의 선정 및 심사의 진행에 관한 사항이 외부로 누설되지 않도록 필요한 조치를 취하여야 한다.

② 편집위원 및 논문심사위원은 논문심사에 관한 사항을 외부로 누설해서는 안 된다.

제15조 (論文審査의 基準) 논문심사위원이 논집에 수록할 논문을 심사함에 있어서는 다음 각 호의 기준을 종합적으로 고려하여 심사의견을 제출하여야 한다.

   1. 제6조에 정한 수록요건

   2. 제11조에 정한 논문제출기준

   3. 연구내용의 전문성과 창의성 및 논리적 체계성

   4. 연구내용의 근거제시의 적절성 및 객관성

제16조 (論文審査委員別 論文審査의 判定) ① 논문심사위원은 제15조의 논문심사기준에 따라 [별표 1]의 [논문심사서](서식)에 심사의견을 기술하여 제출하여야 한다.

② 논문심사위원은 심사대상 논문에 대하여 다음 각호에 따라 '판정의견'을 제출한다.

   1. '게재적합': 논집에의 게재가 적합하다고 판단하는 경우

   2. '게재부적합': 논집에의 게재가 부적합하다고 판단하는 경우

3. '수정후게재': 논문내용의 수정·보완 후 논집에의 게재가 적
합하다고 판단하는 경우

③ 전항 제1호에 의한 '게재적합' 판정의 경우에도 논문심사위원은
수정·보완이 필요한 경미한 사항을 기술할 수 있다.

④ 제2항 제2호에 의한 '게재부적합' 판정 및 제3호에 의한 '수
정후게재' 판정의 경우에는 각각 부적합사유와 논문내용의 수정·보
완할 점을 구체적으로 명기하여야 한다.

제17조 (編輯委員會의 綜合判定 및 再審査) 편집위원회는 논문심사
위원 3인의 논문심사서가 접수되면 [별표 2]의 종합판정기준에 의
하여 '게재확정', '수정후게재', '수정후재심사' 또는 '불게재'로 종합
판정을 하고, 그 결과 및 논문심사위원의 심사의견을 논문제출자에
게 통보한다.

제18조 (修正要請 등)

① 편집위원장은 제17조의 규정에 의해 '수정후게재' 판정을 받은
논문에 대하여 수정을 요청하여야 한다.

② 편집위원장은 제17조의 규정에 의해 '게재확정'으로 판정된 논
문에 대하여도 편집위원회의 판단에 따라 수정이 필요하다고 인정
하는 때에는 내용상 수정을 요청할 수 있다.

③ 편집위원회는 집필자가 전항의 수정요청에 따르지 않거나 재심
사를 위해 고지된 기한 내에 수정된 논문을 제출하지 않을 때에는
처음 제출된 논문을 '불게재'로 최종 판정한다.

제4장 기 타

제19조 (審査謝禮費의 支給) 논문심사위원에게 논집의 간행·편집을
위한 예산의 범위 안에서 심사사례비를 지급할 수 있다.

제20조(輔助要員) 학회는 논집의 간행·편집을 위하여 필요하다고 인정하는 때에는 원고의 편집, 인쇄본의 교정, 부록의 작성 등에 관한 보조요원을 고용할 수 있다.

제21조 (刊行·編輯財源) ① 논집의 간행·편집에 필요한 재원은 다음 각호에 의한다.

　1. 출판수입

　2. 광고수입

　3. 판매수입

　4. 논문게재료

　5. 외부 지원금

　6. 기타 학회의 재원

　② 논문 집필자에 대한 원고료는 따로 지급하지 아니한다.

제22조 (論集의 配布)　① 간행된 논집은 회원에게 배포한다.

　② 논문의 집필자에게는 전항의 배포본 외에 일정한 부수의 증정본을 교부할 수 있다.

附　　則 (1999. 8. 20. 제정)

이 규칙은 1999년 8월 20일부터 시행한다.

附　則

이 규칙은 2003년 8월 22일부터 시행한다.

附　則

이 규칙은 2004년 4월 17일부터 시행한다.

附　則

이 규칙은 2005년 3월 19일부터 시행한다.

附　則

이 규칙은 2008년 5월 26일부터 시행한다.

附　則

이 규칙은 2009년 12월 18일부터 시행한다.

附　則

이 규칙은 2018년 12월 24일부터 시행한다.

附　則

이 규칙은 2019년 4월 25일부터 시행한다.

[별표 1 : 논문심사서(서식)]

「行政判例研究」 게재신청논문 심사서

社團法人 韓國行政判例研究會

게재논집	行政判例研究 제15-2집		심사일	2010. . .
심사위원	소속		직위	
			성명	(인)
게재신청논문 [심사대상논문]				
판정의견	1. 게재적합 ( ): 논집의 게재가 가능하다고 판단하는 경우 2. 게재부적합 ( ): 논집의 게재가 불가능하다고 판단하는 경우 3. 수정후게재 ( ): 논문내용의 수정·보완 후 논집의 게재가 가능하다고 판단하는 경우			
심사의견				
심사기준	• 행정판례의 평석 또는 연구에 관한 논문일 것 • 다른 학술지 등에 발표한 일이 없는 논문일 것 • 연구내용의 전문성과 창의성 및 논리적 체계성이 인정되는 논문일 것 • 연구내용의 근거제시가 적절성과 객관성을 갖춘 논문일 것			

※ 심사의견 작성시 유의사항 ※

▷ '게재적합' 판정의 경우에도 수정·보완이 필요한 사항을 기술할 수
있습니다.

▷ '게재부적합' 및 '수정후게재' 판정의 경우에는 각각 부적합사유와
논문내용의 수정·보완할 점을 구체적으로 명기하여 주십시오.

▷ 표 안의 공간이 부족하면 별지를 이용해 주십시오.

[별표 2: 종합판정기준]

	심사위원의 판정			편집위원회 종합판정
1	○	○	○	게재확정
2	○	○	△	
3	○	△	△	수정후게재
4	△	△	△	
5	○	○	×	
6	○	△	×	
7	△	△	×	
8	○	×	×	불게재
9	△	×	×	
10	×	×	×	

○ ＝ "게재적합" △ ＝ "수정후게재" × ＝ "게재부적합"

「行政判例研究」 原稿作成要領

I. 원고작성기준

1. 원고는 워드프로세서 프로그램인 [한글]로 작성하여 전자우편을 통해 출판간사에게 제출한다.

2. 원고분량은 도표, 사진, 참고문헌 포함하여 200자 원고지 150매 내외로 한다.

3. 원고는 「원고표지 - 제목 - 저자 - 목차(로마자표시와 아라비아숫자까지) - 본문 - 참고문헌 - 국문 초록 - 국문 주제어(5개 내외) - 외국문 초록 - 외국문 주제어(5개 내외)」의 순으로 작성한다.

4. 원고의 표지에는 논문제목, 저자명, 소속기관과 직책, 주소, 전화번호(사무실, 핸드폰)와 e-mail주소를 기재하여야 한다.

5. 외국문 초록(논문제목, 저자명, 소속 및 직위 포함)은 영어를 사용하는 것이 원칙이지만, 논문의 내용에 따라서 독일어, 프랑스어, 중국어, 일본어를 사용할 수도 있다.

6. 논문의 저자가 2인 이상인 경우 주저자(First Author)와 공동저자 (Corresponding Author)를 구분하고, 주저자·공동저자의 순서로 표기하여야 한다. 특별한 표시가 없는 경우에는 제일 앞에 기재된 자를 주저자로 본다.

7. 목차는 로마숫자(보기 : I, II), 아라비아숫자(보기 : 1, 2), 괄호숫자(보기: (1), (2)), 반괄호숫자(보기 : 1), 2)), 원숫자(보기 : ①, ②)의 순으로 한다. 그 이후의 목차번호는 논문제출자가 임의로 정하여 사용할 수 있다.

II. 각주작성기준

1. 기본원칙

(1) 본문과 관련한 저술을 소개하거나 부연이 필요한 경우 각주로 처리한다. 각주는 일련번호를 사용하여 작성한다.

(2) 각주의 인명, 서명, 논문명 등은 원어대로 씀을 원칙으로 한다.

(3) 외국 잡지의 경우 처음 인용시 잡지명을 전부 기재하고 그 이후 각 주에서는 약어로 표시한다.

2. 처음 인용할 경우의 각주 표기 방법

(1) 저서: 저자명, 서명, 출판사, 출판년도, 면수.

번역서의 경우 저자명은 본래의 이름으로 표기하고, 저자명과 서명 사이에 옮긴이의 이름을 쓰고 "옮김"을 덧붙인다.

엮은 책의 경우 저자명과 서명 사이에 엮은이의 이름을 쓰고 "엮음"을 덧붙인다. 저자와 엮은이가 같은 경우 엮은이를 생략할 수 있다.

(2) 정기간행물: 저자명, "논문제목", 「잡지명」, 제00권 제00호, 출판연도, 면수.

번역문헌의 경우 저자명과 논문제목 사이에 역자명을 쓰고 "옮김"을 덧붙인다.

(3) 기념논문집: 저자명, "논문제목", 기념논문집명(000선생00기념논문집), 출판사, 출판년도, 면수.

(4) 판결 인용: 다음과 같이 대법원과 헌법재판소의 양식에 준하여 작성한다.

판결 : 대법원 2000. 00. 00. 선고 00두0000 판결.

결정 : 대법원 2000. 00. 00.자 00아0000 결정.

헌법재판소 결정 : 헌법재판소 2000. 00. 00. 선고 00헌가00

결정.

(5) 외국문헌 : 그 나라의 표준표기방식에 의한다.

(6) 외국판결 : 그 나라의 표준표기방식에 의한다.

(7) 신문기사는 기사면수를 따로 밝히지 않는다(신문명 0000. 00. 00.자). 다만, 필요한 경우 글쓴이와 글제목을 밝힐 수 있다.

(8) 인터넷에서의 자료인용은 원칙적으로 다음과 같이 표기한다. 저자 혹은 서버관리주체, 자료명, 해당 URL(검색일자)

(9) 국문 또는 한자로 표기되는 저서나 논문을 인용할 때는 면으로(120면, 120면 – 122면), 로마자로 표기되는 저서나 논문을 인용할 때는 p.(p. 120, pp. 121 – 135) 또는 S.(S. 120, S. 121 ff.)로 인용면수를 표기한다.

3. 앞의 각주 혹은 각주에서 제시된 문헌을 다시 인용할 경우 다음과 같이 표기한다. 국내문헌, 외국문헌 모두 같다. 다만, 저자나 문헌 혹은 양자 모두가 여럿인 경우 이에 따르지 않고 각각 필요한 저자명, 문헌명 등을 덧붙여 표기함으로써 구별한다.

(1) 바로 위의 각주가 아닌 앞의 각주의 문헌을 다시 인용할 경우

　1) 저서인용: 저자명, 앞의 책, 면수

　2) 논문인용: 저자명, 앞의 글, 면수

　3) 논문 이외의 글 인용: 저자명, 앞의 글, 면수

(2) 바로 위의 각주에 인용된 문헌을 다시 인용할 경우에는 "위의 책, 면수", "위의 글, 면수"로 표시한다.

(3) 하나의 각주에서 앞서 인용한 문헌을 다시 인용할 경우에는 "같은 책, 면수", "같은 글, 면수"로 표시한다.

4. 기타

(1) 3인 공저까지는 저자명을 모두 표기하되, 저자간의 표시는 "/"

로 구분하고 "/" 이후에는 한 칸을 띄어 쓴다. 4인 이상의 경우 성을 온전히 표기하되, 중간이름은 첫글자만을 표기한다.

(2) 부제의 표기가 필요한 경우 원래 문헌의 표기양식과 관계없이 원칙적으로 콜론으로 연결한다.

(3) 글의 성격상 전거만을 밝히는 각주가 너무 많을 경우 약자를 사용하여 본문에서 그 전거를 밝힐 수 있다.

(4) 여러 문헌의 소개는 세미콜론(;)으로 하고, 재인용의 경우 원전과 재인용출처 사이를 콜론(:)으로 연결한다.

III. 참고문헌작성기준

1. 순서

국문, 외국문헌 순으로 정리하되, 단행본, 논문, 자료의 순으로 정리한다.

2. 국내문헌

(1) 단행본: 저자, 서명, 출판사, 출판연도.

(2) 논문: 저자명, "논문제목", 잡지명 제00권 제00호, 출판연도.

3. 외국문헌

그 나라의 표준적인 인용방법과 순서에 따라 정리한다.

歷代 任員 名單

■ 초대(1984. 10. 29.)

회　　장　金道昶
부 회 장　徐元宇·崔光律(1987. 11. 27.부터)

■ 제2대(1988. 12. 9.)

회　　장　金道昶
부 회 장　徐元宇·崔光律
감　　사　李尙圭
상임이사　李鴻薰(총무), 金南辰(연구), 朴鈗炘(출판), 梁承斗(섭외)
이　　사　金東熙, 金斗千, 金英勳, 金元主, 金伊烈, 金鐵容, 石琮顯,
　　　　　芮鍾德, 李康爀, 李升煥, 趙慶根, 崔松和, 韓昌奎, 黃祐呂

■ 제3대(1990. 2. 23.)

회　　장　金道昶
부 회 장　徐元宇·崔光律
감　　사　金鐵容
상임이사　李鴻薰(총무), 黃祐呂(총무), 金南辰(연구), 朴鈗炘(출판),
　　　　　梁承斗(섭외)
이　　사　金東熙, 金斗千, 金英勳, 金元主, 金伊烈, 石琮顯, 芮鍾德,
　　　　　李康爀, 李升煥, 李鴻薰
(1991. 1. 25.부터) 趙慶根, 崔松和, 韓昌奎, 黃祐呂

■ 제 4 대(1993. 2. 23.)

회　　　장　金道昶
부 회 장　徐元宇·崔光律
감　　　사　金鐵容
상임이사　李鴻薰(총무), 金南辰(연구), 朴銑炘(출판), 梁承斗(섭외)
이　　　사　金東熙, 金英勳, 金元主, 朴松圭, 卞在玉, 石琮顯, 孫智烈,
　　　　　　芮鍾德, 李康國, 李康爀, 李京運, 李淳容, 李重光, 李鴻薰,
　　　　　　趙慶根, 趙憲銖, 千柄泰, 崔松和, 韓昌奎, 黃祐呂

■ 제 5 대(1996. 2. 23.)

명예회장　金道昶
고　　　문　徐元宇·金鐵容
회　　　장　崔光律
부 회 장　金南辰·徐廷友
감　　　사　韓昌奎
상임이사　金東熙(총무), 金元主(연구), 李康國(출판), 梁承斗(섭외)
이　　　사　金英勳, 朴松圭, 朴銑炘, 卞在玉, 石琮顯, 李康爀, 李京運,
　　　　　　李淳容, 李升煥, 李重光, 李鴻薰, 趙慶根, 趙憲銖, 千柄泰,
　　　　　　崔松和, 黃祐呂

■ 제 6 대(1999. 2. 19.)

명예회장　金道昶
고　　　문　徐元宇, 金鐵容, 金南辰, 徐廷友, 韓昌奎
회　　　장　崔光律
부 회 장　梁承斗, 李康國
감　　　사　金元主
상임이사　李鴻薰(총무), 金東熙(연구), 崔松和(출판), 金善旭(섭외)

이 　 사	金東建, 金英勳, 南勝吉, 朴松圭, 朴銳炘, 白潤基, 卞海喆,
	石琮顯, 李京運, 李光潤, 李升煥, 李重光, 鄭然或, 趙憲銖,
	洪準亨, 黃祐呂

■ **제 7 대**(2002. 2. 15.)

명예회장	金道昶
고 　 문	金南辰, 金元主, 徐元宇, 徐廷友, 梁承斗, 李康國, 崔光律,
	韓昌奎
회 　 장	金鐵容
부 회 장	金東建, 崔松和
감 　 사	金東熙
상임이사	金善旭(총무), 朴正勳(연구), 李光潤(출판), 李京運(섭외)
이 　 사	金英勳, 金海龍, 南勝吉, 朴均省, 朴銳炘, 白潤基, 卞海喆,
	石琮顯, 李東洽, 李範柱, 李重光, 李鴻薰, 鄭夏重, 趙憲銖,
	洪準亨, 黃祐呂

■ **제 8 대**(2005. 2. 21. / 2008. 2. 20.) *

명예회장	金道昶(2005. 7. 17. 별세)
고 　 문	金南辰, 金元主, 徐元宇(2005. 10. 16. 별세), 徐廷友, 梁承斗,
	李康國, 崔光律, 韓昌奎, 金鐵容, 金英勳, 朴銳炘, 金東熙
회 　 장	崔松和
부 회 장	李鴻薰, 鄭夏重
감 　 사	金東建, 李京運,
상임이사	李光潤(총무), 安哲相(기획), 洪準亨/吳峻根(연구),
	金性洙(출판), 徐基錫(섭외)
이 　 사	金善旭, 金海龍, 南勝吉, 朴均省, 朴秀赫, 朴正勳, 白潤基,
	卞海喆, 石琮顯, 石鎬哲, 蘇淳茂, 柳至泰, 尹炯漢, 李東洽,
	李範柱, 李殷祈, 李重光, 趙龍鎬, 趙憲銖, 崔正一, 黃祐呂,

金香基, 裵柄皓, 劉南碩

간　　사　李元雨 / 金鐘甫(총무), 李賢修(연구), 金重權(재무),
　　　　　　宣正源 / 李熙貞(출판), 권은민(섭외)

* 위 '회장', '부회장', '상임이사', '이사'는 2007. 4. 20. 제정된 사단법인 한국행정
판례연구회 정관 제13조, 제14조, 제15조의 '이사장 겸 회장', '이사 겸 부회장',
'이사 겸 상임이사', '운영이사'임.

■제 9 대(2008. 2. 15. / 2011. 2. 14.)

고　　문　金南辰, 金東熙, 金英勳, 金元主, 金鐵容, 朴鈗炘, 徐廷友,
　　　　　梁承斗, 李康國, 李鴻薰, 鄭夏重, 崔光律, 韓昌奎

회　　장　崔松和

부 회 장　李京運, 徐基錫

감　　사　金東建, 金善旭

이사 겸 상임이사　慶　健(총무), 安哲相(기획), 朴均省(연구), 韓堅愚
　　　　　　　　(출판), 權純一(섭외/연구)

운영이사　具旭書, 권은민, 金光洙, 金性洙, 金連泰, 金容燮, 金容贊,
　　　　　金裕煥, 金義煥, 金重權, 金敞祚, 金海龍, 金香基, 金鉉峻,
　　　　　朴正勳, 朴海植, 裵柄皓, 白潤基, 卞海喆, 石琮顯, 石鎬哲,
　　　　　成百玹, 蘇淳茂, 申東昇, 辛奉起, 吳峻根, 劉南碩, 俞珍式,
　　　　　尹炯漢, 李光潤, 李承寧, 李元雨, 李殷祈, 李重光, 鄭鍾館,
　　　　　鄭準鉉, 趙龍鎬, 曺海鉉, 趙憲銖, 崔正一, 洪準亨

간　　사　張暻源·李殷相·安東寅(총무), 鄭亨植·장상균(기획), 金泰昊
　　　　　(기획/연구), 金聖泰·崔善雄·鄭南哲(연구), 李熙貞·河明鎬·崔
　　　　　桂暎(출판), 林聖勳(섭외), 박재윤(총무)

■제 10 대(2011. 2. 15. /2014. 2. 14)

명예회장　金鐵容, 崔光律

고　　문　金南辰, 金東建, 金東熙, 金英勳, 金元主, 朴鈗炘, 徐廷友, 梁
　　　　　　承斗, 李康國, 李京運, 鄭夏重, 崔松和, 韓昌奎

회　　장　李鴻薰

부 회 장　徐基錫, 李光潤

감　　사　金善旭, 蘇淳茂

이사 겸 상임이사　金重權(총무), 安哲相(기획), 劉南碩, 金容燮(연구), 金
　　　　　　鐘甫(출판), 金敏昨, 金義煥(섭외/연구)

운영이사　姜錫勳, 慶　健, 具旭書, 權純一, 權殷玟, 琴泰煥, 金光洙, 金
　　　　　　性洙, 金連泰, 金容燮, 金容贊, 金海龍, 金香基, 金鉉峻, 朴均
　　　　　　省, 朴正勳, 朴海植, 裵柄皓, 白潤基, 卞海喆, 石琮顯, 石鎬哲,
　　　　　　宣正源, 成百玹, 申東昇, 辛奉起, 呂相薰, 吳峻根, 俞珍式, 尹
　　　　　　炯漢, 李承寧, 李元雨, 李殷祈, 李重光, 李賢修, 李熙貞, 林永
　　　　　　浩, 鄭南哲, 鄭鍾錧, 鄭準鉉, 鄭亨植, 趙龍鎬, 曺海鉉, 趙憲銖,
　　　　　　崔正一, 洪準亨, 韓堅愚, 河明鎬

간　　사　安東寅, 李義俊(총무), 蔣尙均(기획), 金泰昊, 朴在胤(연구), 朴
　　　　　　玄廷, 姜知恩(출판), 李殷相(섭외)

■제 11 대(2014. 2. 15./2017. 2. 14.)

명예회장　金鐵容, 崔光律

고　　문　金南辰, 金東建, 金東熙, 金英勳, 金元主, 朴鈗炘, 徐廷友, 梁
　　　　　　承斗, 李康國, 李京運, 崔松和, 韓昌奎 李光潤, 徐基錫

회　　장　鄭夏重

부 회 장　安哲相, 朴正勳

감　　사　蘇淳茂, 白潤基

상임이사　李熙貞(총무), 鄭鎬庚(연구), 李承寧, 康鉉浩(기획) 金義煥, 鄭
　　　　　　夏明(섭외), 鄭南哲(출판)

운영이사　姜錫勳, 慶　健, 具旭書, 權殷玟, 琴泰煥, 金光洙, 金國鉉,

金南撤, 金炳圻, 金性洙, 金聖泰, 金秀珍, 金連泰, 金容燮,
金容贊, 金裕煥, 金重權, 金鐘甫, 金敞祚, 金致煥, 金海龍,
金香基, 金鉉峻, 文尙德, 朴均省, 朴海植, 裵柄皓, 卞海喆,
石鎬哲, 宣正源, 宋鎭賢, 成百玹, 申東昇, 辛奉起, 呂相薰,
吳峻根, 兪珍式, 柳哲馨, 尹炯漢, 李東植, 李元雨, 李殷祈,
李重光, 李賢修, 林永浩, 張暻源, 藏尙均, 田聖銖, 田　勳,
鄭鍾錧, 鄭準鉉, 鄭亨植, 趙成奎, 趙龍鎬, 曺海鉉, 趙憲銖,
趙弘植, 朱한길, 崔峰碩, 崔善雄, 崔正一, 洪準亨, 韓堅愚,
河明鎬, 河宗大, 黃彰根

간　　사 房東熙, 崔允寧(총무), 崔桂暎, 張承爀(연구), 洪先基(기획)
桂仁國, 李惠診(출판)

■제12 대(2017. 2. 17./2020. 2. 16.)

명예회장 金鐵容, 崔光律

고　　문 金南辰, 金東熙, 金英勳, 朴鈗炘, 徐基錫, 徐廷友, 蘇淳茂,
李康國, 李京運, 李光潤, 李鴻薰, 鄭夏重, 崔松和, 韓昌奎

회　　장 金東建

부 회 장 朴正勳, 李承寧, 金重權

감　　사 李殷祈, 孫台浩

상임이사 金敞祚/李鎭萬(기획), 兪珍式/徐圭永(섭외),
李熙貞/張暻源(총무), 李賢修/河明鎬(연구), 崔瑨修(출판)

운영이사 姜基弘, 姜錫勳, 康鉉浩, 慶　健, 具旭書, 權殷旼, 琴泰煥,
金光洙, 金國鉉, 金南撤, 金炳圻, 金聲培, 金性洙, 金聖泰,
金秀珍, 金連泰, 金容燮, 金容贊, 金裕煥, 金義煥, 金鐘甫,
金致煥, 金海龍, 金香基, 金鉉峻, 文尙德, 朴均省, 朴海植,
房東熙, 裵柄皓, 白潤基, 石鎬哲, 宣正源, 成百玹, 成重卓,
宋鎭賢, 申東昇, 辛奉起, 安東寅, 呂相薰, 吳峻根, 柳哲馨,

尹炯漢, 李東植, 李元雨, 李重光, 林永浩, 張暻源, 藏尙均,
田聖銖, 田　勳, 鄭南哲, 鄭鍾錧, 鄭準鉉, 鄭夏明, 鄭亨植,
鄭鎬庚, 趙成奎, 趙龍鎬, 曺海鉉, 趙憲銖, 朱한길, 崔桂暎,
崔峰碩, 崔善雄, 崔允寧, 崔正一, 河宗大, 韓堅愚, 洪準亨

간　　사 禹美亨/朴祐慶/金讚喜/金厚信(총무), 金判基(연구),
李眞洙/桂仁國/李在勳/李采鍈(출판)

■제13 대(2020. 3. 20. /2022. 3. 19.)

명예회장 金鐵容, 崔光律
고　　문 金南辰, 金東建, 金東熙, 金英勳, 朴鈗炘, 徐基錫, 徐廷友,
蘇淳茂, 李康國, 李京運, 李光潤, 李鴻薰, 鄭夏重, 韓昌奎
회　　장 金善旭
부 회 장 朴正勳, 李承寧,
감　　사 金重權, 金義煥
특임이사 金敞祚/俞珍式
상임이사 金大仁(총무), 李眞洙/桂仁國(출판), 林　賢/朴玄廷(연구),
徐輔國/朴修貞/金亨洙(기획), 房東熙/李相惠(섭외)
운영이사 姜基弘, 姜錫勳, 康鉉浩, 慶　健, 具旭書, 權殷玟, 琴泰煥,
金光洙, 金國鉉, 金南撤, 金炳圻, 金聲培, 金性洙, 金聖泰,
金秀珍, 金連泰, 金容燮, 金容贊, 金裕煥, 金義煥, 金鐘甫,
金致煥, 金海龍, 金香基, 金鉉峻, 文尙德, 朴均省, 朴海植,
裵柄皓, 白潤基, 徐圭永, 石鎬哲, 宣正源, 成百玹, 成重卓,
孫台浩, 宋鎭賢, 申東昇, 辛奉起, 安東寅, 呂相薰, 吳峻根,
柳哲馨, 尹炯漢, 李東植, 李元雨, 李殷祈, 李重光, 李鎭萬,
李賢修, 李熙貞, 林永浩, 張暻源, 藏尙均, 田聖銖, 田　勳,
鄭南哲, 鄭鍾錧, 鄭準鉉, 鄭夏明, 鄭亨植, 鄭鎬庚, 趙成奎,
趙龍鎬, 曺海鉉, 趙憲銖, 朱한길, 崔桂暎, 崔峰碩, 崔善雄,

崔允寧, 崔正一, 崔瑨修, 河明鎬, 河宗大, 韓堅愚, 洪準亨

간사　　朴祐慶/朴乾嵎/河敏貞(총무), 李在勳/李朶鍱/姜相宇(출판),
　　　　張允瑛(연구)

月例 集會 記錄

<2020. 6. 현재>

순번	연월일	발표자	발 표 제 목
1-1	84.12.11.	金南辰	聽問을 결한 行政處分의 違法性
-2		李鴻薰	都市計劃과 行政拒否處分
2-1	85.2.22.	崔世英	行政規則의 法規性 認定 與否
-2		崔光律	實地讓渡價額을 넘는 讓渡差益의 인정여부
3-1	3.29.	石琮顯	都市計劃決定의 法的 性質
-2		金東建	違法한 旅館建物의 건축과 營業許可의 취소
4-1	4.26.	徐元宇	當然無效의 行政訴訟과 事情判決
-2		黃祐呂	아파트地區내의 土地와 空閑地稅
5-1	5.31.	朴鈗炘	林産物團束에관한法律 제7조에 대한 違法性 認定의 與否
-2		姜求哲	行政訴訟에 있어서의 立證責任의 문제
6-1	6.28.	金鐵容	酒類販賣業 免許處分 撤回의 근거와 撤回權 留保의 한계
-2		盧塋保	國稅基本法 제42조 소정의 讓渡擔保財産의 의미
7-1	9.27.	金道昶	信賴保護에 관한 行政判例의 최근 동향
-2		金東熙	自動車運輸事業法 제31조 등에 관한 處分要

순번	연월일	발표자	발 표 제 목
			領의 성질
8-1	10.25.	李尙圭	入札參加資格 制限行爲의 법적 성질
-2		李相敦	公有水面埋立에 따른 不動産所有權 國家歸屬의 무효확인
9-1	11.22.	梁承斗	抗告訴訟의 提起要件
-2		韓昌奎	地目變更 拒否의 성질
10	86.1.31.	李相赫	行政訴訟에 있어서의 訴의 利益의 문제
11	2.28	崔松和	運轉免許 缺格者에 대한 면허의 효력
12	3.28	金道昶	憲法上의 違憲審査權의 所在
13	4.25.	趙慶根	美聯邦情報公開法에 대한 약간의 고찰
14	5.30.	張台柱	西獨에 있어서 隣人保護에 관한 判例의 최근 동향
15	6.27.	金斗千	僞裝事業者와 買入稅額 控除
外1	9.30.	藤田宙靖	日本의 最近行政判例 동향
16	10.31.	金英勳	注油所 許可와 瑕疵의 承繼
17	11.28.	芮鍾德	漁業免許의 취소와 裁量權의 濫用
外2	87.3.21.	鹽野宏	日本 行政法學界의 現況
		園部逸夫	새 行政訴訟法 시행 1년을 보고
18	4.25.	金道昶	知的財産權의 문제들
19-1	4.22.	李升煥	商標法에 관한 최근판례의 동향
-2			工場登錄 拒否處分과 소의 이익
20	5.29.	金南辰	執行停止의 요건과 本案理由와의 관계
21	9.25.	崔光律	日本公法學會 總會參觀 등에 관한 보고
22-1	10.30.	金道昶	地方自治權의 강화와 行政權限의 위임에 관한 문제
-2			
23	11.27.	金鐵容	不作爲를 구하는 訴의 가부

순번	연월일	발표자	발 표 제 목
24	88.2.26.	金時秀	租稅賦課處分에 있어서의 當初處分과 更正拒否處分의 법률관계
25-1	3.25.	徐元宇	최근 日本公法學界의 동향
-2		朴鈗炘	平澤港 漁業補償 문제
外3	4.29.	成田賴明	日本 行政法學과 行政判例의 최근 동향
26	5.27.	李尙圭	防衛稅 過誤衲 還給拒否處分의 취소
27	6.24.	徐元宇	運輸事業計劃 변경인가처분의 취소
28	8.26.	金完燮	처분후의 事情變更과 소의 이익
29	10.7.	石琮顯	行政處分(訓令)의 법적 성질
30	10.28.	李鴻薰	土地收用裁決處分의 취소
31	11.17.	朴鈗炘	行政計劃의 법적 성질
32	89.1.27.	金東熙	載量行爲에 대한 司法的統制의 한계
33	2.24.	李碩祐	國稅還給申請權의 인정 여부
34	3.24.	朴松圭	國産新技術製品 保護決定處分의 일부취소
35-1	4.28.	金鐵容	독일 行政法學界의 최근동향
-2		千柄泰	제3자의 行政審判前置節次 이행 여부
36	5.26.	金善旭	公務員의 團體行動의 違法性
37	6.30.	金元主	租稅行政과 信義誠實의 원칙
38	8.25.	趙憲銖	國稅還給拒否處分의 법적 성질
39	9.29.	鄭準鉉	刑事訴追와 行政處分의 효력
40	10.27.	韓堅愚	行政規則(訓令)의 성질
41	11.24.	金斗千	相續稅法 제32조의2의 違憲 여부
外4	12.27.	小早川光朗	日本 行政法學界의 최근 동향
42	90.1.19.	金鐵容	豫防的 不作爲訴訟의 許容 여부
43	2.23.	李光潤	營造物行爲의 법적 성질
44	3.30.	南勝吉	行政刑罰의 범위

순번	연월일	발표자	발 표 제 목
45	4.27.	黃祐呂	法律의 遡及效
46	5.25.	朴均省	行政訴訟과 訴의 이익
47	6.29.	卞在玉	軍檢察官의 公訴權行使에 관한 憲法訴願
48	8.31.	成樂寅	結社의 自由의 事前制限
49	9.28.	辛奉起	憲法訴願과 辯護士 强制主義
50	10.26.	朴圭河	行政官廳의 權限의 委任·再委任
51	11.30.	朴國洙	行政行爲의 公定力과 國家賠償責任
52	91.1.25.	梁承斗	土地去來許可의 법적 성질
53	2.22.	徐元宇	建築許可 保留의 위법성 문제
外5-1	3.29.	南博方	處分取消訴訟과 裁決取消訴訟
-2		藤田宙靖	日本 土地法制의 현황과 課題
54	4.26.	吳峻根	遺傳子工學的 施設 設置許可와 法律留保
55	5.31.	金南辰	拒否行爲의 行政處分性과 "법률상 이익 있는 자"의 의미
56	6.28.	鄭然彧	無效確認訴訟과 訴의 이익
57	8.30.	金性洙	主觀的公權과 基本權
58	9.27.	金英勳	運轉免許 取消處分의 취소
59	10.25.	石琮顯	基準地價告示地域 내의 收用補償額 算定基準에 관한 판례동향
60	11.29.	朴鈗炘	工事中止處分의 취소
61	92.1.31.	卞海喆	公物에 대한 强制執行
62	2.28.	李康國	違憲法律의 효력-그 遡及效의 범위와 관련하여
63	3.27	金善旭	公勤務에 관한 女性支援指針과 憲法上의 平等原則
64	4.24.	全光錫	不合致決定의 허용 여부
65	5.29.	崔正一	行政規則의 법적성질 및 효력

순번	연월일	발표자	발 표 제 목
66	6.26.	李琦雨	獨逸 Münster 高等行政裁判所 1964.1.8. 판결
67	8.28.	朴鈗炘	地方自治團體의 자주적인 條例制定權과 規律 문제
68	9.18.	金元主	讓渡所得稅 등 賦課處分의 취소
69	10.16.	洪準亨	結果除去請求權과 行政介入請求權
70	11.20.	金時秀	土地收用裁決處分의 취소
71	93.1.15.	金海龍	環境技術관계 行政決定에 대한 司法的 統制 의 범위
72	2.19.	李重光	租稅法上 不當利得 返還請求權
73	3.19.	高永訓	行政規則에 의한 行政府의 立法行爲外
外6	4.16.	J.Anouil	EC法의 現在와 將來
74	5.21.	柳至泰	行政訴訟에서의 行政行爲 根據變更에 관한 판례분석
75	6.18.	徐元宇	原處分主義와 被告適格
76	8.20.	朴均省	國家의 公務員에 대한 求償權
77	9.17.	金東熙	教員任用義務不履行 違法確認訴訟
78	10.15.	盧永錄	建設業免許 取消處分의 취소
79	94.1.21.	徐廷友	無效確認을 구하는 의미의 租稅取消訴訟과 租稅還給金 消滅時效의 起算點
80	2.18.	洪準亨	判斷餘地의 한계
81	3.18.	裵輔允	憲法訴願 審判請求 却下決定에 대한 헌법소원
82	4.15.	金善旭	舊東獨判事의 獨逸判事任用에 관한 決定과 그 不服에 대한 管轄權
83	5.20.	李京運	學則의 법적 성질
84	6.17.	朴松圭	任用行爲取消處分의 취소
85	8.19.	金鐵容	公務員 個人의 不法行爲責任

순번	연월일	발표자	발 표 제 목
86	9.30.	卞在玉	日本 家永敎科書檢定 第一次訴訟 上告審 判決의 評釋
87	10.21.	金香基	無名抗告訴訟의 可否
88	11.18.	李康國	行政行爲의 瑕疵의 治癒
89	95.1.20.	趙憲銖	取消判決의 遡及效
90	2.17.	朴秀赫	獨逸 統一條約과 補償法上의 原狀回復 排除 規定의 合憲 여부
外7	3.17.	小高剛	損失補償에 관한 日本 最高裁判所 判決의 분석
91	4.21.	崔松和	行政處分의 理由明示義務에 관한 판례
92	5.19.	崔正一	石油販賣業의 양도와 歸責事由의 승계
93	6.16.	鄭夏重	國家賠償法 제5조에 의한 배상책임의 성격
94	8.18.	吳振煥	無效인 條例에 근거한 行政處分의 효력
95	9.15.	金敞祚	日本 長良川 安八水害 賠償判決
96	10.20.	黃祐呂	非常高等軍法會議 判決의 破棄와 還送法院
97	11.17.	白潤基	地方自治法 제98조 및 제159조에 의한 訴訟
98	96.1.19.	徐元宇	營業停止期間徒過後의 取消訴訟과 訴의 이익
99	2.23.	金海龍	計劃變更 내지 保障請求權의 성립요건
外8	3.19.	鹽野宏	日本 行政法 判例의 近年動向 - 行政訴訟을 중심으로
100	4.19.	金東熙	國家賠償과 公務員에 대한 求償
101	5.17.	梁承斗	敎員懲戒와 그 救濟制度
102	6.28.	金容燮	運轉免許取消·停止處分의 法的 性質 및 그 한계
103	8.16.	李京運	轉補發令의 處分性
104	9.20.	盧永錄	申告納稅方式의 租稅와 그 瑕疵의 판단기준
105	10.18.	金敞祚	道路公害와 道路設置·管理者의 賠償責任

순번	연월일	발표자	발 표 제 목
106	11.15.	金裕煥	形式的 拒否處分에 대한 取消訴訟의 審理범위
107	97.1.17.	裵柄晧	北韓國籍住民에 대한 强制退去命令의 적법성
108	2.21.	趙龍鎬	公衆保健醫師 採用契約解止에 대한 爭訟
109	3.21.	金鐵容	行政節次法의 내용
110	4.18.	趙憲銖	建築物臺帳 職權訂正行爲의 처분성
111	5.16.	鄭夏重	交通標識板의 법적성격
112	6.20.	裵輔允	違憲決定과 行政處分의 효력
113	8.22.	吳峻根	聽聞의 실시요건
114	9.19.	金善旭	옴부즈만條例案 再議決 無效確認判決의 문제점
115	10.17.	李光潤	機關訴訟의 성질
116	11.21.	朴正勳	敎授再任用拒否의 처분성
117	98.1.16.	白潤基	當事者訴訟의 대상
118	2.20.	辛奉起	機關訴訟 주문의 형식
119	3.20.	洪準亨	行政法院 出帆의 意義와 행정법원의 課題
120	4.17.	宣正源	오스트리아와 독일의 不作爲訴訟에 관한 고찰
121	5.16.	李東洽	刑事記錄 열람·등사 거부처분
122	6.19.	金東建	環境行政訴訟과 地域住民의 原告適格
123	98.8.21.	金南辰	法規命令과 行政規則의 구별
124	9.18.	金敞祚	河川 管理 責任
125	10.16.	金容燮	行政審判의 裁決에 대한 取消訴訟
126	11.20.	徐廷友	垈地造成事業計劃 승인처분의 재량행위
127	99.1.15.	南勝吉	處分의 기준을 規定한 施行規則(部令)의 성격
128	2.19.	金裕煥	違憲法律에 根據한 行政處分의 效力
129	3.19.	鄭夏重	多段階行政節次에 있어서 事前決定과 部分許可의 意味

순번	연월일	발표자	발 표 제 목
130	4.16.	裵輔允	南北交流協力 등 統一에 관한 법적 문제
131	5.21.	康鉉浩	計劃承認과 司法的 統制
132	6.18.	俞珍式	行政指導와 違法性阻却事由
133	8.20.	朴正勳	侵益的 行政行爲의 公定力과 刑事裁判
134	9.17.	金東熙	建築許可신청서 返戾처분취소
		金南澈	行政審判法 제37조 제2항에 의한 自治權侵害의 가능성
135	10.15.	金炳圻	條例에 대한 再議要求事由와 大法院提訴
		權殷玟	公賣決定·通知의 처분성 및 소송상 문제점
136	11.19.	石鎬哲	羈束力의 범위로서의 처분사유의 동일
		金珉昊	직무와 관련된 不法行爲에 있어 공무원 개인의 책임
137	00.1.21.	尹炯漢	任用缺格과 退職給與
		裵柄晧	還買權소송의 管轄문제
138	2.18.	趙憲銖	個人事業의 法人轉換과 租稅減免
		金連泰	조세행정에 있어서 경정처분의 효력
139	3.17.	俞珍式	自動車運輸事業 면허처분에 있어서 競業, 競願의 범위
		慶 健	情報公開請求權의 憲法的 根據와 그 制限
140	4.21.	朴正勳	拒否處分 取消訴訟에 있어 違法判斷의 基準時와 訴의 利益
		金炳圻	行政訴訟上 執行停止의 要件으로서의 '回復하기 어려운 損害'와 그 立證責任
141	5.19.	洪準亨	不可變力, 信賴保護, 그리고 行政上 二重危險의 禁止
		康鉉浩	建築變更許可와 附款

순번	연월일	발표자	발 표 제 목
142	6.16.	趙龍鎬	寄附金品募集許可의 法的性質
		金容燮	行政上 公表
143	8.18.	朴松圭	盜難당한 自動車에 대한 自動車稅와 免許稅
		權殷玟	廢棄物處理業 許可權者가 한 '不適正通報'의 法的性質
144	9.22.	石鎬哲	公法的 側面에서 본 日照權 保護
145	10.20.	蘇淳茂	後發的 事由에 의한 更正請求權을 條理上 인정할 수 있는지 與否
		金光洙	土地形質變更許可와 信賴保護原則
146	11.17.	朴鈗炘	慣行漁業權
		宣正源	複合民願과 認·許可擬制
147	01.1.19.	崔松和	판례에 있어서 공익
		李光潤	도로가 행정재산이 되기 위한 요건 및 잡종재산에 대한 시효취득
148	2.16.	金鐵容	개발제한 구역의 시정과 손실 보상
		鄭夏重	부관에 대한 행정소송
149	3. 8.	金性洙	독일연방헌재의 폐기물법에 대한 결정과 환경법상 협력의 원칙
		李東植	중소기업에 대한 조세 특례와 종업원의 전출.파견
150	4.20.	李京運	주택건설사업계획 사전결정의 구속력
		裴輔允	2000년 미국대통령 선거 소송 사건
151	5. 9.	李東洽	위헌법률에 근거한 처분에 대한 집행력 허용여부
		金珉昊	상속세 및 증여세법상 증여의 의미
152	6.15.	李元雨	정부투자기관의 부정당업자 제재조치의 법적

순번	연월일	발표자	발 표 제 목
			성질
		朴榮萬	군사시설보호법상의 협의와 항고소송
153	8.17.	崔正一	법규명령형식의 재량준칙의 법적성질 및 효력
		趙憲銖	유적발굴허가와 행정청의 재량
154	9.21.	金東熙	국가배상법 제5조상의 영조물의 설치·관리 상 하자의 관념
		金東建	대법원 판례상의 재량행위
155	10.10.	吳峻根	행정절차법 시행이후의 행정절차 관련 주요 행정판례 동향분석
		柳至泰	공물법의 체계에 관한 판례 검토
156	11. 7.	白潤基	행정소송에 있어서 건축주와 인근주민의 이익의 충돌과 그 조화
		徐廷範	국가배상에 있어서 위법성과 과실의 일원화에 관하여
157	02.1.18.	金善旭	독일헌법상의 직업공무원제도와 시간제공무원
		朴正勳	처분사유의 추가·변경 – 제재철회와 공익상 철회
158	2.15.	辛奉起	일본의 기관소송 법제와 판례
		權殷玟	원천징수행위의 처분성과 원천징수의무자의 불복방법
159	3.15.	朴均省	환경영향평가의 하자와 사업계획승인처분의 효력
		金鐘甫	관리처분계획의 처분성과 그 공정력의 범위
160	4.19.	崔光律	농지전용에 관한 위임명령의 한계
		俞珍式	건축법상 일조보호규정의 私法上의 의미
161	5.17.	朴鈗炘	국가배상법 제2조 제1항 단서에 대한 헌법재

순번	연월일	발표자	발 표 제 목
			판소의 한정위헌결정 및 관련 대법원판례에 대한 평석
		宣正源	행정의 공증에 대한 사법적 통제의 의미와 기능의 명확화
162	6.21.	金元主	도로배연에 의한 대기오염과 인과관계
		康鉉浩	재량준칙의 법적 성격
163	7.19.	裵柄皓	회의록과 정보공개법상 비공개대상정보
		慶 健	공문서관리의 잘못과 국가배상책임
164	8.16.	金容燮	거부처분취소판결의 기속력
		金炳圻	보완요구의 '부작위'성과 재결의 기속력
165	9.13.	尹炯漢	기납부 택지초과소유부담금 환급청구권의 성질과 환급가산금의 이자율
		鄭夏明	미국연방대법원의 이른바 임시규제적 수용에 관한 새로운 판결례
166	10.18.	李鴻薰	공용지하사용과 간접손실보상
		金光洙	국가배상소송과 헌법소원심판의 관계
167	11.15.	徐元宇	행정법규위반행위의 사법적 효력
		李康國	조세채무의 성립과 확정
168	12.20.	蘇淳茂	인텔리전트빌딩에 대한 재산세중과시행규칙의 유효성 여부
169	03.1.17.	金敞祚	정보공개제도상의 비공개사유와 본인개시청구
		金聖泰	운전면허수시적성검사와 개인 정보보호
170	2.21.	金東熙	기속재량행위와 관련된 몇 가지 논점 또는 의문점
		曹海鉉	행정처분의 근거 및 이유제시의 정도
171	3.21.	白潤基	불합격처분에 대한 효력정지결정에 대한 고찰

순번	연월일	발표자	발 표 제 목
172	5. 16.	宣正源	행정입법에 대한 부수적 통제
		李元雨	한국증권업협회의 협회등록최소결정의 법적 성질
173	6. 20.	金容贊	정보공개청구사건에서의 몇 가지 쟁점
		金重權	이른바 "수리를 요하는 신고"의 문제점에 관한 소고
174	7. 18.	洪準亨	평생교육시설 설치자 지위승계와 설치자 변경 신청서 반려처분의 적법 여부
		金鐵容	학교법인임원취임승인취소처분과 행정절차법
		金秀珍	성별에 따른 상이한 창업지원금신청기간설정과 국가의 평등보장의무
175	8. 22.	鄭夏重	법관의 재판작용에 대한 국가배상책임
		金鐘甫	정비조합(재건축, 재개발조합) 인가의 법적 성격
176	9. 19.	金炳圻	수익적 행정행위의 철회의 법적 성질과 철회사유
		朴榮萬	군사시설보호구역설정행위의 법적 성격
177	10. 9	朴正勳	취소판결의 기판력과 기속력
		李東植	구 소득세법 제101조 제 2 항에 따른 양도소득세부과와 이중과세 문제
178	11. 21.	李東洽	최근 행정소송의 주요사례
		慶　健	하천구역으로 편입된 토지에 대한 손실보상
179	12. 19.	朴均省	거부처분취소판결의 기속력과 간접강제
180	04. 1. 16.	李光潤	광역지방자치단체와 기초지방자치단체의 성격
		朴海植	행정소송법상 간접강제결정에 기한 배상금의 성질
181	2. 20.	金海龍	행정계획에 대한 사법심사에 있어서 법원의

순번	연월일	발표자	발 표 제 목
			석명권행사 한계와 입증책임
		李賢修	영업양도와 공법상 지위의 승계
182	3.19.	俞珍式	기부채납부관을 둘러싼 법률문제
		鄭泰學	매입세액의 공제와 세금계산서의 작성·교부 시기
183	4.16.	柳至泰	행정행위의 취소의 취소
		金致煥	통지의 법적 성질
184	5.21.	鄭準鉉	단순하자 있는 행정명령을 위반한 행위의 가벌성
		權殷玟	압류처분취소소송에서 부과처분의 근거법률이 위헌이라는 주장이 허용되는지 여부
185	6.18.	趙憲銖	사업양도와 제2차 납세의무
		金連泰	과징금 부과처분에 대한 집행정지결정의 효력
186	7.16.	金容燮	보조금 교부결정을 둘러싼 법적 문제
		林聖勳	영내 구타·가혹 행위로 인한 자살에 대한 배상과 보상
187	8.20.	李京運	교수재임용거부처분취소
		曺媛卿	국가공무원법 제69조 위헌제청
188	9.17.	鄭成太	법규명령의 처분성
		金敞祚	원자로 설치허가 무효확인소송
189	04.10.15.	崔正一	법령보충적행정규칙의 법적 성질 및 효력
		李湖暎	독점규제법상 특수관계인에 대한 부당지원행위의 규제
190	11.19.	金香基	재결에 대한 취소소송
		劉南碩	집행정지의 요건으로서 "회복하기 어려운 손해를 예방하기 위한 긴급한 필요"와 그 고려

순번	연월일	발표자	발 표 제 목
			사항으로서의 '승소가능성'
191	12.17.	尹炯漢	사전통지의 대상과 흠결의 효과
192	05.1.31.	鄭鎬慶	행정소송의 협의의 소의 이익과 헌법소원의 보충성
		金重權	국토이용계획변경신청권의 예외적 인정의 문제점에 관한 소고
193	2.18.	宣正源	하자승계론에 몇 가지 쟁점에 관한 검토
		李熙貞	공법상 계약의 해지와 의견청취절차
194	3.18.	安哲相	취소소송 사이의 소의 변경과 새로운 소의 제소기간
		康鉉浩	민간투자법제에 따른 우선협상대상자지정의 법적 제문제
195	4.15.	吳峻根	재량행위의 판단기준과 재량행위 투명화를 위한 법제정비
		李根壽	대집행의 법적 성격
196	5.20.	河宗大	금산법에 기한 계약이전결정 등의 처분과 주주의 원고적격
		金鐘甫	토지형질변경의 법적 성격
197	6.17.	朴海植	제재적 행정처분의 효력기간 경과와 법률상 이익
		李桂洙	공무원의 정치적 자유와 정치운동금지의무
198	8.19.	金容燮	재결의 기속력의 주관적 범위를 둘러싼 논의
		徐正旭	공시지가와 하자의 승계
199	9.16.	金鉉峻	용도지역 지정·변경행위의 법적 성질과 그에 대한 사법심사
		趙成奎	직접민주주의와 조례제정권의 한계

순번	연월일	발표자	발 표 제 목
200	10.21.	金光洙	공직선거법과 행정형벌
		崔桂暎	용도폐지된 공공시설에 대한 무상양도신청거부의 처분성
201	11.12.	鄭夏重	행정판례의 발전과 전망
		朴正勳	행정판례의 발전과 전망
		尹炯漢	행정재판제도의 발전과 행정판례
		朴海植	행정재판제도의 발전과 행정판례
202	12.16.	鄭泰容	행정심판청구인적격에 관한 몇 가지 사례
203	06. 1.20	朴均省	행정상 즉시강제의 통제 — 비례원칙, 영장주의, 적법절차의 원칙과 관련하여 —
		權殷玟	기본행위인 영업권 양도계약이 무효라고 주장하는 경우에 행정청이 한 변경신고수리처분에 대한 불복방법 등
204	2.17.	曺海鉉	민주화운동관련자명예회복및보상등에관한법률에 기한 행정소송의 형태
		金重權	사권형성적 행정행위와 그 폐지의 문제점에 관한 소고
205	06.3.17.	朴正勳	불확정개념과 재량 — 법규의 적용에 관한 행정의 우선권
		李相悳	한국지역난방공사 공급규정 변경신고를 산업자원부장관이 수리한 행위의 법적 성질
206	4.21.	俞珍式	공유수면매립법상 사정변경에 의한 매립면허의 취소신청
		林永浩	채석허가기간의 만료와 채석허가취소처분에 대한 소의 이익
207	5.19	嚴基燮	공정거래법상 사업자단체의 부당제한행위의

순번	연월일	발표자	발 표 제 목
		李賢修	성립요건 납입고지에 의한 변상금부과처분의 취소와 소멸시효의 중단
208	6.16.	金鐘甫	재건축 창립총회의 이중기능
		鄭夏明	미국 연방대법원의 행정입법재량통제
209	8.17.	裵柄晧	개정 하천법 부칙 제2조의 손실보상과 당사 자 소송
		金裕煥	공공갈등의 사법적 해결 — 의미와 한계
210	9.15.	金容燮	텔레비전 수신료와 관련된 행정법적 쟁점
		崔桂暎	행정처분과 형벌
211	10.20.	金海龍	처분기간이 경과된 행정처분을 다툴 법률상 이익(행정소송법 제12조 후문 관련)과 제재적
		石鎬哲	처분기준을 정한 부령의 법규성 인정 문제
212	11.17.	宣正源	입헌주의적 지방자치와 조직고권
		李熙貞	주민투표권 침해에 대한 사법심사
213	06.12.8.-		법제처 · 한국행정판례연구회 공동주관 관학 협동워크샵
	9.	朴 仁	법령보충적 성격의 행정규칙의 현황과 문제점
		林永浩	법령보충적 성격의 행정규칙에 대한 판례분석
		鄭南哲	법령보충적 성격의 행정규칙의 정비방향과 위임사항의 한계
		金重權	민주적 법치국가에서 의회와 행정의 공관적 법정립에 따른 법제처의 역할에 관한 소고
		金海龍	국토계획 관련법제의 문제점과 개선방안
214	07.1.19.	張暻源	독일 맥주순수령 판결을 통해 본 유럽과 독 일의 경제행정법

순번	연월일	발표자	발 표 제 목
		權純一	재정경제부령에 의한 덤핑방지관세부과조치의 처분성 재론 - 기능적 관점에서 -
215	2.23.	鄭準鉉	소위 '공익사업법'상 협의취득의 법적 성질
		裵輔允	구 농어촌정비법 제93조 제1항의 국공유지 양증여의 창설환지 등의 문제점
216	3.16.	朴榮萬	법령의 개정과 신뢰보호의 원칙
		金重權	행정입법적 고시의 처분성인정과 관련한 문제점에 관한 소고
217	4.20.	金容贊	국가지정문화재현상변경허가처분의 재량행위성
		李湖暎	합의추정된 가격담합의 과징금산정
218	5.18	金敏昨	공인중개사시험불합격처분 취소소송
		李宣憙	행정청의 고시와 원고적격
219	6.15.	李光潤	제재적 처분기준의 성격과 제재기간 경과후의 소익
		金暎賢	행정소송의 피고적격
220	07.8.17.	金義煥	정보공개법상의 공공기관 및 정보공개청구와 권리남용
		金秀珍	행정서류의 외국으로의 송달
221	9.21.	蘇淳茂	명의신탁 주식에 대한 증여의제에 있어서 조세회피목적의 해석
		慶 健	관계기관과의 협의를 거치지 아니한 조례의 효력
222	10.19.	成百玹	공특법상 '이주대책'과 공급규칙상 '특별공급'과의 관계
		金南澈	건축허가의 법적 성질에 대한 판례의 검토
223	11.16.	金性洙	민간투자사업의 성격과 사업자 선정의 법적

순번	연월일	발표자	발 표 제 목
			과제
224	12.21.	趙憲銖	병역의무 이행과 불이익 처우 금지의 관계
225	08.1.18.	金南辰	국가의 경찰법, 질서법상의 책임
		李殷祈	폐기물관리법제와 폐기물처리조치명령취소처분
		鄭成太	대형국책사업에 대한 사법심사(일명 새만금사건을 중심으로)
226	2.15.	辛奉起	한국 행정판례에 있어서 형량하자론의 도입과 평가
		鄭鍾舘	하천법상의 손실보상
227	3.21.	鄭夏重	사립학교법상의 임시이사의 이사선임권한
		林聖勳	행정입법 부작위에 관한 몇가지 문제점
228	4.18.	金光洙	자치사무에 대한 국가감독의 한계
		金熙喆	토지수용으로 인한 손실보상금 산정
229	5.16.	申東昇	행정행위 하자승계와 선결문제
		趙成奎	과징금의 법적 성질과 부과기준
230	6.20.	姜錫勳	위임입법의 방식 및 해석론에 관한 고찰
		鄭南哲	명확성원칙의 판단기준과 사법심사의 한계
231	8.22.	鄭泰學	조세통칙과 신의성실의 원칙
		李京運	부관으로서의 기한
232	9.19.	朴尙勳	시간강사의 근로자성
		金善旭	지방자치단체장의 소속공무원에 대한 징계권과 직무유기
233	10.17.	趙允熙	정보통신부 장관의 위성망국제등록신청과 항고소송의 대상
		金鉉峻	환경사법 액세스권 보장을 위한 "법률상 이익"의 해석

순번	연월일	발표자	발 표 제 목
234	11.21.	裵輔允	권한쟁의심판의 제3자 소송담당
		李賢修	공물의 성립요건
235	12.19.	金鐵容	행정청의 처분근거·이유제시의무와 처분근거·이유제시의 정도
236	09.1.16.	金炳圻	행정법상 신뢰보호원칙
		劉慶才	원인자부담금
237	2.20.	金聖泰	도로교통법 제58조 위헌확인
		林永浩	공매 통지의 법적 성격
238	3.20.	崔桂暎	위헌결정의 효력과 취소소송의 제소기간
		金尙煥	법규명령에 대한 헌법소원의 적법요건
239	4.17.	朴均省	직무상 의무위반으로 인한 국가배상책임
		金國鉉	사망자의 법규위반으로 인한 제재사유의 승계
240	5.15.	金容燮	택지개발업무처리지침 위반과 영업소 폐쇄
		金炅蘭	개발제한구역의 해제와 원고적격
241	6.19.	朴正勳	무효확인소송의 보충성
		曹海鉉	민주화운동관련자 명예회복 및 보상 등에 관한 법률에 의한 보상금의 지급을 구하는 소송의 형태
242	8.21.	鄭泰容	행정심판 재결 확정력의 의미
		安哲相	지방계약직 공무원의 징계
243	9.18.	金鐘甫	「도시 및 주거환경정비법」상 정비기반시설의 귀속 관계
		徐基錫	국회의 입법행위 또는 입법부작위로 인한 국가배상책임
244	10.16.	河明鎬	법인에 대한 양벌규정의 위헌여부
		趙龍鎬	표준지공시지가 하자의 승계

순번	연월일	발표자	발 표 제 목
245	11.20.	金連泰	한국마사회의 조교사 및 기수의 면허부여 또는 취소의 처분성
		金義煥	행정상 법률관계에 있어서의 소멸시효의 원용과 신의성실의 원칙
246	12.18.	朴鈗炘	주거이전비 보상의 법적 절차, 성격 및 소송법적 쟁점
247	10.1.15	林宰洪	출입국관리법상 난민인정행위의 법적 성격과 난민인정요건
		金泰昊	하자있는 수익적 행정처분의 직권취소
248	2.19	金南澈	국가기관의 지방자치단체에 대한 감독·감사권한
		權殷玟	미국산 쇠고기 수입 고시의 법적 문제
249	3.19	金聲培	수용재결과 헌법상 정교분리원칙
		姜相旭	건축물대장 용도변경신청 거부의 처분성
250	4.16	李宣憙	공정거래법상 시정조치로서 정보교환 금지명령
		金鍾泌	이주대책대상자제외처분 취소소송의 쟁점
251	5.14	鄭夏重	공법상 부당이득반환청구권의 독자성
		魯坰泌	관리처분계획안에 대한 총회결의 무효확인을 다투는 소송방법
252	6.18	金秀珍	합의제 행정기관의 설치에 관한 조례 제정의 허용 여부
253	8.20	白濟欽 崔正一	과세처분에 대한 증액경정처분과 행정소송 경원자 소송에서의 원고적격과 사정판결제도의 위헌 여부
254	9.17	蔣尙均 金敏昨 河宗大	승진임용신청에 대한 부작위위법확인소송 강의전담교원제와 해직처분 행정처분으로서의 통보 및 신고의 수리

순번	연월일	발표자	발 표 제 목
255	10.15	최진수	징발매수재산의 환매권
		朴海植	주민등록전입신고 수리 여부에 대한 심사범위와 대상
256	11.12	金容燮	부당결부금지원칙과 부관
		朴尙勳	공무원에 대한 불이익한 전보인사 조치와 손해배상
257	12.10	金東熙	제재적 재량처분의 기준을 정한 부령
258	11.1.14	成智鏞	위임입법의 한계와 행정입법에 대한 사법심사
		安東寅	법령의 개정과 신뢰보호원칙 — 신뢰보호원칙의 적극적 활용에 대한 관견 —
259	2.18	崔桂暎	민간기업에 의한 수용
		金泰昊	사전환경성검토와 사법심사
260	3.18	金鉉峻	규제권한 불행사에 의한 국가배상책임의 구조와 위법성 판단기준
		朴在胤	지방자치단체 자치감사의 범위와 한계
261	4.15	金重權	민간투자사업의 법적 절차와 처분하자
		徐輔國	행정입법의 부작위에 대한 헌법소원과 행정소송
262	5.20	李熙貞	귀화허가의 법적 성질
		尹仁聖	독점규제 및 공정거래에 관한 법률 제3조의2 제1항 제5호 후단에 규정된 "부당하게 소비자의 이익을 현저히 저해할 우려가 있는 행위"에 관한 소고
263	6.17	朴均省	납골당설치신고 수리거부의 법적 성질 및 적법성 판단
		姜錫勳	재조사결정의 법적 성격과 제소기간의 기산점
264	8.19	金光洙	임시이사의법적 지위

순번	연월일	발표자	발 표 제 목
265	9.16	趙允熙	불복절차 도중의 과세처분 취소와 재처분금지
		鄭準鉉	개인택시사업면허 양도시 하자의 승계
		김용하	잔여지 수용청구권의 행사방법 및 불복수단
266	10.21	崔峰碩	과징금 부과처분의 재량권 일탈·남용
		朴榮萬	군인공무원관계와 기본권 보장
267	11.11	俞珍式	정보공개법상 비공개사유
		주한길	행정소송법상 집행정지의 요건
268	12.16	琴泰煥	최근 외국 행정판례의 동향 및 분석
		金致煥	미국, 일본, 프랑스, 독일
		田勳	
		李殷相	
269	12.1.27	李鴻薰	사회발전과 행정판결
		裵炳晧	재개발조합설립인가 등에 관한 소송의 방법
		河明鎬	사회보장행정에서 권리의 체계와 구제
270	2.17	朴玄廷	건축법 위반과 이행강제금
		金善娥	출퇴근 재해의 인정범위
271	3.16	金重權	국가배상법상 중과실의 의미
		徐泰煥	행정소송법상 직권심리주의의 의미와 범위
272	4.20	李湖暎	시장지배적사업자의 기술적 보호조치와 공정 거래법
		李玩憙	공정거래법상 신고자 감면제도
273	5.18	李東植	세무조사 결정통지의 처분성
		鄭基相	조세소송에서 실의성실원칙
274	6.15	許康茂	생활대책대상자선정거부의 처분성과 신청권 의 존부
		朴貞枇	기대권의 법리와 교원재임용거부 및 부당한 근로계약 갱신 거절의 효력
275	8.17	金敏祚	정보공개법상 비공개사유로서 법인 등의 경

순번	연월일	발표자	발 표 제 목
276	9.21	成承桓	영·영업상 비밀에 관한 사항
			경찰권 발동의 한계와 기본권
		金宣希	도시정비법상 조합설립인가처분과 변경인가처분
		李相熹	국가와 지방자치단체의 보조금 지원과 지원거부의 처분성
277	10.19	康鉉浩	건축법상 인허가의제의 효과를 수반하는 신고
		尹景雅	결손처분과 그 취소 및 공매통지의 처분성
278	11.16	金容燮	원격평생교육시설 신고 및 그 수리거부
		李義俊	사업시행자의 생활기본시설 설치 의무
279	12.21	琴泰煥	미국, 일본, 프랑스, 독일의 최근 행정판례동향
		金致煥	
		田 勳	
		李殷相	
		崔松和	행정판례의 회고와 전망
280	13.1.18	崔桂暎	행정처분의 위법성과 국가배상책임
		金泰昊	정보공개법상 비공개사유로서 '진행 중인 재판에 관련된 정보'
281	2.15	金致煥	주민소송의 대상
		朴在胤	체육시설을 위한 수용
282	3.15	金聲培	국가유공자요건비해당결정처분
		金東國	해임처분무효
283	4.19	徐輔國	압류등처분무효확인
		崔柄律	자동차운전면허취소처분취소
284	5.24	裵柄晧	국가배상청구권의 소멸시효
		朴海植	감면불인정처분등취소
285	6.21	朴均省	국방·군사시설사업실시계획승인처분무효확인등

순번	연월일	발표자	발 표 제 목
		金慧眞	형의 집행 및 수용자의 처우에 관한 법률 제45조 제1항 위헌확인
286	8.16	俞珍式	여객자동차운수사업법 제14조 등 위헌확인 등
		김필용	증여세부과처분취소
287	9.27	慶建	정보공개청구거부처분취소
		이산해	과징금부과처분취소·부당이득환수처분취소
288	10.18	金裕煥	직권면직취소
		許盛旭	관리처분계획무효확인
289	11.15	金炳圻	완충녹지지정의 해제신청거부처분의 취소
		成重卓	조합설립인가처분무효확인
290	12.20	金聲培	미국, 일본, 프랑스, 독일의 최근 행정판례 동향
		金致煥	
		吳承奎	
		桂仁國	
		鄭夏重	행정판례에 있어서 몇 가지 쟁점에 관한 소고
291	14. 1. 17	金相贊	국가공무원 복무규정 제3조 제2항 등 위헌확인
		金容河	사업시행승인처분취소
292	2.21	姜知恩	주택건설사업승인불허가처분 취소 등
		金世鉉	소득금액변동통지와 하자의 승계 판례변경에 따른 신뢰성 보호 문제
293	3.21	金重權	지방자치단체의 구역관할결정의 제 문제에 관한 소고
		李相憲	체납자 출국금지처분의 요건과 재량통제
294	4.18	俞珍式	정보공개거부처분취소
		金惠眞	백두대간보호에관한법률 제7조 제1항 제6호 위헌소원

순번	연월일	발표자	발 표 제 목
295	5.16	安東寅	토지대장의 직권말소 및 기재사항 변경거부의 처분성
		河泰興	증액경정처분의 취소를 구하는 항고소송에서 납세의무자가 다툴 수 있는 불복사유의 범위
296	6.20	金容燮	독립유공자법적용배제결정 − 처분취소소송에 있어 선행처분의 위법성승계
		李承勳	조합설립추진위원회 설립승인 무효 확인
297	8.22	鄭鎬庚	不利益處分原狀回復 등 要求處分取消
		이병희	解任處分取消決定取消
298	9.19	崔峰碩	職務履行命令取消
		文俊弼	還買代金增減
299	10.17	朴均省	行政判例 30年의 回顧와 展望: 행정법총론 I
		金重權	行政判例의 回顧와 展望−행정절차, 정보공개, 행정조사, 행정의 실효성확보의 분야
		洪準亨	行政判例 30年의 回顧와 展望−행정구제법: 한국행정판례의 정체성을 찾아서
300	11.21	康鉉浩	不正當業者制裁處分取消
		李承寧	讓受金
301	12.19	金聲培	美國의 最近 行政判例動向
		吳丞奎	프랑스의 最近 行政判例動向
		桂仁國	獨逸의 最近 行政判例動向
		咸仁善	日本의 最近 行政判例動向
		朴鈗炘	온실가스 배출거래권 제도 도입에 즈음하여
302	15. 1.23	金泰昊	수정명령 취소
		李義俊	손해배상(기)
303	2.27	朴玄廷	정비사업조합설립과 토지 또는 건축물을 소유

순번	연월일	발표자	발 표 제 목
			한 국가·지방자치단체의 지위
		李羲俊	건축허가처분취소
304	3.20	俞珍式	공공감사법의 재심의신청과 행정심판에 관한 제소기간의 특례
		金世鉉	명의신탁과 양도소득세의 납세의무자
305	4.17	朴均省	노동조합설립신고반려처분취소
		金海磨中	국세부과취소
306	5.15	崔峰碩	직무이행명령취소청구
		박준희	지역균형개발 및 지방중소기업 육성에 관한 법률 제16조 제1항 제4호 등 위헌소원
307	6.19	裵柄皓	인신보호법 제2조 제1항 위헌확인
		金東柱	생태자연도등급조정처분무효확인
		裵柄皓	인신보호법 제2조 제1항 위헌확인
		김동주	생태자연도등급조정처분무효확인
308	8.29		牧村 金道昶 박사 10주기 기념 학술대회
309	9.18	崔桂暎	정보비공개결정처분취소
		정지영	부당이득금반환
310	10.16	鄭夏明	예방접종으로 인한 장애인정거부처분취소
		郭相鉉	급여제한및 환수처분취소
311		鄭鎬庚	독립유공자서훈취소결정무효확인등
		김혜성	직위해제처분취소
312		金聲培	최근(2014/2015) 미국 행정판례의 동향 및 분석 연구
		咸仁善	일본의 최근(2014) 행정판례의 동향 및 분석
		吳丞奎	2014년 프랑스 행정판례의 동향 연구
		桂仁國	국가의 종교적·윤리적 중립성과 윤리과목

순번	연월일	발표자	발 표 제 목
			편성 요구권
		金海龍	행정재판과 법치주의 확립
313	16. 1.22	金泰昊	주민소송(부당이득 반환)
		朴淵昱	건축협의취소처분취소
314	2.26	李熙貞	보상금환수처분취소
		李義俊	변상금부과처분취소
315	3.18	成重卓	영업시간제한등처분취소
		임지영	조정반지정거부처분
316	4.15	裵柄皓	하천공사시행계획취소청구
		李用雨	세무조사결정행정처분취소
317	5.20	金南澈	과징금납부명령등취소청구의소
		李煌熙	홍▽군과 태△군 등 간의 권한쟁의
318	6.11	金重權	환경기술개발사업중단처분취소
		崔瑨修	관리처분계획안에대한총회결의효력정지가처분
		강주영	시설개수명령처분취소
		角松生史	일본 행정소송법개정의 성과와 한계
319	8.19	咸仁善	조례안의결무효확인 <학생인권조례안 사건>
		金世鉉	교육세경정거부처분취소
320	9.23	金容燮	독립유공자서훈취소처분의 취소
		李殷相	주유소운영사업자불선정처분취소
321	10.21	李光潤	부당이득금등
		이승민	형식적 불법과 실질적 불법
322	11.25	俞珍式	학직개정처분무효확인
		윤진규	부당이득금
			채무부존재확인
323	12.15	李京運	교육판례의 회고와 전망

순번	연월일	발표자	발 표 제 목
		朴均省	사법의 기능과 행정판례
		咸仁善	일본의 최근 행정판례
		金聲培	미국의 최근 행정판례
		桂仁國	독일의 최근 행정판례
		吳丞奎	프랑스의 최근 행정판례
324	17. 1.20.	成奉根	취급거부명령처분취소
		尹焌碩	취득세등부과처분취소
325	2.17.	鄭永哲	도시계획시설결정폐지신청거부처분취소
		이희준	손해배상(기)
326	3.17.	朴在胤	직무이행명령취소
		정은영	습지보전법 제20조의2 제1항 위헌소원
327	4.21.	金容燮	시정명령처분취소
		장승혁	산재법 제37조 위헌소원
328	5.19.	박정훈	감차명령처분취소
		金世鉉	법인세등부과처분취소
329	6.16.	裵柄皓	조례안재의결무효확인
		송시강	개발부담금환급거부취소
330	8.8.	함인선	부당이득금반환
		김형수	개발부담금환급거부취소
331	9.15.	성중탁	출입국관리법 제63조 제1항 위헌소원
		이은상	보험료채무부존재확인
332	10.20.	유진식	정보공개청구기각처분취소
		김상찬	영업정지처분취소
333	11.24.	안동인	치과의사 안면보톡스시술사건
		김선욱	부가가치세경정거부처분취소
334	12.14.	김동희	행정판례를 둘러싼 학계와 법조계의 대화에

순번	연월일	발표자	발 표 제 목
			관한 몇 가지 생각
		정태용	행정부 공무원의 시각에서 본 행정판례
		함인선	일본의 최근 행정판례
		김성배	미국의 최근 행정판례
		계인국	독일의 최근 행정판례
		김혜진	프랑스의 최근 행정판례
335	18. 1.19.	성봉근	민사사건에 있어 공법적 영향
		박호경	조례무효확인
336	3.16.	김치환	산재보험적용사업장변경불승인처분취소
		신철순	폐업처분무효확인등
337	4.20.	박정훈	입찰참가자격제한처분취소
		신상민	건축허가철회신청거부처분취소의소
338	5.18.	최봉석	직권취소처분취소청구의소
		윤준석	증여세부과처분취소
339	6.15.	김대인	직권취소처분취소청구의소
		문중흠	증여세부과처분취소
340	8.17.	이혜진	정직처분취소
		김형수	이동통신단말장치 유통구조 개선에 관한 법률 제4조 제1항 등 위헌확인
341	9.28.	김현준	재직기간합산불승인처분취소
		김세현	양도소득세부과처분취소
342	10.19.	김창조	주민등록번호변경신청거부처분취소
		장현철	청산금
343	11.16	강현호	손해배상
		임성훈	부당이득반환등
344	12.21	김재선	미국의 최근 행정판례

순번	연월일	발표자	발 표 제 목
		계인국	독일의 최근 행정판례
		박현정	프랑스의 최근 행정판례
345	19. 2.15	박재윤	숙박업영업신고증교부의무부작위위법확인
		이은상	사업시행계획인가처분취소
346	3.15	정영철	입찰참가자격제한처분취소청구의소
		이승훈	부작위위법확인
347	4.19	박균성	사업계획승인취소처분취소등
		김혜성	종합쇼핑몰거래정지처분취소
348	5.17	김중권	전역처분등취소
		고소영	임용제청거부처분취소등
349	6.21	김판기	생활폐기물수집운반및가로청소대행용역비반납처분취소
		윤준석	증여세부과처분취소
350	8.23	배병호	지방자치단체를 당사자로 하는 계약에 관한 법률 시행령 제30조 제5항 등 위헌확인
		신상민	퇴교처분취소
351		김성배	사증발급거부처분취소
		박건우	보상금증액
352		김병기	교원소청심사위원회결정취소
		오에스데	징계처분등
353		강현호	의료기관개설신고불수리처분취소
		이수안	손실보상금증액등
354		신원일	일본의 최근 행정판례
		김재선	미국의 최근 행정판례
		계인국	독일의 최근 행정판례
		박우경	프랑스의 최근 행정판례

순번	연월일	발표자	발 표 제 목
355	20.2.21.	성중탁	변호인 접견 불허처분 등 위헌확인
		김근호	입찰참가자격제한처분취소청구
356	5.22	김태호	학원설립운영등록신청 반려처분취소
		이희준	수용재결취소등
357	6.19	김유환	도로점용허가처분무효확인등
		황용남	기타이행강제금부과처분취소

行政判例研究 I~ XXV-1 總目次

行政判例研究 I~ XXV-1 總目次

主題別 總目次

研究判例 總目次

行政判例研究 I ~ XXV-1 總目次

[第 I 卷]

I. 行政上立法

行政規則의 法規性 認定與否(崔世英) 15
프랑스 行政判例上 行政規則의 性質(韓堅愚) 23

II. 行政裁量

漁業免許 拒否處分의 要件(石琮顯) 45

III. 行政行爲의 附款

公有水面 埋立에 따른 不動産 所有權 國家歸屬의 無效確認을 求하는
    訴(李相敦) 55
酒類販賣業 免許處分撤回의 根據와 撤回權留保의 限界(金鐵容) 69

IV. 行政行爲의 取消

國産新技術製品 保護決定處分 一部取消(朴松圭) 79

V. 行政節次

部令이 정한 聽聞을 缺한 處分의 效力(金南辰) 87
美聯邦情報公開法에 관한 若干의 考察(趙慶根) 103

Ⅵ. 行政計劃

都市計劃과 行政拒否處分(李鴻薰) 115

Ⅶ. 行政訴訟의 對象

入札 參加資格 制限行爲의 法的 性質(李尙圭) 127
租稅賦課處分에 있어서 當初處分과 更正處分의 法律關係(金時秀) 133
國稅還給拒否決定의 法的性質(趙憲秀) 141

Ⅷ. 行政訴訟에 있어서의 訴의 利益

行政訴訟에 있어서의 訴의 利益의 問題(李相赫) 153
取消訴訟에 있어서의 訴의 利益(梁承斗) 163
運轉免許停止期間 徒過後의 取消訴訟과 訴의 利益(金完燮) 179
西獨에 있어서 行政法上 隣人保護에 관한 判例의 最近動向(張台柱) 187

Ⅸ. 行政訴訟의 執行停止

執行停止의 要件과 本案理由와의 關係(崔光律) 195

Ⅹ. 行政權限의 委任

行政權限의 委任, 再委任(朴圭河) 207

Ⅺ. 公務員法

公務員의 스트라이크와 類似한 方法의 團體行動의 違法性(金善旭) 219

Ⅻ. 營造物法

營造物行爲의 法的 性格에 관한 Interfrost會社 對 F.I.O.M 事件(李光潤)
   239

XIII. 知的所有權 · 遺傳工學

知的所有權의 問題들(李升煥) 249

遺傳子工學的 施設 設置許可와 法律留保(吳峻根) 265

XIV. 租 稅

아파트地區內의 土地와 空閑地稅(黃祐呂) 279

名義信託登記와 贈與看做規定(金斗千) 291

XV. 違憲審査

프랑스憲法委員會 1971年 7月 16日 結社의 自由에 관한 規定(成樂寅)
  305

[第II卷]

I. 個人的 公權

主觀的公權과 基本權(金性洙) 7

結果除去請求權, 行政介入請求權(洪準亨) 23

프랑스行政法上 公法人의 財産에 대한 押留不可原則(卞海喆) 55

II. 行政上立法

遡及立法에 관한 小考(黃祐呂) 65

訓令(行政規則)과 部令의 效力(金道昶) 77

法規範具體化行政規則의 法的性質 및 效力(崔正一) 83

III. 行政行爲

交涉合意에 의한 附款의 效力(金南辰) 107

行政訴訟에서의 行政行爲 根據變更에 관한 大法院 判例分析(柳至泰) 125

建築許可의 取消(金東建) 143

行政行爲의 撤回權의 制限(盧永錄) 149

Ⅳ. 行政計劃

都市計劃決定의 法的性質(石琮顯) 159

Ⅴ. 行政上爭訟 一般

行政上의 義務履行을 貫徹시키기 위한 訴訟(洪準亨) 171

環境技術關係 行政決定에 대한 司法的統制(金海龍) 193

Ⅵ. 行政訴訟에 있어서의 訴의 利益

原處分主義와 被告適格(徐元宇) 207

Ⅶ. 行政訴訟의 類型

豫防的不作爲訴訟의 許容性 與否(金鐵容) 225

敎員任用義務不履行 違法確認訴訟(金東熙) 233

Ⅷ. 損害塡補

國家賠償에 있어서의 國家의 公務員에 대한 求償權(朴均省) 243

基準地價가 告示된 地域에 있어서 收用補償額算定基準에 관한 判例
動向(石琮顯) 263

Ⅸ. 公 務 員

프랑스 公務員法上의 公務員과 勞動組合(韓堅愚) 277

Ⅹ. 地方自治

地方自治團體에 대한 國家의 承認(李琦雨)　291

Ⅺ. 租　　稅

實地讓渡價額을 넘는 讓渡差益의 認定可否(崔光律)　313

Ⅻ. 違憲審査

非常戒嚴解除後 軍法會議裁判權 延長의 違憲性 與否(金道昶)　325
違憲法律의 效力(李康國)　333
不合致決定에 관한 憲法裁判所決定 分析(全光錫)　347
辯護士强制主義와 憲法訴願(辛奉起)　367

[第Ⅲ卷]

Ⅰ. 새 行政爭訟制度 10年과 憲法裁判 7年의 回顧(金道昶)　7

Ⅱ. 個人的 公權

日本에 있어서 家永教科書檢定第一次訴訟의 諸判決(卞在玉)　27

Ⅲ. 信賴保護

信賴保護에 관한 行政判例의 最近動向(金道昶)　45

Ⅳ. 行政上立法

行政規則에 의한 行政上 立法行爲(高永訓)　57

Ⅴ. 行政行爲

行政處分의 理由附記義務(崔松和)　67
行政行爲의 瑕疵의 治癒(李康國)　91

無效確認을 구하는 意味에서의 課稅取消訴訟의 提起와 還給金請求權
　　의 時效(徐廷友)　121

Ⅵ. 行政上爭訟 一般

修正裁決의 被告適格(徐元宇)　139
取消判決(裁決)의 遡及效(趙憲銖)　151
競爭者訴訟의 原告適格과 判斷餘地의 限界(洪準亨)　157

Ⅶ. 行政訴訟의 類型

無名抗告訴訟의 可否(金香基)　193

Ⅷ. 損害塡補

國家賠償法 第 5 條의 營造物의 設置·管理에 있어서 瑕疵의 意味와
　　賠償責任의 性格(鄭夏重)　205
公務員 個人의 不法行爲責任(金鐵容)　221
土地利用規制와 最高裁判所判決(小高剛)　233
日本 長良川 安八水害賠償訴訟(金敞祚)　249

Ⅸ. 地方自治

地方自治法 第98條, 第159條에 의한 訴訟(白潤基)　263
條例의 無效와 그 條例에 根據한 行政處分의 當然無效 與否
　　(吳振換)　305

Ⅹ. 違憲審査

憲法裁判에 대한 不服方法(裵輔允)　359

[第Ⅳ卷]

Ⅰ. 行政行爲

교통표지판의 法的 性格 ― 法規命令과 行政行爲의 限界設定
　　(鄭夏重)　3
申告納 方式의 租稅에 있어서의 重大하고 明白한 瑕疵의 判斷 基準
　　(盧榮錄)　46
運轉免許取消·停止處分의 法的 性質 및 그 限界(金容燮)　55
違憲決定과 行政處分의 效力(裵輔允)　81

Ⅱ. 行政計劃

都市計劃變更請求權의 成立要件(金海龍)　105

Ⅲ. 行政節次

行政節次法의 槪要 ― 施行에 즈음하여(金鐵容)　119
「聽聞」 實施 要件(吳峻根)　129

Ⅳ. 行政爭訟 一般

行政法院 出帆의 意義와 行政法院의 課題(洪準亨)　163

Ⅴ. 行政訴訟의 對象과 權利保護 必要性

制裁的 行政處分의 制裁期間 經過 後의 訴의 利益(徐元宇)　209
私立學校 敎員에 대한 懲戒處分과 行政訴訟 ― 公·私法關係의 區別
　　(梁承斗)　232
檢事의 刑事記錄 閱覽·謄寫 拒否處分에 관하여(李東洽)　243
公務員 轉補發令의 處分性(李京運)　277
建築物臺帳 職權訂正行爲의 處分性(趙憲銖)　296

形式的 拒否處分에 대한 取消訴訟에 있어서의 審理範圍
  〈金裕煥〉 303

Ⅵ. 行政訴訟의 類型

機關訴訟의 性質 — 地方自治法 第159條 第6項에 의한 訴訟
  〈李光潤〉 323
公衆保健醫師 採用契約解止에 대한 爭訟〈趙龍鎬〉 338
當事者訴訟의 對象〈白潤基〉 350
機關訴訟 主文의 形式〈辛奉起〉 368
獨逸과 오스트리아의 不作爲訴訟에 관한 考察〈宣正源〉 385

Ⅶ. 損害塡補

公務員이 職務執行中 不法行爲로 他人에게 損害를 입힌 境遇, 公務
  員의 個人責任 成立與否〈金東熙〉 443
道路公害와 道路의 設置·管理者의 賠償責任〈金敞祚〉 458

Ⅷ. 地方自治法

옴부즈만條例案 再議決 無效確認 判例의 問題〈金善旭〉 481

Ⅸ. 秩序行政法

北韓國籍 住民에 대한 强制退去命令의 適法性〈裵柄晧〉 505

[第Ⅴ卷]

Ⅰ. 行政立法

訓令(개발제한구역관리규정)의 法的 性質〈金南辰〉 3

Ⅱ. 行政行爲

建築許可處分과 裁量(金東熙)　17

不可變力, 信賴保護, 그리고 行政上 二重危險의 禁止(洪準亨)　33

違憲法律에 根據한 行政處分의 效力 ─ 判例理論의 重大明白說 理解에
　　대한 批判과 代案(金裕煥)　68

建築變更許可와 附款(康鉉浩)　87

Ⅲ. 行政計劃

衡量瑕疵 있는 行政計劃에 대한 司法審査(辛奉起)　107

Ⅳ. 行政節次

多段階行政節次에 있어서 事前決定과 部分許可의 意味(鄭夏重)　135

情報公開請求權의 憲法的 根據와 그 制限(慶　健)　159

Ⅴ. 行政訴訟

環境行政訴訟과 地域住民의 原告適格(金東建)　183

自動車運輸事業免許處分에 있어서 競業, 競願의 範圍(俞珍式)　217

公賣決定·通知의 處分性 및 訴訟上 問題點(권은민)　226

羈束力의 範圍로서의 處分事由의 同一(石鎬哲)　258

還買權 訴訟의 管轄問題(裵柄皓)　290

Ⅵ. 損害塡補

職務와 관련된 不法行爲에 있어 公務員 個人의 責任(金珉昊)　309

河川管理責任(金敏祚)　333

國家賠償法 第5條 第1項의 公共의 營造物의 設置·管理上의 瑕疵의
　　意味 및 그 判斷基準 ─ 도로통행자의 경우(李光潤)　356

Ⅶ. 公務員法

任用缺格과 退職給與(尹炯漢)   373

Ⅷ. 地方自治法

行政審判法 第37條 第2項에 의한 自治權侵害의 可能性 ― 성남시와
    경기도간의 權限爭議事件을 중심으로(金南澈)   405

Ⅸ. 秩序行政法

南北交流協力과 統一에 관한 法的 問題(裵輔允)   435

Ⅹ. 租   稅

租稅行政에 있어서 更正處分의 效力(金連泰)   469
個人事業의 法人轉換과 租稅減免(趙憲銖)   502

[第Ⅵ卷]

Ⅰ. 行政法의 基本概念

判例에 있어서의 公益(崔松和)   3
土地形質變更許可와 信賴保護原則(金光洙)   29

Ⅱ. 行政行爲

違憲法律에 根據한 處分에 대한 執行力 許容 與否(李東洽)   55
住宅建設事業計劃 事前決定의 拘束力(李京運)   75
複合民願과 認·許可擬制(宣正源)   98
廢棄物處理業 許可權者가 한 '不適正通報'의 法的 性質(권은민)   127

Ⅲ. 行政訴訟

附款에 대한 行政訴訟(鄭夏重)　147
軍事施設保護法上의 '協議' 節次와 抗告訴訟(朴榮萬)　175

Ⅳ. 給付行政·環境行政

慣行漁業權(朴鈗炘)　205
道路가 行政財産이 되기 위한 要件 및 雜種財産에 대한 時效取得
　(李光潤)　222
公法的 側面에서 본 日照權 保護(石鎬哲)　238

Ⅴ. 租　　稅

後發的 事由에 의한 條理上 更正請求權(蘇淳茂)　275
相續稅 및 贈與稅法上 贈與의 意味(金珉昊)　303
中小企業에 대한 租稅特例와 從業員의 轉出·派遣(李東植)　327

Ⅵ. 外國判例研究

獨逸 聯邦憲法裁判所의 判例에 나타난 環境法上 協力의 原則
　(金性洙)　355
2000년 美國 大統領選擧訴訟事件(裵輔允)　395
都市計劃事業許可處分 등의 取消訴訟에 있어서의 原告適格
　(金敞祚)　420

[第Ⅶ卷]

Ⅰ. 行政行爲

農地轉用에 관한 委任命令의 限界(崔光律)　3
裁量準則의 法的 性格(康鉉浩)　25

Ⅱ. 行政行爲

大法院 判例上의 裁量行爲 — 羈束行爲와 裁量行爲의 區分과 그에 대한
    司法審査方式을 中心으로(金東建)　49

Ⅲ. 行政節次

行政節次法 施行 이후의 行政節次關聯 行政判例의 動向에 관한 몇 가지
    分析(吳峻根)　81

Ⅳ. 行政上 損害塡補

國家賠償法 제 2 조 제 1 항 단서에 대한 憲法裁判所의 限定違憲決定
    및 그 羈束力을 부인한 大法院 判例에 대한 評釋(朴鈗炘)　119
國家賠償에 있어서의 違法性과 過失의 一元化(徐廷範)　146

Ⅴ. 行政訴訟

行政訴訟에 있어 建築主와 隣近住民의 利益의 衝突과 그 調和
    (白潤基)　165
處分事由의 追加·變更과 行政行爲의 轉換 — 制裁撤回와 公益上 撤回
    (朴正勳)　196
公簿變更 및 그 拒否行爲의 處分性(宣正源)　275

Ⅵ. 建築行政法

管理處分計劃의 處分性과 그 公定力의 範圍 管理處分計劃을
    둘러싼 紛爭의 訴訟形式(金鐘甫)　317
建築法上 日照保護規定의 私法上의 意味(俞珍式)　343

Ⅶ. 環境行政法

環境影響評價의 瑕疵와 事業計劃承認處分의 效力(朴均省)　363

Ⅷ. 文化行政法

遺跡發掘許可와 行政廳의 裁量(趙憲銖)　389

Ⅸ. 外國行政法判例研究

獨逸憲法上의 職業公務員制度와 時間制公務員(金善旭)　407
道路排煙에 의한 大氣汚染과 因果關係 ― 日本, 尼崎大氣汚染公害訴
　　訟 第一審 判決(金元主)　431
日本의 機關訴訟 法制와 判例(辛奉起)　446

[第Ⅷ卷]

Ⅰ. 行政立法

施行規則의 法的 性質과 附隨的 統制의 實效性强化(宣正源)　3

Ⅱ. 行政行爲

判例上의 羈束裁量에 관한 一考(金東熙)　41
이른바 "受理를 요하는 申告"의 問題點에 관한 小考(金重權)　63
平生敎育施設 設置者 地位承繼와 設置者變更 申請書 返戾處分의
　　適法與否(洪準亨)　93
行政處分의 根據 및 理由提示의 程度(曹海鉉)　123

Ⅲ. 情報公開

會議錄과 情報公開法上 非公開對象情報(裵柄皓)　147
情報公開制度上의 非公開事由와 本人公開請求(金敞祚)　168

IV. 行政의 實效性確保手段

行政法規違反行爲의 私法的 效力(徐元宇) 193

V. 行政上 損害塡補

公用地下使用과 間接損失補償(李鴻薰) 221
公文書管理의 잘못과 國家賠償責任(慶 健) 251

VI. 行政訴訟

不合格處分에 대한 效力停止決定에 대한 考察(白潤基) 279

VII. 土地行政法

旣 納付 宅地超過所有負擔金 還給請求權의 性質과 還給加算金의 利子率
   (尹炯漢) 301

VIII. 租稅行政法

인텔리젼트빌딩에 대한 財産稅 重課施行規則의 有效 與否(蘇淳茂)
   321

IX. 外國行政判例研究

美國 聯邦大法院의 臨時規制的 收用(Temporary Regulatory Takings)
   (鄭夏明) 349

X. 韓·日行政訴訟法制의 改正과 向後方向(國際學術會議)

日本のおける行政訴訟法の改正と今後の方向(塩野 宏, 飜譯:俞珍式) 375
韓國의 行政訴訟法 改正과 向後方向(崔松和) 432
討論要旨 456

[第 IX 卷]

I. 行政行爲

軍事施設保護區域設定行爲의 法的 性格(朴榮萬)　3

II. 行政節次

學校法人任員就任承認取消處分과 行政節次法(金鐵容)　33
行政行爲 取消의 取消(柳至泰)　65
受益的 行政行爲의 撤回의 法的 性質과 撤回 事由(金炳圻)　86

III. 行政訴訟

取消判決의 旣判力과 羈束力(朴正勳)　135
拒否處分取消判決의　羈束力과 間接强制(朴均省)　236
行政訴訟法上의 間接强制決定에 기한 賠償金의 性質(朴海植)　357

IV. 地方自治法

廣域自治團體와 基礎地方自治團體의 性格(李光潤)　303

V. 租稅行政法

買入稅額의 控除와 稅金計算書의 作成·交付時期(鄭泰學)　327

VI. 최근 行政訴訟判決의 主要動向

최근 行政訴訟判決의 主要動向(李東洽)　371

[第 X 卷]

I. 行政立法

法規命令의 處分性(鄭成太) 3

II. 行政行爲

國土利用計劃變更申請權의 例外的 認定의 問題點에 관한 小考
　　(金重權) 21
敎授再任用에 관한 大法院判例의 變更과 그 意義(李京運) 61
違憲法律規定에 의해 當然退職한 者에 대한 任用申請拒否의 處分性
　　(曺媛卿) 92
營業讓渡와 制裁處分上의 地位承繼(李賢修) 139
瑕疵承繼論의 몇 가지 爭點에 관한 檢討(宣正源) 170

III. 行政節次

事前通知의 對象과 欠缺의 效果(尹炯漢) 213

IV. 行政上 損害塡補

營內 毆打・苛酷行爲로 인한 自殺에 대한 賠償과 補償(林聖勳)　233

V. 行政訴訟

裁決의 內容에 대한 取消訴訟(金香基) 275
行政計劃에 대한 司法統制 法理(金海龍) 308
原子爐設置許可 無效確認訴訟의 本案審理(金敞祚) 346
過徵金賦課處分에 대한 執行停止決定의 效力(金連泰) 370

VI. 租稅行政法

事業讓受渡와 第2次 納稅義務(趙憲銖) 405

[第ⅩⅠ卷]

Ⅰ. 韓國行政判例研究會 200회 特輯 紀念論文

韓國 行政判例의 成果와 課題(鄭夏重) 3
行政判例 半世紀 回顧 ─ 行政訴訟·國家賠償·損失補償을 중심으로
　　(朴正勳) 50
行政裁判制度의 發展과 行政判例 ─ 特殊行政裁判制度를 中心으로
　　(尹炯漢) 91

Ⅱ. 行政行爲

開發制限區域內 行爲許可 期間延長과 裁量行爲 判斷基準에 관한
　　爭點 檢討(吳峻根) 117
私權形成的 行政行爲와 그 廢止의 問題點에 관한 小考(金重權) 151
基本行爲인 營業權 讓渡契約이 無效라고 主張하는 경우에 行政廳이
　　한 變更申告受理處分에 대한 不服方法 등(권은민) 184

Ⅲ. 行政의 實效性確保手段

行政上 卽時强制의 統制 ─ 비례원칙, 영장주의, 적법절차의 원칙과
　　관련하여(朴均省) 217
選擧法 違反과 法的 制裁(金光洙) 243

Ⅳ. 行政訴訟

行政訴訟에서의 訴의 變更과 새로운 訴의 提訴期間(安哲相) 271
民主化運動關聯者名譽回復및報償等에관한法律에 기한 行政訴訟의
　　形態(曺海鉉) 315

Ⅴ. 地方自治法

直接民主主義와 條例制定權의 限界(趙成奎) 347

Ⅵ. 建築行政法

土地形質變更許可의 法的 性質(金鐘甫)   383

[第XII卷]

Ⅰ. 韓法令補充的 性格의 行政規則의 整備方案
— 法制處·韓國行政判例研究會 官學協同 Workshop —

行政規則의 違法事例 및 對策(朴 仁)   3
判例를 中心으로 본 法令補充的 行政規則의 法的 性質(林永浩)   35
民主的 法治國家에서 議會와 行政의 共管的 法定立에 따른 法制處의
     役割에 관한 小考(金重權)   59
法令補充的 性格의 行政規則의 整備方向과 委任事項의 限界(鄭南哲)   100

Ⅱ. 行政立法

美國 聯邦大法院의 行政立法裁量統制(鄭夏明)   141

Ⅲ. 行政訴訟法

公共葛藤의 司法的 解決: 意味와 限界(金裕煥)   169
財政經濟部令에 의한 덤핑防止關稅賦課措置의 處分性 再論(權純一)
     191
採石許可期間의 滿了와 採石許可取消處分에 대한 訴의 利益(林永浩)   210
改正河川法 附則 第2條 등에 의한 損失補償請求와 當事者訴訟
     (裵炳晧)   231
規範統制事件에서 法院의 法解釋權과 憲法裁判所의 審査範圍
     (裵輔允)   253

Ⅳ. 經濟行政法

合意推定된 價格談合의 過徵金 算定(李湖暎)   277
獨逸 麥酒純粹令 判決을 통해 본 유럽과 獨逸의 經濟行政法(張暻源)
    304

Ⅴ. 租稅行政法

上場株式 名義信託에 대한 贈與擬制에서의 實務上 爭點(文一湖)   341

[第XⅡ卷]

Ⅰ. 行政立法

法令의 改正과 信賴保護의 原則(朴榮萬)   3
制裁的 處分基準의 性格과 制裁機關의 經過 後의 訴의 利益(李光潤)   29

Ⅱ. 行政行爲

建築許可의 法的 性質에 대한 判例의 檢討(金南澈)   67

Ⅲ. 行政計劃

韓國 行政判例에 있어서 衡量瑕疵論의 導入과 評價(申奉起)   107

Ⅳ. 行政節次法

行政書類의 外國으로의 送達(金秀珍)   155
關係機關과의 協議를 거치지 아니한 條例의 效力(慶 健)   186

Ⅴ. 行政上 損害塡補

暴雪로 인한 高速道路 孤立事故에서의 管理上 瑕疵의 判斷基準(黃彰根)
    219

土地收用에 따른 損失補償額 算定의 具體的 方法(金熙喆)   257

Ⅵ. 行政訴訟法

取消訴訟의 對象(金敞祚)   309
處分的 行政規則과 原告適格(李宣憙)   341

Ⅶ. 地方自治法

自治事務에 대한 國家等 監督權의 範圍와 限界(金光洙)   377
條例制定權의 對象 및 規律範圍(鄭南哲)   410

Ⅷ. 環境行政法

廢棄物管理法制와 廢棄物處理措置命令取消處分(李殷祈)   451

Ⅸ. 教育行政法

私立學校法上의 臨時理事의 理事選任權限(鄭夏重)   503

[第ⅩⅣ卷]

Ⅰ. 行政法의 基本原理

法令改正과 信賴保護原則(金炳圻)   3

Ⅱ. 行政立法

宅地開發業務處理指針 違反과 營業所 閉鎖命令의 適法性－行政規則의
    對外的 拘束力을 中心으로－(金容燮)   43

Ⅲ. 行政行爲

行政行爲 瑕疵承繼와 先決問題(申東昇)   101

Ⅳ. 行政의 實效性確保手段

過徵金의 法的 性質 및 賦課基準(趙成奎)　141

Ⅴ. 行政上 損害塡補

職務上 義務違反으로 인한 國家賠償責任(朴均省)　197

Ⅵ. 行政訴訟法

情報通信部長官의 衛星網 國際登錄申請이 抗告訴訟의 對象이 되는
　　行政處分에 該當하는지 與否(趙允熙)　229
環境司法액세스권과 行政訴訟法 第12條의 '法律上 利益'의 解釋(金鉉峻)
　　275
行政訴訟法 第12條 後文의 解釋과 保護範圍(鄭南哲)　307

Ⅶ. 公物營造物法

二輪自動車에 대한 高速道路 등 通行禁止의 正當性(金聖泰)　339

Ⅷ. 外國判例 및 外國法制 研究

最近(2006/2007) 美國 行政判例의 動向 및 分析 研究(鄭夏明)　375
最近(2006/2007) 日本 行政判例의 動向 및 分析 研究(俞珍式)　413
最近(2006/2007) 獨逸 行政判例의 動向 및 分析 研究(張暻源)　455
最近(2006/2007) 프랑스 行政判例의 動向 및 分析 研究(田勳)　503

[第 XIV-2 卷]

Ⅰ. 行政法의 基本原理

行政上 法律關係에 있어서의 消滅時效의 援用과 信義誠實의 原則
　　(金義煥)　3

Ⅱ. 行政行爲의 附款

이른바 條件存續期間인 期限(李京運)　　53
整備基盤施設에 대한 有償買入附款의 公定力과 限界(金鐘甫)　　89

Ⅲ. 行政行爲의 瑕疵

瑕疵 있는 公賣通知가 公賣處分에 미치는 影響(林永浩)　　123

Ⅳ. 行政의 實效性確保手段

法人에 대한 兩罰規定의 違憲 與否(河明鎬)　　151

Ⅴ. 行政上 損害塡補

國會의 立法行爲 또는 立法不作爲로 인한 國家賠償責任(徐基錫)　　203

Ⅵ. 公務員法

契約職公務員에 대한 報酬削減措置의 法的 性質(安哲相)　　235

Ⅶ. 外國判例 및 外國法制 研究

最近(2008/2009) 美國 行政判例의 動向 및 分析 研究(鄭夏明)　　271
最近(2008) 日本 行政判例의 動向 및 分析 研究(俞珍式)　　299
最近(2008) 獨逸 行政判例의 動向 및 分析 研究(張暻源)　　321
最近(2008) 프랑스 行政判例의 動向 및 分析 研究(田勳)　　361

[第ⅩⅤ-1卷]

Ⅰ. 行政法의 基本原理

公法上 不當利得返還請求權의 獨自性(鄭夏重)　　3

Ⅱ. 行政行爲의 槪念과 種類

出入國管理法上 難民認定行爲의 法的 性格과 難民認定要件(林宰洪)
　36

Ⅲ. 行政行爲의 職權取消·撤回

瑕疵 있는 授益的 行政處分의 職權取消(金泰昊)　73

Ⅳ. 取消訴訟의 對象

韓國馬事會의 調敎師 및 騎手의 免許 附與 또는 取消의 處分性(金連泰)
　111

Ⅴ. 行政上 損害塡補

公務受託者의 法的 地位와 損害賠償責任(朴均省)　151
行政代執行과 國家賠償責任(鄭南哲)　189
收用裁決과 憲法上 政敎分離原則(金聲培)　223

Ⅵ. 公務員法

人事交流計劃이 결여된 轉出決定(命令)의 效力에 관한 小考(金重權)　273

Ⅶ. 地方自治法

國家機關의 地方自治團體에 대한 監督·監査 權限(金南澈)　303

Ⅷ. 經濟行政法

公正去來法上 是正措置의 限界(李宣憙)　345

Ⅸ. 建築行政法

管理處分計劃 總會決議 無效確認訴訟의 法的 取扱(魯坰泌)　381
移住對策對象者 選定基準과 除外要件의 具體的 意味(金鍾泌)　411

[第XV-2卷]

Ⅰ. 認·許可 擬制 制度의 效果와 立法의 方向

   (2010. 6. 4. 韓國行政判例研究會·法制處 공동세미나)
認·許可 擬制의 法的 效果에 관한 立法現況(鄭準鉉)   3
判例·解釋例 및 行政審判裁決例에 비추어 본 韓國에서의 認·許可
   擬制制度와 獨逸에서의 行政計劃決定의 集中效制度에 관한 小稿
   (崔正一)   37
원스탑 서비스제와 認許可擬制의 立法的 改革과 發展方向(宣正源)   69

Ⅱ. 行政立法

裁量處分(裁量行爲)의 基準을 정하고 있는 部令의 考察(金東熙)   103
國家의 基本權保護義務와 告示를 對象으로 한 不服方法: 미국산 쇠고기
   등 수입위생조건 위헌확인사건 평석(權殷玟)   129

Ⅲ. 行政行爲

講義全擔敎授 再任用拒否處分의 處分性(金敞祚)   189
住民登錄 轉入申告 受理 與否에 대한 審査範圍와 對象(朴海植)   227
不當結付禁止의 原則과 附款(金容燮)   271

Ⅳ. 行政訴訟

不作爲違法 確認訴訟에 관한 몇 가지 問題(蔣尙均)   317

Ⅴ. 地方自治法

合議制 行政機關의 設置에 관한 條例 制定의 許容 與否(金秀珍)   357

Ⅵ. 外國判例 및 外國法制 硏究

最近(2009/2010) 美國 行政判例의 動向 및 分析 硏究(鄭夏明)   391

最近(2009) 日本 行政判例의 動向 및 分析 研究(俞珍式)   423
最近(2009) 獨逸 主要 行政判例의 分析 研究(張暻源)   459
最近(2009) 프랑스 行政判例의 動向 및 分析 研究(田勳)   495

[第XVI-1卷]

Ⅰ. 行政法의 基本原理

法令의 改正과 信賴保護原則(安東寅)   3

Ⅱ. 行政立法

委任立法의 限界와 行政立法에 대한 司法審查(成智鏞)   45

Ⅲ. 行政行爲

納骨堂設置申告 受理拒否의 法的 性質 및 適法性 判斷(朴均省)   107
民間投資事業者指定의 節次法的 問題點(金重權)   149
豫備認可(內認可)處分 및 豫備認可拒否處分의 法的 性質,
   競願者訴訟에서의 原告適格除斥事由, 事情判決의 違憲性
   問題(崔正一)   187

Ⅳ. 損害塡補

民間企業에 의한 收用(崔桂暎)   229
規制權限 不行使에 의한 國家賠償責任의 構造와 違法性 判斷基準
   (金鉉峻)   271

Ⅴ. 地方自治法

條例制定權의 範圍와 限界(張暻源)   309

VI. 租税行政法

當初處分과 增額更正處分의 關係(白濟欽)   343

[第XVI-2卷]

I.行政行爲의 瑕疵

개인택시운송사업면허 양도시 瑕疵承繼의 可否와 信賴保護 등(鄭準鉉)
    3
過徵金賦課處分의 裁量權 逸脱・濫用(崔峰碩)   41
臨時理事의 法的 地位(金光洙)   75

II. 行政訴訟一般

再調查決定의 法的 性格과 提訴期間의 起算點(姜錫勳)   105

III. 行政訴訟의 類型

命令・規則에 대한 行政訴訟法的 規範統制의 憲法的 限界(徐輔國)
    149

IV. 經濟行政法

'不當하게 消費者의 利益을 顯著히 沮害할 憂慮가 있는 行爲'에
    관한 小考(尹仁聖)   187

V. 外國判例 및 外國法制 研究

最近(2010/2011) 美國 行政判例의 動向 및 分析 研究(琴泰煥)   235
最近(2010) 日本 行政判例의 動向 및 分析 研究(金致煥)   277
最近(2010) 獨逸 行政判例의 動向 및 分析 研究(李殷相)   321
最近(2010) 프랑스 行政判例의 動向과 檢討(田勳)   369

[第ⅩⅦ -1卷]

Ⅰ. 行政行爲의 附款

法的인 根據가 없음에도 公行政을 正當化하는 行政判例에 대한 批判的 檢討(행정행위의 부관과 수익적 행정행위의 철회에 대한 논의를 중심으로)(金容燮)　3

Ⅱ. 行政計劃

計劃變更請求權과 計劃變更申請權(洪準亨)　53

Ⅲ. 行政의 實效性 確保手段

建築法 違反과 履行强制金(朴玄廷)　95

Ⅳ. 取消訴訟의 對象

稅務調查 決定通知의 處分性(李東植)　143
租稅還給金 充當通知의 處分性에 관한 硏究(金英順·徐大源)　183

Ⅴ. 行政訴訟의 類型

不作爲違法確認訴訟의 違法判斷 및 提訴期間(鄭南哲)　229
再開發組合設立認可 등에 관한 訴訟方法(裵柄晧)　271

Ⅵ. 地方自治法

地方自治團體 自治監査의 範圍와 限界(朴在胤)　327

Ⅶ. 經濟行政法

市場支配的 事業者의 排他的 DRM 搭載行爲의 競爭法的 評價(李湖暎)　371

Ⅷ. 租稅行政法

租稅訴訟에 있어 信義誠實의 原則(鄭基相)   415

[第XⅦ-2卷]

Ⅰ. 行政行爲의 槪念과 種類

行爲開始統制手段으로서의 建築申告에 대한 考察(康鉉浩)   3
遠隔平生敎育施設 申告 및 그 受理拒否(金容燮)   51

Ⅱ. 行政節次 및 情報公開

情報公開法上 非公開事由(俞珍式)   113
情報公開法上 非公開事由로서 法人 等의 經營·營業上 秘密에 관한 事項
   (金敏昨)   143

Ⅲ. 損害塡補

公益事業 生活對策의 意味와 正當補償原理(허강무)   189
徵發買受財産의 還買權(최진수)   227

Ⅳ. 秩序行政法

警察權 發動의 限界와 基本權(成承桓)   267

Ⅴ. 經濟行政法

포스코 判決 이후 市場支配的 地位 濫用行爲 判例에서
   '不當性' 判斷의 傾向과 展望(李 煌)   335

Ⅵ. 勞動行政法

期間制 勤勞契約에 있어서의 更新期待權 및 更新拒絕의 效力
　(朴貞杺)　385

Ⅶ. 外國判例 및 外國法制 研究

最近 美國 聯邦大法院의 移民關聯判例에서 司法審査의 基準
　(金聲培)　423
最近(2011) 프랑스 行政判例의 動向과 檢討(田　勳)　467
最近(2011) 日本 行政判例의 動向 및 分析 研究(金致煥)　499
最近(2011/2012) 美國 行政判例의 動向 및 分析 研究(琴泰煥)　549
最近(2011) 獨逸 行政判例의 動向 및 分析 研究(李殷相)　589

[第ⅩⅧ-1卷]

Ⅰ. 行政行爲의 瑕疵

合憲的 執行法律에 根據한 押留處分의 違憲的 結果에 대한 權利救濟
　의 直接根據로서 憲法 제107조 제2항(徐輔國)　3
　　運轉免許 取消事由 中 運轉者에 關한 事由(崔柄律)　29
大統領의 韓國放送公社 社長 解任事件을 통하여 본 法令의 解釋方法
　과 節次的 司法統制(金東國)　53

Ⅱ. 行政節次 및 情報公開

情報公開 拒否決定과 處分事由의 追加·變更(鄭南哲)　89

Ⅲ. 取消訴訟의 對象

自進申告者等에 대한 減免不認定通知의 處分性에 관한 法的 爭點
　(朴海植·李承玟)　127

Ⅳ. 行政訴訟 一般

拒否處分 取消判決의 羈束力(張暻源)   159

Ⅴ. 損害塡補

自殺한 軍人에 대한 國家의 責任(金聲培)   187
處分의 取消判決과 國家賠償責任(崔桂暎)   261

Ⅵ. 地方自治法

住民訴訟의 對象(金致煥)   303

Ⅶ. 環境行政法

環境影響評價書의 提出時期, 協議要請時期 및 協議完了時期 等
    (朴均省)   349

[第ⅩⅧ-2卷]

Ⅰ. 行政行爲의 槪念과 種類

裁量과 判斷餘地에 대한 司法審査(崔善雄)   3

Ⅱ. 行政節次 및 情報公開

情報公開法上 非公開事由인 個人情報의 意味와 範圍(慶 健)   41

Ⅲ. 取消訴訟의 對象

里長에 대한 免職處分의 法的 性格(金裕煥)   89

Ⅳ. 行政訴訟의 審理

行政訴訟에서의 職權審理主義의 意味와 範圍(徐泰煥)   123

Ⅴ. 損害塡補

國家賠償請求權의 消滅時效(裵柄皓)　175

Ⅵ. 建築行政法

組合設立認可處分 無效를 둘러싼 몇 가지 法的 爭點(成重卓)　213
再建築整備事業 移轉告示 效力發生과
　　管理處分計劃 無效確認請求訴訟의 訴益(許盛旭)　251

Ⅶ. 環境行政法

舊 事前環境性檢討 制度와 司法審査(金泰昊)　293

Ⅷ. 外國判例 및 外國法制研究

最近(2012/2013) 美國 行政判例의 動向 및 分析 研究(金聲培)　335
最近(2012) 日本 行政判例의 動向 및 分析 研究(金致煥)　395
最近(2012) 獨逸 行政判例의 動向과 分析(桂仁國)　437
最近(2012) 프랑스 行政判例의 動向 分析 研究(吳丞奎)　473

[第XIX-1卷]

Ⅰ. 行政行爲의 瑕疵

所得金額變動通知와 瑕疵의 承繼, 判例變更에 따른 信賴性 保護 問題
　　(金世鉉)　3

Ⅱ. 行政節次 및 情報公開

情報公開拒否處分取消(俞珍式)　47
情報公開法의 非公開事由로서 '進行中인 裁判에 關聯된 情報'
　　(金泰昊)　79

Ⅲ. 行政의 實效性確保手段

滯納者 出國禁止處分의 要件과 裁量統制(李相惠)   107

Ⅳ. 取消訴訟의 對象

土地臺帳의 職權抹消 및 記載事項 變更拒否의 處分性(安東寅)   173
增額更正處分의 取消를 구하는 抗告訴訟에서 納稅義務者가 다툴 수
　　　있는 不服事由의 範圍(河泰興)   219

Ⅴ. 行政訴訟의 類型

公法上 當事者訴訟의 發展과 課題(鄭南哲)   277

Ⅵ. 憲法裁判

事實行爲에 대한 司法的 統制 傾向 및 그 改善方案(成重卓)   315

Ⅶ. 地方自治法

地方自治團體의 區域管轄決定의 諸問題에 關한 小考(金重權)   359

[第ⅩⅨ-2卷]

Ⅰ. 行政行爲의 瑕疵

獨立有功者法適用排除決定處分取消訴訟에 있어 先行處分의 違法性 承繼
　　　(金容燮)   3
處分의 瑕疵가 "重大·明白"하여 當然 無效인지 與否에 관한 一 考察
　　　(李起翰)   49

Ⅱ. 取消訴訟의 對象

民間資格의 職務가 辯護士의 職務에 抵觸될 수 있는가?(朴鈗炘)　87

Ⅲ. 地方自治法

職務履行命令의 取消(崔峰碩)　125

Ⅳ. 建築行政法

組合設立推進委員會 設立承認 無效確認(李承訓)　173

Ⅴ. 外國判例 및 外國法制 研究

最近(2013 - 2014) 美國 行政判例의 動向 및 分析 研究(金聲培)　229
最近(2013) 日本 行政判例의 動向 및 分析 研究(咸仁善)　281
2013년 프랑스 行政判例의 動向 研究(吳丞奎)　323
最近(2013) 獨逸 行政判例의 動向 및 分析 研究(桂仁國)　343

Ⅵ. 특집논문: 행정판례연구회 30주년 특별기념논문

行政判例 30年의 回顧와 展望－行政法總論 Ⅰ(朴均省)　375
行政判例의 回顧와 展望－行政節次, 情報公開, 行政調査, 行政의 實效
　　性確保의 分野(金重權)　439
行政判例 30年의 回顧와 展望－行政救濟法: 韓國行政判例의 正體性을
　　찾아서(洪準亨)　487

[第XX-1卷]

Ⅰ. 行政立法

行政立法과 規範統制에 대한 法的 考察(康鉉浩)　3

Ⅱ. 行政行爲의 槪念과 種類

勞動組合設立申告의 申告要件 및 申告要件의 審査方式(朴均省)   65

Ⅲ. 行政行爲의 效力

法律의 違憲決定의 效力과 行政處分의 法的 效果(鄭南哲)   123

Ⅳ. 行政節次 및 情報公開

法解釋을 통한 適法한 行政節次原理의 근거 지움과 規範力(金泰昊)
    159

Ⅴ. 行政爭訟一般

「공공감사에 관한 법률」상의 재심의신청의 법적 성격과 제소기간
    (俞珍式) 201

Ⅵ. 地方自治法

敎育에 關한 國家와 地方自治團體의 權限(崔峰碩)   231

Ⅶ. 租稅行政法

名義受託者의 不動産 任意 處分時 讓渡所得稅의 納稅義務者(金世鉉)
    281

整備事業組合의 租稅法的 性質과 取得稅 課稅問題(成重卓)   321

Ⅷ. 建築行政法

異議申請節次와 提訴期間(姜知恩)   359

[第XX-2卷]

I. 行政法의 基本原理
遡及立法에 의한 公務員年金 給與制限處分의 限界(郭相鉉) 3

II. 行政節次 및 情報公開
情報公開請求權의 濫用 (崔桂暎) 41

III. 行政爭訟一般
取消訴訟에서 계쟁처분의 違法性의 權利侵害牽聯性에 관한 小考
　　(金重權) 83

IV. 損害塡補
豫防接種被害救濟를 위한 因果關係立證要件(鄭夏明) 131

V. 建築行政法
再建築·再開發組合設立과 不動産을 所有한 國家·地方自治團體의 地位
　　(朴玄廷) 163

VI. 憲法裁判
出入國管理法에 따라 "保護된 者"에 대한 拘束適否審制度와 立法形成
　　(裵柄皓) 209

VII. 外國判例 및 外國法制 研究
最近(2014/2015) 美國 行政判例의 動向 및 分析 研究(金聲培) 257
日本의 最近(2014) 行政判例의 動向 및 分析(咸仁善) 311
2014年 프랑스 行政判例의 動向 研究(吳丞奎) 351
國家의 宗教的·倫理的 中立性과 倫理科目 編成 要求權 (桂仁國) 369

[第XXI-1卷]

Ⅰ. 行政行爲의 槪念과 種類

규제에 대한 판결의 새로운 패러다임-건축신고 판례의 예를 중심으
로-(성봉근) 3
公法契約의 解止의 處分性 與否에 관한 小考(金重權) 57

Ⅱ. 損害塡補

公法上 制限을 받는 土地에 대한 損失補償(朴均省) 81

Ⅲ. 地方自治法

부당이득반환청구를 요구하는 주민소송-지방의회의원 의정비 반환
소송에서 조례의 사법심사를 중심으로(김태호) 123

Ⅳ. 經濟行政法

대형마트 영업제한의 법리적 쟁점과 개선방안(성중탁) 157

Ⅴ. 外國判例 및 外國法制研究

국적 보유자와 혼인한 외국인에 대한 입국비자거부처분에 대한 판례
분석-미국 Kerry v. Din 판결을 중심으로-(김성배) 211
日本行政事件訴訟法2004年改正とその影響(角松生史) 255
일본행정사건소송법 2004년 개정과 그 영향(가도마츠 나루후미(角松生
史 저, 유진식 역) 287

Ⅵ. [특별기고] 行政法研究資料

行政法規(鷹松龍種 著/ 鄭夏重 解題/ 俞珍式 飜譯) 317

[第ⅩⅩⅠ-2卷]

Ⅰ.行政行爲의 槪念과 種類

獨立有功者 敍勳取消의 法的 爭點(金容燮)　3

Ⅱ. 損害塡補

食品·醫藥品 領域에서 規制權限不行使로 인한
　國家賠償責任(崔桂暎)　59

Ⅲ. 行政行爲의 類型

競願者關係에서 拒否處分을 다투는 訴訟形態와 訴의 利益(李殷相)　97

Ⅳ. 公物·營造物法

期成會費의 法的 性格(李光潤)　149

Ⅴ. 環境行政法

大規模 開發事業(4大江事業)에 따른 河川工事施行計劃 및 實施計劃承
　認處分의 違法性(裵炳晧)　181

Ⅵ. 租稅行政法

變額保險 特別計定의 保險料 및 運用收益金額 등이 敎育稅法上 收益
　金額에 해당하는지 여부(金世鉉)　219

Ⅶ. 外國判例 및 外國法制 硏究

最近(2015/2016) 美國 行政判例의 動向 및 分析 硏究(金聲培)　259
日本의 最近(2015) 行政判例의 動向 및 分析(咸仁善)　333
2015年 프랑스 行政判例의 動向 硏究(吳丞奎)　381
最近(2015) 獨逸 行政判例의 動向과 分析(桂仁國)　403

[第XXII-1卷]

Ⅰ. 行政法의 基本原理

司法의 機能과 行政判例(朴均省)   3

Ⅱ. 行政節次 및 情報公開

行政調査 및 行政節次의 法的問題(金容燮)   71

Ⅲ. 行政의 實效性確保手段

홈페이지 閉鎖命令에 대한 法의 解釋과 比例의 原則(成奉根)   127

Ⅳ. 取消訴訟의 對象

都市計劃施設決定廢止申請拒否와 計劃變更請求權의 問題(鄭永哲)   183

Ⅴ. 地方自治法

職務履行命令의 適法性과 限界(朴在胤)   221

Ⅵ. 租稅行政法

宗敎團體의 不動産 取得稅 免除要件(尹焌碩)   263

Ⅶ. 憲法裁判

우리나라 矯正施設의 過密收容 問題와 그 解決 方案(成重卓)   291

[第XXII-2卷](第1卷)

행정판례를 통해 본 공익의 행정법적 함의와 기능(박균성)   1
教育判例에서의 公益(李京運)   41
환경행정판결을 통해 본 공익실현의 명(明)과 암(暗)(이은기)   75

도로점용허가와 주민소송(선정원)　125

공공조달계약과 공익 － 계약변경의 한계에 관한 우리나라와 독일법제
　　의 비교를 중심으로 －(김대인)　155

公益訴訟과 行政訴訟(김태호)　195

韓國行政判例研究會의 判例研究의 歷史的 考察(金重權)　231

이행강제금에 관한 농지법 규정의 위헌 여부(琴泰煥)　275

公法人의 處分(李光潤)　311

행정심판제도의 존재이유(독일에서의 행정심판제도 폐지·축소를 위한
　　입법과정과 그를 둘러싼 논의를 중심으로)(崔正一)　337

「부담금관리기본법」을 위반하여 설치된 부담금의 효력(오준근)　383

地方議會 再議決에 對한 提訴指示權者와 提訴權者(裵柄皓)　429

임대아파트의 분양가와 강행법규이론(김종보)　475

親日殘滓淸算과 追認的 法律(李賢修)　501

[第ⅩⅩⅡ-2卷](第2卷)

정보공개법의 적용범위(유진식)　1

公開된 個人情報 處理의 違法性(咸仁善)　31

행정청의 행위기준으로서의 재량준칙에 대한 법적 고찰(康鉉浩)　61

命令·規則 등의 不眞正行政立法不作爲에 대한 法院의 規範統制
　　－특히 獨逸의 規範補充訴訟을 中心으로－(鄭南哲)　111

行政訴訟에서 假處分 規定의 準用(河明鎬)　169

公法上 留止請求權 實現의 法治國家的 課題(金鉉峻)　209

合議制行政機關의 設置와 條例制定權(張暻源)　245

기초 지방의회의 재의결에 대한 제소권자
　　－ 주무부장관의 제소권 인정 여부를 중심으로 －(문상덕)　271

지방자치단체에 대한 감독청의 직권취소의 범위와 한계(조성규)　305

성소수자의 난민인정요건(崔桂暎)   351

出入國管理法上 外國人 保護命令 및 强制退去 規定의 問題點과
　　그 改善方案(成重卓)   389

課稅豫告 通知 누락과 課稅處分의 節次的 違法 여부(金世鉉)   429

미국 연방대법원 판결례에서 본 이중배상금지의 원칙(鄭夏明)   473

장애를 가진 학생에 대한 특수교육과 개별화교육에 관한 판례 검토
　　− 2017년 미국 Endrew사건과 Fry사건을 중심으로(金聲培)   499

[第 XXIII-1卷]

Ⅰ. 行政法의 基本原理

晴潭의 公益論과 公益關聯 行政判例(金裕煥)   3

Ⅱ. 行政의 實效性確保手段

醫療公法(Medical Public Law)의 基礎로서의 (齒科)醫療行爲(安東寅)   35

Ⅲ. 行政爭訟一般

取消判決의 反復禁止效(朴正勳)   75

Ⅳ. 取消訴訟의 對象

處分의 變更申請權과 行政行爲의 再審査(辛尙珉)   111

申請權과 處分性(金致煥)   153

醫療院 閉業方針 發表의 處分性과 取消訴訟의 訴의 利益(申喆淳)   185

Ⅴ. 行政訴訟의 類型

公法上 當事者訴訟에 관한 訴訟實務上 難點과 解決方案(李殷相)   219

Ⅵ. 地方自治法

自治事務의 職權取消에 대한 異議의 訴(崔峰碩)   263

Ⅶ. 環境行政法

民事事件에 있어서 公法的 影響과 判例의 發展方向(成奉根)   309

Ⅷ. 外國判例 및 外國法制 研究

最近(2016-2017) 美國 行政判例의 動向 및 分析 研究(金聲培)   371
日本의 最近(2016) 行政判例의 動向 및 分析(咸仁善)   407
最近(2016) 獨逸 行政判例의 動向과 分析(桂仁國)   439
最近(2017) 프랑스 행정판례의 動向과 檢討(金慧眞)   467

[第 XXⅢ-2 卷]

Ⅰ. 行政法의 基本原理

社會保障分野에서 行政裁判의 意義와 役割(김중권)   3

Ⅱ. 行政行爲의 槪念과 類型

住民登錄番號가 意思와 無關하게 流出된 경우 條理上 住民登錄番號의
    變更을 要求할 申請權의 存否(김창조)   47
公法上 給付請求訴訟으로서 抗告訴訟 및 當事者訴訟(金鉉峻)   93
制裁的 行政處分에 대한 司法審査(김철우)   129

Ⅲ. 損害塡補

災難事故에 있어서 公務員의 義務와 責任(鄭南哲)   169

IV. 公務員法

公務員의 集團的 表現行爲 制限의 正當性
  - 집단행위 해당요건 검토를 중심으로 -(이혜진) 211

V. 環境行政法

공법인의 환경침해에 있어서 책임의 분배와 이해의 조정(강현호) 249

VI. 經濟行政法

公共契約에서 契約金額調整을 排除하는 特約의 效力(林聖勳) 311

VII. 建築行政法

開發行爲許可가 擬制되는 建築許可 拒否處分에 대한 司法審査 基準
  및 審査强度(文重欽) 353
都市 및 住居環境整備法上 賦課金·淸算金 徵收委託과 改善方案
  (張賢哲) 403

[第 XXIV-1 卷]

I. 행정법의 의의 및 기본원리(일반론)

군인의 복종의무와 기본권행사의 충돌에 관한 소고(金重權) 277
신고제와 제3자 보호(朴在胤) 41
社會保障受給權의 財産權的 性格에 관한 憲法的 判斷(鄭南哲) 317

II. 행정의 행위형식

의제된 인·허가의 취소(朴均省) 3
私人에 대한 都市計劃施設事業 施行者 指定處分의 無效 事由와 後行
  處分의 效力(李殷相) 123

위임의 한계를 일탈한 부령의 효력과 사법통제의 방식(정영철)   81

Ⅲ. 국가배상제도

규제권한불행사와 국가배상(유진식)   255

Ⅳ. 항고소송의 대상

대학의 자율성과 국립대학 총장임용제도에서의 사법심사(고소영)   215

Ⅴ. 기타소송

公共葛藤 紛爭解決의 實效性 提高를 위한 課題(성중탁)   169

Ⅵ. 外國判例 및 外國法制 研究

最近(2018) 프랑스 行政判例의 動向과 檢討(朴玄廷)   355
最近(2018) 미국 行政判例의 動向과 分析(김재선)   395

[第XXV-2卷]

Ⅰ. 行政行爲의 槪念과 種類

요청조달계약과 입찰참가자격제한처분 권한(朴正勳)   3

Ⅱ. 行政行爲의 槪念과 種類

신고의 본질에 대한 법적 고찰(강현호)   39

Ⅲ. 行政行爲의 瑕疵

入國禁止決定과 査證發給 拒否處分의 違法性 判斷(鄭南哲)   91

Ⅳ. 行政節次 및 情報公開

辯護士의 助力權을 制限한 行政節次의 違法性(辛尙珉)   125

Ⅴ. 行政爭訟一般

결혼이민사증발급거부에 대한 외국인배우자의 원고적격(김성배)   171

Ⅵ. 取消訴訟의 對象

판결에 의한 교원소청심사위원회 결정의 취소와 재처분의무
    (김병기)   251
산재보험의 사업종류변경, 보험료 부과 및 납입고지의 처분성
    (최진수)   309

Ⅶ. 行政訴訟에 있어서의 訴의 利益

공사완료 후에 제기한 건축허가취소소송의 권리보호의 필요성의
    문제점(金重權)   337

Ⅷ. 損害塡補

도시계획과 수용토지의 보상(박건우)   361

Ⅸ. 地方自治法

수익적 조례에 관한 법적 고찰(선정원)   411

Ⅹ. 憲法裁判

決定 基準을 委任하는 施行令 및 隨意契約 排除事由를 規定한 例規의
    憲法訴願 對象性(裵柄皓)   447
행정법규의 헌법합치적 법률해석(허이훈)   479

Ⅺ. 外國判例 및 外國法制 研究

역수용 소송의 주법원소송요건에 관한 미국연방대법원 판결례
    (鄭夏明)   517

유럽연합의 위임입법에 대한 일고찰(이재훈)　545
最近(2018) 獨逸 行政判例 動向과 分析(계인국)　581

[第XXV-1卷]

Ⅰ. 行政法의 基本原理
사회적 공공성 개념과 쟁송취소에서의 신뢰보호(김유환)　3

Ⅱ. 行政行爲의 槪念과 種類
국토계획법상 실시계획인가의 법적 성질 및 사법통제의 방법과 한계
　　(김용섭)　41

Ⅲ. 行政行爲의 瑕疵
無形文化財(人間文化財) 保有者의 認定 解除處分의 法理에 關한 研究
　　(한견우)　109

Ⅳ. 行政節次 및 情報公開
행정절차법상 처분기준과 이유제시(유진식)　167

Ⅴ. 行政爭訟一般
병역의무기피자인적사항의 공개의 법적 성질의 문제점(金重權)　209

Ⅵ. 取消訴訟의 對象
근로복지공단에 의한 사업종류 변경결정의 처분성(장윤영)　241

Ⅶ. 憲法裁判
國家公務員의 政治團體 參加禁止條項에 대한 違憲決定과 그 羈束力의
　　範圍(鄭南哲)　271

국제회의로 인한 일시적 집회제한조항의 위헌성 판단기준에 대한 비
    교법적 연구(徐輔國)   299
출입국 외국인(난민)의 기본권 보장범위에 관한 헌재 결정 및 관련 법
    제에 대한 검토와 그 개선방안(성중탁)   337

Ⅷ. 外國判例 및 外國法制 研究

最近(2019) 미국 行政判例의 動向과 分析(김재선)   385
最近(2019) 프랑스 行政判例의 動向과 檢討(朴祐慶)   425

主題別 總目次(行政判例研究 Ⅰ ~ XXV-1)

行政法의 基本原理

信賴保護에 관한 行政判例의 最近動向(金道昶)　Ⅲ-45

不可變力, 信賴保護, 그리고 行政上 二重危險의 禁止(洪準亨)　Ⅴ-33

判例에 있어서의 公益(崔松和)　Ⅵ-3

土地形質變更許可와 信賴保護原則(金光洙)　Ⅵ-29

法令改正과 信賴保護原則(金炳圻)　XⅣ-3

行政上 法律關係에 있어서의 消滅時效의 援用과 信義誠實의 原則
　(金義煥)　XⅣ-2-3

公法上 不當利得返還請求權의 獨自性(鄭夏重)　XⅤ-1-3

法令의 改正과 信賴保護原則(安東寅)　XⅥ-1-3

遡及立法에 의한 公務員年金 給與制限處分의 限界(郭相鉉)　XX-2-3

司法의 機能과 行政判例(朴均省)　XXⅡ-1-3

晴潭의 公益論과 公益關聯 行政判例(金裕煥)　XXⅢ-1-3

社會保障分野에서 行政裁判의 意義와 役割(김중권)　XXⅢ-2-3

요청조달계약과 입찰참가자격제한처분 권한(朴正勳)　XXⅣ-2-3

사회적 공공성 개념과 쟁송취소에서의 신뢰보호(김유환)　XXⅤ-1-3

個人的 公權

主觀的公權과 基本權(金性洙)　Ⅱ-7

結果除去請求權, 行政介入請求權(洪準亨)　Ⅱ-23

프랑스 行政法上 公法人의 財産에 대한 押留不可原則(卞海喆) Ⅱ-55
日本에 있어서 家永敎科書檢定第一次訴訟의 諸判決(卞在玉) Ⅲ-27

行政立法

行政規則의 法規性 認定與否(崔世英) Ⅰ-15
프랑스 行政判例上 行政規則의 性質(韓堅愚) Ⅰ-23
遡及立法에 관한 小考(黃祐呂) Ⅱ-65
訓令(行政規則)과 部令의 效力(金道昶) Ⅱ-77
法規範具體化行政規則의 法的性質 및 效力(崔正一) Ⅱ-83
行政規則에 의한 行政上 立法行爲(高永訓) Ⅲ-57
訓令(개발제한구역관리규정)의 法的 性質(金南辰) Ⅴ-3
農地轉用에 관한 委任命令의 限界(崔光律) Ⅶ-3
裁量準則의 法的 性格(康鉉浩) Ⅶ-25
施行規則의 法的 性質과 附隨的 統制의 實效性强化(宣正源) Ⅷ-3
法規命令의 處分性(鄭成太) Ⅹ-3
行政規則의 違法事例 및 對策(朴 仁) Ⅻ-3
判例를 中心으로 본 法令補充的 行政規則의 法的 性質(林永浩) Ⅻ-35
民主的 法治國家에서 議會와 行政의 共管的 法定立에 따른
    法制處의 役割에 관한 小考(金重權) Ⅻ-58
法令補充的 性格의 行政規則의 整備方向과 委任事項의 限界(鄭南哲)
    Ⅻ-96
法令의 改正과 信賴保護의 原則(朴榮萬) ⅩⅢ-3
制裁的 處分基準의 性格과 制裁機關의 經過 後의 訴의 利益
    (李光潤) ⅩⅢ-29
宅地開發業務處理指針 違反과 營業所 閉鎖命令의 適法性 - 行政規
    則의 對外的 拘束力을 中心으로- (金容燮) ⅩⅣ-43
裁量處分(裁量行爲)의 基準을 정하고 있는 部令의 考察(金東熙)

ⅩⅤ－2－103

國家의 基本權保護義務와 告示를 對象으로 한 不服方法: 미국산
　　쇠고기 등 수입위생조건 위헌확인사건 평석(權殷玟)   Ⅹ－2－129

委任立法의 限界와 行政立法에 대한 司法審査(成智鏞)   ⅩⅥ－1－45

行政立法과 規範統制에 대한 法的 考察(康鉉浩) ⅩⅩ－1－3

위임의 한계를 일탈한 부령의 효력과 사법통제의 방식(정영철)
　　ⅩⅩⅣ－1－81

行政行爲의 槪念과 種類

交通標示板의 法的 性格 ― 法規命令과 行政行爲의 限界設定(鄭夏重)
　　Ⅳ－3

複合民願과 認·許可擬制(宣正源)   Ⅵ－98

廢棄物處理業 許可權者가 한 '不適正通報'의 法的 性質(권은민)
　　Ⅶ－127

判例上의 羈束裁量에 관한 一考(金東熙)   Ⅷ－41

이른바 "受理를 요하는 申告"의 問題點에 관한 小考(金重權)   Ⅷ－63

軍事施設保護區域設定行爲의 法的 性格(朴榮萬)   Ⅸ－3

國土利用計劃變更申請權의 例外的 認定의 問題點에 관한 小考
　　(金重權)   Ⅹ－21

敎授再任用에 관한 大法院判例의 變更과 그 意義(李京運)   Ⅹ－61

違憲法律規定에 의해 當然退職한 者에 대한 任用申請拒否의 處分性
　　(曺媛卿)   Ⅹ－92

開發制限區域內 行爲許可 期間延長과 裁量行爲 判斷基準에 관한
　　爭點 檢討(吳峻根)   ⅩⅠ－117

私權形成的 行政行爲와 그 廢止의 問題點에 관한 小考(金重權)
　　ⅩⅠ－151

建築許可의 法的 性質에 대한 判例의 檢討(金南澈)   ⅩⅢ－67

認·許可 擬制의 法的 效果에 관한 立法現況(鄭準鉉)　XV－2－3

判例·解釋例 및 行政審判裁決例에 비추어 본 韓國에서의 認·許可擬
　　制制度와 獨逸에서의 行政計劃決定의 集中效制度에 관한 小稿
　　(崔正一)　XV－2－37

원스탑 서비스제와 認許可擬制의 立法的 改革과 發展方向(宣正源)
　　XV－2－69

講義全擔敎授 再任用拒否處分의 處分性(金敵昨)　XV－2－189

住民登錄 轉入申告 受理 與否에 대한 審査範圍와 對象(朴海植)
　　XV－2－227

納骨堂設置申告 受理拒否의 法的 性質 및 適法性 判斷(朴均省)
　　XVI－1－107

豫備認可(內認可)處分 및 豫備認可拒否處分의 法的 性質,
　　競願者訴訟에서의 原告適格·除斥事由, 事情判決의 違憲性
　　問題(崔正一)　XVI－1－187

行爲開始統制手段으로서의 建築申告에 대한 考察(康鉉浩)　X－2－3

遠隔平生敎育施設 申告 및 그 受理拒否(金容燮)　XVII－2－51

勞動組合設立申告의 申告要件 및 申告要件의 審査方式(朴均省)
　　XX－1－65

規制에 대한 判決의 새로운 패러다임－建築申告 判例의 例를 中心으로
　　－ (成奉根)　XXI－1－3

公法契約의 解止의 處分性 與否에 관한 小考 (金重權)　XXI－1－57

獨立有功者 敍勳取消의 法的 爭點(金容燮)　XXI－2－3

住民登錄番號가 意思와 無關하게 流出된 경우 條理上 住民登錄番號의
　　變更을 要求할 申請權의 存否(김창조)　XXIII－2－47

公法上 給付請求訴訟으로서 抗告訴訟 및 當事者訴訟(金鉉峻)
　　XXIII－2－93

制裁的 行政處分에 대한 司法審査(김철우)　XXIII－2－129

의제된 인·허가의 취소(朴均省) XXIV-1-13

신고제와 제3자 보호(朴在胤) XXIV-1-41

신고의 본질에 대한 법적 고찰(강현호) XXIV-2-39

국토계획법상 실시계획인가의 법적 성질 및 사법통제의 방법과 한계
    (김용섭) XXV-1-41

行政行爲의 附款

公有水面 埋立에 따른 不動産 所有權 國家歸屬의 無效確認을
    求하는 訴(李相敦) I-55

酒類販賣業 免許處分撤回의 根據와 撤回權留保의 限界(金鐵容)
    I-69

交涉·合意에 의한 附款의 效力(金南辰) II-107

建築變更許可와 附款(康鉉浩) V-17

이른바 條件存續期間인 期限(李京運) XIV-II-53

整備基盤施設에 대한 有償買入附款의 公定力과 限界(金鐘甫)
    XIV-2-89

出入國管理法上 難民認定行爲의 法的 性格과 難民認定要件(林宰洪)
    XV-1-36

不當結付禁止의 原則과 附款(金容燮) XV-2-271

法的인 根據가 없음에도 公行政을 正當化하는 行政判例에 대한 批
    判的 檢討(행정행위의 부관과 수익적 행정행위의 철회에 대한
    논의를 중심으로)(金容燮) XVII-1-3

裁量과 判斷餘地에 대한 司法審査(崔善雄) XVIII-2-3

行政行爲의 類型

競願者關係에서 拒否處分을 다투는 訴訟形態와 訴의 利益(李殷相)
    XXI-2-97

公法上 當事者訴訟에 관한 訴訟實務上 難點과 解決方案(李殷相)
    XXⅢ-1-219

行政行爲의 效力

住宅建設事業計劃 事前決定의 拘束力(李京運) Ⅵ-75
營業讓渡와 制裁處分上의 地位承繼(李賢修) Ⅹ-139
法律의 違憲決定의 效力과 行政處分의 法的 效果(鄭南哲)
    XX-1-123

行政行爲의 瑕疵

行政行爲의 瑕疵의 治癒(李康國) Ⅲ-91
申告納 方式의 租稅에 있어서의 重大하고 明白한 瑕疵의 判斷基準
    (盧永錄) Ⅳ-16
違憲決定과 行政處分의 效力(裵輔允) Ⅳ-81
建築許可處分과 裁量(金東熙) Ⅴ-17
違憲法律에 根據한 行政處分의 效力 ― 判例理論의 重大明白說 理解
    에 대한 批判과 代案(金裕煥) Ⅴ-68
違憲法律에 근거한 處分에 대한 執行力 許容 與否(李東洽) Ⅵ-55
大法院 判例上의 裁量行爲 ― 羈束行爲와 裁量行爲의 區分과 그에
    대한 司法審査方式을 中心으로(金東建) Ⅶ-49
平生教育施設 設置者 地位承繼와 設置者變更 申請書 返戾處分의
    適法 與否(洪準亨) Ⅷ-93
行政處分의 根據 및 理由提示의 程度(曺海鉉) Ⅷ-123
瑕疵承繼論의 몇 가지 爭點에 관한 檢討(宣正源) Ⅹ-170
事前通知의 對象과 欠缺의 效果(尹炯漢) Ⅹ-213
基本行爲인 營業權 讓渡契約이 無效라고 주장하는 경우에 行政廳이

한 變更申告受理處分에 대한 不服方法 등(권은민)　XI－184

行政行爲 瑕疵承繼와 先決問題(申東昇)　XIV－101

瑕疵 있는 公賣通知가 公賣處分에 미치는 影響(林永浩)

　　XIV－2－123

民間投資事業者指定의 節次法的 問題點(金重權)　XVI－1－149

개인택시운송사업면허 양도시 瑕疵承繼의 可否와 信賴保護 등

　　(鄭準鉉)　XVI－2－3

過徵金賦課處分의 裁量權 逸脫·濫用(崔峰碩)　XVI－2－41

臨時理事의 法的 地位(金光洙)　XVI－2－75

合憲的 執行法律에 根據한 押留處分의 違憲的 結果에 대한 權利救

　　濟의 直接根據로서 憲法 제107조 제2항(徐輔國)　XVIII－1－3

運轉免許 取消事由 中 運轉者에 關한 事由(崔栢律)　XVIII－1－29

大統領의 韓國放送公社 社長 解任事件을 통하여 본 法令의 解釋方

　　法과 節次的 司法統制(金東國)　XVIII－1－53

所得金額變動通知와 瑕疵의 承繼, 判例變更에 따른 信賴性 保護 問題

　　(金世鉉)　XIX－1－3

獨立有功者法適用排除決定處分取消訴訟에 있어 先行處分의 違法性

　　承繼(金容燮)　XIX－2－3

處分의 瑕疵가 "重大·明白"하여 當然 無效인지 與否에 관한 一 考察

　　(李起翰)　IX－2－49

私人에 대한 都市計劃施設事業 施行者 指定處分의 無效 事由와 後行

　　處分의 效力(李殷相)　XXIV－1－123

入國禁止決定과 査證發給 拒否處分의 違法性 判斷(鄭南哲)

　　XXIV－2－91

無形文化財(人間文化財) 保有者의 認定 解除處分의 法理에 關한 研究

　　(한견우) XXV－1－109

行政行爲의 職權取消·撤回

國産新技術製品 保護決定處分 一部取消(朴松圭) Ⅰ-79

建築許可의 取消(金東建) Ⅱ-143

行政行爲의 撤回權의 制限(盧永錄) Ⅱ-149

運轉免許取消·停止處分의 法的 性質 및 그 限界(金容燮) Ⅳ-55

行政行爲 取消의 取消(柳至泰) Ⅸ-65

受益的 行政行爲의 撤回의 法的 性質과 撤回 事由(金炳圻) Ⅸ-86

瑕疵 있는 授益的 行政處分의 職權取消(金泰昊) ⅩⅤ-1-73

行政計劃

都市計劃과 行政拒否處分(李鴻薰)

都市計劃決定의 法的 性質(石琮顯)

都市計劃變更請求權의 成立要件(金海龍) Ⅳ-105

衡量瑕疵 있는 行政計劃에 대한 司法審査(辛奉起) Ⅴ-107

行政計劃에 대한 司法統制 法理(金海龍) Ⅹ-308

韓國 行政判例에 있어서 衡量瑕疵論의 導入과 評價(申奉起)
   ⅩⅢ-107

計劃變更請求權과 計劃變更申請權(洪準亨) ⅩⅦ-1-53

公共葛藤 紛爭解決의 實效性 提高를 위한 課題(성중탁) ⅩⅩⅣ-1-169

行政節次 및 情報公開

部令이 정한 廳聞을 缺한 處分의 效力(金南辰) Ⅰ-87

美國 聯邦情報公開法에 관한 若干의 考察(趙慶根) Ⅰ-103

行政處分의 理由附記義務(崔松和) Ⅲ-67

行政節次法의 槪要 — 施行에 즈음하여(金鐵容) Ⅳ-119

「聽聞」 實施 要件(吳峻根) Ⅳ-129

多段階行政節次에 있어서 事前決定과 部分許可의 意味(鄭夏重)
　　V － 135
情報公開請求權의 憲法的 根據와 그 制限(慶健)　V － 159
行政節次法 施行 이후의 行政節次關聯 行政判例의 動向에 관한
　　몇 가지 分析(吳峻根)　Ⅶ － 81
會議錄과 情報公開法上 非公開對象情報(裵柄晧)　Ⅷ － 147
情報公開制度上의 非公開事由와 本人公開請求(金敞祚)　Ⅷ － 168
學校法人任員就任承認取消處分과 行政節次法(金鐵容)　Ⅸ － 33
行政書類의 外國으로의 送達(金秀珍)　XIII － 155
關係機關과의 協議를 거치지 아니한 條例의 效力(慶健)　XIII － 186
情報公開法上 非公開事由(兪珍式)　XVII － 2 － 113
情報公開法上 非公開事由로서 法人 等의 經營·營業上 秘密에 관한
　　事項(金敞祚)　XVII － 2 － 143
情報公開 拒否決定과 處分事由의 追加·變更 (鄭南哲)　XVIII － 1 － 89
情報公開法上 非公開事由인 個人情報의 意味와 範圍(慶健)
　　XVIII － 2 － 41
情報公開拒否處分取消(兪珍式)　XIX－1－47
情報公開法의 非公開事由로서 '進行中인 裁判에 關聯된 情報'(金泰昊)
　　XIX－1－79
法解釋을 통한 適法한 行政節次原理의 근거 지움과 規範力(金泰昊)
　　XX － 1 － 159
行政調査 및 行政節次의 法的問題(金容燮)　XXII－1－71
辯護士의 助力權을 制限한 行政節次의 違法性(辛尙珉)　XXIV－2－125
행정절차법상 처분기준과 이유제시(유진식)　XXV－1－167

行政의 實效性確保手段

行政法規違反行爲의 私法的 效力(徐元于)　Ⅷ － 193

行政上 卽時强制의 統制 ─ 비례원칙, 영장주의, 적법절차의 원칙과
    관련하여(朴均省) XI-217
選擧法 違反과 法的 制裁(金光洙) XI-243
過徵金의 法的 性質 및 賦課基準(趙成奎) XIV-141
法人에 대한 兩罰規定의 違憲 與否(河明鎬) XIV-2-151
建築法 違反과 履行强制金(朴玄廷) XVII-1-95
滯納者 出國禁止處分의 要件과 裁量統制(李相惠) XIX-1-107
홈페이지 閉鎖命令에 대한 法의 解釋과 比例의 原則(成奉根)
    XXII-1-107
醫療公法(Medical Public Law)의 基礎로서의 (齒科)醫療行爲(安東寅)
    XXIII-1-35

行政爭訟一般

行政上의 義務履行을 貫徹시키기 위한 訴訟(洪準亨) II-171
環境技術關係 行政決定에 대한 司法的統制(金海龍) II-193
새 行政爭訟制度 10年과 憲法裁判 7年의 回顧(金道昶) III-7
修正裁決의 被告適格(徐元宇) III-139
取消判決(裁決)의 遡及效(趙憲銖) III-151
競爭者訴訟의 原告適格과 判斷餘地의 限界(洪準亨) III-157
行政法院 出帆의 意義와 行政法院의 課題(洪準亨) IV-163
環境行政訴訟과 地域住民의 原告適格(金東建) V-183
自動車運輸事業免許處分에 있어서 競業, 競願의 範圍(俞珍式)
    V-217
羈束力의 範圍로서의 處分事由의 同一(石鎬哲) V-258
還買權 訴訟의 管轄問題(裴柄皓) V-290
韓國의 行政訴訟法 改正과 向後方向(崔松和) VIII-432
取消判決의 旣判力과 羈束力(朴正勳) IX-135

拒否處分取消判決의 羈束力과 間接强制(朴均省) Ⅸ－236

行政訴訟法上의 間接强制決定에 기한 賠償金의 性質(朴海植)

　　Ⅸ－257

再調査決定의 法的 性格과 提訴期間의 起算點(姜錫勳) Ⅹ－2－105

拒否處分 取消判決의 羈束力 (張暻源) ⅩⅧ－1－159

「공공감사에 관한 법률」상의 재심의신청의 법적 성격과 제소기간

　　(俞珍式) ⅩⅩ－1－201

情報公開請求權의 濫用(崔桂暎) ⅩⅩ－2－41

取消訴訟에서 계쟁처분의 違法性의 權利侵害牽聯性에 관한 小考

　　(金重權) ⅩⅩ－2－83

取消判決의 反復禁止效(朴正勳) ⅩⅩⅢ－1－75

대학의 자율성과 국립대학 총장임용제도에서의 사법심사(고소영)

　　ⅩⅩⅣ－1－215

결혼이민사증발급거부에 대한 외국인배우자의 원고적격(김성배)

　　ⅩⅩⅣ－2－171

병역의무기피자인적사항의 공개의 법적 성질의 문제점(金重權)

　　ⅩⅩⅤ－1－209

取消訴訟의 對象

入札參加資格 制限行爲의 法的 性質(李尚圭) Ⅰ－127

租稅賦課處分에 있어서 當初處分과 更正處分의 法律關係(金時秀)

　　Ⅰ－133

國稅還給拒否決定의 法的性質(趙憲銖) Ⅰ－141

私立學校 敎員에 대한 懲戒處分과 行政訴訟 — 公·私法關係의 區別

　　(梁承斗) Ⅳ－232

檢查의 刑事記錄 閱覽·謄寫 拒否處分에 관하여(李東洽) Ⅳ－243

公務員 轉補發令의 處分性(李京運) Ⅳ－277

建築物臺帳 職權訂正行爲의 處分性(趙憲銖) Ⅳ-296
形式的 拒否處分에 대한 取消訴訟에 있어서의 審理範圍(金裕煥)
    Ⅳ-303
公賣決定·通知의 處分性 및 訴訟上 問題點(권은민) Ⅴ-226
附款에 대한 行政訴訟(鄭夏重) Ⅵ-147
軍事施設保護法上의 協議와 抗告訴訟(朴榮萬) Ⅵ-175
行政訴訟에 있어 建築主와 隣近住民의 利益의 衝突과 그 調和
    (白潤基) Ⅶ-165
處分事由의 追加·變更과 行政行爲의 轉換 ― 制裁撤回와 公益上
    撤回(朴正勳) Ⅶ-196
公簿變更 및 그 拒絶行爲의 處分性(宣正源) Ⅶ-275
裁決의 內容에 대한 取消訴訟(金香基) Ⅹ-275
財政經濟部令에 의한 덤핑防止關稅賦課措置의 處分性 再論 ― 機能
    的 觀點에서(權純一) Ⅻ-187
取消訴訟의 對象(金敞祚) ⅩⅢ-309
情報通信部長官의 衛星網 國際登錄申請이 抗告訴訟의 對象이 되는
    行政處分에 該當하는지 與否(趙允熙) ⅩⅣ-229
韓國馬事會의 調敎師 및 騎手의 免許 附與 또는 取消의 處分性
    (金連泰) ⅩⅤ-1-111
稅務調査 決定通知의 處分性(李東植) ⅩⅦ-1-143
租稅還給金 充當通知의 處分性에 관한 硏究(金英順·徐大源)
    ⅩⅦ-1-183
自進申告者等에 대한 減免不認定通知의 處分性에 관한 法的 爭點
    (朴海植·李承玟) ⅩⅧ-1-127
里長에 대한 免職處分의 法的 性格(金裕煥) ⅩⅧ-2-89
土地臺帳의 職權抹消 및 記載事項 變更拒否의 處分性(安東寅)
    ⅩⅨ-1-173

增額更正處分의 取消를 구하는 抗告訴訟에서 納稅義務者가 다툴 수
     있는 不服事由의 範圍(河泰興)   XIX-1-219
民間資格의 職務가 辯護士의 職務에 抵觸될 수 있는가?(朴鈗炘)
     XIX-2-87
都市計劃施設決定廢止申請拒否와 計劃變更請求權의 問題(鄭永哲)
     XXII-1-183
處分의 變更申請權과 行政行爲의 再審査(辛尙珉)   XXIII-1-111
申請權과 處分性(金致煥)   XXIII-1-153
醫療院 閉業方針 發表의 處分性과 取消訴訟의 訴의 利益(申喆淳)
     XXIII-1-185
근로복지공단에 의한 사업종류 변경결정의 처분성(장윤영) XXV-1-241

行政訴訟에 있어서의 訴의 利益

行政訴訟에 있어서의 訴의 利益의 問題(李相赫)   I -153
取消訴訟에 있어서의 訴의 利益(梁承斗)   I -163
運轉免許停止期間 徒過後의 取消訴訟과 訴의 利益(金完燮)   I -179
西獨에 있어서 行政法上 隣人保護에 관한 判例의 最近動向(張台柱)
     I -187
原處分主義와 被告適格(徐元宇)   II -207
制裁的 行政處分의 制裁期間 經過 後의 訴의 利益(徐元宇)   IV -209
採石許可期間의 滿了와 採石許可取消處分에 대한 訴의 利益(林永浩)
     XII -206
處分으로서의 告示와 原告適格(李宣憙)   XIII -341
環境司法액세스권과 行政訴訟法 第12條의 '法律上 利益'의 解釋
     (金鉉峻)   XIV -275
行政訴訟法 第12條 後文의 解釋과 保護範圍(鄭南哲)   XIV -307
공사완료 후에 제기한 건축허가취소소송의 권리보호의 필요성의

문제점(金重權)   XXIV-2-337

行政訴訟의 審理

行政訴訟의 行政行爲 根據變更에 관한 大法院 判例分析(柳至泰)
　　Ⅱ-125
行政訴訟에서의 訴의 變更과 새로운 訴의 提訴期間(安哲相)   XI-271
行政訴訟에서의 職權審理主義의 意味와 範圍(徐泰煥)   XVIII-2-123
판결에 의한 교원소청심사위원회 결정의 취소와 재처분의무(김병기)
　　XXIV-2-251
산재보험의 사업종류변경, 보험료 부과 및 납입고지의 처분성
　　(최진수)   XXIV-2-309

行政訴訟과 假救濟

執行停止의 要件과 本案理由와의 關係(崔光律)   Ⅰ-195
不合格處分에 대한 效力停止決定에 대한 考察(白潤基)   VIII-279
課徵金賦課處分에 대한 執行停止決定의 效力(金連泰)   X-370

行政訴訟의 類型

豫防的不作爲訴訟의 許容性 與否(金鐵容)   Ⅱ-225
敎員任用義務不履行 違法確認訴訟(金東熙)   Ⅱ-233
無效確認을 구하는 意味에서의 課稅取消訴訟의 提起와 還給金請求權
　　의 時效(徐廷友)   Ⅲ-121
無名抗告訴訟의 可否(金香基)   Ⅲ-193
機關訴訟의 性質 ― 地方自治法 第159條 第6項에 의한 訴訟(李光潤)
　　Ⅳ-323
公衆保健醫師 採用契約 解止에 대한 爭訟(趙龍鎬)   Ⅳ-338
當事者訴訟의 對象(白潤基)   Ⅳ-350

機關訴訟의 主文의 形式(辛奉起)　Ⅳ-368

獨逸과 오스트리아의 不作爲訴訟에 관한 考察(宣正源)　Ⅳ-385

原子爐設置許可 無效確認訴訟의 本案審理(金敏祚)　Ⅹ-346

民主化運動關聯者名譽回復및補償等에관한法律에 기한 行政訴訟의
　　形態(曺海鉉)　Ⅺ-315

不作爲違法 確認訴訟에 관한 몇 가지 問題(蔣尙均)　ⅩⅤ-2-317

命令·規則에 대한 行政訴訟法的 規範統制의 憲法的 限界
　　(徐輔國)　ⅩⅥ-2-149

不作爲違法確認訴訟의 提訴期間(鄭南哲)　ⅩⅦ-1-229

再開發組合設立認可 등에 관한 訴訟方法(裵柄晧)　ⅩⅦ-1-271

公法上 當事者訴訟의 發展과 課題(鄭南哲)　ⅩⅨ-1-277

損害塡補

國家賠償에 있어서의 國家의 公務員에 대한 求償權(朴均省)　Ⅱ-243

基準地價가 告示된 地域에 있어서 收用補償額算定基準에 관한 判例
　　動向(石琮顯)　Ⅱ-263

國家賠償法 第5條의 營造物의 設置, 管理에 있어서 瑕疵의 意味와
　　賠償責任의 性格(鄭夏重)　Ⅲ-205

公務員 個人의 不法行爲責任(金鐵容)　Ⅲ-221

土地利用規制와 最高裁判所判決(小高剛)　Ⅲ-233

日本 長良川 安八水害賠償訴訟(金敏祚)　Ⅲ-249

公務員이 職務執行中 不法行爲로 他人에게 損害를 입힌 境遇, 公務
　　員의 個人責任 成立與否(金東熙)　Ⅳ-443

道路公害와 道路의 設置·管理者의 賠償責任(金敏祚)　Ⅳ-458

職務와 관련된 不法行爲에 있어 公務員 個人의 責任(金珉昊)
　　Ⅴ-309

河川管理責任(金敏祚)　Ⅴ-333

國家賠償法 第5條 第1項의 公共의 영조물의 設置·管理上의 瑕疵
　　의 意味 및 그 判斷基準 — 도로통행자의 경우(李光潤)　V－356
國家賠償法 제2조 제1항 단서에 대한 憲法裁判所의 限定違憲決定
　　및 그 羈束力을 부인한 大法院 判例에 대한 評釋(朴鈗炘)
　　Ⅶ－119
國家賠償에 있어서의 違法性과 過失의 一元化(徐廷範)　Ⅶ－146
公用地下使用과 間接損失補償(李鴻薰)　Ⅷ－221
公文書管理의 잘못과 國家賠償責任(慶 健)　Ⅷ－251
營內 毆打·苛酷行爲로 인한 自殺에 대한 賠償과 補償(林聖勳)
　　Ⅹ－233
改正河川法 附則 第2條 等에 의한 損失補償請求와 當事者訴訟
　　(裵炳皓)　ⅩⅡ－227
暴雪로 인한 高速道路 孤立事故에서의 管理上 瑕疵의 判斷基準
　　(黃彰根)　ⅩⅢ－219
土地收用에 따른 損失補償額 算定의 具體的 方法
　　(金熙喆)　ⅩⅢ－257
職務上 義務違反으로 인한 國家賠償責任(朴均省)　ⅩⅣ－197
國會의 立法行爲 또는 立法不作爲로 인한 國家賠償責任(徐基錫)
　　ⅩⅣ－Ⅱ－203
公務受託者의 法的 地位와 損害賠償責任(朴均省)　ⅩⅤ－1－151
行政代執行과 國家賠償責任(鄭南哲)　ⅩⅤ－1－189
收用裁決과 憲法上 政敎分離原則(金聲培)　ⅩⅤ－1－223
民間企業에 의한 收用(崔桂暎)　ⅩⅥ－1－225
規制權限 不行使에 의한 國家賠償責任의 構造와 違法性
　　判斷基準(金鉉峻)　ⅩⅥ－1－271
公益事業 生活對策의 意味와 正當補償原理(許康茂)　ⅩⅦ－2－189
徵發買受財産의 還買權(崔瑨修)　ⅩⅦ－2－227

自殺한 軍人에 대한 國家의 責任 (金聲培)　XVIII－1－187

處分의 取消判決과 國家賠償責任 (崔桂暎)　XVIII－1－261

國家賠償請求權의 消滅時效 (裵柄皓)　XVIII－2－175

豫防接種被害救濟를 위한 因果關係立證要件(鄭夏明)　XX－2－131

公法上 制限을 받는 土地에 대한 損失補償(朴均省)　XXI－1－81

食品·醫藥品 領域에서 規制權限不行使로 인한 國家賠償責任(崔桂暎)
　　XXI－2－59

災難事故에 있어서 公務員의 義務와 責任(鄭南哲)　XXIII－2－169

규제권한불행사와 국가배상(유진식)　XXIV－1－255

도시계획과 수용토지의 보상(박건우)　XXIV－2－361

行政組織法

行政權限의 委任, 再委任(朴圭河)　I －207

公務員法

公務員의 스트라이크와 類似한 方法의 團體行動의 違法性(金善旭)
　　I －219

프랑스 公務員法上의 公務員과 勞動組合(韓堅愚)　II －277

任用缺格과 退職給與 — 공무원퇴직급여환수처분취소(尹炯漢)
　　V －373

契約職公務員에 대한 報酬削減措置의 法的 性質(安哲相)
　　XIV － II － 235

人事交流計劃이 결여된 轉出決定(命令)의 效力에 관한 小考(金重權)
　　XV－1－273

公務員의 集團的 表現行爲 制限의 正當性
　　－ 집단행위 해당요건 검토를 중심으로 －(이혜진)　XXIII－2－211

地方自治法

地方自治團體에 대한 國家의 承認(李琦雨)   Ⅱ－291
地方自治法 第98條, 第159條에 의한 訴訟(白潤基)   Ⅲ－263
條例의 無效와 그 條例에 根據한 行政處分의 當然無效 與否(吳振煥)
       Ⅲ－305
옴부즈만條例案 再議決 無效確認判例의 問題(金善旭)   Ⅳ－481
行政審判法 第37條 第2項에 의한 自治權侵害의 可能性 — 성남시와
       경기도간의 權限爭議事件을 중심으로(金南澈)   Ⅴ－405
廣域自治團體와 基礎地方自治團體의 性格(李光潤)   Ⅸ－303
直接民主主義와 條例制定權의 限界(조성규)   Ⅺ－347
自治事務에 대한 國家等 監督權의 範圍와 限界(金光洙)   ⅩⅢ－387
條例制定權의 對象 및 規律範圍(鄭南哲)   ⅩⅢ－420
國家機關의 地方自治團體에 대한 監督·監査 權限(金南澈)
       ⅩⅤ－1－303
合議制 行政機關의 設置에 관한 條例 制定의 許容 與否(金秀珍)
       ⅩⅤ－2－357
條例制定權의 範圍와 限界(張暻源)   ⅩⅥ －1－309
地方自治團體 自治監査의 範圍와 限界(朴在胤)   ⅩⅦ－1－327
住民訴訟의 對象(金致煥)   ⅩⅧ－1－303
地方自治團體의 區域管轄決定의 諸問題에 關한 小考(金重權)
       ⅩⅨ－1－359
職務履行命令의 取消(崔峰碩)   ⅩⅨ－2－125
教育에 關한 國家와 地方自治團體의 權限(崔峰碩) ⅩⅩ－1－231
不當利得返還請求를 要求하는 住民訴訟－地方議會議員 議定費 返還
       訴訟에서 條例의 司法審査를 中心으로(金泰昊) ⅩⅪ－1－123
職務履行命令의 適法性과 限界(朴在胤)   ⅩⅫ－1－221

自治事務의 職權取消에 대한 異議의 訴(崔峰碩) XXIII-1-263
수익적 조례에 관한 법적 고찰(선정원) XXIV-2-411

秩序行政法

北韓國籍 住民에 대한 强制退去命令의 適法性(裵柄皓) IV-505
南北交流協力과 統一에 관한 法的 問題(裵輔允) V-435
警察權 發動의 限界와 基本權(成承桓) XVII-2-267

公物·營造物法

營造物行爲의 法的 性格에 관한 Interfrost 會社 對 F.I.O.M 事件
    (李光潤) I-239
道路가 行政財産이 되기 위한 要件 및 雜種財産에 대한 時效取得
    (李光潤) VI-222
二輪自動車에 대한 高速道路 등 通行禁止의 正當性(金聖泰)
    XIV-339
期成會費의 法的 性格(李光潤) XXI-2-149

環境行政法

公法的 側面에서 본 日照權(石鎬哲) VI-238
環境影響評價의 瑕疵와 事業計劃承認處分의 效力(朴均省)   VII-363
公共葛藤의 司法的 解決: 意味와 限界 — 새만금判決의 分析을
    中心으로(金裕煥) XII-165
廢棄物管理法制와 廢棄物處理措置命令取消處分(李殷祈)   XIII-461
環境影響評價書의 提出時期, 協議要請時期 및 協議完了時期 等(朴均省)
    XVIII-1-349
舊 事前環境性檢討 制度와 司法審査(金泰昊) XVIII-2-293
大規模 開發事業(4大江事業)에 따른 河川工事施行計劃 및 實施計劃承認

    處分의 違法性(裵柄皓)   XXI-2-181
民事事件에 있어서 公法的 影響과 判例의 發展方向(成奉根)
    XXIII-1-309
공법인의 환경침해에 있어서 책임의 분배와 이해의 조정(강현호)
    XXIII-2-249

助成行政法

知的所有權의 問題들(李升煥)   I-249

經濟行政法

漁業免許 拒否處分의 要件(石琮顯)   I-45
遺傳子工學的 施設 設置許可와 法律留保(吳峻根)   I-265
慣行漁業權(朴鈗炘)   VI-205
合意推定된 價格談合의 過徵金 算定(李湖暎)   XII-271
公正去來法上 是正措置의 限界(李宣憙)   XV-1-345
'不當하게 消費者의 利益을 顯著히 沮害할 憂慮가 있는 行爲'에
     관한 小考(尹仁聖)   XVI-2-187
市長支配的 事業者의 排他的 DRM 搭載行爲의 競爭法的 評價
     (李湖暎)   XVII-1-371
포스코 判決 이후 市場支配的 地位 濫用行爲 判例에서 '不當性'
     判斷의 傾向과 展望(李 煌)   XVII-2-335
大型마트 營業制限의 法理的 爭點과 改善方案(成重卓)   XXI-1-157
公共契約에서 契約金額調整을 排除하는 特約의 效力(林聖勳)
    XXIII-2-311

租稅行政法

아파트地區內의 土地와 空閑地稅(黃祐呂)   I-279

名義信託登記와 贈與看做規定(金斗千) I - 291

實地讓渡價額을 넘는 讓渡差益의 認定可否(崔光律) Ⅱ - 313

無效確認을 구하는 意味에서의 課稅取消訴訟의 提起와 還給金請求權
　　의 時效(徐廷友) Ⅲ - 121

租稅行政에 있어서 更正處分의 效力(金連泰) V - 469

個人事業의 法人轉換의 租稅減免(趙憲銖) V - 502

後發的 事由에 의한 條理上 更正請求權(蘇淳茂) Ⅵ - 275

相續稅 및 贈與稅法上 贈與의 意味(金珉昊) Ⅵ - 303

中小企業에 대한 租稅特例와 從業員의 轉出·派遺(李東植) Ⅵ - 327

인텔리젼트빌딩에 대한 財産稅 重課施行規則의 有效 與否(蘇淳茂)
　　Ⅷ - 321

買入稅額의 控除와 稅金計算書의 作成 · 交付時期(鄭泰學) Ⅸ - 327

事業讓受渡와 第 2 次 納稅義務(趙憲銖) X - 405

上場株式 名義信託에 대한 贈與擬制에서의 實務上 爭點(文一湖)
　　Ⅻ - 333

當初處分과 增額更正處分의 關係(白濟欽) XVI - 1 - 343

租稅訴訟에 있어 信義誠實의 原則(鄭基相) XVⅡ - 1 - 415

名義受託者의 不動産 任意 處分時 讓渡所得稅의 納稅義務者(金世鉉)
　　XX - 1 - 281

整備事業組合의 租稅法的 性質과 取得稅 課稅問題(成重卓)
　　XX - 1 - 321

變額保險 特別計定의 保險料 및 運用收益金額 등이 敎育稅法上 收益金
　　額에 해당하는지 여부(金世鉉) XXI - 2 - 219

宗敎團體의 不動産 取得稅 免除要件(尹焌碩) XXⅡ - 1 - 263

建築行政法

管理處分計劃의 處分性과 그 公定力의 範圍 ─ 管理處分計劃을

둘러싼 紛爭의 訴訟形式(金鍾甫) Ⅶ-317

建築法上 日照保護規定의 私法上의 意味(俞珍式) Ⅶ-343

土地形質變更許可의 法的 性質(金鍾甫) Ⅺ-383

管理處分計劃 總會決議 無效確認訴訟의 法的 取扱(魯坰泌)

　　　ⅩⅤ-1-381

移住對策對象者 選定基準과 除外要件의 具體的 意味(金鍾泌)

　　　ⅩⅤ-1-411

組合設立認可處分 無效를 둘러싼 몇 가지 法的 爭點(成重卓)

　　　ⅩⅧ-2-213

再建築整備事業 移轉告示 效力發生과

　　　管理處分計劃 無效確認請求訴訟의 所益(許盛旭) ⅩⅧ-2-251

組合設立推進委員會 設立承認 無效確認(李承訓) ⅩⅨ-1-173

異議申請節次와 提訴期間(姜知恩) ⅩⅩ-1-359

再建築·再開發組合設立과 不動産을 所有한 國家·地方自治團體의

　　　地位(朴玄廷) ⅩⅩ-2-163

開發行爲許可가 擬制되는 建築許可 拒否處分에 대한 司法審査 基準

　　　및 審査強度(文重欽) ⅩⅩⅢ-2-353

都市 및 住居環境整備法上 賦課金·淸算金 徵收委託과 改善方案

　　　(張賢哲) ⅩⅩⅢ-2-403

土地行政法

旣 納付 宅地超過所有負擔金 還給請求의 性質과 還給加算金의 利子

　　　率(尹炯漢) Ⅷ-301

規範統制事件에서 法院의 法解釋權과 憲法裁判所의 審査範圍

　　　(裵輔允) Ⅻ-248

教育行政法

私立學校法上의 臨時理事의 理事選任權限(鄭夏重)　XIII－513

文化行政法

遺跡發掘許可와 行政廳의 裁量(趙憲銖)　VII－389

勞動行政法

期間制 勤勞契約에 있어서의 更新期待權 및 更新拒絕의 效力
　　(朴貞杋)　XVII－2－385

憲法裁判

프랑스憲法委員會 1971年 7月 16日 結社의 自由에 관한 決定
　　(成樂寅)　I－305
非常戒嚴解除後 軍法會議裁判權 延長의 違憲性 與否(金道昶)　II－325
違憲法律의 效力(李康國)　II－333
不合致決定에 관한 憲法裁判所決定分析(全光錫)　II－347
辯護士强制主義와 憲法訴願(辛奉起)　III－367
憲法裁判에 대한 不服方法(裴輔允)　III－359
事實行爲에 대한 司法的 統制 傾向 및 그 改善方案(成重卓)
　　XIX－1－315
出入國管理法에 따라 "保護된 者"에 대한 拘束適否審制度와 立法形成
　　(裵柄皓)　XX－2－209
우리나라 矯正施設의 過密收容 問題와 그 解決 方案(成重卓)
　　XXII－1－291
군인의 복종의무와 기본권행사의 충돌에 관한 소고(金重權)
　　XXIV－1－277
社會保障受給權의 財産權的 性格에 관한 憲法的 判斷(鄭南哲)

XXIV-1-317

決定 基準을 委任하는 施行令 및 隨意契約 排除事由를 規定한 例規의
　　憲法訴願 對象性(裵柄皓)　XXIV-2-447

행정법규의 헌법합치적 법률해석(허이훈)　XXIV-2-479

國家公務員의 政治團體 參加禁止條項에 대한 違憲決定과 그 羈束力의
　　範圍(鄭南哲)　XXV-1-271

국제회의로 인한 일시적 집회제한조항의 위헌성 판단기준에 대한 비
　　교법적 연구(徐輔國)　XXV-1-299

출입국 외국인(난민)의 기본권 보장범위에 관한 헌재 결정 및 관련 법
　　제에 대한 검토와 그 개선방안(성중탁)　XXV-1-337

外國判例 및 外國法制 研究

獨逸 聯邦憲法裁判所의 判例에 나타난 環境法上 協力의 原則(金性洙)
　　VI-355

2000년 美國 大統領選擧訴訟事件(裵輔允)　VI-395

都市計劃事業許可處分 등의 取消訴訟에 있어서의 原告適格(金敞祚)
　　VI-420

獨逸 憲法上의 職業公務員制度와 時間制公務員(金善旭)　VII-407

道路排煙에 의한 大氣汚染과 因果關係—日本, 尼崎大氣汚染公害訴訟
　　第一審 判決(金元主)　VII-431

日本의 機關訴訟 法制와 判例(辛奉起)　VII-446

美國 聯邦法院의 臨時規制的 收用(Temporary Ragulatory Takings)
　　(鄭夏明)　VII-349

日本における行政訴訟法の改正と今後の方向(鹽野 宏)　VIII-375

美國 聯邦大法院의 行政立法裁量統制(鄭夏明)　XII-137

獨逸 麥酒純粹令 判決을 통해 본 유럽과 獨逸의 經濟行政法(張暻源)
　　XII-298

最近(2006/2007) 美國 行政判例의 動向 및 分析 研究(鄭夏明)
　　XIV－375
最近(2006/2007) 日本 行政判例의 動向 및 分析 研究(俞珍式)
　　XIV－413
最近(2006/2007) 獨逸 行政判例의 動向 및 分析 研究(張暻源)
　　XIV－455
最近(2006/2007) 프랑스 行政判例의 動向 및 分析 研究(田勳)
　　XIV－503
最近(2008/2009) 美國 行政判例의 動向 및 分析 研究(鄭夏明)
　　XIV－2－271
最近(2008) 日本 行政判例의 動向 및 分析 研究(俞珍式)
　　XIV－2－299
最近(2008) 獨逸 行政判例의 動向 및 分析 研究(張暻源)
　　XIV－2－321
最近(2008) 프랑스 行政判例의 動向 및 分析 研究(田勳)
　　XIV－2－361
最近(2009/2010) 美國 行政判例의 動向 및 分析 研究(鄭夏明)
　　XV－2－391
最近(2009) 日本 行政判例의 動向 및 分析 研究(俞珍式)
　　XV－2－423
最近(2009) 獨逸 主要 行政判例의 分析 研究(張暻源)
　　XV－2－459
最近(2009) 프랑스 行政判例의 動向 및 分析 研究(田勳)
　　XV－2－495
最近(2010/2011) 美國 行政判例의 動向 및 分析 研究(琴泰煥)
　　XVI－2－235
最近(2010) 日本 行政判例의 動向 및 分析 研究(金致煥)

XVI-2-277

最近(2010) 獨逸 行政判例의 動向 및 分析 研究(李殷相)

　　XVI-2-321

最近(2010) 프랑스 行政判例의 動向과 檢討(田勳)

　　XVI-2-369

最近 美國 聯邦大法院의 移民關聯判例에서 司法審査의 基準(金聲培)

　　XVII-2-423

最近(2011) 프랑스 行政判例의 動向과 檢討(田 勳)　 XVII-2-467

最近(2011) 日本 行政判例의 動向 및 分析 研究(金致煥)

　　XVII-2-499

最近(2011/2012) 美國 行政判例의 動向 및 分析 研究(琴泰煥)

　　XVII-2-549

最近(2011) 獨逸 行政判例의 動向 및 分析 研究(李殷相)

　　XVII-2-589

最近(2012/2013) 美國 行政判例의 動向 및 分析 研究(金聲培)

　　XVIII-2-335

最近(2012) 日本 行政判例의 動向 및 分析 研究(金致煥)

　　XVIII-2-395

最近(2012) 獨逸 行政判例의 動向과 分析(桂仁國)　 XVIII-2-437

最近(2012) 프랑스 行政判例의 動向 分析 研究(吳丞奎)　 XVIII-2-473

最近(2013-2014) 美國 行政判例의 動向 및 分析 研究(金聲培)

　　XIX-2-229

最近(2013) 日本 行政判例의 動向 및 分析 研究(咸仁善)

　　XIX-2-281

2013년 프랑스 行政判例의 動向 研究(吳丞奎)　 XIX-2-323

最近(2013) 獨逸 行政判例의 動向 및 分析 研究(桂仁國)　 XIX-2-343

最近(2014/2015) 美國 行政判例의 動向 및 分析 研究(金聲培)

XX-2-257

日本의 最近(2014) 行政判例의 動向 및 分析(咸仁善)   XX-2-311
2014年 프랑스 行政判例의 動向 研究(吳丞奎)   XX-2-351
國家의 宗敎的·倫理的 中立性과 倫理科目 編成 要求權(桂仁國)
    XX-2-369
國籍 保有者와 婚姻한 外國人에 대한 入國비자拒否處分에 대한 判例分
    析-美國 Kerry v. Din 判決을 中心으로-(金聲培)   XXI-1-211
日本行政事件訴訟法2004年改正とその影響(角松生史)   XXI-1-255
日本行政事件訴訟法 2004年 改正과 그 影響(角松生史 著/俞珍式 飜譯)
    XXI-1-287
最近(2015/2016) 美國 行政判例의 動向 및 分析 研究(金聲培)
    XXI-2-259
日本의 最近(2015) 行政判例의 動向 및 分析(咸仁善)   XXI-2-333
2015年 프랑스 行政判例의 動向 研究(吳丞奎)   XXI-2-381
最近(2015) 獨逸 行政判例의 動向과 分析(桂仁國)   XXI-2-403
最近(2016-2017) 美國 行政判例의 動向 및 分析 研究(金聲培)
    XXⅢ-1-371
日本의 最近(2016) 行政判例의 動向 및 分析(咸仁善)   XXⅢ-1-407
最近(2016) 獨逸 行政判例의 動向과 分析(桂仁國)   XXⅢ-1-439
最近(2017) 프랑스 행정판례의 動向과 檢討(金慧眞)   XXⅢ-1-467
最近(2018) 프랑스 行政判例의 動向과 檢討(朴玄廷)   XXIV-1-355
最近(2018) 미국 行政判例의 動向과 分析(김재선)   XXIV-1-395
역수용 소송의 주법원소송요건에 관한 미국연방대법원 판결례
    (鄭夏明) XXIV-2-517
유럽연합의 위임입법에 대한 일고찰(이재훈)   XXIV-2-545
最近(2018) 獨逸 行政判例 動向과 分析(계인국   XXIV-2-581
最近(2019) 미국 行政判例의 動向과 分析(김재선)   XXV-1-385

最近(2019) 프랑스 行政判例의 動向과 檢討(朴祐慶)　XXV-1-425

行政訴訟判決의 主要動向

최근 行政訴訟判決의 主要動向(李東洽)　IX-371

紀念論文

韓國 行政判例의 成果와 課題(鄭夏重)　XI-3

行政判例 半世紀 回顧—行政訴訟·國家賠償·損失補償을 중심으로
　　(朴正勳)　XI-50

行政裁判制度의 發展과 行政判例—特殊行政裁判制度를 中心으로
　　(尹炯漢)　XI-91

行政判例 30年의 回顧와 展望-行政法總論 I(朴均省)　XIX-2-375

行政判例의 回顧와 展望-行政節次, 情報公開, 行政調査, 行政의 實
　　效性確保의 分野(金重權)　XIX-2-439

行政判例 30年의 回顧와 展望-行政救濟法: 韓國行政判例의 正體性
　　을 찾아서(洪準亨)　XIX-2-487

행정판례를 통해 본 공익의 행정법적 함의와 기능(박균성)
　　XXII-2(1)-1

教育判例에서의 公益(李京運)　XXII-2(1)-41

환경행정판결을 통해 본 공익실현의 명(明)과 암(暗)(이은기)
　　XXII-2(1)-75

도로점용허가와 주민소송(선정원)　XXII-2(1)-125

공공조달계약과 공익 - 계약변경의 한계에 관한 우리나라와 독일법제
　　의 비교를 중심으로 -(김대인)　XXII-2(1)-155

公益訴訟과 行政訴訟(김태호)XXII-2(1)-195

韓國行政判例研究會의 判例研究의 歷史的 考察(金重權)
　　XXII-2(1)-231

이행강제금에 관한 농지법 규정의 위헌 여부(琴泰煥)

　　XXII-2(1)-275

公法人의 處分(李光潤)　XXII-2(1)-311

행정심판제도의 존재이유(독일에서의 행정심판제도 폐지·축소를 위한

　　입법과정과 그를 둘러싼 논의를 중심으로)(崔正一)

　　XXII-2(1)-337

「부담금관리기본법」을 위반하여 설치된 부담금의 효력(오준근)

　　XXII-2(1)-383

地方議會 再議決에 對한 提訴指示權者와 提訴權者(裵柄晧)

　　XXII-2(1)-429

임대아파트의 분양가와 강행법규이론(김종보)　XXII-2(1)-475

親日殘滓淸算과 追認的 法律(李賢修)　XXII-2(1)-501

정보공개법의 적용범위(유진식)　XXII-2(2)-1

公開된 個人情報 處理의 違法性(咸仁善)　XXII-2(2)-31

행정청의 행위기준으로서의 재량준칙에 대한 법적 고찰(康鉉浩)

　　XXII-2(2)-61

命令·規則 등의 不眞正行政立法不作爲에 대한 法院의 規範統制

　　-특히 獨逸의 規範補充訴訟을 中心으로-(鄭南哲)

　　XXII-2(2)-111

行政訴訟에서 假處分 規定의 準用(河明鎬)　XXII-2(2)-169

公法上 留止請求權 實現의 法治國家的 課題(金鉉峻)

　　XXII-2(2)-209

合議制行政機關의 設置와 條例制定權(張暻源)　XXII-2(2)-245

기초 지방의회의 재의결에 대한 제소권자

　　-주무부장관의 제소권 인정 여부를 중심으로-(문상덕)

　　XXII-2(2)-271

지방자치단체에 대한 감독청의 직권취소의 범위와 한계(조성규)

XXⅢ-2(2)-305

성소수자의 난민인정요건(崔桂暎) XXⅢ-2(2)-351

出入國管理法上 外國人 保護命令 및 强制退去 規定의 問題點과
    그 改善方案(成重卓)   XXⅢ-2(2)-389

課稅豫告 通知 누락과 課稅處分의 節次的 違法 여부(金世鉉)
    XXⅢ-2(2)-429

미국 연방대법원 판결례에서 본 이중배상금지의 원칙(鄭夏明)
    XXⅢ-2(2)-473

장애를 가진 학생에 대한 특수교육과 개별화교육에 관한 판례 검토
    - 2017년 미국 Endrew사건과 Fry사건을 중심으로 (金聲培)
    XXⅢ-2(2)-499

[特別寄稿] 行政法研究資料

行政法規(鷹松龍種 著 / 鄭夏重 解題 / 俞珍式 飜譯)   XXI-1-317

研究判例 總目次
(行政判例研究 I ~ XXV-1)

〔대 법 원〕

1982. 3. 9. 선고 80누105 판결 II-159

1983.12.27. 선고 81누366 판결 I-127

1984. 2.28. 선고 83누551 판결 I-15

1984. 3.13. 선고 82누83 판결 I-279

1984. 3.13. 선고 83누613 판결 II-313

1984. 9.11. 선고 83누658 판결 II-149

1984.10.23. 선고 84누227 판결 I-115

1984.11.13. 선고 84누269 판결 I-69

1985. 5.28. 선고 81도1045 판결 II-325

1985. 6.25. 선고 84누579 판결 I-55

1985. 9.24. 선고 85누184 판결 I-153

1986. 8.11. 고지 86두9 결정 I-195

1987. 2.10. 선고 84누350 판결 I-87

1987. 3.24. 선고 86누182 판결 II-225

1987. 9.29. 선고 86누484 판결 II-77

1987.12.22. 선고 85누599 판결 I-133

1988. 2. 9. 선고 86누579 판결 I-45

1988. 3.22. 선고 87누654 판결 II-77

1988. 5.24. 선고 87누944 판결 I-179,

II-77

1989. 4. 11. 선고 87누647판결 XX-2-83

1989. 6.15. 선고 88누6436 판결 I-141

1990. 2.27. 선고 89누5287 판결 I-207

1990. 4.27. 선고 89누6808 판결 VI-147

1990. 9.25. 선고 89구4758 판결 II-233

1991. 2.12. 선고 90누288 판결 II-263

1991. 4.23. 선고 90도2194 판결 VIII-3

1991. 5.10. 선고 91다6764 판결 II-243

1991. 8.27. 선고 90누7920 판결 VI-147

1992. 2.11. 선고 91누4126 판결 III-193

1992. 3.31. 선고 91다32053 판결 III-121

1992. 4.24. 선고 91누6634 판결 III-157

1992. 9.22. 선고 91누8289 판결 IV-55

1992.11.10. 선고 92누1162 판결 VI-98

1992.12.24. 선고 92두3335 판결 XI-315

1993. 2.12. 선고 92누13707 판결 IV-232

1993. 5.11. 선고 93누4229 판결 IV-55

1993. 6. 8. 선고 93다11678 판결 III-205

1993.12.31. 선고 93다43866 판결 Ⅲ-151

1994. 1.28. 선고 93누22029 판결 Ⅳ-105

1994. 4.12. 선고 93다11807 판결 Ⅲ-221

1994. 4.26. 선고 93추175 판결 Ⅳ-368

1994. 8. 9. 선고 94누3414 판결 Ⅳ-129

1994.10.28. 선고 92누9463 판결 Ⅳ-81

1994.11.25. 선고 94누9672 판결 Ⅳ-55

1994.12.27. 선고 94다36285 판결 Ⅷ-251

1995. 2.28. 선고 94다31419 판결 Ⅳ-46

1995. 5.26. 선고 95누3428 판결 Ⅳ-296

1995. 6.13. 선고 93누23046 판결 Ⅳ-232

1995. 6.13. 선고 94다56883 판결 Ⅱ-107

1995. 6.13. 선고 93부39 결정 Ⅳ-232

1995. 7.11. 선고 94누4615 판결 Ⅲ-351

1995. 7.12. 선고 95부15 결정 Ⅳ-232

1995. 7.14. 선고 94누9689 판결 Ⅳ-232

1995. 9.29. 선고 95누7529 판결 Ⅴ-373

1995.10.17. 선고 94누14148 판결 Ⅳ-209

1995.11.16. 선고 95누8850 판결 Ⅳ-55

1996. 2.15. 선고 94다31235 판결 Ⅶ-317

1996. 2.15. 선고 95다38677 판결 Ⅳ-443

1996. 5.31. 선고 95누10617 판결 Ⅳ-338

1996. 6.14. 선고 95누17823 판결 Ⅷ-3

1996. 7.30. 선고 95누12897 판결 Ⅳ-303

1996.11.12. 선고 96누1221 판결 Ⅳ-505

1997. 4.11. 선고 96추138 판결 Ⅳ-481

1997. 4.25. 선고 96추251 판결 Ⅳ-323

1997. 5. 7. 선고 96누2330 판결 Ⅵ-327

1997. 5.30. 선고 95다28960 판결 Ⅳ-350

1997. 2.11. 선고 95다5110 판결 Ⅴ-309

1997. 7.11. 선고 97다36835 판결 Ⅴ-290

1997. 8.29. 선고 96누15213 판결 Ⅵ-98

1998. 1. 7. 자 97두22 결정 Ⅴ-258

1998. 4.24. 선고 97누3286 판결 Ⅴ-183

1998. 4.28. 선고 97누21086 판결 Ⅵ-127

1998. 6. 9. 선고 97누19915 판결 Ⅴ-3

1998. 6. 9. 선고 97누19915 판결 Ⅵ-3

1998. 6.26. 선고 96누12030 판결 Ⅴ-226

1998. 9. 4. 선고 97누19588 판결 Ⅴ-135

1998.11.24. 선고 97누6216 판결 Ⅴ-502

1999. 1.26. 선고 98다23850 판결 Ⅵ-238

1999. 5.25. 선고 98다53134 판결 ⅩⅠ-383

1999. 5.25. 선고 99두1052 판결 Ⅵ-75

1999. 5.28. 선고 97누16329 판결 Ⅴ-469

1999. 8.19. 선고 98두1857 판결 Ⅴ-17

1999. 9.21. 선고 97누5114 판결 Ⅴ-159

1999. 9.21. 선고 98두3426 판결 Ⅴ-159

1999.10.12. 선고 99두6026 판결 Ⅴ-217

1999.11.22. 선고 99누10766 판결 Ⅷ-147

2000. 2.11. 선고 98누7527 판결 Ⅴ-87

2000. 2.25. 선고 99두10520 판결 Ⅴ-33

2000. 2.25. 선고 99다54004 판결 Ⅴ-356

2000. 3.23. 선고 98두2768 판결 Ⅴ-107

2000. 4.25. 선고 2000다348 판결 Ⅵ-222

2000. 5.16. 선고 98다56997 판결 Ⅶ-343

2000. 6.13. 선고 98두18596 판결 Ⅵ-29

2000.10.19. 선고 98두6265 판결 Ⅶ-3

2000.10.27. 선고 99두264 판결 Ⅶ-389

2000.11.28. 선고 98두18473 판결 Ⅷ-221

2000.12.22. 선고 99두11349 판결 Ⅶ-275

2001. 2. 9. 선고 98두17953 판결 Ⅶ-49

2001. 2.15. 선고 96다42420 판결 Ⅶ-119

2001. 3. 9. 선고 99두5207 판결 Ⅶ-25

2001. 3.13. 선고 2000다20731 판결 Ⅶ-146

2001. 3.23. 선고 99두6392 판결 Ⅶ-196

2001. 3.23. 선고 2000다70972 판결 Ⅷ-193

2001. 4.13. 선고 2000두3337 판결 Ⅶ-81

2001. 4.27. 선고 95재다14 판결 Ⅶ-119

2001. 4.27. 선고 2000두9076 판결 Ⅷ-321

2001. 5.29. 선고 99두10292 판결 Ⅹ-275

2001. 6.26. 선고 99두11592 판결 Ⅹ-170

2001. 6.26. 선고 99두11592 판결 ⅩⅣ-101

2001. 6.29. 선고 99두9902 판결 Ⅶ-363

2001. 6.29. 선고 2000다12303 판결 Ⅷ-301

2001. 6.29. 선고 2001두16111 판결 Ⅹ-139

2001. 8.24. 선고 2000두581 판결 Ⅸ-327

2001.12.11. 선고 2001두7541 판결 Ⅶ-317

2002. 2. 5. 선고 2001두7138 판결 Ⅸ-33

2002. 4.12. 선고 2001두9288 판결 Ⅷ-63

2002. 5.17. 선고 2000두8912 판결 Ⅷ-123

2002. 5.31. 선고 2000두4408 판결 Ⅸ-135

2002. 6.14. 선고 2000두4095 판결 Ⅹ-405

2002. 7.23. 선고 2000두6237 판결 Ⅸ-135

2002. 9. 4. 선고 2000다54413 판결 Ⅷ-193

2002.10.31. 선고 2000헌가12 전원재판부
    결정 ⅩⅠ-217

2002.12.11.자 2002무32 결정 Ⅸ-236

2003. 1.15. 선고 2002두2444 판결 Ⅸ-257

2003. 3.23. 선고 98두2768 판결 Ⅹ-308

2003. 4.11. 선고 2001두9929 판결 Ⅷ-93

2003. 5.30. 선고 2003다6422 판결 Ⅸ-86
    ⅩⅠ-151

2003. 7.11. 선고 2002두48023 판결 Ⅹ-370

2003. 9.23. 선고 2001두10936 판결 Ⅹ-21

2003.10. 9.자 2003무23 결정 Ⅹ-3

2003.11.28. 선고 2003두674 판결 Ⅹ-213

2004. 3.12. 선고 2003두2205 판결 Ⅹ-233

2004. 3.25. 선고 2003두12837 판결 ⅩⅠ-117

2004. 4.22. 선고 2002두7735 전원합의체판
    결 Ⅹ-61

2004.11.28. 선고 2004추102 판결 ⅩⅠ-347

2004.11.25. 선고 2004두7023 판결 ⅩⅠ-271

2004.12.11. 선고 2003두12257 판결 ⅩⅠ-271

2005. 6.24. 선고 2004두10968 판결
    ⅩⅤ-1-273

2005. 9.29. 선고 2005도2554 판결 ⅩⅠ-243

2005.12.23. 선고 2005두3554 판결 ⅩⅠ-184

2006. 1.26. 선고 2004두2196 판결 ⅩⅡ-206

2006. 3.10. 선고 2004추119 판결 XⅢ-3

2006. 3.16. 선고 2006두330 판결 XⅡ-165

2006. 3.24. 선고 2004두11275 판결 XⅢ-29

2006. 5.18. 선고 2004다6207 전원합의체
　판결 XⅡ-227

2006. 5.25. 선고 2003두11988 판결 XⅢ-67

2006. 6.16. 선고 2004두1445 판결 XⅢ-461

2006. 6.22. 선고 2003두1684 판결 X-107

2006. 9. 8. 선고 2003두5426 판결 XⅢ-155

2006. 9.22. 선고 2004두7184 판결 XⅡ-271

2006.11. 9. 선고 2006두1227 판결 XⅢ-186

2006.11.16. 선고 2003두12899 전원합의체
　판결 XⅢ-219

2006.12.12. 선고 2006두14001 판결 XⅣ-273

2006.12.22. 선고 2006두12883 XⅢ-257

2007. 2. 8. 선고 2005두10200 판결 XⅡ-333

2007. 3.22. 선고 2005추62 전원합의체
　판결 XⅢ-309

2007. 4.12. 선고 2004두7924 판결 XⅣ-227

2007. 5.17. 선고 2006다19054 전원합의체
　판결 XⅢ-34

2007. 7.12. 선고 2006두11507 판결 XⅢ-387

2007. 7.12. 선고 2005두17287 판결 XⅣ-141

2007.10.11. 선고 2005두12404 판결 XⅣ-2-53

2007.10.29. 선고 2005두4649 판결 XⅣ-3

2007.11.22. 선고 2002두8626 전원합의체
　판결 XⅦ-2-267

2007.12.13. 선고 2006추52 판결 XⅢ-420

2008. 1.31. 선고 2005두8269 판결
　XⅤ-1-111

2008. 2.28. 선고 2007다52287 판결
　XXI-2-61

2008. 3.13. 선고 2007다29287, 29295(병합)
　XⅢ-513

2008. 3.27. 선고 2006두3742, 3759 판결
　XⅣ-43

2008. 4.10. 선고 2005다48994 판결 XⅣ-197

2008. 5.8. 선고 2007두10488 판결 XXⅣ-2-309

2008. 6.12. 선고 2007다64365 판결 XⅣ-197

2008.11.20. 선고 2007두18154 판결
　XⅣ-2-123

2008.11.27. 선고 2007두24289 판결
　XⅣ-2-89

2008. 5.29. 선고 2004다33469 판결
　XⅣ-2-203

2008. 6.12. 선고 2006두16328 판결
　XⅣ-2-235

2008. 7.24. 선고 2007두3930 판결
　XⅤ-1-36

2008. 9.18. 선고 2007두2173 판결
　XⅣ-2-3

2008.11.13. 선고 2008두8628 판결
　XⅤ-1-73

2009. 2.26. 선고 2007두13340·2008두

5124 판결 XV-1-411

2009. 2.12. 선고 2005다65500 판결
  XV-2-271

2009. 3.12. 선고 2008두22662 판결
  XIV-305

2009. 4.23. 선고 2008두8918 판결
  XVI-1-3

2009. 5.21. 선고 2005두1237 전원합의체
  판결 XVI-1-45

2009. 5.14. 선고 2006두17390 판결
  XVI-1-343

2009. 5.28. 선고 2007두24616 판결
  XV-1-345

2009. 5.28. 선고 2008두16933 판결
  XV-1-223

2009. 6.18. 선고 2008두10997 전원합의
  체 판결 XV-2-227

2009. 6.23. 선고 2003두1684 판결
  XV-2-103

2009. 7.23. 선고 2008두10560 판결
  XV-2-317

2009. 9.10. 선고 2009다11808 판결
  XV-1-3

2009. 9.24. 선고 2009두2825 판결
  XVIII-2-293

2009. 9.17. 선고 2007다2428 판결
  XV-1-381

2009. 9.24. 선고 2009추53 판결
  XV-2-357

2009.10.29. 선고 2008두12092 판결
  XV-2-189

2009.12.10. 선고 2009두14606 판결
  XVI-1-187

2009.12.24. 선고 2009추121 판결
  XVI-1-309

2010. 1.28. 선고 2007다82950, 82967
  판결 XV-1-151, XV-1-189

2010. 1.28. 선고 2009두4845 판결
  XVII-1-271

2010. 2.11. 선고 2009두18035 판결
  XVIII-2-123

2010. 2.25. 선고 2009두102 판결
  XVI-1-149

2010. 3.11. 선고 2009추176 판결
  XVII-1-327

2010. 4.8. 선고 2009두17018 판결
  XVI-2-3

2010. 5.27. 선고 2009두1983 판결
  XVI-2-187

2010. 6.10. 선고 2010두2913 판결
  XVII-2-113

2010. 6.24. 선고 2010두6069,6076 판결
  XVI-2-75

2010. 6.25. 선고 2007두12514 전원합의체

판결 XVI-2-105

2010. 7.15. 선고 2010두7031 판결
  XVI-2-41

2010. 9. 9. 선고 2008다77795 판결
  XXI-2-64

2010. 9. 9. 선고 2008두22631 판결
  XVI-1-107

2010. 9. 9. 선고 2008다77795 판결
  XVI-1-271

2010.10.14. 선고 2010두13340 판결
  XVII-1-95

2010.11.25. 선고 2008다67828 판결
  XXI-2-66

2010.12.23. 선고 2008두13101 판결
  XVII-2-143

2011. 1.20. 선고 2009두13474 전원합의체
  판결 XVII-1-415

2011. 1.27. 선고 2008다30703 판결
  XVIII-1-261

2011. 3.10. 선고 2009두23617,23624 판결
  XVII-1-143

2011. 7.28. 선고 2005두11784 판결
  XVII-2-51

2011.10.13. 선고 2008두1832 판결
  XVII-1-371

2011.10.13. 선고 2008두179057 판결
  XVII-2-189

2011.10.27. 선고 2011두14401 판결
  XVIII-1-159

2011.11.24. 선고 2009두19021 판결
  XVIII-1-89

2011.12.22 선고 2009두19021 판결
  XVIII-1-303

2011.11.24. 선고 2009두19021 판결
  XIX-1-79

2012. 1.12. 선고 2010두12354 판결
  XIX-1-173

2012. 1.26. 선고 2009두14439 판결
  XIX-1-3

2012. 2.16. 선고 2010두10907 전원합의체
  판결 XVIII-1-3

2012. 2.16. 선고 2010두10907 전원합의체
  판결 XX-1-123

2012. 2.23. 선고 2011두5001 판결
  XVIII-1-53

2012. 3.22. 선고 2011두6400 전원합의체
  판결 XVIII-2-251

2012. 4.13 선고 2009다33754 판결
  XVIII-2-175

2012. 5.24. 선고 2012두1891 판결
  XVIII-1-29

2012. 6.18. 선고 2010두27363 전원합의체
  판결 XVIII-1-187

2012. 6.18. 선고 2011두18963 판결

XⅧ-2-41

2012. 6.18. 선고 2011두2361 전원합의체
　판결 XⅧ-2-41

2012. 7. 5. 선고 2011두19239 전원합의체
　판결 XⅧ-1-349

2012. 9.27. 선고 2011두3541 판결
　XⅧ-1-127

2012.10.25. 선고 2010두18963 판결
　XⅧ-2-89

2012.10.25. 선고 2010두25107 판결
　XⅧ-2-213

2012.11.15. 선고 2010두8676 판결
　XX-1-359

2013. 1.24. 선고 2010두18918 판결
　XIX-1-47

2013. 2.15. 선고 2011두21485 판결
　XX-1-159

2013. 9.12. 선고 2011두10584 판결
　XX-1-3

2013.11.14. 선고 2010추13 판결
　XIX-1-359

2013. 4.18. 선고 2010두11733 전원합의체
　판결 XIX-1-219

2013.10.24. 선고 2011두13286 판결
　XIX-1-173

2013.12.26. 선고 2012두18363 판결
　XIX-1-107

2013. 1.31. 선고 2011두11112, 2011두
　11129 판결 XIX-2-173

2013. 2.14. 선고 2012두9000 판결
　XIX-2-49

2013. 3.14. 선고 2012두6964 판결
　XIX-2-3

2013. 4.26. 선고 2011두9874 판결
　XIX-2-87

2013. 6.27. 선고 2009추206 판결
　XIX-2-125

2013.12.26. 선고 2011두8291 판결
　XIX-2-173

2014. 2. 13. 선고 2011다38417 판결
　XXI-2-67

2014. 2.27. 선고 2012추213 판결
　XX-1-231

2014. 4.10. 선고 2011두6998 판결
　XX-1-65

2014. 4.14. 선고 2012두1419 전원합의체
　판결 XX-2-163

2014. 4.24. 선고 2013두10809 판결
　XX-1-201

2014. 4.24. 선고 2013두26552 판결
　XX-2-3

2014. 5.16. 선고 2014두274 판결
　XX-2-131

2014. 9. 4. 선고 2012두10710 판결

XX-1-281

2014.12.24. 선고 2014두9349 판결
　XX-2-41

2014. 2.27. 선고 2011두7489 판결
　XXI-1-123

2015. 2.12. 선고 2014두13140 판결
　XXI-2-219

2015. 3.26. 선고 2012두26432 판결
　XXII-1-127

2015. 3.26. 선고 2014두42742 판결
　XXII-1-183

2015. 4.23. 선고 2012두26920 판결
　XXI-2-3

2015. 6.25. 선고 2014다5531 전원합의체
　판결　XXI-2-149

2015. 8.27. 선고 2015두41449 판결
　XXI-1-57

2015. 8.27. 선고 2012두7950 판결
　XXI-1-81

2015. 9.10. 선고 2013추517 판결
　XXII-1-221

2015. 9.10. 선고 2013추524 판결
　XXII-1-221

2015. 9.15. 선고 2014두557 판결
　XXII-1-263

2015.10.29. 선고 2013두27517 판결
　XXI-2-97

2015.11.19. 선고 2015두295 판결
　XXI-1-157

2015.12.10. 선고 2012두6322 판결
　XXI-2-181

2016. 3.24. 선고 2015두48235 판결
　XXIII-1-75

2016. 5.19. 선고 2009다66549 판결
　XXIII-1-309

2016. 7.14. 선고 2014두47426 판결
　XXIII-1-153

2016. 7.21. 선고 2013도850 판결
　XXIII-1-35

2016. 8. 30. 선고 2015두60617 판결
　XXIII-1-185

2016.10.13. 선고 2016다221658 판결
　XXIII-1-219

2016.10.27. 선고 2016두41811 판결
　XXII-1-71

2016.12.15. 선고 2016두47659 판결
　XXII-1-71

2017.2.9. 선고 2014두43264 판결
　XXIII-2-93

2017.2.15. 선고 2015다23321 판결
　XXIII-2-249

2017.3.15. 선고 2014두41190 판결
　XXIII-1-111

2017.3.15. 선고 2016두55490 판결

XXIII-2-353

2017. 3.30. 선고 2016추5087 판결
　XXⅢ-1-263

2017.4.13. 선고 2014두8469 판결
　XXIII-2-211

2017.4.28. 선고 2016두39498 판결
　XXIII-2-403

2017. 5. 30. 선고 2017두34087 판결
　XXⅣ-1-41

2017.6.15. 선고 2013두2945 판결
　XXIII-2-47

2017. 6. 15. 선고 2016두52378
　XXⅣ-1-81

2017. 6.29. 선고 2014두14389 24-2-3

2017. 7. 11. 선고 2016두35120 XXⅣ-1-123

2017.11.9. 선고 2017두47472 판결
　XXIII-2-169

2017.12.21. 선고 2012다74076 판결
　XXIII-2-311

2018.1.25. 선고 2017두61799 판결 XXⅣ-2-36

2018.3.22. 선고 2012두26401전원합의체판결
　XXⅣ-1-277

2018.5.15. 선고 2014두42506 판결 XXⅣ-2-171

2018.6.15. 선고 2016두57564 XXⅣ-1-215

2018.7.12. 선고 2015두3485판결 24-2-337

2018.7.12. 선고 2017두48734 XXⅣ-1-3

2018.7.12. 선고 2017두65821 판결 XXⅣ-2-251

2018.7.24. 선고 2016두48416 판결 XXⅤ-1-41

2018.8.30. 선고 2017두56193 판결 XXⅣ-2-411

2018.11.29. 선고 2016두38792 XXⅣ-1-13

2018.10.25. 선고 2018두44302 XXⅣ-2-39

2019.2.21. 선고 2014두12697 전원합의체
　판결

2019.6.27. 선고 2018두49130 판결 XXⅤ-1-209

2019.7.11. 선고 2017두38874 판결 XXⅣ-2-91

2019.7.11. 선고 2017두38874 XXⅣ-2-125

2019.10.17. 선고 2018두104 판결 XXⅤ-1-3

2020.4.9. 선고 2019두61137 판결
　XXⅣ2-1-241

〔서울고등법원〕

1988. 3.17. 선고 87구1175 판결 Ⅰ-79

1993. 2. 3. 선고 92구14061 판결 Ⅲ-139

1994.10.25. 선고 94구1496 판결 Ⅳ-277

1998. 1.14. 선고 97누19986 판결 Ⅳ-243

1998. 7.16. 선고 97구18402 판결 Ⅴ-435

1999. 9.29. 선고 99누1481 판결 Ⅷ-147

2000. 8.29. 선고 99나53140(병합) 판결
　Ⅷ-193

2001. 3.16. 선고 2000누14087 판결 Ⅵ-55

2002.11.14. 선고 2002누914 판결 Ⅹ-213

2006. 7.14. 선고 2005누21950 판결 XII-165　2013. 6.10. 선고 2012누16291 판결
2007.12.27. 선고 2007누8623 판결 XVII1-371　XVIII-2-3

〔광주고등법원〕

1997.12.26. 선고 96구3080 판결 X-308

〔수원지방법원〕

2001. 3.21. 선고 2000구7582 판결 VII-165

〔서울행정법원〕

2000. 6. 2. 선고 99두24030 판결 VI-175　2001. 3. 9. 선고 2000구32242 판결 VII-165
2001. 8.30. 선고 2001구18236 판결 VII-165　2003. 1.14. 선고 2003아95 판결 VIII-279

〔헌법재판소〕

1989. 7.21. 선고 89헌마28결정 I-291

1989. 9. 8. 선고 88헌가6 결정 II-347

1990. 9. 3. 선고 89헌마120·212 결정
　II-367

1991. 3.11. 선고 91헌마21 결정 II-347

1991. 5.13. 선고 89헌마21 결정 II-55

1994.12.29. 선고 93헌바21 결정 VII-119

1998. 4.30. 선고 95헌바55 결정 VI-303

1999. 6.24. 선고 97헌마315 결정 VII-275

1999. 7.22. 선고 98헌라4 결정 V-405

1999. 7.22. 선고 97헌바76, 98헌바
　50·51·52·54·55(병합) 결정 VI-205

2000. 2.24. 선고 97헌마13·245(병합)
　결정 VI-275

2003. 5.15. 선고 2003헌가9·10(병합)

　결정 IX-303

2003.10.30. 선고 2002헌가24 전원재판부
　결정 X-92

2005.12.12. 선고 2003헌바109 결정
　XII-248

2007. 1.17. 선고 2005헌마1111, 2006헌마
　18(병합) 결정 XIV-339

2008. 5.29. 선고 2005헌라3 결정
　XV-1-303

2008.12.26, 2008헌마419 · 423 · 436
(병합) 결정 ⅩⅤ-2-129
2009. 7.30. 선고 2008헌가14 결정
ⅩⅣ-2-151
2009. 9.24. 선고 2007헌바114 결정
ⅩⅥ-1-229
2009. 5.28. 선고 2008헌바18 · 32 결정
ⅩⅦ-2-227
2010. 5.4. 선고 2010헌마249 결정
ⅩⅦ-2-149
2011. 6.30. 선고 2009헌바406 결정

ⅩⅦ-2-267
2012.2.23. 선고 2010헌마660결정 ⅩⅩⅤ-1-299
2014. 8.28. 선고 2012헌마686결정
ⅩⅩ-2-209
2016.12.29. 선고 2013헌마142
ⅩⅩⅡ-1-289
2018.5.31. 선고 2014헌마346결정 ⅩⅩⅤ-1-337
2018.5.31. 선고 2015헌마853결정 ⅩⅩⅡ-2-447
2018.6.28. 선고 2012헌마538 ⅩⅩⅣ-1-415
2019. 2.28. 선고 2017헌마432 ⅩⅩⅣ-1-317
2020. 4.23. 선고 2018헌마551 ⅩⅩⅤ-1-271

〔EU판례〕
유럽법원, 1987. 3.12. 판결(사건번호 178/84) ⅩⅡ-298
EuGH, Rs. C-286/14, ECLI:EU:C:2016:183 ⅩⅩⅣ-2-545

〔독일판례〕
연방헌법재판소(Bundesverfassungsgericht) 1975.10.28. 판결(BVerfGE 40, 237) Ⅲ-57
연방헌법재판소 1998. 5. 7. 판결(BVerfGE 98, 83: 98, 106) Ⅵ-355
연방행정법원(Bundesverwaltungsgericht) 1979.12.13. 판결(BVerwGE 59, 221) Ⅳ-3
연방행정법원 1980.12. 3. 판결(BVerwGE 73, 97) Ⅰ-219
연방행정법원 1982.12. 1. 판결(BVerwGE 66, 307) Ⅱ-7
연방행정법원 1985.12.19. 판결(BVerwGE 72, 300) Ⅱ-83, Ⅱ-193
연방행정법원 2000. 3. 2. 판결 - 2C1.99- Ⅶ-407
연방행정법원 2006. 4.26. 판결 - 6C19/05 ⅩⅣ-479
연방행정법원 2006.10.17. 판결 - 1C18/05 ⅩⅣ-458
연방행정법원 2006.12.21. 결정 - 1C29/03 ⅩⅣ-465

연방행정법원 2007. 7.25. 판결 - 6C27/06 XIV-469

연방행정법원 2007. 8 22. 결정 - 9B8/07 XIV-475

연방행정법원 2008. 2.21. 결정 - 4 C 13/0 XIV-2-321

연방행정법원 2008. 3.13. 판결 - 2 C 128/07 XIV-2-321

연방행정법원 2008. 4.15. 결정 - 6 PB 3/08 XIV-2-321

연방행정법원 2008. 4.29. 판결 - 1 WB 11/07 XIV-2-321

연방행정법원 2008. 6.26. 판결 - 7 C 50/07 XIV-2-321

연방행정법원 2009. 2.25. 판결 - 6 C 25/08 XV-2-459

연방행정법원 2009. 6. 9. 판결 - 1 C 7/08 XV-2-459

연방행정법원 2009. 9. 7. 결정 - 2 B 69/09 XV-2-459

연방행정법원 2009.11.11. 결정 - 6 B 22/09 XV-2-459

연방행정법원 2009.12.30. 결정 - 4 BN 13/09 XV-2-459

연방행정법원 2010. 1.28. 판결 - 8 C 19/09 XVI-2-328

연방행정법원 2010. 4.29. 판결 - 5 C 4/09 und 5/09 XVI-2-343

연방행정법원 2010. 5.27. 판결 - 5 C 8/09 XVI-2-345

연방행정법원 2010. 6.3. 판결 - 9 C 3/09 XVI-2-352

연방행정법원 2010. 6.24. 판결 - 7 C 16/09 XVI-2-332

연방행정법원 2010. 6.24. 판결 - 3 C 14/09 XVI-2-335

연방행정법원 2010. 6.30. 판결 - 5 C 3.09 XVI-2-353

연방행정법원 2010. 8.19. 판결 - 2 C 5/10 und 13/10 XVI-2-350

연방행정법원 2010. 9.23. 판결 - 3 C 32.09 XVI-2-336

연방행정법원 2010. 9.29. 판결 - 5 C 20/09 XVI-2-343

연방행정법원 2010. 10.27. 판결 - 6 C 12/09, 17/09 und 21/09 XVI-2-338

연방행정법원 2010. 10.28. 판결 - 2 C 10/09, 21/09, 47/09, 52/09 und 56/09
　　　XVI-2-346

연방행정법원 2010. 11.4. 판결 - 2 C 16/09 XVI-2-348

연방행정법원 2010. 11.16. 판결 - 1 C 20/09 und 21/09 XVI-2-340

연방행정법원 2010. 11.18. 판결 - 4 C 10/09   XVI-2-326

연방행정법원 2010. 11.24. 판결 - 9 A 13/09 und 14/09   XVI-2-326

연방행정법원 2010. 11.24. 판결 - 8 C 13/09, 14/09 und 15/09   XVI-2-330

BVerwG, Urteile vom 13. Oktober 2011-4 A 4000.10 und 4001.10 XVII-2-593

BVerwG, Urteil vom 28. Juli 2011-7 C 7.10 XVII-2-595

BVerwG, Urteil vom 22. Juli 2011-4 CN 4.10 XVII-2-598

BVerwG, Urteil vom 23. Februar 2011-8 C 50.09 und 51.09 XVII-2-600

BVerwG, Urteile vom 17. August 2011-6 C 9.10 XVII-2-602

BVerwG, Urteile vom 31. August 2011-8 C 8.10 und 9.10 XVII-2-604

BVerwG, Urteile vom 25. August 2011-3 C 25.10, 28.10 und 9.11 XVII-2-606

BVerwG, Urteile vom 26. Mai 2011-3 C 21.10 und 22.10 XVII-2-608

BVerwG, Urteil vom 30. November 2011-6 C 20.10 XVII-2-610

BVerwG, Urteil vom 24. November 2011-7 C 12.10 XVII-2-611

BVerwG, Urteile vom 3. November 2011-7 C 3.11 und 4.11 XVII-2-613

BVerwG, Urteile vom 19. April 2011-1 C 2.10 und 16.10 XVII-2-615

BVerwG, Urteil vom 25. Oktober 2011-1 C 13.10 XVII-2-617

BVerwG, Urteil vom 1. September 2011-5 C 27.10 XVII-2-619

BVerwG, Urteile vom 3. Maz 2011-5 C 15.10 ung 16.10 XVII-2-621

BVerwG, Urteil vom 30. Juni 2011-2 C 19.10 XVII-2-622

연방행정법원 2012.1.25. 판결(BVerwG 6 C 9.11)   XVIII-2-455

연방행정법원 2012.2.2. 판결(BVerwG 4 C 14. 10)   XVIII-2-444

연방행정법원 2012.2.29. 판결(BVerwG 7 C 8. 11)   XVIII-2-448

연방행정법원 2012.3.22. 판결(BVerwG 3 C 16. 11)   XVIII-2-450

연방행정법원 2012.3.22. 판결(BVerwG 7 C 1. 11)   XVIII-2-462

연방행정법원 2012.4.4. 판결(BVerwG 4 C 8.09 und 9. 09, 1. 10 - 6. 10)
    XVIII-2-464

연방행정법원 2012.5.23. 판결(BVerwG 6 C 8.11)   XVIII-2-442

연방행정법원 2012.7.19. 판결(BVerwG 5 C 1. 12)　XⅧ-2-453

연방행정법원 2012.7.10. 판결(BVerwG 7 A 11. 11, 12. 11)　XⅧ-2-458

연방행정법원 2012.9.26. 판결(BVerwG 2 C 74. 10)　XⅧ-2-461

연방행정법원 2012.10.10. 판결(BVerwG 9 A 10. 11, 18. 11 - 20. 11)　XⅧ-2-466

연방행정법원 2012.10.18. 판결(BVerwG 3 C 25. 11)　XⅧ-2-468

연방행정법원 2012.11.28. 판결(BVerwG 8 C 21. 11)　XⅧ-2-45

만하임 고등행정법원 1987. 1.20. 결정(VBIBW 1987, 423=NVwZ 1987, 1101) Ⅱ-23

카쎌 고등행정법원 1989.11. 6. 결정(NJW 1990, 336) Ⅰ-265

BVerwG 4 C 3. 12 - Urteil vom 10. April 2013　XIX-2-343

BVerwG 8 C 10. 12, 12. 12 und 17. 12 - Urteile vom 20. Juni 2013　XIX-2-343

BVerwG 5 C 23. 12 D und 27. 12 D - Urteile vom 11. Juli 2013　XIX-2-343

BVerwG 7 A 4. 12 - Urteil vom 18. Juli 2013　XIX-2-343

BVerwG 2 C 12. 11 und 18. 12 - Urteile vom 25. Juli 2013　XIX-2-343

BVerwG 4 C 8. 12 - Urteil vom 12. September 2013　XIX-2-343

BVerwG 3. C 15. 12 - Urteil vom 19. September 2013　XIX-2-343

BVerwG 6 C 11. 13 - Urteil v. 6. April 2014　XX-2-369

BVerwG 1 C 22. 14 - Urteil vom 16. Juli. 2015　XXI-2-407

BVerwG 1 C 32.14 - Urteil vom 27. Okt. 2015　XXI-2-410

BVerwG 1 C 4.15 - Urteil vom 16. Nov. 2015　XXI-2-415

BVerwG 7 C 1.14, 2.14 - Urteile vom 25. Juni 2015　XXI-2-416

BVerwG 7 C 10.13 - Urteil vom 23. Juli 2015　XXI-2-419

BVerwG 2 C 13.14, 15.14, 18.14, 27.14, 28.14, 5.15-7.15, 12.15 - Urteile vom 17.
　Sep. 2015　XXI-2-422

BVerwG 1 C 3. 15 - Urteil vom Apr. 2016　XXIII-1-443/439

BVerwG 2 C 4.15 - Urteil vom 21. Apr. 2016　XXIII -1-447/439

BVerwG 2 C 11.15 - Urteil vom 11. Okt. 2016　XXIII-1-448/439

BVerwG 3.C 10.14 - Urteil vom 6. Apr. 2016　XXIII-1-450/439

BVerwG 3 C 10.15 — Urteil vom 6. Apr. 2016 XXIII-1-451/439

BVerwG 3 C 16.15 — Urteil vom 8. Sep. 2016 XXIII-1-454/439

BVerwG 4 C 6.15 und 2.16 — Urteile vom 22.Sep. 2016 XXIII-1-455/439

BVerwG 6 C 65.14 und 66.14 — Urteile vom 16. März. 2016 XXIII-1-457/439

BverwG 7 C 4.15 — Urteil vom 30. Jun. 2016 XXIII-1-458/439

BVerwG 6 A 7.14 — Urteil vom 15. Jun. 2016 XXIII-1-459/439

BVerwG 2 C 59. 16 - Urteil vom 19. April 2018 XXIV-2-581

BVerwG 9 C 2.17 - Urteil vom 21. Juni 2018 XXIV-2-581

BVerwG 9 C 5.17 - Urteil vom 6. September 2018 XXIV-2-581

BVerwG 8 CN 1.17 - Urteil vom 12. Dezember 2018 XXIV-2-581

BVerwG 5 C 9.16 - Urteil vom 9. August 2018 XXIV-2-581

BVerwG 3 C 25.16 - Urteil vom 24. Mai 2018 XXIV-2-581

BVerwG 2 WD 10. 18 - Urteil vom 5. Juni 2018 XXIV-2-581

BVerwG 3 C 19.15 - Urteil vom 2. März 2017 XXIV-2-581

BVerwG 6.C 3.16 - Urteil vom 21. Juni 2017 XXIV-2-581

BVerwG 3 C 24.15 - Urteil vom 6. April 2017 XXIV-2-581

BVerwG 6 C 45.16 und 46.16 - Urteile vom 25 Oktober 2017 XXIV-2-581

〔프랑스판례〕
국참사원(Conseil d'État) 1951. 7.28. 판결(Laruelle et Delville, Rec. 464) II-243

국참사원 1957. 3.22. 판결(Jeannier, Rec. 196) II-243

국참사원 1954. 1.29. 판결(노트르담 뒤 크레스커 학교 사건)(Institution Norte Dame du
    Kreisker, Rec. 64) I-23

헌법위원회(Conseil constitutionnel) 1971. 7.16. 결정(J. O., 1971. 7. 18., p. 7114; Recueil
    des decisions du Conseil constitutionnel 1971, p. 29) I-305

관할재판소(Tribunal de conflits) 1984.11.12. 판결(Interfrost회사 對 F.I.O.M 사건) I-239

파훼원(Cour de cassation) 1987.12.21. 판결(지질 및 광물연구소 對 로이드콘티넨탈회사

사건)(Bureau des Recherches Geologiques et Minie res(B.R.G.M.)C/S.A. Lloyd Continental) Ⅱ-55

국참사원 2005. 3.16. 판결(Ministre de l'Outre-mer c/ Gouvernement de la Polynésie française, n°265560, 10ème et 9ème sous-section réunies) ⅩⅣ-505

국참사원 2006. 3.24. 판결(Société KPMG et autres, n°288460, 288465, 288474 et 28885) ⅩⅣ-508

국참사원 2006. 5.31. 판결(이민자 정보와 지지단체 사건, n°273638, 27369) ⅩⅣ-510

국참사원 2006. 7.10. 판결(Association pour l'interdiction des véhicule inutilement rapides, n°271835) ⅩⅣ-512

국참사원 2007. 2. 8. 판결(Gardedieu, n°279522) ⅩⅣ-514

국참사원 2007. 2.22. 판결(Association du personel relevant des établissement pour inadaptés, n°264541) ⅩⅣ-517

국참사원 2007. 3. 9. 판결(간염예방접종 사건, n°267635·278665·283067·285288) ⅩⅣ-520

국참사원 2007. 4. 6. 판결(코뮌 Aix-en-Provence 사건, n°284736호) ⅩⅣ-525

국참사원 2007. 5. 7. 판결(수변(水邊)보호전국연합 사건, n°286103, 286132) ⅩⅣ-527

국참사원 2008.10. 3. 판결(l'acte législatif et administratif, n°297931) ⅩⅣ-Ⅱ-361

국참사원 2008.12.19. 판결(n°274923) ⅩⅣ-2-361

국참사원 2008. 5. 6. 판결(n°315631) ⅩⅣ-2-361

국참사원 2008. 6.18. 판결(n°295831) ⅩⅣ-2-361

국참사원 2009. 2.13. 판결(n°317637) ⅩⅤ-2-495

국참사원 2009. 2.16. 판결(n°315499) ⅩⅤ-2-495

국참사원 2009. 3. 6. 판결(n°306084) ⅩⅤ-2-495

국참사원 2009. 5.15. 판결(n°322053) ⅩⅤ-2-495

국참사원 2009. 6. 8. 판결(n°321974) ⅩⅤ-2-495

국참사원 2009. 6. 8. 판결(n°32236) ⅩⅤ-2-495

국참사원 2009. 7.24. 판결(n°305314) ⅩⅤ-2-495

국참사원 2009.10.30. 판결(n°298348) XV-2-495

국참사원 2010. 2.11. 판결(프랑스 공영TV방송 야간광고폐지사건, n°324233,324407)
   XVI-2-376

국참사원 2010. 4.14. 판결(연금결정사건, n°336753) XVI-2-379

국참사원 2010. 7.19. 판결(이동통신중계탑설치허가취소사건, n°328687) XVI-2-389

국참사원 2010. 10.4.판결(운전면허 벌점누적에 따른 면허취소조항 우선적 위헌
   (합헌)심사(QPC)사건, n°341845) XVI-2-383

국참사원 2010. 10.4. 판결(프로축구단 서포터 해산명령 폐지소송, n°339257)
   XVI-2-386

꽁세이데타 2011. 7.11. 판결(꼬뮌 Trélazé 사건, n°308544) XVII-2-474

꽁세이데타 2011. 7.19. 판결(론지역자유사상과사회행동연합 사건, n°308817) XVII-2-475

꽁세이데타 2011. 7.19. 판결(망스도시공동체 사건, n°309161) XVII-2-476

꽁세이데타 2011. 7.19. 판결(꼬뮌 Montpellier 사건, n°313518) XVII-2-477

꽁세이데타 2011. 7.19. 판결(마담 Vayssiere 사건, n°320796) XVII-2-479

꽁세이데타 2011. 2.24. 판결(축구클럽연맹사건, n°340122) XVII-2-481

꽁세이데타 2011. 2. 2. 판결(Le Ralse씨 전보조치사건, n°326768) XVII-2-482

꽁세이데타 2011. 3.16. 판결(TF1(SociétéTélévision francaise I 사건, n°334289)
   XVII-2-484

꽁세이데타 2011.11.16. 판결(포럼데알지구재개발공사중기긴급가처분사건, n°353172,
   n°353173) XVII-2-486

꽁세이데타 2011.12.23. 판결(시장영업시간규칙사건, n°323309) XVII-2-489

꽁세이데타 2012.6.20. 판결(R. et autres, n° 344646) XVIII-2-491

꽁세이데타 2012.7.13. 판결(Communauté de communes de Endre et Gesvres, Les
   Verts des Pays de la Loire et autres, association Acipa et autres, nos 347073 et
   350925) XVIII-2-485

꽁세이데타 2012.7.10. 판결(SA GDF Suez et Anode, Les Verts des Pays de la Loire et
   autres, association Acipa et autres, nos 347073 et 350925) XVIII-2-487

꽁세이데타 2012.7.27 판결(Mme L. épouse B., n° 347114) XVIII-2-482

꽁세이데타 2012.11.26. 판결(Ademe, n° 344379) XVIII-2-489

꽁세이데타 2012.12.21 판결(Sociétés groupe Canal Plus et Vivendi Universal, n° 353856; CE, Ass., 21 décembre 2012, Sociétés group Canal Plus et Vivendi Universal, n° 362347, Société Parabole Réunion, n° 363542, Société Numericable, n° 363703) XVIII-2-477

꽁세이데타 assemblée, 12 avril 2013, *Fédération Force ouvrière énergie et mines et autres* n° 329570, 329683, 330539 et 330847. XIX-2-323

꽁세이데타 13 août 2013, *Ministre de l'intérieur c/ commune de Saint-Leu*, n° 370902. XIX-2-323

꽁세이데타 1er août 2013, *Association générale des producteurs de maïs (AGPM) et autres, n°s 358103, 358615 et 359078.* XIX-2-323

꽁세이데타 Sec. 6 décembre 2013, *M. T., no 363290.* XIX-2-323

꽁세이데타 assemblée, 12 avril 2013, *Association coordination interrégionale Stop THT et autres*, n°s 342409 et autres. XIX-2-323

꽁세이데타 16 décembre 2013, *Escota et sécurité Arcour*, n°s 369304 et 369384. XIX-2-323

꽁세이데타 CE 8 novembre 2013, *Olympique lyonnais et autres*, n°s 373129 et 373170. XIX-2-323

꽁세이데타, 15 janvier 2014, *La Poste SA*, n° 362495, A. XX-2-351

꽁세이데타, ssemblée, 4 avril 2014, *Département du Tarn-et-Garonne*, n° 358994, A. XX-2-351

꽁세이데타, assemblée, 14 février et 24 juin 2014, Mme F...I... *et autres, nos 375081, 375090, 375091.* XX-2-351

꽁세이데타, 29 décembre 2014, *Société Bouygues Télécom, no 368773.* XX-2-351

꽁세이데타, section, 28 avril 2014, *Commune de Val-d'Isère*, n° 349420. XX-2-351

꽁세이데타, section, 5 novembre 2014, *Commune de Ners et autres*, n° 379843.

XX-2-351

꽁세이데타 CE, 17 juin 2015, sociééen commandite simple La Chaîe Info(LCI), n° 384826 ; CE, 17 juin 2015, sociééParis Premièe n° 385474. XXI-2-395

꽁세이데타 CE, 19 juin 2015, societe «Grands magasins de la Samaritaine−Maison Ernest Cognacq» et Ville de Paris, nos 387061, 387768. XXI-2-392

꽁세이데타 CE, 27 mars 2015, Commission nationale des comptes de campagnes et des financements politiques c/Mme C. et sociééitrice de Méiapart, n° 382083. XXI-2-394

꽁세이데타 CE, 13 mai 2015, Association de déense et d'assistance juridique des intééets des supporters et autres, nos 389816, 389861, 389866, 389899. XXI-2-393

꽁세이데타 CE, 5 octobre 2015, Association des amis des intermittents et precaires et autres, nos 383956, 383957, 383958. XXI-2-391

꽁세이데타 CE, 9 novembre 2015, SAS Constructions metalliques de Normandie, n° 342468. XXI-2-388

꽁세이데타 CE, 9 novembre 2015, MAIF et association Centre lyrique d'Auvergne, n° 359548. XXI-2-388

꽁세이데타 CE, section, 11 decembre 2015, n° 395002. XXI−2−383

꽁세유데타, CE 5 mai 2017, req. n 388902   XXⅢ−1−469/467

꽁세유데타, CE 30 juin 2017, req. n 398445   XXⅢ−1−471/467

꽁세유데타, CE Ass. 19 juillet 2017, req. n 370321   XXⅢ−1−474/467

꽁세유데타, CE 31 juillet 2017, req. n 412125   XXⅢ−1−477/467

꽁세유데타, CE 16 octobre 2017, req. nos 408374, 408344   XXⅢ−1−479/467

꽁세유데타, CE 25 octobre 2017, req. n 392578   XXⅢ−1−482/467

꽁세유데타, CE 6 décembre 2017, UNAFTC, req. n°403944   XXⅣ−1−357

꽁세유데타, CE, avis, 26 juillet 2018, M. B..., req. n°419204   XXⅣ−1−367

꽁세유데타, CE, ass., 18 mai 2018, CFDT Finances req. n°414583   XXⅣ−1−377

〔미국판례〕

연방대법원 2000.12.12. 판결(Supreme Court of United States, No-00-949) Ⅵ-395

연방대법원 Tahoe-Sierra Preservation Council, Inc., et al. v. Tahoe Regional
   Planning Agency et al. 122 S. Ct. 1465(2002) Ⅷ-349

연방대법원 National Cable & Telecommunications Association, et al. v. Brand X
   Internet Services. 125 S.Ct. 2688(2005) ⅩⅡ-137

연방대법원 Rapanos v. United States 126 S.Ct. 2208(2006) ⅩⅣ-380

연방대법원 Gonzales v. Oregon126 S. Ct. 904(2006) ⅩⅣ-385

연방대법원 Phillip Morris U.S.A v. Williams 127 S. Ct. 1057(2007) ⅩⅣ-396

연방대법원 Exxon Shipping Co. v. Grant Baker128 S.Ct. 2605(2008) ⅩⅣ-399

연방대법원 Summers v. Earth Island Inst. 129 S. Ct. 1142(Mar. 3, 2009) ⅩⅣ-2-271

연방대법원 Coeur Alaska, Inc. v. Southeast Alaska Conservation Council 129 S. Ct.
   2458(Jun. 22, 2009)

연방대법원 Negusie v. Holder 129 S. Ct. 1159(Mar. 3, 2009) ⅩⅣ-2-271

연방대법원 Entergy Corp. v. Riverkeeper Inc. 129 S. Ct. 1498(Apr. 1, 2009)
   ⅩⅣ-2-271

연방대법원 Herring v. U.S. 129 S. Ct. 695(Jan. 14, 2009) ⅩⅣ-2-271

연방대법원 Ariz. v. Johnson 129 S. Ct. 781(Jan. 26, 2009) ⅩⅣ-2-271

연방대법원 Ariz. v. Gant 129 S.Ct. 1710(Apr. 21, 2009) ⅩⅣ-2-271

연방대법원 Atl. Sounding Co. v. Townsend Atl. Sounding Co. v. Townsend, 129 S.
   Ct. 2561, 2579(Jun. 25, 2009) ⅩⅣ-2-271

연방대법원 New Process Steel, L.P. v. NLRB, 130 S. Ct. 2635(2010) ⅩⅤ-2-391

연방대법원 Michigan v. Fisher, 130 S. Ct. 546(2009) ⅩⅤ-2-391

연방대법원 Kucana v. Holder, 130 S. Ct. 827(2010) ⅩⅤ-2-391

연방대법원 Hui v. Castaneda, 130 S.Ct. 1845(2010) ⅩⅤ-2-391

연방대법원 Stop the Beach Renourishment, Inc. v. Florida Dept. of Environmental
   Protection, 130 S.Ct. 2592(2010) ⅩⅤ-2-391

연방대법원 Free Enterprise Fund v. Public Company Accounting Oversight Bd., 130
S. Ct. 3138(2010) XV−2−391

연방대법원 Mayo Foundation for Medical Education and Research v. U.S., 131 S.
Ct. 704(2011) XVI −2−237

연방대법원 Talk America v. Michigan Bell Telephone Co., 131 S. Ct. 2254(2011)
XVI −2−241

연방대법원 Holder v, Martinez Guitierrez, 132 S.Ct. 2011 XVII−2−423, 567

연방대법원 Judulang v, Holder, 132 S.Ct. 476 2011 XVII−2−423

연방대법원 Arizona Christian School Tuition Organization v. Winn, 131 S, Ct,
1436(2011) XVII−2−557

연방대법원 Thompson v, North American Stainless. LP, 131 S. Ct. 863(2011)
XVII−2−562

연방대법원 United States v, Home Concrete & Supply, LLC, 132 S. Ct. 1836(2012)
XVII−2−571

연방대법원 Christopher v, Smithkline Beecham Corporation, 132 S. Ct. 2156(2012)
XVII−2−574

연방대법원 Kloeckner v. Solis, 133 S. Ct. 596, 600−01 (Dec. 10, 2012) XVIII−2−373

연방대법원 United States v. Bormes, 2012 WL 5475774 (Nov.13, 2012) XVIII−2−358

연방대법원 Lefemine v. Wideman, 133 S.Ct. 9 (November 05, 2012) XVIII−2−362

연방대법원 Arkansas Game & Fish Comm'n v. United States, 133 S. Ct. 511
(Dec. 4, 2012) XVIII−2−367

연방대법원 Sebelius v. Auburn Regional Medical Center, 2013 WL 215485
(Jan. 22, 2013) XVIII−2−374

연방대법원 Los Angeles County Flood Control District v. Natural Resources Defense
Council, Inc., 133 S. Ct. 710 (Jan. 8, 2013) XVIII−2−377

연방대법원 Clapper v. Amnesty International USA, 133 S. Ct. 1138 (Feb. 26, 2013)
XVIII−2−379

연방대법원 Decker v. Northwest Environmental Defense Center, 133 S. Ct. 1326
(Mar. 20, 2013) XⅧ-2-339

연방대법원 Wos v. E.M.A. ex rel. Johnson, 133 S. Ct. 1391, 1402 (Mar. 20, 2013)
XⅧ-2-352

연방대법원 Millbrook v. United States, 133 S.Ct. 1441 (March 27, 2013)
XⅧ-2-383

연방대법원 Hollingsworth v. Perry, 3 S.Ct. 2652 (June 26, 2013) XⅧ-2-385

연방항소법원 Patricia STEPHENS v. COUNTY OF ALBEMARLE, VIRGINIA 524 F.3d
485, 486(4th Cir. 2008), cert. denied, 129 S. Ct. 404(2008) XⅣ-2-271

연방항소법원 Humane Society v. Locke, 626 F. 3d 1040(9th Cir. 2010)
XⅥ-2-245

연방항소법원 Sacora v. Thomas, 628 F. 3d 1059(9th Cir. 2010) XⅥ-2-251

연방항소법원 Johnson v. Astrue 628 F. 3d. 991(8th Cir. 2011) XⅥ-2-248

연방항소법원 General Electric Company v. Jackson, 610 F. 3d 110 (D.C.Cir. 2010),
131 S. Ct 2959(2011) XⅥ 2-258

연방항소법원 Arkema v. E.P.A., 618 F. 3d 1(D.C.Cir. 2010) XⅥ-2-255

연방항소법원 Nnebe v, Daus, 644 F, 3d 147(2d Cir. 2011) XⅦ-2-554

연방항소법원 American Bottom Conservancy v. U. S. Army Corps of Engineers, 650
F. 3d 652(7th Cir. 2011) XⅦ-2-565

연방항소법원 Electronic Privacy Information Center v. U. S. Department of Home
Land Securities, 653 F. 3d 1(D.C.Cir.2011) XⅦ-2-577

플로리다州대법원 2000. 12. 8. 판결(Supreme Court of Florida, No. SC00-2431)
Ⅵ-395

오하이오州대법원City of Norwood v. Homey 853 N.E.2d 1115(Ohio 2006) XⅣ-391

연방대법원 Scialabba v. Cuellar de Osorio, 134 S. Ct. 2191 (2014) XⅨ-2-229

연방대법원 U.S. v. Apel, 134 S. Ct. 1144, 186 L. Ed. 2d 75 (2014) XⅨ-2-229

연방대법원 Plumhoff v. Rickard, 134 S. Ct. 2012 (2014) XⅨ-2-229

연방대법원 lmbrook School Dist. v. Doe, 134 S. Ct. 2283 (2014) XIX-2-229

연방대법원 Utility Air Regulatory Group v. E.P.A., 134 S. Ct. 2427 (2014)
XIX-2-229

연방대법원 E.P.A. v. EME Homer City Generation, L.P., 134 S. Ct. 1584, 78 Env't.
Rep. Cas. (BNA) 1225 (2014) XIX-2-229

연방대법원 Marvin M. Brandt Revocable Trust v. U.S., 134 S. Ct. 1257, 188 L. Fd. 2d
272 (2014) XIX-2-229

연방대법원 Town of Greece, N.Y. v. Galloway, 134 S. Ct. 1811 (2014) XIX-2-229

연방대법원 U.S. v. Apel, 134 S.Ct. 1144, 1149 - 1154 (2014) XIX-2-229

연방대법원 Wood v. Moss, 134 S.Ct. 2056 (2014) XIX-2-229

연방대법원 N.L.R.B. v. Noel Canning, 134 S.Ct. 2550 (2014) XIX-2-229

연방대법원 King v. Burwell, 2015 WL 2473448 (U.S. 2015) XX-2-257

연방대법원 Perez v. Mortgage Bankers Ass'n, 135 S. Ct. 1199   XX-2-257

연방대법원 Michigan v. E.P.A., 135 S. Ct. 2699, 192 L. Ed. 2d 674 (2015)
XX-2-257

연방대법원 Kerry v. Din, 135 S.Ct. 2128 (2015) XXI-1-211

연방대법원 Campbell-Ewald Co. v. Gomez, 136 S.Ct. 663 (2016) XXI-2-273

연방대법원 F.E.R.C. v. Electric Power Supply Ass'n, 136 S.Ct. 760 (2016)
XXI-2-313

연방대법원 Sturgeon v. Frost, 136 S.Ct. 1061 (2016) XXI-2-307

연방대법원 Heffernan v. City of Paterson, N.J., 136 S.Ct. 1412 (2016) XXI-2-285

연방대법원 Sheriff v. Gillie, 136 S.Ct. 1594 (2016) XXI-2-268

연방대법원 Green v. Brennan, 136 S.Ct. 1769 (2016) XXI-2-290

연방대법원 U.S. Army Corps of Engineers v. Hawkes Co., Inc., 136 S.Ct. 1807 (2016)
XXI-2-295

연방대법원 Simmons v. Himmelreich, 136 S.Ct. 1843 (2016) XXI-2-262

연방대법원 Ross v. Blake, 136 S.Ct. 1850 (2016) XXI-2-279

연방대법원 Kingdomware Technologies, Inc. v. U.S., 136 S.Ct. 1969 (2016)
XXI-2-301

연방대법원 BNSF Ry. Co. v. Tyrrell, 137 S.Ct. 1549   XXIII-1-376/371

연방대법원 Town of Chester, N.Y. v. Laroe Estates, Inc., 137 S.Ct. 1645
XXIII-1-378/371

연방대법원 Perry v. Merit Systems Protection Bd., 137 S.Ct. 1975
XXIII-1-381/371

연방대법원 State Farm Fire and Cas. Co. v. U.S ex rel. Rigsby, 137 S.Ct. 436
XXIII-1-384/371

연방대법원 Coventry Health Care of Missouri, Inc. v. Nevils, 137 S. Ct. 1190, 197
L. Ed. 2d 572   XXIII-1-388/371

연방대법원 Trump v. Hawaii, 138 S. Ct. 2392   XXIV-1-398

연방대법원 Sessions v. Dimaya, 584 U.S.___   XXIV-1-402

연방대법원 Jennings v. Rodriguez, 583 U.S.___   XXIV-1-404

연방대법원 South Dakota v. Wayfair, 585 U.S.___   XXIV-1-406

연방대법원 Carpenter v. United States, 585 U.S.___   XXIV-1-412

연방대법원 Weyerhaeuser Company v. United States Fish and Wildlife Service, 586
U.S.___   XXIV-1-416

연방대법원 Murphy v. National Collegiate Athletic Association, 584 U.S.___
XXIV-1-418

연방대법원 Murphy v. National Collegiate Athletic Association, 584 U.S.___
XXIV-1-419

연방대법원 Masterpiece Cakeshop v. Colorado Civil Rights Commission, 584 U.S.___
XXIV-1-420

연방대법원 Mount Lemmon Fire District v. Guido 585 U.S.___   XXIV-1-421

연방대법원 Husted v. A. Philip Randolph Institute   XXIV-1-422

연방 제9항소법원 Washington v. Trump, 847 F.3d 1151   XXIV-1-399

연방대법원 2019. 6. 21. 선고 139 S. Ct. 2162 (2019) XXIV-2-517

〔일본판례〕

최고재판소 1994.10.27. 판결 III-249

최고재판소 1995. 7. 7. 제2소법정판결(국도43호선상고심판결) IV-458

최고재판소 1996. 7.12. 제2소법정판결 V-333

최고재판소 1999.11.25. 판결 VI-420

최고재판소 2001.12.18. 판결(민집 55권 7호, 1603면) VIII-168

최고재판소 2006. 1.13. 판결(判例時報1926号 17면) XIV-432

최고재판소 2006. 2. 7. 판결(判例時報1936号 63면) XIV-426

최고재판소 2006. 3. 1. 판결(判例時報1923号 11면) XIV-414

최고재판소 2006. 6.13. 판결(判例時報1935号 50면) XIV-424

최고재판소 2006. 7.14. 판결(判例時報1947号 45면) XIV-440

최고재판소 2006. 9. 4. 판결(判例時報1948号 26면) XIV-434

최고재판소 2006.10. 5. 판결(判例時報1952号 69면) XIV-446

최고재판소 2006.10.26. 판결(判例時報1953号 122면) XIV-437

최고재판소 2006.11. 2. 판결(判例時報1953号 3면) XIV-429

최고재판소 2007. 2. 6. 판결(判例時報1964号 30면) XIV-421

최고재판소 2007. 9.18. 판결(判例時報1923号 11면) XIV-417

최고재판소 2007.10.19. 판결(判例タイムズ1259号 197면) XIV-443

최고재판소 2007. 4.15. 판결(民事判例集62巻 5号 1005면) XIV-2-313

최고재판소 2007. 6. 4. 판결(判例時報2002号 3면) XIV-2-311

최고재판소 2007. 9.10. 판결(判例時報2020号 10면) XIV-2-306

최고재판소 2008.12. 7. 판결(判例時報1992号 43면) XIV-2-300

최고재판소 2008.11.14. 결정(判例時報1989号 160면) XIV-2-304

최고재판소 2009. 4.17. 判決(判例時報2055号 35면) XV-2-423

최고재판소 2009. 4.28. 判決(判例時報2045号 118면) XV-2-423

최고재판소 2009. 6. 5. 判決(判例時報2053号 41면) XV-2-423

최고재판소 2009. 7. 9. 判決(判例時報2057号 3면) XV-2-423

최고재판소 2009. 7.10. 判決(判例時報2058号 53면) XV-2-423

최고재판소 2009.10.15. 判決(判例タイムズ 1315号 68면) XV-2-423

최고재판소 2009.10.23. 判決(求償金請求事件) XV-2-423

최고재판소 2010. 3. 23. 제3소법정 판결(平21行ヒ) 214号) XVI-2-310

최고재판소 2010. 6. 3. 제1소법정판결(平21 (受) 1338号) XVII-2-289

최고재판소 2000. 7. 16. 제2소법정판결(平20 (行ヒ) 304号) XVI-2-304

최고재판소 2011. 6. 7. 판결(平21 (行ヒ) 91号) XVII-2-500

최고재판소 2011. 6.14. 판결(平22 (行ヒ) 124号) XVII-2-516

최고재판소 2011. 7.27. 결정(平23 (行フ) 1号) XVII-2-525

최고재판소 2011.10.14 판결(平20 (行ヒ) 67号) XVII-2-508

최고재판소 2011.12.15 판결(平22年 (行ツ) 300号, 301号, 平22年 (行ヒ) 308号)
   XVII-2-531

최고재판소 2012.2.3. 제2소법정판결(平23(行ヒ) 18号) XVIII-2-405

최고재판소 2012.2.9. 제1소법정판결(平23(行ツ) 第177号, 平23(行ツ) 第178号, 平23
   (行ヒ) 第182号) XVIII-2-412

최고재판소 2012.2.28. 제3소법정판결(平22(行ツ) 392号, 平22(行ヒ) 第416号)
   XVIII-2-397

최고재판소 2012.4.2. 제2소법정판결(平22(行ヒ) 367号) XVIII-2-397

최고재판소 2012.4.20. 제2소법정판결(平22(行ヒ) 102号) XVIII-2-423

최고재판소 2012.4.23. 제2소법정판결(平22(行ヒ) 136号) XVIII-2-423

동경고등재판소 2010. 2. 18. 판결(平20 (ネ) 2955号) XVI-2-285

동경고등재판소 2011. 7. 25. 판결(平23年 (行コ) 99号) XVII-2-521

동경지방재판소 1974. 7. 16. 제3민사부판결 III-27

神戸地法 2000. 1.31. 판결 VII-431

名古屋高裁金澤支部 2003. 1.27. 판결 X-346

岡山地裁 2006.10.15. 결정(判例時報1994号 26면) XIV-2-309

東京地裁 2007. 2.29. 판결(判例時報2013号 61면) XIV-2-308

横浜地裁 2008. 3.19. 判決(判例時報2020号 29면) XV-2-423

千葉地裁 2008. 8.21. 판결(判例時報2004号 62면) XIV-2-302

동경지방재판소 2010. 4. 16. 판결(平21 (行ウ) 46号) XVI-2-297

동경지방재판소 2010. 1.22 판결(平20 (行ウ) 601号, 617号, 618号, 619号)
　　XVI-2-279

최고재판소　第2小法廷 平成25 (2013). 1. 11. 平成24年(行ヒ) 第279号, 判例時報 2177
　　号, 35면. XIX-2-281

최고재판소 平成25(2013).4.16. 平24(行ヒ)第245号, 122면. XIX-2-281

최고재판소 平成25(2013).7.12. 平成24年(行ヒ) 第156号, 判例タイムズ 1396号, 2014.3,
　　147면. XIX-2-281

최고재판소　平成25(2013).11.20. 平成25年(行ツ) 第209号, 第210号, 第211号, 判例タイ
　　ムズ 1396号, 2014.3, 122면. XIX-2-281

최고재판소 第一小法廷　平成25(2013).3.21.　平成22年(行ヒ)第242号,　民集 67巻3号,
　　438면, 判例タイムズ 第1391号, 2013.10, 113면. XIX-2-281

최고재판소 第一小法廷　平成25(2013).3.21. 平成23年(行ツ) 第406号, 民集67巻3号, 375면.
　　XIX-2-281

최고재판소 第二小法廷 平成26(2014).7.18. 平成24年(行ヒ)第45号, 判例地方自治 386号,
　　78면. XX-2-311

최고재판소 第一小法廷 平成26(2014).9.25.　平成25年(行ヒ)第35号, 民集68巻7号, 722면.
　　XX-2-311

최고재판소 第二小法廷 平成26(2014).7.14. 平成24年(行ヒ)第33号, 判例タイムズ 1407号,
　　52면. XX-2-311

최고재판소 第二小法廷 平成26(2014).8.19. 平成26年(行卜)第55号, 判例タイムズ 1406号,
　　50면. XX-2-311

최고재판소 第一小法廷 平成26(2014).10.9. 平成26年(受)第771号, 判例タイムズ 1408号, 32면. XX-2-311

최고재판소 第一小法廷 平成26(2014).10.9. 平成23年(受)第2455号, 判例タイムズ 1408号, 44면. XX-2-311

최고재판소 第三小法廷 平成26(2014).5.27. 平成24年(オ)第888号, 判例タイムズ 1405号, 83면. XX-2-311

최고재판소 第二小法廷決定 平成27(2015).1.22. 平成26年(許)第17号 判例タイムズ1410号 55頁. XXI-2-350

최고재판소 第二小法廷決定 平成27(2015).1.22. 平成26年(許)第26号 判例タイムズ1410号 58頁. XXI-2-350

최고재판소 第三小法廷 平成27(2015).3.3. 平成26年(行ヒ)第225号 民集69巻2号143頁. XXI-2-343

최고재판소 第二小法廷 平成27(2015).3.27. 平成25年(オ)第1655号 判例タイムズ1414号 131頁. XXI-2-356

최고재판소 第三小法廷 平成27(2015).9.8. 平成26年(行ヒ)第406号 民集69巻6号1607頁. XXI-2-347

최고재판소 大法廷判決 平成27(2015).12.16. 平成25年(オ)第1079号 判例タイムズ1421号 61頁. XXI-2-367

최고재판소 大法廷判決 平成27(2015).12.16. 平成26年(オ)第1023号 判例タイムズ1421号 84頁. XXI-2-360

최고재판소 最高裁判所第一小法廷 平成28年4月21日, 判例タイムズ1425号 122면 XXIII-1-414/407

최고재판소 最高裁判所第三小法廷 平成28年4月12日, 判例タイムズ1427号 63면 XXIII-1- 419/407

최고재판소 最高裁判所第二小法廷 平成28年7月15日, 判例タイムズ1430号, 121면 XXIII-1-422/407

최고재판소 最高裁判所第一小法廷 平成28年3月10日, 判例タイムズ1426号, 26면

XXⅢ-1-426/407

平成16年4月27日最高裁判所第三小法廷判決 · 平成13年(受)1760号   XXⅣ-1-255

行政判例研究 XXV-1

2020년　6월　25일　초판인쇄
2020년　6월　30일　초판발행

　　　　사단법인　한국행정판례연구회
　　　　대　　표　김　선　욱
편저자　안종만 · 안상준
발행처　(주)**박영사**

편저자와
협의하여
인 지 를
생 략 함

　　　　서울특별시 금천구 가산디지털2로 53, 210호
　　　　(가산동, 한라시그마밸리)
　　　　전화　(733) 6771　FAX (736) 4818
　　　　등록　1959. 3. 11.　제300-1959-1호(倫)

www.pybook.co.kr　e-mail: pys@pybook.co.kr

파본은 구입하신 곳에서 교환해 드립니다. 본서의 무단복제행위를 금합니다.

정 가　49,000원　　　　ISBN 979-11-303-3726-5
　　　　　　　　　　　ISBN 978-89-6454-600-0(세트)
　　　　　　　　　　　ISSN 1599-7413　36